中国品牌农业年鉴

2019

中国优质农产品开发服务协会　主编

中国农业出版社

北　京

《中国品牌农业年鉴》编辑委员会

出自优良生态环境 带来强劲生命活力

绿色食品是伴随着我国农村改革开放兴起的一项开创性事业，自1990年启动至今已走过了近30年的历程。经过多年的深耕和积淀，绿色食品事业蓬勃发展，取得了显著的经济效益、社会效益和生态效益。绿色食品作为我国安全优质农产品的主导品牌，对推动我国农业的标准化生产、产业化经营和可持续发展，促进我国现代农业建设发挥了重要的示范引领作用。

截至2018年底，全国绿色食品企业总数达13206家，产品总数30932个。多年来，绿色食品产品合格率一直保持在较高水平，认知度和公信力在国内大中城市消费者中列居各类认证农产品首位。

展望未来，绿色食品将坚持质量第一、严格管理，坚持统筹协调、突出重点，坚持守正创新、精准发力，着力提升发展质量和水平，着力增强品牌公信力和影响力，着力增加绿色优质农产品供给，助力农业绿色发展和乡村振兴。

欢迎关注中国绿色食品微信公众号

www.greenfood.agri.cn

韶关市翁源县兰花产业园

广东（翁源）兰花研究院揭牌仪式

广东省农业科学院专家翁源工作站暨广东（翁源）兰花研究院揭牌仪式

韶关市翁源县兰花产业园是广东省首批15个现代农业产业园之一，产业园规划区域涉及江尾镇、坝仔镇、龙仙镇和官渡镇四个镇域，规划面积1 385平方千米，2018年9月翁源县委、县政府组建了以县长为园长的翁源县现代农业产业园建设工作领导小组并成立产业园管理委员会，确定翁源县丰源城乡建设投资有限公司为产业园牵头实施主体，形成了以兰花为支柱的特色花卉产业园。2019年6月，翁源县兰花产业园作为省级现代农业产业园纳入了国家现代农业产业园创建管理体系。近年来，产业园进一步加大工作力度，兰花主导产业不断壮大，已有企业412家，带动3 000多户农户，年产值超过15亿元。

产业特色鲜明。园区种植花卉2.43万亩（1亩≈667平方米），其中兰花种植1.66万亩，兰花品种达1 000多种，形成了长约10千米的兰花长廊，国兰供应量已超过全国销量的50%。

创新能力凸显。一是注重产业发展模式创新。在注重招商引资的同时，注重培植本土兰花企业，注重发展农民专业合作社和家庭农场。二是注重科技创新。先后建立了农业科技创新团队、博士后工作站、专家工作站，建立实验室16家，推广优良品种110多个。三是注重品牌塑造。兰花新品种培育在全国领先，在近年省级以上兰博会上获得特金奖28个，金、银、铜等奖项300多个。

兰花——富山奇蝶

装备水平较高。产业园农业企业已广泛使用温控大棚栽培技术。此外配方施肥技术、无土栽培技术、机械化耕作技术、喷灌和滴灌技术、工厂化农业生产技术、物理避虫和避雨栽培技术等先进农业技术也开始大面积推广应用。

翁源县兰花产业园专家人才沙龙

辐射带动作用明显。一方面是引导企业探索产业扶贫路径，实施花卉代种代养项目。如仙鹤花卉种植基地有限公司与翁源县坝仔镇群辉村扶贫点开展产业扶贫合作。其中，前期投资建设资金来自东莞市对口扶贫资金50万元和专项扶贫资金，贫困户以人均3 000元的份额入股参与分红（共44户贫困户152人）。广东全美花卉科技有限公司、翁源县仙雅农业发展有限公司与江尾镇19个村268户贫困户签订了《委托代种花卉项目合同》，实施花卉代种代养项目，贫困户入股资金达200多万元，每户贫困户可增收2 736元。另一方面是通过“企业+合作社+基地+农户”模式。目前已有兰花农民专业合作社30多家，直接带动农户3 000多户，户均增收15 000多元；吸纳1.7万多名农村劳动力实现家门口就业，长期工人可实现月工资3 000～4 000元，实现农民增收4.5万元；短期零工劳务费为80～120元/天，每年务工约3个月，实现农民增收7 200～10 800元；产业园内农村居民人均可支配收入达1.95万元，高出当地平均水平35%。

翁源县万艺信息科技有限公司电商精致扶贫项目签约

提升发展富有潜力。一是兰花产业有丰富的文化内涵和旅游元素，极富潜质。二是有强大的产业支撑，具有生产、加工、销售一体化发展的坚实基础。三是翁源县兰花基地被列为广东兰花特色小镇，未来园区一二三产融合发展前景广阔。

翁源兰花特色小镇展示中心

兰花种植

翁源兰花产业聚集发展——小盆栽种植园区

祁东黄花菜产业

湖南省祁东县黄花菜种植已有500多年的历史，年种植面积稳定在1.1万公顷左右，涵盖12个主产乡镇，从事黄花菜种植约40万人，年产鲜菜41万吨，干菜产量4万吨，总产值20.6亿元，产量和产值均占全国的60%以上。黄花菜产业是祁东县农业特色产业的一张名片，是县域经济的支柱产业。

祁东县是“中国黄花菜之乡”，是全国重要的黄花菜主产区、产业技术创新区和产业融合先导区，2015年，“祁东黄花菜”获评国家地理标志保护产品，通过有机产品认证3个，绿色食品认证2个，无公害认证20个，被评为2017年湖南省十大农业区域公用品牌。祁东县有黄花菜产品商标85件，占全县农产品商标总量的43.6%。“黄土铺新发”“有吉”“祁富”牌黄花菜荣获湖南省名牌产品和湖南省著名商标，多次在中国国际农产品交易会、农业博览会上获得金奖。

2018年，“祁东黄花菜”成功注册国家地理标志保护商标，被列入湖南省“一县一特”重点产业名录；在第十六届中国国际农产品交易会暨第二十届中国中部（湖南）农业博览会上，推出的“百里花海•黄花故里”被湖南省农业农村厅推荐为湖南休闲农业与乡村旅游精品线路。

祁东县有黄花菜产、加、销龙头企业15家，其中省级以上龙头企业4家，市级龙头企业5家。品牌企业在全国设立了区域性总代理21个，建成400余个营销网点。全县42个黄花菜新型经营主体积极实施产业扶贫项目，与贫困户构建了稳固的利益联结机制，年带动农民增收1.5亿元，带动2.2万名贫困人口脱贫致富，充分发挥了特色产业在脱贫攻坚战役中的重要作用。

党的十八大以来，祁东县委、县政府以产业兴旺为引领，紧紧围绕发展现代农业，培育特色优势产业，依托祁东县资源禀赋及优质黄花菜产业基础，出台多项政策，弘扬“包容含蓄、顽强拼搏、与人为善”的精神，促进祁东黄花菜产业转型升级、绿色发展。每年整合财政资金5 000万元，以项目带动为突破，以科技创新为支撑，支持龙头企业和新型经营主体构建良种繁育、标准化种植、加工、仓储物流、功能拓展、高效绿色全产业链发展模式，打造和推介“祁东黄花菜”公用品牌，着力把祁东黄花菜“小品种”做成“大产业”，推动祁东乡村振兴和县域经济发展，取得了良好的经济、社会和生态效益。

玉山镇一村一品

玉山镇地处“浙江之心”磐安的东北部，距离磐安县城46千米，距甬金高速怀鲁互通口37千米，下辖15个行政村，总人口16 458人。玉山文脉厚重，是国家级文保单位（古代茶叶交易市场）——玉山古茶场所在地，国家级非物质文化遗产项目——“赶茶场”民俗文化活动地，也是全国舞龙发源地（佳村）。

一、农业产业发展方兴未艾

玉山镇扎实推进农业强镇建设，现代农业产业富民增效效果不断显现。其中，磐安县绿鹰茶叶专业合作社被评为市级示范性农民专业合作社。通过行业协会、专业合作社的纽带作用，提高组织化程度，提升市场竞争力，逐步形成了企业为龙头，企业建基地、联市场，农户参与的茶产业化经营模式。

此外，位于该镇的浙江磐安富盛家庭农场作为食用菌示范基地，一直推行“统一租地、统一建棚、统一制棒、统一技术、分户承包、分户采摘、统一销售、分户结算”统分结合的新型经营模式，有效解决了土地流转难、设备购置难、劳动雇工难、技术把关难、市场销售难等一系列难题，以工厂化取代传统家庭作坊生产，降低了劳动强度，提高了生产效率，降低了生产成本，保证了香菇质量。

二、全域旅游发展多点融合

玉山镇围绕“一轴三块多点”旅游发展主线，突出“茶镇玉山、舞龙故乡”主题品牌，绘制“村村是景、处处是景、时时有景、全域一景”的美好画卷。一轴：即以怀万公路为中心主轴；三块：即3大旅游板块，以古茶场为核心的古茶场文化小镇规划发展区、以3 000亩土地连片整治区为依托的田园综合体发展区、以章高林场为核心的玉岑山居旅游发展区。多点：即马塘、向头、佳村等村的旅游景区村建设，串点成线，不断丰富业态、提升品位。此外，在创建中注重一村一品品牌特色的确定打造（如古韵茶场，理宗马塘；舞龙故乡，舞动佳村；皇城湖畔，水韵向头），不断深化美丽创建，打造精品乡村。

采菇

秋社竖大旗

向头

玉岑山居

南京市溧水区白马镇

中亮有机食品公司

南京双吉农业发展有限公司

南京市溧水区白马镇位于长三角城市群核心区域，属于典型的苏南低山丘陵地带，是南京市现代农业发展主导型镇、江苏省农村一二三产业融合发展先导区，白马国家农业科技园区在镇内建设。

白马镇按照生产、加工、示范、服务功能进行规划布局，基本形成“一带两区四园”的产业空间布局。“一带”：已建成优质两莓（蓝莓、黑莓）规模种植面积1 330多公顷。“两区”：一是建成2.3平方千米的国家级产业化示范基地和省级农产品加工集中区，入驻企业63家，其中农业龙头企业22家，2018年总销售收入达53.2亿元；二是已启动建设3.33公顷两莓冷链物流区。“四园”：已初步形成200公顷农业高新技术开发园、200公顷现代都市休闲观光园、33.3公顷两莓高效种植示范园以及配套建设4万平方米资源转化中心及实验中心的农业废弃物资源再利用园。

白马镇充分依托入驻白马园区的南京农业大学、南京林业大学、江苏省农业科学院、江苏省中国科学院植物研究所等7家科研院所，累计建设市级以上科研平台80多个，建立特色浆果研发加工、农产品质量检测等公共服务平台16个，校企合作研发两莓浆果饮品、休闲食品、健康食品等高附加值产品90多种。建成占地2万平方米的国家级星创天地，正在建设占地4.5万平方米的农展馆。

白马镇大力推动一二三产业融合，促进“农业科技创新+产业集群”联动发展。一产以产业化标准化为主攻方向，建成黑莓、蓝莓及其他有机农产品特色产业基地3 300多公顷，黑莓被认定为国家地理标志农产品，黑莓、蓝莓同时入选全国名特优新农产品名录。二产以机械化智能化为主攻方向，打造农业产业化联合体。与中国科学院合作建设的占地1 000平方米的“光伏+农业”智能植物工厂顺利投产，食用菌单体工厂金万辰生物科技产业园建成投产，占地1.5万平方米的“阡陌花开”智能植物工厂主体竣工。三产以品牌化融合化为主攻方向。坚持每年举办农业嘉年华和蓝莓、黑莓采摘节；建立农产品销售电子商务平台6个，2018年交易额达6 392万元；形成了红色李巷等一批具有较大影响力都市农业休闲旅游片区。

白马镇着力培育壮大农业新型经营主体，实现小农户与现代农业发展有机衔接，鼓励农户自发成立家庭农场和专业合作社；推行“公司+基地+农户”一体化产业经营模式，采取社区股份合作社分红、承包土地折股分红、订单农业等多种形式，与农民利益共享。

两莓设施栽培

两莓种质资源圃

两莓制品

全国一村一品示范村镇
——江西省上饶市广信区五府山镇

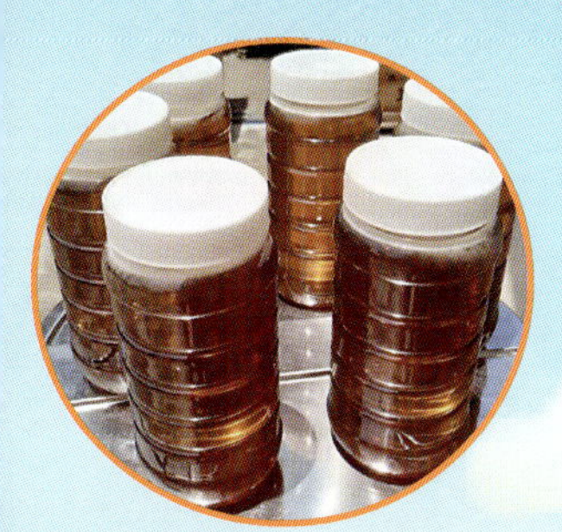

五府山镇位于江西省上饶市广信区南部，武夷山北麓，总面积436平方千米，总人口2.2万人，距广信区城区50千米，建制为镇场合一，下辖7个行政村和1个居委会。五府山养蜂业是传统特色产业，历史悠久，养殖的中蜂是我国的特有蜂种。五府山镇作为“中华蜜蜂种质资源保护和利用基地”，为广信区“中华蜜蜂之乡”发展做出了重要贡献。

（一）谋主业紧抓关键

镇党委、镇政府从保护环境优化生态文明的高度，把中蜂产业作为镇里的农业主导产业，成立了中蜂产业办公室，由主要领导任组长，一手抓行业规范管理，一手抓中蜂养殖技术，把好养殖技术推广培训这个关键，为助力中蜂发展打通了瓶颈、拓展了渠道。

（二）树龙头带动基地

以农业产业化省级龙头企业——江西益精蜂业有限公司为引领，成立中蜂养殖农民专业合作社16家，逐渐形成了“公司+合作社+基地+农户”的产业化发展模式，辐射和带动广大蜂农发展养蜂业。益精蜂业开发了万亩蜜源基地、中华蜜蜂国家级保种场、蜜蜂博物馆、蜜蜂文化长廊等主题项目和十多个系列蜂产品，带动中蜂产业与旅游业同步发展。

（三）强品牌健全体系

江西益精蜂业有限公司注册的“金益精”商标被江西省工商行政管理局认定成为江西省著名商标，公司开发生产的“金益精”牌产品有中华蜜蜂蜂蜜、野桂花蜂蜜、枣花蜂蜜、金银花蜂蜜、便携装土蜂蜜等十多个系列产品。产品通过了食品生产SC认证、绿色食品认证，荣获江西省名牌农产品、2008中国绿色食品博览会参展企业产品金奖、2010年国际有机食品博览会金奖等；2011年上饶土蜂蜜获国家原产地地理标志保护。

（四）谋振兴问道中蜂

目前五府山镇中蜂养殖约1.65万群，年产值近6 000万元，从业人员达到400余人，人均增收1 000多元，蜂产业已成为全镇脱贫的主导产业，带领群众走上了致富路。同时，还依托蜂文化大力发展乡村旅游，以中蜂发源地为中心的中华蜜蜂谷，为中蜂文化的发展插上了有力的翅膀，为五府山的美丽乡村建设和乡村振兴找到了出路。五府山镇先后被评为乡村旅游50强乡镇、江西省AAA乡村旅游点、国家级安居工程示范小区、第九批全国一村一品示范村镇。

洛川苹果

洛川县位于陕西省中部，全县总面积1 804平方千米，总人口22万人，耕地面积4.27万公顷。洛川自然资源得天独厚，海拔较高，土层深厚，日照时间长，昼夜温差大，是联合国粮食及农业组织考察认定的世界苹果最佳优生区之一。洛川苹果自1947年引进种植以来，先后经历了引进推广、规模栽植、规模扩张、专业县建设、产业强县建设、转型发展等6个发展阶段。目前，全县苹果总面积3.53万公顷，年产量达90余万吨。

近年来，洛川县坚持果畜生态循环、实施有机管理、普及“双减”工程、全程安全追溯、采后加工整理一体化高标准管理，推行新建矮化果园4 666.7公顷，建成优质苹果出口生产基地1.33万公顷，认证有机苹果生产基地3 866.7公顷，装备4.0现代化选果线24条，60%的果品实行分选分级销售。优越的生长环境、生态化的果园管理、先进的生产技术、现代化的加工整理，生产出的果品品质优良、果形端庄、色泽艳丽、肉质脆密、极耐贮运，富含矿物质、膳食纤维和维生素等。

目前，洛川苹果销售实现全国一、二线城市全覆盖，远销30多个国家和地区，先后获得北京奥运会专供苹果、上海世博会指定苹果、广州亚运会专用苹果等30多项冠名权。2008年申请注册了“洛川苹果”地理标志证明商标，2009年成为陕西省著名商标。洛川县先后被确定为全国优势农产品（苹果）产业化建设示范县、国家优质无公害苹果标准化生产示范县、全国优质无公害农产品出口示范县、国家食品安全（苹果）示范县。在第十七届中国国际农产品交易会上，“洛川苹果”区域公用品牌价值评估达到687.27亿元，居全国农产品第二位、水果类第一位。在上海亚洲果蔬产业博览会上，洛川苹果获得2019年度中国果业最受欢迎的苹果区域公用品牌10强称号。

江津农业

江津花椒

江津位于重庆西南，面积3 219平方千米，是国家现代农业示范区，全国农村产业融合发展试点示范县，是“中国生态硒城”“中国长寿之乡”“中国花椒之乡”“中国柑橘之乡”。

江津农业历史悠久，可追溯到距今4 000多年前的新石器时期，江津花椒、江津猫山茶、江津广柑、江津大米、江津生态鱼、江津花生、江津临峰生姜、江津枳壳、江津畜禽等特色产业已久负盛名。江津依托得天独厚的富硒资源和农业产业优势，走出“富硒为民、富硒富民”的特色效益农业发展之路，建有标准化富硒产品种植基地45万亩、水产基地3.8万亩，富硒畜禽年出栏500万头（只），认证富硒产品100个，富硒产业总产值达68亿元。江津大力实施品牌计划，发展农业品牌532个，着力以“一江津彩”农产品区域公用品牌为统揽，以粮油、花椒、蔬菜、水果、茶叶、畜禽、水产、中药材八大类产业品牌为支撑，新型经营主体品牌为辅助，构建“1+8+N”农业品牌体系。

江津自元朝开始种植花椒，因地理气候等条件优越，所产青花椒麻香味浓，富含多种微量元素，出油率高，不仅是优良的调味品，还可提取多种名贵的化工原料，已成为重庆农业四大名片之一。江津花椒种植规模52万亩，投产面积36万亩，鲜椒产量27万吨，总产值32.7亿元。2008年“江津花椒”批准登记农产品地理标志，2011年获国家工商行政管理总局批准的地理标志证明商标；2016年，选育的早熟九叶青花椒新品种获重庆市林业局林木良种认定；2017年，建成重庆市首家花椒博物馆，编写重庆市花椒百科全书《麻遍全国 香飘世界》；江津花椒产品获第十五届、第十六届中国国际农产品交易会金奖；江津花椒产品连续四届荣获全国绿色食品博览会金奖；2018年，江津花椒品牌价值经中国品牌研究中心评估达到18.12亿元；江津区被评为重庆市特色农产品优势区、全国特色农产品优势区。

江津既是茶树的原产地，又是古老的茶叶产地。江津猫山茶种植位于海拔600米的猫山上，基地面积2万亩，其土壤富硒，植被葱郁，气候温和，雨量充沛，是生产绿色富硒茶的理想之地。江津猫山茶叶条索紧结，银毫满披，香气浓郁，回味甘甜，江津现已培育“四面绿针”“康峡硒”“猫山吟翠”等茶叶知名品牌，曾荣获第三届中国茶叶博览会绿茶类斗茶赛金奖、“峨眉山”杯第十一届国际名茶金奖、第五届中国茶叶博览会全国斗茶赛红茶类金奖、重庆市“十大名茶”等荣誉。

江津畜禽

江津猫山茶

江津柑橘

江津生态鱼

福山区打造大樱桃品牌优势区

福山大樱桃以其艳丽的外观、优良的品质、独特的风味享誉海内外，被誉为“果中珍品”“北方春果第一枝”。目前，全区已注册大樱桃品牌商标32个，“张格庄”牌大樱桃被授予“中华名果”称号，并有多个大樱桃品种在中国国际农业博览会上被评为金奖、银奖和名牌产品。2008年福山大樱桃被农业部认定为农产品地理标志产品，2011年获得“福山大樱桃”国家地理标志证明商标；2014年5月，在郑州召开的中国大樱桃年会上，张格庄镇成功卫冕大樱桃第一镇称号；在2014年中国农产品区域品牌价值评估中，“福山大樱桃”品牌价值为16.28亿元。2016年，福山区启动实施了福山大樱桃品牌战略，对“福山大樱桃”品牌进行全方位的营销策划，编制了“福山大樱桃”区域公用品牌发展规划，成功举行“福山大樱桃”品牌战略发布会，在全区实施“构建一个体系，推进六项工程”的大樱桃“1+6”扶持模式。自2007起，连续10年举办“中国·烟台大樱桃节”，广邀各界人士参与，扩大福山大樱桃影响力。2009年起，每年参与浙江大学CARD中国农业品牌研究中心举办的农产品区域品牌价值评估，稳步提升品牌价值，加大福山大樱桃品牌认知度。目前，全区有35个品牌大樱桃获得国家有机或有机转换认证，11个品牌大樱桃获得国家绿色食品认证，1个品牌获得国家无公害农产品认证。实现了福山大樱桃从量变到质变再到品牌化的升级转变。

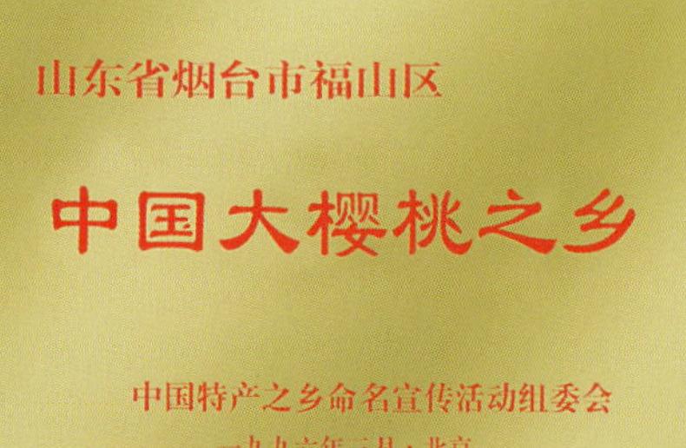

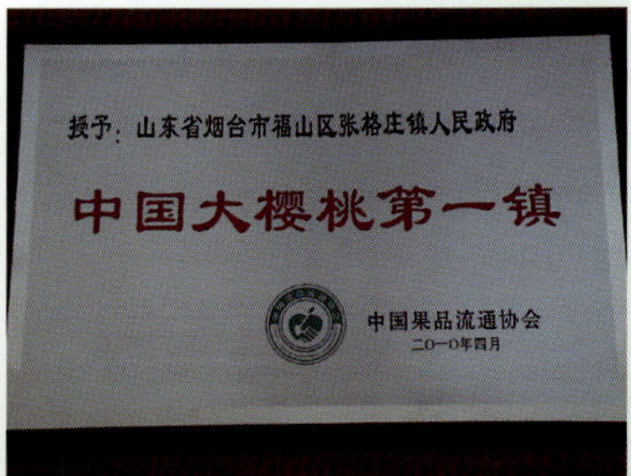

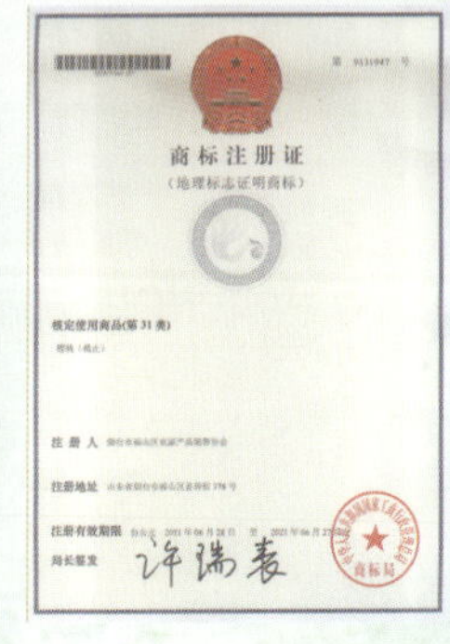

授予：山东省烟台市福山区

国家级大樱桃标准化示范县（区）

中华人民共和国农业部

二〇一一年三月

烟台市福山区张格庄镇

中国大樱桃第一镇

中国园艺学会樱桃分会

二〇一〇年四月

威宁县农业品牌发展

威宁县地处贵州省西部，是贵州省海拔最高、面积最大的县。全县平均海拔2 200米，有“一山分四季，十里不同天”的气候特点。全县生态环境优良，物产丰富，具有发展无公害农产品、绿色食品、有机农产品的天然优势。享有“畜牧之乡”“冷凉蔬菜之乡”“南方落叶水果基地”“中药材之乡”“中国南方马铃薯之乡”“中国薯城”的美誉。主要农特产品如下。

生吃火腿

粮油类：威宁洋芋、威宁苦荞、威宁芸豆、威宁短柱油茶。

蔬菜类：威宁大白菜、威宁白萝卜、威宁紫皮大蒜。

水果类：威宁苹果、威宁大黄梨。

中药材类：威宁党参、威宁天麻、威宁百合、威宁折耳根。

畜牧水产类：威宁黑山羊、威宁半细毛羊、威宁乌金猪、威宁黄牛、威宁鸡、威宁草海细鱼。

加工类：威宁荞酥、威宁苦荞茶、威宁火腿、威宁牛干巴。

荣誉证书

授予：威宁彝族回族苗族自治县

中国薯城

中国食品工业协会
2017年11月

中国薯城荣誉证书

目前，威宁县成功注册农产品地理标志12个。其中国家商标局地理标志证明商标5个（威宁洋芋、威宁荞酥、威宁苦荞、威宁甜荞、威宁火腿），质检总局地理标志保护产品5个（威宁党参、威宁荞麦、威宁苹果、威宁芸豆、威宁白萝卜），农业部农产品地理标志2个（威宁苹果、威宁黄梨）。

2017年，“威宁洋芋”成功入选2017中国百强农产品区域公用品牌，2018年又入选2018中国农民丰收节全国100个农产品品牌；“威宁苹果”区域公用品牌在2018年中国果品区域公用品牌价值榜发布会上，以2.6亿元的品牌价值，位列全国果品区域公用品牌第108位。

威宁苹果

威宁苹果（冰糖心）

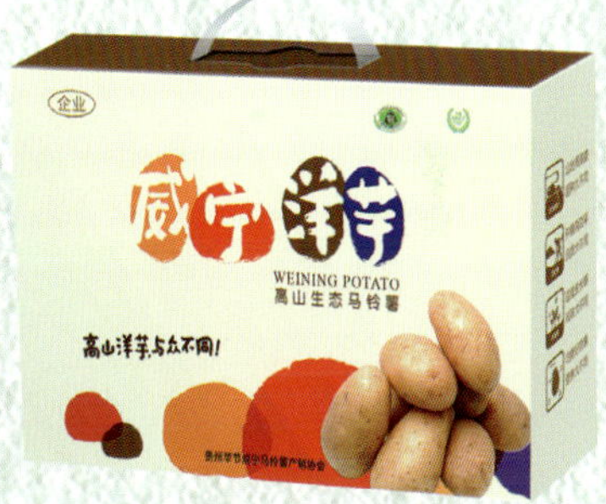

威宁洋芋

威宁苹果自然着色

甘蔗种传病害病原检测及温水脱毒种苗生产技术体系创建与应用

云南常年种蔗500余万亩，覆盖蔗农600余万人，是全国第二大产区。目前，蔗糖业是云南边境民族地区精准扶贫最具成效产业之一，2016/2017榨季19.5787万人种蔗脱贫。

防止种苗带菌（毒）传播病害，最经济有效的措施就是生产、繁殖和推广脱毒种苗。成果针对甘蔗产业突出问题，历时15年协同攻关，系统攻克了种传病害精准有效诊断与防控瓶颈，促进了甘蔗产业绿色高质量发展。

一是首次系统建立了10种种传病害13种病原分子检测技术，探明了种传病害病原种类，明确了重点监测病原目标基因，为种传病害精准有效诊断及引种检疫提供了技术支撑。二是首次检测报道了条纹花叶病毒、白叶病植原体、高粱坚孢堆黑粉菌、屈恩柄锈菌、白条黄单胞菌、赤条病菌和SrMV 新分离物HH-1；研究明确了RSD病菌致病性及流行特点，揭示了不同品种RSD感染状况，为监测预警和有效防控种传病害提供了依据。三是成功发明甘蔗种苗温水脱毒处理方法及设备，建成温水脱毒车间22间，实现了脱毒种苗工厂化、规模化和标准化生产；首次创建了温水脱毒种苗生产技术体系，制定了标准化技术规程，为推广应用脱毒种苗开辟了技术新途径、提供了全程技术支撑。

成果技术“甘蔗温水脱毒种苗生产技术”2014年、2015年连续2年入选农业部主推技术，2015年在CCTV 7《农广天地》首次播出；2016—2017年，研究成果在低纬高原蔗区云南8个主产州（市）累计推广应用418万亩，减少甘蔗损失334.4万吨，增加蔗糖产量41.81万吨，新增销售额35.79亿元，新增利润11.36亿元，节约种苗和劳力成本10.45亿元。

成果获专利10项，制定标准4个，发表论文83篇（其中SCI收录18篇），出版专著7部（其中英文国际专著1部），总体技术水平居国内同类研究领先，达到国际先进水平，获云南技术发明二等奖1项、自然科学三等奖1项，第八届“发明创业奖·人物奖”1项，中国产学研合作创新成果奖1项，第七届中国-东盟博览会农村先进适用技术暨高薪技术展优秀参展项目奖1项。

危险性种传病害甘蔗白叶病（1）

危险性种传病害甘蔗白叶病（2）

全国甘蔗健康种苗培训班代表现场观摩甘蔗种苗温水脱毒处理

温水脱毒种苗长势

千亩连片温水脱毒种苗繁育基地

国家糖料体系专家实地查看温水脱毒种苗长势及示范效果

泽库县品牌农产品

泽库藏羊。泽库藏羊体大坚实，头呈三角形，鼻梁隆起，公母均有角，尾小呈三角形。屠宰后肉色鲜红，有光泽，肌纤维致密，富有韧性，外表湿润不黏手，脂肪呈白色；煮沸后肉汤澄清透明，脂肪团聚于表面，膻味小、味道鲜美纯正，风味独特。泽库藏羊肉蛋白质含量高，脂肪含量适中，氨基酸种类齐全，烟酸、维生素E、微量元素等含量丰富，食用品质好。

泽库牦牛。泽库牦牛外形结构紧密而匀称，前驱发育良好，头较长，额短宽面部微凹，侧视呈楔形，鼻梁较窄，角粗壮光滑，角形向外上方生长，形成不密闭环形；屠宰后鲜肉颜色深红，肌间脂肪分布均匀，脂肪颜色微黄；肉煮沸后的肉汤清澈透明，脂肪团聚于表面，具特有的香味。泽库牦牛肉蛋白质含量高，脂肪含量低，氨基酸种类齐全，烟酸、维生素E、微量元素等含量丰富，食用品质好，热量特别高。

泽库黄菇。黄菇盛产于泽库县海拔1 700～3 600米一带无污染地区。泽库黄菇肥硕鲜嫩，香浓色丽，气味纯正，芳美可口，备受人们青睐。泽库黄菇含有丰富的氨基酸、维生素和多种微量元素，脂肪、淀粉、蔗糖含量高。

泽库蕨麻。泽库蕨麻亦称人参果，是普薇科委陵菜属的植物，多年生草本。生于海拔1 800～3 500米的草甸、河漫滩附近。泽库蕨麻根富肉质，呈块形，味甘美；含有17种氨基酸和人体必需的矿物质和微量元素，具有较高的营养价值。

泽库黑青稞。泽库黑青稞呈黑褐色，椭圆形，颗粒饱满、均匀，属青藏高原特有品种，营养价值高，是藏区牧民传统主食（糌粑）的主要原料，可酿制青稞酒，亦是加工酿皮等各种特色食品的主要原料，炒制后口感纯香。泽库黑青稞淀粉、蛋白质高，营养丰富。

泽库油菜籽。泽库油菜籽呈黑褐色，籽粒大，饱满均匀，耐贮藏，含油量高，蛋白质、脂肪、维生素E、微量元素含量较高，营养丰富，品质优，商品性好，符合现代消费者对营养健康食品的需求。

黔阳冰糖橙

洪江市位于湖南西部、沅河流域的雪峰山区，被誉为“物种变异的天堂”，是杂交水稻、冰糖橙、金秋梨等农产品的发源地，是全国优质柑橘基地重点县（市）、国家优势柑橘冰糖橙基地，2019年黔阳冰糖橙栽培面积20.6万亩，年产量达30余万吨，占全市柑橘总产量的60%以上。

黔阳冰糖橙是从原黔阳县实生甜橙变异中选育而成的优良柑橘品种，于1976年育成，定名“黔阳冰糖橙”，为国家地理标志产品。1978年获全国科学大会奖，曾18次获省部级金奖；2016年获评湖南省十大农业区域公用品牌；2017年获首届袁隆平农业博览奖，并获评中国百强农产品区域公用品牌；2018年获中国国际农产品交易会金奖、袁隆平特别奖；2019年获我最喜爱绿色食品、最受市场欢迎优质农产品等称号，获袁隆平特别奖。黔阳冰糖橙皮薄橙红，肉脆化渣，汁多无核，味甜清香，可溶性固形物含量14%以上，营养丰富，品质优良，具有止咳理气、健胃疏肝、降脂美容等多种功效。

品黔阳冰糖橙，享世间好口福！

铜梁区农业品牌建设

平滩——老肖葡萄

铜梁区深入贯彻高质量发展理念，围绕实施乡村振兴战略，立足农业绿色化、优质化、特色化、品牌化，在品种优化、品质提升、品牌引领上下功夫，着力发展壮大精品花木、精品果蔬、精品养殖等特色产业，实现“小品种”带动“大品牌”、小船结队出海闯市场。

全区已发展三角梅、玫瑰、彩色苗木及其他乡土树种2.5万亩，建成标准化蔬菜基地18.3万亩，发展蜜柚、樱桃、李子、梨、葡萄等特色水果10.4万亩，发展专业化水产养殖5.5万亩，发展乌鱼、小龙虾、观赏鱼等特色养殖1.5万余亩。发展无公害农产品、绿色食品、有机农产品377个，培育绿油坡绿豆芽、巴岳柚、老肖葡萄、仙隐山樱桃、陆之品草莓等重庆市名牌农产品17个。铜梁樱桃入选全国名特优新农产品名录，巴岳柚获得第二十届中国绿色食品博览会金奖，铜梁莲藕、铜梁枳壳获评农产品地理标志产品，小林砂糖李、庆隆梨、岚峰黄花、铜梁使君子、铜梁葛粉获地理标志认证商标。

原乡小艾。2019年铜梁区围绕新型农村集体经济“六个要”发展路径，利用荒山荒坡采取“公司+集体经济+农户”的发展模式，以“原乡小艾”小切口带动艾草产业大突破。以“原乡小艾·送福送爱”为主题，通过新闻发布会、短视频推送等形式全媒体宣传“原乡小艾”品牌，开展“原乡小艾”进商圈进小区进景区、乡村音乐节、义灸、沉浸式体验等系列活动进行宣传推广，从而实现艾草小品种催生“原乡小艾”这一忘不了故乡、记得住小艾的大品牌。“原乡小艾”荣获2019中国农产品百强标志性品牌和重庆好礼铜牌品牌，带动全区发展艾草产业1万亩。

土桥——陆之品草莓

铜梁莲藕。通过查阅和收集相关历史资料，铜梁区大面积规模化种植莲藕年限达20年以上，全区种植莲藕达5万亩。同时，得天独厚的地理环境，科学的种植和管理，造就了铜梁莲藕藕体粗圆，表面光滑、黄白、无锈斑，肉质紧实、洁白，藕断少丝，生食脆甜、炒食脆嫩、炖食汤清鲜香的独特脆藕品质。2017年铜梁区启动了“铜梁莲藕”农产品地理标志登记工作，目前“铜梁莲藕”成功登记农产品地理标志。

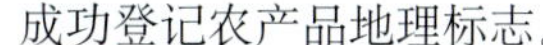

铜梁莲藕

铜梁葛粉

庆隆梨

双山——仙隐樱桃

产业兴旺助发展　乡村振兴谱新篇
——江苏省东台市三仓镇

三仓镇位于东台市东部地区，是集商贸、工业、教育、文化、卫生、交通枢纽等多种功能于一体的综合性中心城镇。全镇总面积157.26平方千米，耕地面积10 042公顷，人口7万人，辖1个街道办事处、33个村（居）、304个村民小组，是全国闻名的“西瓜之乡”、全国无公害农产品基地。三仓现代农业产业园被认定为全国休闲农业与乡村旅游星级示范企业(园区)，被江苏省认定为省级现代农业示范园区、四星级乡村旅游示范区。

三仓镇紧紧围绕“生态优、村庄美、产业特、农民富、集体强、乡风好”的特色田园建设要求，大力推进兰址、联南和官苴3个村5大类71个特色田园乡村建设项目，在乡村振兴实践中，探索出了一条契合三仓实际的以特色田园乡村建设助推乡村振兴发展之路。

特色产业，拓宽村民富民路

按照乡村振兴和特色田园乡村产业兴旺要求，三仓镇以创建江苏省特色田园乡村为契机，全力发展比较效益好、可持续发展的农业特色产业。全镇高效设施瓜果蔬菜达11万亩，占总耕地的85%以上，亩均效益8 000元，农民人均纯收入30 000多元，高出全市人均纯收入40%。大力创树品牌，创成“三品”品牌27个，实现无公害农产品全覆盖。

绿色田园，建成美丽宜居桃花源

构建田园生态景观。按照“水清、景美、境悠”的要求，对江苏省首批特色田园乡村试点村兰址村、联南村、官苴村村庄河道、沟渠疏浚清淤，对主河道生态驳岸，增强水体自然净化能力。推进绿色发展，村庄环境面貌得到了显著改善。加强农业面源污染整治，提高农药化肥减量控害增效水平。大力发展现代生态循环农业，农业生态环境得到明显提升。提升基本公共服务，进一步完善公共服务配套。

创新治理，造就乡村和谐美

推进乡村文化建设，展示新时代乡村文化，激发乡村活力，造浓乡村共建氛围。加大文明创建力度，开展“幸福小广场”、文化惠民等多种文化下乡活动，常态化组织开展文明户评选、东台好人和道德讲堂等活动。

改革创新，奔向全面小康路

深入推进“新土改”，置换零散建设用地指标，用于特色田园乡村建设；出台土地流转保护价，流转用于千亩标准化设施农业示范片建设；宅基地制度改革方面，将农村宅基地住房纳入不动产统一登记，鼓励村民依法自愿有偿退出宅基地。建立多元投入机制，设立三仓润丰现代农业投资发展有限公司用于对外融资，引导和撬动社会资本建设特色田园乡村。不断健全社会保障体系，实行民主管理，推进精准扶贫。

阜阳市颍泉区草莓协会

阜阳市颍泉区草莓协会成立于2011年9月13日，成员出资总额3万元，草莓协会位于阜阳市颍泉区闻集镇，主要业务范围为草莓种植、加工、销售、种苗繁育、技术培训。草莓协会进行了资源整合、科技创新，引进、研发了新品种，对草莓进行设施栽培，目前协会种植草莓品种有“京香”系列、通州公主、皖红玉、皖香、天仙醉、章姬、红颜等，每年工厂化育苗8 000万棵。草莓协会成立以来，受到了各级领导的高度关注，省、市、区领导多次到协会种植基地视察指导工作。草莓协会现拥有授权发明专利5项，实用新型专利46项，省级科技成果15项，获得安徽省科技进步三等奖3项，阜阳市科技进步奖二等奖3项，承担国家、省、市级科技项目6项；在2017年7月与安徽省农业科学院园艺研究所成功培育了草莓新品种皖红玉。同时参与制定了阜阳市地方标准5项，经注册有“闻集”“火营”“闻福”等商标，2011年12月获绿色食品认证，2016年“火营”牌草莓获得阜阳市知名商标，2019年“闻集”牌草莓正式获批国家地理标志保护产品认证。多次参加全国草莓大会和全国草莓精品擂台赛，选送的草莓获得15项金奖、23项银奖、42项优秀奖。 草莓协会每年与经销商签订草莓生产订单，产品销往北京、天津、烟台、郑州、南京、杭州和上海等十多个城市，为草莓协会带来了经济效益。

草莓协会目前实有会员526人，带动农民1 120户（其中贫困户58户）加入草莓协会，累计培训草莓栽培实用技术人才3 000多人次，带动闻集镇发展草莓种植面积20 000余亩，产值5亿多元，带领3 000多户农户依靠草莓生产走上了致富道路。

北京农林科学院果树研究所所长、中国园艺协会草莓分会理事长张运涛与阜阳市颍泉区草莓协会会长张殿兴合影留念

安徽省农业科学院院长徐义流到阜阳市颍泉区草莓协会指导工作

安徽省农业科学院院长徐义流查看皖香草莓新品种

张殿兴会长和宁志怨博士考察草莓高架育苗

乌兰察布马铃薯

乌兰察布市地处我国正北方、内蒙古自治区中部，位于北纬41度阴山麓下，海拔1 400米，总面积5.45万平方千米，耕地面积1 300万亩，日照充足、气候冷凉、昼夜温差大，是世界公认的马铃薯黄金产区。

乌兰察布马铃薯种植历史可追溯至明朝万历年间，发展至今全市马铃薯种植面积常年稳定在400万亩左右，产量稳定在450万吨以上，产量和面积分别占内蒙古自治区的46%和50%，占全国马铃薯种植面积和产量的6%，“三品一标”认证率达85%，已成为国家重要的种薯、商品薯和加工专用薯生产基地。全市现有马铃薯骨干加工企业32家，加工品有精淀粉、全粉、粉条、薯条、薯片以及休闲类；精淀粉年加工能力13万吨，薯条、薯片年加工能力8万吨，全粉年加工能力2.75万吨，以马铃薯醋、马铃薯酸奶饼、方便粉丝等为主的休闲食品年加工能力近2万吨。

近年来，依靠科技、科学育种，乌兰察布市建设了从茎尖脱毒、组培快繁、温网式繁育微型薯到原种生产的完整体系，原种以上脱毒种薯面积达到65万亩，脱毒种薯覆盖率达到90%，形成夏波蒂、克新一号、华颂等10多个品种的集群。乌兰察布市马铃薯外形漂亮，营养丰富，干物质含量高达25%以上，高于国内其他产区，受到业界和市场的一致好评。2008年“乌兰察布马铃薯”获农业部农产品地理标志认证；2009年3月中国食品工业协会正式命名乌兰察布市为“中国马铃薯之都”；2017年“乌兰察布马铃薯”荣获中国百强农产品区域公用品牌；2018年，农业农村部等9部委认定乌兰察布市乌兰察布马铃薯中国特色农产品优势区，同年“乌兰察布马铃薯”入围中国农民丰收节100个农产品品牌名单；2019年，“乌兰察布马铃薯”获首届神农论坛神农奖，同期入选2019年中国品牌评价价值榜，品牌强度845，品牌价值126.46亿元，“乌兰察布马铃薯”连续四年入选中国品牌评价价值榜。

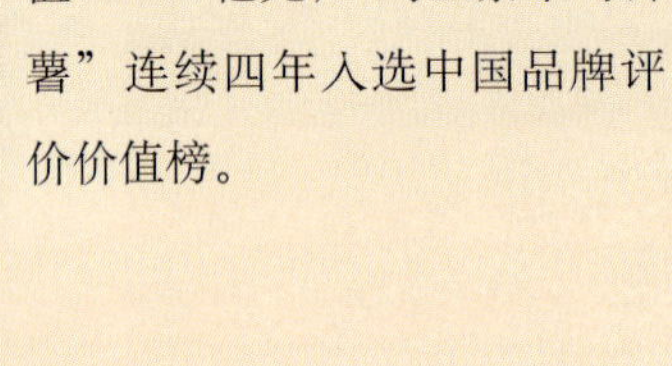

伽力森主食企业（无锡）集团股份有限公司

伽力森主食企业（无锡）集团股份有限公司（以下简称伽力森）创立于1998年，是一家以生产主食类食品及餐食辅料为主的农业产业化国家重点龙头企业。主要产品包括无菌包装米饭、无菌包装菜肴、冷冻面米制品、方便食品、调味品、黄油制品等。目前已形成5 000万份/年无菌包装米饭、5 000万份/年冷冻熟面、5 000吨/年低温萃取汤汁、20 000吨/年乳脂黄油的生产规模。

伽力森按照国际BRC食品技术标准（BRC Food Technical Standard）和国家《食品安全管理体系 食品链中各类组织的要求》（GB/T22000—2006）的规定组织生产运营。伽力森坚持以市场为导向不断研发新产品，不断推出符合中国健康膳食要求的主食系列产品。依托旗下伽力森主食企业（江苏）有限公司、伽力森（无锡）新零售运营管理有限公司、伽力森主食企业（上海）有限公司三家全资子公司进行优质经营。

2018年8月，美国康地谷物集团以8亿元的估值投资8 000万元，获取伽力森10%的股份；2019年2月，伽力森中高层团队又以8亿元估值投资2 400万元，获取伽力森3%的股份；2019年5月江苏省政府投资基金现代农业发展子基金以10亿元的估值投资5 000万元，获得伽力森5%的股份。伽力森已在2014年新三板挂牌的基础上。

伽力森人努力践行“中国饭碗任何时候都要牢牢端在自己的手上”的重要指示，力争在未来10年把伽力森打造成中国百亿乃至千亿级的食品生产企业，造福人类、奉献社会。

伽力森主食企业(兴化)生产基地

武义宣莲

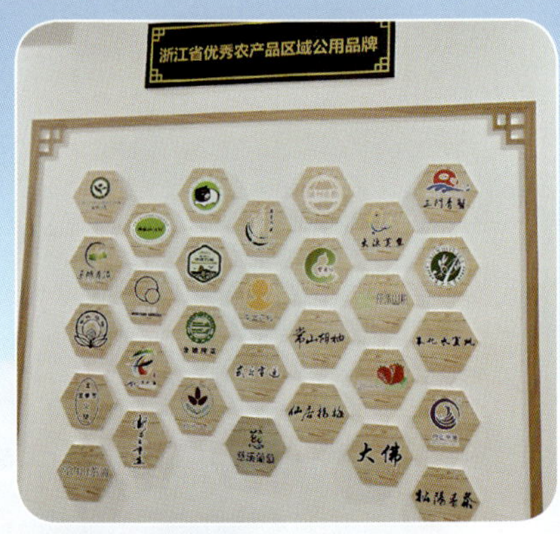

浙江省优秀农产品区域公用品牌

武义县隶属浙江省金华市，是少数民族聚居地，革命老区县。位在括苍、仙霞山脉尾段之夹缝带，是地壳变动期遗留下来原生态古地貌，又有别于古老的地质结构，牛头山国家森林公园跟俞源太极星象村坐落其中，属亚热带季风气候。地形、气候、植被、土质、水源得天独厚，这种特定的自然生态环境是形成武义宣莲卓越品质的必备条件。

武义宣莲传统加工需经挖莆、剥壳、去皮、捅芯、漂洗、微晒、烘焙、筛选等8道工序。颗大粒圆、饱满肉厚、色泽乳白、具清香味、质酥不糊、食而无渣、软糯可口、味道甘美，故有民谚“天赐宣平黄金土，地育宫廷白玉莲”。武义宣莲先后荣获浙江省名牌产品、国家地理标志证明商标、国家农产品地理标志保护产品、浙江省优秀农产品区域公用品牌最具历史价值十强品牌和浙江省精品果蔬展销会金奖等。

通过举办以武义宣莲、武义温泉、生态旅游、文化养生、户外运动等为主要内容的活动，推动了武义宣莲文化产业和全县农旅融合等其他行业的蓬勃发展。近年来，通过政府部门引导、财政扶持、品牌宣传、市场拓展和新技术推广应用等，武义宣莲产业取得了较好的社会、经济和生态效益。

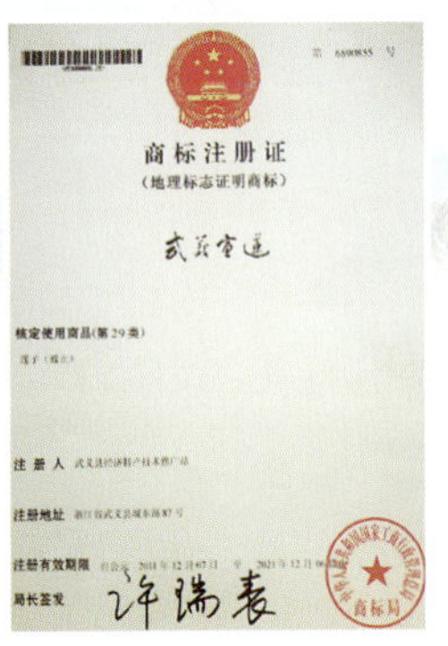
商标注册证
（地理标志证明商标）
武义宣莲
核定使用商品（第29类）
注册人
注册地址
注册有效期限
局长签发 许瑞表

武义宣莲地理标志证明商标

商标注册证
宣莲
核定使用商品/服务项目（国际分类：43）
注册人
注册人地址
注册日期
局长 刘俊臣

武义宣莲商标注册证

武义宣莲基地景观

桐琴蜜梨

武义县位于浙江省中部，境内山川秀美，物华天宝。桐琴蜜梨产于武义县桐琴镇一带，栽培历史悠久，品质独特。为2003年浙江省十大名梨，2019年浙江省十佳梨，连续包揽四届浙江之最梨擂台赛冠军，浙江农业吉尼斯最甜梨纪录（可溶性固形物含量15.3%，2007）保持者。曾荣获浙江省蜜梨出口基地县、1983年外贸部三大出口梨基地县、中国蜜梨无公害十强县称号。还荣获过四次浙江省精品水果展金奖，五次浙江省优质早熟梨评比金奖，六次金华市精品水果展金奖，是金华市名牌产品，金华市著名商标。

桐琴蜜梨产地位于浙江省梨主产区最南部，春季回暖早，温差大，光照充足，降雨充沛，主栽的翠冠、翠玉等品种，上市期比浙北地区早7～15天，成就了桐琴蜜梨早熟优质的品质特色。近10年以来，桐琴蜜梨面积稳定在1.2万～1.3万亩，常年产量2万吨，产品牢牢站稳了浙江、福建、广东等东南沿海地区早熟梨市场。同时，开展梨膏、梨酒、梨干等系列延伸产品的加工工艺改造和创新，规模化生产，综合利用，多元发展。

桐琴蜜梨节是当地重大的节庆活动，2010—2018年，在桐琴蜜梨的原产地、主产地桐琴镇，举办了八届桐琴蜜梨节，开展蜜梨争优争霸和削梨比赛、蜜梨主题摄影展、精品蜜梨展示展销和免费品尝等活动。

南国灵奇珍异——化橘红

化州，因盛产橘红，又称橘州或橘乡。化橘红文化，源远流长。《本草纲目》记载：“橘红佳品，其瓤内有红白之分，利气、化痰、止咳功倍于它药……”其功效越陈越良。自古以来就有“南方人参”和“一片值一金"的说法，明清时期列为宫廷贡品。

环境得天独厚

化州市种植化橘红的土壤属偏酸性赤红土壤，富含微量元素，加上科学的栽培技术，化橘红中柚皮苷含量达7%以上，最高可达40%，总黄酮含量达40%以上，比其他地区产的橘红高出数倍。2006年，国家质检总局对化橘红实施了地理标志产品保护。

生产历史悠久

早在南宋时期，化州就已开始种植化橘红，近年来发展较快，种植面积10万多亩，年产鲜果2万多吨，给群众带来直接收益5亿多元；建成专业镇9个，1 000亩以上高标准生产示范基地5个；培育了“中华化橘红第一村”平定大岭村等一批专业村。

产业发展迅猛

化州化橘红加工企业已达65家，从业人员20多万人，产值35亿元，品种50多个，涵盖生物制药、橘红茶、切片、保健品、工艺品、罐装小食等。培育了广州香雪化州中药厂等知名企业。该公司已发展成为集中成药制药和药材规范种植开发于一体的现代高新技术医药企业，年产值4亿多元，“橘山”牌橘红痰咳液、橘红痰咳煎膏等系列药品荣获广东省科技进步奖和广东省名牌产品等称号。

营销与时俱进

近年来，每年举办化橘红文化节，积极参加各类展销会，不断提升化橘红的知名度和美誉度；探索“互联网+”营销模式，化橘红产品电子商务企业60多家，交易额6 000多万元。积极拓展国际市场，化橘红系列产品远销欧美、日本等20多个国家和地区。

产业发展与精准扶贫相结合

整合290个村6 000户贫困户，统筹扶贫资金8 000多万元投资华聪药业公司。采取“保底收益+分红”模式，扶贫资金获得6.5%保底收益；采用“公司+产业园+贫困村+贫困户”的签订种植合同合作模式，带动贫困村和贫困户种植公司需要的化橘红，凡在公司计划指导下的产品全部按市场价格收购；公司优先录用贫困户，带动贫困户就业。此举既实现化橘红产业发展，又带动贫困户稳定脱贫。

狠抓技术研发

财政每年安排化橘红产业研发专项工作经费。长期与中山大学等高校合作，对化橘红种质资源进行基因图谱分析，对化橘红各种质资源特性进行检测，加以保护；建设化橘红种质资源库和原产地保护基地，防止其退化。

不舍跬步，方有千里之行，发展永远在路上，化州将迎着新时代的历史风帆，再启拼搏奋进的远大航程，续写这片神奇土地上新的传奇。

药食同源果桑新品种选育与栽培技术研究及产业化应用

果桑位列国家确定并公布“药食同源”植物名单，果桑全身都是宝，桑果（桑葚）、桑叶是药食同源营养食品，且桑果、桑叶、桑枝、桑白皮又均为中药材，市场开发潜力巨大。近10年来，果桑作为特色水果、中药材、食品和多种功能性精加工产品原料，迅速发展为新兴特色健康产业和农业供给侧结构性改革调整优先项目之一。10多年前，果桑产业发展面临品种单一，栽培技术不配套，菌核病易发难防，具有市场竞争力的功能性精加工产品匮乏等问题。

由安徽省农业科学院果桑研究团队主持完成“药食同源果桑新品种选育与栽培技术研究及产业化应用”项目，通过引进收集国内外优良果桑种质资源178份，创新创制种质资源33份，采用离子束诱导、分子标记及芽变优良单株育种等方法，系统选育具有适应性广、高产、高抗等特性果桑新品种3个：花青素含量高的紫黑色品种桑梓1号、蛋白质含量高的紫黑色品种桑梓2号、含糖量高的白色品种桑梓3号；创建了不同于果树和传统桑树栽培技术体系：果桑合理密度栽植、养成适宜树型、高效防治主要病害菌核病及智能轻简省力化园区管理技术等，具有提质、高产、高抗、省力化等功效，大大提高了果桑园管理水平与生产效率，降低了生产成本；使用根施纳米硒肥等安全高效方法，研究建立果桑富硒技术体系；采用桑果、覆盆子、黄精、山药、茯苓、甘草等药食同源中药材研发具有保健功效复合型桑果酒和白兰地，以及陈皮桑叶茶、富硒桑果干、富硒桑果酒、桑椹米酒、桑果糕（膏）、桑果酵素、桑果冻干、桑果酱、桑果醋等营养保健产品，开发桑果干、干桑叶、桑枝切片、桑白皮等中药材。

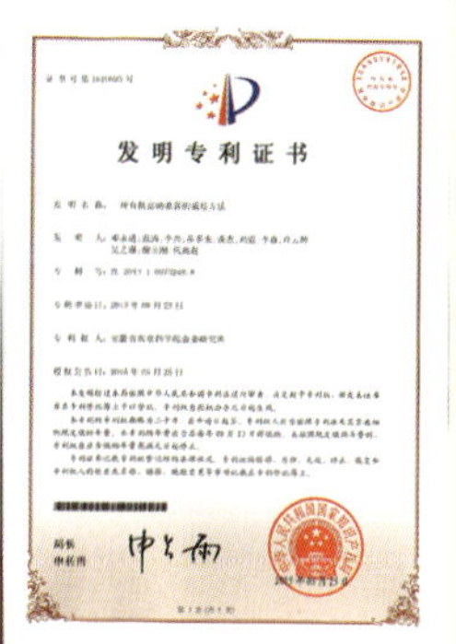

发明专利证书

本项目成果历经近10年试验示范，技术日臻成熟。已在合肥、六安、安庆、黄山、宿州等市和太和、定远、巢湖、亳州谯城区等50个县（市、区），以及新疆皮山县建立了新品种、新技术示范推广基地。选育出桑梓系列果桑新品种，平均每公顷产量3万千克以上。果桑新品种、新技术累计推广面积2.436万公顷，桑果产量68万吨，10多个精加工产品批量上市，新增经济效益17.5亿元，带动3 000户农户脱贫，促进了果桑产业发展，为农业增效、农民增收、企业市场竞争力提升及精准扶贫、科技援疆做出了重要贡献，社会影响较大。项目获授权国家发明专利3个、实用专利8个和软件著作7个，制定颁布地方标准2个，获省级成果6项，申请注册国家商标16个，研发产品10多个，发表相关论文10篇。

安徽科学技术研究成果

证 书

安徽省农业科学院蚕桑研究所

你单位研制的优质果桑的引种示范与精深加工

已取得成功，经审查符合省级科技成果条件，

特发此证书。

甘肃康源现代农业有限公司

甘肃康源现代农业有限公司成立于2015年7月，在榆中县三角城流转土地1 000亩，现已投资1.2亿元，建成智能连栋温室3座、日光温室30座、钢架大棚400座、工厂化育苗棚3座，1万立方米、3万立方米蓄水池各1座，占地5 600平方米冷链加工配送中心1个，蔬菜加工扶贫车间2间，尾菜沼气化处理设施等，形成了全产业链循环农业。是一家集农产品生产、加工、销售、采摘，休闲体验，观光旅游，科普创新于一体的现代化设施农业公司。通过成立榆中县兰州高原夏菜产业化联盟，带动50余家专业合作社及种植大户，积极开展兰州高原夏菜新品种、新技术的引进、试验、示范、推广及钢架大棚建设工作，推动全县兰州高原夏菜绿色蔬菜产业转型升级。目前，公司已形成集高原夏菜育苗、种植、收购、外销、技术推广与大棚建设于一体，规模化、集约化、标准化、产业化的省级现代设施农业示范园区。

2016年8月公司顺利通过GAP系统认证；2016年被认定为甘肃省科技特派员精准扶贫科技示范基地、甘肃省引进国外智力成果推广示范基地、榆中县农业产业化重点龙头企业，在甘肃省质量管理小组活动中获得一等奖；2017年被认定为市级重点龙头化企业，甘肃省省级创业就业孵化示范基地（园区），省级农民工返乡创业示范基地，省、市、县、乡四级农产品质量安全追溯示范单位，兰州市高校毕业生就业见习基地；2018年被选定为全省“三变”改革试点单位，被认定为兰州市小型微型企业创业创新示范基地、省级农业产业化重点龙头企业。2018年“兰榆康源”牌番茄荣获第十九届中国绿色食品博览会金奖。截至目前，已有30个蔬菜品种取得绿色食品认证。2018年7月获得全市非公企业党建工作示范点，10月获得全市非公有制经济组织先进基层党组织。

公司紧紧围绕生产、产业、经营、生态、运行、服务6大体系，全面开展高原夏菜品牌蔬菜种植区、集约化育苗基地、特色果蔬采摘区、蔬菜精深产品加工及物流配送区、生态循环农业、高原夏菜展厅、休闲观光区、高原夏菜信息服务中心、设施蔬菜产业扶贫等重点建设工作。

永宁街道大埝社区

一、大埝社区基本情况介绍

大埝社区位于风景秀丽的老山北麓，东靠琥珀泉、珍珠泉旅游风景区，南靠老山景区，西邻汤泉，北枕滁河，距即将建设的南京北站3千米，空气清新，环境优美，堪称“天然氧吧”。全社区共有6个居民小组，1 801人，675户。辖区面积8 100亩，其中林地面积3 124亩，耕地面积1 442亩，果园1 200亩，水域面积730.97亩，主要以林地和一般农地为主。农户住宅占地面积13.7万平方米，住宅建筑面积11万平方米，安置房面积1.35万平方米，责任田0.3万亩。

2013年，大埝社区还是一个名副其实的贫穷山洼小村，村集体软弱涣散，经济基础薄弱。社区年总收入仅120万元，人均年收入1.4万元，居民生活品质不高。近年来，大埝社区认真贯彻落实“绿水青山就是金山银山”的理念，坚持以党建统领各项工作，着重发展休闲农业、乡村休闲旅游，引进乡村的新产业新业态，走出一条“社区+景区+农户”的创新建设模式。2018年，村集体收入达320万元，人均年收入达2.8万元。

二、主要做法

大埝社区通过水墨大埝乡村振兴示范建设，实现村集体增收，带动村民致富。通过社区盘整闲散的农民宅基地、自留地等，因地制宜、分类指导。一是坚持运动、休闲、健康发展方向，保留原住民的生产生活方式。同时，及时解决厕所、污水处理、路桥、道路亮化、绿化等群众关注的民生问题，着力改善村居环境。二是六组搬迁腾退宅基地128户，现剩下73户农户。社区将通过民宿合作社对剩下的农户以回租、搬迁等方式进行安置，在景区周边发展民宿、农家乐等配套产业，增加农民财产性收入。三是乡村旅游项目共回租村民闲置房屋、土地流转约2 000亩。其中，回租六组村民闲置土地约1 000亩，给农民一次性青苗补偿近2 500万元，每年每亩1 000元租金，净收益达100多万元。同时，城建集团每年给予社区每亩300元的服务费，村集体每年土地收益达30万元。四是鼓励老百姓创业开办农家乐，目前当地村民利用自家庭院开办农家乐、民宿共19家，平均每户每年纯收入约8万元。五是社区以“就家就地就近”原则带动当地村民在水墨大埝景区从事保洁、保安等工作达千余人次。社区支持当地贫困户及低收入户在景区就业、创业，截止到2018年年底，原20户低收入户已全部脱贫。

棉花生产全程机械化关键技术及装备的研发应用

陈学庚院士

新疆维吾尔自治区是我国优质棉生产基地，棉花产量约占全国棉花总产量的60%，总产、单产、品质和调出量均居全国首位，该棉区积温偏低，与美国、澳大利亚等国的农艺栽培技术相差很大，国外棉花生产装备不能完全适应当地农艺要求，而我国又长期缺乏对棉花全程机械化的系统研究，产业发展面临瓶颈。该项目以高产高效并重为目标，通过农机农艺融合、关键技术突破和集成创新并举，实现耕、种、管、收无缝衔接。针对棉花生产机械化关键技术难题，以创制关键技术与装备为突破口，建立棉花生产全程机械化技术体系，实现大面积推广应用。

主要创新成果：

1.率先创建了可实现高产高效兼得的棉花生产全程机械化技术体系。

2.破解了棉花超窄行膜上精量播种技术难题。

3.创制出棉花种床精细整备联合作业设备。

4.开发了适于高密度栽培的化学药剂立体喷施技术及装备。

5.研发出具有自主知识产权的采棉机及配套储运设备，打破了国外技术长期垄断的局面。

6.项目成果获发明专利16项，实用新型专利68项；出版专著3部，发表论文81篇；形成国家、行业及企业标准11项；获省级科技进步一等奖3项。

项目成果在新疆获得全面应用，在山东、河北、湖北、江苏等棉区示范应用，并推广到中亚五国和苏丹。项目成果形成的产品3年累计销售2万余台套，累计应用面积3 829万亩。

项目的实施，使新疆棉花生产人均管理定额从30亩扩大到100亩，产量和整体效益大幅度提高。2013—2015年棉花全程机械化技术应用增收节支146.24亿元。项目关键技术装备的自主研发，促进了我国农机装备制造产业的发展。项目成果彻底改变了传统的植棉模式，实现了产业跨越式发展，为稳定边疆、繁荣边疆做出了重大贡献。

国家科学技术进步奖

证　书

为表彰国家科学技术进步奖获得者，特颁发此证书。

项目名称：棉花生产全程机械化关键技术及装备的研发应用

奖励等级：二等

获 奖 者：陈学庚

中华人民共和国国务院

2016年12月21日

证书号：2016-J-25103-2-03-R01

国家科技进步二等奖（2016年）

项目主要完成人简介：

陈学庚，农业机械设计制造专家，中国工程院院士，石河子大学博士生导师，中国农业机械学会名誉理事长，农业部西北农业装备重点实验室主任。

主要从事旱田作业机械的研究。曾获国家科技进步一等奖1项，二等奖2项，国家星火二等奖1项；获省、部科技进步奖20项，其中一等奖6项；获国家专利80余项，专利实施后形成的新产品中有9项获国家重点新产品。撰写和编著《旱田地膜覆盖精量播种机械的研究与设计》等著作4部，在《农业机械学报》等国内学术刊物发表论文40余篇。获全国杰出专业技术人才等荣誉称号19项。

山东省青岛市西海岸新区灵珠山街道办事处

灵珠山街道办事处位于黄岛区中部，规划面积43平方千米，辖32个农村社区和1个城市社区，人口3.6万人，山林面积3.5万亩，森林覆盖率达54.6%，年平均负氧离子为每立方厘米2 800个，最高值可达每立方厘米4 000个，堪称“天然氧吧”。该区域旅游和农业资源丰富，交通便利，同三高速、济青南线、疏港线的交汇口坐落于此，距青岛流亭机场仅需50分钟，距跨海大桥入海口约9千米。

近年来街道先后获得山东省旅游强镇、中国百强生态文化名镇、好客山东休闲汇、最佳休闲乡镇、全国绿化先进集体等荣誉称号，并入选农业部全国首批美丽乡村创建试点单位，是中国旅游协会休闲农业与乡村旅游分会会员单位。2015年被授于山东省一村一品示范镇，2016年被农业部认定为第六批全国一村一品示范村镇（休闲农业）。

依托天然资源禀赋，灵珠山街道坚持把休闲农业和旅游业作为经济增长、居民致富、生态保护的主抓手，特别是大力发展以观光、采摘、垂钓、农家乐等为主题的乡村旅游业，在吸引大量游客观光体验的同时，创造了大量就业岗位，改善了农村生态生活环境，提升了居民精神文明素质，取得了较好的综合效益。灵珠山街道提出打造“乡村旅游+”新型发展模式，以农业为基础，以文化为内涵，以节庆为招牌，以互联网为媒介，实现互促共融，协调发展，打造有特色、有品质、有内涵的乡村旅游发展业态。

辖区内拥有国家4A级旅游景区两处，区域内环境优雅，与崂山并称青岛两大“绿色中心”，年接待游客100多万人次，实现旅游收入近1.2亿元。

辖区旅游资源均在7千米主干道两侧，在空间和时间上具有避免舟车劳顿的优势，在视觉和体验上具有享受观山赏水、体验采摘并品尝四季水果及特色农家宴的优势，形成了以“七大园区”为代表的休闲农业观光采摘园和农家宴特色产业。截止到2017年年底，灵珠山街道的生态观光园区、家庭农场以及农村合作社共30余家，其中入社农户达2 787户，占从事主导产业农户数的91%，带动农民就业5 000余人。2017年度，灵珠山街道主导产业收入达到1.2亿元，占经济总收入的63%，从事主导产业农民人均纯收入35 265元，高于当地农民人均纯收入的35%。

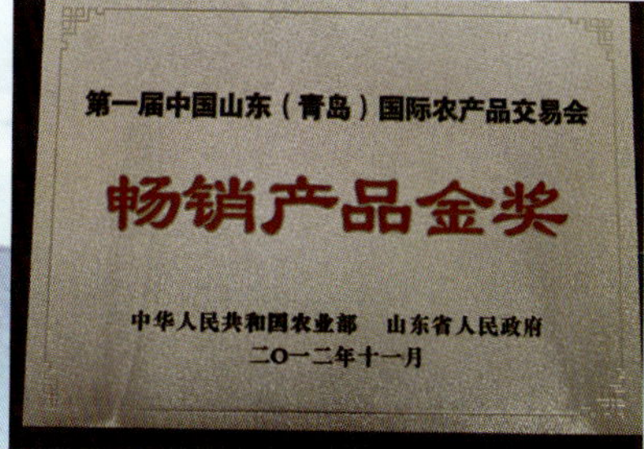

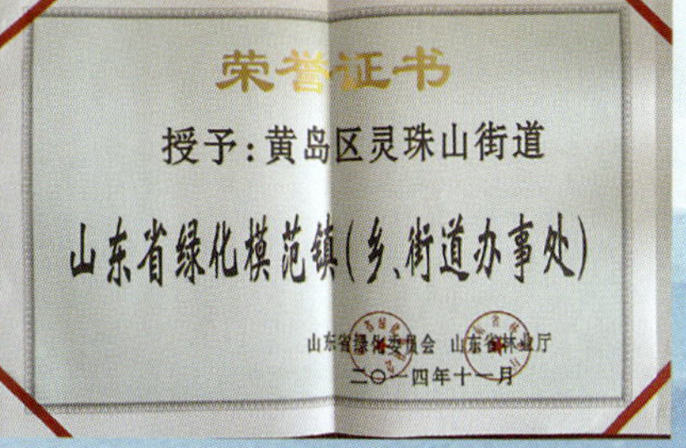

快速前进的泌阳县夏南牛产业

夏南牛是专用肉牛品种，2007年育成于河南省泌阳县，其研究成果获得国家科技进步二等奖。

泌阳县委、县政府，把夏南牛产业作为地方品牌、特色产业来抓。夏南牛产业已形成集夏南牛种质生产供应、技术研发、良种繁育、标准化规模养殖、屠宰分割、牛肉精深加工、商贸物流为一体的全链条产业，成为泌阳县域经济的支柱，肉牛产业规模和水平全国领先。2018年统计，全县夏南牛存栏38.5万头，出栏25.3万头，牛业产值逾150亿元。泌阳县已向全国提供夏南牛及其冷冻精液1 000万头（剂）以上，推广到我国大部分的省（自治区、直辖市），在推进我国肉牛产业发展，助力脱贫攻坚上，发挥了重要作用。

夏南牛产业发展已列入国家大别山革命老区振兴规划，成为河南省25项重大经济发展战略之一。泌阳县的夏南牛产业正借力泌阳夏南牛中国特色农产品优势区和泌阳县夏南牛国家现代农业产业园等国家级项目的实施，通过稳基础、强加工、活流通、树品牌等政策措施的应用，更好更快地发展。

第二节夏南牛比赛大会一角

夏南牛母牛

夏南牛04418号公牛、3.5岁、体重1 250千克

牛王奖

通江银耳

通江银耳发轫于盛唐，食用于宋元，入药于明清，20世纪初就远销欧美和东南亚各国。1995年通江县被命名为“中国银耳之乡”；2002年“通江银耳”获得证明商标注册使用权；2004年获得A级绿色食品标识使用权；2005年被列入国家地理标志产品保护名录；2008年被评为四川省著名商标，在第二届中国西部国际农业博览会上荣获金奖；2009年获“四川老字号”称号；2010年通江县被四川省政府确认为首批四川省现代农业产业基地强县（食用菌）；2014年，入选“四川十大特产”，获“天府七珍之首”称号；2016年通江银耳生产系统被列入中国重要农业文化遗产保护名录。

通江银耳的历史积淀与品牌创建为通江积累了一批无形资产，品牌价值快速提升，2016年中国农产品区域公共品牌价值评估达32.32亿元，2018年成功入围全国区域品牌（地理标志保护产品）百强榜单。《通江银耳志》为特色产业专业志书，在通江境内建立了通江银耳博物馆2处，积淀了厚重的银耳文化。

通江银耳因其独特的区域生态环境、独特的原生态段木栽培方式、独特的青冈生产原料、独特的食药用价值、独特的品牌文化，在菌类产品中独树一帜，被誉为“耳中极品”，“天生雾、雾生露、露生耳”成为通江银耳生长的经典写照，蕴含着深刻的自然哲学思想，通江银耳色泽米白、晶莹剔透、空松油润、清香浓郁，富含人体所需的多种氨基酸、微量元素、活性物质（黄酮、多酚、岩藻糖等），具有较高的抗氧化活性，既是美味佳补的营养品，又是名贵的中药材，被收录到《中药大辞典》《四川道地中药材志》《全国中草药汇编》等，被确定为四川道地中药材之一。

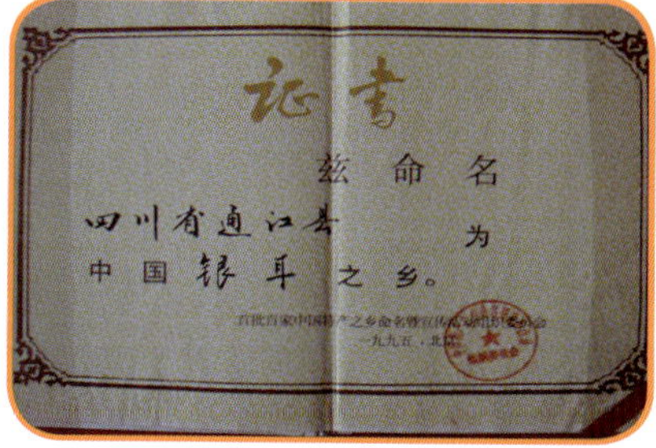

证书

兹命名

四川省通江县为

中国银耳之乡。

重庆市潼南区潼南柠檬
中国特色农产品优势区

2018中国重庆潼南国际柠檬节开幕会现场

潼南位于重庆市西北部，面积1583平方千米，辖20个镇、2个街道，总人口103万人。地处北纬30度，年均气温17.9℃，具有偏酸性的土壤和便利的灌溉条件，特殊的地理环境和小气候适宜柠檬生长，与美国加利福尼亚州、意大利西西里岛并称世界三大顶级柠檬产地，也是重庆百亿级柠檬产业核心区。

近年来，潼南区委、区政府高度重视柠檬产业的发展，取得了显著成效。潼南柠檬成功注册地理标志集体商标，纳入国家生态原产地产品保护名录；被认定为全国名特优新农产品；潼南成为国家级出口食品农产品（柠檬、蔬菜）质量安全示范区，重庆市目前唯一的国家现代农业（柠檬）产业园、国家柠檬生产综合标准化示范区创建单位，获批全国优先开展农业全产业链开发创新示范区、国家外贸转型升级基地和中国特色农产品优势区。培育出中国柠檬产业领军品牌和领军企业——汇达柠檬科技集团，其柠檬鲜果通了中国质量认证中心的GAP认证，被认证为重庆名牌农产品并获得重庆农产品区域公用品牌“巴味渝珍”使用授权，被纳入“重庆十大品牌农产品上京东”行动，多个产品获得国内大型展会金奖，并在中央电视台进行品牌宣传。

潼南尤力克柠檬

潼南主要栽植世界公认的柠檬优良品种——尤力克，种植面积2.13万公顷、年总产量25万吨，2018年综合产值达到32.6亿元。全区柠檬产业经营主体近300个，创建标准柠檬园38个；初加工和精深加工企业30家，年加工能力达到20万吨；拥有国家专利20余项，开发出绿色食品、美容护肤品、生物医药及保健品等300余个柠檬产品。在全国建立7大区域营销中心，在“线上”搭建“中国柠檬交易网”“中国柠檬交易中心”，建成阿里巴巴线上营销中心和多个网络销售平台旗舰店，发展本地柠檬电商主体20余家；产品远销俄罗斯等国家和地区，填补了“渝新欧”洲际列车生鲜类的空白，出口量占全国柠檬出口份额一半以上。同时，连续两年成功举办中国•重庆潼南国际柠檬节，大大提升了潼南柠檬在国内及国际上的影响力和美誉度；运用大数据智能化提升柠檬产业，创立了中国首个“柠檬指数”，在首届中国国际智能产业博览会上发布，社会反响良好。

柠檬产品礼盒装

潼南将深入贯彻党的十九大精神，大力践行乡村振兴战略，按照“规模化种植、标准化生产、专业化开发、智能化赋能、创新化支撑、集群化发展、市场化营销、品牌化培育、绿色化引领、融合化推进、持续化增收”的思路，加快构建“全链条、全循环、高质量、高效益”的柠檬产业化集群发展新格局。到2025年，实现种植面积3.33万公顷、年产量100万吨，形成百亿元级产业链，最终将潼南打造成为中国柠檬之都。

第 29422426 号

商标注册证

（地理标志集体商标）

潼南柠檬

核定使用商品/服务项目（国际分类：31）

注 册 人 重庆市潼南区柠檬产业协会

注册人地址 重庆市潼南区梓潼街道办事处幸福街8号

注册日期 2019年04月07日 有效期至 2029年04月06日

局 长 发证机关

潼南柠檬成功注册地理标志集体商标

CGFE

获奖证书

重庆汇达柠檬科技集团有限公司：

你单位参加第十九届中国绿色食品博览会，汇达柠檬牌柠檬蜜茶荣获绿博会金奖。

特颁此证

汇达柠檬牌柠檬蜜茶获第十九届中国绿色食品博览会金奖

坚持质量安全 强化品质提升 全力推进射阳大米产业健康发展

——射阳大米协会

2019年以来，射阳大米协会深入贯彻落实射政办发〔2019〕16号文件精神，坚持产业发展战略和国家发展战略、区域发展战略、市场发展战略有效融合，致力科学、绿色、可持续发展，推动射阳大米跃上了新的台阶。突出表现在五个方面：

质量安全跃上了新台阶。围绕射阳大米质量安全主抓三点，一是加大质量安全宣传，杜绝陈化粮掺拌；二是推进企业技术改造，提高加工质量，宏健、圣阳米业、绿生兄弟等企业各投入200多万元，改造色选机、抛光机；三是推行质量全程溯源管理，已有54家加工企业加入了射阳大米质量追溯平台，占会员企业的90%，实行质量防伪追溯双码管理，实现了来源可查询、全程可控制、质量可追溯的目标。

品质提升跃上了新台阶。注重优选品种，主要是南粳9108系列，坚持绿色生产、绿色发展、绿色消费，加工企业两年内实现绿色证书持有全覆盖；强化理化指标的执行，突出胶稠度、蛋白质含量、直链淀粉、食味评分值等指标。

总量扩张跃上了新台阶。新增年加工能力10万吨以上的企业4家，至此，射阳大米年加工能力已达300万吨，2019年实际加工销售达百万吨。

社会影响跃上了新台阶。通过各个层面展销展览会的推介宣传，奖牌的评创争夺，射阳县获得中国优质粳稻之乡称号，射阳大米获得上海第四届道米解香争霸赛金奖，第20届中国绿色博览会金奖，江苏省十大区域公用品牌等8项国家级奖项和5项省级奖项。

会员加工企业的素质跃上新台阶。射阳大米协会修改了行业自律公约，突出在把握政治方向上，要始终和县委、县政府保持一致，顾全大局，维护社会稳定，公道正派，诚实经营，释放正能量等；在具备必要的加工条件上，产品要实行质量追溯双码管理，要持有绿色证书，要有1 000亩以上的种植基地，要有年加工销售5 000吨以上的生产能力，要有达标的加工生产场所，合格的生产设备及工艺流程，要有必要的检验化验仪器设备等。对规模小、加工条件差、产能低、包装标识不规范的企业进行了多次督查整治整合，取消了8家加工企业会员资格。立案31起查处16起侵权案。有力地提升了协会会员的整体素质，增强了全员维护射阳大米质量至上，品质至臻，品牌至尊的意识。

南京市高淳县淳和水稻专业合作社

高淳县淳和水稻专业合作社位于南京市高淳区东坝街道和睦涧村，2008年5月，由村干部牵头，18个成员组建了淳和水稻专业合作社，出资额5.1万元，种植面积300亩，年经营收入80多万元。经过多年发展，目前成员455名，其中团体成员1名；出资额550万元，其中货币345万元，土地承包经营权和水面作价入股205万元。合作社主营水稻种植、加工、销售，基地面积3 232亩，其中有机水稻种植面积2 600亩，2010—2018年所产大米通过了有机产品认证。2011年注册了“和睦涧”商标。2013年，淳和水稻专业合作社被南京市评为“五好”示范社，被江苏省广电总台评为优质诚信绿色生态农产品种植示范单位；“和睦涧”有机大米在第七届江苏省农民合作社产品展销会上获最佳人气奖。淳和水稻专业合作社被评为国家级示范社，“和睦涧”商标被南京市评为著名商标。“和睦涧”牌有机大米获得江苏省名优农产品称号，入选2016年度江苏省十家农民合作社十个最畅销产品品牌。2018年，“和睦涧”牌有机大米在南京市地产优质大米评选大赛中获得南京市品牌大米称号。

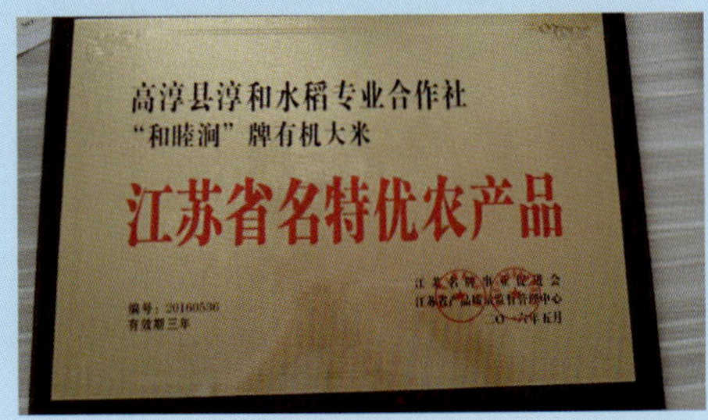

甘肃金岭众创林木育苗农民专业合作社

甘肃金岭众创林木育苗农民专业合作社成立于2015年10月，由华岭乡新站村返乡创业大学生王秉雄同志发起建立，注册资金2 000万元，占地面积640亩，现有社员152人，工程师8名，专业技术人员20名，总资产4 000多万元，其中固定资产1 000多万元。经营范围有云杉苗木培育、林下经济、观光花卉、向日葵、马铃薯及小杂粮种植销售等。

合作社自成立以来，一直具有良好的信用记录，经营处于良性循环状态，发展取得了一定的成绩，也得到了政府及社会各界的认可。2016年合作社被定西市农民专业合作社发展联席会议评定为定西市农民专业合作社示范社。

合作社成立以来，内设养殖部、加工部、销售部、技术指导部。主要负责种苗孵化、防疫、技术研究及指导、产品加工及销售。实行“五统一”服务，即统一生产资料采购和供应，统一技术指导和培训，统一提供经营信息，统一开展销售服务，统一基地建设工作。合作社成员使用统一采购的饲料达90%以上，统一销售在90%以上，使合作社成员年收益比非成员增长30%。

合作社在注重自身发展的同时，也积极履行社会职责，积极探索企业与农户的利益联结机制。通过这几年的建设，采取“合作社+基地+农户”等多种种养模式，合作社大力发展林下经济，开展土地托管、代耕代种、联耕联种，将农家“土产品”变成市场“金招牌”；把握“互联网+”契机，依托农产品电子商务发展产销对接；产业基地就近安置贫困劳动力，制定创业规划，引领本土大学生回乡创业。全力开展产业帮扶、入股分红、订单收购、电商扶贫、劳务扶贫、吸纳就业、资金帮扶等扶贫行动，整合资源，目前已发展带动贫困户300人，签订养殖户100多户，种植户80户，社员年均增收20 000多元。

宁波市镇海区庄市街道光明村

宁波市镇海区庄市街道光明村，地处宁波市环城公路东外环、北外环与庄俞公路连接舟山的“黄金三角地带”，交通便利、风景优美，是一个典型的都市田园乡村。现有农户1 001户，人口2 567人，登记的外来人口4 200余人。村总面积3.2平方千米，耕地面积1 700亩。在2001年，原光明村、老鹰湾村、五星村合并组建成光明新村，并建设成为“水清、路洁、地绿、庭美”的园林式村庄，实现了华丽转身。2018年，全村工农业总产值达到21亿元，村集体可用收入达到980万元，农民人均收入达45 000余元。

近年来，光明村先后荣获国家级美丽宜居示范村、全国美丽乡村百佳范例、浙江省文明村、浙江省小康示范村、浙江省绿化示范村、浙江省卫生村、浙江省文化示范村等称号。2011年12月，被中央精神文明建设指导委员会办公室授予全国文明村荣誉称号，如今已是镇海乡村建设中一个典范。

光明村的特色是“善治”。基于庄市全国领先的网格化治理经验，光明村形成“互联网+乡村治理”，保障村民智慧自治。用活用好网格化管理经验，开发智慧管理软件，将网格通过有线电视和手机App，延伸到光明村1 001户村民家中，实现村民人人入网格，打通网格管理“最后一公里”。智慧管理软件设置我爱我村、智慧党建、村务动态等多模块，村民可点击模块实时获取村务公开、党员志愿、村庄建设等信息并反映问题、解决问题，足不出户掌握村内大小事务。在党建引领基础上形成了人人入网的村务互动、村民说事、365小微权力监督、社团式村民文化建设等一套完整的三治融合模式。在乡村振兴的实践中，光明村敢为人先，积极探索平原近郊农村可复制治理经验，走出一条“互联网+乡村治理”的道路，以扎实的智慧管理模式应用，引导村民人人参与，为光明村绘制出一幅建设“特色产业，特色村庄，特色文化，特色管理”的新农村蓝图。

光明村积极探索社会服务的新模式，寻找为民服务新的切入点，以服务为载体，完善功能布局，着力建设五大中心：村民服务中心、党员服务中心、生活服务中心、志愿服务中心、物业服务中心。用编织便民服务网络，为村民营造一个设施完善、安居乐业、舒适便利的生活环境。

村美业强民富足　乡村振兴正当时
——上海市宝山区

上海市宝山区地处长江、黄浦江、蕰藻浜三河交汇点，面积293.7平方千米，下辖9个镇、3个街道、2个工业园区。共有103个行政村，其中保留（保护）村34个。现有农业可耕地4.2万亩。2018年以来，宝山区把实施乡村振兴战略作为提升城市能级和核心竞争力的重要板块，全面落实“产业兴旺、生态宜居、乡风文明、治理有效、生活富裕”的总要求，不断探索超大城市郊区的乡村振兴举措，推动农业全面升级、农村全面进步、农民全面发展。

近年来，宝山区持续推动乡村生态建设，推动生态底色成为发展亮色。精心打造乡村振兴示范村标杆，罗泾镇塘湾村大力整治村庄生态环境、改造公共服务设施、提升乡村文化内涵，初步建成富有特色的母婴康养村，打造出宝山区乡村振兴的一张亮丽名片。罗泾镇海星村、月浦镇聚源桥村和罗店镇天平村创建上海市第二批示范村，推进乡村风貌更具特色、产业发展更具优势、乡村治理更有成效。宝山区全域创建美丽乡村，截止到2019年年底，全区累计创建市、区级美丽乡村示范村14个，占保留（保护）村总数的70.6%。在有村庄形态的60个村全面推进农村人居环境整治行动，编印人居环境整治图册，开展“五星示范”“三星达标”创建，推动环境整治从治乱向创优转变。聚焦农村公路、河道、污水、垃圾等重点，加大投入补齐农村基础设施短板。推动农村公路建设向宅间延伸，区财政给予乡道、村道建设和养护50%补贴，2019年启动100千米“四好农村路”建设，打造“一村一条示范路”；加强水环境治理，水质断面实现达标、中小河道全面消臭。

宝山区以申报国家农业绿色发展先行区为统领，实施“绿农”行动，引导农业从增产转向提质，农业产业加快绿色发展。目前全区10家粮食合作社获得绿色食品认证，2019年底农产品绿色认证率有望达15%。其中罗泾虾恋米在第19届中国绿色食品博览会上荣获金奖，“宝农34”大米已连续六届荣获上海市优质稻米评比金奖，沪宝水产基地养殖的中华绒螯蟹连续七年获得“王宝和”杯全国河蟹大赛评比金蟹奖。

宝山区以乡村振兴示范村产业振兴为突破口，引导资本下乡，发展健康养生、休闲旅游、双创基地等乡村新产业新业态，首发宝山区蔬果采摘地图，打造多个“农+文+旅”旅游点，推出多条“乡村+”旅游线路，让乡村独特的生态价值、文化价值、社会价值转化为村民实实在在的经济价值。

宝山区将城市精细化管理的触角延伸至农村，聚焦村级治理难点，一方面，大力推进村干部“下楼”开放式办公，切实为村民排忧解难。另一方面，依托“社区通”智能化治理系统，实现村务“上线”，全过程公开村内财务收支、动迁房分配、村干部报酬等信息，用技术手段保障村民的“知情权、表达权、参与权、监督权”，凸显了村民在乡村治理中的主体地位。

优质高产饲草新品种选育及绿色增效生产技术应用

四川省农业科学院土壤肥料研究所饲草课题组在国家自然基金、国家牧草产业技术体系等重大项目资助下，重点开展了饲草种质资源收集评价与优异种质创制、新品种选育与绿色增效生产技术研究，取得了系列创新成果，通过大面积推广，有力促进国家“粮改饲”和“化肥减量”政策落地生根，极大助推了草食畜牧业健康发展和产业扶贫工作。

相关研究成果获得业界高度评价，以国家牧草体系首席专家、长江学者、中国农业大学张英俊教授为组长的专家组认为：“成果整体居国际先进水平，在阐明白三叶抗旱机理、提高白三叶抗旱能力方面达国际领先水平。”成果荣获2019年度四川省科技进步二等奖。

一、主要研究内容

1.系统评价鉴定饲草种质资源4 256份，发掘特异种质和创制优异材料125份；挖掘和克隆抗逆高产相关基因56个，首次构建了白三叶遗传转化体系，验证了白三叶*TrSAMS*基因的抗旱功能，率先从激素互作、信号传导、转录调控、蛋白表达多层面阐释白三叶抗旱生理和分子机制。创建基于农艺性状、遗传多样性、抗逆特性及营养品质的综合评价体系，发掘具有植株高大、粗蛋白高、分蘖多等性状突出的特异种质66份；首次利用多种物理诱变技术创制出聚合植株高大、叶丰、分蘖多、抗逆强等多目标性状突出的优异材料59份；利用转录组等技术挖掘出抗逆高产基因47个，为抗旱品种选育提供了育种素材和技术支撑。

2.选育出突破性优质高产饲草审定新品种2个，在全国大面积推广应用。“川北”是箭筈豌豆国审品种，农业农村部主推品种，其干草产量比主栽国审品种“兰箭3号”平均提高14.15%，种子产量平均提高19.22%。“艾丽斯”粗蛋白含量比主栽国审品种“海法”“鄂牧1号”分别提高17.03%、24.29%，粗蛋白产量分别提高784.85千克/公顷、1 195.81千克/公顷，粗纤维分别降低11.11%、13.92%，为草食畜牧业的生态养殖提供了饲草品种保障。

3.研制适应不同生态区域的高效生产技术14项，首次创建了饲草高产栽培、沼液安全消纳、土壤环境容量、面源污染控制的“4J”绿色增效技术体系。研制集成饲草绿色高效生产技术，饲草产量提高10%以上，其中沼液精准替代化肥的栽培技术，减少化肥施用量32.5%～37.5%，年安全消纳沼液225吨/公顷，为生态安全养殖提供了技术支撑。

二、知识产权

成果育成饲草新品种2个；获授权专利16件，软件著作4项；制定地方标准1个；发表论文70篇（SCI收录20篇，12篇IF>3.0）；培养研究生13人，培训人员15 485人次；主编、参编专著4部。

三、成果应用

成果累计推广应用1 123.80万亩，新增利润39.74亿元，其中2016—2018年，累计推广应用592.10万亩，增产鲜草173.98万吨，新增利润16.61亿元。

四、获奖人及获奖单位

获奖人：朱永群、林超文、彭燕、许文志、李州、彭建华、姚明久、刘海涛

获奖单位：四川省农业科学院土壤肥料研究所、四川农业大学、四川省草业技术研究推广中心、现代牧业洪雅有限公司、百绿（天津）国际草业有限公司、四川省农业科学院蚕业研究所、四川省农业科学院

金积镇大庙桥村
——全国一村一品示范村

大庙桥村支部以落实党要管党、全面从严治党为主线，抓班子、带队伍，抓作风、强素质，抓重点、求突破，全面加强了党的政治、思想、组织、作风、党风廉政和制度建设，进一步提升了基层党组织的凝聚力、组织力、战斗力，为大庙桥村持续发展提供了坚强组织和作风纪律保障。

（一）积极履行基层党建工作“第一责任人”职责，筑牢乡村振兴“主心骨”。农村富不富关键在支部。村党支部按照“建好一个党组织、振兴一个好产业、致富一方老百姓”的思路，抓基本、补短板、强功能，充分发挥村党组织战斗堡垒作用。一是推动组织设置最优化。加强基层党组织和广大党员认真学习贯彻习近平新时代中国特色社会主义思想，牢记使命不忘初心。根据本村产业发展需要，及时成立政策宣传、技术培训、劳务输出、信息物流4个功能党小组，推动党的组织覆盖到产业发展的最前沿，把党建引领贯穿产前、产中、产后全过程。二是推动阵地作用最优化。创办的大庙桥村级党校，采取内外联合、柔性引进办法，吸纳各级宣讲团、优秀村书记、致富能人等培训师资，打造党员家门口、田间地头上的党性教育课堂，累计举办各类培训班29期，培训3 000余人次。三是推动资金使用最优化。先后投入47万元对村级功能室以及果蔬集散市场进行升级改造，推动村级组织活动场所和果蔬集散市场发挥好组织开展活动、产业发展辐射、高素质农民培训、便民利民等综合性服务功能。

（二）选强培优抓班子，建强乡村振兴“先锋队”。一是班子成员带头干。村“两委”年初确定生产目标后，每名班子成员带头认领，通过承包蔬菜大棚、开展技术指导、示范种植等，带动党员群众动起来、干起来。二是党员队伍跟着干。创新开展“优秀党员”和“致富带头人”评比，在全村范围内评出优秀党员10名、致富带头人12名，设置了“村级优秀党员和致富带头人光荣榜”。目前，已确定的12名致富带头人共吸纳、帮助解决周边农村就业人员达1 260余人，被带动人员年人均增收2万余元。三是精准培训鼓励干。积极对接宁夏广播电视大学吴忠分校，在村级党校联合开设村干部大专学历教育提升班。深化“党校+农家课堂+实践基地”教学模式，在村级党校开展“订餐式”培训，在田间地头开展“送餐式”培训，在党员之间开展“互助式”培训，着力解决村干部和致富带头人学历低、“双带”能力不强的问题。

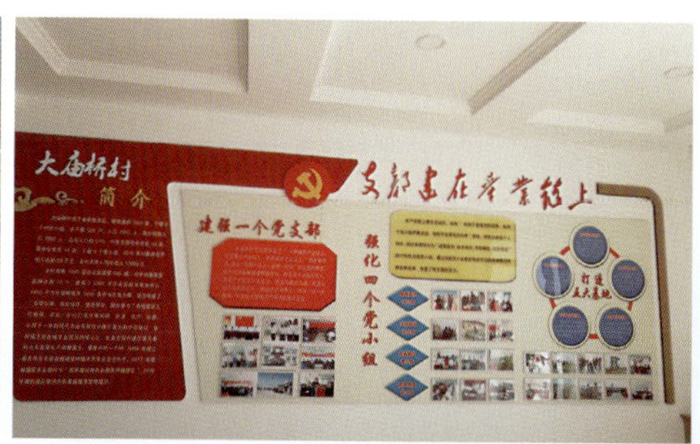

阳新湖蒿

阳新县地处中纬度，境内四季分明，属亚热带季风性气候，温和多雨，自然降水充沛。据气象资料记载，多年平均降水量1 371 ~ 1 496毫米，雨量丰富。多年平均气温16.9℃，全年无霜期237 ~ 256天。阳新湖蒿主要生长于以潮泥土、潮砂土、沙壤土为主的江河、湖泊冲积土中。冲积土壤主要是江湖流水逐年冲积淤积形成的，土层深厚，肥力高，质地疏松，通气性好。阳新湖蒿产地无工业“三废”等污染，符合湖蒿生产要求。

“阳新湖蒿”农产品地理标志产品地域保护范围为阳新县行政区划内的兴国镇、浮屠镇、白沙镇、大王镇、太子镇、金海开发区、韦源口镇、黄双口镇、陶港镇、龙港镇、洋港镇、军垦农场、三溪镇等全县各乡镇、农场、管理区的湖蒿种植区域。地理坐标为：东经114°43′~ 115°30′，北纬29°30′~ 30°09′，东北横距76.5千米，南北纵距71.5千米，海拔8.7 ~ 85米。

湖蒿含有丰富的膳食纤维、蛋白质、黄酮类化合物、维生素、绿原酸、多种氨基酸、挥发油、多种矿物质及微量元素等，具有较高的营养价值与药用价值，市场开发前景广阔。阳新湖蒿产业已成为阳新县农业结构调整、精准脱贫、乡村振兴的主要产业。阳新县委、县政府高度重视阳新湖蒿产业发展，2017年成功申报了湖北省特色农产品优势区创建项目，制定了《“阳新湖蒿”产品品牌及产业链创建规划》，按“一主（富河流域产区）两翼（沿长江南岸产区、幕阜山丘陵产区幕阜山丘陵产区）”，以主线带动两翼思路，稳步扩大种植面积，形成湖蒿产业规模发展格局。计划到2023年，全县湖蒿种植面积达到50 000亩，依托农业科研院校和农技推广单位，建立健全湖蒿产业产学研相结合的科技支撑体系，推广高效种植模式、标准化栽培，开展冷链建设、开发远距离市场；开发湖蒿净菜、湖蒿茶、湖蒿糕点、湖蒿酒加工，打造阳新湖蒿规模化、标准化基地和品牌企业，逐步形成适应“工业化、信息化、绿色化”可持续发展的品牌业态，争创名优品牌。

石家庄市惠康食品有限公司

石家庄市惠康食品有限公司成立于1993年，注册资金2亿元，现有员工800余人，是全国主食加工业示范企业、国家级农业产业化重点龙头企业、国家高新技术企业、中国优质农产品开发服务协会副会长单位，是集种植、生产加工、贸易、餐饮配送为一体的大型食品加工企业。

公司于1997年取得了自营进出口权，2001年取得了日本农林水产省关于偶蹄类动物制品热加工处理的许可。出口以速冻肉类、果蔬类产品为主，年出口量达5 000吨，其中牛筋类产品在日本同类产品中占到市场份额的40%。公司有严格的质量及卫生管理体系，产品通过了日本肯定列表734项严格的检验检测，并于2002年取得了ISO 9001质量管理体系认证，2003年取得了HACCP食品安全体系认证。

公司秉承“食品安全第一、消费健康至上”的宗旨，不断改进生产、检验设备、设施和技术，形成了从原料到成品的可追溯体系。蔬菜原料全部来自CIQ备案种植基地，肉食原料全部来自CIQ认证认可的屠宰加工厂，产品加工过程中完全按照出口食品加工卫生管理规定严格管理，从而保证了整个产品生产流程的安全性，形成了有效、合理的安全防线，对食品安全起到了坚实的保障。

随着国内经济的快速发展，公司抓住新机遇，遵循中央厨房理念，于2013年开始进军国内市场，并创建了“谷言”品牌，产品包括冷冻预制菜、速食、牛肉套皮等八大系列116个品种。凭着先进的国际品质理念、设备与技术，并依托20多年出口管理经验，内销产品迅速在国内占领了一席之地，并得到国内市场认可。

2017年惠康食品投资3.6亿元建设谷言食品(石家庄)股份有限公司，是集冷冻预制菜、速食产品、进口高档冰鲜牛肉分割等加工、销售、仓储、配送于一体的现代化食品加工基地，是河北省农业产业化联合体模式重点发展工程。

项目重点发展料理包、牛套皮、蒸碗、速食、蔬菜、水果、进口高档冰鲜牛肉等系列加工产品，配套发展农业种养殖、冷链物流业、餐饮业和观光旅游服务业。

德庆贡柑

德庆贡柑相传是曾为朝廷贡品，至今已有1 300多年的种植历史。德庆贡柑果形靓丽、果色金黄、皮薄核少、肉脆化渣、清甜香蜜、高糖低酸、风味浓郁，它集中了橙类外形美和柑橘肉质细嫩、易剥皮的双重优点，被誉为柑橘之王。

近年来，德庆被评为中国柑橘之乡、中国贡柑之乡、中国柑橘产业十强县、中国果菜无公害十强县、全国绿色食品原料贡柑省级农业标准化示范县、全国绿色食品原料（贡柑）标准化生产基地，德庆贡柑获得中国柑王、国家地理标志证明商标、原产地保护标记注册证、第十三届中国国际农产品交易会有较强影响力的果品区域公用品牌、中国百强农产品区域公用品牌等荣誉称号，其中有2个贡柑基地获得出口资格。截至2018年6月全县贡柑拥有省级品牌产品2个，无公害产品5个，绿色食品6个。为积极实施乡村振兴战略，推动产业兴旺，德庆县大力创建产业园，德庆贡柑现代农业产业园成为2018年广东省第一批现代农业产业园，德庆贡柑特色农产品优势区获批广东省特色农产品优势区。2018年全县贡柑种植面积10.5万亩，产量2.25亿千克，总产值约22.5亿元，占全县农业总产值48.03%，是当地农民经济收入的主要支柱之一。

资中血橙

近年来，四川省资中县坚持以农业供给侧结构性改革为主线，把资中血橙产业作为推动乡村振兴的重要抓手，创新投入方式，有效链接农户，着力建基地、育产业、创品牌、搞加工、拓市场，不断提升农业现代化水平，加快由农业大县向农业强县转变。截至2018年年底，全县建成标准化种植示范基地3 300多公顷，带动种植面积1.68万公顷，年产量达40万吨，种植面积与年产量均约占全省的80%、全国的60%，被誉为“中国血橙之乡”。产品远销俄罗斯以及东南亚等地，全产业链实现年产值40亿元，果农实现直接种植收益18亿元。

1995年获第二届中国农业博览会金奖；1999年获中国国际农业博览会“名牌产品”称号；2004年3月，资中县被中国经济林协会命名为“中国塔罗科血橙之乡”；2007年5月，获第八界中国西部农业博览会最畅销产品；2008年1月成功申报四川省首批名牌农产品，9月被中国绿色食品发展中心认定为绿色食品；2010年塔罗科血橙更名为资中血橙，并获地理标志保护产品认证；2012年获四川省著名商标；2017年获四川省优质品牌农产品称号；2018年5月21日，正式注册“资中血橙”地理标志证明商标；2018年7月3日，《中华人民共和国农业农村部公告》（第40号）准予登记资中血橙农产品地理标志；2019年1月，成功申报全国第二批中国特色农产品优势区。

岳阳王鸽

湖南省“一县一特”主导特色产业

中国农产品地理标志

湖南省岳阳县养鸽历史悠久，据记载，汉代时岳阳县就有蓄养鸽子的传统，俗称“白凤”。近年来，白凤养殖规模不断扩大并渐成优势产业。通过引进美国王鸽开展导入杂交，培育的新品种既保留了白凤的适应性好、肉质优异、繁殖力强的优良特性，又具有美国王鸽生长速度较快、饲料利用率高的优点，是当地肉鸽养殖户的首选品种，并正式命名为“岳阳王鸽”。

2013年以来，岳阳县政府将鸽业作为重点农业品牌打造，实行“一名领导，一套班子，一个方案，一抓到底”的工作措施，重点开展标准化养殖、创建品牌、鸽肉产品加工、提升鸽业科技水平等工作并取得较好成绩：岳阳县全民家禽养殖专业合作社被评为国家农民专业合作社示范社、湖南全民鸽业有限公司被评为中国农业科学院蛋鸽研究基地；公司2017年被国家标准化委员会审定为“国家肉鸽标准化养殖示范基地”。2018年“岳阳王鸽”被认定为农产品地理标志、湖南省“一县一特”主导特色产业。

2019年，岳阳县岳阳王鸽养殖量达1 800 多万羽，全国鸽王天下主题餐厅达27家，占地达1.6万平方米的中央厨房和岳阳王鸽博物馆在岳阳县高新技术产业园正式建成。“基地养殖+中央厨房+餐饮门店”的产业模式的成功运营，标志着岳阳县鸽业一二三产高度融合的产业链条正式形成！未来10年，鸽王天下将覆盖300个大中城市，让城市市民以鸽为媒，品尝湖南味道，体味湘菜文化！

全民鸽业集团董事长 方全民

生态养殖基础

宁夏灵武市郝家桥镇西渠村
——全国一村一品示范村

灵武市郝家桥镇西渠村位于黄河东岸，地理条件优越，交通发达，全村耕地面积148公顷，总人口2 749人。全村年经济收入8 600万元，草制品加工销售体系完善，以农业废弃物为主导产业的草制品加工业收入5 300万元，农民人均可支配收入1.8万元，被业内称为“西北草编第一村”。

西渠村草制品在20世纪80年代初有小规模作坊式加工销售，2013年村“两委”以草编产业为抓手，以灵武市三园草制品专业合作社联合社为龙头，带动所有以农业废弃物为原料的小型加工作坊，实行半机械化加工、集约化生产，产业化发展。从事草制品加工的小微企业达35家，带动当地1 000多人就业，成为西北最大的草制品集散地。

灵武市三园草制品专业合作社联合社运营的“三园草制品小微企业创业基地”占地面积35万平方米，由5家合作社和1家公司组建而成。2015年被评为自治区农村优秀合作组织；2016年被评为银川市科普示范基地，被银川市总工会定位农民工工会示范点；2018年被农业农村部评为全国农业副产物综合利用典型模式，被自治区评为中小企业公共服务示范平台、中小企业创业创新梯队企业、小微企业创新孵化示范基地，被灵武市评为合作社示范社。

余杭农业

证书

2018年度全国县域数字农业农村发展水平评价

先进县

浙江省余杭区

农业农村部信息中心

余杭区地处杭州市区西、北部，位于杭嘉湖平原和京杭大运河的南端，从东、北、西三面拱卫杭州主城区，区域面积1 228平方千米，下辖6个镇、14个街道，户籍人口104万人，流动人口163.5万人，2018年全区实现生产总值2 312.45亿元，财政总收入623.86亿元，主要经济指标位居浙江省第一。2018年，全区实现农业增加值52.41亿元，全省率先消除经营性收入30万元以下村；农村居民可支配收入37 691元、增幅连续12年高于城镇居民，城乡居民收入比下降到1.67 ∶ 1。

近年来，余杭提出打造新时代经济发达地区乡村振兴排头兵的总目标，生态、产业、人才、文化、组织振兴不断走在全国前列，形成“产、村、人、文”全方位融合发展新局面。余杭区先后获得了首批全国农村集体“三资”管理示范县（区）、首批国家农产品质量安全县（区）、首批全国农村产业融合发展试点示范县（区）、全国数字农业农村发展水平评价先进县、浙江省社会主义新农村建设先进区、浙江省美丽乡村示范区等荣誉称号。

余杭坚持“生态、高效、精致”的都市现代农业发展方向，不断完善扶持政策、强化要素集聚、创新经营机制、推进规模经营，培育了径山茶为主导产业，塘栖枇杷、生态竹业等一大批优势特色产业，带动发展了一大批各具特色的现代农业园区。

洋县黑米

洋县位于陕西南部的汉中盆地东端，北有秦岭屏障，南有巴山阻隔，形成东南北三面环山，中部低平的小盆地，森林覆盖率68.6%，目前我国唯一的朱鹮国家级自然保护区主体位于洋县境内，是朱鹮、大熊猫、羚牛和金丝猴的栖息地。洋县境内的陕西长青国家级自然保护区，2015年入选首批世界自然保护联盟（IUCN）绿色名录。

洋县黑米生产区域为洋县现辖行政区域内的10个镇（办事处）198个行政村（社区），面积3 346.7公顷，年产量18万吨。种植区为海拔460 ~ 750米的平川和浅山丘陵地带，坡缓谷宽，四季分明，年日照时数1 840.3小时，年平均气温14.7℃，无霜期238天，年降水量804毫米。稻田土壤有机质含量高于1.2%，富含硼、锌、锰、铜等微量元素。黑稻开花灌浆为8月中旬到9月中旬，平均气温20.3 ~ 25.9℃，利于花青素形成积累。

洋县黑米粒型细长或椭圆，表皮黝黑，内里皎白，气味清香；熬粥汤汁粘稠，琥珀如饴；蒸煮油亮醇香，口感绵软。黑色度≥80%，黑米色素E≥2.5，每100克洋县黑米含蛋白质（以干基计）≥10克，维生素B2≥0.15毫克，锌≥1.65毫克，还富含对人体有益的钙、铁等多种矿物质和维生素。

1993年成立黑米名特作物研究所，专门进行生产加工技术研究，现有生产加工企业12家，产品15种。荣获第十二届中国国际农产品交易会金奖，深受消费者青睐。黑米酒、黑米醋、黑米茶、黑米糊、黑米巧克力等深加工产品畅销国内市场，并出口美国、日本等地。

洋县槐树关红薯

洋县槐树关红薯产区地处汉水以北秦岭南麓的丘陵地带，包含洋县现辖3个镇48个行政村，总面积5 000公顷，年产量15万吨。产区具有独特的自然生态环境：一是雨热同季、温暖湿润。红薯生长的4 ~ 10月年均降水量718.6毫米，能充分满足红薯生长对水分的需求；二是坡缓向阳，利水无渍，生产区域坡面向阳，白天吸热多升温快，加大了昼夜温差，利于营养物质积累。土壤以黄褐土为主，钾含量127 ~ 154毫克/千克，利于红薯块根膨大。雨季排水良好，有效避免渍害，利于独特口感的形成。

产品品质独特：长纺锤形，表皮暗红色，薯肉白色或黄白色；蒸烤绵软，下咽爽滑；可溶性固形物≥10%，每100克含膳食纤维≥2克，维生素C≥20毫克，钙≥40毫克，钾≥100毫克。

洋县槐树关红薯类产品两次被授予杨凌农业高新科技成果博览会“后稷奖”，“红薯优质高效农业种植模式研究与应用”项目获汉中市科学技术二等奖，红薯粉条被评为陕西省名牌产品，2017年被收入全国名特优新农产品目录。

近年来，洋县县委、县政府着力扶持产业化发展，现有规模生产加工企业7个，产品有鲜红薯，红薯淀粉、粉条、粉带、粉丝、薯糖、薯条、脆片等20余种，畅销省内外。

百丈潭茶

百丈潭茶，产于湖北省通城县境内，20世纪90年代创制而成。通城位于湘、鄂、赣三省交界处的幕阜山区，得天独厚的生态环境加上先进的现代加工工艺造就了百丈潭茶香高味醇的优良品质，曾获咸宁市首届名茶评比优质奖、鄂茶杯金奖、中国食品博览会金奖，自2001年起连年获杭州中农质量认证中心有机茶认证。产品畅销北京、上海等地，成为通城在外务工、经商者携带家乡特产赠送亲朋的佳品之一。“百丈潭茶”为国家农产品地理标志登记保护产品。

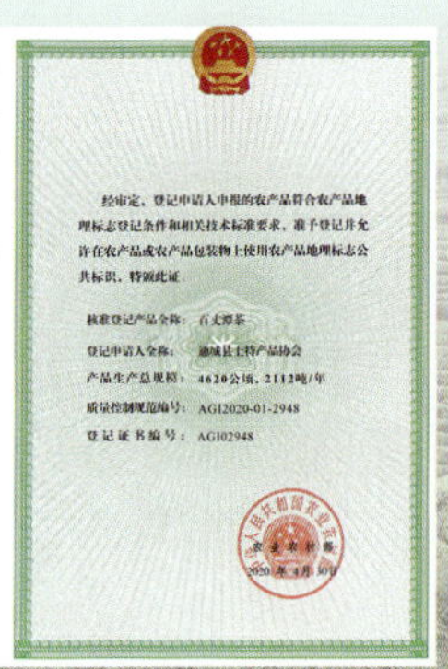

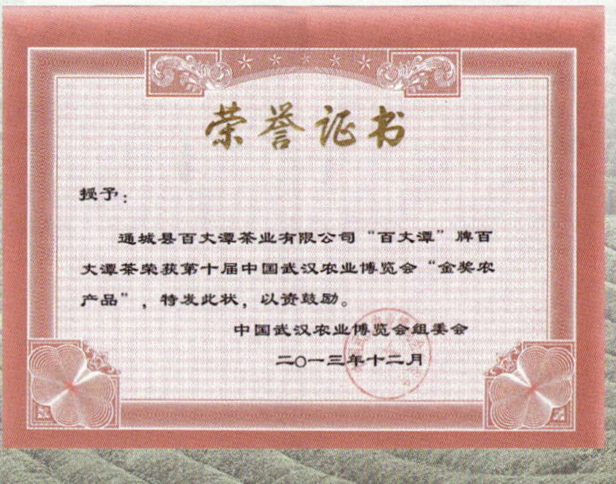

博罗县柏塘镇平安合和农民专业合作社

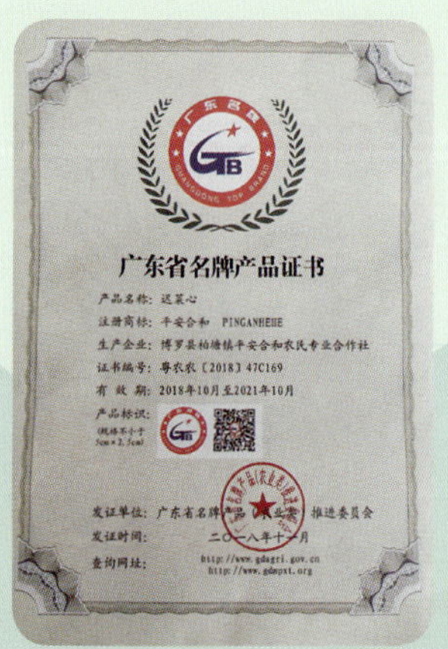

博罗县柏塘镇平安合和农民专业合作社位于博罗县柏塘镇山前村，于2010年6月成立，出资总额184.8万元，2017年营业额达到1 551.5万元。于2011年取得无公害产地认证证书，是市级示范社；2012年获得“平安合和”商标注册证书并成为省级示范社单位；2015年成为县龙头企业，并于当年获得“守合同重信用企业”称号；2017年成为惠州市博罗县首家加入惠州市农产品质量安全管理中心溯源平台的合作社，连续多年获得惠州市农产品质量安全管理平台A级信用评级；2018年合作社的迟菜心，列入了省级名牌产品，同年被评选为国家级示范社单位。拥有耕地面积1500多亩，辐射带动周边种植户300多户，带动面积1万多亩。合作社主要业务范围是种植、销售蔬菜、玉米，零售及批发农产品等。

合作社“以发展农村经济、增加农民收入”为宗旨，按照“合作社+基地+农户”的发展模式，在博罗县柏塘镇山前平安菜场、黄塘康乐菜场及川乐菜场种植1 500多亩的当季时令菜。管理上，合作社按照“依法、自愿、有偿”的原则，实行“四统一”，即统一组织采购种子，统一组织采购化肥，统一进行病虫害防治和技术跟踪服务指导，统一组织收割销售。规模化生产经营模式和专业化服务组织形式，有利于新农技推广服务和大型农机具作业，大大降低了农业生产成本，促进优质农产品生产向规模化、标准化方向发展。

东联金土地合作社

东联金土地合作社成立于2014年6月，是以东联村集体为投资主体创办的综合性合作社。流转全村264户2 780亩耕地，主要以发展果蔬为主，现已发展优质经济林1 200亩，其中优质梨700亩，桃300亩，育苗基地200亩。蔬菜以优质辣椒为主，2018年种植1 200亩（其中600亩为供港辣椒，400亩为“甘肃辣椒干”优质基地）。2015年获得甘肃省省级示范合作社；2018年获国家农民合作社示范社，并获得全国一村一品荣誉称号；“东联金土地”商标获得张掖市优质品牌。

2018年以东联金土地合作社牵头，在甘肃省率先试点土地股份制改革，依托合作社探索“土地变股权，农户当股东，收益靠分红”的改革途径，依托金土地专业合作社，推动全村264户2 780亩土地入股，入股率100%。通过“保底+分红”的模式，实现分红130万元。按照短期蔬菜花卉、远期观光农业的发展思路，投资5 000万元，建成500平方米的新型职业农民培训基地，5 800吨的气调保鲜库和仓储物流园，引进桃、杏、梨等名特优新林果品种，对全村2 780亩土地分三期实施栽植，通过增施奶牛场有机肥，减少化肥用量，采用物理防虫技术，保证生产的果蔬绿色生态。东联金土地合作社力争通过3年的发展，打造集种植、采摘、养殖、观光等于一体的田园综合体，让合作社真正成为群众致富的经济主体。

泗阳国家现代农业产业园
泗阳国家农村产业融合发展示范园

泗阳国家现代农业产业园（泗阳国家农村产业融合发展示范园）成立于2010年5月，规划面积12.8万亩，涉及人口7.8万人。2018年12月，创成首批国家现代农业产业园；2019年2月，创成首批国家农村产业融合发展示范园。

以产业为基，做现代农业的引领者。以工厂化食用菌为主导产业，以生态循环农业规划为引领，依托科技创新、冷链物流、智慧能源、循环利废、双创孵化和综合服务等功能平台，建成国家级工程技术研究中心1个，培育国家高新技术企业3家、上市企业2家、市级以上农业龙头企业23家；工厂化食用菌及关联企业19家、日产量突破850吨，2018年园区总产值达到43亿元。

以生态为重，做绿色发展的践行者。推广节肥、节药、节水技术以及10多种循环发展模式。依托智慧农业云平台，推行标准化生产和全流程质量控制，绿色食品、有机农产品认证面积达55.3%，“洪泽湖青虾”“泗阳鲜桃”获批地理标志农产品。

以富民为本，做生活富裕的带动者。创新联农带动富民机制，不断拓展优化农民分享园区发展“红利”的新路径，形成了就业、创业、股权、合作、服务、保险、科技、扶贫等8种利益联结机制，有效解决了经济薄弱村和低收入户增收乏力问题。

以融合为要，做“接二连三”的推动者。以成子湖旅游度假区为龙头，发展休闲观光农业，建成成子湖十里田园风光产业带，年接待游客85万人次。搭建醉美泗阳电商平台与物流体系，带动全县建成各类网店、村淘项目4 500多家，网络销售企业600多家，一二三产业深度融合不断加速。

江孜县年堆乡尼玛藏式卡垫加工农民专业合作社

对无劳力贫困群众发放分红现场

江孜县年堆乡尼玛藏式卡垫加工农民专业合作社位于江孜县工业规划区内，合作社占地面积10 823平方米，资产总额1 253万元，年营业额达到348万元。2018年年底开始实施厂房扩建项目，预计项目实施完成后年收入达1 000万元左右，实现100名左右贫困人口就业，对100户无劳动力贫困户实现兑换每户1 500元的分红。目前合作社已经研发了整个藏毯业中十分独特的“看照片纺藏毯的纸样使用”技术，此技术已经申报了国家发明专利证书，有了这个独特技术后很大程度上打破了江孜藏毯产品单一的局限性，能够灵活地结合各种民族文化与功能纺织生产多种文化融为一体且具有3D效果的藏毯产品，对藏毯业发展带来了新的空间。

近年来在各级各部门的关怀与大力支持下，合作社负责人旦增称来当选为十一届西藏自治区人大代表，获得第十四届西藏个人青年五四奖章，2017年日喀则市特殊津贴人才，第三届珠峰创业创新二等奖，2018年日喀则市青年创新创业奖。

合作社2018年被评为全国农民专业合作社示范社，成为西藏自治区第四批文化产业示范基地、日喀则市大学生创业示范基地。

泌阳县大地菌业有限公司

泌阳县大地菌业有限公司于2007年创建，注册资金2 000万元，坐落于河南省泌阳县杨集镇小和庄，是具有独立法人资格的农业产业化龙头企业。公司是一家专业生产加工香菇菌棒并出口的标准化食用菌现代企业。

公司主营业务为菌种供应及研发、菌棒加工出口、国外投资建厂出菇、产品购销、技术合作等。公司拥有温控发菌大棚500余座，大型杀菌蒸锅15座，每天可出锅20 000袋；装袋机30台，净化空气接种流水线两条；大型菌棒冷库300立方米；翻料机一台。公司有中级技术人员5人，初级技术人员30人，固定员工80人。公司占地和流转土地200余亩，带动周边乡镇发展食用菌大棚3 000余座，年生产加工各类香菇菌棒500万棒，连续多年每年出口韩国香菇菌棒300万棒，出口创汇500万美元，年产香菇7 500吨，产值近1亿元。

公司通过与泌阳县农业局、泌阳县真菌研究开发有限公司、泌阳县食用菌开发办公室、河南省农业科学院、河南农业大学等单位联手合作开发，不断对香菇菌种生产技术进行改良，针对客户需求，对多个类型的菌种进行试验，在原有技术的基础上提高了菌棒的出菇质量、出菇速度，赢得了韩国客户一致好评，赢得了广泛的支持和信任，推动了公司菌棒业务向更远的方向发展。

西藏达孜区雪乡“面之缘”传统手工制作技艺农牧民专业合作社

西藏达孜区雪乡“面之缘”传统手工制作技艺农牧民专业合作社，于2012年11月成立，致力于打造西藏传统手工艺领军品牌，2016年合作社申请注册商标“面之缘”，每年的营销额180万元左右，净利润达110万元。现合作社员工有29人，其中贫困户16人、搬迁户8人，大学生6人。人均年纯收入比达孜区农牧民年纯收入高15%以上，从而改善了贫困户家庭生活质量，帮助他们脱贫。已有工作车间1 200平方米，新建工作车间400平方米，现新研制开发产品5种，制作的产品均是订单式销售，其中2018年起开始校服设计与生产，合作社年均收入达87万元。合作社主要以“能人+贫困户”入股模式，主要经营范围为旅游纪念品开发研制、校服设计生产、布塑羌姆面具、唐卡、藏戏服饰、藏式家具、手工技艺培训、民族特色手工艺品等。2014年合作社研制的红珊瑚面具等10件作品被中国国家美术博物馆收藏，2016年“布塑面具”被评为农业部第六批一村一品名优特色产品；合作社2017年6月被评为拉萨市青年创新创业基地、拉萨市市级合作社，2018年被评为全国企业征信系统立信单位。

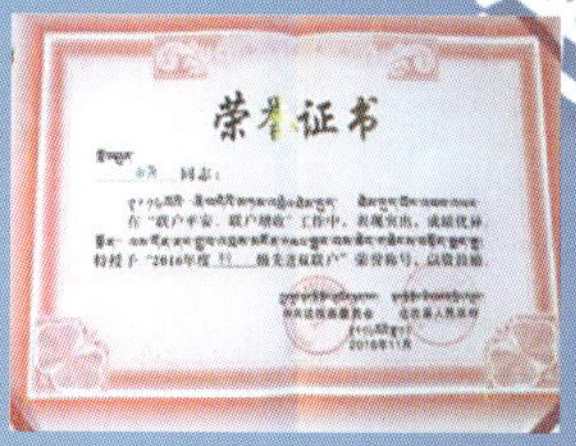

国家现代农业科技示范展示基地（澄城）

国家现代农业科技示范展示基地（澄城）目前以澄城县现代农业发展投资有限公司为中心，围绕示范基地主要开展樱桃苗木繁育、品种试验、树形展示等工作，在保证自身平稳运营的情况下，示范展示现代化农业技术，带动周边农户发展樱桃产业，为加快澄城国家级现代农业科技示范展示基地发展筑牢根基。

以庄头镇永内村澄城樱桃试验站为核心，建成樱桃脱毒苗木繁育中心、樱桃科技试验示范站、樱桃科技专家大院、樱桃工程技术研发中心“四位一体”的科研平台，推动澄城樱桃产业化发展。脱毒苗木繁育中心常年可生产双脱毒苗木，彻底解决渭北地区及周边县市樱桃苗木带毒的问题。

引进俄罗斯八号、美国一号、晓文一号、天地一号、齐早、红灯、拉宾斯、早大果、美早、布鲁克斯、萨米脱、鲁樱3号、黑珍珠等30多个新优品种进行栽植，已建成200亩樱桃新品种示范展示基地。通过北京林业果树科学研究所，引进了25个国内外樱桃新品种，经过精心管护，长势较好。基地主要示范展示的新技术有：（1）樱桃纺锤形、开心形、丛枝形、UFO形、篱壁形、双篱扇形等10余种不同树形对比试验；（2）果园行间生草对比试验示范；（3）起垄栽植对比试验示范；（4）设施樱桃试验示范及推广。

以基地樱桃试验站为中心建成了澄城县果业大数据平台，具体包括：物联网四情监测系统、追溯体系建立、灾害防控系统、专家远程诊断（在线答疑）系统等。

武夷山市茶产业发展

武夷山市作为福建省的产茶大市，茶叶种植历史悠久、品种丰富，文化底蕴深厚，是世界红茶和乌龙茶的发源地，中国著名的茶乡，是17世纪海上丝绸之路、万里茶道的起点城市，相继获得中国茶文化艺术之乡、全国特色产茶县、全国三绿工程茶业示范县、全国绿色原料（茶叶）标准基地示范县等称号。目前全市涉茶人数12万余人，占全市人口50%，有注册茶企业4 560家，规模以上茶企业30家，通过SC认证企业1 000家，市级以上茶叶龙头企业21家，茶叶合作社236家，茶叶类证明商标9件。“武夷山大红袍”2015—2017年连续三年荣获区域品牌价值十强，荣获“中国十大茶叶区域公用品牌”称号，名列中欧地理标志产品互认互保“100+100”产品清单。2018年，武夷山市获批筹建武夷岩茶全国地理标志产品保护示范区、全国武夷山茶产业知名品牌示范区。2019年，“武夷岩茶”品牌价值为697.53亿元，居全国茶叶类第2位，在地理标志产品区域品牌110强榜单上位居第5位。“武夷岩茶”在中国区域农业品牌影响力指数榜茶叶产业中排第1位，“正山小种”排第8位；武夷山市荣获2019年中国茶旅融合十强示范县、2019年中国茶业百强县称号。

响水西兰花　群众致富花

响水西兰花于20世纪60年代末开始引进种植，大面积种植已有30多年历史，1995年载入《响水县志》，现已成为响水县带动万众致富奔小康的特色主导产业。

响水西兰花产地东临黄海，北枕灌河，南有中山河，西有通榆大运河，属典型的海洋性季风气候区，日照充足，降水丰沛，气候温润，四季分明；土壤以海相沉积黏土为主，pH7.2～8.0，有机质和速效钾含量极为丰富；主要灌溉水源为通榆运河和中山河，水质优良。

响水西兰花花球圆整紧实，通常半球形，一般直径13～14厘米，球高12～15厘米，单球质量300～400克；蕾粒中细均匀，一般蕾粒直径<2毫米；颜色浓绿，蕾粒青绿色，颜色内外均匀一致，边缘蕾粒无开散，形状饱满；口感清爽，味道鲜美。

响水西兰花常年种植面积达10万亩，年产量18.5万吨，年总产值超10亿元，在当地有一套成熟的生产操作技术规范。已形成了规模化种植、标准化生产、品牌化销售的产业体系，拥有西兰花育苗、加工出口企业11家，建有西兰花冷藏保鲜库16万立方米，产业链条完整，产销有机对接。响水西兰花因其优秀品质入选农业部2017年度全国名特优新农产品目录，2018年11月响水县被中国优质农产品开发服务协会命名为中国西兰花之乡，2019年4月响水西兰花被农业农村部批准为农产品地理标志产品。

新疆巴音郭楞蒙古自治州库尔勒香梨协会

新疆巴音郭楞蒙古自治州库尔勒香梨协会（以下简称巴州库尔勒香梨协会）成立于1994年6月，协会主要负责库尔勒香梨行业的全产业链（包括库尔勒香梨的种植、采收、储藏、保鲜、分选加工、包装、冷链物流配送、经销、品牌建设、维权打假、项目合作等各环节）的服务管理工作。2019年巴州库尔勒香梨协会登记授权会员数量400余家，会员涵盖香梨种植、仓储、冷链保鲜、包装、物流、经销、农资技术服务等香梨产业链相关企业。巴州库尔勒香梨协会以提高库尔勒香梨生产水平，提高产品质量，树立库尔勒香梨产品形象，保护库尔勒香梨品牌商标，开拓培育库尔勒香梨国内外销售市场，维护库尔勒香梨行业市场竞争有序，推动库尔勒香梨产业快速发展，保护经销商和消费者的利益，维护生产者的权益为宗旨。巴州库尔勒香梨协会为会员提供指导、交流服务，维护公平竞争，维护会员的合法权益。

射洪青岗山种植专业合作社

青岗村位于沱牌镇西南方向，农户512户1 896人，其中贫困户102户329人，实有耕地面积2 677亩。2015年8月31日成立射洪青岗山种植专业合作社。全村农户以“土地入股+保底收益+利润分红+劳务收益”的模式将全村600余亩耕地统一经营。

2016年，青岗村购买旋耕机和收割机，依靠射洪青岗山种植专业合作社开展农事服务。2017年自种水稻600余亩，提供全程社会化服务5 200余亩，新建了100吨冷藏库、大米加工流水线，注册“柳明”牌大米商标，成功申报遂宁市市级示范合作社。2018年提供全程社会化服务15 000余亩；自种面积500余亩，收获黄谷180余吨，销售大米80余吨，实现产值100万元，纯利润20余万元，村集体分红5.2万元；给60户资金入股的贫困户分红，总额3.6万元；给贫困村桃花村分红1万元、大舜村分红3万元。

2019年射洪青岗山种植专业合作社与四川中海生物公司、射洪县农业投资有限责任公司以“公司+合作社+农户”的模式合作，在青岗村开发多年撂荒坡台地800余亩，发展毛叶山桐子，目前已栽植毛叶山桐子600余亩。既利用了多年撂荒沉睡的土地资源，又给农户、村集体带来了收入。

中国名茶之乡　中国茶文化之乡
——湄潭县茶产业简介

湄潭县是贵州茶产业第一县，在全国重点产茶县排名第二。2001年成为全国首批无公害茶叶生产示范基地县，2005年获全国三绿工程茶业示范县，2008年荣获中国名茶之乡称号，2009年荣获全国十大特色产茶县称号，2010年被人民网评为最受百姓欢迎产茶地，2012年获全国十大茶叶产业发展示范县称号。2009—2014年连续被评为全国重点产茶县，2013年被评为国家级出口茶叶质量安全示范区、全国茶叶籽产业发展示范县，2014年被评为中国茶业十大转型升级示范县、全国茶文化之乡，2015年被评为贵州茶产业第一县、中国茶叶产业示范县，2016年被评为中国十大最美茶乡，2017年被评为中国茶产业扶贫示范县，2018年被评为中国茶业品牌影响力全国十强县，2019年被评为中国茶旅融合十强示范县。茶叶产业已成为湄潭农村经济中重要的支柱产业。2019年全县投产茶园57.8万亩，茶叶总产量7.25万吨，产值52.66亿元，茶业综合收入突破139.45亿元。

全县茶叶生产、加工、营销企业及加工大户725家，其中年产值500万元以上的企业350家，国家级龙头企业4家，省级龙头企业24家，市级23家。全县有茶叶商标700余个，“湄潭翠芽”和“遵义红”作为公共茶叶品牌被列为全省“三绿一红”重点品牌，是国家农产品地理标志保护产品。“湄潭翠芽”获得国家级金奖88次，“遵义红”获得国家级金奖28次。

海丰县可塘镇农业产业强镇建设

可塘镇位于汕尾市海丰县东部，地势平坦，良田成片，是海丰县传统农业大镇和粮食生产基地，2019年可塘镇荣获全省“一村一品，一镇一业”水稻专业镇称号。目前，全镇油占米种植面积为3.11万亩，总产量3.2万吨，全产业链总产值4.8亿元，占全镇农业总产值的60%以上，已发展成为海丰县油占米产业核心区。可塘镇人民政府布局了四大重点建设项目，包括在罗山村建设标准化种植示范基地，在仓前村、罗山村打造烘干、加工、仓储一体化中心建设项目，在全镇进行科技培训和品牌建设，项目承担主体由发展意愿强烈、具备一定产业基础和实力的广东中荣农业有限公司、海丰县中禾农业专业合作社、海丰县新怡泰粮食加工厂、汕尾市丰美生态农业科技有限公司、海丰县泰霖种养专业合作社5家经营主体组成，力争将可塘镇建设成为乡土经济活跃、乡村产业特色明显的农业产业强镇，基本形成技术装备先进、资源要素聚集、经营规模适度、一二三产业融合、数量质量效益并重、生态环境可持续和产业竞争力提升的现代油占米产业发展格局，建成主导产业特色鲜明、现代要素全面激活、生产方式绿色高效、经济社会效益显著、辐射带动有力的优质特色稻米产业示范镇，成为宜业宜居的幸福地、乡村振兴的样板田。

不忘初心　牢记使命　砥砺奋进出实效

——河北省张家口市张北县小二台镇德胜村

光伏产业稳步增强。2016年投资90万元建100千瓦村级电站，由亿源新能源公司捐资360万元建400千瓦电站。2017年发电收入62万元，2018年发电收入72万元，2019年收入80万元，这笔收入是德胜村脱贫致富的第一大收入，对发展集体经济起到了关键作用。

马铃薯产业由弱到强。2017年德胜村抓住机遇，积极谋划，规划建设了马铃薯园区。在张北县委、县政府的支持下，村集体流转土地300亩，建成微型薯大棚280个。2019年村民承包196个棚，产量达2 940万粒，仅这项产值就达到882万元，人均7 100元，每棚在2万元以上，创历史新高。

合作社从小到大逐步发展。合作社在2015年注册，从2017年开始发挥作用。2017年建微型薯棚，由合作社统一规划、统一管理、统一指导、统一培训，由村民承包，贫困户优先，资产归集体所有。

集体经济和村民收入逐步增长。村集体收入逐年增长，2019年收入达80万元，合作社的租赁费由2017年的35万元发展到2019年的53万元，2019年集体经济收入达到133万元。村民收入逐年增长，主要来源于土地租赁金，种植微型薯棚、蔬菜、甜菜，市场劳务收入及旅游方面收入，2019年建档立卡户人均收入达11 000元，全村人均收入达13 700元。

村容村貌改善提升。在基础设施改善方面，2019年争取扶贫项目资金731万元，新建硬化水泥路面16.1千米，配套路灯150盏，实现了村村通硬化，街道路、家门口硬化和亮化。对德胜自然村村容村貌进行提升改造，实施了统一院墙2米，统一街门，全部涂刷白色涂料，全村82户全部改造。

全国农业产业强镇

海南省文昌市抱罗镇

抱罗镇位于海南省文昌市北部，地处市北交通枢纽地带，与海口市大致坡镇交界，全镇土地总面积108.5平方千米，下辖12个村（居）委会，总人口1.6万人。2019全镇农民人均纯收入14 194元。近年来，抱罗镇坚持文昌鸡为主导产业，依托国家龙头企业带动，不断扩大养殖规模、不断完善产业链、不断提升产品质量，不断创建品牌，构建以“点、线、面、立体”为一体的一二三产业融合发展格局。

抱罗镇委镇政府大力扶持文昌鸡产业发展，已形成龙头企业带动、农户积极参与的现代化、规模化、基地化文昌鸡产业发展模式。海南传味文昌鸡产业股份有限公司为农业产业化国家重点龙头企业，另外有涉农企业29家、合作社23家、规模有机肥厂3家、文昌鸡专业养殖农户236家，文昌鸡产值2.52亿元。

“传味”文昌鸡2016年获评为海南省著名商标，并先后通过了质量管理体系认证（IS0 9001）、中国良好农业规范（GAP）等相关认证，是国家地理标志保护产品。

结合文昌鸡产业优势，大力推进文昌鸡产业扶贫项目，采取多种合作模式，带动贫困户脱贫增收。通过加盟养殖、入股分红、带动就业等帮扶形式带动贫困户42户，低保户81户。海南传味文昌鸡产业股份有限公司积极参与扶贫行动且帮扶效果明显，2017年被评为海南省扶贫龙头企业，2018年被全国工商联、国务院扶贫办授予全国“万企帮万村”精准扶贫行动先进民营企业称号。

河南省农业广播电视学校夏邑分校

河南省农业广播电视学校夏邑分校（夏邑县农民教育中心）（以下简称学校）创建于1981年，履行全县农民教育培训的统筹规划、综合协调、监督考核和指导服务等职能，负责组织拟定全县农民教育的发展战略、规划、计划，负责组织协调农科教结合，负责组织开展农民科技培训、农村劳动力培训、农民继续教育和农民职业教育等工作。学校现有教职工60人，其中高级技术职称11人，中级技术职称19人；另聘兼职教师20人。

办学30多年来共培训绿色证书学员86 467人，组织开展阳光工程培训农村劳动力33 453人，实用技术培训达160多万人次，培养农民大中专学历生9 390人，特别是近几年培育高素质农民3 000余人。组建科技协会200多个，村级科技报务站100多个；建立生产示范点300多个，带动发展400多个科技专业村。

联合国粮食及农业组织教育专家和国家有关部委、省、市有关领导多次到学校参观考察。学校先后被评为全国农民技术教育先进集体、全国农业广播电视教育先进集体、全国育才兴农示范校、全国农广校系统A级校、中等职业教育和农民培训工作突出学校（百强校）。中央电视台、《中国青年报》、河南电视台、《河南日报》等多家重要媒体对学校进行了多批次、多层面的专题宣传报道。

文昌市东路镇永丰村

文昌市东路镇永丰村位于文昌市西北部，东临文昌市潭牛镇，西接海口市三门坡镇，南东路水库，北傍东路农场，距海口市55千米，距文昌市文城镇仅15千米，种植有约1 200亩荔枝、600亩火龙果和800亩胡椒，交通便利，环境优美，气候宜人。永丰村属东路水库水浸区，由九个老区自然村庄迁移安置为五个生产小队，现改为昌美、石马头两个村民小组，有227户947人，2019年人均收入超过20 000元。全村有党员57人，设一个党总支和两个党支部，村“两委”班子现有成员7人，班子成员内部团结和睦，战斗力强，是该村建设新农村的中坚力量。

余江区农业农村粮食局

现代农业流通建设方面。全区益农信息社建设重点入驻贫困村及乡村旅游村，余江区已累计完成78个村级益农信息社点，一个县级农产品运营中心，一个全国百佳村级益农信息社，重点打造了平定乡蓝田村、邓埠镇仪凤村村级益农信息社示范样板。

美丽乡村建设方面。余江区现有1 040个自然村，到2019年已开展1 015个自然村新农村建设，新农村建设覆盖率97.6%。新农村建设村庄开展了以改水、改厕、改沟、改路、改环境为主的基础设施建设，部分村庄进行了绿化、亮化。

现代农业产业园建设方面。余江区已建成4个省级现代农业示范园：一是杨溪高效园，主要发展休闲农业、设施蔬菜、精品林果种植等；二是锦江绿色生态园，主要发展“水稻+”共作、精品果蔬种植等；三是春涛创新园，主要发展铁皮石斛、水产养殖、特色林果种植等；四是刘垦科技园，重点发展光伏农业、设施蔬菜、精品林果等。

新型农业经营主体发展方面。有效推进新型农业经营主体建设，现有农民专业合作社403家，其中国家级示范合作社6家，省级示范合作社10家，市级示范合作社58家；家庭农场383家，其中省级示范家庭农场16家，市级示范家庭农场20家。省级农业产业化龙头企业11家，市级农业产业化龙头企业59家。农业种养大户800余家，组建了2家农业产业化联合体。

江苏省镇江市丹徒区高桥镇高桥村

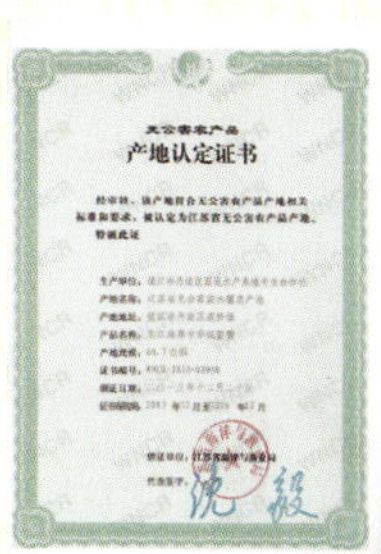

无公害农产品
产地认定证书

无公害农产品证书

江苏省镇江市丹徒区高桥镇高桥村位于镇江市东郊，三面环江，有着得天独厚的长江水资源优势。全村总面积3.8平方千米，其中耕地面积2 084.32亩，水面面积1 500亩。下辖28个村民小组，农户1 024户，人口2 976人。因紧邻长江，水资源特别丰富，主导产业为中华绒螯蟹的培育。高桥村从20世纪90年代开始培育中华绒螯蟹，有着丰富的养殖经验，目前全村有水产养殖专业合作社3个，土地股份合作社2个，水产科技入户率达100%。高桥村2010—2013年被列为丹徒区水产整村推进村，科技示范户为42户，辐射户390户。2014年高桥村江洋水产养殖专业合作社被列为全国绿色生态健康示范养殖场，2015年高桥村中华绒螯蟹被列入“镇江江蟹”农产品地理标志保护区产品，2016年江洋水产养殖专业合作社被列为省级示范社。高桥村中华绒螯蟹养殖经验模式得到省、市、区各级技术专家肯定，是建议推广学习的示范基地之一。2018年高桥村水产养殖面积达1 382亩，年销售额达2 451万元。水产养殖业的产值占全村农业经济总产值的70%以上，大力发展第三产业、努力实现农业现代化和发展具有本村特色的现代渔业已成为增加高桥村村民收入的重要途径。

大埔蜜柚

大埔是中国蜜柚之乡。大埔蜜柚产业已成为全县农民群众的致富产业、健康产业、扶贫产业。2019年，全县蜜柚种植面积已达21.9万亩，其中红肉蜜柚13.5万多亩。2019年大埔蜜柚产量32万吨，产值13.4亿元，全县农村人口单蜜柚平均收入3 000元以上。据初步统计，全县有蜜柚类省、市、县级农业产业化龙头企业79家，农民专业合作社285家，上规模的蜜柚场126户，带动蜜柚种植农户7多万户。大埔县先后被评为中国蜜柚之乡、中国绿色生态蜜柚示范县；大埔蜜柚被评为2012广东十大最具人气土特产、2015岭南十大养生特产。“星奇泰”蜜柚、“太子妃”蜜柚，“梅妃”红肉蜜柚，“客都妹”蜜柚被评为广东省名牌产品。2015年大埔蜜柚被认定为国家地理标志保护产品，2017年大埔蜜柚成为“中欧100+100”地理标志互认互保产品。2016年成功创建全国绿色食品原料（10万亩大埔蜜柚）标准化生产基地和省级出口蜜柚质量安全示范区。2019年大埔县被认定为大埔蜜柚广东省特色农产品优势区。2019年，大埔蜜柚加工包装出口德国、荷兰、法国等国家达到近1万吨。作为“世界长寿乡”，大埔县将深入实施农业品牌战略，统一大埔蜜柚标准、品牌、标志、包装等，把大埔蜜柚变成健康美食、长寿食品，打造“世界客都•长寿硒谷”品牌。

彭泽县现代农业示范园区

凯瑞田园综合体。凯瑞田园综合体是产业转型升级江西省重点建设项目，位于彭泽县国家现代农业产业园核心区，总投资23.7亿元，面积5.6万亩，由农业产业化国家重点龙头企业九江凯瑞生态农业开发有限公司主体投资建设，是彭泽县现代农业示范园区的“园中园”，拥有国家级稻渔综合种养示范区。目前，凯瑞田园综合体已入驻九江凯瑞、松源水产、中梁农业、北京凯琛等9家各级农业产业化龙头企业。

万亩稻虾共作基地。该项目在九江凯瑞生态农业开发有限公司先期开发的4 600亩稻虾共作示范基地上建设，整合农业综合开发项目，在东湖和中湖续建稻虾共作基地8 000余亩，总面积扩大为12 600亩，2017年建成投产，2018年获评国家级稻渔综合种养示范区。该基地亩产小龙虾200斤（1斤=500克）、有机稻1 200斤，亩均产值达到1万元。2019年稻虾共作基地新增种养大户63户，总产值达1.2亿元，有力带动了当地农户增产增收。

鄱阳湖大闸蟹养殖基地。该基地是彭泽县根据“一虾一蟹”主导产业打造的农业综合性示范基地，由九江凯瑞生态农业开发有限公司投资建设，总面积1.3万亩。基地采取“龙头企业+专业合作社+农户+市场”经营模式，实行“五统一分”（统一育苗供应、统一技术指导、统一质量标准、统一原料采购、统一收购销售、分户经营）管理方式，通过专业化、标准化、规模化、集约化方式及物联网进行生产营销，实现亩产大闸蟹230斤，亩均产值1.5万元，基地总产值近2亿元，可提供就业岗位1 600余个。

湖北爽露爽食品股份有限公司

湖北爽露爽食品股份有限公司创建于2002年，是农业产业化国家重点龙头企业。厂区位于湖北省孝感市孝南区新铺镇长兴工业园永安工业区，占地面积13万平方米，在册职工275人，注册资金3 000万元，目前公司总资产2亿元。自2006年至今，公司在新铺镇先后征地200余亩，现已建成标准化厂房75 000平方米，实验室300平方米，办公楼及生活区3 200平方米。 年生产米酒能力20 000吨，生产米酒饮品能力15 000吨。2019年公司产值突破2亿元，是孝感市麻糖米酒省级产业园的骨干企业。

公司主要生产爽露爽牌孝感米酒，共有五大系列、120个单品，能满足商超、餐饮、电商等多渠道各类用户的不同需求，部分产品出口到澳大利亚、欧美、东南亚等国家和地区。

"爽露爽米酒"等多个产品多次荣获武汉国际农博会金奖；公司先后荣获第五届市政府质量奖、湖北省守合同重信用单位、国家级放心酒示范企业、农业产业化国家重点龙头企业等荣誉。2019年湖北爽露爽食品股份有限公司作为农业产业化国家重点龙头企业，联合孝感市6家合作社与5个家庭农场组建了孝感市米酒产业化联合体。公司于同年先后被评为湖北省高新技术企业、湖北省第三批支柱产业细分领域隐形冠军科技小巨人。

未来，湖北爽露爽食品股份有限公司将继续秉承"质量第一，顾客至上"的经营理念，立足国内、放眼全球，以过硬的产品质量、满意的售后服务、树立良好的产品形象，最大限度满足客户需求。

群鱼社区村

群鱼社区村党群服务中心

群鱼社区村进老林氧吧

四川省兴文县仙峰苗族乡群鱼社区村距兴文县县城50千米，地处兴文县环形旅游经济带，紧邻石海和僰王山两大景区。全村平均海拔1 250米左右，有耕地3 980亩，退耕还林3 943亩，生态林16 377.85亩，荒山造林18 658.2亩；辖6个村民小组，594户，2 085人。群鱼社区村产业主要以乡村旅游、方竹、烤烟、畜牧养殖为主。目前，群鱼社区村有经济作物成片方竹林18 000余亩(投产12 000余亩)、建有肉牛养殖示范小区一个，常年肉牛存栏100头以上，2018年群鱼社区村人均纯收入20 340元。近年来群鱼社区村多次被省、市、县评为先进基层党组织和新农村建设先进集体，2015年被评为全国依法治理民主法治示范村，同年12月被中共四川省委农村工作委员会评为四川省十大幸福美丽新村。2017年1月被评为省级四好村和省级卫生村；2019年11月入选中国美丽休闲乡村。村"两委"提出以十大幸福美丽新村为重点，以"乡村振兴战略，转型发展"为主题，创新思路，完善制度，落实责任，扎实工作。始终坚持"围绕抓好党建促发展"的理念，切实加强党组织建设和党员干部队伍建设，着力提高村"两委"的凝聚力、战斗力和创造力；努力实现了全村经济发展、政治稳定的新局面。

抓好基层党建　振兴尚德善卷

——江苏省宜兴市张渚镇善卷村

善卷村综合服务中心

善卷村位于宜兴市张渚镇，坐落在4A级风景区善卷洞边，全村面积6平方千米，人口1 645人，党员105名。善卷村获得全国十佳小康村、全国绿化造林千佳村、国家级生态村、江苏省文明村标兵、江苏最美乡村 、2015年全国文明村、2019年江苏省先进基层党组织、中国美丽休闲乡村等荣誉称号。近年来，善卷村将农村党建和乡村振兴深度融合，探索出了一条“村强民富、环境优美、乡风文明”的发展之路。

坚持从严管理，增强组织建设。善卷村党总支全力推进农村基层党建标准化规范化建设工程，着力打造乡村振兴的“红色引擎”。一方面，推进党员“亮身份、树形象、做表率”活动。另一方面，依托“有形阵地”延伸“无形管理”。

坚持融合发展，促进产业兴旺。乡村要振兴，产业是支撑。善卷村党总支立足村情，提出了“村前建工业园、村中建家园、村后建果园、全村建成大公园”的发展构想，积极探索一二三产业融合发展之路。一是做优生态资源，二是做大村级资产，三是做精旅游产业。

坚持党建引领，提升乡风文明。近年来，善卷村坚持将党建与乡风文明建设有机融合，建设党员责任区，打造尚德善卷文化品牌。在文化建设上，善卷村大力弘扬“德”文化，全村社会秩序井然、家家和睦相处、邻里守望相助，党员群众热心公益、投身志愿服务蔚然成风。

党建引领聚合力，乡村振兴正当时。善卷村在未来的发展中会继续以高标准、实举措抓好基层党建工作，为乡村振兴建设奠定坚实基础。

湖南省张家界市罗塔坪乡长寿村

长寿村地处永定区西南部张家界西线旅游腹地，毗邻罗塔坪乡政府所在地，全村面积24.5平方千米，下辖15个村民小组，381户1 217人。

发展规模型种植，打造莓茶园盛名。长寿村在20世纪80年代初开始种植莓茶，是中国莓茶发源地，现有莓茶种植面积4 000余亩，规模种植面积3 340亩，种植莓茶农户达318户850余人，全村人均种植莓茶面积达3.28亩，年产值达1 000余万元，占全村总收入的80%以上，直接或间接参与种莓茶的劳动力约920人。

扶持专业合作社，培养现代化意识。长寿村现有一定规模的农业专业合作社6个，参加合作社农户达180余户。其中，成立于2000年的张家界茅岩莓有限公司，注册了“茅岩莓”商标，并在2010年获得农业部农产品地理标志认证。2014年，张家界茅岩莓有限公司投入300万元，修建1 200平方米的前期加工厂，建立莓茶科技示范园，目前已形成“公司+基地+农户+市场”的产业链，成为永定区发展农业旅游经济的排头兵。

强化组织领导，大力宣传推介。成立了长寿村“一村一品”工作领导小组，加强工作协调。因地制宜，积极调整产业结构，整合优势资源，大力宣传推介，先后在中央电视台、新华社客户端、《湖南日报》等20余家媒体宣传长寿村种植莓茶助推脱贫致富的事例，激发了干部群众广泛参与的积极性。本村提供的张家界莓茶样品荣获2019年第十六届上海国际茶业交易博览会“创新养生茶”金奖。

东源县船塘镇板栗协会

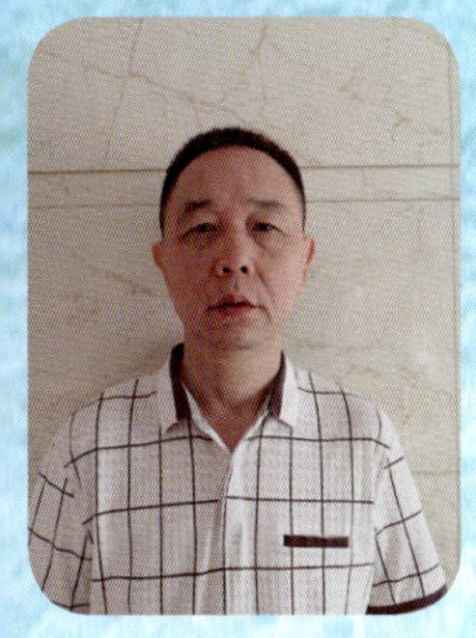

东源县船塘镇板栗协会成立于2005年，位于广东“板栗之乡”船塘镇，协会以品种保护、良种繁育、种植推广、技术交流、信息服务、品牌推广等为己任，致力于东源板栗的技术开发、科学研究和技术服务。

协会宗旨是致力于在观赏经济、种植加工、产品开发等领域为农民搭建产业致富平台，协助东源县农民、种植合作社、企业做大、做强、做优东源板栗产业，将东源板栗产业培育成东源县重大支柱产业。

东源县船塘镇板栗协会2008年被广东省委组织部及广东省科学技术协会评为科普惠农先进单位；2011年被中国农村专业技术协会评为全国农村专业技术协会先进集体；2013年与广东省农业科学院植物保护研究所合作项目“板栗灾发害虫安全防控关键技术研究与应用”，被评为广东省农业科学院先进科技奖二等奖和广东省先进科技奖三等奖，同时原会长欧林漳编著了《河源油栗生产使用技术》一书，大大提升了板栗的防控技术及产品品质。

为促进广大栗农增收，协会根据当地自然气候条件，与广东省农业科学院果树所及东源县丽亮板栗种植合作社合作，先后培育出河果一号、油栗一号、油栗二号等板栗新品种，并结合会长单位河源富万家农业发展有限公司的板栗加工产业，保障并提高了会员的经济收益。

花秋土鸡

花秋土鸡是黔北知名的畜禽产品品牌，历史悠久，源远流长，可制作黄焖鸡、干锅鸡、辣子鸡、清蒸鸡、清炖鸡、白斩鸡、卤鸡、烤鸡等美食。花秋土鸡于2107年获国家地理标志保护产品。

花秋土鸡公鸡全身羽毛为红色，鸡冠红髯、脚为灰白色、尾羽为棕红色或黑色，体型紧凑、胸腿肌健壮、鸡爪细、冠大直立、色泽鲜艳；母鸡全身羽毛颜色较淡且一致。花秋土鸡肉质鲜美、营养丰富、无污染，香味浓厚、品质优异。肉、蛋属绿色食品，深受人们的喜欢。

花秋土鸡农产品地理标志地域保护范围包括遵义市桐梓县花秋镇、高桥镇、风水乡、容光乡等4个乡镇35个村，适宜培育绿色、有机优质土鸡。

花秋土鸡是桐梓县花秋一带的传统养殖品种，养殖基础好，方法简单，且不受劳动力限制，受规模及场地的制约较小，适宜各种不同经济承受能力群众投资，便于全面普及推广，有利于形成较大规模总量。

花秋土鸡年出栏30万羽，产肉150吨，产蛋108吨，年产值达2 060万元。同时还带动了旅游产业发展，游客在土鸡观赏园和土鸡寨子参观、品尝，每年实现旅游收入500万元。

郎溪县农业技术服务中心

郎溪县农业技术服务中心主任余水评

近年来，郎溪县农业技术服务中心广大技术干部围绕乡村振兴战略部署要求，以发展优质、高效、特色农业为中心，以农民增收为目标，拓展思路、凝心聚力、狠抓落实，推动全县农业发展保持良好态势。

一是积极推广农业科技。开展水稻提质增效试验示范工作，以示范点、示范村、示范片为抓手，大力发展订单农业，优质粮食订单面积扩大至31.5万亩；建立绿色防控、减肥增效试验示范，核心示范面积5 000余亩，推广测土配方施肥技术84万余亩，推广应用配方肥1.6万余吨，有效落实农药化肥双减行动，提高利用效率；紧抓统防统治、苗情墒情监测工作，建立苗情监测点12个，墒情监测点36个。

二是稳步推进农业供给侧结构性改革。紧抓高标准农田建设，完善项目区土地平整和基础设施配套，有效提高农田综合产能；再生稻产业从零出发，历时3年推广种植近2万亩，带动发展了一批干劲十足的新型经营主体；稻虾综合种养规模逐年递增，2019年扩大至8万余亩，综合产值约2亿元，养殖户亩均综合效益2 000余元；推进茶产业提质增效，大力发展无性系良种茶园，发展茶叶清洁化加工工艺，助力产业转型升级。

三是加强农业科技服务工作。通过微信公众号、电视广播等各类媒介做好农业信息知识和技术宣传，组织开展土肥、植保、茶叶等各类新型职业农民培训班，深入推进农技人员包村联户科技服务制度，技术干部送科技入户，为农户实地进行技术指导、排忧解难。

文昌椰子地理标志品牌建设概况

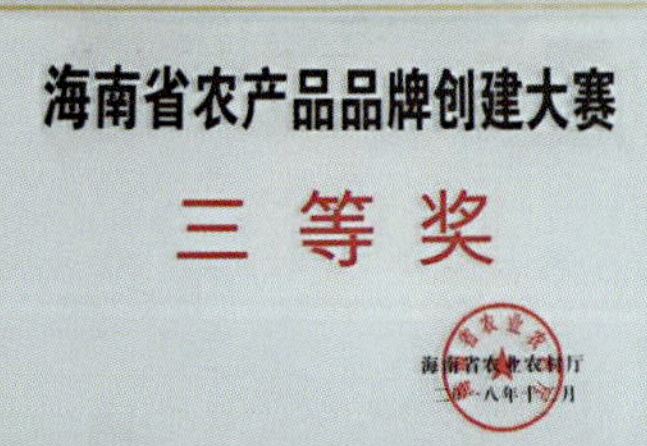

文昌椰子生长于美丽的海南省文昌市，它与文昌乃至海南人民的生活息息相关。目前，全市种植椰子23.8万亩，2016年年产量达1.7亿个，实现年产值10亿元。

产地特征。文昌位于琼北地区，雨水充裕、光照长，昼夜温差大，全年平均气温23.9℃，年降水量1 529.8 ～ 1 948.6毫米，平均日照11.8小时，土壤属于滨海沙壤土，造就了文昌椰子独特的栽培环境。

产品特性。文昌椰子树体高大、果皮翠绿、果顶棱角明显，其椰汁清甜、椰肉软硬适中，含有丰富的可溶性糖、矿物质元素、蛋白质等，成就了独特的文昌椰子品质。

独特生产方式。文昌椰子早期属于自然生长，海水浸灌的原生态生长方式。后根据中国热带农业科学院椰子研究所专家的提议采用滨海沙壤土栽培模式。根据其发展，制订一系列质量规范并成立了专门的监管和运作部门。产品严格按照《中华人民共和国农产品地理标志质量控制技术规范》生产，保证产品来源可追溯。

文昌椰子保护区域。文城镇、重兴镇、蓬莱镇、会文镇、东路镇、潭牛镇、东阁镇、文教镇、东郊镇、龙楼镇、昌洒镇、翁田镇、抱罗镇、冯坡镇、锦山镇、铺前镇、公坡镇17个镇。地理坐标为：东经110° 28′ ～ 111° 03′、北纬19° 21′ ～ 20° 10′。目前生产规模14 146.67公顷，年产量7 076万个。

“文昌椰子”品牌建设。“文昌椰子”2017年9月1日获国家农产品地理标志产品登记，2018年10月获国家知识产权局地理标志证明商标。2017年获海南农产品十佳区域公用品牌。

临潭县铭鑫商贸有限责任公司

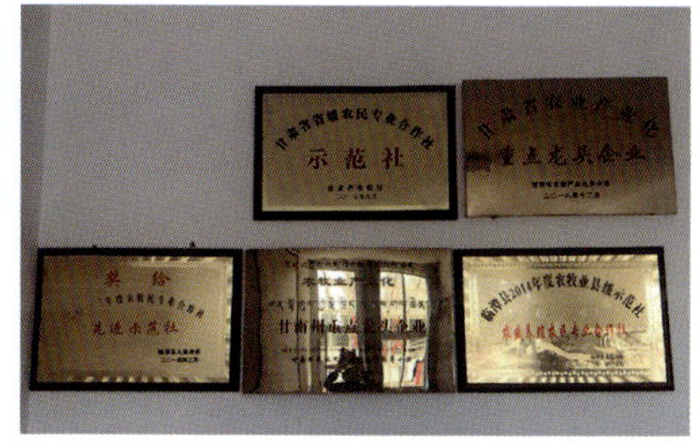

临潭县铭鑫商贸有限责任公司成立于2009年，是一家集农牧业、商贸酒店、房地产开发、旅游开发等于一体，下设14个分公司，多元化发展的大型民营企业，是甘肃省农业产业化重点龙头企业，被授予全省模范职工之家、全县诚实守信企业等荣誉称号。公司法人苟海龙系临潭县政协委员、甘南藏族自治州人大代表、临潭县工商联副主席，荣获2016年度全省非公有制经济组织优秀党务工作者、2017年度临潭县优秀共产党员等荣誉称号。近年来，公司按照“龙头企业+党建+联合社+合作社+基地+贫困户+保险”的发展模式，在农牧业产业链建设和脱贫攻坚方面做出了积极努力。

2019年，公司配股共3 261万余元，带动了10个乡镇的2 364户建档立卡贫困户，2个贫困村集体经济，所带动建档立卡贫困户占全县的1/5，当年分红达390万余元。

农牧业产业是公司主体产业之一，临潭县农盛养殖农民专业合作社隶属于临潭县铭鑫商贸有限责任公司，是省级示范合作社，成立于2011年，主要经营肉羊养殖和新品种培育、高原绿色牛羊肉精加工及冷藏、草产业等。

河北迪思泥农业科技开发股份有限公司

河北迪思泥农业科技开发股份有限公司成立于2013年，是石家庄市农业产业化市级重点龙头企业。慧灯庄园项目于2015年7月在石家庄栾城区发展和改革局立项，总投资2.6亿元，项目符合城市的总体规划，是集旅游采摘、农耕体验、科普教育、文化文旅产业于一体的现代都市高效生态农业休闲示范区，年产无公害绿色果蔬500万千克，年接待游客50万人次。

慧灯庄园的建设具有多元化发展的特色，能够促进农村劳动力就业，推动社会主义新农村建设，带动周边农民致富就业。

慧灯庄园因地制宜，产业扶贫拔穷根，实施“合作社+基地+农户”产业化经营模式为主的驱动机制，村企联合、精准扶贫，使周边村民在家门口就业，不出户收入就比往年翻一番。

河北迪思泥农业科技开发股份有限公司是慧灯庄园项目的主要技术依托，与河北农业大学签订了科技共享协议，通过采用以色列艾森贝克农业公司技术及设备实施滴灌、微喷灌、渗灌等，节肥30%、节水40%。对所有农作物及其原料实行无毒无害流程作业。树立“提升健康品味、享受绿色人生”的生活理念。

慧灯庄园在2015年荣获中国国际养生食品博览会金奖，被评为石家庄市国民旅游休闲示范单位、全国绿色农业特产示范基地、石家庄市五星级休闲农业示范园区、河北省休闲农业示范点。

江苏省溧阳市天目湖镇

天目湖镇地处江苏省溧阳市南部，苏浙皖三省交界处，233国道纵贯全镇南北，宁杭高速公路溧阳南道口位于区域内，宁杭城际高速铁路溧阳站紧临镇区，交通十分便捷。风景宜人、闻名遐迩，集国家级旅游度假区、国家5A级旅游景区、国家生态旅游示范区于一身的天目湖就位于镇西南部。先后荣获国家水利风景区、国家特色景观旅游名镇、全国环境优美乡镇、全国发展改革试点城镇、国家湿地公园、国家森林公园、国家级水利工程管理单位等称号。2018年，全镇实现地区生产总值72.8亿元、公共财政预算收入7.1亿元，全年接待游客480万人次，实现旅游总收入18.8亿元。

坚持实施“农业强镇”战略，立足资源禀赋，产业化发展特色明显，茶产业体系逐步形成，影响力向全国蔓延。现拥有茶叶种植面积3.6万亩，其中白茶2.5万亩、绿茶5 500亩、黄金芽茶5 500亩，规模茶业企业和合作社92家，2018年茶业总产值10.28亿元。先后荣获江苏省20个农业现代化示范镇、国家级农产品地理标志示范样板、江苏省茶产业一二三产融合发展先导区等称号。品牌建设成效显著，现有国家地理标志产品1个，江苏省著名商标7个，有机食品27个，绿色食品22个，获得国家级、省级品牌奖项117个。天目湖白茶曾作为人民大会堂特供茶、上海世博会联合国馆专用茶。

地址：江苏省溧阳市天目湖镇协和路8号

电话：0519-87980420、87983080

邮编：213333

茶园绿色生产技术体系构建及推广应用

茶园绿色生产技术体系是依据茶树植物学特征与生物学特性，联系茶叶生产实际和特点，以茶园生产高质量发展，实现茶园不衰、环境不败的茶园乃至茶区生产可持续发展为目标，遵循自然规律，按照生态学、生态经济学原理，运用系统工程的方法和现代科学技术，建立并应用于生产实际的，由一系列绿色化生产技术而组成的一套茶园生产技术体系。截至目前，茶园绿色生产技术体系已建立并推广应用的绿色化技术包括：茶园返生态食用菌栽培技术、茶树嫁接与茶园良种化技术、茶园生态养蜂技术、绿色中药材种植技术、土壤培肥技术、有害生物绿色防控技术、景区化等。在实际推广应用中，可根据茶园具体情况和需要，选择技术体系中适合的技术使用。实践表明，相关技术的推广应用，不仅能充分利用茶园及周边资源，而且能为茶园（区）发展循环经济，茶产业供给侧结构性改革提供技术支撑；同时为加快茶园生产及茶产业提质增效、转型升级，以及实现茶园（区）生产融合发展起到了积极促进作用。该技术体系被列入2019年云南省主推农业技术。

云南农业大学

云南省现代农业茶叶产业技术体系栽培研究室

联系人：高峻

联系电话：18669051099

电子邮箱：1241402556@ qq.com

河北省生猪疫病防控生物安全体系建设

河北省动物疫病预防控制中心
河北省现代农业产业技术体系生猪创新团队

规模猪场生物安全体系建设，是生猪疫病防控的关键。近年来，针对高致病性猪蓝耳病等生猪重大疫病，河北省组织大量的人力、物力和财力相继开展生物安全体系建设方面的科学研究及技术推广工作，成效显著。一是制标立规。先后制定了《规模猪场口蹄疫综合防控技术规范》(DB13/T1089—2009)、《规模猪场猪蓝耳病防控技术规范》(DB13/T1392—2011)、《猪免疫技术规程》(DB13/T492—2014)等多项省级地方标准，从场址的选择与布局、管理措施，预防与控制，风险动物控制，无害化处理等方面对规模猪场生物安全工作进行规范。二是加强病死动物管理。在全省范围内配备病死畜禽收集车辆230台，设立病死畜禽收集点817个、病死畜禽无害化处理场65个，避免因病死动物乱扔乱弃造成疫病传播的风险。三是开展科学研究及技术推广工作。"规模猪场口蹄疫综合防控技术集成与示范"和"猪重要病毒病防控关键技术研究与应用"分别于2010年和2016年获河北省科技进步奖二等奖、"规模猪场猪呼吸道疾病综合征(PRDC)相关病原分析及综合防治研究"2010年获河北省科技进步三等奖、"猪呼吸道疾病综合征防控关键技术示范与推广"2016年获全国农牧渔业丰收奖二等奖、"'猪高热病'防控关键技术示范与推广"2013年获河北省农业技术推广奖三等奖、"河北省'猪高热病'主要病因分析及防控关键技术研究"2012年获河北省山区创业三等奖。

北京绿富农果蔬产销专业合作社

北京绿富农果蔬产销专业合作社位于顺义区木林镇，成立于2007年9月，自主经营面积1 200亩。业务范围包括果蔬种植、配送，新品种新技术引进推广等。种植蔬菜品种50余个，主要有番茄、黄瓜、水培韭菜、草莓等，先后承担设施蔬菜高产高效关键技术集成示范与推广、番茄和黄瓜无土栽培技术及设施蔬菜有机肥替代化肥示范县核心区建设项目，均取得良好成效。2009年注册了"水云天"商标，对所生产的果蔬进行了有机认证和无公害认证，并通过ISO 9001质量管理体系认证，积极推进蔬菜生产追溯制。合作社获得北京市菜篮子工程优级标准化生产基地、2014年国家级示范社、北京市社会主义新农村建设先进单位、全国农民合作社加工示范单位、全国百家合作社百个农产品品牌、2017年北京农业好品牌等荣誉。合作社引进高品质番茄品种，充分发挥"一村一品"水云天番茄及北京市好品牌影响力，以标准化、规范化、科技化为依托，根据品种及品质打造"初吻、初恋、初味"系列番茄。建设高标准、高质量、高效益的农业基地，采取"科学种植、集中连片、专业经营"的形式，实现番茄周年供应、工厂化生产。通过供销益家社区店、国泰超市、果蔬直营店等实体销售渠道，开通"绿富农果蔬"微信公众号及微店、天猫商城"水云天旗舰店"，实现线上线下同步销售。合作社以果蔬产业为立足点，集蔬菜产加销、农业休闲观光、科普教育等功能于一体，充分利用园区自身的资源和高校的科技支撑优势，优化本地产业结构，打造现代农业产业园区，促进农民稳定增收，助力乡村振兴。

武冈铜鹅

——武冈市“一县一特”

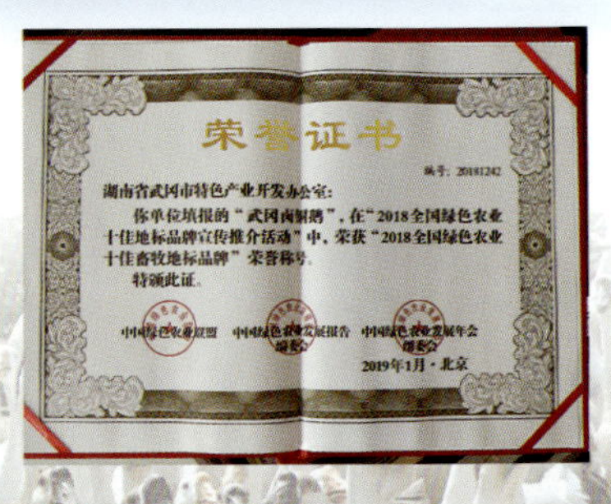

荣誉证书

编号：20181242

湖南省武冈市特色产业开发办公室：

你单位填报的“武冈卤铜鹅”，在“2018全国绿色农业十佳地标品牌宣传推介活动”中，荣获“2018全国绿色农业十佳畜牧地标品牌”荣誉称号。

特颁此证。

中国绿色农业联盟　中国绿色农业发展报告编委会　中国绿色农业发展年会组委会

2019年1月·北京

武冈地处湘西南部，属中亚热带季风湿润气候区，气候温和，雨量充沛，武冈市水系发达，水面广阔，牧草丰富，得天独厚的地理环境和气候条件孕育了武冈铜鹅悠久的养殖历史和肉质鲜嫩细腻的独特品质。因其喙、蹠、蹼呈橙黄色或青灰色似黄铜或青铜，鸣叫声洪亮似击打铜锣，又因其与武冈境内同宝山有缘，所以称之为铜鹅，被列入《国家家禽品种志》和《湖南省地方畜禽品种志》。

为做大做强武冈铜鹅，武冈市2007年成立了武冈市特色产业开发办公室，主要负责武冈铜鹅的开发、利用、宣传和保护工作。武冈铜鹅2008年3月获国家工商行政管理总局地理标志证明商标，2013年、2015年分别被认定为湖南省著名商标、湖南省名优特产商品。从2007年以来，中央及地方多家媒体对武冈铜鹅进行过专题报道。截止到2017年年底，培育了省、市级以上龙头企业5家，资水、资江、横冲等铜鹅养殖专业合作社6个，种铜鹅规模场近30家，全市有存笼鹅1 000羽以上的铜鹅场（户）47个，年出笼铜鹅万羽的规模铜鹅养殖场18个，散养户2万户。年出笼鹅95万羽，存笼鹅30万羽。年加工铜鹅53万羽，产销超2 500吨，产值达2亿元。培育出了华鹏、福元、乡乡嘴、刘师傅等知名品牌20个。带动就业近万人，产业帮扶贫困人口5 000人以上，人均年增纯收入1 000元以上，武冈铜鹅产业取得了突飞猛进的发展。

淳安县特色中药材生态优质生产技术示范推广项目

2017—2018年共推广中药材生态优质生产技术面积11.92万亩（投产面积6.95万亩），实现产量7 305吨，产值4.65亿元。认定淳安道地特色中药材生产示范基地10个、示范户100户，新增各级财政投入0.9亿元。

项目组成员主持制定《掌叶覆盆子生产技术规程》等市县标准3个，参与制定省级标准3个；研究集成应用贡菊与春玉米套种、浙贝母-番薯轮作等生态种植模式和白花前胡仿野生栽培新技术、中药材防霜防冻技术等综合生产技术共12项，发表文章15篇。目前已形成以山茱萸、覆盆子、前胡、黄精、重楼、三叶青“淳六味”为主导，以皇菊、铁皮石斛等中药材为辅的种植格局。其中覆盆子、前胡、三叶青入选新“浙八味”。

项目实施期间全县新注册中药材相关主体303家、中药材商标30个（其中地理标志证明商标5个），指导生产主体申请发明专利10件、实用新型专利9件；新认证绿色食品1个，有机食品14个，国家地理标志保护产品1个。淳安县被授予浙江省中药材产业基地，临岐镇被授予浙江省特色农业强镇、浙江中药材之乡、浙江覆盆子之乡、浙江白花前胡之乡等称号。

山茱萸

联系方式

何爱珍，高级农艺师，E-mail：1915336189@qq.com，13968100521

淳安县农业技术推广中心　淳安县千岛湖镇新安大街40号　311700

赤壁青（米）砖茶

“赤壁青砖茶”“赤壁米砖茶”是由赤壁市茶叶协会于2015年在国家工商行政管理总局注册的两个公共品牌商标。在公共品牌下，已经批准了6个核心企业子品牌，其中“羊楼洞”“洞庄”“赵李桥”“川”字牌均为知名商标，这些品牌涵盖了赤壁茶业95%以上的青砖茶产品。赤壁青砖茶与企业品牌相得益彰，快速扩张，推动赤壁茶业迅猛发展。

为加强“赤壁青砖茶”公共品牌管理，赤壁市专门制定了《赤壁市“赤壁青砖茶”公共商标使用管理办法（试行）》，明确执行《老青茶》《青砖茶加工技术规程》《老青茶生产技术规程》3个省级地方茶叶技术标准和保障产品质量的生产管理系列标准。

为扩大公共品牌的影响力，赤壁市政府每年列支300万元用于在主要交通干线、部分大中城市进行“赤壁青砖茶”大型平面广告宣传，同时利用全媒体组织开展宣传活动。此外，每年还开展全民饮茶日和中国青（米）砖茶交易会等系列活动，组织企业积极参加“一带一路”国家的推介活动和国内有影响的大型展会，使得“赤壁青砖茶”公共品牌知名度和市场占有率迅速提高，产业整体实力逐步增强。

在公共品牌效应的带动下，2018年，直接辐射茶园面积45万亩，茶叶总产量4.2万吨，其中绿茶0.3万吨，砖茶3.9万吨。茶叶生产产值13亿元，全产业链产值40亿元，相关从业人员约5.5万人。2019年浙江大学与中国农业科学院农业品牌价值评估，赤壁青砖茶品牌价值达28.41亿元，赤壁米砖茶品牌价值达12.79亿元。

湖北五峰青岗岭生态茶叶公园

青岗岭茶叶公园位于湖北省五峰土家族自治县渔洋关镇新城西南，包括曹家坪村青岗岭、三房坪樱桃山、汉马池仁园寺，连片构成万亩生态茶园，其中核心茶园示范区1 000余亩，辐射渔洋关5万亩茶园基地。被授予2017年度全国三十座最美茶园、2019中国美丽茶园称号。

青岗岭茶叶公园素有“三峡后花园”之称，境内层山叠嶂，林木繁茂，云雾缭绕，空气清新，山清水秀，风景如画，素有“高山云雾出名茶”之称，历史上的高香茶、贡茶、宜红工夫茶和出口名贵红、绿茶就产于此。

五峰是一个古老的茶区，是湖北省产茶大县，茶叶生态条件得天独厚，茶叶生产历史悠久、资源丰富。截止到2018年，全县8个乡镇共有4.2万农户、13.5万人从事茶叶产业，现有茶园总面积21.9万亩，采摘面积19.6万亩，茶叶总产量2.29万吨，茶农鲜叶收入4.63亿元，茶叶农业产值9.56亿元，占农业总产值的23%。茶业综合产值23亿元。历年来荣获全国无公害茶叶示范县、中国名茶之乡、全国重点产茶县、全国十大魅力茶乡、世界茶旅之乡、世界茶旅古镇、精准扶贫贡献奖、2018中国茶旅融合竞争力全国十强县（市）、2018中国茶业百强县、中国茶旅研学示范基地、中国茶旅大会·五峰永久会址等荣誉。

阿尔巴斯绒山羊

鄂托克旗总面积2.1万平方千米，总人口16万人。鄂托克旗依据自然资源优势，初步形成了绒山羊、肉牛肉羊、优质牧草、螺旋藻四大主导产业以及生猪养殖、水产业、土鸡等特色产业齐头并进的农牧业产业发展格局。其中，阿尔巴斯白绒山羊产业一直以来是鄂托克旗畜牧业经济发展的支柱和最大亮点，是鄂托克旗最具说服力、较完善的整旗（县）制推进的优势产业。

内蒙古白绒山羊（阿尔巴斯型）被列入国家发布的首批动物遗传资源保护名录一级保护品种，并被农业部登记为农产品地理标志产品，是国家优质羊绒生产的主要品种之一，是鄂尔多斯羊绒制品的主要制成原料。近年来，鄂托克旗强化优质绒山羊资源保护，建成1个国家级、2个自治区级阿尔巴斯绒山羊种羊场，1个市级种畜二级扩繁场，年培育种羊2 000余只。

内蒙古阿尔巴斯型白绒山羊绒肉兼优，其羊绒出类拔萃的优秀品质被誉为“纤维宝石”“软黄金”，1985—1987年连续三年荣获意大利国际山羊绒“柴格纳”奖；阿尔巴斯山羊肉高蛋白、低脂肪，是品质极好的山羊肉品种，曾获得内蒙古自治区羊肉品质品尝竞赛第2名，2014年鄂托克阿尔巴斯山羊肉被农业部认定为农产品地理标志产品，是鄂托克旗传统畜牧业产业标志性的产业和产品。2017年，鄂托克阿尔巴斯山羊肉被列入中欧双100地理标志互认产品，是鄂托克走向全国、走向世界的一张亮丽名片。

山东省菏泽市定陶区休闲农业

菏泽市定陶区位于山东省西南部，地处鲁苏豫皖四省交界处，全区总面积846平方千米，农业耕地面积93万亩，总人口70万人。定陶古称陶，公元前221年建县，至今已有4000多年的历史，是民政部命名的“千年古县”。定陶先后荣获中国绿色名县、全国生态文明建设先进县、山东省卫生城市、山东省生态循环农业示范县、山东省休闲农业和乡村旅游示范县等称号。是闻名遐迩的玫瑰之乡、戏曲之乡、武术之乡。

近年来，定陶把休闲农业与乡村旅游发展纳入全区农业产业化和旅游规划，编制了《定陶区空间发展战略规划（2013—2020）》。按照“核心带动、廊道联动、板块互动”的思路，打造“一核、一环、四廊、四区”的“1144”定陶全域旅游空间格局。目前，全区休闲农业和乡村旅游点达99个，规模以上的休闲农业和乡村旅游景区（点）28个；国家3A级景区1个，国家2A级景区1个，山东省旅游强乡镇3个，山东省旅游特色村5个，山东省休闲农业与乡村旅游示范区1个，山东省开心农场1个，山东省精品采摘园5个，齐鲁美丽田园2个，三星级农家乐4家，山东省旅游休闲购物街区1处，旅行社2家。休闲农业和乡村旅游年接待人数102万人次，年总收入15 600万元。

华顿农业产业化高科技试验示范基地

山西华顿什贴农业开发有限公司与山西农业大学郭平毅教授领衔的谷子团队进行技术合作，引进“三新”（新机械、新品种、新技术）技术，以“有机、循环、优质、品牌”为起点，高标准规划、高质量发展，品牌化、标准化、科学化、机械化、规模化、现代化、产业化经营，以共塑山西小米品牌为契机，以建设“什丰谷”山西（什贴）小米全产业链关键技术集成和标准化试验示范基地项目为依托，全力打造“什丰谷”农产品品牌，打造全国名特优新农产品，打造无公害食品、绿色食品、有机食品和农产品地理标志产品，为人们提供绿色、有机的健康食品。2018年“什丰谷”什贴小米通过国家绿色食品认证，被农业农村部列入2019年第一批名特优新农产品目录。

山西华顿什贴农业开发有限公从2019年开始，以创建国家级农业公园、中国金黄米之乡和大太原田园超市项目为主题，致力于有机旱作农业产业化基地打造。2019年公司采取土地流转的模式，在什贴完成了2 000亩谷子标准化试验示范种植基地建设，带动榆次区什贴镇镇域谷子种植面积达1万亩，实现有机谷子产量55万千克。

福建清流台湾农民创业园

清流台湾农民创业园兰花基地

清流县地处海峡西岸中部，东临福建沿海，西北承江西上饶，南接广东。2009年5月，国台办、农业部批准设立国家级清流台湾农民创业园，重点建设“四区一会”（花卉苗木产业区、特色养殖区、农林产品加工区、生态休闲旅游区、台商联谊会），全力打造海峡西岸现代农业合作示范基地、现代农林产品加工示范基地、海峡西岸生态休闲旅游胜地、闽台交流合作先行先试的重要平台。

近年来，在清流县委、县政府的正确领导和农业农村部、福建省农业农村厅等的精心指导下，清流台湾农民创业园积极探索海峡两岸融合发展新路，坚持“立足特色、突出重点、注重创新、辐射带动”原则，明确发展定位，强化工作措施，深入开展闽台交流合作，有效提升园区建设水平。每年组织举办台湾现代农业技术培训班、樱花基地观赏旅游节、仙野石斛兰花旅游文化节、烧酒会等活动10余场次，努力使清流成为台胞投资兴业、就业创业的理想家园。园区先后被授予全国农产品加工创业基地、海峡两岸科技产业合作基地、全国农村创业创新园区、省级专家服务基地、台湾高校学生农业教学实践基地等称号。

清流台湾农民创业园鲜切花基地（非洲菊）

太仓白蒜

生产基地

太仓白蒜干蒜头饱满紧实，圆整洁白，蒜头直径4.5厘米以上，重40～45克，蒜瓣8～9个，大小均匀。蒜瓣肉质紧实脆嫩，味辛香浓烈。熟制蒜呈糯性。

太仓白蒜种植历史悠久，明嘉靖《太仓州志》中已有关于太仓白蒜种植的记载。20世纪60年代，太仓白蒜已外销东南亚，70年代被正式命名为太仓白蒜，列入江苏省著名特产蔬菜资源。太仓白蒜为地方品种，以粳蒜品系为主，株高50厘米，叶宽厚，叶色深绿，假茎粗壮，长势强，丰产性好，休眠期长，耐贮运。主产区位于长江南岸高平原，气候温和，水源充沛，水质清洁。土壤以夹砂土和黄泥土为主，土层深厚，通透性好，有机质含量高，适宜稻麦、大蒜生长。栽培方式为分级播种、机播机收、稻蒜轮作、重施基肥。

太仓白蒜

太仓白蒜是传统优质农产品，一直深受国内外消费者青睐。近年来太仓市政府通过采取品种提纯复壮、全程机械化和后续产品开发等措施，有力地促进了大蒜产业振兴。

引导瓜农抱团取暖　实现“增收致富梦”

——平罗县高仁乐海山西瓜专业合作社

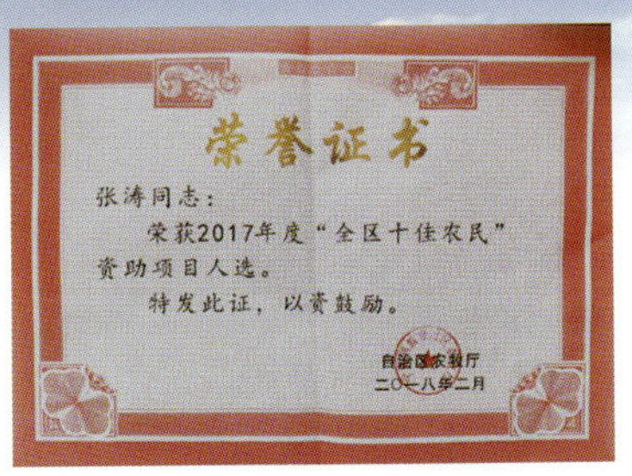
荣誉证书

张涛同志：

荣获2017年度“全区十佳农民”资助项目人选。

特发此证，以资鼓励。

自治区农牧厅
二〇一八年二月

平罗县高仁乐海山西瓜专业合作社2007年成立，是一家专业从事西瓜种植、销售，为农户提供种植技术信息咨询服务的农民专业组织。拥有社员780户，采取“基地+农户+商标+市场”的运作模式带领村民和社员脱贫致富。2016年建成占地16亩的西瓜交易市场，让合作社的西瓜有了正规的集散地。每年7月上旬在市、县、乡主管部门的帮助和带领下举办乐海山沙漠西瓜文化采摘节，“乐海山”品牌因此扬名。在不断做大做强的过程中，乐海山沙漠西瓜销路不断拓展。从最初的销往呼和浩特、包头，到如今销往北京、天津、上海、成都、重庆等地。西瓜种植面积达到1.2万亩，亩产量6 000～8 000千克，带动农户1 300户，辐射带动移民区种植西瓜达2.2万亩，农民亩均收入近5 000元。“乐海山”商标2012—2018年连续被评为宁夏著名商标。乐海山西瓜被评为宁夏名牌产品和老百姓喜爱的商标品牌。乐海山西瓜2013年9月取得无公害产品认证，2017年8月获得产地有机认证，2018年获得绿色地理标识认证。2017年合作社被评为自治区级示范合作社。西瓜产业已成为当地农民群众增收致富的支柱产业。

2018年合作社围绕农业增效、农民增收、农村增绿，投资2 000多万元，建成占地620亩，集循环农业、创意农业于一体的乐海山田园综合体项目。带动六顷地村在全县乃至全市率先实现“村庄美、产业兴、农民富、环境优”的目标。

对桩石村

对桩石村地处于鞍山市东南15千米处，系千山山脉，千朵莲花山南麓，方圆12平方千米，以峰秀、石峭、谷幽、松奇、花盛而著称，是一个宜居的美丽乡村。对桩石村在2017年1月6日，获评为中国美丽宜居村庄。2018年8月，获评为中国美丽休闲乡村。

对桩石村是一个传统村落，村内有很多旅游景点，其主要景点有南果梨祖树园、锅鼎石、龙王庙等。

城子山山城位于对桩石村东3千米处的城子山东坡。山城平面近长方形，东西长30米，南北宽约10米，石墙残高约2米，北有一门，宽约2米。山城全部用巨石垒砌，墙外壁用大石条起基，上用楔形石逐层叠加垒筑，墙内以楔形石错缝叠压，与外墙犬牙交错相互咬合，石与石之间形成巧妙的力学制约关系。山城西侧为楔形石铺砌的城墙垛头，东侧为断崖，下临深谷，一条羊肠小道自山顶蜿蜒到谷底。隋唐时期，高句丽建筑的辽东山城遗址，以五女山山城为始，历经700余年，总计近千座。目前鞍山地区发现的山城不仅对桩石城子山一处，岫岩的娘娘城山城、海城的营城子山城、唐家坊镇的摩云山山城、海城析木镇的龙凤峪山城、马风镇的小窑沟山城及南台镇的山城村山城等构成了高句丽前沿防御体系中的鞍山地区防御带。

传统村落承载着中华民族的历史记忆，对桩石村将迈着时代的步伐，与时俱进，不忘初心，砥砺前行。

南充市“好充食”农产品区域公用品牌

“好充食”是南充市西充县于2016年策划打造的县级农产品区域公用品牌，2017年11月成功注册，全市共有50家企业使用推广“好充食”区域品牌商标。该品牌自诞生以来，西充县进行了大力宣传和推广。2019年1月18日，南充市人民政府研究决定将其扩展为南充市农产品区域公用品牌。

2019年以来，“好充食”农产品区域公用品牌建设进入了快车道，在全市得到进一步推广和运用，其知名度、美誉度和市场影响力进一步提高。“好充食”被评为2019年四川省优秀农产品区域公用品牌。

为了规范“好充食”商标使用行为，加强产品质量管控，保护商标合法权益，维护品牌形象和声誉，确保品牌安全，南充市农业农村局按照“政府主导、协会牵头、企业主体、市场运营”的原则，牵头制定《南充市“好充食”农产品区域公用品牌商标使用管理办法》，筹备成立南充市优质农产品品牌协会，组织符合条件的生产经营主体，使用推广“好充食”区域品牌。“好充食”品牌彰显“原乡原味原生态，好山好水好充食”的品牌价值和内涵，强化农产品标准化建设和质量监管，通过各类专题推介活动，选择利用恰当的媒体渠道宣传推介“好充食”区域品牌。在北上广深杭等重点城市建立“好充食”农产品展示体验营销中心，建立“好充食”农产品网上销售平台，实现“好充食”农产品线上线下同步销售。

忠义古郓 厚道农品
“好郓来”农业区域公用品牌

郓城县位于山东省菏泽市，辖22个乡镇街道，1个省级开发区，690个村(居)，128.2万人，县域总面积1 643平方千米。郓城县历史文化悠久，是千年古县，水浒文化发祥地。郓城县农业资源丰富，入选全国超级产粮大县，是国家农产品质量安全县。郓城县成立了县级农业高端专家智库，相继承担了全国畜禽粪污资源化利用试点县项目、全国粮改饲示范县项目、全国设施蔬菜有机肥替代化肥示范县项目等14项国家级、19项省级试点任务，荣获89项市级以上荣誉称号。

近年来，郓城不断提升产供销精细化、专业化水平，集中力量培育了一批市场占有率高、经济效益好、辐射带动能力强的农产品知名品牌。现有“三品一标”认证农产品148个，注册商标358个，马德里商标3件，国家地理标志证明商标7个，荣获山东名牌13个、山东省著名商标11个，亿元以上特色农业企业32家。无公害农产品标准化基地达到40万亩，省级以上农业产业化重点龙头企业达到8家。

“好郓来”品牌发布会在山东大厦成功举办，在全市率先创建了覆盖全县、全品种、全门类的“好郓来”农产品区域公用品牌，首批授权25家企业使用“好郓来”，以区域品牌与企业品牌结合形成“母子”品牌的模式，合力打造品牌郓城。

水稻国家公园

共享农庄

水稻国家公园位于三亚海棠湾国家海岸南部入口，是海南省首个农旅融合国家AAAA级旅游景区。景区立足“农业+科学+文化+旅游”的融合发展，以农业生态为本、农耕文化为魂，演绎大地、田野、稻作在人类生存发展中的文明与精彩，诠释生态、生命、生活的文化主题，展示中国南繁水稻科技成果，填补我国稻作文化旅游空白，建设大型国际化农旅观光体验休闲度假区。

水稻国家公园全国科普教育基地

水稻国家公园一期规划面积3 800亩，计划总投资23亿元，目前已完成投资15亿元。水稻国家公园2018年1月24日正式对外营业，开园一年多，获评国家AAAA级旅游景区，获得质量与环境管理体系认证。先后获得了全国农村产业融合发展示范园、全国科普教育基地、中国古生物科普工作十大进展奖、省级现代农业产业园、三亚全域旅游实践教育基地等。在第三届国际水稻论坛大会上，袁隆平院士亲自授予水稻国家公园为论坛永久会址。

水稻国家公园实施乡村振兴战略，践行“不离乡、不离土，农民永远是业主”的发展原则，通过三权分离、土地流转，探索“统一规划、统一管理、集约经营、共享共赢”农旅融合发展新模式，以“区域生态化、景区科普化、农田景观化、景观产品化、产品体验化”的新理念，在稻田花海中打造农旅景观产品。

水稻国家公园代表的美丽乡村旅游已成为海南继蓝色海洋旅游、绿色森林旅游后的乡村振兴、农旅融合的旅游新业态。

中国新花卉开发——报春苣苔新品种选育

北京林业大学园林学院，国家花卉工程技术研究中心，
城乡生态环境北京实验室，花卉种质创新与分子育种北京市重点实验室

1. 北林之春

北林之春

种间杂交后代，多年生肉质草本。花期较早，一般在中国春节前后开放，且群体花期持续时间长，2月初至4月中旬，花色亮丽可爱，贯穿整个春天，故取名北林之春。

2. 紫衣圣代

紫衣圣代

种间杂交后代，多年生草本。群体花期3月初至4月中下旬长达50天。花量较多，花瓣边缘波状，花冠内有黄色斑块，与浅紫色外部相得益彰，故取名紫衣圣代，观赏性强，较耐阴，盆栽效果好。

3. 祥云

祥云

无性选育后代，多年生草本。祥云是在永福报春苣苔的扦插繁殖中选育出来的，株型紧凑，叶片侧脉增多呈白色网状脉络，形似中国传统纹样，故取名祥云。花期一般为5月中旬至6月下旬，花叶兼赏，具备较强的适应性、耐阴性。

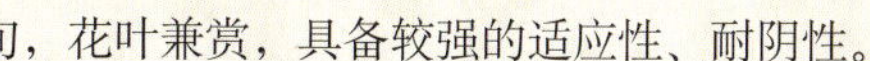

4. 启明星

启明星

种间杂交后代，多年生肉质草本。群体花期3月中旬至4月下旬。启明星花量大，花梗长，苞片发红，小花聚集，叶片光亮，取名启明星。株型优良，适应能力极强，是优良的室内盆栽材料，亦具有垂直绿化应用潜力。

珠海十里莲江农业观光体验园

美在莲江　（李华胜　摄）

十里莲江农业观光体验园于2011年开始由珠海十里莲江农业旅游开发有限公司投资建设，项目位于珠海市斗门区莲洲镇莲江村，周边自然生态保持良好，环境优越，交通便利，是一个集生态农业种植、农耕文化观光体验、科普教育等功能于一体的综合性现代休闲农业项目。本项目积极响应国家建设粤港澳大湾区的号召，通过特色种植产业和种植模式，创造特色农业景观和特色农业生产方式，带动并引导周边村民进行农业的升级；通过将传统的农业劳作、农业生产活动转化为现代农业休闲、现代农业生活方式，来实现真正意义上宜居宜游宜业的特色休闲农业项目。

2014年被评为广东省休闲农业与乡村旅游示范点

2015年被评为全国休闲农业与乡村旅游五星级企业

2016年被评为珠海市中小学生学农教育实践基地

2017年被评为珠海市现代农业科研生产示范核心基地

2018年被评为珠海十大现代农业研发示范基地

河北慈心环保科技有限公司

张晋（农业信息化高级农艺师、高级环保工程师），2015年7月创建河北慈心环保科技有限公司，担任公司董事长兼总经理。河北慈心环保科技有限公司现有员工45人，其中科技研发人员17人（博士生4人，研究生6人，本科生7人），每年吸收周边1 600多人就业，带动60多人创业。为农村青年和返乡农民创业起了很好的示范带动效果。

河北慈心环保科技有限公司积极响应国家政策，坚持技术兴企，科技办企，努力提高企业的科技含量，注重企业自主知识产权研发和创新。几年来，累计申报专利5项，其中发明专利3项，实用新型专利3项，软件著作权11项。土壤污染多功能修复剂被河北省科技厅授于河北省科技成果；2016年获河北省创新创业大赛三等奖，2019年获二等奖。

发明专利“土壤污染的生物有机型修复剂及其使用和制备方法”的产品在土壤修复与治理领域效果明显，2016—2018年连续三年在内蒙古、河北等地开展试验示范，其中河北省示范面积4.5万亩，土壤全盐含量降低20%，商品率提高8%，平均增产率11.5%；内蒙古自治区示范面积5.5万亩，全盐含量降低30%，增收330万千克。施用过土壤污染多功能修复剂的土壤，在停止施用后，土壤仍表现出持续地向好性，土壤含盐量逐年持续下降，且向好性地块面积不断延展，土壤没有产生的二次污染，示范效果显著。

兴化市桃源畜禽有限公司

兴化市桃源畜禽有限公司系兴化市政府“十一五”规划项目中重点建设的“菜篮子”工程。始建于2007年，开业于2008年。公司已投资6 000万元，占地105亩，建有各类经营生产用房4万平方米，交易场地2万平方米，停车场1万平方米。备有6 000吨高低温冷库一座，年宰生猪30万头的流水线两条，家禽屠宰和水产品加工流水线各一条。

公司是以经营畜禽屠宰、蔬菜水果批发、冷链储藏、水产品加工和学校配送业务为主的综合批发市场。运行十年来销售额及成交量每年都以15%的速度稳步增长，经济效益社会效益喜人。2018年销售额18.8亿元，成交量55.5万吨，实现利润767万元，安置各类就业人员近600人，带动近6 000户农户调整种植养殖结构。公司在自身不断发展壮大的同时为促进兴化市生态高效、环保大农业的发展发挥了很好的桥梁作用。累计宰杀的120万头生猪，3 000万羽家禽中无一例病死疫情、残毒超标、注水禽肉事件，确保了所供食品的安全，深受广大百姓和消费者的信赖。公司产业结构调整后的观光旅游水果园、蔬菜园已成亮点。

多年来，公司连续被市、镇两级政府表彰为服务业先进单位、生猪屠宰先进企业，被市政府认定为创业就业孵化基地，列入泰州市级农业产业化龙头企业，是江苏省重点批发市场和农业部（现农业农村部）定点市场。

汝州市温泉镇朱寨村

朱寨村位于温泉镇南2千米，地处温泉乐华城等大型产业经济圈核心地带，北邻G344国道，东邻宁洛高速温泉站出入口，南依汝河，交通便利，区位优势明显。现有总人口3 644人，共888户，党员63人，下辖2个自然村，16个村民小组，朱寨村占地3 990亩，其中耕地2 460亩，林地350亩。香菇种植是朱寨村支柱产业，历史悠久，经济效益不断增强，已吸引108户村民加入，拥有大棚1 456座，年创效益1 000万元，其中村集体每年收益80余万元，创造了新的经济增长点。

汝州市温泉食用菌发展有限公司位于朱寨村西1千米处，紧邻G344国道。朱寨村的香菇种植从20世纪90年代初起步，1995年在村“两委”的带动下成立香菇种植协会，2006年通过了河南省农产品无公害认证，2016年8月以朱寨村“两委”为依托，成立汝州市温泉食用菌发展有限公司，在市镇两级党委、政府的扶持下扩大香菇种植规模。以“支部+公司+农户+基地”的发展模式，经村“两委”研究，通过“四议两公开”程序决定发展村级集体经济，2017年6月朱寨村集体经济项目获批省市财政扶持资金162万元，流转土地面积62余亩，注册资本1 500万元，是一家集生产高产菌种及菌菇产品、销售、技术研发推广、技术培训等为一体的食用菌企业。

几以来，朱寨村在党支部的带领下连续四年被评为温泉镇红旗村；先后获得中国最美乡村、省级生态村、省级民主法治村、汝州市三星级文明村、汝州市人居环境三星级示范村等称号。

南京市溧水区白马镇石头寨村

石头寨村地处丘陵山区，青山环绕，风景秀丽，为溧水一级生态红线管控区。村域面积16.7平方千米，耕地1.2万亩，山林3 200亩，辖18个自然村，1 137户3 372人。2018年农民人均可支配收入25 873元，同比增长10%；村集体稳定性收入达到了151.44万元，较2015年增长4倍。

石头寨村农业特色显著，因地制宜，依托丰富的山林资源，发展以蓝莓、黑莓为主的特色林果，其中蓝莓、黑莓最早于1986年起步发展，目前建有蓝莓基地5 300亩、黑莓基地2 200亩，蓝莓获评全国“一村一品”，黑莓被认定为国家地理标志产品。2018年蓝莓总产量2 200吨、黑莓总产量1 500多吨，实现鲜果销售额超5 500万元。

石头寨村被评为中国美丽乡村百佳范例、省级生态文明示范村、省级休闲观光农业示范村、省级农村电子商务示范村；李巷成功入选江苏省第二批特色田园乡村试点村建设名单，创成省级水美乡村示范村、市级美丽乡村示范村。

吐列毛杜农场

吐列毛杜农场建于1960年7月，地处兴安盟科右中旗北部，隶属于兴安盟农牧场管理局。

全场施业区总面积85万亩，其中耕地面积19.5万亩、草原面积45万亩、林地面积6.8万亩。全场下辖5个生产队、3个规模化经营管理区；全场现有总人口3 132人，其中职工1 074人。共有党支部12个，党员235人。

全场以农业生产经营为主，主要种植作物有小麦、大麦、油菜、大豆、玉米。近年来，农场从改革经营体制、创新生产机制入手，紧紧围绕“富民强场”的主线，坚持走土地集约化、规模化经营的发展道路。在兴安农垦率先实行土地规模集约化经营，先后成立3个农业规模化经营管理区，规模经营土地6万亩。几年来，投资6 000多万元，购置了160余台（套）大型农机具，机械总动力3 600多千瓦。

吐列毛杜农场现有家庭牧场161户，牧业年度大小牲畜存栏7万头（只），年出栏优质羔羊4.5万只，畜牧服务体系健全。吐列毛杜农场被农业农村部农垦局推荐为农垦农产品质量追溯有机肉羊项目建设单位。2018年，农场投资500多万元完成四队肉羊养殖基地一期工程项目建设（其中向上争取项目资金280万元）。为全场养殖业转型，走舍饲化养殖发展道路奠定了基础。

“绿源凯歌”牌吉县苹果

山西吉县吉昌镇绿之源苹果专业合作社所产的吉县苹果注册商标为“绿源凯歌”，生产基地位于吉县吉昌镇城北垣，地理座标为北纬36°左右、东经110°左右，海拔950米。基地总面积550公顷，年产苹果8 000吨。

“绿源凯歌”牌吉县苹果具有果型端正高桩、果面光洁细腻、着色鲜艳浓红、皮薄质脆、口感香脆甜爽、绿色安全、果实密度大、耐贮藏等特点。富含维生素及钙、钾、铁等营养成分，具有补心益气、生津止渴、健脾和胃、利咽润肺等保健功效。

“绿源凯歌”牌吉县苹果，在2019年3月21日经中国农业科学院果树研究所营养品质评价鉴定：可溶性固形物测定值为14.9%，可溶性糖12.4%，可滴定酸0.34%，糖酸比36.5，每100克含维生素C 3.14毫克，果实硬度9.59千克/平方厘米，含有18种氨基酸，其中富含人体8种必需氨基酸中的7种，且均超过国家质量标准。

该品牌苹果2014年荣获第十二届中国国际农产品交易会参展产品金奖，2015年荣获第十六届中国绿色食品博览会金奖，2017年荣获第十八届中国绿色食品博览会金奖，2018年荣获第十九届中国绿色食品博览会金奖，2019年获中国品牌价值评价区域品牌（地理标志产品）全国百强。2017年理事长崔凯荣获全国农科教推农民专业合作社百佳理事长称号。

咯咯哒®
SINCE 1982

大连韩伟养鸡有限公司

大连韩伟养鸡有限公司始创于1982年，是农业产业化国家级重点龙头企业——韩伟集团有限公司的核心企业。韩伟集团有限公司是集蛋鸡饲养、蛋品深加工、海珍品养殖、海洋系列保健品开发于一体的大型综合性企业集团。

大连韩伟养鸡有限公司是世界蛋品协会（IEC）会员，被认定为国家畜禽标准化养殖典型示范场、国家蛋鸡产业技术体系综合试验站。公司位于大连市旅顺口区，生产基地依山傍海，环境绝佳，公司下设种鸡场、孵化场、青年鸡场、蛋鸡场、蛋品分选厂等全产业链配套场区，蛋鸡饲养规模达300万只，通过了ISO 9001质量管理体系和ISO 14001环境管理体系认证，在蛋鸡孵化、育雏育成、蛋鸡饲养、疫病防控、品质控制、蛋品加工等生产技术方面都处于国内领先水平。

公司旗下的“咯咯哒”品牌是中国蛋品行业的领军品牌。凭借36年积累和完整的产业链及完善的蛋鸡养殖技术体系，2000年4月“咯咯哒”鸡蛋被中国绿色食品发展中心认定为绿色食品，“咯咯哒”研发生产了好运农场山林散养鸡蛋、爱宝鸡蛋、金鸡蛋、绿色鸡蛋等一系列安全营养、品质卓越的鸡蛋产品，深受全国各地消费者的认可和信赖。“咯咯哒”鸡蛋还通过了日本冷冻食品检验协会检验，出口至日本、欧洲、东南亚等国家和地区。

常宁市小王子生态种养专业合作社

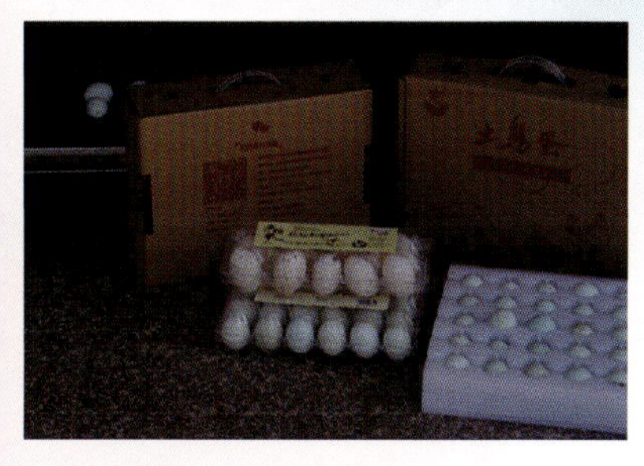

常宁市小王子生态种养专业合作社法人代表袁慧卿是一位返乡创业大学生。合作社于2013年11月28日在湖南省衡阳市常宁市大堡乡宜冲村注册成立，注册资金1 000万元。主要经营：油茶种植及加工、蔬菜、苗木花卉培育；家畜、家禽、水产养殖；农产品制造、加工、销售；进出口贸易；农业生态观光旅游等。目前合作社基地人员102人，其中登记在册的贫困职工达到30人，对周边乡镇扶贫起到了示范带动作用。

合作社注重品牌宣传，已经注册“千年东方”“咏胜一滴香”“咏胜小王子”“小王子”等商标，获得有机食品认证证书。制订并完善了油茶各项检验、化验操作规程，以确保加工质量。被评为国家农民合作社示范社、国家林下经济示范基地、国家森林康养基地，湖南省林业龙头企业、省重点扶贫示范基地、衡阳市农业产业龙头企业等荣誉。

近年来在合作社的带动下，所在地及周边村原生态油茶产业发展进入“高速路”，林下种植面积逐年扩大，产量逐年增加。截止到2018年12月，合作社带动农户367户，人均年增收21 600余元；帮扶贫困户562户，每户年均增收8 600元。

合作社一直着力打造生态园绿色有机种植，采取“社员+合作社+精品园区+市场”的现代农业经营管理模式，发展现代乡村观光农业。主要营销方式为农副产品出口、休闲旅游观光采购、生态茶油面对面销售及线上产品销售，实现产销农家乐一条龙基地建设。

巴中市巴州区大观梁茶叶专业合作社

巴中市巴州区大观梁茶叶专业合作社于2013年11月建成种植基地，总投资3 000余万元；建成标准化车间3 500平方米；配套建设蓄水池10 000立方米，围栏8 000平方米，配套养牛棚10个，共养牛60头；拥有固定资产5 000多万元，社员现已发展到109户；创建了2 000余亩有机茶叶种植基地；是集有机茶种植、加工、销售于一体的产业化龙头企业。

合作社拉动了全区农业经济向优质高效发展。直接带动40余户贫困户脱贫；每年解决本村70余户贫困户务工，外村30余名专业人员务工。截止到2017年，合作社兑现支付劳务费达330余万元，纳税近30万元。

“高观茗香”茶叶品牌一直以“只做健康无污染的有机好茶”为品牌理念，在茶园管理、茶叶加工上始终秉持着为消费者提供一杯放心好茶的初心。

茶园在大观梁地区原有老茶园的基础上改造，新扩基地土地深翻标准建园，公司建圈养牛、聘员割草、茶行种豆覆箕、堆沤造肥，拒绝使用化肥、复混肥、除草剂。在林间自建蓄水池，以山泉水、天然雨水、地下水构建茶园健康水系。人工摘虫、太阳能杀虫灯和诱虫板结合捕虫。建立空气检测系统随时监测茶园空气质量，科学间栽近百种植物，从空气、土壤、水源、肥料、防虫祛害各个环节严控茶叶原料的健康，“高观茗香”茶叶品牌的所有原料均通过了中国有机产品认证。

梨树白猪

吉林省梨树县是全国生猪调出大县、瘦肉型商品猪生产基地县、全国畜牧兽医科技示范县。梨树县委、县政府将畜牧业发展摆在优先位置，大力开发“梨树白猪”品牌。2018年6月，“梨树白猪”成功注册地理标志证明商标；2018年10月，“梨树白猪”产区确定为吉林省首批10个优势区之一。

“梨树白猪”是梨树县畜牧业科技人员从1972年开始通过不断优化选育、选配杂交改良，并采用瘦肉型猪精养配套技术和绿色无公害优质饲料饲养出的独具特色的优质瘦肉型商品猪，以屠宰率高、瘦肉率高、肉质鲜美、皮薄肉嫩、绿色无公害而远销北京、广东、福建、内蒙古等地，深受消费者青睐。全县年外销“梨树白猪”150万头左右。

随着“梨树白猪”吉林省特色农产品优势区建设项目的推进，梨树县正围绕“三个基地、三个体系”进行建设，以建设标准化生产基地、加工基地、仓储物流基地，来夯实发展基础；以完善科技支撑体系、品牌与市场营销体系、质量控制体系，来保障质量安全。

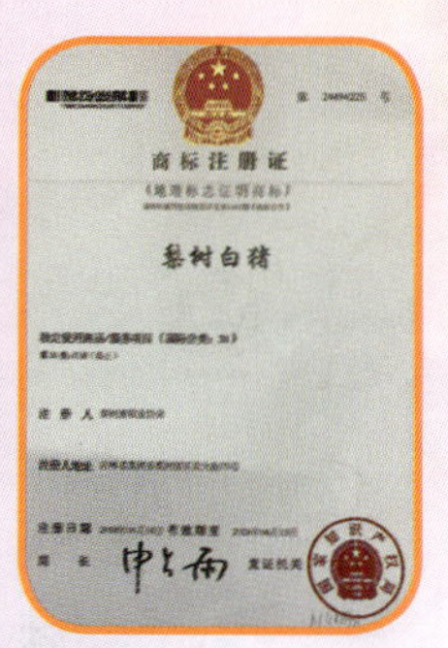
商标注册证

梨树白猪

梨树县将以“绿色”“健康”为主基调，以“梨树白猪”全产业链为全县畜牧业发展的主要目标，以“梨树白猪”精深加工为突破口，在全国建立产品销售窗口，全力打造系列产品品牌，实现“梨树白猪”产业从活猪外销发展到加工品牌产品外销的根本转变，努力使“梨树白猪”成为中国名牌农畜产品，享誉全国，走向世界。

内蒙古土默特左旗中国地理标志保护产品——毕克齐大葱　哈素海鲤鱼

毕克齐大葱“一点红”

毕克齐大葱属五叉孤葱型，葱白紧密脆嫩，辣味纯正持久，香气浓郁、多汁，清香味好，品质极佳，鲜食、炒菜、调味均可，既耐贮藏又耐长途运输。毕克齐大葱鲜株高90～130厘米，葱白长30～50厘米，小葱秧的葱白基部有1个小红点，似胭脂红色，随着葱的成长而扩大，裹在葱白外皮，形成红紫色条纹或棕红色外皮，故名“一点红”。毕克齐大葱是当地饮食文化的重要组成部分，毕克齐大葱的味道就是家乡的味道。2008年北京奥组委将毕克齐大葱确立为“运动员指定食用产品”，毕克齐大葱因此声名远播，已成为土默特左旗的又一张亮丽的名片。

哈素海鲤鱼口感爽滑鲜嫩，具有低脂肪、高蛋白、富含丰富蛋白质和多种氨基酸等特点。哈素海鲤鱼的蛋白质不但含量高，而且质量极佳，人体消化吸收率可达96%，并能供给人体必需的氨基酸、矿物质、维生素A和维生素D。哈素海鲤鱼色泽鲜亮，营养价值高，肉质劲道，历史悠久，在呼和浩特市及其周边享有美誉，销售价格一般为每千克50～70元，较普通鱼售价每千克高30～50元，产品供不应求。

哈素海鲤鱼

宿州市市外桃源生态农业发展有限公司

宿州市市外桃源生态农业发展有限公司始建于2012年，是安徽省宿州市以流转桃园村煤炭塌陷区130多公顷土地，进行综合治理而发展起来的一家集种植、水产养殖、休闲、娱乐、餐饮为一体的大型企业。园区年接待游客近15万人次，已经成为本地近郊型生态园的典型代表和知名品牌，先后被评为市级龙头企业、国家级健康养殖示范场、省级四星级农家乐、安徽省农业大学科普实训基地。

为了满足游客休闲、娱乐、体验、聚会等都市生活的补充需求，园区围绕“蓝天”意境，运用产业创意整合法、养生创意提升法、动静结合创意法、时尚创意法、特色设施创意法五大创意休闲农业的打造手法，系统规划设计了采摘乐园、垂钓乐园、休闲乐园、科普乐园、动物表演乐园、怡情养老乐园、文化乐园、亲子乐园等8大特色基地，实现“创意升级农业，浪漫打造农庄”。

园区围绕打造“蓝天庄园”的六大关键点（区位优越，确定中高端消费；蓝天特质，营造浪漫情怀；忘怀休闲，演绎时尚生活；四季果蔬，品味健康人生；农业体验，接地气；怡情养老，重在迎接新世代），相继举办和承担全国钓鱼比赛、草莓节、拔萝卜比赛、掼蛋比赛、户外帐篷节等大型活动，体现了趣味性、竞技性、团队性、体验性生态园魅力。

连江县海洋与渔业局

2019年，连江县水产品总产量117.13 万吨，同比增长6.2%，渔业总产值226.4亿元，同比增长5.6 %，其中远洋渔业18.71万吨，同比增长22.04%；近海捕捞21.32万吨，同比增长－4.69%；海水养殖76.5万吨，同比增长6.26%；淡水捕捞640吨，同比增长0%，淡水养殖5391吨，同比增长0%。水产品加工量66.1万吨，同比增长6.0%；产值71.67亿元，同比增长7.0%。全县水产品总产量连续40多年居全国县级第二位，全省、全市第一位，获得中国鲍鱼之乡、中国海带之乡、全国水产品质量安全示范县、全国平安渔业示范县称号。“连江丁香鱼”“连江虾皮”“连江海带”获得福建省十大渔业品牌称号。2019年获批建设全国第三个，福建省唯一的福州（连江）国家远洋渔业基地。

助推牦牛产业发展 念好牦牛“产业经”
——西藏昌都类乌齐县产业扶贫工作

类乌齐牦牛

近年来，类乌齐县委、县政府按照习近平总书记“要立足当地资源，宜农则农、宜林则林、宜牧则牧、宜商则商、宜游则游，通过扶持发展特色产业，实现就地脱贫”的指示精神，围绕昌都市“五大养殖基地、七大种植基地”的产业布局，立足本地资源，通过发展牦牛产业，不断做大做强“三万工程”（万亩饲草料基地建设、万头牦牛育肥基地建设、百万斤牦牛肉加工基地建设），着力打造“种草-养畜-加工-销售”的扶贫产业链模式，有效带动了农牧民脱贫增收致富。

2016年，“类乌齐牦牛肉”成功申报为国家地理标志产品；2017年，类乌齐牦牛遗传资源经国家畜禽遗传资源委员会审定和鉴定通过；2019年初，农业农村部等六部委认定类乌齐县牦牛为中国特色农产品优势区。类乌齐牦牛成为西藏东部最响亮的牧业品牌之一。

昌都市藏家牦牛股份有限公司作为西藏昌都市农畜产品加工的龙头企业，生产的类乌齐牦牛肉产品荣获多项自治区、昌都市重要奖项，2018年荣获第十六届中国国际农产品交易会“金奖”。

冷鲜肉产品

现代化屠宰线

育肥基地

大荔县果农果品专业合作社

大荔县果农果品专业合作社成立于2007年10月，地处陕西省大荔县洛滨大道西段，现有社员5 583人，注册资金1 000万元。合作社内设技术服务部、资金互助部、果品销售部等10个机构。在全县15个镇建立了122个农技农资工作站、56个资金互助工作站、23个扶贫资金互助分社和15个果品销售服务点，积极为广大果农提供技术、资金、农资、电子商务、创业培训、果品销售等方面的服务。

一是创新机制、健全组织。合作社成立了董事会和监事会，制定了章程和相关规章制度，为合作社规范发展奠定了基础。二是创新方法、注重服务。在主产区优选种植规模较大、技术管理水平较高的社员创建示范园，聘请专家进行全程技术指导，通过示范引领，吸引果农入社。三是创新模式，建全制度。通过“五统一”的管理模式，保证产品达到绿色安全生产标准；建立了严格的财务管理和监督机制、规范服务，特别是在扶贫资金利用上，做到“四规范”，确保合作社健康持续发展。

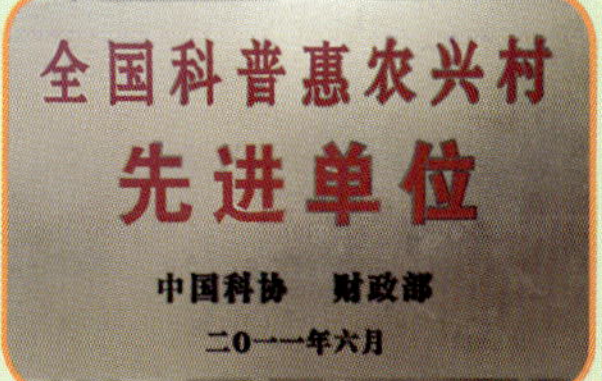

2011年，合作社被评为全国科普惠农先进单位，2012年被评为渭南市优秀合作社，2013年被命名为陕西省百强示范社，2014年被命名为全国农民专业合作社国家级示范社，2015年被评为渭南市百名优秀农业经营主体先进单位，2018年登上首届全国百强农民专业合作社荣誉榜。

阿拉尔市十一团蜜园果品农民专业合作社

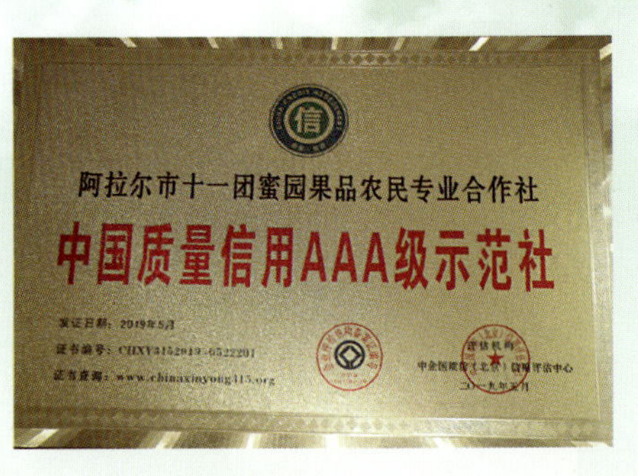

阿拉尔市十一团蜜园果品农民专业合作社（以下简称合作社）位于阿拉尔市十一团职工创业园区内，于2014年1月3日在阿拉尔市工商局注册。法人代表贺明山，男、汉族、出生于1975年，为十一团十连职工，阿拉尔市果业联合协会理事，同时还担任十一团果业联合协会会长。合作社成员53人，注册资金328.30万元。

合作社的经营范围：组织本社成员开展果树、苗木的种植、销售，采购、供应成员所需的生产资料，组织收购、销售、贮藏成员种植的果品；引进新技术、新品种；开展技术交流和咨询服务。

合作社下设销售部、技术部、财务部、办公室，具体负责合作社的管理，另聘有农艺师1名、种植枣农15名、红枣加工临工40余名。

合作社目前主营业务是红枣加工及销售。

合作社加工原料来源及资源量：合作社成员拥有2 000余亩红枣园，除自有红枣加工原料1 000余吨外，每年外购周边团场和地区枣农红枣1 000余吨。

合作社产品，主要销往广东、安徽、上海、河南等地。

安徽省六安市裕安区绿青种养殖专业合作社

绿青种养殖专业合作社姚德武总经理

安徽省六安市裕安区绿青种养殖专业合作社位于六安市裕安区青山乡，是一个以经营油茶为主的农民专业合作经济组织。合作社以大股东六安市裕青绿色农业科技有限公司为依托，组织当地农民和合作社股东积极开展油茶示范基地建设，为裕安区的生态建设、社会经济建设、精准扶贫和农民增收等做出了贡献。通过严格组织、积极进取，走出了一条农民合作社创新经营发展的新途径。

六安市裕安区绿青种养殖专业合作社，成立于2009年11月12日，注册资金260万元。在合作社成立初期，社员只有几十人，通过几年的不懈努力、拼搏和探索，已壮大发展达306人(户)，并有部分群众以山场、土地等入股经营，不仅增加了合作社人数而且股金也逐年增长。合作社法人代表、理事长姚德武，从事油茶种植多年，有着丰富的营林经验，先后获得安徽省油茶产业发展先进个人、安徽省优秀共产党员、安徽省优秀民营企业家等荣誉称号。合作社在理事会的组织领导和全体社员的共同努力下，生产经营工作有序开展，经营效益十分明显，先后被评定为安徽省市场质量信得过单位、六安市农业产业化龙头企业、省级农民林业专业合作社示范社，2013年被六安市农村工作领导组评为市级农民示范社，2016年被评定为国家级农民合作社示范社。

敦煌新时代葡萄农民专业合作社

鸣沙山脚下的秦家湾村因种植“红地球”葡萄而闻名，村里一个叫张慧静的女子，因做葡萄生意而被人知晓。勤劳朴实、吃苦耐劳的她深得村民的喜爱，她是敦煌新时代葡萄农民专业合作社理事长，通过多年打拼成为远近闻名的葡萄收购大户，目前合作社固定资产达数百万元、年获利几十万元。让人欣赏的不是她的资产，而是她经受任何挫折困难都能坦然面对、百折不挠的执着精神，如同她的名字秀外慧中、娴静美丽。2018年张慧静被敦煌市委、市政府授予敦煌市三八红旗手荣誉称号。

敦煌新时代葡萄农民专业合作社社员达到126户，2017社员生产的葡萄平均销售价为5.2元/千克，远销江西、四川、湖南、广东等地。阳光总在风雨后，如今的张慧静走出了人生的困境，热爱生活的她，不仅带领姐妹们种葡萄致富，还参加镇上的广场舞比赛，2017当选为七里镇妇联第十三届执委。

一村一品：高铁岭镇广济堂村斑点叉尾鮰

嘉鱼长河水产养殖有限公司是嘉鱼县高铁岭镇一家集亲鱼培育、苗种繁育、成鱼养殖、技术推广、信息服务于一体的综合型民营企业，位于嘉鱼县高铁岭镇广济堂村金龙湾，2019年该公司养殖的斑点叉尾鮰被评为一村一品特色养殖项目。

高铁岭镇广济堂村斑点叉尾鮰评上一村一品对打造高铁岭镇特色品牌农业，促进农民就业增收、农业转型升级和农村一二三产业融合发展具有重要意义。对于高铁岭镇农业发展而言，虽然只有斑点叉尾鮰评上一村一品，但是这也会形成标杆会带动高铁岭镇其他产业向品牌化、规模化发展。

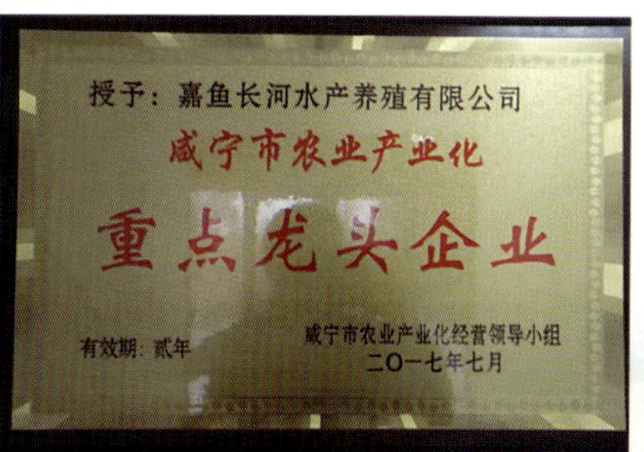

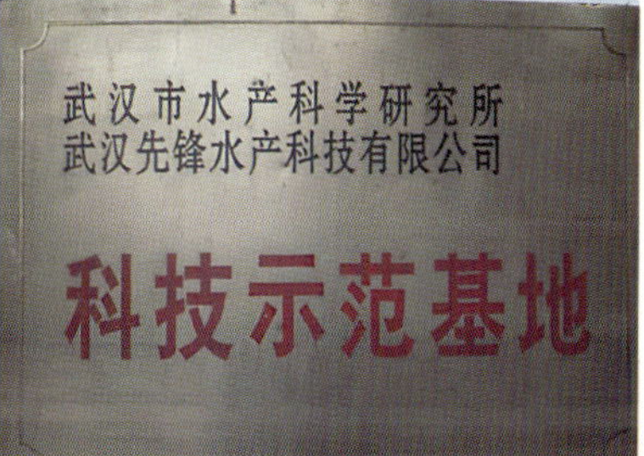

湖南渔米之湘食品有限公司

高新技术企业

证书

企业名称：湖南渔米之湘食品有限公司　证书编号：GR201643000740

发证时间：2016年12月06日　有效期：三年

批准机关：

湖南渔米之湘食品有限公司是一家集研发、生产、销售于一体，专业从事鱼制品深加工的高新技术企业。公司是农业产业化国家重点龙头企业、湖南省高新技术企业、湖南省小巨人企业，公司已通过ISO 9001质量管理体系、ISO 22000食品质量安全管理体系、GB/T 29490—2013知识产权管理体系、GB/T 33300—2016诚信体系认证。

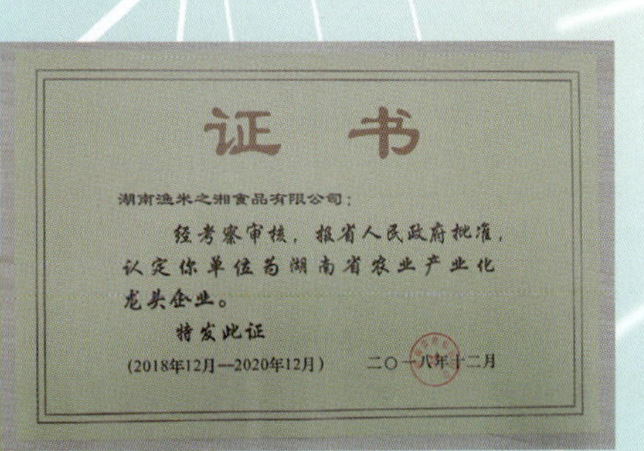

证　书

湖南渔米之湘食品有限公司：

经考察审核，报省人民政府批准，认定你单位为湖南省农业产业化龙头企业。

特发此证

（2018年12月—2020年12月）　二〇一八年十二月

公司共获得国家授权专利22件，获省、市科技奖励各1项；公司共有注册商标105件，其中马德里国际商标1件。

20年来坚持“公司+农民合作社+家庭农场”的农业产业化经营模式，以洞庭湖区淡水鱼深加工为主攻产品，以带有浓厚地方特色的“渔米之湘”作为推广品牌，在风味上重点突出湘味特色，主营淡水鱼糜、鱼块、风味鱼仔系列产品，品种50多个，产品销往全国各地，深受消费者喜爱。

江苏省泰州市白马镇陈家村

陈家村，地处中国人民海军诞生地和三野渡江战役指挥部旧址所在地——江苏泰州白马镇，南与大泗镇相邻，西靠国家级医药城，北临姜高路，东临泰镇高速和泗白路，交通十分便捷。陈家村由原陈家村与前港村两个自然村合并而成，总面积3.45平方千米，村民小组20个。近年来，村党总支把做实做细党建工作作为看家本领，带领全村村民朝着“产业兴旺、生态宜居、乡风文明、治理有效、生活富裕”的目标奋力奔跑。

行进在全面建成小康社会大路上，村党总支在全面把脉全村经济社会发展特色基础上，顺势而为，顺势而谋，谋定而后动，不断压紧压实党建这一最大政治责任。根据村区位优势和产业特点，把“支部建在产业链上、党员聚在产业链上”，让“村民富在产业链上”，党组织在引领乡村振兴中真正发挥了战斗堡垒作用。陈家村耕地面积2 980亩，其中高效农业面积2 950亩，高效农业面积占耕地面积的99%。放眼全村，精品水果、花卉苗木、设施蔬菜和中草药种植业已成长为高效农业四大支柱产业。

陈家村先后荣获全国文明村、全国一村一品示范村、全国综合减灾示范社区、江苏省文明村、江苏省休闲农业精品村、江苏省水美乡村、江苏省美丽乡村、省级民主法治示范村、省级法治文化建设示范点、江苏省健康卫生村、江苏省森林绿化示范村等荣誉称号。

江西吉内得实业有限公司

江西吉内得实业有限公司，注册资金为1 500万元，是一家集种子研发、种植、养殖、加工、销售为一体的综合性农业企业。公司传承、发扬中国传统的稻米文化，在传播有机概念和健康生活方式的同时，竭力打造中国安全优质大米品牌。以“让每个中国家庭都能吃上安全有机米”为使命，依托莲花优美的自然环境和优越的生态条件，以“绿色”和“特色”为抓手，打造“智慧农业新标杆，乡村旅游新坐标，活米到家新体验”。公司建立了“十大安全标准体系”，坚持自然农法做最安全的有机大米，大米通过有机认证，先后获得中国绿色品牌金奖、中国富硒好大米、中国青少年儿童食品安全科技示范创新示范基地等20多项国内外奖项与认证。

公司核心基地位于萍乡市莲花县高洲乡，占地面积11 000多亩，其中8 700多亩基地已达到中国绿色食品标准，1 000多亩基地已经获得了有机证书。企业取得ISO 9001国际质量体系认证，注册的稻米品牌商标为“吉内得”。吉内得基地依托良好的生态资源，通过对一颗“老种子”的坚守和传承，探索出了一条生态扶贫新路子，以产业带动当地贫困户添富增福。2019年莲花大米订单面积25 000亩，直接带动贫困户335户，提供就业岗位1 200多个。2017年被国务院授予全国就业扶贫基地称号。

迁西板栗驰名中外
栗蘑飘香致富万家

河北省迁西县地处唐山市东北部的燕山南麓、长城脚下，独特的地理生态环境造就了迁西板栗和迁西栗蘑的最佳适生区，是著名的“中国板栗之乡”“中国栗蘑之乡”。迁西板栗色泽鲜艳、果粒整齐、内皮易剥、肉质细腻、糯性黏软、甘甜芳香、营养丰富，素有“东方珍珠”的美誉。

全县板栗栽培面积达75万亩、5 000多万株，常年产量8万余吨，板栗产业年产值达到20多亿元。栗农仅板栗一项人均年收入就有4 000多元，已有板栗专业合作社240多家、板栗加工企业35家，其中市级以上农业产业化重点龙头企业17家、国家级示范社3家、省级以上示范社9家、市级以上示范社20家。“迁西板栗”两次代表河北省参加世界地理标志大会。在浙江大学CARD中国农业品牌研究中心发布的2018年中国农产品区域公用品牌价值报告中，迁西板栗品牌价值为22.53亿元。

迁西栗蘑是世界上新近人工驯化的一种优良的珍稀食药两用真菌，日本、韩国等国家称为“舞茸”。迁西栗蘑能凉拌、热炒、蒸煮、煲汤、做馅，是一种原生态有机绿色产品。富含铁、硒、锌等有益矿物质和多种维生素、氨基酸、蛋白质等营养物质，还含有丰富的β-葡聚糖。因此，栗蘑具备全面而均衡的营养，并具有较强的保健和药用价值。全县以栗蘑为主的食用菌厂30家、食用菌专业合作社20家、食用菌公司5家，食用菌栽培总量达到0.7亿棒，鲜菇产量1.2万吨，实现年产值近2亿元。

韶山村
——全国一村一品示范村

韶山是全国爱国主义教育示范基地、国家重点风景名胜区、国家红色旅游经典5A级景区。韶山村全域处于韶山核心景区，村域面积16.8平方千米。全村有水田2 800亩，共有45个村民小组，1 355户，农业人口4 680人。村党委下设农村一支部、农村二支部、韶之红支部、老干支部、流动党员支部5个支部，共有16个党小组，党员219人。

韶山村秉承光荣的革命传统，发扬“为有牺牲多壮志，敢教日月换新天”的韶山精神，以基层党组织建设为引领，以生态文化建设、产业融合为抓手，以建设“生态、环保、富裕、文明”新农村为目标，全速推进全村科学发展和美丽乡村建设。

村内红色旅游火爆。有毛泽东故居、毛泽东铜像、滴水洞、纪念园等人文景观，每天成千上万的游客在此瞻仰参观，发挥了巨大的爱国主义和红色传统教育作用。2018年韶山村村域内接待游客超过了2 000万人次，全村人均年可支配收入超过30 500元。

村上农业产业结构调整率达82%以上，村内有无花果基地100亩，黄桃板栗基地170亩，湘莲基地150亩，水稻1 000多亩，其他经济作物260亩。

韶山村先后荣获湖南省社会主义新农村示范村、美丽乡村示范村、湖南省经典文化村镇、湖南省生态文化示范村、全国先进党组织、全国创建文明村镇先进工作单位、全国民主法制示范村、全国文明村镇、全国先进基层党组织等一系列荣誉称号。

栏杆堡特色产业小镇

栏杆堡镇位于神木市东南部，距市城22千米，属黄土丘陵沟壑区。土地总面积514.8平方千米，辖20个行政村、134个自然村，人口7 965户20 505人，留守人口8 700人。总耕地面积20万亩，宽幅梯田4万多亩。全镇有机关事业单位4个，农家山庄4个，榨油厂2个。

近年来，栏杆堡镇立足现代化农业发展，经过农村产权制度改革和产业结构调整，大力实施土地整理，推动农业生产由传统模式向现代化方向发展，取得了不小的成就。栏杆堡镇紧靠市城，地理优势突出。全镇以神木市统筹城乡发展示范镇为契机，紧紧围绕土地流转和整理“两部曲”，积极提升土地利用率。全镇共流转耕地132 527.6亩，占总耕地面积的70%。强力推进土地整理项目，全镇平整耕地4万余亩，总体实现了整体化、规模化、机械化、产业化、组织化种植，极大地增加了农民收入。

栏杆堡镇没有工矿企业，空气、水、土壤完全没污染，是一块天然净土，不仅保留古老的恐龙足迹，更保留了现在的“万亩森林”。有十几座大坝水池可以垂钓，有上万亩树荫绿谷可以纳凉，还有环境优美的农家山庄和影视基地神隐村可以休闲度假。近年来，栏杆堡镇努力发掘文化旅游资源，积极打造文化大镇。

吐鲁番楼兰酒庄股份有限公司

吐鲁番楼兰酒庄股份有限公司位于吐鲁番盆地以东的鄯善县双水磨，其前身是始建于1976年的新疆鄯善县葡萄酒厂，2007年浙江商源集团收购成立吐鲁番楼兰酒业有限公司，2016年6月更名为吐鲁番楼兰酒庄股份有限公司。公司现注册资本12 336万元，资产总额为3.08亿元。2016年12月在全国股转系统挂牌，股票代码：870372。2017年12月楼兰酒庄被评为国家3A级旅游景区。

2011—2014年，楼兰陆续投资2.2亿元，使几十年没有发生变化的楼兰酒厂，升级为功能完善、个性突出的现代化酒庄，产品定位为单一葡萄园出品的酒庄酒，为楼兰葡萄酒进一步拓展全国市场奠定了坚实的物质基础。除生产区外，酒庄还建有1 500平方米的地下酒窖和近2 200平方米的游客接待中心，是一座集葡萄酒酿造、葡萄酒文化推广、游客观光体验于一体的现代化综合酒庄。

公司生产的"楼兰"牌系列葡萄酒产品，在国际、国内葡萄酒评比会上先后获得十多项奖项。2006年，"楼兰"牌系列葡萄酒荣获新疆名牌产品；2009年，"楼兰"商标荣获新疆著名商标。2016年罗布特帕克酒类评选中，楼兰小古堡取得92分，排名第一，这代表楼兰小古堡已进入世界名酒殿堂。同时，在杭州举行的G20峰会上，楼兰小古堡还被列为会议指定用酒。2017年8月公司荣获国家级放心酒工程示范企业称号；2017年10月楼兰古堡赤霞珠干红葡萄酒再次荣获罗伯特帕克团队92分高评分。2018年10月，获中国酒庄酒认证；2018年12月，被评为农业产业化国家重点龙头企业。

宜春市袁州区中州米业有限公司

宜春市袁州区中州米业有限公司于2009年11月成立，坐落于宜春市袁州区医药工业园（彬江基地）。公司注册资金2 100万元，占地总面积80亩，总资产2亿多元，是农业产业化国家重点龙头企业。公司是一家集优质稻种植，湿谷烘干，精米加工，恒温存储，线上线下营销为一体的现代化农业企业。公司是江西农产品50强企业品牌，公司自主大米品牌"状元洲"为江西省著名商标。公司产品主要销往北京、上海等一线城市，以及长三角、珠三角等沿海经济发达城市。

公司自2016年开始发起"粮心工程"，坚守"品质第一"，是宜春市订单农业的带头企业。公司倡导"为耕者谋利，做粮心工程"的经营理念。公司是江西省区域公共品牌"宜春大米"的承建企业，"宜春大米"是国家地理标志认证产品！

全国一村一品宝珠梨示范村
云南省昆明市呈贡区缪家营社区

云南省昆明市呈贡区缪家营社区，紧临昆明呈贡大学城，辖区面积85 554.9亩，其中宝珠梨种植面积13 980亩（其中耕地面积为2 900亩，山地果林11 080亩）。宝珠梨是云南经典水果名品，拥有近千年的种植历史，缪家营社区是云南宝珠梨的历史嫁接地（嫁接地为缪家营龙山花坞）和核心种植区，社区现有300年以上古梨树10 123株，拥有“滇中梨王——宝珠梨”这一古梨树群落资源、宝珠梨贡品文化资源。宝珠梨给世代呈贡百姓带来了安居乐业的经济文化基础，使得缪家营社区拥有滇池坝子“花果菜”这一历史传承的优质果蔬资源，村民以宝珠梨为主打品牌，带动多肉种植、花卉种植、蔬菜种植、农旅发展等产业链条，成为呈贡农业发展与农村变迁的一道窗口。

缪家营社区还拥有屯垦文化及民族团结示范村资源，2005年9月，“呈贡宝珠梨”商标注册成功，是昆明市呈贡区重点打造的五大品牌之一。呈贡缪家营宝珠梨有着900多年的种植历史，品质优良，于1995年10月获第二届中国农业博览会铜奖、1999年9月获中国昆明世界园艺博览会银奖、2005年9月获地理标志证明商标注册证书、2006年9月获第二届昆明国际农业博览会优质产品金奖、2009年9月获昆明名牌产品称号、2011年9月获中华人民共和国农产品地理标志认证、2012年获云南省名牌产品称号，是呈贡最重要的农业收益来源之一。缪家营社区2019年9月被评为全国一村一品示范村。

浙江省海宁市斜桥镇华丰村

斜桥镇华丰村位于海宁市西郊，区域面积3.77平方千米，下辖23个村民小组，行政总户数1 034户，总人口4 134人。2018年全村实现农村经济总收入20.5亿元，村级集体经济收入3 500万元，农民人均纯收入39 695元。

华丰村始终秉承“建设美丽华丰，创造品质生活”的理念，积极落实科学发展观，以提升全民社会主义核心价值观、构建生态宜居新社区、造福一方百姓为目标，凝心聚力，努力加强各方面建设，先后成功创建成为浙江省全面小康建设示范村、浙江省重点培育中心村、浙江省民主法治示范村、浙江省文明村、国家级首批森林化村庄、浙江省AA级景区村庄、第二届中国美丽乡村百佳范例等。

作为国务院城乡规划建设部小城镇建设试点单位和海宁市现代新农村建设试点村，华丰村想方设法发展壮大村级集体经济收入，充实村民钱袋子。全村实现整村土地流转，充分利用闲置土地，种植苗木等，增加集体经济收入，提增农民分红指数。同时通过入股投资、标准厂房建设等，发展壮大村级经济，为老百姓谋得更多实惠。

浙江振通宏茶业有限公司

浙江振通宏茶业有限公司成立于2008年2月，公司注册资本6 600万元，占地面积190余亩，建筑面积6.6万平方米，截止到2018年年底公司总资产18 581万元，其中固定资产8 066万元，实现销售收入69 587万元，资信等级为AAA级。2013年通过ISO 22000食品安全管理体系认证，拥有茶粉、茶叶自营进出口权。

公司成立以来，以做大做强企业和实现茶资源综合利用，提高茶产业效益为目标，按照“全价利用、跨界发展”的理念，以企业为主体，用社会化服务手段，将茶叶生产产前、产中、产后各环节连接成条完整的产业链，把分散的农户与统一的大市场联结起来，使小规模的茶园走上产业化的路子，推动茶叶向精深加工、茶资源综合利用方向发展，从而实现了茶业增效、茶农增收。公司产品有名优茶、精制茶、饮料用茶、速溶茶粉、抹茶粉等，其中精制茶、饮料用茶和速溶茶粉的产品竞争力、市场占有率、品牌影响力居国内同类产品前列。

公司立足松阳，面向全国，产品销往全国20多个省份，同时与国内数家从事茶叶深加工产品研究、开发、生产的科研院所和企业建立了良好的合作关系。经过多年的发展，公司已逐步发展成国内有较大影响力的集茶叶规模化生产、加工、销售于一体的茶叶加工龙头企业。公司先后获得中国茶行业百强企业、浙江省骨干农业龙头企业等20余项荣誉，是中国茶产业联盟理事单位、茶产业技术创新战略联盟常务理事单位、茶叶深加工及茶食品专业委员会副主任委员。

海南广陵高科实业有限公司

“杂交水稻之父”袁隆平院士在公司南繁基地

☆ **农业产业化国家重点龙头企业**

☆ **国家农业科技创新与集成示范基地**

海南广陵高科实业有限公司于2004年成立，是一家混合所有制的高新技术企业，注册资金1.16亿元。公司主要从事科研育制种业务以及为南繁科研育种单位、制种企业提供科研、生产、加工、生活等服务。

公司在南繁科研育种核心区（陵水安马洋、乐东抱孔洋）内流转土地约15 000余亩，服务全国60%以上的南繁育种省份。为300多家科研单位、种业企业提供服务，南繁科研育种面积25 000亩，自主经营南繁科研育种面积20 000亩。与中国科学院、中国工程院院士先后共建两个院士工作站，拥有博士、硕士在内的南繁科研育种、南繁公共服务管理人才300余名，其中入驻工作站院士1名，高层次人才“领军人才”、“拔尖人才”各1名，南海英才1名，高级农艺师5名，全职、兼职博士研究生50名。累计完成重大科研项目25个，通过国家级或省级审定的、企业享有自主知识产权或独占经营权的国家级农作物品种22个，发明专利技术15项，首创推广“订单式”“菜单式”“保姆式”南繁服务模式。先后获得农业产业化国家重点龙头企业、国家农业科技创新与集成示范基地、高新技术企业、海南省扶贫龙头企业等多项荣誉。

荣获国家农业科技创新与集成示范基地

一村一品——康定达杠苹果

达杠村位于康定姑咱镇，海拔1800～2 200米。全村总户79户，常住人口317人，现有耕地面积120亩，种植苹果、花椒、面积近1 000亩。康定达杠苹果种植农民专业合作社成立于2010年7月20日，经营范围为苹果、枇杷、花椒、核桃的种植和销售。于2011年3月28日正式取得“达杠苹果”商标注册证。2016年5月达杠苹果获得了有机转换认证证书。

自康定达杠苹果种植农民专业合作社成立以来，统一使用生产技术、统一防治病虫害、统一品牌包装、统一销售。达杠苹果色泽好、糖分多、果实大，深受广大群众和旅游者的青睐，一提及达杠，大家都会想到其糖心苹果，因此还吸引不少顾客亲自来果园采摘。由于销量提升，全村种植各类品种苹果面积已达1 000亩，年产量可达1 000吨，全村收入达600万元，收入20万元的可达10户，10万元的可达20户，5万元的可达40户。该产业形成后，群众的钱袋子鼓起来了，村庄的环境美起来了，达杠人正信心满怀地朝着全面奔小康的目标坚定前行。

五指山圆华果业生产示范基地

五指山圆华果业生产示范基地地处五指山市畅好农场四队。发展种植荔枝无公害绿色农产品规模500亩。2017年五指山圆华果业合作社示范园以“服务绿色栽培，走高端农产品路线”为宗旨，开展新技术、新方法培训会，做绿色有机产品。

五指山圆华果业合作社示范园坚持发展绿色产品，建立绿色产品基地，打造绿色品牌。

在管理和营销上做到“五统一”服务：

统一生产计划

统一供应农资

统一技术标准

统一指导服务

统一销售发展种植绿色有机农产品，走高端市场，把社员增收推进效益最大化

连云港市农业发展集团有限公司

田水湾生态园

蝴蝶兰规格苗养护基地

近年来，连云港市农业发展集团有限公司坚持“稳中求好、好中求快、快中求效”的发展思路，立足“产业立企、品牌兴企、人才强企”三大战略，不断释放国企改革活力，夯实农业主业基础，做大产业规模，培育特色品牌，提升盈利能力，经济运行呈现出良好态势，主要经济指标翻番，整体信用提升，助力集团转型跨越发展。

2018年，集团花卉公司入选国家高新技术企业培育库，被评选为“科技型中小企业”，成功入围AIPH国际年度种植者奖决赛。推进新品种研发，培育推出多个优势良种，净化良种市场，维护农民利益，凸显国企品牌，连麦7号和连粳15号两个品种的推广覆盖面积达13.3万公顷。创建“大香农”主品牌，打造蝴蝶兰、淮猪、农发大米、菌菇等强势单品品牌，实现主副品牌建设和联动，发挥品牌效益最大化。

集团不断强化农业龙头企业的示范带动作用，加快构建现代农业产业体系，实现了农业产业从单打独斗到抱团发展、从一枝独秀到跨界融合。先后带动培育了一批农业龙头企业，集团兴菇公司被评为省级农业产业化龙头企业，中荷花卉、农发种业被新认定为市级农业产业化龙头企业。

国家级种畜禽保护品种——淮猪

江华县瑶民烟叶专业合作社

江华县瑶民烟叶专业合作社由任斌等5人发起，于2013年7月1日召开设立大会，并一致通过合作社章程，注册资金13.5万元，合作社现有成员371户，其中烟农成员369户，服务范围覆盖大路铺镇35个行政村，成员种烟面积共7 630亩。合作社坚持“民主管理、自主经营、自负盈亏、利益共享、风险共担”的原则，成员入社自愿、退社自由、地位平等。

运作模式

合作社采用“两场一社六队三主体”的运作模式。即依托育苗、烘烤两个工场，组建一个综合性服务合作社，成立育苗、机耕、植保、烘烤、分级、综合利用六支专业化服务队，为种植专业户、家庭农场、生产合作社三种生产主体提供专业化服务。

服务设施

合作社拥有育苗工场2个，位于大路铺工场和桥市育苗工场，共有钢架大棚10个，服务面积达10 000亩。

合作社有烘烤工场2个，位于大路铺工场和桥市育苗工场，建有密集型烤房100座，能烤2 000亩。此外，还拥有密集烤房149座，分布在10个行政村。

射阳县创建国家级“平安农机”示范县

盐城市射阳县按照国家“十三五”期间创建“平安农机”活动要求，本着“以民为本、保民平安、助民增收、为民服务”的理念，深入推进“平安农机”示范创建，于2018年10月被原江苏省农机局和江苏省安监局确定为江苏省“平安农机”示范县，并通过省级择优推荐、部级审查公示后，被农业农村部和应急管理部确定国家级“平安农机”示范县。

健全监管网络

建立农机安全生产监管责任体系，明确镇区主要负责人为属地农机安全生产第一责任人，加强组织领导，强化工作布置、检查、落实和考核；落实农机安全生产监管单位，配备专职农机安全监理员，明确了村级农机安全协管员，健全完善了“主体在县、管理在镇（区）、延伸到村”的农机安全管理体制和工作机制。

强化部门配合

射阳县农机、安监、公安、交通和教育等部门，建立联席工作机制，精心组织，周密部署，做到创建工作有目标、有计划、有检查，部门间适时互通信息。

加强基地建设

2018年，射阳县委、县政府决定，加大农机化工作财政投入，每年安排专项经费17万元，用于监管基地日常运行维护，建成了标准化农机安全监管服务基地，满足了全县广大农机手的农机安全服务。

点军区车溪人家农产品专业合作社

点军区车溪人家农产品专业合作社成立于2014年6月，是集茶叶、柑橘种植、生产、销售、农副产品加工、果蔬冷链物流、生态农业观光、电子商务于一体的农民专业合作经济组织，下设三涧溪柑橘分社、三岔口茶叶分社、穿心店四季水果分社。合作社拥有茶叶基地4 016亩，柑橘基地4 977.16亩，茶叶社员1 095户，其中贫困户102户；柑橘、四季水果社员1 291户，其中贫困户146户。

合作社秉承“耕耘车溪沃土，传承土家味道”的理念，坚持生态种植，打造“车溪人家”民族特色绿色品牌。以“合作社+基地+农户”与社员和贫困户建立紧密的利益联结机制，以产业发展助推精准扶贫。

合作社核心产品车溪人家宜昌红茶、宜昌绿茶、宜昌蜜橘先后获得中国绿色食品认证证书、中国绿色食品博览会“金奖”等荣誉，茶叶基地获出口茶叶种植基地备案证书。

合作社被评为国家级农民合作社示范社、全国“315”立信单位、质量信用3A示范社、农业部“农合之星”优秀合作社、湖北省十佳专业合作社、湖北省十佳诚信合作社、宜昌市示范农业合作社、宜昌市新型农业主体规范化建设标杆。

服务电话：0717-6211599　13886706588

目　录

发展综述

各地品牌农业概况

领导讲话

法律法规与规范性文件

企业品牌

产品品牌

乡村振兴典范

产业扶贫典范

品牌设计

农业品牌人物

区域品牌

统计资料

附　　录

发展综述

- 全国品牌农业发展概况
- 2018 年绿色食品、有机农产品及农产品地理标志发展情况
  ——中国绿色食品发展中心工作综述
- 中国优质农产品开发服务协会工作综述

全国品牌农业发展概况

一、主要工作

一是强化农业品牌顶层设计。印发《农业农村部关于加快推进品牌强农的意见》，进一步明确农业品牌建设的主攻方向、目标任务和政策措施。

二是开展特色农产品优势区创建。启动第二批中国特色农产品优势区申报认定工作，共有86个特色鲜明、优势集聚、产业融合、市场竞争力强的中国特色农产品优势区入选，强调“一个特优区塑强一个区域公用品牌”，不断提升区域品牌建设能力。

三是积极开展农业品牌营销推介。积极利用中国国际农产品交易会（以下简称农交会）、中国国际茶叶博览会（以下简称茶博会）等农业展会平台，创新品牌营销，有力提升农业品牌影响力。第十六届农交会首度与湖南卫视合作，推出了“乡人乡味——全国品牌农产品推介活动”，节目黄金时段收视率全国排名第八。同期，举办了30多场农产品产销对接推介活动，推选出299个金奖产品。第二届茶博会共组织了76场品牌茶叶推介活动，发布了108个茶叶金奖产品。全面启动2018全国贫困地区农产品产销对接行动，先后在北京、甘肃兰州、新疆和田等地举办7场产销对接活动，着力推介贫困地区优质特色农产品。

四是加强品牌人才队伍建设。在上海、北京、福建南平等地举办农业品牌建设系列培训班，积极宣传农业农村部农业品牌政策与工作，培训来自全国各地农业农村管理部门干部、业务骨干等超过200人次。

五是加强农业品牌宣传。利用《农民日报》、农业影视频道、农村杂志社等传统媒体和新媒体，加大农业品牌公益宣传力度。在《农产品市场周刊》开设“百强品牌故事”专栏，讲好农业品牌故事，传播中华农耕文化。精选50个具有较强影响力的农业品牌故事，汇编成《百强农业品牌故事》一书。组织编辑出版《中国特色农产品精粹》，并在农交会向社会正式发布。

二、第二届中国国际茶叶博览会

（一）总体情况

茶博会坚持“国际化、专业化、品牌化、信息化、市场化”的办展方向，全面展示了我国茶产业发展成就，推介了新品种、新技术、新设备、新业态，展会知名度和影响力有了显著提高，成为一届塑强茶叶品牌、宣传茶文化、提升茶产业的国际专业盛会。本届国际茶博会有四个特点。

1. 规模空前，务实隆重。茶博会总面积7万平方米，较上届增加一倍，设置了国茶成就展、全国名茶馆、国际/港澳台馆、创意馆等区域，标准展位2 654个，全面展示了我国六大茶类，以及茶具、茶艺、茶道、茶文化等茶衍生产品。为提升国际化和参与度，首次设立了斯里兰卡和土耳其2个主宾国，福建省、贵州省黔南布依族苗族自治州、湖南省安化县分别作为主宾省、主宾市和主宾县参加相关活动。共有1 540家中外知名企业参展，专业采购商达12 517人次，较2017年增加50%。本届展会受到各方高度关注，共有10个省（自治区、直辖市）25位省部级领导、15位“一带一路”国家农业部门部级领导和12位驻华大使及参赞、9个国际茶叶组织和研究院所的嘉宾出席。展会围绕茶产业、茶经济、茶文化、茶旅游等领域举办了14项重大主题活动，国内外专家学者深入研讨交流，共同为推动世界茶产业高质量发展贡献智慧。有媒体评价，本届茶博会“全世界的好茶都到齐了”，是我国“迄今为止最具规模、最具权威、最有影响力的茶叶盛会”。

2. 中外合作，交流互鉴。茶博会在展商构成、产品展示及交流合作等方面，注重国际化，共有来自 30 多个茶叶、咖啡生产消费大国，以及国际组织、国际大型茶叶经销企业的 200 余名外宾出席，雀巢等 146 家知名企业和俄罗斯茶咖协会等重要商家协会参展，外宾外商参会参展人数比首届茶博会翻了一番。展会期间，举办了“品茗千年·中国之夜”中外嘉宾品茶活动、“西湖论茶”——第二届中国茶业国际高峰论坛、国际茶咖对话等多项国际元素突出的重大活动，开展了 12 场部长级双边会谈，组织了茶乡考察等茶事体验活动。主宾国斯里兰卡和土耳其全面展示推介了本国茶产业和优质茶产品。斯里兰卡种植业部部长纳温·迪萨纳亚克表示，本届茶博会规模更大、影响更大，中国和斯里兰卡分别是世界上最大的绿茶生产国和红茶生产国，合作空间巨大。土耳其食品、农业和畜牧业部副部长丹尼诗表示，土耳其期待能有更多活动促进两国农业合作。加纳农业部长阿科托提出，加纳有世界上最好的可可，可以与茶叶、咖啡同台亮相，希望 2019 年茶博会能够举办加纳之夜。《农民日报》评论指出，“一杯茶遇见全世界，茶的历史、茶的文化、茶产业发展，在这里浓缩交融，国际化成为茶博会生动注脚”。

3. 创新营销，成效显著。茶博会以唱响“中国茶”为主旋律，以塑强茶品牌为重点。精心设计的“品茗千年·中国之夜”中外嘉宾品茶活动，向世界推介西湖龙井、冻顶乌龙、君山银针、泾阳茯砖、祁门红茶、福鼎白茶等最具代表性的中国茶品牌，体现了世界大同、中国气派、杭州韵味，受到中外嘉宾一致赞誉。展会推选了 108 个博览会金奖，引领茶企做优做精自身品牌，受到社会广泛关注。展会期间，共举办了 76 场品牌茶叶推介活动，品牌营销馆内馆外相结合、线上线下相结合、参观体验相结合，社会参与度很高，现场参观人数达 15.1 万人次，是 2017 年的 2.3 倍。本届茶博会与阿里巴巴首度联手，举办国际茶叶电商节，并在天猫商城开辟了茶博会专区，探索建立全球顶尖的涉茶电商业态，共同打造永不落幕的茶博会。据统计，仅 5 月 18 日开幕当天，“淘 LIVE”三小时直播观看人数超过 250 万人次，点赞人数超过 1 400 万人次，打破了天猫食品类茶行业直播观看记录。天猫品牌馆参与的 11 个茶品牌平均成交量比 2017 年同期增长 100%。

4. 宣传有力，影响广泛。本届茶博会宣传工作全面发力，共有 168 家境内外媒体 357 名中外记者参与报道，中央媒体、地方媒体和境外媒体协同联动，传统媒体与新媒体齐头并进，形成了全方位多角度立体式的宣传阵势，实现了持续时间长、天天有亮点，报道篇幅大、日日有聚焦，传播速度快、时时有消息，覆盖范围广、处处有声音。其中，中央电视台《新闻联播》《朝闻天下》《中国财经报道》等栏目，新华社、《人民日报》、中央人民广播电台、《经济日报》等中央媒体，意大利《欧华时报》、韩国《中央日报》等境外媒体，以及伴随茶博会成长起来的专业茶网茶媒，进行了专业深度持续报道，显著提升了茶博会的美誉度和影响力，宣传规格之高、媒体阵容之强、社会影响之广，刷新了专业展会报道纪录。据不完全统计，展会期间，共刊发原创性报道近 650 篇，网上“茶博会”相关信息总计近 6 300 条，报道量比 2017 年增长 69.7%。今日头条“国际茶咖对话”专栏网上阅读量一天突破了 1 000 万人次，腾讯直播视频累计近 280 万名观众收看，中国农村网创新开设的《锦华会客厅·西湖话茶》访问量超过 79 万人次。

（二）主要成效

茶博会经过组委会和各有关部门的精心组织和不懈努力，圆满完成了各项任务，充分展现了我国茶产业发展的成就，有力推进了茶产业的转型升级，提升了“中国茶”的影响力。主要取得四个方面成效。

1. 促进茶产业发展，助推中国茶走向世界。茶博会集中展示了世界各地的知名茶企茶品，反映了世界茶产业近年来在品质提升、品牌培育、全产业链发展等方面取得的显著成效，为中国茶业发展提供了宝贵借鉴。期间，举办了联合国粮农组织政府间茶叶工作组（FAO—IGG/Tea）第 23 届会议、中国茶产业联盟一届二次常务理事会议和一届二次理事会议、中国茶业国际高峰论坛等专业会议和活动。高峰论坛邀请了联合国粮农组织政府间茶叶工作组秘书长让·路克、中国工程院院士陈宗懋、印度茶叶所所长阿努普·巴鲁阿、斯里兰卡茶叶所所长萨拉特·阿贝辛格等国内外知名专家，共同围绕茶叶质量标准、茶叶农残限量标准、有机茶国际互认以及全球茶叶消费促进等全球茶产业发展焦点问题进行深入讨论，发布了中国茶产业杭州指数，中国茶产业联盟通过了《凝聚力量 协同推进 做强中国茶产业的倡议》，为中国茶产业创新发展、促进中国与世界茶叶主产国主销国交流合作发挥了积极作用。

2. 推动茶贸易合作，展销业绩大幅提升。本届茶博会商贸洽谈活跃，成效显著。截至 2018 年 5 月 22 日，实现茶叶现场交易量 99.43 吨、现场交易额 1.03 亿元、签订单 4 253笔，意向交易量 3 406.5 吨、意向交易额 42.88 亿元，分别是 2017 年年首届的 3.9 倍、2.1 倍、2.0 倍、3.1 倍、1.3 倍。最大一笔订单是广西横县茉莉花茶 1.95 亿元。浙江省茶叶机械签约意向交易额达到 3800 万元。茶博会搭建了茶产品营销平台，有力地促进了生产、流通、消费的有效衔接，市场消费对茶产业生产导向作用越发凸显，为“中国茶”实现优质优价提供了重要支撑。

3. 聚焦茶品牌营销，助力脱贫攻坚。一片叶子能富一方百姓。做强茶品牌是产业之需，更是富民之道。茶博会搭建高端营销平台，向世界推介中国茶品牌，其中包括西湖龙井、信阳毛尖等首届国际茶博会推选出的中国茶叶十大区域公用品牌，也涵盖了恩施玉露、陕西镇巴高山茶等贫困地区茶叶品牌，一批“扶贫茶”强势登场，成为一大亮点。展会期间，共有 161 个国家级贫困县的 305 家企业参展，全国所有产茶贫困县均到场展示展销，交流学习。恩施土家族苗族自治州设立了唯一的地市州馆，全力推介利川红、恩施玉露等恩施硒茶品牌，实现茶叶现场交易 1.9 吨、订单 54 笔，意向交易量 5.6 吨、意向交易额 4 234.5 万元。本届茶博会，各地互学互鉴，友邻相帮，对推动产业扶贫、促进脱贫攻坚作用明显。

4. 展现茶文化魅力，促进中外文化交融。茶博会坚持以茶文化为引领，搭建起了高层次、多元化的文化交流平台。杭州国际博览中心、龙坞茶镇等地同步举办了当代茶文化发展论坛、中国茶乡旅游发展大会、茶叶民族文化节、云林茶会、国际斗茶大赛等系列茶文化宣传展示活动，设置了龙井茶现场炒制、阿昌族雷响茶冲泡等体验环节，让中国茶穿越历史、跨越国界，展现了中国茶文化的精髓和魅力。其中，国际茶咖对话活动从历史与现实、经济与文化、艺术与文明等多个维度，促进了中外文化的交流碰撞。茶博会弘扬了中国茶文化，诠释展现了我国讲信修睦的民族秉性、美美与共的传统哲学以及和平发展的内在追求。“茶叙外交”渐成外交新符号，茶叶再次让世界深刻触摸中华文化脉搏，感知中国发展力量。

三、第十六届中国国际农产品交易会

（一）总体情况

本届农交会与第二十届中国中部（湖南）

农业博览会、全球农业南南合作高层论坛同期举办。展会以“质量兴农、品牌强农、绿色发展、乡村振兴”为主题，设立了乡村振兴展区、扶贫展区、各省综合展区、湖南市州展区、行业专业展区、海峡两岸农业合作展区、国际展区以及室外的现代农业装备展区和综合配套服务区等12个展区，集中宣传展示了近年来各级农业农村部门贯彻落实习近平总书记关于做好“三农”工作重要论述取得的新成就，实施乡村振兴战略、推进农业高质量发展、开展产业扶贫取得的新成果，践行质量兴农、绿色兴农、品牌强农的新经验，同时，展销了全国各地各具特色的优质农产品。共有4 000多家中外企业参展，参展产品16 000余种，采购商和专业观众5万多人，客流突破40万人次。通过一系列展示展销，促进了中国农业与世界农业的对话合作。综观本届农交会，主要有五个特点。

1. 紧扣乡村振兴主题。本届农交会紧扣乡村振兴这一主题，专门设立以“乡村振兴携手同行”为主题的乡村振兴展区，举办中国乡村振兴战略高峰论坛，展示宣传各地实施乡村振兴战略的新思路新举措新成就。专门设立中国农民丰收节展示区，致敬改革，礼赞丰收。海峡两岸农业合作展区也以“两岸一家亲，乡村共振兴”为主题，赢得两岸农企的共鸣，很多台湾农企表示愿与大陆分享台湾乡村发展经验。此外，展会设四川、河南、浙江为主宾省，广东、陕西等20多个省份设立了主宾县，从特色产业、品牌创建、绿色发展等方面展示乡村振兴新成效。

2. 彰显开放合作信心。本届农交会吸引了来自29个国家、13个国际组织的代表团参观，近30位国外部级官员出席。法国、澳大利亚、芬兰、马来西亚、印度、立陶宛等20个国家和地区的200多家国际企业参展，40多家国际重点采购商到会考察洽谈。同时，展会专门设立了4 000平方米的国际展区，以乌干达、泰国为主宾国举办了国家主题日和专场推介会，全方位展示本国特色农产品和异域文化，各方面反响强烈，泰国和乌干达的代表表示，农交会是中国扩大开放的重要标志，带来了很多契机，今后将继续参加。

3. 助力特色产业扶贫。落实中央提出的关于“产业扶贫要在扶持贫困地区农产品产销对接上拿出管用措施”的要求，本届农交会专门设置扶贫展区，邀请206家企业参展，集中展示贫困地区特色优质农产品。首次设立电商扶贫展区，邀请阿里巴巴、美菜网、每日优鲜等5个电商平台入驻，与贫困地区参展企业直接联系对接。举办全国贫困地区产销对接大型公益活动，15个国家级贫困县的主要负责同志登台推介区域特色优质农产品，24家大型电商、商超企业和农产品批发市场负责人现场采购特色农产品超过10亿千克。“三区三州”等贫困地区的青稞、牦牛、水果等特色农产品受到消费者的追捧，产业扶贫成效逐步显现。

4. 强化品牌营销策略。本届农交会秉承“品牌强农”理念，继2016年省部长品牌农产品推介专场、2017年“家乡的味道——我为品牌农产品代言”名人推介之后，首度与湖南卫视合作，推出“乡人乡味——全国品牌农产品推介活动”，以青春、活力、动感为主旋律，旨在面向新生代，创造新消费，通过邀请农民兄弟登台讲述品牌故事，中外嘉宾现场互动，整场活动气氛活跃，社会反响强烈，黄金时段收视率全国排名第八。展会还设立了“品牌农业展区”，组织开展了第四届全国农产品地理标志品牌推介会等一系列品牌推介活动，并搭建了新闻中心，邀请媒体全时段报道农交会、农业品牌推介会等活动，为广大参展商和消费者奉献了一场品牌农产品的盛宴，赢得了社会各界的一致好评。

5. 聚焦农业热点问题。农交会期间，围绕当前农业农村发展面临的重点热点问题，开展了农业风险管理与农业品牌论坛等十余场重大活动，众多政府官员、专家学者、优秀企业家等齐聚一堂，围绕乡村振兴、精准扶贫、品牌建设、绿色发展、休闲农业等话题展开了热烈研讨，为下一步实施乡村振兴战略、推进农业农村现代化提供了有益参考。与会人员纷纷表示深受启发、受益匪浅。

（二）主要成效

本届农交会主题鲜明，盛况空前，国际影响深远，很好发挥了引领生产消费、提升品牌影响、推动产业升级、促进经贸合作的积极作用。主要有以下三方面成效。

1. 提振信心，唱响了时代主旋律。乡村兴则国家兴，品牌强则农业强。本届农交会突出乡村振兴主题，展示了乡村振兴战略实施取得的丰硕成果，描绘了乡村振兴的美好蓝图，借助“虚拟现实（AR）＋增强现实（VR）”技术，让广大参观者感受到了乡村振兴战略实现后的美丽乡村，进一步坚定了实施乡村振兴战略的决心和信心。展会深化“品牌强农”，展示推介了40多个知名农产品区域公用品牌，推选了近300个金奖参展产品，有效提升了中国农业品牌的影响力。

2. 凝聚共识，扩大了对外合作。农交会期间举办了全球农业南南合作高层论坛，通过了《全球农业南南合作长沙宣言》，发布了《关于支持中国实施乡村振兴战略　助力2030年可持续发展议程的联合声明》，增进了我国同世界各国的农业交流，强化了国际合作。联合国粮农组织总干事格拉齐亚诺表示，希望借助这一平台，进一步推动南南合作各方加强交流互鉴，创新合作模式，共享发展成果。

3. 对接高效，贸易洽谈成效明显。本届农交会搭建了全国初级农产品产销对接公益服务平台，实时发布产销对接数据，举办了30多场农产品产销对接推介活动，陕西优势特色农产品推介会、西藏青稞和牦牛产业推介会、新疆库尔勒香梨和吐鲁番哈密瓜推介活动等系列专场推介活动，效果明显。四天半的展期，现场贸易额达337亿元，其中，广西西林县达成8.7亿元砂糖橘采购意向，湖北夷陵红生态农业有限公司与缅甸东方红进出口有限公司签订5亿元柑橘购销合同，沈阳万谷园米业有限公司获得1.2亿元大米订单。

2018年绿色食品、有机农产品及农产品地理标志发展情况

——中国绿色食品发展中心工作综述

2018年是绿色食品、有机农产品和农产品地理标志工作职能整合、整体推进元年。一年来，在农业农村部党组的坚强领导下，在农业农村部质量安全监管司等有关司局的关心指导下，中国绿色食品发展中心（以下简称中心）按照“稳中求进”的工作总基调和“农业质量年”的总体部署，以“提质量、树品牌、增效益、促发展”为工作目标，围绕高质量发展工作主线，齐心协力、攻坚克难、顽强拼搏、真抓实干，绿色食品、有机农产品和农产品地理标志事业持续健康发展，为推进质量兴农、绿色兴农、品牌强农发挥了重要作用。现将工作总结如下。

一、绿色食品、有机农产品和农产品地理标志快速发展

2018年，绿色食品呈现快速增长态势。全年新发展绿色食品企业5 970家，产品

13 316个，分别比 2017 年增长 35%和31.9%，增长速度为近 10 年来最高。全国绿色食品企业总数 13 206 家，产品总数首次突破 3 万个，达到 30 932 个，同比分别增长21.2%和 20.1%。全年新认证有机农产品企业 314 家，产品 628 个，同比分别增长40.2% 和 18.7%。有机农产品企业总数1 117家，产品 4 323 个，同比分别增长5.5%和 7.9%。新公告农产品地理标志 281个，同比增长 18.1%，产品登记总数达到2 523个，同比增长 12.5%。无公害农产品制度改革顺利推进，各地有序承接无公害农产品认定职能。无公害农产品获证单位41 649家，产品 84 038 个。

2018 年，全国“三品一标”获证单位总数为 58 422 家，产品总数 121 743 个。总体来看，绿色食品发展稳中向好，中绿华夏有机农产品品牌的权威性和影响力不断提升，农产品地理标志登记保护规范有序，无公害农产品制度改革稳步推进，为实现高质量发展打下了坚实基础。

二、严守标准，严格监管，切实维护品牌公信力

2018 年，在各地发展品牌农产品积极性普遍高涨的情况下，中心严把认证登记和证后监管各道关口，严守质量标准和安全底线，确保产品质量稳定可靠。

1. 提高门槛，规范认证，严把审核关口。绿色食品建立健全审查制度和通报反馈机制，强化培训与交流，切实提高审查质量和效率。对种植类产品产地面积、养殖类产品养殖规模和委托生产条件予以明确限定，有效规避了风险。实施“部一省一地”三级审查，落实分段审查责任；召开 16 次专家评审会，严格审查把关。简化申报材料，有效提高许可审查工作效率和服务水平。绿色食品企业和产品续展率分别为 65.4% 和66.1%，分别比上年提高 2.9 和 3 个百分点。有机农产品狠抓认证审核把关，拒绝受理新认证企业和再认证企业 58 家，修订质量体系文件，优化认证计划管理，有效防范认证风险，改善认证检测制度，进一步提高认证管理的科学性和有效性。农产品地理标志强化对审查人员的指导和培训，严格审查申报材料，切实发挥专家在评审把关、指导培训方面的作用，确保地标产品登记审查规范开展。

2. 落实制度，严格监管，确保获证产品质量。绿色食品继续用好五项证后监管措施，及时处理不合格产品。中心和地方共抽查6 403个绿色食品，占 2017 年产品总数的24.86%，检出不合格产品 42 个，抽检合格率 99.34%。在市场抽取标称绿色食品产品1 531个，查处 124 个不规范用标产品和 13个假冒产品。风险预警方面，确立了对农民专业合作社产品作为跟踪监测项目，监测了320 家合作社的 327 个产品。全年通过《农民日报》《中国食品报》和中心网站共发布139 期公告，及时发布了企业获证和“摘牌”信息。对河北等 14 省（自治区、直辖市）的53 家有机农产品企业进行了有针对性的监督检查，对全部有机蔬菜企业和产品进行了监督检查和抽检，有效防范了质量安全风险。开展对 6 个省 30 个农产品地理标志获证产品120 个样品的跟踪监测，合格率为 100%，同时开展了蟹类农产品地理标志产品专项检查工作。

3. 完善标准，细化规程，强化技术支撑。以确保标准的先进性为目标，继续开展绿色食品标准、生产操作规程制修订等工作。组织制定了《绿色食品标准制修订工作规范》，完成《绿色食品　绿叶类蔬菜》等 17项绿色食品产品标准的修订工作。启动了绿色食品苹果、食用油高品质指标研究，对绿色食品农药使用准则中农药安全性进行再评估，修订编制了《绿色食品产品适用标准目录》。组织完成了花生、油菜、米面油等农作物和加工产品 54 项区域性生产操作规程。累

计发布绿色食品标准141项，区域性生产操作规程400多项。启动8项有机农产品生产操作规程编制工作。

4. 分品施策，积极推进质量追溯管理工作。按照农业农村部的统一部署和要求，加快推进绿色食品、有机食品、农产品地理标志追溯管理。组织开展调研论证，制订工作方案，启动了绿色食品、有机食品获证数据对接共享工作，共涉及绿色食品13 085家获证企业、30 484个产品数据，有机食品获证企业991家、产品6 126个。按照农业农村部追溯挂钩工作要求，中心正式下文通知，将绿色食品、有机农产品、农产品地理标志生产经营主体纳入国家追溯平台，作为新申报和产品续展的前置条件，对获证产品全面实施追溯管理。

5. 认真做好商标维权保护工作。为规范绿色食品标志使用，中心建立绿色食品产品包装标签变更备案制度，受到企业好评。完成绿色食品商标在美国和日本的续展注册。持续做好商标维权、打假和绿色食品市场清理整顿工作。经过司法程序，圆满解决了“北京检核质量认证中心”商标侵权案件，绿色食品商标在法制维权方面取得了进步。

三、精心组织，强化宣传，有效提升品牌影响力

中心加强谋划、周密部署、多措并举，开展了一系列卓有成效的品牌宣传和市场推介活动，让品牌“树起来”“亮起来”，取得了良好的社会反响，大大提升了绿色食品、有机农产品和农产品地理标志品牌的影响力。

1. 全力组织品牌宣传工作。围绕“绿色生产、绿色消费、绿色发展”主题，以绿色食品进社区、进超市、进学校，媒体记者进企业、进基地为主要形式，在全国开展了“春风万里，绿食有你——绿色食品宣传月”活动。23个省（自治区、直辖市）115个市（县）共举办了256场活动，展出了1 500余家绿色食品企业1万多个产品，接待了消费者12.8万人次，发放了知识手册3.5万册，发布新闻报道1 200余篇、微信公众号信息1万余条，绿色食品专题新闻报道为历年最多。深化与农业农村部所属媒体的合作，在《农民日报》头版头条刊发了编辑部文章《中国农业高质量发展探路者》和《优质安全树新标》整版专题报道。在央视及部分省级卫视频道推出绿色食品公益广告，累计播放900余次，力争让绿色食品深入人心，家喻户晓。绿色食品宣传活动得到了部领导的批示肯定。同时，利用博览会、企业宣传和国际交流合作等机会宣传了中绿华夏有机食品品牌。中心组织拍摄的大型系列纪录片《源味中国》第一季，收视率高，受到社会广泛关注和好评，大大提升了地理标志农产品认知度，目前正着手策划拍摄第二季。在世界知识产权宣传周期间举办农产品地理标志产品宣传推介活动。

2. 积极发挥展会平台的功能作用，强化产销对接。中心首次将中国绿色食品博览会（以下简称绿博会）和中国国际有机食品博览会两个具有较高影响力的品牌展会同期举办，“三品一标”产品同台亮相，绿色生资、专业电商、仪器设备与食品机械包装等相关行业全产业链展示。展会期间举行了绿色食品高峰论坛、有机研讨会，绿色食品推介会、产销对接会，有机食材品鉴会、生资对接会等36场形式多样的推介活动，邀请了包括澳大利亚、英国、意大利、俄罗斯、韩国和中国台湾地区等57家境外参展企业，2 000多位专业采购商到会考察与洽谈。通过产品展示、洽谈交流、品鉴体验等，彰显了绿色食品、有机农产品的精品形象，深入宣传了绿色有机农产品的优质安全、生态环保理念和成效。本届绿博会参展品种丰富，主题特色鲜明，产销对接活跃，向“专业化、国际化、市场化、信息化、品牌化”迈进了一大步。在第

十六届农交会上成功举办农产品地理标志专展及第四届全国农产品品牌推介会，全国政协委员宋建朝出席了推介会并做了讲话。农产品地理标志展团获得本届农交会“优秀组织奖”和“设计银奖”称号，18 个产品获得农交会金奖。组织企业赴德国、日本和新加坡参加境外展会，为绿色食品、有机食品企业搭建了更广阔的进出口贸易平台。依托电商平台举办了 3 次有机产品产销对接活动，百余家企业入驻平台，拓宽了企业产品的市场销售渠道。支持和指导各地举办区域性专业性博览会和营销活动。

3. 深化对外交流与合作，不断扩大品牌影响力。中心分别与马来西亚、韩国、丹麦就绿色食品、有机农产品认证开展了深入的交流与合作。中欧农产品地理标志谈判已经进入第二批互认产品推荐阶段。有机中心创新开展国际合作，先后举办了智利中国有机产品推介会、中外有机农业发展与市场推介会，深化了与国外有机农业先进技术和管理经验的交流合作，扩大了中绿华夏品牌的国际影响力，中绿华夏境外产品认证量跃居全国第一位。

四、服务大局，发挥作用，积极融入农业农村重点工作

中心围绕中心，服务大局，夯实基础，增强后劲，积极发挥绿色食品、有机农产品和农产品地理标志工作在促进农业绿色发展、提升农产品质量水平、脱贫攻坚和乡村振兴等方面的功能作用，全力做好品牌扶贫、基地和园区创建、绿色生资推广应用等工作。

1. 全力以赴，扎实做好产业扶贫工作。中心坚持将品牌扶贫作为重点工作，以加快推进贫困地区创建绿色有机基地、发展绿色优质农产品为主要抓手，走出了一条以优质化、品牌化促进产业精准扶贫的新路子。出台《关于加强“三品一标”品牌扶贫工作的意见》，动员全系统积极开展产业扶贫工作，制定了对贫困地区申报产品实施优先的快车道政策和收费减免政策。全年累计支持国家级贫困县及新疆、西藏等地区的 1 299 个企业发展了 2 910 个绿色食品和有机农产品，累计减免费用 920 万元。支持贫困地区登记 52 个农产品地理标志产品，支持建设 15 个绿色食品有机农产品生产基地。举办了 6 期“三品一标”扶贫培训班，培训贫困地区相关专业人员 570 人。中心赴贫困地区调研检查、技术培训等约 200 人次。采取一系列有力措施，支持对口帮扶县河北张北做好产业脱贫工作。

2. 立足产销对接，严格绿色食品原料标准化生产基地管理。加强绿色食品原料标准化生产基地创建、验收、续报管理，撤销了 12 个基地称号。全面加强基地监管，进一步强化基地自查、绿办年检和中心督查的三级基地监督检查管理制度。进一步突出基地保障绿色食品生产原料供应的作用，产销对接率有了明显提高。截至 2018 年年底，全国共建成 680 个绿色食品原料标准化生产基地，总面积 1.65 亿亩（1 亩≈667 平方米），涉及水稻、玉米、大豆、小麦等百余种地区优势农产品和特色产品，共带动 3 900 多万农户参与基地建设。

3. 发挥示范作用，有序推进示范基地和“三产”示范园区建设。组织完成重庆石柱县等 6 个全国有机农业示范基地的验收，启动全国有机农产品标准化生产基地和全国有机农业标准化基地县创建。继续培育绿色食品、有机农产品发展动力，推进一二三产业融合发展园建设。截至 2018 年年底，全国共建成 30 个全国有机农业示范基地，面积达到 2 729万亩；共有 10 个绿色食品（有机农业）一二三产业融合发展示范园，年产值 19.37 亿元，接待游客 179 万人次。农产品地理标志继续强化样板打造，新验收通过 16 个国家级农产品地理标志示范样板。

4. 服务绿色食品产业，积极推动绿色生资健康发展。指导协会积极推动绿色生资发展，严把绿色生资产品准入关，加强证后监管，组织示范推广，加大品牌宣传。各类绿色生资企业申报积极性持续增加，全年审核通过生资企业 58 家，产品 180 个。截至 2018 年年底，全国共有绿色生资企业 153 家，产品 426 个，同比分别增长 15.9%和 28.3%。组织 37 家生资企业参加绿色食品博览会展览，并组织产品对接，服务企业生产，推动产业发展。

五、强化支撑，提升能力，夯实事业发展基础

1. 提升能力，强化体系队伍建设。一是强化专业培训。举办了 1 期全国绿色食品检查员标志监管员师资培训班，选拔 52 人充实了师资队伍；支持各地举办了 24 期绿色食品检查员、监管员培训班，培训3 100余人次；全年举办了 6 期面向农产品地理标志、基地、有机等业务培训班。截至 2018 年年底，有绿色食品检查员 2 944 人，监管员 1 995 人，企业内检员 25 614 人；有机产品注册检查员 266 人，企业内检员 5 000 人。二是提升检验检测体系能力。强化“放管结合”，优化布局和考核，组织能力验证和专业培训，认真做好检测机构的遴选和退出，取消 5 家检测机构资质。截至 2018 年年底，共有绿色食品定点检测机构 97 家（其中产品检测机构 75 家，环境监测机构 70 家，双料机构 48 家），有机产品检测机构 62 家，农产品地理标志检测机构 109 家。三是加强对协会工作的管理与指导。指导中国绿色食品协会召开了第四次会员代表大会，协助中国优质农产品开发服务协会组织召开了第六届理事会，顺利完成了两个协会换届工作，为助力事业发展，进一步发挥社会组织力量提供了重要的组织保障。

2. 统筹安排，积极推进“三品一标”信息化工作。组织开展业务信息资源整合共享工作，将“三品一标”4 个业务系统纳入农业农村部“监督管理板块——农产品监管模块”整体开发建设。开展了无公害农产品系统功能改造、绿色食品基地系统功能构建、绿色食品档案数字化项目建设等业务系统建设工作。优化了有机农产品认证系统，完善了有关功能。持续做好中心网站信息维护、更新与发布，做好信息公开，维护网络安全。中心网站全年累计发布新闻、通告通知等各类信息 600 多条，年度网站访问量和访问人数均较 2017 年有所提高。认真做好“三品一标”年度发展数据统计工作，及时对外发布统计数据。

3. 搭建创新平台，加强理论政策与技术研究。为了加快绿色食品理论、政策、技术和制度创新，中心与中国农业大学联合组建了中国绿色食品发展研究院，搭建权威的产学研融合发展创新平台，为绿色食品事业高质量发展提供战略支撑、理论支撑、技术支撑和人才支撑。有机中心与中国农业科学院质量标准与检测技术研究所联合成立了华夏有机农业研究院。坚持问题导向和目标导向，组织中心力量围绕事业发展面临的重点难点问题开展基础性、应用性课题研究工作。

中国优质农产品开发服务协会工作综述

五届理事会以来，中国优质农产品开发服务协会（以下简称协会）全面贯彻党的十八大和十八届三中、四中、五中、六中全会和十九大，十九届二中、三中全会精神，深入学习贯彻习近平新时代中国特色社会主义思想，按照统筹推进“五位一体”总体布局和协调推进“四个全面”战略布局要求，紧紧围绕农业农村部党组的中心工作，坚持以满足人民日益增长的美好生活需要为目的，以贯彻落实新发展理念、推进农业供给侧结构性改革为主线，以提高农产品质量效益、“主攻流通、主打品牌”为重点，全力推进质量兴农、绿色兴农、品牌强农，各项工作均取得了开创性成就。主要体现在以下几个方面。

一、促进农业品牌建设，推动“中国产品向中国品牌转变”

十八大以来，习近平总书记先后就提高农产品质量安全水平、大力培育食品品牌等提出了一系列新理念新思想新战略，尤其是关于保障农产品供给既要保数量更要重质量的重要思想，关于加快转变农业发展方式、推进农业供给侧结构性改革的重要论述，关于“三个导向”和“三个转变”的重要论断，为协会工作指明了方向。为贯彻落实习近平总书记关于农业品牌建设特别是“要大力培育食品品牌，用品牌保证人们对产品质量的信心”和“推动中国速度向中国质量转变、中国产品向中国品牌转变”等重要讲话精神，协会在深入调研、系统分析我国农业品牌建设情况及面临问题的基础上，提出了一系列推进农业品牌建设的建议，并采取多种措施全力推进农业品牌创建工作。

一是积极建言献策，确立农业品牌发展战略思维。第五届理事会制订的五年工作规划，明确提出了“主攻流通、主打品牌”的工作思路，把推进农业品牌建设作为工作重中之重。协会认为，农业品牌是否强大，标志着一个国家农业的强与弱和农业现代化水平的高与低。经过改革开放近 40 年的发展，我国农产品总量已经基本满足人民群众生活需要，欠缺的是具有高质量的产品，具有影响力的品牌产品很少。实践表明，加快农业品牌建设，既是提高农业效益、促进农民增收的有效途径，也是转变农业发展方式、提高农业国际竞争力的现实选择，更是推进农业供给侧结构性改革、促进优质品牌农产品发展的迫切需求。为此，协会先后提出了“中国农业品牌梦”和“把品牌建设作为提升现代农业的重大战略”的理念，对农业品牌的科学内涵、构成要素、实现途径做了全面阐释。协会在总结调研和实践工作的基础上，从制定农业品牌发展规划、建立扶持保护机制、完善品牌标准体系、建立品牌目录制度和推进农产品区域品牌建设等方面，提出了实施品牌战略，发展现代农业的意见，得到了农业农村部等有关部门的重视和支持，全国政协把“实施品牌战略”列入了科学制定“十三五”规划的建议。2016 年 1 月和 12 月，在俞正声主席主持召开的在十二届全国政协双周协商座谈会上，协会就推进农业品牌建设进一步建言献策。这些工作有力促进了国家有关品牌发展战略和政策的出台。

二是传播品牌理念，强化品牌价值研究与评价。针对我国具有影响力的农业品牌不多和农业生产经营者品牌意识不够强的问题，协会着力传播品牌理念，推进农业由产品生产向品牌培育转变。一方面，通过创立并持续组织“强农兴邦中国梦·品牌农业中国行”活动，促进农业系统践行“中国农业品牌梦”，协助地方解决农业品牌培育与发展中的问题，已先后深入 20 多个省份开展了相关活动；另一方面，围绕发挥品牌引领作用、加快推动农业供给结构优化升级这个重点，从 2011 年开始，连续组织开展农产品区域公用品牌影响力调查，先后通过网络调查、专家评审等方式，发布了 300 个具有影响力的农产品区域公用品牌。这两项活动产生了良好的社会影响，对推进农业供给侧结构性改革、提高全社会“创品牌、育品牌”的意识发挥了积极作用。协会以此为契机，在有关方面的支持下，启动了农业品牌价值评价工作，牵头起草农产品品牌价值评价国家标准，发布品牌价值评价信息，促进了品牌资产的升值和转化。

三是建设示范基地，推进品牌农产品认定。质量是农产品品牌的价值核心，培育农产品品牌必须从生产源头抓起。为此，协会启动了优质品牌农产品示范基地认定工作，力求通过在会员单位中开展基地认定，打造一批有影响力和辐射带动力的品牌，扩大和提高优质农产品的市场占有率。此项工作自启动以来，受到了会员单位的广泛好评，目前已累计认定优质果园、优质茶园220多个。这些已认定的基地，已成为现代农业的示范窗口和优质品牌农产品的典型代表。通过基地认定，有效提高了会员单位从事优质农产品开发的积极性，培育了一批优质农产品区域公用品牌和企业品牌、产品品牌。

四是加强国内外交流，打造农业品牌国际合作平台。品牌建设的实践表明，要提高我国农业品牌的国际影响力和竞争力，就必须更多地借鉴国际特别是农业发达国家品牌建设的经验，这既有利于加快我国农业品牌培育步伐，提升我国农业品牌的档次和知名度，也有利于实施农业“走出去”战略，促进农业提质增效和农民增收。为此，协会经农业部批准，从2012年开始，连续六年组织举办以推进农业品牌为主题的会议和论坛，提升品牌理念、总结交流经验。每次论坛或会议确定一个主题，如第一次论坛以实现“中国农业品牌梦”为主题，重点探讨中国农业品牌的发展路径；第二次论坛以“把品牌建设作为提升现代农业的重大战略”为主题，重点探讨品牌与现代农业发展的关系；2014年以构建“一带一路”背景下的国际农业产业合作构架为主题，重点探讨我国与“一带一路”沿线国家农业品牌合作的路子。同时，联合有关单位，连续四年举办“农商品牌发展国际大会”，与有关国家和国际组织代表共同探讨促进农商融合、推进农业品牌发展的政策措施和途径。连续五年组团参加柏林国际绿色周，宣传我国农耕文明和重要农业文化遗产，推介我国农产品区域公用品牌与优质农产品，扩大我国农产品的国际影响力。组织有关会员单位参加2016首届亚洲印度洋博览会，组织荷兰果品产业链考察和日本农业考察等活动，学习发达国家农业品牌建设的经验。

五是强化品牌宣传，提高品牌农产品认知度。加强农产品品牌宣传是培育品牌的前提。为了提高品牌农产品的认知度和影响力，第五届理事会系统谋划、强力推动此项工作。经过多方面努力，特别是在农业部和国家新闻出版广电总局的大力支持下，协会于2013年，会同中国农业出版社创办了旨在宣传我国优质农产品发展政策、传播品牌故事、普及品牌农产品鉴赏知识和介绍优质农产品产销经验的《优质农产品》杂志，该杂志自创刊以来，得到了各方面的广泛好评和踊跃订阅，在创刊一周年和三周年座谈会上得到了农业部领导和有关单位负责人的充分肯定。同时，协会联合农民日报社创刊了《农民日报》“品牌农业周刊”，系统报道优质农产品品牌。联合中国农业出版社，于2015年创设并编撰出版了《中国品牌农业年鉴》，全面记录和反映我国农业品牌发展状况。协会网站和协会主管的中国品牌农业网，通过新闻报道、专题展示、网络调查、品牌推介和微信推送等，报道了十多场与品牌有关的专题活动，推介了100多个区域和企业品牌。

二、落实国家粮食安全战略，探索“藏粮于地、藏粮于技”的有效途径

为贯彻落实习近平总书记关于把创新成果变成实实在在的产业活动，让人民享有更放心的食品药品的重要讲话精神，在深入调研的基础上，提出了通过科技创新和成果转化为优质农产品发展添动力，以“藏粮于技”确保粮食安全的工作思路。通过总结会员单位运用生物酵素技术发展优质安全农产品的科技成果，向全国政协提交提案并被列入2016年重点督办提案。农业部根据全国政协

督办要求，在7个省、15个县组织开展生物酵素应用技术的试验示范，取得明显试验效果。支持会员单位开展纳米腐殖酸生物调理剂应用技术和农用无人机产品及技术的试验示范，推进了科技成果的转化应用。

在“藏粮于地”方面，第五届理事会把重点放在了指导会员单位培肥地力和耕地质量保护，打好优质农产品生产的基础等方面。支持会员单位北京嘉博文生物科技有限公司凭借自身生物腐殖酸专利金奖技术和产品，融入商业模式，与四川蒲江县共同创建“5＋1”耕地质量提升综合服务模式，被农业部总结推广。协会会同3名全国政协委员调研并撰写《实施健康土壤战略，夯实粮食安全基础》《创新耕地质量，提升PPP模式，扎牢绿色优质供给根基》《加强技术创新及应用推广，为健康土壤培育提供有力支撑》等提案和发言材料，针对存在问题，提出建议，得到了有关部门的高度关注，农业部于2017年成立了耕地质量监测保护中心，专门从事耕地质量管理和土壤改良、地力培肥、治理修复及农田质量分等定级等保护工作。

三、强化产销衔接，做好优质农产品促销工作

按照“主攻流通、主打品牌”的工作思路，协会把主办或支持举办优质特色品牌农产品展览会、展销会作为重点，采取多种举措，加强农产品生产引导和促销工作。

一是参与搭建农业会展平台，支持地方举办农产品促销活动。实践证明，举办不同类型的农业展会，不仅有利于扩大优质农产品的宣传和销售，探寻农产品市场需求、发现价格，而且有利于引导生产、提高品牌农产品的知名度和影响力。为此，协会按照提高展前组织策划能力、展中协调管理能力和展后成果拓展能力的要求，制定出台了《中国优农协会关于支持市县农业会展的工作意见》。几年来，在重点完成农业部交办的历届国际农交会参展、论坛、评奖任务的情况下，先后联合主办了中国茶叶博览会、浙江余姚农业博览会、中国农业品牌发展大会等展会，支持辽宁盘锦、黑龙江哈尔滨等地举办了一批有影响力的农业博览会，并参与组织了第三届中国成都国际有机农业峰会等重大展会活动。

二是研发运行优质农产品信任系统，提高面向会员的服务能力。为贯彻落实国务院关于实施“互联网＋流通”行动计划，推进线上线下融合和流通创新发展，协会把用好互联网、物联网、云计算和大数据等作为促进农产品销售的有效手段，在充分调研的基础上，组织有关会员单位共同研发了中国优质农产品信任系统和智慧电子商务平台。该系统以新的理念和数据分析等技术为手段，为农产品可信度、安全性提供评级，为优质农产品生产流通“全过程有效管控”提供信息、技术、推广、营销等支撑服务，被农业部列入农业物联网试验示范项目。该系统在不断完善的基础上，已在湖北十堰、云南普洱、广东肇庆等地进行了试验示范。

三是创建农业品牌扶持基金，支持会员发展适销对路的品牌农产品。针对品牌农产品发展中融资难、融资贵的问题，协会经报请民政部批准，组织创建了以培育和扶持优质品牌农产品发展为主的农业品牌发展扶持基金，并支持会员单位建立了“健康土壤产业基金”等。扶持基金自建立以来，先后支持了一批会员单位实施农业新技术的开发应用和优质品牌农产品的宣传及购销平台的建设。

四、实施农业“走出去”战略，强化与“一带一路”沿线国家的农业合作与交流

第五届理事会积极响应和落实“一带一路”倡议，在推动我国农业“走出去”方面进行了积极探索。

一是通过举办展会，拓展我国农产品对

外贸易渠道。先后与俄罗斯农业部、湖北省农业厅等联合主办“走万里茶道、品武当道茶”暨首届武当道茶博览会，宣传展示我国茶文化和茶叶生产与贸易历史，拓展与俄罗斯等国的茶叶贸易；联合宁夏回族自治区政府等单位，主办以“丝路杞韵红动天下”为主题的中阿博览会、中国枸杞论坛暨中宁枸杞文化节，探讨我国与阿拉伯国家清真食品及枸杞产业合作的途径；协办第十届中国云南普洱茶国际博览交易会暨中国（昆明）茶叶咖啡国际博览交易会，展示古丝绸之路风采，提升我国茶叶对外贸易水平。

二是通过构建“国际农业协会联盟”，创新与“一带一路”国家农业合作机制。为深化我国与“一带一路”沿线国家的合作，协会2015年联合有关单位在中央党校举办“一带一路”文化融合论坛，探讨“一带一路”沿线各国共同打造政治互信、经济融合、文化包容的命运共同体的路径；2016年联合中非总商会，在马达加斯加举办首届亚洲印度洋博览会，宣传“一带一路”合作发展理念，达成系列合作共识，签订了一批合作协议；组织云南省高原特色农业展团赴迪拜、土耳其举办推介活动，推进云南省政府和土耳其西部九省开发署签订农业发展合作备忘录。

在创新“一带一路”农业合作机制方面，协会联合俄罗斯国家果蔬种植者联盟、波兰雇主协会、日本农协、新西兰贸易中心和西班牙、马来西亚等商会，于2016年12月共同发起成立了国际农业协会联盟（WUAA），签署了多边框架合作备忘录，力求通过对接联盟会员国家的市场、产业及服务，形成贸易、投资和产业合作平台，提升“一带一路”沿线国家农业合作水平。联盟作为主办方之一，先后举办了2017品牌农业发展国际研讨会、2018首届国际草莓品牌大会等活动。

三是通过项目合作，强化面向“一带一路”国家的农业服务。重点支持会员单位通过在国外创建农业示范园等形式，打造农业合作样板。先后支持会员单位在卡塔尔建立荒漠化治理试验基地，成功种植苜蓿、甘草等15种植物，建立了卡塔尔现代生态循环农业产业园；支持会员单位赴尼日利亚，对两个石油污染点进行实地考察并建立生物修复环境污染国际示范点，得到尼日利亚农业部长的高度评价。2017年以来，协会还与东南亚联合委员会，就推进与东南亚各国在现代农业、环境治理、生物消防等领域合作进行深入探讨，并就打造特色小镇、推动我国创新技术产品在“一带一路”沿线国家落地达成合作共识。

五、积极参与精准脱贫，为决胜全面建成小康社会贡献力量

为贯彻中央关于“坚决打赢扶贫攻坚战，确保到2020年我国现行标准下农村贫困人口实现脱贫、贫困县全部摘帽”的要求，协会主动牵头组织十几家会员单位会同有关单位，以环京津深度贫困地区为对象，集成运用科技成果，建设科技示范大棚，助推产业扶贫，于2018年1月20日召开了由河北省环京津及“三北”地区共80多个贫困县参加的现场观摩会，收到良好效果，得到农业部、国务院扶贫办领导及民政部等有关部门的肯定。协会还会同中国老区建设促进会、中国品牌建设促进会启动了“一县一品”品牌扶贫行动，拟用三年时间对200个老区贫困县开展优质农产品品牌扶持行动。

六、加强协会自身建设，不断提升规范化管理水平

在政府职能加速转变和国家“三农”新政策、新举措不断出台的背景下，协会积极推进“学习型、创新型、廉洁型”一流协会建设，不断提高工作能力和规范化管理水平。

一是强化思想政治建设和党支部建设。协会高度重视自身的政治、组织、廉洁和作风建设，坚持组织经常性的理论学习，定期学习习近平总书记系列重要讲话精神和关于

“三农”工作的重要论述，第一时间组织学习中央“三农”工作的新部署新要求，及时统一思想、凝聚共识，谋划落实措施。2013 年 4 月成立了协会党支部，党支部的战斗堡垒作用和党员的先锋模范作用得以发挥，营造了团结和谐、风清气正的良好氛围。

二是强化组织机构和分支机构建设。把做好面向会员的服务作为工作重点，及时根据会员需求和农业产业发展规律，组建有关专业委员会，充实秘书处内设机构，增设办事处，强化协会专业分支机构的建设。目前已设立了上海和重庆 2 个办事处、4 个专业委员会和 15 个分会。各专业委员会和分会，积极进取、认真履职。

三是强化制度和工作机制建设。按照创建国家一流协会的要求，协会不断提高工作的规范化水平，先后制（修）订和完善了《协会会议制度》《秘书处工作规则》《财务管理办法》《农业品牌发展扶持基金管理办法》等规章制度。根据《农业部推进社会团体廉洁从业风险防控管理实施方案》，梳理了 4 大类 16 项主要工作风险点，制定了相应防控措施，形成了用章程和制度管人、管事、管财的氛围。

经过第五届理事会的努力，协会的社会影响力、吸引力不断扩大，农业企业和农民专业合作社等市场主体加入协会的热情不断提高，截至 2017 年年底，协会实有会员总数已达 2 488 个。2015 年被民政部评定为国家 4A 级协会。

各地品牌农业概况

- 天津市品牌农业发展概况
- 河北省品牌农业发展概况
- 山西省品牌农业发展概况
- 内蒙古自治区品牌农业发展概况
- 吉林省品牌农业发展概况
- 黑龙江省品牌农业发展概况
- 上海市品牌农业发展概况
- 江苏省品牌农业发展概况
- 浙江省品牌农业发展概况
- 安徽省品牌农业发展概况
- 福建省品牌农业发展概况
- 江西省品牌农业发展概况
- 河南省品牌农业发展概况
- 湖北省品牌农业发展概况
- 湖南省品牌农业发展概况
- 广东省品牌农业发展概况
- 广西壮族自治区品牌农业发展概况
- 云南省品牌农业发展概况
- 陕西省品牌农业发展概况
- 甘肃省品牌农业发展概况
- 新疆生产建设兵团品牌农业发展概况

天津市品牌农业发展概况

【主要工作措施及成效】2018年是全面贯彻党的十九大精神的开局之年，也是天津市“三品一标”工作职能整合、转型高质量发展的开局之年。根据中共中央、国务院有关“三农”工作文件精神，天津市积极发展绿色优质农产品生产，以家庭农场、农民合作社、现代农业产业园为重点培育优质农产品品牌，增加绿色优质农产品供给，积极推进农业生产向提质增效方向发展。

天津市绿色食品办公室在天津市农村工作委员会的统一领导下，紧紧围绕“农业质量年”主题，按照“三品一标”高质量发展要求，坚持“围绕中心，服务大局”“统筹协调，开拓创新”，同心协力，真抓实干，努力开创天津市“三品一标”事业发展新局面。天津市“三品一标”各项工作稳中求进、稳中向好，“三品一标”优质农产品品牌的权威性和影响力不断提升，“三品一标”的生态效益、经济效益和社会效益不断显现。

（一）强化产品认证，确保“三品一标”高质量发展

截至2018年年底，天津市“三品一标”产品总数为1 262个。其中，无公害认定产品总数为1 072个，下发无公害农产品认定证书119份；绿色食品企业数63家，产品数179个，2018年新认证绿色食品企业9家，产品数21个，企业续展率为64.7%，产品续展率为77.1%。目前，天津市有绿色食品原料标准化生产基地1个，规模11.24万亩；有机农产品企业1家，产品数3个；获得农产品地理标志登记保护农产品8个，年总产量80万吨，建立市级农产品地理标志标准化生产示范区2个。

（二）强化督导检查、落实全程管控

一是开展绿色、有机食品质量安全监督抽检。按照对绿色、有机食品提出“严格审查、严格监管”和“认证从紧、监管从严、处罚从重”的系列要求，对产地环境、生产过程、产品质量进行全过程管控。2018年全市共抽检绿色、有机产品324批次，其中种植产品97批次、畜禽产品13批次、加工产品75批次、产地环境土87批次、产地环境水52批次，总体抽检合格率为100%。

二是结合部、市两级农产品质量安全例行检测，对无公害农产品认证企业、农产品地理标志的获证产品实现全覆盖。针对重点时期、重点产品和重点生产环节可能发生的问题，通过“四直两不”与现场检查相结合等方式，强化基地及产品质量的日常巡查监管。全市农产品质量继续保持稳定，总体抽检合格率为99.5%。

三是做好突发事件的处置工作。加强舆情监测，做好会商研判，对突发问题进行妥善处置。针对2018年5月6日中央电视台《焦点访谈》栏目播出的“有机蔬菜有玄机”报道，天津市迅速做出反应，下发了《关于开展“三品一标”产品质量安全专项检查工作的通知》，组织农业系统各级部门立即行动，采取切实有效措施加强监管，确保“三品一标”产品质量安全可靠，保障人民群众消费安全。

四是强化风险防范，监督检测、市场监察齐抓共管。2018年，共抽查销售场所7家，其中超市5家、农贸批发市场1家、专卖店1家；共抽取产品238个，其中规范用标产品228个。对包装标签使用不符合规程的企业提出整改要求，要求标签上绿色食品标志设计符合《中国绿色食品商标标志设计使用规范手册》要求，且应标示企业信息码。

（三）强化制标用标，夯实标准体系

2018年，按照中国绿色食品发展中心统一部署，天津市承担了全国6项区域性绿色食品生产操作规程的编制工作。通过对18个省份35个企业进行调研，征求15个省份绿

办的意见，并组织专家研讨，现已制订完成了 6 项规程的编制工作，并全部通过了中国绿色食品发展中心组织的专家审定，为全国绿色食品标准体系建设提供了帮助。

大力推广生产操作规程的应用，指导企业和农户标准化生产。将 2017 年中国绿色食品发展中心统一制订的有关 10 多项生产操作规程向全市相关企业进行了宣传和培训，指导农户科学施肥、合理用药、清洁生产。通过专题组织生产企业进行生产操作规程落实情况督导，打出一系列“组合拳”，有力地推进了绿色食品技术标准落地生根、开花结果，绿色食品企业重标准、懂标准、用标准的意识和水平明显提高。

（四）强化品牌培育，打造精品形象

2018 年 4 月，“春风万里，绿食有你”全国绿色食品宣传月期间，在蓟州区举办了“品绿色食品美味，送规程到千万家”活动。通过绿色食品走进社区、超市、校园的一系列宣传，既广泛传播了绿色食品发展理念，倡导了绿色消费方式，也为绿色食品企业走进社区和超市搭建了很好的平台，拉近了绿色食品与居民的距离，让绿色理念更贴近百姓、更贴近生活。

为提升全市绿色食品企业生产、销售和打造品牌的积极性，提高天津市绿色食品的知名度和影响力，天津市绿色食品办公室带队组织参加了第 19 届中国绿色食品博览会暨第 12 届中国国际有机食品博览会，集中展示天津市绿色有机食品的新进展、绿色发展的新成就、新农村建设的新面貌。天津展团荣获组委会颁发的优秀组织奖，展示产品中 7 个绿色食品获金奖，1 个采购商获优秀商务奖。

（五）强化“资源整合”，提升队伍能力

为尽快补齐区级监管体系队伍资源不足这块短板，2018 年共组织了两期培训，即绿色食品检查员、监管员、内检员的培训班和无公害农产品检查员、内检员的培训班。培训绿色食品检查员、监管员 115 名，内检员 86 名；无公害农产品检查员 115 名，内检员 240 名。为做好无公害农产品改革过渡期有关承接工作，天津市绿色食品办公室组建了无公害农产品认证评审专家委员，共有业内专家 35 名。这些人员在各区的认证和监管工作中发挥了积极的技术支撑作用。

（天津市农业发展服务中心　张凤娇　马文宏　孙　岩　任　伶　王　莹　杨鸿炜）

河北省品牌农业发展概况

【基本情况】党中央、国务院一直高度重视农产品质量安全和农业绿色发展工作，近年来，对农产品质量安全又提出了新的更高要求，强调要把“着力增加绿色优质农产品的供给”摆在更加显著位置。绿色食品已经成为引领农业产业发展和消费转型升级的“主力军”。

绿色食品作为一项开创性事业，经过近 30 年的发展，逐渐打造出了一个精品品牌，创建了一项新兴产业，走出了一条标准化、品牌化、产业化相结合，经济效益、生态效益、社会效益协同发展的新路子，当前，推动绿色食品生产已经是农业农村发展新形势的必然要求。

在“质量兴农、绿色兴农、品牌强农”成为农业发展主旋律的今天，绿色食品通过坚持实施全程标准化生产，不断完善标准体系，严谨规范地开展审核工作，严格加强质量监管，培育了绿色食品品牌的公信力，奠定了市场地位，赢得了消费者的良好口碑，已成为农业系统主导的公共优质品牌。

河北省狠抓绿色食品发展，产业呈现出持续健康稳定的发展态势。截止到 2018 年年底，河北省有效使用绿色食品标志的企业有 323 家，产品 986 个，监测面积 44.79 万亩，获证产品产量达到 203.5 万吨，产值达到

63.7亿元。在获证企业中，国家级农业产业化龙头企业14家、49个产品，省级农业产业化龙头企业47家、219个产品，省级以上产业化龙头企业占获证企业总数的18.9%、产品总数的27.2%。获证主体结构日趋合理，产业结构水平不断提升。

全省现有绿色食品原料标准化生产基地12个，面积118.69万亩，产量97.665万吨；正在创建的生产基地3个，面积16.1万亩，产量26.27万吨；农业系统共认证有机产品生产企业36家，产品123个；认定绿色食品生产资料企业9家，产品19个。

【主要工作措施】

（一）严格程序，稳步推进绿色食品开发工作

一是严把准入门槛，严格执行“一程序两规范”，强化各市管理机构审查责任和检查员现场检查责任，基本保证了申报质量；二是强化服务理念，各市主动为企业提供优质、高效、便捷的指导服务，激发了企业的申报动力；三是加强培训力度，帮助企业掌握申报要求和程序，提高了企业申报效率。2018年，在全系统的共同努力下，当年认证的绿色食品企业117家、产品314个，较好地稳定了绿色食品产业存量。

（二）明确职责，进一步强化证后监管工作

认真贯彻执行《河北省绿色食品企业年检工作实施办法》，坚持以企业年检、产品抽检和标志监察为抓手，明确各地市属地监管职责，增强全程管控能力。2018年年检工作重点在严格控制风险、严把产品质量、强化退出机制上下功夫，继续推动工作的及时性、规范性和有效性，强化年检督导工作，各市按照年检计划有序推进工作。一是产品抽检工作扎实推进。省级安排了100个样品的产品监督抽检，样品基本涵盖了所有应季产品，对检测结果不合格的2个产品已按照规定上报农业农村部，并取消了绿色食品标志。二是市场监督成效明显。根据农业农村部的安排，每年4～5月均在地级市的监测点购买所有标称绿色食品和北京中绿华夏有机食品认证中心认证的产品，并进行监督监察。在2018年的市场监察行动中，共监察石家庄、张家口等地的8个市场，其中固定监察点2个、流动监察点6个，购买样品129批次（个），发现违规使用绿色食品标识产品1个、假冒产品1个，均按照程序进行了处理和上报。

（三）持续发力，助力贫困县精准扶贫、产业扶贫

认真贯彻落实《中共中央 国务院关于打赢脱贫攻坚三年行动的指导意见》和农业农村部关于环京津农业产业扶贫的统一部署，以绿色食品和有机农产品为抓手，指导中国绿色食品发展中心和河北省农产品质量安全中心共同产业帮扶的张北县政府（张北县农业局）申报创建全国绿色食品原料（甜菜、马铃薯）标准化生产基地各10万亩，顺利列入“第十八批全国绿色食品原料标准化生产基地创建计划”。指导帮助张北县18家企业申报绿色食品、3家企业申报有机农产品，全县有14家企业的27个产品获得绿色食品认证，分别比帮扶前的2016年增长250%、125%；认证面积达到21 438亩，比2016年年底增长471%。

为充分发挥绿色食品品牌在农业产业扶贫中的积极作用，助力张承保地区贫困县精准脱贫，在总结张北县经验的基础上，河北省积极争取扶持政策，经过多方努力，中国绿色食品发展中心已经正式批复，决定于2018年9月20日至2020年12月31日，免收环京津地区农业农村部对口帮扶指导的28个贫困县的绿色食品认证审核费及标志使用费，推动环京津地区农业农村经济高质量发展。

截至2018年年底，河北省贫困地区已有136家企业、266个特色农产品获得绿色食品证书。其中，国家级贫困县有103家企业、

188 个产品，省级贫困县有 33 家企业、78 个产品获得绿色食品证书；28 个农业农村部帮扶环京津贫困县有 89 家企业、170 个产品获得绿色食品证书。

（四）创新思路，努力做好全省绿色食品培训工作

一是分别在张北、丰宁等贫困县组织贫困地区绿色食品、有机农产品业务培训 4 次，培训各级管理骨干和技术人员 500 人次。二是 10 月下旬举办了绿色食品检查员、标志监督管理员及绿色食品生产资料管理员培训班，培训市县两级管理骨干 90 余人。三是组织开发内检员网上学习培训考试程序，已完成专家授课录制，网上学习考试系统调试上线，四季度已投入试运行，实现了企业内检员网上学习、网上考试、网上注册的便捷管理。

（五）扩大影响，开展绿色食品品牌公益宣传活动

举办"'春风万里，绿食有你'绿色食品宣传月"绿色食品进社区活动，石家庄、承德、邢台等地的中盐河北盐业专营有限公司、石家庄双鸽食品有限责任公司等 20 家绿色食品企业参加活动，在活动现场印制发放《你知我知大家知绿色食品知识手册》近千册，并采取现场咨询、宣传讲解、互动体验、展示展销等方式，积极宣传绿色食品理念，普及绿色食品基本知识。活动邀请长城新媒体、河北新闻网、石家庄电视台、中国食品质量报、农民日报等新闻媒体的记者进行了现场报道，中国经济网、凤凰网、搜狐等多家媒体均对活动盛况进行了报道和转载，达到了很好的宣传效果。同时还组织"讲好品牌故事"，邀请长城新媒体进企业进基地，深入采访，《小核桃谱写"绿色"传奇》《富岗苹果打造中国果品第一绿色品牌》分别在长城网上刊发。2018 年 12 月河北展团参加第 19 届中国绿色食品博览会的新闻报道，分别在《河北经济日报》、长城网进行了刊发，取得良好效果。

（六）强化服务，充分利用绿博会为企业搭建平台

2018 年 12 月，组织 40 余家绿色有机食品企业参加了第 19 届中国绿色食品博览会暨第 12 届中国国际有机食品博览会。河北省联手京津两地，组成"京津冀协同发展展区"，统一设计、统一布展，并设立产业扶贫专区，有 20 个产品获得博览会产品金奖，河北展团获优秀组织奖。不少企业通过展会切实得到了实惠，获得了效益。中藜藜麦在展会上结识了新客户，展会过后，客户就跟企业签订了合同，不到年底企业所有产品销售一空。

（七）因地制宜，保持有机农业持续平稳发展

2018 年，河北省有机食品工作继续坚持因地制宜、企业自愿和从严从紧的原则，经北京中绿华夏有机食品认证中心认证的有机食品 123 个。丰宁县的全国有机农业（小米）示范基地，8 月顺利通过了农业农村部绿色食品管理办公室的评估验收。

（河北省农产品质量安全中心　杨朝晖）

山西省品牌农业发展概况

【主要工作措施及成效】近年来，山西省深入贯彻习近平总书记视察山西时的重要讲话精神，不断深化农业供给侧结构性改革，各级政府和农业部门坚持以"三品"推进农业标准化、以标准化引领农产品质量提升，推进农业高质量绿色发展。随着"三品"绿色化、标准化、品牌化同步推进，一大批绿色安全生产的新技术、新工艺、新标准和新成果得到广泛的推广应用，农业生产方式得到很大转变，全省"三品"高质量发展的趋势逐步显现、示范引领作用愈加明显、品牌影响力持续扩大，按标生产、绿色生产的制度环境和产业格局正加快形成。

2018 年，全省紧紧围绕"农业质量年"

这个主题，把“三品”放到突出位置，大力推进质量兴农、绿色兴农、品牌强农，“三品”取得扩量、提质、增效、安全的良好成效，呈现出井喷式发展的喜人态势。山西省农产品质量安全中心荣获山西省农产品质量安全工作先进单位，连续两年在全国“三品一标”工作会上进行有机农产品工作典型经验交流。

（一）政策驱动，持续注入绿色食品发展动力

按照“预防为主、源头控制、全程监控、综合治理”的原则，不断创新工作机制，强化制度建设，出台了“三品”工作制度，全力推动制度化、规范化、长效化。

一是纳入省政府考核体系。引导政策、资金、人才等聚合到提高“三品”质量效益和竞争力上，山西省农业农村厅细化指标，量化考核，省、市、县层层分解落实到每个企业、合作社和生产基地，采取有力措施予以推进。首次列支1 900万元的省级财政奖补资金，市、县同步强化财政支持，加快“三品”与农业生产项目建设的结合，有力推动工作开展。

二是省政府专题研究部署。提出要大力开展“三品”的认证和生产。加大认证力度，通过基地建设带动产业发展，力争用2～3年时间改变在全国的落后局面。要以“一县一业”较为明显的产业县为抓手，建设一大批绿色食品基地和30个有机农产品示范区。要把“三品”纳入强农惠农政策，继续加大财政资金支持力度。同时，要加大对农业标准化和“三品”建设的督促检查和考核力度。

三是严格认证规章制度。根据农业农村部要求，制订了山西省无公害认定实施细则及工作制度流程，第一时间启动了全省认定，为全年目标的顺利完成打牢基础。狠抓认证审核制度，完善了《认证管理规范》和《现场检查规范》，要求认证主体做到“制度上墙、规程下地下车间”，将标准规范落实到田间地头、生产一线，做到“环境有监测、生产有记录、产品有检验、内部有监管”，审核检查做到有制度、有要求、有规范，不走过场。实行信用考核制度，对认证单位动态考核、常态化管理，将例行抽检、用标、缴费、质量投诉等情况与年检工作结合，对存在重大问题的一票否决。实行重大事项承诺制度，认证主体就重大生产环节和质量保障公开承诺，强化安全意识，推动诚信建设，一企一策，预防在前。

四是完善管理制度。2013年以来，山西省率先推行了基地定位工作，结合产地质量监测，一家家明确基地的详细位置、边界和区域范围，便于摸清底，从源头上保证安全。完善信息上报机制，要求认证主体责成专人及时、定时上报投入品使用、生产经营、质量安全动态，第一时间掌握生产安全状况。引入集中会审制度，邀请和吸纳有关专家集中审核把关，提出推荐上报或颁证结论。在中国绿色食品发展中心的大力支持下，山西省邀请专家对申报的235家绿色食品申报材料顺利完成集中会审，比上年提前一个月，大大缩短了审核时间。

（二）措施互动，持续提升绿色食品发展质量

山西省把“三品”发展与实施乡村振兴战略紧密结合，以“提质量、塑品牌、增效益、快发展”为目标，通过“绿色＋”模式，坚定不移推动农业绿色化、优质化、特色化，不断提高全省绿色优质农产品的供给水平。

一是“绿色＋特色”发展。立足资源优势，支持组织化和规模化程度高、质量控制力强的龙头企业，加强对名品、精品和特色产品的“三品”认证。2018年共审核申报材料1 500件次，组织现场检查核查2 000人次，经过初审、专家评审等，通过944家生产经营主体的认证申请。全省发展“三品”产品1 739个、面积547.78万亩、养殖规模913.65万头（只），分别是2017年的138％、

112%和 180%；有效使用“三品”产品达 3 427个、面积 1 164.08 万亩、养殖规模 1 483.33万头（只），同比分别增长 54%、51%、89%，远超全国 6%的增幅要求；到期换证率大幅提升到 67%，实现新突破。

二是“绿色＋基地”发展。结合山西省发展实际，制定了《山西省绿色食品、有机农产品标准化生产基地实施意见（2018—2020 年）》，重规划分批次打造绿色食品标准化生产基地。创建了大同市云州区黄花菜国家级绿色食品原料标准化生产基地，面积 3.5 万亩，使全省国家级绿色食品原料标准化生产基地达到 4 个。

三是“绿色＋质量”发展。一方面，立足提升发展质量和综合效益，全力扩大绿色食品、有机农产品比重。2018 年，全省认证绿色食品、有机农产品 359 个，同比分别增长 87%，占总数的比重上升了 6 个百分点，达到 21%。另一方面，积极开展农产品全程质量控制技术体系试点，引领全省农产品高品质生产、高质量发展。全省 26 家生产经营主体入选全国试点名录，占全国总数的 5.2%，排名第 7 位。鼓励企业负责人参加农产品全程质量控制技术体系管理知识专业培训，并选派 2 名技术骨干参加检查员培训，不断提升全省农产品质量安全管理水平。

四是“绿色＋扶贫”发展。坚持全省“三品”工作与“一县一业”、产业扶贫的深度融合，大力推进绿色扶贫。2018 年，贫困地区“三品”新获证主体 422 个、产品 741 个、面积 245.56 万亩，使贫困地区“三品”有效认证主体达到 756 个、产品1 446个、面积 490.03 万亩，均占到全省“三品”的 42%以上，比上年上升了 9 个百分点；省级奖补资金积极向贫困地区倾斜，达到 892 万元，占比 47%。

（三）品牌带动，持续扩大绿色食品发展效益

创优环境，实施“请进来”和“走出去”战略，组织开展以“绿色发展‘三品’先行，安全消费‘三品’引领”的主题宣传活动，联合重点企业和知名品牌，在相关网站和媒体开设专版、专栏，举办专题研讨、标准化观摩展示、“三品”宣展推广活动。连续组团参加中国国际农产品交易会、中国绿色食品博览会、中国国际有机食品博览会等大型展会，鼓励企业赴境外参展交流，努力扩大山西绿色农产品影响力。

一是加强宣传引导。2018 年 4 月初，在全省启动了“春风万里，绿食有你”为主题的绿色食品宣传月活动，30 余家知名企业、1 000多名市民参与，10 多家媒体深入企业、基地采风报道，讲好绿色食品保护环境、提升品质、促进发展的生动故事。晋城、长治、临汾、运城等市相继开展了一系列绿色食品进社区、进学校、进超市的专题活动，让更多的绿色食品走进百姓生活。另外，全年通过门户网站和山西省农业农村厅子网站栏目宣传报道“三品”560 余篇，包括图片快讯 50 篇、新闻动态 83 篇、品牌展示 62 篇、通知公告 44 篇、行业动态 39 篇、热点聚焦 28 篇、资料下载 34 篇、认证指南 9 篇、标准规范 18 篇、政策法规 15 篇、市县交流 86 篇等，进一步扩大“三品”品牌的社会影响力，不断促进绿色食品产业快速发展。

二是扩大品牌推介。2018 年 9 月，首次组织 18 家企业 50 多个产品参加了在河南举办的第 21 届中国农产品加工业投资贸易洽谈会，荣获大会组织奖，山西老农贡亚麻籽油公司、乡宁县凤凰山庄玫瑰种植合作社分获大会金质产品奖和优质产品奖，中国绿色食品发展中心主任张华荣亲临指导，对山西工作给予了充分肯定。12 月，组织 71 家企业 300 多个产品参加了在厦门举办的第 19 届中国绿色食品博览会暨第 12 届中国国际有机食品博览会，荣获优秀组织奖，8 家企业获中国绿色食品博览会金奖，3 家企业获中国国际有机食品博览会金奖，1 家获有机优秀产

品奖，充分展示了山西农产品浓郁的地方特色和优质的精品品牌。

（四）监管联动，持续保证绿色食品发展成果

坚持以“严格制度标准、规范生产经营、保障产业安全”为主线，不断加强对认证主体的跟踪检查，大力推进制度机制创新，持续强化“制度上墙、规程下地”，全力推进标准化生产和全程质量控制，全面推进“三个百分百”的制度建设和目标责任落实（即认证主体100%签订标准化生产和质量安全承诺书、100%落实内检员制度、监管机构100%落实年度检查），开展了“认证农产品监管年”“认证农产品质量提升年”“认证工作和品牌提升年”等系列活动，实现了由注重数量增长向更加注重产品质量和综合效益的转变。

一是加强组织领导。各地按照“属地监管”的职责要求，制订完善工作方案，明确任务要求，层层推进监管目标责任制，加快制度机制创新，开展“三品”交叉检查、安全生产督查等专项行动，建立健全综合检查制度，推进常态化监管。

二是落实公告通报制度。发布了“三品”新获证、到期换证及退出情况通报和检测机构情况通报，进一步完善认证及退出公告制度。

三是深入开展专项检查。坚持“监管前置、规范生产、保障安全”的原则，注重与专项整治行动、农业综合执法、“双随机一公开”等工作的结合，强化投入品监管，全力推进标准化生产、质量安全追溯和制度规范落实。累计出动1 400余人次，检查农贸市场和超市203家次，检查获证主体322家。

四是加大抽检力度，扩大抽检范围。定期开展督查、抽查活动，完善推广绿色食品年检工作，使年抽检数量达到获证主体的1/3以上。特别强化对大型超市、批发市场、原料标准化生产基地的检查抽查，坚决打击假冒和侵害“三品”的不法行为。

五是强化教育培训。突出宣传引导，督促认证主体严格落实“第一责任人”的义务和责任，切实抓好内部制度建设，全面提升全程质量控制水平。

通过建立和推进抽查督查、专项抽检、交流检查和年度检查等制度，有效排解了存在的安全问题和风险隐患，规范了认证主体的生产经营行为，强化了属地监管职责和主体责任的落实。多年来，“三品”抽检合格率稳定在98%以上，做到生产主体过硬、产品质量稳定、品牌能力提升。

（五）追溯推动，持续提供绿色食品发展支撑

在农业农村部国家农产品质量安全追溯平台的整体框架下，结合山西产业特色和监管工作现状，着力构建统一适用的“省级农产品质量安全监管追溯信息平台”，实现与国家平台的无缝对接，实现监管者、生产经营者、消费者通查通识。山西省农产品质量安全网荣获“山西省直属机关十佳文明网站”称号。

一是实施了《山西省农产品质量安全监管追溯信息平台》项目，新平台开发完成并投入试运行，省级指挥调度中心即将竣工，长治市220个追溯点的建设基本成型，到2018年年底已有省、市、县、乡四级的217个监管机构入驻，在线检测点254个，备案追溯主体380家，其中农资门店113家、生产基地267家，生成追溯信息2 000多条，点击超100万人次。

二是将雁门清高、南山百世食安、东方亮等企业纳入首批国家追溯试点，签订了省、市、企三方协议，落实了创建经费。

三是进一步完善了平台运行管理、安全及信息发布等制度，为全面推广打下基础。力争到2019年年底，全面建成省、市、县并延伸到乡镇、基地的监管追溯网络，并将绿色食品和有机农产品生产经营主体及其产品全部纳入农产品质量安全追溯平台。

（六）服务能动，持续夯实绿色食品发展基础

全省立足绿色食品发展需要，深入贯彻党的十九大精神和习近平新时代中国特色社会主义思想，特别是通过细化目标任务、注重标准建设、强化能力提升，坚持良好的工作导向和激励约束机制，营造出农产品质量安全系统干事创业、团结奋进的良好氛围，不断筑牢绿色食品发展基础，有力地推进了绿色食品产业的发展。

一是狠抓目标考核。以“三品”发展纳入山西省乡村振兴战略目标任务和政策支持为契机，结合全省重点目标责任考核，细化指标到市、县、企业（合作社）和生产基地，通过定目标、定任务、定进度，层层传导考核要求，及时跟进落实，分阶段指导督查，针对问题和困难具体分析，确保全省“三品”工作有力推进、目标任务扎实高效落实。

二是加快标准体系建设。成立山西省农业标准化技术委员会，统筹地方标准制定修订工作。突出有机旱作、绿色生态和功能农业，制定“三品”类省级标准 75 项，制定蔬菜、水果、杂粮等绿色食品生产规程 20 多项。每年有一大批市、县级的绿色技术标准发布实施。为全省绿色标准化生产和质量安全执法监管、检验检测提供有力支撑，推动了“三品”工作更加规范化、标准化、科学化。

三是加强能力提升。持续加大培训力度，着力提升系统检查员、监管员和企业内检员素质。2018 年，省级举办专题培训 16 期，并配合农业农村部农产品质量安全中心举办了 2018 年农产品质量安全科普与应急处置培训班。通过系列的技术培训和业务交流，全年新增无公害农产品检查员 290 名、绿色食品检查员 10 名、有机农产品检查员 2 名，新增无公害内检员 1 070 名、绿色食品内检员 341 名、有机农产品内检员 22 名，为“三品”工作提供了人员保障和技术支撑。

（山西省农产品质量安全中心　田峻屹）

内蒙古自治区品牌农业发展概况

【基本情况】内蒙古地域辽阔，农牧业资源富集。近年来，内蒙古自治区秉承“绿色是内蒙古底色和价值”的发展理念，按照习近平总书记“坚决守护内蒙古这片碧绿、这片蔚蓝、这份纯净”的要求，着力实施农牧业高质量发展十大行动计划，农畜产品产量、品质实现“双提升”，已成为国家重要的绿色农畜产品生产加工输出基地，是我国名副其实的“粮仓”“肉库”“奶罐”。

2018 年，内蒙古自治区农畜产品质量安全监督管理中心坚持以“提质量、强监管、重基础、树品牌、创一流”为工作重点，以新发展理念为引领，以推进“三品一标”认证为抓手，以确保绿色优质农产品有效供给为目标，创新工作方式，扎实推进绿色农业发展相关工作，为推进质量兴农、绿色兴农、品牌强农和实施乡村振兴战略发挥了积极作用。

（一）产量规模不断扩大

截至 2018 年年底，全区“三品一标”产品总数达到 3 259 个，用标企业 1 078 家，总产量1 251.48万吨。其中，3 年有效期的无公害农产品用标单位 479 个，产品 1 446 个，产量 521.68 万吨；3 年有效期的绿色食品用标主体 537 家，产品 1 261 个，产量 486.2 万吨；全国绿色食品原料标准化基地 53 个，涉及 7 个盟市的 18 个县（区、旗），种植业基地总面积 1 819.1 万亩，产量 1 081.41 万吨，较上一年同期增长 30%以上；全区经北京中绿华夏有机食品认证中心认证的有机食品企业 62 家，产品 445 个，产量 243.6 万吨；全区农畜产品地理标志登记产品数为 107 个。

（二）制度体系逐步健全

按照质量兴农、品牌强农、绿色发展的新理念，通过近几年的工作，全区各级工作

机构基本健全。各级农畜产品质量安全监管机构与绿色食品工作机构合署办公，截至目前全区 12 个盟市、全部涉农旗县和所有乡镇均建立了农畜产品质量安全监管机构，专兼职人员达到 3 300 多名。组织颁布了基层农畜产品质量安全监管站建设规范和工作规范等 2 个地方标准，近两年又投入 1 400 余万元专项资金建设了 240 余个标准化乡镇监管站。与此同时，不断完善内蒙古“三品一标”相关制度，及时传达中国绿色食品发展中心文件精神，出台相应的地方管理办法及规范要求。

发展绿色、安全、健康、高质量的农产品生产体系，要从农畜产品质量安全追溯体系建设、农畜产品质量安全监管体系研究等方面共同建成。2012 年，内蒙古率先在全国开展农畜产品质量安全追溯工作，建设完成了以生产监管和产品检测、产品追溯为主线的农畜产品质量安全监管追溯综合平台，开展了覆盖自治区、盟市、旗县三级的内蒙古农畜产品质量安全监管工作，建立了信息员管理制度、三级追溯信息管理制度，完善了企业内部追溯管理体系，为全面推进农畜产品质量安全追溯工作奠定了基础。内蒙古还利用“互联网＋”技术提出了农畜产品质量安全网格化移动监管体系建设的研究方案，后续建立了完整的标准操作规范，包括种植产品、畜禽产品、农药、兽药、饲料和饲料添加剂等监管标准操作规范模块。2018 年，内蒙古农畜产品质量安全大数据智慧监管与服务平台建设获得新进展，3 月 28 日《平台可行性研究报告》获内蒙古自治区发展和改革委员会正式批复，批准平台建设期 3 年。建设内容包括：一个农畜产品质量安全大数据中心、一套智慧监管与服务应用系统、一套标准规范体系及一套安全保障体系。目前，已完成了内蒙古自治区公安厅信息系统安全等级保护备案、内蒙古自治区发展和改革委员会节能环保审定等项目实施前期工作。

（三）品牌影响力稳步提升

多年来，内蒙古一直积极组织企业参加中国绿色食品博览会、中国国际农产品交易会地理标志专业展区、中国国际有机食品博览会等国内大型展会，积极宣传推介内蒙古特色优质农产品，获得了广泛赞誉。2018 年共组织全区 35 家农产品地理标志用标单位参加了第 16 届中国国际农产品交易会农产品地理标志专业展区，参展展品 29 个，其中扎兰屯市森通食品开发有限责任公司的黑木耳荣获参展展品金奖。12 月 7～9 日组织全区 106 家“三品一标”用标企业参加了第 19 届中国绿色食品博览会暨第 12 届中国国际有机食品博览会，参展展品 262 个，展区布展充分体现了内蒙古特色，得到了多方肯定。在此次展会上，内蒙古展团获得了最佳组织奖，蒙牛乳业、塞宝燕麦等 19 家企业获得了产品金奖。

按照“绿色食品（有机农产品）＋区域公用品牌（农产品地理标志）”的发展模式，推动“三品一标”产品协调发展，提升产品品牌的叠加效应。2018 年内蒙古自治区农畜产品质量安全监督管理中心还参与组织了第六届内蒙古绿色农畜产品博览会，并在博览会开幕式上对农畜产品区域公用品牌评定结果进行了专题发布。农畜产品区域公用品牌评定工作是内蒙古自治区农畜产品质量安全监督管理中心受内蒙古自治区农牧厅委托，联合中国优质农产品开发服务协会开展的创新性品牌推广工作。依据相关标准，对区内 16 个农畜产品区域公用品牌和 39 家优秀农畜产品企业开展品牌价值评价，最终评定区域公用品牌“通辽黄玉米”品牌价值 287.50 亿元、“科尔沁牛”203.11 亿元、“乌兰察布马铃薯”174.32 亿元；评定企业品牌“梅花”品牌价值 271.72 亿元、“圣牧”180.47 亿元、“科尔沁”56.30 亿元。评审结果已公布在品牌农业网和中国优质农产品开发服务协会网站。

此外，还精心组织了绿色食品宣传月活动。活动以“绿色生产、绿色消费、绿色发展”为主题，现场进行品鉴并发放宣传手册，后期还开展了绿色食品进社区、进学校、进超市等一系列宣传活动，并邀请新闻媒体深入绿色食品加工企业、基地，挖掘绿色食品“从土地到餐桌”全程质量控制体系的典型案例，取得了较好的宣传效果。

【主要政策】“三品一标”的高质量发展、绿色农业的可持续发展离不开国家和地方政府相关的政策支持。“十二五”和“十三五”以来，国家加大了对发展绿色农业、发展绿色有机食品的政策支持，各级管理部门先后出台了《绿色食品标志管理办法》《农业部关于推进“三品一标”持续健康发展的意见》《农业部关于加强农产品质量安全全程监管意见》《全国绿色食品产业发展规划纲要（2016—2020）》等10余条相关文件与政策，提出了全面的发展意见与政策支持。

内蒙古自治区认真领会国家的政策，结合全区实际发展状况，也出台了相关政策。

（一）《内蒙古自治区绿色农畜产品生产加工输出基地发展规划（2013—2020）》

该规划提出了绿色农畜产品生产加工输出产业基地的优势条件，以及建设绿色农畜产品生产加工输出产业基地存在的主要问题，制定了绿色农畜产品生产加工输出产业基地建设的指导思想、基本方针与目标，并发布了绿色农畜产品生产加工输出基地建设的主要任务：积极培育乳产业、羊绒产业等七大主导产业；加强基础设施建设；加强科技支撑体系建设；加强绿色农畜产品质量安全监管；加强商标品牌宣传推广力度；创新农牧业经营体制机制。

（二）《内蒙古自治区人民政府关于加快推进品牌农牧业发展的意见》

该意见提出，要采取综合措施，全面推进“大品牌”战略：制定实施品牌农牧业发展规划，促进农畜产品生产区域化布局；加强农牧业基础设施建设，营造良好产地环境；强化农牧业标准化和园区化建设，夯实品牌农牧业基础；强化农畜产品质量安全体系建设，确保农畜产品质量安全；着力培育品牌创建主体，推进农牧业产业化经营；实施科技兴农工程，提升品牌农牧业科技含量；强化农畜产品品牌认证、保护与市场监管工作，构建品牌成长壮大良性机制；加大品牌营销力度，提高品牌农畜产品知名度和影响力；加大商标专用权保护力度，营造公平竞争市场化环境；实施农畜产品商标品牌战略，推进全区品牌农牧业结构性调整。

（三）纳入政府各项考核指标

在内蒙古自治区农牧厅印发的《内蒙古自治区农牧业高质量发展十大行动计划》中，明确将“三品一标”发展作为质量安全县建设、龙头企业评定及参加各类展会的主要衡量标准和前置条件；将“三品一标”作为自治区各级区域公用品牌的基本准入条件；“三品一标”认证登记工作也纳入自治区乡村振兴战略目标考核当中。

（四）开展“三品一标”新认证产品检测费补贴

为推动全区“三品一标”认证工作持续健康发展，提高拟用标单位的申报积极性，内蒙古自治区农畜产品质量安全监督管理中心通过内蒙古公开招标入围、盟市中心择优选择检测机构、内蒙古支付检测费用的方式，对“三品一标”新认证产品进行检测费全额补贴。2018年免费检测无公害农产品318个，绿色食品、有机农产品310个，农产品地理标志21个，合计补贴检测费125万元。同时，盟市地方政府也出台了相应补贴政策。

【主要工作措施成效】内蒙古立足于得天独厚的自然环境优势，坚持“稳中求进”总基调，不断提升体系队伍能力，严格审核把关，强化证后监管，加快追溯体系建设，创新工作方式，全力确保农畜产品从田间到餐桌的所有环节都做到绿色、高效、安全，增加绿色优质农产品供给。

（一）加强培训、提升体系队伍能力

提升检查员、监管员能力。为及时将绿色食品工作的新规定、新要求传达落实，提高检查员、监管员业务水平，打造一支高质量工作队伍，内蒙古自治区农畜产品质量安全监督管理中心每年组织举办两期以上绿色食品检查员、监管员培训班，以绿色食品最新标准知识、全区农牧业高质量发展十大行动计划等为核心内容进行专题培训。2018 年共有 127 名学员通过学习和考试获得了绿色食品检查员、监管员证书。通过培训夯实了基层工作人员对绿色食品标准、标志许可、证后监管等工作流程与环节的知识积累，提高了对全区农牧业标准化生产、农牧业品牌提升和农畜产品质量安全监管能力提升等农牧业高质量发展十大行动计划内容的认识，打牢了农牧业高质量发展的基础，进一步促进了绿色食品标志许可工作依规有序开展。

加强企业内检员管理。为不断提高绿色食品企业质量管理能力和标准化生产水平，内蒙古自治区将内检员作为绿色食品标志许可前置条件，要求企业内检员经培训后持证上岗。为及时培训发证，根据企业内检员人员流动性大、培训覆盖面窄的特点，建设了内蒙古自治区绿色食品企业内检员网络培训考试系统，实现了内检员随时学习、及时考试、合格发证的线上全程信息化管理；同时要求参加培训人员为绿色食品企业分管质量副总和质量管理人员，每年结合年检对内检员实行年度考核。2018 年累计培训绿色食品企业内检员 198 人。系统的投入运行和使用，不仅提高了培训效率和培训质量，提高了企业申报效率，而且有效节约了培训经费，得到了各级领导的肯定。

（二）分段管理，从严审核，保障工作质量

2018 年，按照《中国绿色食品发展中心关于进一步明确绿色食品地方工作机构许可审查职责的通知》要求，结合全区实际情况，制定了相应的分段审核管理工作制度，并部署落实。一是明确了盟市、旗县级机构的许可审查职责，优化了各级机构工作和任务。盟市级工作机构以生产加工过程、生产主体、产业链条的把控审核为工作重点，旗县级工作机构强化在产地环境、种养殖生产规程落实的审核工作。二是为了将分段管理的工作目标落实到位，加大培训力度。及时制定方案，开展各级检查员业务培训，进行形式多样、内容丰富的相关业务知识专题培训。因地制宜，在盟市、旗县根据产业特点发展了不同专业的检查员，并开展检查员交流检查等多种创新工作方式，提高了检查员的业务水平和能力，以适应制度调整后各项业务工作的有效衔接。三是按照分段管理的工作要求，从严审核把关。既注重现场检查更注重日常生产管理，从严做好生产过程的真实性、符合性和合规性审查工作，杜绝了重现场审查、轻过程管理现象的发生，提升了绿色食品标志许可审查工作质量。四是在中国绿色食品发展中心审核处的支持下，创新开展绿色食品申报材料集中审核。采取材料集中统一上报、检查员和专家现场集中审核的方式，有效地提高了申报工作的质量和效率。同时，和专家面对面的交流也提高了检查员的业务能力，该措施还有效解决了北方生产季为一季、生产时间短、审查材料集中、企业当年获证难的问题，实现了大多数生产主体当年申请、当年获证。2018 年，全区共有 104 家企业申报的 210 个绿色食品产品通过审核，极大地提高了申报效率。

（三）优化产品结构，提高品牌优势

2018 年，围绕产业的特点采取了一系列措施，优化产品结构。一是围绕内蒙古的产业特点和资源优势，结合草原畜牧业地域广阔、环境优良的特点，开展绿色食品产地环境整体检测评价，大力发展畜牧业等优势特色产业，将认证产品向优势产业聚集，凸显产业拉动优势和品牌带动优势。调整和优化绿色食品认证产品结构，延伸产业链，提升产业链水平。二是将大型国家级龙头企业作为开展标志许可工作的重点，2018 年内蒙古蒙牛乳业（集团）股份有限公司、内蒙古宇航人高科技有限公司等国家级龙头企业成功申报绿色食品，发挥了龙头企业的质量把控优势和市场开拓优势。已获得绿色食品标志许可的国家级龙头企业达到 12 家，占到全区国家级龙头企业的一半以上；获证的自治区级龙头企业达到 57 家。

（四）强化监管，筑牢绿色食品质量安全防线

强化生产过程监管，确保产品质量。随着全区绿色食品认证数量的不断增加，对获证产品的监管任务也越来越重。根据《绿色食品管理办法》和《绿色食品年检工作规范》的要求，突出生产关键环节，重点指导投入品的使用和生产操作规程的贯彻落实情况，把认证产品质量和标识管理作为监管的重要工作来抓，具体做法：一是通过各盟市工作机构从源头上抓管理，制订符合当地生产实际的种养殖生产操作规程，并简化为农牧民可以接受的农事操作历，建立生产记录及档案，加强农牧民生产培训，使从事绿色食品生产的种植、养殖户 80%以上得到技术培训。二是严格投入品管理。在绿色食品发展比较快的旗县，各级政府及相关部门均出台了禁用、限用农业投入品管理办法。对销售、使用国家违禁农业投入品的行为，开展集中专项打击，对违法行为进行严厉处罚。三是以企业年检为手段，加强监督检查。按照绿色食品分级管理工作机制和绿色食品年检工作规范的要求，各盟市工作机构负责企业年检工作，提前制订年检工作计划，有组织有计划地开展年检工作。各盟市、旗县对绿色食品生产基地和企业检查达到 100%；盟市工作机构按要求填报年检材料，提供现场检查照片。四是开展盟市互检工作，通过交流检查，互相学习，优势互补，进一步提高盟市工作机构业务能力和水平。

做好农畜产品质量安全突发舆情的应急处置工作。编发农畜产品质量安全舆情快报，2018 年累计编发 55 期 77 条。特别是 5 月 6 日，中央电视台《焦点访谈》播出“有机蔬菜有玄机”的报道后，根据舆情监测系统提供的全网舆情信息，及时编发舆情快报，第一时间召开应急处置会，下发《关于开展“三品一标”产品风险排查有关工作的通知》，安排部署风险排查工作，对全区“三品一标”产品的生产和销售情况进行了全面掌握。

加强产品抽检，确保质量安全。每年安排工作经费开展获证产品的监督抽检，将绿色食品监督抽检工作纳入自治区例行抽检计划中，在中国绿色食品发展中心和内蒙古自治区抽检的基础上，要求盟市安排一定比例的认证产品抽检工作。连续几年绿色食品抽检合格率稳定在 98%以上。

（五）完善质量追溯，加强源头防控

2013 年建成使用内蒙古农畜水产品质量安全监管追溯信息平台，平台主要包含了检测数据、“三品一标”企业生产记录、风险预警、监管信息等内容。平台已接入“三品一标”生产主体、投入品销售门店、检测机构 1 461 家，上传电子生产记录、购销数据、实时检测数据过 13 万条，并与国家农产品质量安全追溯管理信息平台进行对接，目前已有 694 家绿色、有机生产主体进行了备案注册。同时启动了内蒙古农畜产品质量安全大数据智慧监管与服务平台建设项目，正在建设实施过程中。监管追溯信息平台的建成大幅提高了全区绿色食品监管工作信息化、智能化水平和能力。

推进农业绿色发展是农业发展观的一场

深刻革命，也是农业供给侧结构性改革的重要内容和主攻方向。未来，内蒙古自治区农畜产品质量安全监督管理中心将“不忘初心，牢记使命”，继续学习实践，创新绿色发展，持续推进绿色食品取得新成效，满足人民日益增长的绿色优质农产品需要，如习近平总书记所说的“探索以生态优先、绿色发展的高质量发展新路子”，促进加快培育和形成农业绿色生产、农村绿色建设、农民绿色生活的“绿色‘三农’”。

（内蒙古自治区农畜产品质量安全监督管理中心 李 岩）

吉林省品牌农业发展概况

【基本情况】吉林省委、省政府高度重视绿色发展，提出的加快“五大发展战略”之绿色发展，就是要突出发挥吉林生态资源优势，加强生态环境保护和资源利用转化，促进农业和生态的共生共赢，实现农业可持续发展。按照吉林省委、省政府的部署和吉林省农业农村厅的要求，吉林省各级工作机构认真学习领会全省农业农村工作会议和全国“三品一标”工作座谈会精神，提高认识，统一思想，明确任务，把发展“三品一标”作为贯彻落实习近平“三农”重要论述的重要体现、实施乡村振兴战略的有力抓手、推进“质量兴农、绿色兴农、品牌强农”的有效途径、满足人民群众美好生活新期待的必然选择。根据农业农村部相关规划要求，吉林省创新进取，积极谋划，真抓实干，推动“三品一标”事业不断取得新进展。

吉林省生态环境良好，农业资源丰富，农业基础设施完备，农业科技贡献率高，具备发展绿色农业、做大做强“三品一标”事业的基础条件。

（一）生态条件优越

吉林省从东到西自然形成东部长白山原始森林生态区、东中部低山丘陵次生植被生态区、中部松辽平原生态区、西部草原湿地生态区，生态环境类型多样，生态系统完整，而且可恢复性好。吉林省东部是我国重要的林业基地和物种基因库，水资源和矿泉水资源比较丰富；东中部天然次生林和人工林面积大，森林覆盖率较高，水资源和矿产资源比较丰富；中部地势平坦，土质肥沃，农田防护林体系健全，环境承载能力较强；西部草原辽阔，湿地面积较大，地下水和过境水资源比较丰富。全省有长白山、向海、莫莫格等28个自然保护区，占总面积的9.9%。全省森林覆盖率达42.5%。松花江、图们江、鸭绿江和辽河等主要水系为全省的发展提供了良好的水资源。

（二）农业资源丰富

吉林是农业大省，也是国家重要商品粮基地和老工业基地之一，农、林、牧用地面积大，耕地资源丰富，大部分集中连片，人均耕地高于全国水平。林地面积较大，人均林地面积和森林覆盖率都高于全国水平。草原广阔，牧草地面积也较大，是全国羊草草场分布中心和中国北方牛、羊生产基地。在全省的土地资源中，农用地面积1 639.73万公顷，占全省土地总面积的85.80%。土壤条件较好，尤其是中部地区的黑土，肥力好、土层厚。气候条件较好，为温带大陆性气候，雨热同季，积温较高。这些自然条件对农作物生长十分有利。

（三）发展基础较好

吉林省“三品一标”事业经过“八五”时期的绿色食品认证的起步阶段、“九五”时期的绿色食品加快发展阶段、“十五”期间的绿色食品产业大发展阶段、“十一五”的“三品一标”全面协调发展阶段和“十二五”注重质量规模效益的稳步发展阶段，实现了从产品数量到规模质量效益的全面发展，为吉林省“三品一标”的加快发展奠定了良好的基础。截至2017年年底，全省有效使用“三品一标”总量1 758个，其中无公害农产品

815个、绿色食品797个、有机农产品130个、农产品地理标志16个。全省环境监测面积达到1 214万亩，创建全国绿色食品原料标准化生产基地27个，创建全国有机农业示范基地1个，创建全国绿色食品一二三产业融合发展示范园1个。

【工作成效】2018年，在中国绿色食品发展中心的支持指导和吉林省农业农村厅的领导下，全省狠抓促进乡村振兴战略和农业质量年各项工作措施的落实，圆满完成吉林省委、省政府确定的各项工作任务。

（一）认证产品不断增加

2018年，全省新认证“三品一标”农产品503个，比年初计划新认证420个的任务目标超83个。其中，无公害农产品227个、绿色食品245个、有机农产品28个、农产品地理标志3个。截止到2018年年末，全省有效使用“三品一标”达到2 061个。

（二）产品质量保持稳定

吉林省绿色食品抽检合格率一直保持在99%以上，无公害农产品、有机食品、农产品地理标志和绿色食品原料标准化生产基地产品抽检合格率为100%，没有发生农产品质量安全事件。

（三）基地和园区建设稳步推进

一是新创建全国绿色食品原料标准化生产基地2个，分别是由舒兰市和长春市九台区政府申报的水稻基地，总面积62万亩。二是吉林省敦化绿野商贸有限公司首批获准建设全国绿色食品一二三产业融合发展示范园，顺利通过中国绿色食品发展中心组织的园区验收，已正式授牌。

（四）追溯体系运行良好

完成吉林省追溯平台日常运行维护和软件升级，全省有400多家企业在吉林省农产品质量安全监测信息平台注册，实现生产过程全程质量安全可追溯的生产主体350家，比计划的300家超50家。申请国家追溯体系试点企业3家。

（五）补贴资金发放到位

2018年，共发放吉林省农业质量年绿色发展“三品一标”补贴294万元。补贴标准：无公害农产品补贴3 500元，绿色食品补贴6 500元，有机农产品补贴9 500元，农产品地理标志产品补贴1万元，加入省级追溯平台生产主体补贴2 000元，全国绿色食品一二三产业融合发展示范园补贴3万元。

（六）三大展会成果丰硕

全省组织“三品一标”企业免费参加中国绿色食品博览会、中国国际有机食品博览会和中国国际农产品交易会农产品地理标志专业展区，树立吉林省“三品一标”整体形象，宣传推介了吉林省优质特色农产品品牌。吉林省展团在第16届中国国际农产品交易会农产品地理标志专业展区荣获优秀组织奖；在第19届中国绿色食品博览会暨第12届中国国际有机食品博览会上荣获优秀组织奖，14个绿色食品和3个有机产品获得产品金奖，3个有机产品获得优秀产品奖，6个采购商获得优秀商务奖。中国国际农产品交易会农产品地理标志专业展区现场销售额达110万元，达成合作意向25个。

【主要工作措施】2018年，吉林省在推进“三品一标”工作中采取切实措施，出亮点、争一流，相关工作得到上级领导的认可。

（一）创新认证工作方式

为了方便企业申请“三品一标”认证和登记，吉林省绿色食品办公室采取多种措施为企业提供认证指导和服务。首先明确各科室责任，按地区负责“三品一标”认证登记指导服务工作，还要求各科室建立全省“三品一标”工作机构和相关企业的QQ群、微信工作群，把申请“三品一标”认证登记的有关资料发送到公共邮箱中，便于企业查询和资料下载。组织编印了《“三品一标”农产品生产记录》10 000册，免费发放到相关工作机构与企业，深受各地欢迎。

（二）开展技术业务培训

一是举办了2018年吉林省全国绿色食品原料标准化生产基地培训班，各绿色食品原料标准化生产基地建设办公室做了情况交流，对《全国绿色食品原料标准化生产基地建设与管理办法（试行）》有关规定进行了讲解，各市（州）绿办、基地建设单位等55人参加了培训。二是举办了2018年全省无公害农产品认定检查员及企业内检员培训班，各市（州）、县（市、区）无公害农产品工作机构及无公害农产品生产单位近300人参加了培训，启动了吉林省改革过渡期无公害农产品认定工作，壮大了无公害农产品检查员和内检员队伍。三是邀请中国绿色食品发展中心专家，对全省各地“三品一标”工作机构人员进行农产品地理标志登记培训，对推动全省地理标志登记工作具有十分重要的作用。四是组织参加了中国绿色食品发展中心举办的首次有机食品企业内检员培训班，培训企业人员15人，促进了有机食品企业内部质量管理水平的提高。五是组织参加中国绿色食品发展中心和农业农村部农产品质量安全中心举办的各类培训，累计培训人员16人次以上，业务能力和水平得到进一步提升。六是吉林省绿色食品办公室派出专业技术人员为农产品质量安全县创建培训班、新型职业农民培训班、标准化培训班、农产品质量安全与品牌建设培训班等授课，培训人数上千人，对普及农产品质量安全知识、推动标准化生产、宣传“三品一标”品牌优势，起到了积极的作用。

（三）抓好追溯体系建设和质量监管

一是积极开展吉林省农产品质量安全监测信息平台推广工作。吉林省绿色食品办公室在长春、白城、松原、四平、辽源、梅河口和辉南等地开展了吉林省农产品质量安全监测信息平台应用培训和技术指导，共培训生产经营主体和监管机构人员近400人。二是组织开展了绿色食品市场监察。按照中国绿色食品发展中心要求，对全省2个固定市场和2个非固定市场上销售的绿色食品的包装标识进行了监管检查，共采集样品216个，未发现超期、超范围和不规范用标问题。三是组织开展“三品一标”证后监测。按照中国绿色食品发展中心和吉林省农业农村厅监管处的安排，对130个无公害农产品、绿色食品、有机农产品和10个全国绿色食品原料标准化生产基地的原料进行监督检验，检测结果全部合格。四是开展了绿色食品年检和有机企业专项检查。

（四）抓好无公害过渡期工作

按照农业农村部文件要求和无公害认证改革过渡期“一放、二改、四统一”的总体原则，吉林省无公害农产品认定工作由吉林省农业农村厅发证，具体工作由吉林省农产品质量安全中心承担。各县（市、区）农业农村行政主管部门及所属工作机构负责无公害农产品认定申请的受理与初审，逐级上报到吉林省农产品质量安全中心，吉林省农产品质量安全中心委托各市、县工作机构组织现场检查。申报材料、现场检查、环境检测和产品检测全部合格后，由吉林省农产品质量安全中心组织专家评审，评审通过后，由吉林省农业农村厅颁发无公害农产品认定证书。吉林省共认定无公害农产品227个，实现了无公害农产品认证工作的平稳过渡。

（五）开展产业宣传和品牌推介

一是举办绿色食品宣传月活动。按照中国绿色食品发展中心要求，吉林省在长春市恒客隆超市（自由大路店）举办了“春风万里，绿食有你”绿色食品宣传月活动启动仪式，省、市、县三级绿色食品工作机构，27家“三品一标”生产企业及新闻媒体300余名代表参加了活动。现场展示了全省粮油、果蔬等几大类绿色优质农产品，市民踊跃参加了扫码互动、有奖问答、抽奖赠送、领取宣传手袋等活动，还发放了《你知我知大家知》《“三品一标”知识》宣传手册，并向社区民众进行绿色食品安全宣讲，普及绿色食品知识，宣传绿色食品发展理念及标志图形等。吉林日报、吉林电视台、吉林乡村广播、新浪网、凤凰网、吉林省农业农村厅官网等8家新闻媒体进行了采访报道，发稿24篇，收到了良好的宣传效果。二是深入企业基地采访。结合宣传月活动，媒体记者深入到松原市松原粮食集团有限公司、吉林省增盛永食品有限公司等3家绿色食品企业和生产基地，深入挖掘绿色食品“从土地到餐桌”全程质量控制体系的典型案例，讲好品牌故事，进一步扩大绿色食品的社会影响力。三是进行产业形象和产品品牌宣传。结合“农业质量年”在吉林省现代农业综合服务中心一楼大厅电子屏幕，做“质量兴农、绿色兴农、品牌强农”和“春风万里，绿食有你”滚动宣传。为企业设立擎天柱广告宣传牌及广告牌4块，宣传绿色、有机食品品牌。四是推进电商平台工作。推荐省内多家“三品一标”企业入驻融易购电商线上销售交易平台，帮助省内有机食品企业拓展市场，全省7家有机食品企业的产品与辽宁太阳谷庄园葡萄酒业股份有限公司源食俱乐部网站、人民健康网及全国有机食品企业实现了产销对接。五是加强产业宣传。组织编印《“三品一标”知识宣传手册》和《“三品一标”企业名录》6 500册，目前已免费发放到各相关工作机构与企事业单位，进一步普及了“三品一标”知识，推介了“三品一标”企业。

（六）抓好标准制定修订工作

由吉林省绿色食品办公室制订的地方标准《“三品一标”农产品档案管理规范》，经吉林省质量技术监督局批准，于2018年4月1日起发布实施。同年，还主持起草了《有机农产品粳稻生产技术规程》，已完成吉林省质量技术监督局组织的专家评审。

（七）争取政策资金扶持

为支持优质绿色农产品发展，吉林省拿出1 000万元用于推进农产品质量安全和“三品一标”工作。协商取得检测机构支持，为“三品一标”产品认证检验费用减免50%。同时，吉林省重视引导、支持、鼓励各地出台政策，支持“三品一标”事业发展。几年来，四平市、松原市、长春市先后出台了地方扶持政策，其他地市也在纷纷争取运作中。四平市出台的“三品一标”认证地方奖励政策是认证无公害农产品奖励1万元、绿色食品奖励3万元、北京中绿华夏有机食品认证中心认证的有机食品奖励5万元、农业农村部农产品地理标志奖励6万元、全国绿色食品原料标准化生产基地奖励15万元，政策出台当年就收到明显成效。辉南县和大安市也出台了用结构调整资金的10%用于奖励“三品一标”认证等鼓励政策，使得认证申请数量明显上升。

（八）抓好工作队伍建设

吉林省建立了覆盖省、市、县三级“三品一标”工作机构，全部工作人员通过农业农村部的培训考核，成为注册检查员、监管员，为每一家认证企业培训1名以上内检员。截至目前，全省培训国家级“三品一标”检查员、监管员、内检员10次共计1 602人次，获得国家注册的各类检查员585人、监管员137人、内检员673人。建立了“从农田到餐桌”全程质量控制和监督管理的专业化工作体系。

（吉林省绿色食品办公室　赵继泉）

黑龙江省品牌农业发展概况

【基本情况】2018年是黑龙江省绿色食品取得显著成效的一年，也是绿色食品全面迈向高质量发展的关键一年。截至2018年年底，全省绿色有机食品基地面积达到8 000万亩以上，有效使用标志的绿色有机食品达到3 300个以上，农产品地理标志产品登记数量达到127个，全省绿色食品的产品质量、产品品质、产业实力、市场竞争力、经营业素质、总体综合效益趋高向好的态势日益明显，由绿色食品原料大省向加工强省跨越的脚步日益坚定有力。

2018年，全省绿色食品以供给侧结构性改革为主线，以质量认证为切入，以产业融合、绿色食品与农产品地理标志产品融合为载体，从基地—生产—销售全程坚持推动绿色化、优质化、特色化、品牌化，初步实现了既“产得出”“产得优”，也“卖得出”“卖得好”。

（一）产品安全水平不断趋高

近年来，全省大力推进和完善绿色食品实施“环境有监测、操作有规程、生产有记录、产品有检验、上市有标识”的全程标准化生产模式，并通过技术服务、专业培训、基地建设、质量审核等方式，落实了统一的管理制度和技术措施，实现了从产地环境、生产过程、投入品使用、产品质量全过程的有效监管，有效保障了绿色食品产品质量安全水平。绿色食品产品抽检合格率已连续多年稳定在97%以上，最高达到99.37%，居全国前列。

（二）产品品质不断趋好

根据汇总各个水稻主产区70份绿色食品大米产品检测数据，全省大米产品品质普遍较好，不仅没有检测出各种有害、有毒成分，而且各个产品样品还都具有比较丰富的营养。例如胶稠度、直链淀粉、蛋白质、水分等与稻米品质、营养相关的指标检测结果全部为合格，并均明显超过国家规定的标准。其中胶稠度指标要求为大于或者等于60，实际检测结果也均大大高出指标要求；直链淀粉指标要求为11～22，实际检测结果指标均超过最低线；蛋白质大于或者等于5，实际检测结果均高于指标要求。

（三）产业实力不断趋强

2018年，全省绿色食品企业拥有资产总额529.4亿元，比上年增长30.6%；拥有固定资产237.1亿元，比上年增长36.5%；完成原料加工量1 332万吨，比上年增长3.2%。有6户进入全省工业企业50强，18户进入私营企业50强，居各行业之首。省级以上产业龙头企业中有近50%为绿色有机食品企业。已形成玉米、大豆、水稻、乳品、肉类、山特产品、杂粮、杂豆和特色产品等加工系列。如在绿色大豆方面，已开发分离蛋白、卵磷脂、皂苷、多肽、儿童可食用蛋白，以及大豆方便食品等多种深加工产品，构建了以凯飞食品、龙江福、克山昆丰为代表的绿色大豆产业加工集群；在绿色水稻方面，培育了五常金禾、庆安东禾等重点企业，开发出绿色精制米、免淘米、鸭稻米及稻糠油、植酸、维生素E等20多个新品种，附加值提高了十几倍甚至几十倍。

（四）经营者素质不断趋高

调查表明：绿色食品的生产过程也就是其生产经营者更新观念、提升技术水平的过程。对技术的要求，对农民素质的要求，比一般农产品要高，发展绿色食品产业促进了农业先进技术和科技成果的传播、推广，加速了农民依靠科技致富的步伐。同时，绿色食品严格的生产操作规程使干部、职工逐渐养成了“按章办事”的习惯，有利于促进生产企业和其他组织推进管理民主，增强现代发展理念，提升综合素质。2018年，全省绿色食品企业职工21.9万人，比上年增长8.95%。其中技术人员2.5万人、比上年增长3.3%；全省绿色食品基地每个单元平均拥有技术“明白人”达到100人以上，比5年前增长5.3%。

（五）产品竞争力不断趋高

调查表明：由于黑龙江省绿色食品品质优、价格好、竞争力强，国内外市场渠道日益宽畅，不仅能够“走出去”“卖得出去”，而且能够卖上好价钱，实现由过去依靠“走量”取胜向“依质”取胜转变。特别是绿色山特产品、大米、大豆及制品等产品在国内外市场上具有明显的品质和价格优势，得到了广大消费者的青睐，认可度不断增强。目前，黑龙江省绿色食品产品遍布全国、远销

40 多个国家和地区；2018 年实现销售收入 1 380亿元，比上年增长 23.21%；省外销售额达到1 030 亿元，比上年增长 28.75%。

（六）产业效益不断趋优

由于绿色食品生产机制先进，先订单后生产，把一家一户的分散经营汇聚为专业化、社会化的大生产，确立了农民在市场中的优势地位，收入普遍高于其他农户。仅基地农户出售原料每千克就高于场价 0.2 元左右，每亩耕地增收 100 元；同时，专业化生产，使产量、规模大幅度增大，经营者有利可图，吸引了更多的经营者从事绿色食品加工、销售，缩小了产销矛盾，拓宽了流通渠道，牵动了农村社会化服务体系的发展、绿色食品市场的发育和产业逆势发展。近年来，在经济下行压力较大的情况下，绿色食品产业发展态势良好，经济效益不断增加，加工产值、省外销售额等主要指标一直呈较大的增长幅度。2018 年，全省绿色有机食品完成产值 680 亿元，比上年增长 6.5%。

【主要模式】近年来，在推进绿色食品高质量发展的过程中，全省各地各方面勇于探索、积极实践，初步形成了一批具有绿色特征和黑龙江特色的发展模式，即以农业供给侧结构性改革为主线，以质量认证为标志，以现有的产业优势为依托，通过“树品牌”“严标准”“升品质”“拓市场”“强融合”等多种形式，着力推动绿色食品由一产向二产链接、三产开发，由“生产导向”向“市场导向”转变，不仅培育和打造了绿色食品发展的新优势，加快了高质量发展，而且有许多值得认真总结的规律性认识和深刻启示，对促进绿色食品高质量发展具有重要的指导意义。

（一）主副业“双管齐上”模式

（1）模式特征。这一模式主要表现为，绿色食品生产经营主体在做好主业的前提下，不断将价值链延伸、拓展到副业及相关产业，实现主副业齐头并进，竞相发展，多元增收。以尚志市东河乡东安有机水稻种植合作社为代表。

（2）模式经验。该合作社有水稻基地近万亩，其中绿色食品基地 5 600 亩，有机农产品基地3 600 亩。过去单纯依靠种植水稻和简单加工，收入一直不是很高。近两年，他们大胆转变观念，不仅做好水稻本身的文章，更努力做好水稻之外的文章，实现多渠道增收。一是在产业链前端，2016 年投资 1 600万元建粮食烘干塔一处，并新建、改建仓储库房三处 5 000 多平方米、建粮食晾晒场 17 000 平方米，基本满足了周边农户粮食晾晒、仓储的需求；二是在产业链后端，引导农户组建秸秆综合利用专业合作社，利用人工收割的稻秆、稻草等废弃原料发展草编业，带动 600 多人就业，实现年产值2 000万元，户均增收 1.5 万元，每亩稻田则增收 500 余元。利用空闲期的育苗大棚和稻壳发展食用菌，2018 年试种大球菌，每千克售价 34 元，非常受市场欢迎。

（3）模式启示。思路决定出路，观念决定效益。东安有机水稻种植合作社经验的可贵之处在于他们不墨守成规、小富即安，而是勇于打破惯性思维、积极探索发展新路，不仅把功夫用在主业上，更集中精力做好副业的文章，并实现高质量发展。

（二）依靠“过严标准”推动发展模式

（1）模式特征。其主要表现为通过建立一套较为完整的质量标准体系，实施“从土地到餐桌”全程质量控制，以提高整个生产过程的技术含量，确保绿色食品整体产品质量，并促进效益最大化。以肇东市黎明镇熙旺谷物种植专业合作社为代表。

（2）模式经验。该合作社结合基地实际情况，制定实施了“从土地到包装储运”全过程质量标准。一是产地环境高标准，做到“两有一无”，即基地四周有林带和防护沟、规定范围内无污染源。二是生产技术规程标准化，做到“五及时”“五到位”，即及时整地、肥量到位，及时播种、技术到位，及时除草、人工到位，及时防治虫害、措施到位，及时收割、机械到位。三是投入品使用标准化，做到“三个全部”，即全部采用非化学除草和防治病虫害、机械全部经消毒。四是产品质量标准化，做到全程控制，可人工追溯到产品产自哪个地块。五是产品加工标准化，做到全程不落地，采用专用的包装袋、车辆和加工设备，封闭式加工。六是包装储运标准化，产品包装、仓储和运输做到“三个专用”。熙旺谷物种植专业合作社严格通过高标准种植生产，实现了高质量发展，2018 年合作社实现销售额近2 000万元，社员户均增收 2.5 万元，年均增长分别达到 17%和 10.3%。

（3）模式启示。只有高标准，才能实现高效益。高质量、高品质的产品，来源于严格的标准、严格的措施。只有标准高，产品质量过硬，消费者对产品才有信心，才能够买账，这也是实现绿色食品高质量发展的重要基础。

（三）依靠高端市场带动发展模式

（1）模式特征。紧紧瞄准市场需求，紧紧盯着目标人群，按照绿色有机食品的产品特征，实现高端产品进入高端市场、获得高端收益。以大兴安岭富林山野珍品科技开发有限责任公司为代表。

（2）模式经验。该公司是一家从事食用菌、野生蓝莓精深加工的民营科技型企业。2018 年，企业实现销售收入亿元、利税亿元，年均都增长 20%以上。一是大力辟建高端网点。通过与大型超市合作或独资建设等形式，在全国主要城市建立了一批营销网点（中心），先后与 OLE 超市、物美等大型超市合作在东北、华东、华南三大区域建立销售网点 158 个。二是瞄准高端群体。在哈尔滨、沈阳、天津等机场设立了 10 多个品牌店，突出满足高端人群的需求；将部分产品打入航空航食市场和高铁一等、商务车厢，年销售量达到 400 万份；以商务消费群体为主，与喜达屋集团旗下的喜来登酒店长期合作，在酒店设立专区和店中店开展销售；以游客群体为主，在各地设街面店，提供免费快递、送货服务。三是采用高端营销方式。先后在京东商城、天猫、淘宝等平台建立旗舰店，销售额以每年 60%的速度递增。天猫永富旗舰店建店第一年，店面访客流量突破300 万人次，转换率 6%～7%。

（3）模式启示。只有抢占高端市场，才有高端效益。市场是实现绿色食品高质量发展的重要途径。有些好产品销售缺乏精准定位，虽然抢占部分市场，但效益并不理想，被“优质不优价”长期困扰。因此，必须切实转变观念，根据产品定市场，实现精准对接、精准销售，建立健全优质优价机制。

（四）依靠打造“利益共同体”带动发展

（1）模式特征。创新利益联结机制，企业与农户形成风险共担、利益均沾的共同体，一方面农户的利益得到保障，另一方面企业通过稳定和优质原料而获得更多效益。以鸿源农业开发集团为代表。

（2）模式经验。该集团注意不断创新利益联结机制，打造“命运共同体”。一是采用“企业＋协会＋科研所＋基地＋农户”的运营模式，并采取“五统一”（统一供应生产资料，统一肥药品种和施用标准，统一进行科技培训，统一印发科技信息生产资料和标准化生产操作规程，统一协调大型农机具、农用物资、贷款）和“五必须”（必须优惠供应种肥、必须做好全程服务、必须做好监督检查、必须如实填写生产档案、必须兑现订单）等对双方的责任和权利做出规定，实行相互制约、风险共担、利益共享的经济共同体。二是通过减免、收购保护价等手段，直接对参与订单的农户给予补贴，合计资金 3 000多万元，直接促进农民增收。三是为基地及农户广泛提供“六免”“七有”服务，“六免”即免费进行科技培训、免费印发标准化生产操作规程、免费咨询、免费进行技术指导、免费进行病虫草害防治、免费协调农机具秧苗和贷款，“七有”即科学技术有人教、生产资料有人供、种植方案有人发、病虫草害有人防治、日常种管有人指导、生产困难有人帮赊、秋后余粮有人收。通过打造“利益共同体”，企业实现年销售收入1.6亿元；农户年均增收超亿元，真正实现了企业、农户和地方政府“三赢”。

（3）模式启示。只有实现“双赢”，才是真正的赢家。目前，相当一部分企业只注重自身的经济效益，对基地和农户的利益往往忽视或关注度不够，因而也难以实现高质量发展。企业应该有长远思想和有强烈的社会责任感，不仅要考虑自身效益，也应该考虑社会效益，这样可以使企业拥有良好的发展氛围，奠定长远发展基础。

（五）依靠深度融合带动发展模式

（1）模式特征。主要特征是以龙头为牵动、基地为依托、生资为基础而形成的一种新技术、新业态、新商业路径。具体表现形式是：绿色食品生产加工企业依靠自身力量开发认证绿色生产资料，然后作为投入品用于基地原料种植和养殖，再由企业对绿色原料进行精深加工，并最终投向市场。以大庆一口猪有限公司为代表。

（2）模式经验。经过多年的探索和实践，该企业初步实现了种植业与养殖业、养殖业与加工业、企业与市场的良性循环，融合程度不断加深，基本上按照发展养鸡业—利用鸡粪做饲料发展万亩鱼池—利用鱼池淤泥肥田发展绿色饲料—建立绿色生猪基地（50万头），并以保底价格收购农户饲养的生猪（用鸡粪为饲料喂养）—加工系列红肠—在大中城市设立直销店（网上销售平台）这一路线图，年收入8亿元，带动农户增收2.4亿元，不断推动产业融合向纵深领域延伸，促进了绿色食品高质量发展。

（3）模式启示。产业融合度越深，效益才会越突出。对于绿色食品企业来讲，如果单纯就基地抓基地，就加工抓加工，或者把种植业与种植和养殖特别是与产品加工分割开来，就很难实现高质量发展。只有实现全产业链的融合、深度化的融合，才有利于将更多的价值留给农户和企业。

（六）依靠品牌带动模式

（1）模式特征。这一模式的主要特点是能够发挥优质优价市场机制的作用，强化龙头企业与基地农户之间的利益联结机制，最终形成基地产品质量—品牌—效益的良性发展机制，促进农民增收、企业增效和区域经济发展。以庆安县为代表。

（2）模式经验。庆安县是黑龙江省绿色食品先行者。近年来，该县聚焦高质量发展这篇大文章，促进现代农业提档升级。一是通过打造过硬基地夯实品牌基础。严禁施残留期长的农药和化肥，测土配方实施150万亩，改造中低产田20万亩，年秸秆还田95万亩，全县获得国家质量认证的耕地面积达到220万亩，占全县耕地面积的99.1%。二是通过构建新型产业集群壮大品牌经营主体。目前，全县龙头企业发展到13家，其中省级以上龙头企业达到5家，初步形成了米、豆、酒、薯四大产业加工集群。三是通过叫响区域公用品牌带动农户增收。“庆禾香”获“中国十大稻米区域公用品牌”称号，品牌价值达108亿元，产品销往全国20多个省份及日本、韩国等国家和地区，基地农户增收1 600万元。以东禾集团为主体的产业联合体，入社土地36万亩，入社农户2 858户，2018年分红1 314万元。

（3）模式启示。只有经营好品牌，才会持续性发展。品牌是衡量产业和企业竞争力的重要标尺，市场竞争在很大程度上就是品牌的竞争。在经济社会发展新常态下，实施品牌战略，叫响做大品牌是转方式调结构、实现绿色食品高质量发展的必由之路。

【主要工作措施】今后一个时期，要在稳

定现有发展规模和速度的基础上，重点在提升价值链、延长产业链、叫响品牌等方面有所突破，并带动高质量发展不断地有新进展，力争尽快将黑龙江由绿色食品原料大省建成绿色食品加工大省。

（一）抓好一个“头”

黑龙江省经济发展与南方的差距，不仅是发展速度和质量上的差距，更是思想观念的差距。一是要搞好“训”。利用会议、论坛等多种形式，把更新思想观念作为重要内容，加强对绿色食品企业负责人进行全方位培训，引导企业负责人转变因循守旧、小富即安的陈旧观念，逐步树立大胆开拓、勇于进取、敢为人先的新思想，为绿色食品高质量发展奠定思想基础。二是推动“改”。引导企业负责人改变作坊式、家族式的经营方式，积极引入现代经营方式和现代经营理念，努力把绿色食品企业打造成为现代化企业。三是探索“派”。争取企业负责人支持，把一批经营理念新、思想先进、熟悉企业管理的相关人才派到企业参与管理，带动企业实现理念的更新；还可以组织企业负责人到南方发达地区企业挂职学习，在实践中感受和接纳先进的理念及先进的经验方式。

（二）把牢一个“根”

高质量发展，离不开严格的标准。没有完善的标准化，实现绿色食品高质量发展就将成为一句空话。要根据绿色食品生产基地、企业加工和市场销售全程高质量发展的需求，重点做好三方面的工作。一是进一步完善提升标准。组织有关专家和部分生产者，以基地、企业为单位，认真总结他们种植、加工过程中的新做法和经验，特别是能够确保高质量发展的关键性技术措施，进行提炼升华，并在此基础上研究制订一批更接地气、更有针对性的操作规程，不断满足绿色食品高质量的技术需求。二是大力推进标准入户进地。采取专家授课、典型示范等形式，广泛开展培训，并在提高入户率和到位率上多下功夫，确保每户都有一个熟悉和掌握地理标志农产品生产技术的“明白人”。三是大力提升组织化程度。以利益为纽带，以品牌为载体，推进绿色食品高质量发展“命运共同体”，推动质量标准统一，提升产品品质。

（三）做强一个“点”

要着力打造绿色加工“航母”。抓住振兴老工业基地的机遇，鼓励和支持一些具有一定实力的大型绿色食品加工企业扩大生产规模，提高生产能力，不断增强其自身发展水平，力争在较短的时间内，培育一批生产规模大、加工能力强、市场前景广阔、对农民增收拉动作用较强的绿色食品“航母”型企业 。要着力提升绿色食品产品加工水平，紧紧围绕两个市场，进一步优化产品结构，加快新产品开发，提高绿色食品原料加工利用转化程度，推进粗加工产品向精深加工产品转变、单一产品向系列化产品转变。特别要注意充分发挥黑龙江省绿色大豆、水稻、奶类和山特产品的原料优势，认真抓好儿童营养食品、老年营养食品、休闲旅游食品、妇女保健食品等绿色食品的开发和生产，大力开发系列绿色食品产品，大力开发具有较高附加值与科技含量的绿色食品，把绿色食品原料的内在价值开发出来，逐步改变全省绿色食品产品结构，不断提高企业效益。

（四）擦亮一张“牌”

总体上，就是要着力推介黑龙江绿色食品品牌，力争在较短的时间内把黑龙江绿色食品打造成为地理标志性产品，在国内外得到广泛认知、认同。一是要科学设计品牌。要引导企业充分认识创建品牌对提升企业核心竞争力的重要作用，切实增强创建品牌的紧迫感和责任感，全力做好品牌的创建工作。要根据绿色食品市场的需求定位，引导企业悉心研究产品特征，立足当地资源优势，把具有黑龙江省独特地域特征的“土净、田洁”的黑土文化，大森林、大草原、大湿地的生态环境文化理念贯穿于绿色食品品牌的设计之中，形成一批个性鲜明、高价值感、高美誉度与忠诚度的强势大品牌。二是整合、延伸品牌。加大品牌整合力度，以知名品牌、优势品牌为核心，吸引、整合弱小品牌，做大做强知名品牌，扩大知名品牌市场占有率和竞争力。要引导、支持全省的一些知名品牌，通过兼并、控股、贴牌生产等多种方式，提高整合小品牌的能力，尽快扩大知名品牌的规模，提高知名品牌产品的产业集中度和市场竞争力。鼓励并支持知名品牌企业加快技术创新，推进品牌产品的深度开发，实现品牌纵向延伸。三是扩大叫响品牌。充分利用广播、电视、互联网、报刊等媒体，把黑龙江省绿色食品的核心价值传播给消费者，特别是要在中央电视台等主要媒体开展黑龙江省绿色食品整体形象宣传。同时，在全省举办的各种国内外大型经贸活动上大力推介绿色食品品牌，在全国大型展会上全力展示黑龙江省绿色食品品牌。积极引进国内外知名品牌，发挥大品牌、知名品牌的示范带动作用，并带动全省在高起点、高标准上搞好绿色食品品牌建设。

（五）织全一张“网”

市场是带动和牵引绿色食品高质量发展的动力。一是突出“窗口”建设。要以“三市”（城市）为重点，切实搞好省外绿色食品窗口市场建设。即在北京、上海和广州（或者深圳）等区域中心城市建立一批绿色食品窗口市场，展示精品，扩大影响。通过几年的建设，在上述地区逐步形成具有辐射全国及国外的黑龙江绿色食品销售网络。二是增强展会功效。要以“一会”（展会）为重点，切实搞好大型国内外展会活动。大力实施“走出去”战略，积极在国内外举办有黑龙江绿色食品特色的展销活动，通过办展参会，落地生根一批网点，培育一批忠实消费者，进一步拓宽市场，提升品牌的影响力。三是加强专业网店建设。继续搞好省内绿色食品专营市场建设，以省内重点城市为主，建立一批绿色食品标准化专营示范店（中心）、专营市场，探索新路，积累经验，逐步实现连锁经营，努力构建具有黑龙江特色的绿色食品专营网络。四是强化“互联网＋绿色食品”。继续与新浪合作打造“小饭围”品牌，丰富品牌旗下产品的种类；鼓励、扶持企业与淘宝、京东等电商平台对接开展互联网营销，引导企业将互联网营销的税收、社会零售额等留在本省。引导企业采取 P2P、O2O、P2C 等，特别是私人订制、众筹等方式开展绿色食品营销，满足现阶段多元化市场消费的需求。

（六）优化一个“场”

各有关部门和地方政府应积极研究制定政策措施，支持绿色食品高质量发展。各级财政都要按照一般预算收入增长幅度，逐年增加绿色食品产业高质量专项资金投入。科学调整投资方向，优化投资结构，集中扶持影响绿色食品高质量发展全局的关键性项目。财政部门的扶持资金主要用于绿色食品园区建设、新产品开发、检验监测、市场建设和品牌宣传。科技、商务、质量技术监督、畜牧、环保、水利、林业等部门，要把扶持重点向绿色食品高质量发展项目倾斜。金融部门要增加信贷投入比重，优先办理基地农户贷款，优先安排龙头企业技术创新、技术改造贷款和原料收购贷款。积极拓宽投入渠道，鼓励和支持绿色食品加工、销售骨干企业上市融资，吸引社会资金进入绿色食品高质量发展领域。保险部门要围绕绿色食品高质量发展增加险种，扩大保险覆盖面。铁路、公路、航运等部门要开辟“绿色通道”，解决绿色食品高质量发展交通运输瓶颈问题。海关、口岸、进出口商品检验检疫等部门，要强化电子口岸、属地报关、联网监管等服务措施，通过积极促进出口带动绿色食品高质量向纵深领域拓展。

（黑龙江省绿色食品发展中心
王蕴琦　周东红）

上海市品牌农业发展概况

【主要成效】2018年是上海市“都市现代绿色农业发展三年行动计划”的开局之年。上海市农产品质量安全中心认真贯彻全国推进质量兴农、绿色兴农、品牌强农工作会议精神，紧紧围绕“农业质量年”活动，以全面提升农业“绿色化、优质化、特色化、品牌化”水平为目标，团结拼搏，开拓创新，扎实推进各项工作，圆满完成目标任务，工作取得明显成效。

（一）“三品”认证有序有效

切实以规划为引领，统筹安排上海市全年“三品一标”认证工作，持续加强认证指导，有序开展证前预检、续展抽查、现场检查，确保全市“三品”认证的质量和数量。

1. 绿色行动迈上新台阶

按照《上海市都市现代绿色农业发展三年行动计划（2018—2020年）》要求，积极贯彻落实绿色理念，加强对各区申报企业进行初步审查、风险评估，对续展企业开展现场抽查。组织召开青浦区白鹤草莓地理标志登记感观品质鉴评会，完成材料上报并顺利通过专家评审。培训指导各区工作人员提高材料审查能力，邀请中国绿色食品发展中心专家对全市2018年新申报的385家企业655个产品的绿色食品材料进行集中审核，专家组高度认可准备材料的真实性、完整性。

截至2018年年底，全市有效期内的“三品一标”农产品企业总数1 701家、产品共计6 396个，“三品”认证率79.81%，超额完成“十三五”规划的认证率不低于70%的工作目标。绿色食品认证率达13.67%，较上年增长5.54个百分点，超额完成全年10%的认证率目标。现有绿色企业350家、产品536个，较上年相比，绿色食品企业增加143家、产品增加237个；绿色企业续展率为82.67%、产品续展率为86.92%，较上年相比，分别提高2.12个和4.92个百分点。“三品”认证达到历史新高。

2. 绿色发展取得新突破

积极对接全国绿色食品原料标准化基地创建和崇明区“生态岛”建设，一方面牵头组织助推崇明绿色发展，及时了解崇明绿色食品新申报情况，积极开展工作指导，组织各区检查员分3次对崇明区99家企业开展集中现场检查，并对存在问题汇总后交给崇明监测中心予以整改跟踪，确保认证质量；另一方面督促指导推进绿色原料基地建设和开展农产品质量安全全程控制技术体系（GAP）试点工作。为金山、崇明两区原料标准化基地创建专题培训3次近2 000人次，严格把控水稻种植过程中用药、用肥关键点；及时转达中国绿色食品发展中心对基地创建期要求，督促完成审核及现场检查问题整改，创建工作取得实效。目前已完成验收现场核查，全市创建全国绿色食品原料标准化基地实现零的突破。征集全市34家有条件的企业开展GAP试点，为今后建立生产精细化管理与产品品质控制体系，提升农产品质量安全水平迈出第一步。

3. 绿色审查制定新要求

上海市绿色食品审查工作获中国绿色食品发展中心高度认可，在2018年的2次全国认证工作会上做典型发言，交流经验，取长补短。同时，注重和规范绿色食品标志许可审查和现场检查，严把审查关，防控风险，提升质量，根据北京中绿华厦有机食品认证中心认证相关工作的新要求，结合上海实际，固化经验，制定《上海市绿色食品审查工作实施办法》，进一步推进全市绿色食品事业持续健康有序发展。

4. 过渡期无公害农产品推进工作取得新进展

根据农业农村部办公厅《关于做好无公害农产品认证制度改革过渡期间有关工作的

通知》（农办质〔2018〕15号）要求，在无公害农产品认证制度改革期间，采取“省级主导，区级对接”的分段管理模式，并编写了《上海市无公害农产品认定暂行办法》《上海市无公害农产品复查换证工作程序》《上海市无公害农产品认定流程图》《过渡期无公害农产品认定直接颁证或换证的几种情况说明》等10余份规范性文件，推进全市无公害农产品认定工作的启动。2018年共完成138家企业696个产品的复查换证及12家企业42个产品的新申报工作，有力确保全市无公害农产品工作的平稳过渡。

（二）“三品”监管常态长效

上海市坚持“产出来”“管出来”，围绕薄弱环节，强化事中事后监管，围绕生产自查、监管检查、产品抽检、环境监测、标志监察、包装审查等六大环节，环环相扣，实现从源头到终端产品全程监管，严防、严管、严控农产品质量安全风险。

1. 强化上下联动，落实综合监管

全市“三品”监管基本形成市、区、镇、村、企五级监管模式，监管有任务，有分工，有侧重。其中企业抓生产自查，村协管员抓禁用农业投入品日常巡查，乡镇监管员抓无公害农产品检查，区级机构监管员抓绿色食品监管检查，上海市农产品质量安全中心抓“三品”监管督查、抽查。2018年共完成企业自查1 575家，通过自查强化企业生产自律意识，提高企业内检员履责意识，把好“三品”质量第一关。同时抓薄弱环节监管，提升实地监管针对性，完成实地监管1 624家，“三品”企业实地监管检查覆盖率100%。其中，上海市农产品质量安全中心监管抽查77家，责令整改4家，市、区两级监管检查未发现获证企业有触碰“红线”使用国家禁用农业投入品的报告，“三品”获证企业产品未发生农产品质量安全事件，确保全市“三品”管到位。

2. 强化抽检监测，保障质量安全

2018年，全市共计完成监督抽查746批次，其中无公害农产品完成抽检599批、绿色食品119批、有机农产品19批、农产品地理标志产品完成9批，所有抽检批次产品抽检合格率均为100%。抽检结果表明，全市“三品”产品质量可靠，值得信赖。为排查潜在环境污染风险基地，2018年完成监测产地16家，产地环境质量监测合格率100%，说明全市“三品”产地环境质量总体保持良好。

3. 强化标志监察，促进规范用标

2018年，对全市50个流动市场和5个固定市场开展“三品一标”产品质量标志市场监察，共监察“三品一标”质量标志产品574个，其中无公害农产品10个、绿色食品560个、农产品地理标志产品4个，绿色食品标志使用不规范31个，标志使用合格率94.5%。同时，根据绿色食品证书定期年检和缴纳绿色食品标志使用费是确保绿色食品证书有效的基本要求，2018年完成184个产品年检，年检合格率100%。配合完成中国绿色食品发展中心委托的外省机构来沪开展的绿色食品风险预警检测20批次样品、绿色食品监督抽检33批，抽检产品质量合格率均为100%。

4. 信息化管理手段多

近年来，全市有400余家蔬菜标准园生产企业已纳入《上海蔬菜生产质量安全追溯平台》系统管理，300余家标准化果园生产企业纳入《安全优质信得过果园果品溯源系统》平台管理。相关平台系统对企业农业投入品采购、使用、产品销售等信息纳入适时监控和预警。2018年上海市农业农村委员会监管处新组织开发《上海市农产品网格化监管平台》手机App系统，“三品一标”生产主体、监管主体、监管记录全部纳入监管平台管理，目前纳入手机平台监管的生产主体总数5 933个，其中合作社2 667个、企业780个、种植养殖户2 486户、“三品”监管人员827人、村级协管员335人。与此同时，国家追溯平台全程控制追溯体系试点企业创建也在上海市“破冰”，目前已有3家企业分别在粮食、蔬菜、水产行业开展试点应用，相关工作正按计划推进。

（三）“三品”标准系统规范

围绕高质量发展，持续推进农业系统标准预研制工作，不断夯实基础，提高农业标准化水平，不断加强培训，提升体系队伍能力建设。

1. 夯实基础，着力推进农业标准化工作

组织专家对2016年标准预研制项目开展验收和对43个申请2018年标准预研制项目进行甄选评审，起草2019年预研制项目申请指南，共征集项目42项，项目金额208.9万元；配合中国绿色食品发展中心和上海市农业农村委员会监管处向各涉农标委会征求2018年17项绿色食品标准修改建议和2018年食品安全地方标准立项建议，加强各涉农标委会在标准制（修）订方面的沟通和联系；完成《上海农产品质量安全工作法律法规汇编》的再版修订工作，新增或更新96部法律法规、部门规章规范、地方法规及文件，为全市农产品质量安全管理、认证、检测、执法等相关从业者提供技术参考。

2. 拓展技能，着力提升基层人员业务水平

加强标准推广和使用指导，按照绿色食品生产、认证和日常监管的要求，开展绿色农业标准培训。举办2期绿色食品检查员、监管员培训，培训近300人次；指导各区级机构开展无公害农产品、绿色食品内检员培训11次，安排培训师资35人次，培训人数近1 000人，显著提高内检员培训工作的有效性，深入推进企业第一责任人意识，提高企业农产品质量安全管理水平。通过系统培训，逐步形成全市绿色食品检查员、监管员队伍由区级向镇级延伸趋势，有序构建市、区、镇三级体系队伍，持续提升人员能力建设。

（四）“三品”宣传引导有力

1. 着力推进品牌交流

及时梳理上海名牌农产品获证情况，协助上海市农业农村委员会市场处召开2018年品牌工作会，为上海市农业品牌建设和发展迈出坚实的一步。收集整理具有一定品牌影响力的农产品宣传素材，在上海市农业农村委员会网站、新春农副产品大联展等平台宣传，向上海市名牌推荐委员会推荐8家知名农业企业品牌案例，提高品牌知名度。积极动员企业参与中国绿色食品发展中心组织的品牌故事征集，上海市仓桥水晶梨发展有限公司的稿件被录用并发布在“绿色食品博览”公众号上。积极探索开展上海名特优新农产品名录收集登录工作，组织各区实施名特优新农产品名录收集登录及网上申报。

2. 着力展示品牌成果

对获证企业及产品进行公告，在《东方城乡报》《上海农业科技》上开辟专版，完成截至2017年年底在有效期内的“三品一标”农产品的公告宣传。组织参加“2018年食品安全宣传周主题日活动”，举行“上海地产农产品社区巡回展”“国庆新大米”等活动，通过展板展示、科普宣传、趣味问答、制作宣传册、发放宣传单等形式，充分营造绿色消费氛围，培养市民绿色消费习惯，向市民展示全市地产农产品质量安全工作成果。积极筹备、精心组织上海18家“三品一标”企业、1家检测机构、5家采购商参加第19届中国绿色食品博览会，组织4个地标产品参加第16届中国国际农产品交易会地理标志专业展区，通过多形式宣传，强化农产品品牌意识，提升农产品品牌影响力、号召力和竞争力，树立上海市农产品品牌形象。

在以后的工作中，上海市农产品质量安全中心将认真贯彻上海市农业农村委员会全面实施乡村振兴战略、加快推进“绿色田园”工程建设要求，以“都市现代绿色农业发展

示范区”建设为抓手，有效提升全市绿色农业信息化、精细化管理水平，提高绿色食品发展规模和质量，不断强化绿色食品品牌化建设，引领绿色消费，有力推动农业发展方式转变和都市现代绿色农业进程，助力乡村振兴，保障农产品质量安全，扎实推进都市现代绿色农业发展。

（上海市农产品质量安全中心
张维谊　曹逸芸）

江苏省品牌农业发展概况

【基本情况】江苏省绿色食品事业起步于 1992 年，经历了初级起步、稳步发展、速度和效益同步提升的发展阶段，当前正迈入高质量发展阶段。绿色食品工作，按照“三位一体、整体推进”，采取以政府推动为主导、市场化运作和生产经营主体自主申报相结合的发展机制。政府推动为主导，形成全省发展绿色食品的良好环境。一靠强化政府考核推动。自 2003 年起，江苏省将绿色食品发展纳入省委、省政府农业基本现代化进程监测、江苏省农业委员会发展现代高效农业重点工作指标及全省农产品质量安全监管等绩效考评。2018 年 5 月，江苏省委、省政府办公厅出台《江苏省高质量发展监测评价指标体系与实施办法》，将“绿色优质农产品比重占比”列入高质量发展监测评价指标体系。通过政府考核，层层分解目标任务，逐级落实工作责任。二靠加大财政补助，建立优质农产品发展的保障制度。2003 年开始，江苏省设立省级财政专项获证补助，设立省级财政专项获证补助，对获得绿色食品认证的申报主体实施财政奖补，市、县、区也陆续出台配套补助措施，覆盖认证费用，减轻申报成本，同时鼓励申报主体积极探索更高标准的绿色生产方式和科学可持续的质量管理体系。截至 2019 年 6 月底，全省绿色食品企业 1 306 家、产品 2 888 个，相比 2018 年同期均增长近 30%。

【主要措施及成效】

（一）产管齐抓，推动农产品质量安全共治共享

发展绿色食品，增加绿色优质农产品供给，是推进农产品质量安全工作的切入点和重要抓手。通过标准化生产“产出来”和认证监管“管起来”，“产”“管”两手抓、两手硬，筑牢绿色食品“从农田到餐桌”每一道安全防线。

1. 标准化生产，质量安全“产出来”

绿色生产，标准先行。绿色食品的发展，依托一系列切实可行的标准来指导生产，又以绿色食品标志审查倒逼农业生产标准化。绿色食品生产的核心是全程质量控制，将产地环境、生产加工过程、产品质量和包装贮藏等生产全过程纳入规范的生产和管理轨道，切实做到环境有检测、生产有规程、产品有检验、包装有标识、质量有保证、管理有体系，实现了农产品从“农田到餐桌”的全过程追溯管理。

“日啖龙虾三百只，不辞长作盱眙人”。从京沪到全国，从夜宵到正餐，盱眙龙虾引领了夏日最火爆的消费时尚。无论是养殖、加工还是餐饮，江苏盱眙龙虾始终走在全国前列，掌握市场话语权。“只有按照我们的标准生产，才是盱眙龙虾。”盱眙县委书记梁三元一语道出盱眙龙虾的成功秘诀。

盱眙小龙虾最初以野生养殖为主，没有标准体系。在盱眙县政府的主导下，依据国家标准、行业标准，制定发布了《地理标志产品·盱眙龙虾》和《盱眙龙虾无公害池塘高效生产养殖技术规范》等地方标准。借助标准体系的建设，盱眙龙虾实现了从粗放式野生养殖捕捞到标准化生产作业的有效转变，实现了全程质量控制。2003 年，盱眙县向中国绿色食品发展中心提出申请，活体龙虾（小龙虾）被增列至《绿色食品产品标准适用目录》，盱眙龙虾成为全国首个获得绿色食品

认证的活体龙虾产品。

邳州大蒜近三年100%的质量安全监测总体合格率，也是得益于其标准化的生产标准和全程质量控制体系的建立。邳州市制定了《地理标志产品·邳州白蒜》《大蒜地膜覆盖栽培及回收技术规程》等地方标准和《蒜蓉》《黑蒜》等企业标准近20个，配套实施标准化、合理密植、水肥一体化、病虫害绿色防控和双色膜栽培等15项技术，指导邳州大蒜标准生产。同时严格质量监管，建立健全大蒜重点基地档案，完善可追溯制度和农药化学品投入管理制度，对基地使用的农药、肥料实行统一采购、保管、领用，建立全过程记录，促进大蒜生产高效、安全、智能、可控，让邳州蒜业独树一帜、质量安全、特色鲜明。

昆山市全国绿色食品原料（稻麦）标准化基地，在投入品管理这一关键环节上，严格统一标准。在10万亩稻麦基地上，率先推行"农资一卡通"，统一配送农药化肥，统一回收农药废弃物。目前，"农资一卡通"已在昆山市全面推行，联动生资供应单位、农业生产经营主体和零散小农户，全市农药集中配送率达87%，农药废弃物回收率达90%以上。从源头监管入手，实现农业生产全程可追溯，将标准化生产和追溯管理真正落到实处。

2. 严管立质量，认证监管"管起来"

"太阳、叶片、蓓蕾……"农产品包装标签上的绿色食品标志以纯净的绿色为底色，象征着生命、绿色和环保，代表着绿色食品蓬勃的生命力，也是消费者准确区分、正确选购绿色食品的重要依据。绿色食品，通过严格的标志许可登记审查制度和证后监管制度，严把质量关口。认证监管的"管"，始终坚持最严谨的标准、最严格的监管、最严厉的处罚、最严肃的问责。江苏省综合运用企业年检、监督抽检、标志监察、风险预警、产品公告等监管制度，通过多层次的督查抽查，落实部门监管责任和生产经营者主体责任，对产地环境、生产过程、产品质量进行全程管控。将绿色食品纳入质量追溯管理系统，不断完善退出机制，实施动态管理，对不合格产品及基地坚决淘汰出局。

发展绿色食品，政府有部署，市场有需求，百姓有期待。有力的认证审核和监管能力，与优秀健全的工作队伍密不可分。江苏省绿色食品办公室成立于1994年，2001年由农垦系统转入江苏省农业委员会，江苏省委、省政府将绿色食品发展作为全省农业和农村工作的重要组成部分，率先建立了覆盖"三品一标"业务范围，省、市、县三级队伍齐全的绿色食品工作机构。当前，全省绿色食品检查员、标志监管员超过400人。同时，积极落实生产经营者主体责任，最先提出"每个企业都要有至少一个绿色生产明白人"的工作思路，全国首创企业内检员培训制度，明确"一企一员"甚至"多员"，通过"先培训后申报"，落地绿色生产，激发申报主体发展绿色食品的内生机制。2010年，内检员制度被中国绿色食品发展中心确立为绿色食品监管制度之一，在全国范围推广实施。

实践证明，绿色食品的质量安全要"产""管"齐抓，缺一不可，共同推动农产品质量安全共治共享。落实标准化生产，严格认证监管，是确保绿色食品品牌公信力和美誉度的基础。唯有坚持标准化战略，绿色食品的产业化、品牌化发展之路才能行稳致远。

（二）产业转型，促进绿色优质农产品提质增效

绿色食品的产业化，是农业产业化发展的排头兵、先行军。产业化从整体推进传统农业向现代农业转变，是加速农业现代化进程的有效途径。1995年6月，国务院副总理姜春云视察江苏泰州姜堰沈高镇河横生态科技园区时就指出，发展绿色食品，以乡镇企业为龙头，带动农业专业化、系列化、规模化，是农业发展的希望所在。中央和江苏省

委农业经济工作文件也多次强调，增加农民收入，必须延长农业产业链、提高农业附加值。要加快发展种养结合、农牧循环发展、一二三产业融合发展的产业模式，加快培育基于市场导向和区域比较优势的农产品特色产业，让农业成为充满希望的朝阳产业。

在市场运作和产业升级的推动下，绿色食品等绿色优质农产品逐渐形成了优质优价的市场机制，通过供给侧结构性改革进一步延伸产业链条、升级产业价值。

1. 优质优价，市场上“吃香”

市场是农业产业化的起点和归宿，绿色优质农产品的优质优价机制效应显著。据统计，在国内大中城市，绝大多数绿色食品售价比普通食品高出10%～30%，销售也更为紧俏。

“就喜欢吃这个带香气的新米，蒸出来的米饭香”“什么时候新米到货呀，我都跑了两趟了”……刚上市就被疯抢的嘉贤有机生态米、绿色稻鸭共生米是消费者念念不忘的“小时候的味道”。江苏嘉贤米业有限公司主打优质稻米品种、稻鸭共作技术和纯自然生长，产品分别获得北京中绿华夏有机农产品认证和中国绿色食品发展中心绿色食品认证。有机大米市场售价每千克高达52元，绿色大米也卖到每千克30元，尽管价格是普通大米的3～5倍，却仍然供不应求。

按照传统方式种植的丁嘴金菜（即黄花菜），亩产鲜菜1 000千克，鲜菜售价4元/千克，干菜售价20～30元/千克。按照绿色生产方式种植后，不仅亩产翻倍，售价也能提高2～3倍。获得绿色食品认证及地理标识登记保护的丁嘴金菜，在电商平台每千克售价160～200元。从“望天收”的“明日黄花”摇身一变成为“不看老天爷脸色”的“金菜”，丁嘴金菜变成宿迁市宿豫区农民的“致富菜”，150多户农户通过种植丁嘴金菜脱贫致富。

市场这双无形的手，引导绿色食品形成优质优价机制，逐步推动形成与消费者需求相适应的绿色优质农产品供给结构。绿色食品优质优价，让农民增收、经营主体增效，提升满足感、增加获得感；让消费者享受到绿色优质的农产品，满足了人民对美好生活的追求和向往。

2. 延伸产业链，提升价值链

绿色食品，显现出产业链延伸发展的显著优势，涌现出一大批产品优势突出、产业链一体化、市场竞争力强的产业龙头企业。在江苏省绿色食品企业中，就有国家级产业龙头企业13家，占全省国家级龙头企业（食用产品类）的82%。

2017年起，“云厨一站”一夜之间红遍南京大街小巷，整洁有序的菜品摆放、朝九晚九的营业时间准确契合当代都市节奏和居民生活方式。这家立足生鲜农产品、精准定位现代家庭厨房的一体化平台，一头对接农产品基地、一头直接面向消费者，以强大的中央厨房为枢纽，打造了一条从种植基地、加工车间、冷链物流到社区门店的全产业链。

以开垦荒地起家，以开拓全产业链立身。江苏省农垦集团诞生于新中国成立初期，是在盐碱地上建起的长三角大粮仓，正在积极申报创建全国绿色食品原料标准化生产基地。集团实施“以种业、米业为主，多产业并举的全产业链发展战略”，致力于打造从田间到餐桌的食品全产业链体系，形成了涵盖良种研发、规模种植、粮食收储、稻米加工、农资销售、农技服务等纵向一体化的全产业链格局，以及种子、稻米、麦芽、养殖、果蔬5个主导产业。旗下江苏省农垦农业发展股份有限公司，是全国首家国有农业全产业链一体化经营的上市公司。

2018年，江苏省确定了“绿色优质引领无公害转型升级”的发展思路，将多年积累的质量安全坚实基础转变为绿色优质的先发优势。在整合现有无公害及绿色有机农产品基地、绿色防控区、水稻绿色高产高效示范片、园艺作物标准园等基础上，探索绿色优质农产品标准化生产基地建设，构建“镇政府＋村基地＋农户＋企业”全新的基地管理模式，产生了以政府为主导、农业经营主体带动、充分整合调动小农户参与的多元主体产业链。

3. 三产融合，产业提档升级

产业兴，农业富。让农业成为有奔头的产业，产业融合为农业生产、农村经济注入发展新动能。在一二三产业融合进程中，农业要主动融入加工业、服务业中，着力搭建产业融合发展的平台载体，打造一批全产业链企业集群和一批“农字号”特色小镇，促进农业产业链全面提档升级。

无锡市阳山镇以水蜜桃为依托，由桃经济发展为桃产业，做大“桃”文章，全力建设产业融合发展的“蜜桃小镇”，发展高端精装绿色阳山水蜜桃礼盒、研发水蜜桃果酒，向旅游度假、文化养生、农村体验等升级，带动农村三产融合发展。通过挖掘村庄文化底蕴与自然资源禀赋，学习全国各地优秀的主题酒店、民宿，打造集生态观光农业、艺术家村落、旅游小镇、亲子乐园为一体的大型田园综合体，形成“一村一主题，一村一产业”模式。

（三）品牌建设，擦亮绿色优质农产品金字招牌

品牌建设贯穿农业全产业链，是推动绿色食品产业升级的强大动能。绿色食品有无市场竞争力，关键在于能否形成品牌优势。在绿色食品品牌的驱动下，一系列区域公用品牌、企业品牌从中汲取营养，借势发力，在复杂激烈的市场竞争中赢得一席之地。通过推动创建农产品区域公用品牌，支持培育特色农产品和土特产品，打造一批有影响力的“苏”字号区域公用品牌、知名企业品牌和名特优农产品品牌。

金秋时分，是阳澄湖大闸蟹丰收之时。阳澄湖大闸蟹年产量有限，在市场供不应求的缺口下，出现了外地大闸蟹在阳澄湖过水的“洗澡”螃蟹，甚至是造假发货地址、贴假标签等一系列造假售假事件，阳澄湖大闸蟹“十买九假”的现象让大闸蟹爱好者心灰意冷。南京的刘女士却每年都能买到正宗优质的阳澄湖大闸蟹，因为她只购买包装上带有“绿色食品”标志或者是有“阳澄湖大闸蟹”地理标志登记的大闸蟹，每一只螃蟹身上还有苏州市统一制作的防伪蟹扣，多重认证加码之下，真伪经得起查验。尽管价格贵些，刘女士却能享受到正品的阳澄湖大闸蟹，这是她经常向朋友们津津乐道的选蟹窍门。和阳澄湖大闸蟹一样，江苏还有如东狼山鸡、射阳大米、洞庭山碧螺春、樱桃鸭盐水鸭、恒顺香醋等一系列品牌知名度大、产品信誉度高、市场影响力广、深受老百姓喜爱的绿色食品，绿色优质成为农业品牌的金字招牌。

1. 品牌培育，集聚农产品特色优势

“连天下”区域公用品牌，是连云港打造的精品农产品品牌。2017 年 8 月，连云港整合生态资源优势、现代农业发展成果，发掘西游文化、淮盐文化、东夷农耕文化优势等特色，打造出全市域、全品类、全产业链的农产品区域公用品牌“连天下”。品牌目录涵盖优质稻米、设施蔬菜、食用菌、花卉、特色林果、精品水产等农业主导产业，初步形成了以东海优质大米、赣榆花生、灌云大豆为代表的粮油品牌，以灌云芦蒿、赣榆沙河蔬菜为代表的蔬菜品牌，以海州湾梭子蟹、连云港紫菜、墩尚泥鳅为代表的水产品品牌，以谢湖大樱桃、云台茶叶、石梁河葡萄、黄川草莓为代表的林果类品牌，以花果山风鹅、板浦香肠、东海老淮猪为代表的畜禽品牌，共同构建起连云港绿色食品的农产品价值链。目前，被授权使用“连天下”品牌的绿色食品企业已近 60 家，“连天下”已成为连云港的一张绿色名片。

2. 品牌宣传，产销对接，以销促产

品牌，是发展绿色优质农产品的核心竞

争力。江苏省连续 16 年参加中国国际农产品交易会，连年参加中国绿色食品博览会、有机产品博览会，组织一系列绿色食品宣传、推介活动。同时，优化宣传形式，打造一批有实效的宣传推介平台，积极利用新媒体等形式把绿色食品的理念、标准、生产更直观地宣传出去，让绿色食品走进千家万户。通过行之有效的品牌宣传、推介平台，拓宽产品销售渠道，提升江苏绿色食品的品牌知名度，提高综合竞争力。

2019 年，首届江苏绿色有机农产品交易会在南京举办，全省 130 余家绿色食品、有机农产品、农产品地理标志企业参展，产品达到 300 多个，金陵饭店、盒马鲜生、BHG 等 50 多家采购商到会考察采购。

展位上，通体洁白水嫩、叶芽嫩绿清香、茎基部粗壮、质地脆嫩的溧阳白芹吸引了盒马鲜生考察团的目光。溧阳白芹优越的品质、鲜明的地域特色，与盒马鲜生的定位诉求不谋而合。2018 年 3 月获得绿色食品认证的溧阳市易佳甸园生态农业发展有限公司的溧阳白芹，刚一进入盒马鲜生上海店，就以水嫩洁白的高颜值和爽脆多汁的出众口感征服了上海消费者挑剔的味蕾，成了春节期间餐桌上的网红菜。目前，溧阳白芹已经在上海、苏州、南京盒马鲜生“日日鲜”专柜销售，每天配送，不卖隔夜。2019 年预计市场采购量达到 90 吨，几十倍的跨越式增长，真正实现了产销对接、以销促产。搭乘新零售、互联网大数据、订单式农业快车的溧阳白芹，是江苏众多探索产销对接绿色食品企业的缩影，为绿色食品打造特色品牌、扩宽流通渠道、扩大品牌影响力和市场竞争力，实现从产地到餐桌“零距离”对接提供了解决方案和发展启示。

百尺竿头更进一步。“进入新时代，我国由农业大国正在加速走向农业强国，深入推进农业供给侧结构性改革，大力发展绿色优质农产品成为现代农业发展的基本方向，绿色化、标准化、品牌化、优质化赋予这一战略新的内涵。”中国绿色食品发展中心主任张华荣用“四个化”强调了绿色食品事业未来的发展方向。

江苏省将继续牢牢把握高质量发展走在前列这一根本要求，继续围绕“标准化、产业化、品牌化”的绿色食品新时代发展路径，继续抓住机遇，乘势而上，积极作为，久久为功，奋力书写江苏农业高质量发展的绿色篇章。

（江苏省绿色食品办公室
杭祥荣　高　蓉）

浙江省品牌农业发展概况

【基本情况】近年来，浙江省农产品质量安全中心紧紧围绕实施乡村振兴战略和农业绿色发展大局，认真贯彻落实全国“三品一标”工作座谈会、全省农业工作会议精神，创新工作举措，狠抓关键节点，全力务实推进，各项工作都取得显著成效。2018 年，全年新增无公害农产品 898 个、产地 49.85 万亩，新增“两区”内无公害农产品整体认定 89.58 万亩，新建省级精品绿色农产品基地 5 个，新增绿色食品 210 个、绿色食品基地 16.27 万亩，农产品地理标志产品 20 个，主要食用农产品中“三品”比率达到 53%。

【主要工作措施及成效】

（一）创新思路促转型，绿色理念更加凸显

积极开展省级精品绿色农产品基地创建，大力发展绿色食品和农产品地理标志，推动工作重心由单纯以产品产地认定为主转向以指导服务绿色生产为重。首批选择云和雪梨、安吉白茶、黄岩柑橘、浦江葡萄、乐清枇杷等 5 个特色优势产业，浙江省财政每个县给予 100 万元资金支持，积极推行“六个一”（建设一片规模基地、制订一个操作规程、新增一批绿色食品、打响一个区域品牌、提升一个特色产业、带动一方农民致富）的发展模式，创建工作取得初步成效。同时，大力推进绿色食品续展工作，主体续展率达到73%，产品续展率达到71%。大力挖掘既有产业发展潜力，又有农耕文化基础，更有历史传承的区域特色产品申请农产品地理标志，全年组织27个产品开展申报，其中16个产品公告获证，4个产品已通过农业农村部评审和公示。此外，成功创建松阳大木山茶园全国绿色食品一二三产业融合发展示范园，指导安吉县创建全国绿色食品原料（茶叶）标准化生产基地，组织开展第二批中欧农产品地理标志产品互认申报工作。

（二）强化监管保质量，绿色产品更加安全

组织落实属地自查、省市督查、抽样检查为内容的"三查三严"监管机制，上下配合、产管并举、检打联动，全年组织开展了全省"四个一"行动、"三品一标"规范提质百日专项行动、"三品一标"市地交叉综合检查和标志市场监察行动等专项监管行动，共出动检查人员1 506人次，检查基地612个、用标市场121个，整改生产主体30家，查处违规用标产品5个。多渠道多层次开展质量抽检，防控质量安全风险隐患，全年共抽检无公害农产品、绿色食品2 358批次，抽检合格率达99.7%。

（三）强化宣传树品牌，公共形象更得信赖

联合《农村信息报》开展绿色农产品产业发展系列报道，谋划筹办"浙江精品绿色农产品"微信公众号、全省绿色农产品包装设计大赛和首届全省绿色食品精品年货节等，积极探索绿色农产品展示推介新平台、新模式，努力构建政府引导与市场拉动并举的发展机制。同时，联合承办第九届中国（武义）养生博览会，组织参加第16届中国国际农产品交易会、第19届中国绿色食品博览会和第12届中国国际有机食品博览会等国家级展会，着力提高绿色农产品社会认知度和公信力，让绿色食品精品消费理念深入人心。由浙江省地标展团推荐的云和雪梨获第16届中国国际农产品交易会金奖；7个绿色食品获得中国绿色食品博览会金奖、2个有机食品获得中国国际有机食品博览会金奖。

（四）强化队伍锻造铁军，工作队伍更加有力

切实加强管理队伍建设，全年新增注册检查员、监管员54人，有效期内无公害和绿色食品检查员、监管员达到245人。同时，根据无公害农产品认定改革新要求，起草制订无公害农产品和绿色食品内检员操作指南和培训课件，指导各市举办无公害农产品、绿色食品内检员培训班，推动企业内检员有效履职，切实落实生产主体责任，全年共培训内检员1 958人（其中无公害农产品内检员1 552人、绿色食品内检员406人），基本实现了有效期内企业和2019年计划申报企业内检员全覆盖。

（五）围绕民生建追溯，主体责任更加强化

紧紧围绕民生实事项目，扎实推进农产品质量追溯体系建设，优化追溯平台功能，挖掘质量追溯数据，推进智慧监管试点，全力推动主体提质扩面，先后组织开展21个县的可追溯体系建设考核评价工作。目前全省85个涉农县（市、区）全部建成农产品质量追溯体系，16个"智慧监管App"试点全面运行，新增可追溯主体6 035家，纳入省级追溯平台主体信息库管理的规模以上农业生产经营主体达到4.5万家，可追溯主体达到2.1万家。

（六）谋划改革促发展，无公害农产品认定平稳过渡

在无公害改革过渡期间，浙江省按照农业农村部办公厅印发的《无公害农产品认定暂行办法》要求，主要在三个方面进行了改革：一是《无公害农产品证书》由浙江省农

业农村厅分管厅长签发并加盖浙江省农业农村厅印章；二是产地认定与产品认证合二为一，改为无公害农产品认定，去掉归属认监委管理的“认证”两字；三是无公害农产品标志可以在包装上直接印刷。同时，结合全省农业“两区一镇”建设，确定了过渡时期浙江省无公害农产品认定的方法，即依据原无公害农产品产地认定的方式、思路，开展无公害农产品认定工作，重点加强无公害农产品产地整体认定。全年新受理无公害农产品申报企业 805 家、产品 898 个，新增无公害农产品整体认定 89.58 万亩，并办理复查换证产品 499 个。无公害农产品认定工作有序推进，没有出现任何问题。

（浙江省农产品质量安全中心
郑永利　樊纪亮）

安徽省品牌农业发展概况

【基本情况】2018 年，安徽省“三品一标”工作紧紧围绕“农业质量年”总体要求，持续拓宽工作思路，努力创新工作机制，着力实施品牌升级工程，强力推进全省“三品一标”产业高质量发展，促进了“质量兴农、绿色兴农、品牌强农”落地生根，稳步提升了全省高质量农产品有效供给，示范引领乡村产业兴旺。

（一）整体发展情况

据统计，截至 2018 年年底，安徽省全年新增“三品一标”生产基地 327 万亩，完成年计划任务的 109%；“三品一标”产地环境监控面积达 3 207 万亩；有效使用无公害农产品标志 2 557 个、绿色食品标志 2 723 个、有机农产品标志 530 个，农产品地理标志总量达 62 个；“三品一标”检测合格率达 99%。

（二）无公害农产品发展情况

2018 年，安徽省有效无公害农产品生产经营单位 1 330 家，种植面积达 425.8 万亩，获证产品 2 557 个，年产量 234.9 万吨；产品种类包括粮食、油料、蔬菜、水果、茶叶、食用菌、鱼、肉、禽、蛋等 10 大类；产品产量、销量、生产面积、获证主体数量等方面大幅度增长。

（三）绿色食品发展情况

2018 年，安徽省共有 584 家生产经营主体的 1 261 个产品取得绿色食品标志使用权，与 2017 年同期相比分别增长了 39.8% 和 19.1%；共有 1 273 家生产经营主体的 3 081 个产品有效使用绿色食品标志，同比分别增长了 52.1%和 35.5%，绿色食品生产经营主体首次突破 1 000 家；全年新增绿色食品 807 个，新增产地面积 195 万亩。2018 年共有 144 家绿色食品生产经营主体的 420 个产品成功办理绿色食品续展，经营主体和产品续展率分别为 78.7%和 73.7%。

（四）有机农产品发展情况

2018 年，全省有效有机农产品生产经营单位达到 400 家，有效有机农产品 530 个，含北京中绿华夏有机食品认证中心认证的 21 家有机农产品，以及生产经营单位的 38 个有机农产品。

（五）农产品地理标志发展情况

2018 年，安徽省获农业农村部颁发的农产品地理标志证书 17 张，全省农产品地理标志已达 62 个，种类涉及茶叶、果品、粮食、蔬菜、药材、油料、食用菌、肉类产品、水产动物等九大类型。其中，砀山酥梨、霍山黄芽两个产品登上中国百强农产品区域公用品牌榜，绩溪县“金山时雨”茶获全国农产品地理标志示范样板创建颁证授牌。

【主要工作措施】

（一）抓创建，强化基地建设

一是开展金寨县茶叶、全椒县水稻创建全国绿色食品原料标准化生产基地的工作，并获得证书；怀宁县蓝莓被批准进入基地创建期。全省已建成并获得授牌的“全国绿色食品原料标准化生产基地”共 45 个，产品种类包括茶叶、砀山梨、毛竹笋、油菜等 10 余种优势农产品。二是舒城县桃溪生态休闲农业示范园获得“全国绿色食品一二三产业融合发展示范园区”称号。三是新增加定远县高刘冬枣科技园等307家生产经营主体的无公害农产品生产基地近30万亩。

（二）抓源头，夯实质量基础

一是强化绿色生资登记管理。芜湖百泰生物科技有限公司生产的微生物有机肥获北京中绿华夏有机食品认证中心认证，专供有机农产品生产使用。培育了宣城、怀远饲料和肥料绿色食品生产资料定点单位4个。二是强化绿色生资专供。绿色食品基地投入品全省专供点已达200余个。三是强化绿色食品标准制定。牵头制定修订“三品一标”行业生产规范9项，并严格按照102项“三品一标”行业规范推进农业标准化生产。

（三）抓效率，推进高质量发展

一是实行申报计划管理。将发展“三品一标”作为农产品质量安全认证体系民生工程建设重要内容，各地对拟初次申报和续展（复查换证）生产经营主体及产品进行摸底和登记，按生产季节和续展时限进行统筹安排，努力提高时效性。据统计，2018年认证时限减少10个工作日以上。二是提高申报条件，对于绿色食品初次申报生产经营主体的种植、养殖规模进行调整提高。据统计，2018年申报绿色食品种植类产品，种植面积提高了25%以上，起到了很好的示范带动作用。三是继续实行绿色食品初次申报材料集中审核制度。全年共安排3次材料集中审核，审核材料487份。四是将生产经营单位内检员制度作为认证前置条件，促进证前申报与证后监管有机结合。五是按照中国绿色食品发展中心要求，做好绿色食品续展统计上报工作，2018年共上报统计报表10期。

（四）抓监管，夯实全程控制

一是开展专项督查。2018年7～9月，安徽省农业委员会组织5个督查组探索采取“双随机一公开”方式，对全省16个市“三品一标”质量管理工作进行专项督查，并对绿色农资、生产基地、生产过程管理督查结果进行了通报，督促获证生产经营单位落实主体责任。二是智慧监管有新突破。强力推进“三品一标”产品全部纳入国家追溯管理信息平台管理，实现“带证上网、带码上线、带标上市”。三是加强生产经营主体内检员培训。全年共培训“三品一标”生产经营单位内检员21批次，全省共有5 780名生产经营单位内检员获得相应资质，“三品一标”认证管理责任落实情况良好。四是做好绿色食品企业年检，将2017年度绿色食品企业年检材料进行汇总上报，制定了2018年年检计划并组织实施，年检企业607家，产品1 532个，年检率分别为96.1%和95.3%。五是开展绿色食品标志市场监察活动，在合肥、马鞍山的5家超市组织开展了以绿色食品标志为主的“三品一标”市场监察活动，共采集“三品一标”产品160个产品，其中绿色食品112个、有机农产品33个、农产品地理标志产品15个。经分析登记，规范使用标志产品158个，规范用标率为99%。六是开展绿色食品质量抽检。中国绿色食品发展中心安排对安徽绿色食品市场的水产品、茶叶、蔬菜水果等6大类产品进行抽检，共抽检产品131个，抽检合格率为100%。

（五）抓推介，落实提升行动

抓住农业品牌提升行动的机遇，强化“三品一标”农产品在做大做强农业品牌的作用。一是在2018年4～5月，组织全省11个市开展了“绿色食品宣传月”活动，参与者达千人，发放资料万余份。二是组织开展了安徽省50强绿色食品评选活动，评选出50强绿色食品。三是参与组织开展了消费者最喜爱的100个绿色食品评选和进社区、进超市、进家庭的活动。四是组织了37家单位200多个产品，参加了在河南省驻马店举办的中国国际农产品加工贸易洽谈会的中部六省绿色食品专展。五是组织参加了在长沙市举办的中国国际农产品交易会地标专展，11个单位参加了专展工作。六是组织70家生产经营单位近400个产品，参加在厦门举办的第19届中国绿色食品博览会和第12届中国有机食品博览会。

（六）抓培训，夯实能力建设

一是承办了中国绿色食品发展中心在合肥召开的无公害农产品制度改革过渡期有关工作培训班和全国绿色食品原料标准化生产基地建设培训班，推动了工作的开展，收到了较好的效果。二是2018年年初组织召开了全省“三品一标”质量管理工作培训会，近百人参加会议。三是2018年年末组织召开了全省应用国家农产品质量安全追溯管理信息平台工作培训会，基层绿办、监管、执法等50多人参加会议，收到了较好的效果。

【存在的主要问题】

在加快推进“三品一标”农产品培育，促进乡村产业兴旺过程中，取得了一些成效，但也存在一些问题，主要表现在：

（一）“三品一标”产业发展与消费者需求还存在差距

经济发展带动了人们生活水平的提高，对绿色优质农产品的需求也日益增加。目前，全省“三品一标”生产基地覆盖率达45%以上，无公害农产品年产量283.7万吨，绿色食品年产量683.3万吨。其中农产品地理标志登记保护数量不足全国平均水平，产品总量的供给与消费者需求仍存在较大差距。

（二）“三品一标”产品培育过多依赖于政策扶持推动

“三品一标”产业快速健康发展，产品快速培育取得了明显成效，为推进质量兴农、绿色兴农、品牌强农和实施乡村振兴战略发挥了积极作用。实施农产品认证体系建设和农产品质量安全追溯工程，将“三品一标”认证登记与质量追溯列入奖补，全省“三品一标”农产品数量、质量实现“双飞跃”，政策推动产业发展作用进一步彰显。以绿色食品为例，实施民生工程前年均增长5个百分点，实施民生工程后年均增长20个百分点，“三品一标”培育过多依赖政策推动。

（三）“三品一标”品牌价值优势未得到真正体现

“三品一标”作为政府主导的安全优质农产品公共品牌，是高品质农产品生产的重要实现路径，也是提振公众农产品消费信心的重要方面。产业的高质量发展与品牌价值的发挥涉及产地环境、投入品、生产过程、加工贮存、市场销售多个方面，涉及范围广、运行环节多、技术手段新。需要生产、科教、行业、市场、政府等多方入手，发挥优势，疏通关窍，合力推进“三品一标”宣传营销和品牌价值打造，发挥“三品一标”农产品品牌价值优势，让优质优价效应进一步凸显。

（四）“三品一标”促进乡村产业兴旺仍需久久为功

产业兴，才能百业兴。农业产业兴旺落实到“三品一标”产业发展上，就是要把“三品一标”农产品认出来、管理好、卖出去，而且是卖上好价钱。“三品一标”产业发展并非一蹴而就，需要久久为功，要进一步坚定发展的信心和决心，进一步树牢现代化农业发展理念，进一步增强发展后劲，进一步营造良好的发展环境。

（安徽省绿色食品管理办公室
耿继光　任旭东　高照荣
杨　骏　谢陈国　陈书红）

福建省品牌农业发展概况

【主要成效】2018年，在福建省农业农村厅的领导和中国绿色食品发展中心的指导下，福建省绿色食品发展中心以高质量发展为导向，以“提质量、树品牌、增效益、促发展”为目标，大力推进全省“三品一标”

发展和品牌农业建设。“三品一标”呈现高质量发展态势，认证（定）数量、质量、产品监测合格率均创历史最高水平。承办第19届中国绿色食品博览会暨第12届中国国际有机食品博览会，取得圆满成功，成效斐然。品牌农业建设取得新成效，唱响“清新福建、绿色农业”，得到农业农村部和福建省委、省政府领导的充分肯定。

（一）“三品一标”高质量发展

2018年全省新认证（定）“三品一标”423个，其中无公害农产品270个、绿色食品105个、有机农产品39个、农产品地理标志9个；累计认证（定）达到4 147个，创历史最高水平；认证（定）工作着力抓高端产品，绿色有机食品占比大幅度提升。漳平市永福台品樱花茶园创建“全国绿色食品一二三产业融合示范园”通过验收。目前全省已有国家级绿色食品原料基地、地理标志示范样板等19个，认定产地环境监测面积达585万多亩。根据国家无公害农产品认证制度改革的精神，建立了福建省无公害农产品认定制度，改革过程认证工作快速平稳过渡。漳州市在无公害农产品认定暂停阶段不停歇，主动服务、积极辅导，为后期恢复认定快速报批奠定了良好的基础，有效地保护了企业主体的权益。

（二）证后监管逐步强化

自2017年以来，逐步确立了监管就是服务的理念，创新管理机制，强化预防监管、过程监管、严格监管。一是对有质量隐患的企业发出风险预警通知、组织风险约谈，对发现问题企业及时组织核查并按规定处置，对新获证企业统一组织颁证面谈，有效地提高企业主体质量意识和守法意识。二是加强抽样检测监督。2018年共抽样监测“三品一标”产品1 026批次，样品数量占现有产品数量的25%，合格率达99.61%，高于全国平均水平。三是加强市场监督检查。全年共出动938人次，对390个各类市场开展“三品一标”标志使用检查，规范包装标识，树立了“三品一标”市场形象。四是加强证书管理。督促各地开展年检工作，指导企业自查自检，100%企业建立了年检档案。五是强化产品追溯管理。“三品”生产主体全部纳入省级农产品质量安全追溯监管信息平台，率先实现“一品一码”准入准出管理。

（三）市场拓展成果丰硕

2018年福建省绿色食品发展中心协同厦门市农业局等承办第19届中国绿色食品博览会暨第12届中国国际有机食品博览会，首次绿色、有机两会联办，展览面积3.7万平方米、1 735个标准展位，取得圆满成功。本届展会共有来自全国各省份和新疆生产建设兵团的37个展团及5个国际展团参展，2 000多家采购商到会，盛况空前，展销两旺。福建省除了设置特色现代农业展示区、有机食品展销区外，还为全省23个省级扶贫开发工作重点县设立了优质农产品产销对接专区，面积超过1 000平方米，300多家“三品一标”企业携带1 000多种产品进行了集中展示。福建省绿色食品发展中心荣获最佳组织奖、特殊贡献奖，57个产品获得博览会金奖。福建省还组织参加了第16届中国国际农产品交易会农产品地理标志专业展区，福建省展团获最佳组织奖，河龙贡米、安溪铁观音获参展农产品金奖。

（四）品牌建设渐入佳境

一是着力完善扶持政策。2018年福建省农业农村厅首次专列扶持品牌农业建设专项资金，将品牌农业建设列入对各级农业部门的绩效考核范围，有力地推动了《福建省人民政府办公厅关于加快推进品牌农业建设七条措施》的贯彻落实，各地制定、出台扶持品牌农业建设的政策文件26件，品牌兴农的氛围越来越浓。福州市出台政策对获得国家农产品地理标志登记保护、福建省著名农业品牌和福州市知名农业品牌的企业各予以50万、30万、20万元奖励；莆田、平潭积极争取支持在资金奖补上取得突破。据统计，2018 年全省“三品一标”发展和品牌农业建设奖补资金达到 2 174 万元。

二是着力品牌农业宣传。品牌宣传多媒体、高强度，既有扶持企业自身宣传，又有政府公益宣传；既有电视广播等传统媒体宣传，又有今日头条等新媒体宣传。2018 年，共组织 18 家 2017 年度福建名牌农产品获牌企业在沈海高速公路重要地段设立 91 座广告牌，集中连片突出“清新福建、绿色农业”主题，效果良好。在东南卫视各档新闻节目前中后的重要时段，展播福建著名农业品牌广告片，365 天不间断；寿宁高山茶、武平百香果等 8 个农产品区域品牌在中央电视台广告精准扶贫栏目展播，影响大、效果好。在今日头条开辟品牌农业专题专栏，设立“福建农业信息网”品牌农业频道，形成新媒体“网微端”三合一宣传矩阵。2018 年 4 月，按照中国绿色食品发展中心的统一部署，在全省组织开展“春风万里，绿食有你”宣传月活动，上下联动、因地制宜，普及知识、展示成就、推动营销，取得了很好的效果。

三是着力品牌评选推荐。在 2017 年度评选的基础上，继续联合福建省林业局、福建省海洋与渔业局开展福建省著名农业品牌评选认定工作，福州茉莉花茶、永春芦柑等获得“2018 年度福建省农产品十大区域公用品牌”称号，维多粒香福建百香果、绿田速冻鲜莲等 30 个名优农产品获得“福建省名牌农产品”称号。组织推荐优质产品参加首届中国自主品牌博览会，安溪铁观音、武夷岩茶、福州茉莉花茶、福安巨峰葡萄等 4 个品牌位居全国地理标志区域公用品牌价值前 100 名。各地也积极组织品牌评选推荐，福州市组织了首届福州市知名农业品牌评选活动；宁德市成立福安葡萄产业联盟，在福州举办福安葡萄、穆阳水蜜桃专场推荐会；三明市、泉州市、南平市利用中国绿色食品博览会平台，组织文鑫莲业、八马铁观音、武夷星等著名品牌企业进行专馆推荐。福建省绿色食品发展中心借助“三品一标”内检员培训班，邀请沃尔玛、朴朴、永辉、新华都等大型商超专门对接生产企业，推动产销合作。

（五）进取创新服务提升

一是强化职责落实，提升服务效率。2017 年以来，大力推动工作制度的梳理和转变，完善落实“线上管理、面上实施”“责任到科、任务到人”的工作机制，落实责任，分工协作，提高效率。有效解决了工作人员苦乐不均、单兵单线作战低效率的问题，提高了认证效率。同时，加强绩效管理，激励争先创优。

二是加强体系建设，提升服务能力。2018 年举办了 2 期全省“三品一标”业务培训班，共 200 多人参训。注重企业内检员培训，提升企业自律自管能力，举办 2 期绿色食品内检员培训班 385 人次、5 期无公害农产品内检员培训班 990 人次。紧紧抓住绿色兴农、品牌强农的机遇，全省市、县工作机构和队伍得以健全、壮大。

三是加强调查研究，提升服务手段。坚持问题导向，2018 年福建省绿色食品发展中心组织了“三品一标”及“品牌农业”工作调研，分 3 组深入全省 10 个县（市、区），围绕体系建设、工作机制、服务需求、监管工作、品牌农业、推进工作等六个方面展开调研，明确了存在的问题，提出了今后的工作方向和措施。针对“三品一标”认证程序复杂、手段落后的问题，在中国绿色食品发展中心的大力支持下，基于“顶层设计、需求引领、互联共享、协同共建”的思路，规划设计电脑—手机—微信“三合一”绿色食品审核管理平台，力求实现“操作高效便捷、信息真实可溯、管理科学有序、平台先进安全”。目前，该平台建设已获得福建省发展和改革委员会立项、启动建设。

（福建省绿色食品发展中心　周乐峰）

江西省品牌农业发展概况

【基本情况】江西省围绕农产品供给侧结构性改革，按照江西省政府“打造全国知名绿色有机农产品供应基地”和原农业部批复“以省为单位创建全国绿色有机农产品示范基地试点省”要求，充分利用优越农业生态环境条件，加快发展“三品一标”认证登记，助力乡村振兴战略和绿色农业发展。截至 2018 年 12 月底，全省共有“三品一标”产品 5 335 个（其中无公害农产品 2 780 个、绿色食品 647 个、有机农产品 1 825 个、农产品地理标志 83 个），全国绿色食品原料标准化生产基地 46 个、面积 840.34 万亩，全国有机农业（德兴红花茶油）示范基地 1 个、面积 3.8 万亩，荣获国家级农产品地理标志示范样板（崇仁麻鸡、余干辣椒）2 个，累计创建省级绿色有机农产品示范县 38 个。

【主要成效】

（一）全省“三品一标”加速发展

2014—2018 年，全省“三品一标”产品总数分别为 2 416 个、2 902 个、3 657 个、4 712个、5 335 个，2018 年较 2014 年增加 1.2 倍，呈现快速发展态势。这些成绩的取得，主要得益于各级政府和有关部门的关心及支持，中央提出了“五大发展理念”和建设生态文明要求，2016 年 3 月农业部批复江西“以省为单位创建全国绿色有机农产品示范基地试点省”并给予重点支持；江西省委、省政府提出了绿色发展目标，并把“三品一标”纳入科学发展观考核内容；江西省农业农村厅实施了“三品一标”补助政策（2016—2018 年每年补助 1 000 万元），市、县各级政府结合资源禀赋优势加快发展“三品一标”。

（二）工作机构职责进一步理顺

通过“传帮带”培养，调动市、县机构积极性，现场检查工作重心下移，协调省外有机检查员等方式，基本理顺了全省各级工作机构的职责，实现省、市、县三级工作机构上下联动。无公害农产品全部由市、县两级机构开展现场检查，省级机构以材料审核和技术指导为主。绿色食品绝大部分由市、县工作机构完成现场检查，年检全部由市级机构完成，省级机构负责审核把关。结合省内有机产品检查员数量及专业资质，北京中绿华夏有机食品认证中心现场检查形成以省内有机产品检查员为主、省外有机产品检查员为辅的格局。农产品地理标志登记材料审核和现场核查以省级机构为主、市级机构为辅。

（三）“三品一标”工作队伍不断壮大

江西省绿色食品发展中心通过邀请中国绿色食品发展中心专家授课、组织举办培训班、外派人员参加各类培训班等形式，加大人员培训和注册力度，在全省范围内形成了一支由省级工作机构人员为核心、市级工作机构人员为骨干、县级工作机构人员为基础、生产单位技术人员为补充的“三品一标”工作队伍，为进一步做好全省“三品一标”工作奠定了坚实基础。截至 2018 年 10 月，全省共有无公害农产品检查员 275 名、绿色食品检查员 121 名、绿色食品标志监管员 45 名、有机农产品检查员 10 名、农产品地理标志核查员 8 名，无公害农产品内检员 2 449 人、绿色食品内检员 362 人。

（四）省级“三品一标”项目资金再创新高

在江西省财政厅的支持下，江西省农业农村厅加大了“三品一标”资金支持力度，2018 年度省级财政涉及“三品一标”认证补助、证后监管、示范创建、品牌宣传的资金达到 2 140 万元。一是继续对全省“三品一标”新获证产品进行补助，下达设区市和省直管县补助资金 1 000 万元。二是安排“三品一标”证后监管与宣传经费 75 万元，抽检“三品一标”产品 170 个。三是继续创建省级绿色有机食品示范县，2018 年新创建 13 个省级绿色有机农产品示范县并给予每个示范县 100 万元奖励。四是安排“三品一标”展示展销经费 40 万元，组织企业参加第 12 届中国国际有机食品博览会、第 19 届中国绿色食品博览会、第 16 届中国国际农产品交易会农产品地理标志专业展区、第 21 届中国农产品加工洽谈会中部六省绿色食品展等 4 个专业展会。

【主要工作措施】

（一）大力发展“三品一标”认证

2018 年开展了无公害农产品认证制度改革，根据《江西省无公害农产品认定实施办法（试行）》，由江西省绿色食品发展中心组织无公害农产品认定终审并颁证。全年认定无公害农产品1 011个（种植业产品 642 个、畜牧业产品 221 个、渔业产品 148 个），其中新申报认证产品 559 个、复查换证产品 452 个；配合中国绿色食品发展中心认证绿色食品 240 个，其中新申报认证绿色食品 119 个、续展获证产品 121 个，全省绿色食品企业达到 304 家、产品产量达 376 万吨；协助北京中绿华夏有机食品认证中心完成 116 个有机食品再认证；组织申报了东乡萝卜等 11 个农产品地理标志，另有余干芡实、黎川草菇、玉山香榧、宜春大米、东乡甘蔗等 5 个产品获得农产品地理标志认证。

（二）强化“三品一标”证后监管

一是开展全省无公害农产品监管工作。对 41 个无公害农产品、32 个农产品地理标志进行了监督抽检；配合中国绿色食品发展中心对省内金溪蜜梨等 5 个农产品地理标志监测抽样工作；开展军山湖大闸蟹农产品地理标志使用专项检查。二是开展了绿色有机食品证后跟踪检查。共抽取省内 4 个市场的 38 家企业的 97 个样品；组织和配合中国绿色食品发展中心开展了绿色有机食品的监督抽检工作；配合中国绿色食品发展中心撤销了本年度 7 个不合格绿色食品的证书。

（三）开展“三品一标”队伍建设

一是组织举办培训班 3 次，培训人员 1 382人次。其中，培训无公害农产品内检员 895 人、检查员 119 人；绿色食品机构工作人员 106 人、内检员 262 人。二是组织参加中国绿色食品发展中心举办的各类培训班，共计 23 人次。三是组织或协助 3 人次完成有机产品检查员新（再）注册、56 人次完成绿色食品检查员、监管员的新（再）注册、262 人完成绿色食品企业内检员的注册。四是完成对全省绿色食品监管员的年度考核，有 8 名地方工作机构的同志荣获全国绿色食品优秀监管员。五是配合中国绿色食品发展中心举办了 1 期全国绿色食品检查员技能提升培训班，来自 34 个省级绿色食品工作机构的负责人和业务骨干共 70 余人参加培训。六是在省内组织了 1 次绿色食品申报材料集中会审和 2 次跨设区市绿色食品现场交流检查。

（四）推动“三品一标”产业发展

为加快“三品一标”发展，在省内外组织了密集调研。2018 年 3 月，派出 3 个组分赴全省 11 个设区市开展加快绿色食品发展专题调研；6 月，派出 3 个组分赴湖南、安徽、重庆等省份考察调研，学习借鉴兄弟省份的“三品一标”先进工作经验；江西省绿色食品发展中心派人参与了江西省农产品质量安全监管局组织的省内有机农产品发展情况专题调研，为更好地谋划江西省有机农业发展献计出策。根据江西省农业农村厅的安排，组织开展了全省有机农产品认证调研并撰写分析报告。

（五）宣传推介“三品一标”产品

一是组织绿色食品进社区宣传。2018 年 4 月 28 日，联合南昌市彭家桥街道文教路社区举办了“春风万里，绿食有你——绿色食品宣传月进社区”活动，现场展示了 12 个设区市、省直管县推荐 28 家企业的 48 个产品。二是组织省内绿色有机企业参加了中绿华夏 2018 全国有机企业家高级研修班暨源食俱乐部产销对接会；组织64家企业参加了第21届中国农产品加工洽谈会中部六省绿色食品展、第19届中国绿色食品博览会暨第12届中国国际有机食品博览会，江西展团均荣获最佳组织奖，共有17家企业荣获产品金奖、优秀奖和优秀商务奖。三是宣传推广农产品地理标志。广昌白莲等4个农产品地理标志获得2018年中国品牌价值评价；推荐广昌白莲、南丰蜜橘列入《第二批中欧农产品地理标志产品互认推荐清单》；组织余干辣椒等10个农产品地理标志参加第16届中国国际农产品交易会农产品地理标志专业展区，"王桥花果芋"荣获金奖，江西省绿色食品发展中心荣获农产品地理标志展团最佳组织奖。

（六）创建绿色原料基地、绿色有机示范县和地理标志示范样板

一是创建绿色原料基地。完成新创建全国绿色食品原料标准化生产基地现场检查1个，组织了2个创建期全国绿色食品原料标准化生产基地的现场验收。目前，全省有全国绿色食品原料标准化生产基地46个、面积840.34万亩。二是继续创建绿色有机示范县。在已创建的25个省级绿色有机农产品示范县的基础上，2018年新创建13个省级绿色有机农产品示范县并给予一定奖励。三是创建农产品地理标志示范样板。2018年11月2日，在由农业农村部农产品质量安全监管司主办、中国绿色食品发展中心承办的第4届全国农产品地理标志品牌推介会上，江西农产品地理标志——"余干辣椒"荣获"国家级农产品地理标志示范样板"称号。

【存在的主要问题】

（一）企业申报"三品一标"积极性有待提高

现阶段"三品一标"产品尚未实现优质优价，一些通过认证的产品没有体现应有的价值，影响了农产品生产单位申报"三品一标"认证积极性。近几年，虽然一些地方政府出台了相关发展扶持政策，江西省农业农村厅也将获得"三品一标"证书与申报农民专业合作社省级示范社、省级农业产业化龙头企业等政策挂钩，但是企业申报"三品一标"认证的主观原动力不够强。

（二）全省"三品一标"工作队伍有待完善

江西省绿色食品发展中心自2010年组建以来，一直致力于培养专业技术人才和扩大"三品一标"工作队伍。但是受事业单位机构改革、人事编制等因素影响，江西省绿色食品发展中心存在专业技术人员不足现象，部分市级工作机构承担了过多职责，个别县级工作机构人员流动大、资质检查员较缺乏。各级工作机构资质检查员不足或工作能力欠缺，导致部分"三品一标"认证材料审核、现场检查无法及时完成，认证工作效率有待提高。

（三）江西绿色农业发展缺乏行业领头羊

随着市场经济的深入发展，各个产业和行业之间的联系越来越紧密。过去那种只管种养生产、不管加工或销售、出卖初级农产品的农业发展方式已经不适应经济发展潮流，今后农业的发展必须走精深加工和创立品牌的道路。江西省通过"三品一标"认证的企业不少，但是真正在全国叫得响的品牌不多，缺乏引领带动作用强有力的绿色食品龙头企业。

（江西省绿色食品发展中心　康升云）

河南省品牌农业发展概况

【主要工作措施及成效】2018年以来，河南省农产品质量安全检测中心（河南省绿色食品发展中心）在河南省农业农村厅党组的领导下，深入贯彻学习党的十九大报告和习近平总书记系列重要讲话精神，紧紧围绕中央、农业农村部、河南省委和省政府关于乡村振兴战略的部署，深入推进"农业质量年"，以"质量兴农、绿色兴农、品牌强农"

为目标，扎实开展“三品一标”农产品品牌建设与农产品质量安全检测工作，为全省农业供给侧结构性改革和全面建成小康社会做出了应有贡献。

（一）“三品一标”农产品品牌创建

1.“三品一标”认证及登记

2018 年，河南省“三品一标”申报企业数、产品数较上年有了较大增长。截至 2018 年 12 月底，全省有效期内“三品一标”产品 4 429 个，较上年增长了 23%。其中，无公害农产品企业1 949家、产品 3 523 个，绿色食品企业 339 家、产品 758 个，有机农产品企业 15 家、产品 42 个，农产品地理标志 106 个。全国绿色食品原料标准化生产基地 5 个（新创建 1 个），国家级农产品地理标志示范样板 2 个（新创建 1 个），省级“三品一标”示范基地 42 个。绿色食品生产资料企业 11 家、产品 20 个。目前，河南省的“三品一标”总量居全国第 10 名。

2.“三品一标”监管

一是为了保证“三品一标”高质量发展，对认证申请制定的各个环节进行了严格把关，进一步落实了现场检查。2018 年全年现场检查 1 400 多家企业，审核材料 1 400 多份。二是进一步加强了年检和监督抽检等证后监管力度。2018 年共有 206 家绿色食品企业通过年检，年检率 83.7%。根据中国绿色食品发展中心要求，配合河南省农业科学院检测中心对全省绿色食品企业进行了监督抽检，共抽取 35 家绿色食品企业的 60 个产品，合格率 100%。同时继续开展“三品一标”现场监督抽检，检测样品 880 个，未检出超标样品。三是举办了 3 期绿色食品企业内检员的业务培训、培训人员 625 人，举办 7 期无公害检查员和内检员培训班、培训人员 1 600 余人。四是组织专家对“三品一标”基层工作人员、新型农业经营主体负责人等进行上门培训 10 余期，共培训 3 000 余人。

3. 无公害农产品制度改革取得新进展

2018 年是无公害农产品认证制度改革的关键年。根据《无公害农产品认定暂行管理办法》和农业农村部文件精神，河南省农业农村厅印发了《河南省无公害农产品认定审核实施细则（试行）》的通知，河南省农产品质量安全检测中心制定了《关于河南省无公害农产品认定现场检查实施细则》等 3 个配套制度文件。在认定启动准备工作完成后，及时召开了无公害认定工作培训会，为各级工作机构人员详细解读河南省无公害农产品认定的相关制度文件，并对暂停期间衔接工作进行了详细安排。2018 年 11 月，河南省正式启动无公害农产品认定；12 月，组织召开了首次专家集中评审会，共有 693 家企业、1 119 个产品通过评审颁证。

4. 扎实开展名特优新农产品名录有关工作

2018 年，为深入挖掘、保护、培育和开发省内名特优新农产品资源，推进品牌创建，积极配合农业农村部农产品质量安全中心，在郑州举办全省名特优新农产品名录申报系统应用培训班，来自全省各辖市及直管县（市）农产品质检中心及省内全国名特优新农产品营养品质评价鉴定机构的 80 余名学员参加了培训。截至 2018 年年底，河南省共申报名特优新农产品 58 个。

5.“三品一标”农产品品牌推介与信息宣传

（1）“三品一标”农产品品牌推介。2018 年，共组织全省 300 多家“三品一标”经营主体参加了农交会、农洽会、绿博会等 6 个国内农业专业展会，获得各类奖项 30 多个；共组织 4 次产销对接会等活动，参加“三品一标”经营主体 387 个次，其中贫困地区参加企业达 212 个次，占 55%。通过这些活动充分展示河南省“三品一标”品牌形象，进一步提升全省“三品一标”的知名度和美誉度。其中，在第 21 届中国农产品加工业投资贸易洽谈会上，河南省农产品质量安全检测中心作为主办单位，联合山西、安徽、江西、湖北、湖南省绿色食品工作机构，组织245家绿色食品企业进驻中部六省绿色食品展示区，这是第一次在全国范围内除中国绿色食品博览会以外进行的大规模的绿色食品展示展销活动。

（2）开展河南省绿色食品“双新双创”评选。根据《关于开展2018年河南省绿色食品“双新双创”评选活动的通知》要求，河南省绿色食品发展中心开展了全省绿色食品“双新双创”评选活动，在绿色食品生产中培养新农民、推广新技术，推进农村创业、创新。通过推荐申报、材料审核、专家评审、网上公示等环节，得出评选结果，授予30个生产单位、20位同志为2018年河南省绿色食品“双新双创”先进单位和先进个人。在首届中国农民丰收节河南省主会场上，进行了绿色食品“双新双创”获奖企业成果展。来自全省各地的50家获奖企业汇聚一堂，210余种产品分布在931.5平方米的展区内，参展产品涵盖了种植业、养殖业、食品加工业，包括果蔬、禽蛋奶、食用菌、粮油、茶叶、饮品、酒类、调味品等，获得了与会领导的高度关注和充分肯定。本次成果展集中展示了河南省绿色食品的新成果、新发展、新形象，是首届“中国农民丰收节”河南省主会场上的一大亮点。

（3）广泛开展绿色食品宣传月活动。遵照中国绿色食品发展中心开展绿色食品宣传月活动的要求，围绕农业质量年主题，多层次、多形式、多角度组织开展了一系列宣传活动。一是召开了河南省绿色食品宣传工作座谈会。二是举办了以“春风万里，绿食有你”为主题的绿色食品产销对接会，中国绿色食品发展中心、河南省农业农村厅领导及全省农业系统和“三品一标”企业的代表500余人参加了活动。活动现场公布了河南省第一批“三品一标”示范基地名单和“2018我最喜爱的绿色食品”获奖名单，来自全省70余家“三品一标”企业展示了200余种获证产品，60余家省内外营销机构与“三品一标”企业开展了产销咨询对接。三是举办了绿色食品进社区活动。四是全省各辖市及直管县（市）都积极举办了绿色食品宣传月活动。其中，郑州市和驻马店市实现了绿色食品宣传全市联动。活动期间，全省累计举办188场次各类宣传活动，涉及18市63县，共出动人员2 100余人次、宣传车130台次，发放宣传资料近18万份，新闻媒体累计报道221次，宣传月活动效果好影响大，受到中国绿色食品发展中心的高度赞扬。

（4）信息宣传。2018年，河南省农产品质量安全网共发布各类信息224条，在微信公众平台“绿色中原梦”上共编辑发布各类信息37条。通过微信，面向社会开展“我最喜爱的绿色食品”网络投票评选及“三品一标”知识有奖问答等活动，发挥了新媒体高效宣传的推动作用。充分发挥《河南农业》和《农村·农业·农民》农产品质量安全专栏，不仅为系统内工作人员发表多篇论文，同时一些政策和业务工作性的文章也为品牌农产品创建工作做了重要的宣传。

（5）成功申办第20届中国绿色食品博览会。为进一步加强农业品牌建设，扩大河南省“三品一标”影响，推动从国内到国外的交流与合作，在河南省农业农村厅和郑州市委、市政府的关心支持下，河南省农产品质量安全检测中心与郑州市农业委员会密切配合、通力协作，促推郑州市申办2019年第20届中国绿色食品博览会，并于2018年8月10日获中国绿色食品发展中心同意。

（二）“三品一标”农业品牌扶贫

1. 筹办全国首个农业品牌扶贫现场会

2018年，河南省农产品质量安全检测中

心按照河南省农业农村厅党组的安排，筹办了全省农业系统五个现场会之一——农业品牌扶贫现场会。这次现场会介绍了一些农业品牌扶贫模式及扶贫案例，总结了全省农业品牌扶贫取得的成效，加强了各省辖市及贫困地区之间的经验交流，强化农业品牌扶贫工作，进一步提升了各地对农业品牌扶贫的认识，推动了农业产业的发展，提高了扶贫成效。同时，河南日报、大河网等媒体分别报道了农业品牌扶贫典型经验，河南省农产品质量安全检测中心微信公众号“绿色中原梦”和网站上推送了贫困地区农业品牌扶贫典型案例 100 例，进一步激发和提升了农业经营主体品牌创建意识和社会责任。

2. “三品一标”农业品牌扶贫整县推进

2018 年，河南省农产品质量安全检测中心对淅川、濮阳、洛宁、台前等 4 县开展了农业品牌扶贫整县推进工作，并对卢氏县和正阳县在 2017 年工作的基础上持续进行了推动。全年累计出动现场检查和抽样人员 200 余人次，对申请认证的新型农业经营主体实行“一对一”上门现场服务。其中，包括 6 次集中现场检查和检测检验抽样，出动检测检验抽样车辆 20 台次，对拟申报企业进行了集中分类的认证技术指导，完成 115 个经营主体的环境检测抽样，共检测 200 多个产品。对这几个县的农技部门、农业企业、合作社、家庭农场负责人进行培训，共计 1 000 余人次。同时，为提高企业积极性和减少企业负担，河南省农产品质量安全检测中心与相关单位沟通协调，共为这 6 个县免除环境检测、产品检测费用近 120 万元。截至目前，河南省贫困县“三品一标”产品达1 877个，占全省“三品一标”总量的 42%。

3. 探索农业品牌扶贫模式

围绕农业产业发展和农民增收，开展农业品牌扶贫实践探索，取得了一定成效，建立起了较为成熟的品牌扶贫模式与带贫机制，形成了稳定增收模式。“企业（合作社）＋一品＋贫困户”模式，即经营主体通过发展绿色食品、无公害农产品或有机农产品，带动农户脱贫致富，如“九华山”牌茶叶、“香腮”牌苹果。“企业（合作社）＋一标一品＋贫困户”模式，即经营主体通过发展农产品地理标志和绿色食品，带动农户脱贫致富，如“兰考蜜瓜”“汝阳红薯”等，授权绿色食品获证企业使用农产品地理标志，带动农户发展。“企业（合作社）＋一品一基地＋贫困户”模式，即经营主体通过发展绿色食品和绿色食品原料标准基地建设，带动农户脱贫致富，如郸城“天豫薯业”、正阳的“正花”花生等。“企业（合作社）＋标准化基地＋贫困户”模式，即经营主体通过建设省“三品一标”标准化（示范）基地，带动农户脱贫致富，如内黄的“星河油脂”、西平的“豫坡酒业”等。这些品牌带贫模式，为脱贫攻坚做出了贡献。

4. 对口帮扶情况

一是组织人员到卢氏县沙河乡进行扶贫对接，了解乡镇基本情况、“三品一标”发展状况、存在的困难等，并在对接会上提出了具体建议和意见。二是帮助卢氏县与猪八戒网达成合作意向，借助猪八戒网络平台打造县域农业品牌，助力卢氏品牌创建。三是牵头组织农业产业技术扶贫专家组（濮阳组），在台前县、濮阳县、范县等地开展农业产业技术扶贫活动 10 余次，培训指导人员 800 余人。

（河南省农产品质量安全检测中心 史俊华）

湖北省品牌农业发展概况

【基本情况】在中国绿色食品发展中心的正确指导与大力支持下，湖北省“三品一标”工作始终坚持以科技兴农、绿色兴农、品牌强农为统领，坚持认证与监管两手抓，坚持深度挖掘湖北特色和稳中求进总基调，紧紧围绕“提质量、树品牌、增效益、保供给、促发展”工作主线，严格执行认证审查制度、创新证后监管机制、着力提高队伍素质，有力推进了全省农业绿色化、优质化、品牌化、特色化发展。近三年，湖北省“三品一标”认证总量以年均15%幅度增长；在中国绿色食品发展中心举办的各类展会上共获得最佳组织奖和产品金奖共计103项；湖北省绿色食品管理办公室共获得湖北省人民政府科技成果奖励3项，其中2016年获得三等奖1项、2017年获得三等奖1项、2018年获得湖北省科技进步奖一等奖1项。截至2018年年底，全省有效期内“三品一标”企业2 119家，产品总数4 552个。其中无公害农产品企业1 334家，产品2 545个；绿色食品企业645家、产品1 735个；有机农产品企业70家，产品129个；农产品地理标志产品143个。认证总量和产品抽检合格率始终处于全国前列。

【主要工作措施】

（一）提高政治站位，多措并举抓“三品一标”

近年来，农产品质量安全工作越来越受到社会关注，抓“三品一标”就是抓中心工作，讲“三品一标”就是讲政治、讲大局。2016年湖北省人民政府出台了《发挥品牌引领作用推动供需结构升级的意见》，成立了以副省长任组长的领导小组；湖北省农业厅每年拿出820多万元作为支持全省“三品一标”发展的工作经费；各市州、县也相继出台了一系列支持认证和鼓励新型经营主体发展的奖励政策。湖北省绿色食品管理办公室组织广播电台、报纸等媒体开展“我最喜爱的湖北绿色食品”网络评选，并在湖北电视台率先推出《乡亲乡爱》专栏，专题宣传“三品一标”优质产品；每年拿出110万元支持经费，其中80万元支持省级“三品一标”基地建设，30万元通过购买服务形式开展全省“三品一标”产品抽检。一系列举措有力地为全省“三品一标”工作的持续发展营造了强大的舆论气场，提供了相应的政策保障。

（二）完善工作制度，严格认证门槛

为确保认证产品质量安全，维护“三品一标”品牌形象，湖北省严格按照中国绿色食品发展中心各项要求，始终坚持“严格审核、严格监管，不符规定、坚决不批”原则，将质量监管关口前移，重心下移，严格实行“先培训，后认证”，对企业负责人和生产管理人员开展培训，强化企业质量管理水平。同时提高各级工作单位的业务能力，规范工作行为，严格按照《湖北省“三品一标”认证工作规范》开展业务工作，遵照《湖北省绿色食品认证会审预审制度（试行）》进行材料上报前的会审。

为适应中国绿色食品发展中心机构改革，扎实做好无公害农产品认证制度改革过渡期内有关工作，确保全省无公害农产品认定工作的连续性和稳定性，湖北省于2018年5月先后出台了《湖北省农业厅办公室关于贯彻落实〈无公害农产品认定暂行办法〉的通知》等系列配套文件，简化了认证工作流程，确保无公害认证下放“接得住”“理得顺”；8月开展了首次评审，全年累计评审通过无公害农产品747个。

（三）创新工作机制，加大政策支持

1. 纳入产业扶贫重要举措

为贯彻落实中央关于脱贫攻坚战略决策，湖北省绿色食品管理办公室将发展“三品一标”产业作为脱贫攻坚重要抓手和产业扶贫的技术支撑，以提质量、树品牌来推动农业增效、促进农民增收。

2. 纳入地方政府重要工作职能

湖北省委、省政府始终高度重视农产品质量安全工作，每年与各市州签订《农产品质量安全工作目标责任书》，其中“三品一标”认证监管工作是一项重要工作内容，委托湖北省农业农村厅督促落实，并进行年终考评。在全省生态强省建设考核中也将“三品一标”认证面积指标纳入考核范围，规定认证面积必须占当地耕地面积 30%以上才能得分。“三品一标”认证已经成为湖北省各级政府的强制职能。

3. 纳入年度全系统工作绩效考核重要内容

为规范全省“三品一标”专项经费使用与管理，湖北省绿色食品管理办公室出台了《“三品一标”开发与推广专项经费使用管理办法》《“三品一标”开发与推广专项经费绩效考评方案》，明确了项目经费主要用于“三品一标”认证与监管，并将认证与质量监管工作作为绩效考评的重要内容，实行质量监管“一票否决制”，质量监管工作不合格，第二年不再安排专项经费。

（四）强化工作措施，严格依法监管

湖北省全面落实企业年检、标志市场监察、例行抽检、内检员培训、风险预警、退出公告等制度，增强制度的执行力和约束力。在日常管理工作中，坚持加强内部管理，提升工作效率。监管过程要求规范公正，监管结果公开透明。对不符合标准要求的产品，坚决采取零容忍态度，依法依规进行处理。

1. 完善“双随机一公开”监管工作机制

在湖北省农业厅的统一领导下，已经于 2016 年开展此项工作，建立了专家和企业数据库。2018 年进一步规范绿色食品“双随机一公开”的监管机制。全年开展了 2 次抽查工作，在“湖北省‘双随机一公开’监管平台”随机抽取 15 家绿色食品企业，对其绿色食品标志使用、质量管理、绿色食品生产技术与制度落实等进行了详细全面的检查。检查结果经分管厅领导批准后在“湖北省‘双随机一公开’监管平台”进行公示。科学、公正、公开的执法监管工作，对构建“三品一标”企业诚信体系建设起到了积极推动作用。

2. 细化绿色食品企业年检制度

为提升各级管理机构“三品一标”工作效能，规范企业生产管理行为，确保质量管理制度标准落到实处，湖北省采取“三级检查”的绿色食品企业年检工作模式：市州普检、交叉抽检、省级督查，即市州绿办对辖区内有效期内绿色食品企业年检实行 100%现场检查，在此基础上湖北省绿色食品管理办公室组织市州间交叉检查，视各地工作情况，湖北省绿色食品管理办公室领导班子分别带队对部分市州年检工作进行督查。湖北省不断探索年检工作模式，完善相关制度，有效提高了年检工作实效，提升了各级工作机构的管理水平与业务能力。

3. 加大“三品一标”产品抽检

为提高认证产品抽检率，进一步确保认证产品质量，湖北省每年筹措 30 万元资金，加大抽检力度。一是在中国绿色农业发展中心抽检基础上，全省抽检了 80 个无公害农产品和 60 个绿色食品。二是将“三品一标”产品纳入全省农产品质量安全监测范围内。三是指导、协调有能力的市州开展“三品一标”产品抽检。恩施土家族苗族自治州绿色食品办公室积极筹措资金，开展绿色食品、有机农产品抽检，并申请纳入省级抽检计划，湖北省绿色食品管理办公室批准并向中国绿色食品发展中心申报备案。在湖北省绿色食品管理办公室指导下，恩施土家族苗族自治州绿色食品办公室按照绿色食品、有机农产品抽检要求，全州抽检了 24 个绿色食品和有机农产品，抽检结果全部合格。

4. 加大内检员、检查员、监管员“三员”培训

为充分利用农业资源做好农业项目，解决培训经费不足问题，湖北省绿色食品管理办公室积极向湖北省农业农村厅申请，把“三品一标”“三员”培训纳入农业广播电视学校开展的、面向基层农技人员的农业人才培训工作中，实行“科教、广校、绿办三方

联动”的培训机制，并从2017年开始试行。2018年举办了2期全省农业品牌与精准扶贫暨“一懂两爱”专题培训班（“三品”检查员监管员培训）、8期无公害绿色食品内检员培训班（市州级）、1期贫困县“三品一标”基地建设培训班，累计培训“三员”800余人。

5. 因地制宜建立基地，推进标准化生产

近两年，湖北省绿色食品管理办公室每年拿出80万元项目资金用于支持省级“三品一标”农产品标准化生产基地建设，大力推广绿色生产技术，提高基地产品质量水平。目前全省共有全国绿色食品原料标准化生产基地25个，全国有机农业示范基地3个，国家级农产品地理标志示范样板1个，省级“三品一标”示范基地21个，规模达418.4万亩。

湖北“三品一标”工作虽然取得了一定成绩，但离中国绿色食品发展中心的要求还有一些距离，和兄弟省份相比还有不小的差距。今后湖北省将进一步按照中国绿色食品发展中心的统一部署，加大认证力度，调优认证结构，创新思路，严格监管，努力推动“三品一标”工作再上新台阶。

（湖北省绿色食品管理办公室　杨远通）

湖南省品牌农业发展概况

【基本情况】2018年，湖南省绿色食品工作全面贯彻落实乡村振兴战略，按照“提升品质、打造品牌、加大宣传、开拓市场”的总体思路，以示范基地建设和农业品牌建设为主要工作抓手，以严把认证质量和强化证后监管为主要工作措施，积极开展宣传和产品市场开拓，通过各级农业农村部门的齐心协力，全省绿色食品事业迈上了新台阶。

2018年是农业农村部确定的“农业质量年”。湖南省按照质量兴农、绿色兴农、品牌强农的要求，以“提品质、创品牌、增效益”为主要工作目标，全省“三品一标”各项工作取得了较快发展。截至2018年年底，全省“三品一标”有效认证企业1 509家、总数达3 944个，创历史新高。其中无公害农产品2 150个、绿色食品1 476个、有机农产品248个、农产品地理标志登记70个，有效总数较上年同期增长9.37%；全年新获证产品1 540个，完成年初工作目标800个任务的192.50%。特别是在提品质、创品牌方面，重点发展绿色、有机食品，全省绿色、有机食品在上年同期的基础上分别增长22.1%和16.7%，在全国产品有效总数双双进入前六名。农产品地理标志登记工作取得了长足发展，较上年同期增加10个，为全省农产品区域公用品牌打造和特色产业发展起到了积极的促进作用。

【主要工作措施】

（一）努力推动产业环境优化

近年来，湖南省委、省政府和湖南省农业农村厅把“三品一标”产业发展作为农业供给侧结构性改革、推进乡村产业兴旺的重要抓手，在政策、资金等方面给予了大力支持，营造了良好的产业发展环境。2018年年初，湖南省政府下发了《关于深入推进农业“百千万”工程促进产业兴旺的意见》，明确规定：“大力支持开展农产品‘三品一标’认证，省财政对围绕全国知名区域公用品牌打造的有关‘三品一标’农产品检测、认证费用予以适当补贴。”年中，湖南省出台针对全省51个贫困县“三品一标”产品检测、认证费用全额补贴和非贫困地区“三品一标”产品检测费用全额补贴政策，共补贴资金795万元。湖南省财政对贫困地区成功申报农产品地理标志登记一次性奖励20万元。湖南省农业农村厅也将“三品一标”作为农业项目、品牌评选的重要考核指标，如现代农业示范区建设项目、特色产业园等。各地也相继出台了相关政策，如长沙市安排500万元作为2018年绿色农业发展项目专项资金，兑付奖励资金400多万元；湘潭市2018年度安排450

万元支持本地区农产品地理标志品种提纯、品牌宣传、标准园和健康养殖场建设；郴州市2018年度安排专项资金540万元，用于扶持引导“三品一标”企业品牌、基地、产品培育和推广等。

（二）稳步推进产品数量增长

2018年全省新获证（含新认证、复查换证、续展、再认证）产品总数达1 540个，其中无公害农产品获证产品数694个、绿色食品588个、有机农产品248个、农产品地理标志10个。

1. 完善工作制度，规范工作程序

湖南省绿色食品办公室先后印发了《关于进一步规范绿色食品认证现场检查的通知》《关于进一步规范农产品地理标志登记申报工作的通知》等文件，以制度建设为基础，以落实制度为关键，从严从实抓好产品认证工作。2018年，湖南省绿色食品办公室参与30余个企业的绿色食品现场检查，100%参与有机农产品现场检查和农产品地理标志核查，有力推动了认证现场检查工作合规有序。湖南省绿色食品办公室上报中国绿色食品发展中心的绿色食品、有机农产品、农产品地理标志审批通过率保持在99%以上。完成了绿色食品南瓜种植技术规程、绿色食品湘莲种植技术规程等标准规范的评审工作，组织完成了中国绿色食品发展中心下达的《湖南绿色食品椪柑生产操作规程》等五项绿色食品生产操作规程的编写评审工作。

2. 加强业务培训，夯实工作队伍

组织各类培训班11期，累计培训1 500人次，其中无公害农产品检查员145人、绿色食品监管员107人、绿色食品企业内检员1 163人、有机农产品企业内检员85人，在实现了所有认证企业内检员培训合格全覆盖的同时，为大批具备绿色有机食品申报基础的生产经营主体提供了技术支撑。

3. 抓好基地建设，发挥示范作用

2018年共创建22个绿色食品示范基地，并在7月中旬组织全省绿办主任及绿色食品示范基地负责人就如何做好示范基地建设、发挥示范引领作用等方面进行现场培训，有效促进了示范基地提高建设水平。截至目前，已成功创建绿色食品示范基地83个，示范基地的示范效果明显，成为全省绿色食品行业83张闪亮的名片。继续做好绿色食品原料基地建设工作，完成了7个全国绿色食品原料标准化生产基地县续报工作，靖州县10万亩全国绿色食品原料（杨梅）基地县通过验收，上报了江华县10万亩全国绿色食品原料（水稻）标准化基地创建材料，全省绿色食品原料基地达到602万亩，为绿色食品加工企业提供了充足的原料来源。

4. 扎实做好无公害农产品认证制度改革

根据农业农村部办公厅《关于做好无公害农产品认证制度改革过渡期间有关工作的通知》要求，湖南省绿色食品办公室坚持简化程序、下放职权、科学规范、严谨实用的原则，自上而下迅速推进无公害农产品认定制度改革。先后下发了《关于整合并调整无公害农产品产地认定、产品认证、农产品地理标志审查工作的通知》和《关于做好无公害农产品认定制度改革过渡期有关工作的通知》，明确了各级工作职责和工作原则。依托全省农业科研院所，建立了湖南省“三品一标”评审专家库。举办了1期无公害农产品制度改革有关工作培训班，市、县两级工作机构100余人参加了培训。全年组织开展2次无公害农产品认定专家评审会，共审核通过了315家企业、694个产品。

（三）不断促进产品品质提升

2018年年初，湖南省绿色食品办公室理清全年“三品一标”监管工作思路，下发了《关于做好2018年度绿色食品年检工作的通知》《关于进一步加强“三品一标”监管工作的通知》《关于开展“三品一标”标志市场监察工作的通知》《关于下达2018年度抽检计划的通知》等文件，为“三品一标”监管提供了有力保障。

1. 严格落实年检等相关工作

一是严格落实绿色食品年检工作。2018年年初，对全省绿色食品年检工作做出了部署安排，对年检资料进行认真审核，严格把关。二是开展了证后监督抽检。2018年全省共抽检159个产品，包括无公害农产品14个、绿色食品119个、有机农产品21个、农产品地理标志产品5个，其中有5个产品不合格，并完成了相关不合格产品的标志停用和证书撤销工作。三是完成了绿色食品检查员、监管员在金农系统申报注册审核工作，全省有效注册检查员、监管员分别达到195人、111人。

2. 开展例行监督检查

2018年9～11月，湖南省绿色食品办公室分3个检查组，对14个市（州）的25个县（市、区）、74个企业（合作社）进行了监督检查。其中，无公害农产品企业（合作社）15家、绿色食品企业（合作社）48家、有机农产品企业5家、农产品地理标志使用企业6家。通过听取汇报、查阅资料、现场查看、考核评价、反馈情况等方式，检查了市（州）绿办监管制度、监督检查、监督记录及档案、“三员”作用发挥和市场监督等5个方面的监管职责落实情况，检查了获证企业制度建设、投入品和标志使用情况等3个方面的生产管理情况，监督检查效果明显，对市（州）、县（市、区）绿办监管能力提升和企业规范生产起到了积极的促进作用。

3. 开展市场监察

2018年1月，湖南省绿色食品办公室对长沙市的8个商超、卖场进行了标志市场监察，共采样大米、面条、加工盐、鸡蛋、植物油、有机纯牛奶、蔬菜加工品等207个产品，送样检测产品均合格。6月，再次对长沙市的7个商超、卖场进行了绿色食品标志市场监察，共采样大米、面条、加工盐、紫菜、莲子、植物油等169个产品。

（四）持续扩大产品品牌影响

通过开展“绿色食品宣传月”“健康中国绿色食品湖南行”等系列活动，借助网络、电台、报刊等新闻媒体讲好品牌故事，扩大绿色食品影响，切实把绿色食品品牌树起来；通过组织省内“三品一标”生产企业和国内采购商参加的产销对接会，搭建产销对接平台，促成商家与“三品一标”企业建立产销对接渠道，切实促进农业增效和农民增收。

1. 加强品牌宣传打造

2018年3月，全省农产品地理标志现场推进会在浏阳召开，会议对发挥农产品地理标志作用打造区域公用品牌进行了部署，大围山梨等6个地理标志产品做了经验介绍，组织参观了大围山镇“水果公园”等3家水果产区和大围山梨生产基地。4月，配合中国绿色食品发展中心开展了“春风万里，绿食有你——绿色食品宣传月湖南站”公益宣传活动，活动现场18家“三品一标”企业代表进行了自律承诺宣誓，20多家企业开展了品鉴活动，湖南人民广播电台新闻综合频道对整个活动进行了网络现场直播。之后，湖南省绿色食品办公室还组织了绿色食品进学校、进社区等多次宣传活动。“健康中国绿色食品湖南行”活动贯穿全年，累计采访报道了50家绿色食品、地理标志产品企业，通过专家现场访谈、科普介绍等多种形式让广大消费者了解“三品一标”知识。

2. 加大产品产销对接

组织召开了“靖州杨梅”与步步高集团专场产销对接座谈会，靖州杨梅成功入驻步步高超市。积极组织企业参加湖南省农业农村厅和步步高集团每月固定举办的产销对接会，促成多家“三品一标”企业与步步高超市签署了采购意向协议。组织市（州）绿办主任和10余家企业参加了由广州市农业局举办的“共建粤港澳大湾区‘菜篮子’绿色食品对接会”，岳阳市、常德市绿色食品办公室分别与广州市绿色食品办公室签署了粤港澳大湾区“菜篮子”绿色食品对接框架协议。组织 36 家水果企业参加湖南贫困地区优质农产品（北京）产销对接会，湖南省委副书记乌兰、副省长隋忠诚对湖南省绿色食品办公室的组织工作给予了充分肯定。

3. 规范建设销售平台

中央电视台《焦点访谈》栏目“有机背后有玄机”节目播出之后，湖南省绿色食品办公室成立了专项检查组，对湖南省绿色食品展示体验中心、湖南省绿色食品展示销售中心等多个销售平台进行检查，要求各店立即整改存在的问题，并提出了规范产品、规范分区、规范用标的要求。支持湖南绿色食品网上商城举行了 11 期促销活动，进一步推动了全省“三品一标”优质产品在商城的销售量。

4. 积极组织企业参展

2018 年 3 月，组织了 2 家企业参加了英国食品饮料展，推动湖南省“三品一标”企业开拓国际市场。11 月，遴选出 16 家农产品地理标志授权企业参加了第 16 届中国国际农产品交易会农产品地理标志专业展区，湖南省绿色食品办公室被授予最佳组织奖。组织 41 家企业参加了第 19 届中国绿色食品博览会暨第 12 届中国国际有机食品博览会，9 个产品荣获中国绿色食品博览会金奖，2 个产品荣获中国国际有机食品博览会金奖，1 个产品获得中国国际有机食品博览会优秀奖。

（湖南省绿色食品办公室　朱建湘）

广东省品牌农业发展概况

【基本情况】党的十八大以来，党中央、国务院高度重视农业绿色发展，习近平总书记多次强调，绿水青山就是金山银山。广东省各级农业农村部门深入学习贯彻落实习近平总书记关于农业绿色发展的重要讲话精神，牢固树立绿色发展理念，以农业供给侧结构性改革为主线，以实施乡村振兴战略为抓手，以绿色发展为导向，扎实做好转方式、调结构、强产业、育品牌、抓示范等各项工作。特别是经过绿色食品行业 20 多年的长足发展，广东省“三品一标”事业呈现出快速发展的趋势，社会经济价值日益凸显，为促进农业向绿色发展、推进质量兴农、绿色兴农、品牌强农和乡村振兴战略实施发挥了积极作用。

【主要成效】随着人们对高品质生活的不断追求，对“三品一标”产品的需求日渐增强，品牌效应日渐凸显。按照广东省委、省政府的决策部署，全省着力推进“三品一标”工作，经过 20 多年的不懈努力，实现了质量、速度、效益的协调发展，树立起全省“三品一标”整体品牌形象，为“三品一标”发展打下了坚实的基础，“三品一标”工作取得了显著成效。

（一）规模稳步扩大

全省“三品一标”认证农产品数量显著增加，截至 2018 年年底总数达 3 571 个，其中无公害农产品 2 796 个、绿色食品 652 个、有机农产品 88 个（中绿华夏认证）、农产品地理标志 35 个，同时创建全国绿色食品原料标准化基地 6 个，面积 70 多万亩，创建全国有机农业水稻标准化生产示范基地 1 个，面积近 1 万亩，其中大埔蜜柚已列入中欧地理标志互认产品目录，镇隆荔枝列为中国农产品地理标志示范样板。

（二）质量稳定可靠

广东省一直以来对获证企业实行严格的审查监管，对复查换证产品实行 100%检测和现场检查，突出节假日对大型超市、农贸市场等农产品交易场所的检查，不断纠正市场上某些产品存在不规范用标的问题，坚决消除“三品一标”质量隐患，严格把好质量关。2018 年，累计年检企业 210 家，共抽检产品 292 个，合格率达 98.3%以上。

（三）品牌影响力不断提升

多年以来，充分利用各种媒介和平台，

加大“三品一标”的推介力度。配合“中国绿色食品宣传月”活动组织开展了绿色食品进社区、进学校、进超市、进企业的宣传推介活动；2018年广东省农业农村厅联合广东省市场监督管理局、广东省扶贫开发领导小组办公室、梅州市人民政府举行了“讲好广东地标品牌故事，助推新时代产业精准扶贫”主题活动；同时搭建各种平台宣传广东省“三品一标”品牌，2018年组织了12家企业参展第16届中国国际农产品交易会农产品地理标志展，组织了54家绿色食品企业、10家有机食品企业参展第19届中国绿色食品博览会暨第12届中国国际有机食品博览会，广东展团还获得绿博会、有机博览会“最佳组织奖”等多项荣誉；在“3·15国际消费者权益日”和相关的公益宣传活动中，组织人员现场派发资料4 000多份；各级工作机构协助江门市、大埔县、连州市和惠州市等举办了“江门凉瓜节”“鹤山红茶文化节”“新会陈皮节”“大埔蜜柚茗茶节”“连州菜心节”等区域性展会，进一步普及了“三品一标”知识，同时提升了广东省“三品一标”的知名度、美誉度和市场影响力。

（四）监管体系队伍持续壮大

为确保“三品一标”工作持续、保质、高效开展，进一步加强“三品一标”检查员、监管员和企业内检员队伍建设，2018年8～9月，对全省各地企业相关人员，各地级市农业行政主管部门相关工作人员组织开展了全省绿色食品企业内检员培训班、全省绿色食品检查员和监管员培训班，累计培训500人次，加强了全省“三品一标”体系队伍建设。

【主要工作措施】

（一）高度重视“三品一标”工作

近年来，广东省各级政府十分重视“三品一标”发展，大力发展“三品一标”事业。一是大力推进绿色食品、有机食品检查员队伍的建设，争取农业农村部有关部门的支持，创造机会大力培养地级市行政主管部门和技术部门有专业背景的人员取得检查员资格，壮大检查员队伍。二是对达到规定条件的地级市，委托其承担辖区内绿色食品现场评审工作，做到能放尽放、应放尽放，省级机构将来更多地承担检查指导职能。三是广东省农业农村厅首次安排了1 000万元“三品一标”奖补资金，珠海、阳江等市也出台和争取了本地的扶持奖励政策和资金，为“三品一标”事业发展提供了强有力的支撑和保障。四是协助主管部门大力推进全省“三品一标”农产品全面纳入质量追溯体系，为质量兴农战略贡献更大的力量。五是加强服务指导，助推现代农业产业园建设。指导园区生产经营主体积极申报“三品一标”，在填写申报书、科学合规用药、产品检测、评估申报、现场检查等方面给予辅导，帮助园区内主导产业农产品实现“三品一标”认证全覆盖。

（二）严格证后监管，确保产品质量

获证产品证后监管是“三品一标”工作的重要内容，也是保障产品质量的主要手段。广东省严格按照“严格审查、严格监管；稍有不合，坚决不批；发现问题，坚决出局”的要求，切实强化风险意识和责任意识，工作上更加注重层层把关，更加注重责任落实，以高度负责的态度，坚守质量安全底线。2018年，广东省共完成210家绿色食品企业的年检工作，共抽检产品292个，合格率到达98.3%以上，进一步夯实了监管基础，保证了监管持续发力。

（三）加大宣传力度，提升品牌影响力

“三品一标”工作的一个重要内容就是为企业提供服务，帮助企业实现市场拓展。多年来，广东省一直重视品牌培育，采取多项措施做好宣传工作，宣传企业形象，扩大品牌影响力。依托中国绿色食品博览会、中国国际有机食品博览会、中国国际农产品交易会、广东省农产品交易博览会及“春风万里，绿食有你”——绿色食品宣传月等平台，本着“质量可靠、特色突出、用标规范”的原则，精心筛选参展企业产品，充分利用展销平台，宣传广东省“三品一标”发展成效，推介“三品一标”产品，促进“三品一标”更快更好地发展。

（四）加强队伍建设，逐步健全体系队伍

在巩固已有体系的基础上，稳定队伍，强化自身能力建设。一是依法依规管理。积极完善各项规章制度，规范化管理检查员队伍，特别是对检查员资格制定了明确具体的规定并严格执行。二是科学管理。发挥地方骨干检查员的优势，充分调动其积极性，为“三品一标”建言献策。三是加强培训。加大对绿色农业生产技术的培训力度，普及农产品安全基础知识，提高广大生产者的科技素质和生产技能，使生产者准确掌握生产技术和操作规范；积极引导生产者以有机农产品、绿色食品等安全农产品生产为目标，实施生产全过程管理，要求企业必须建立生产档案，提高生产水平和产品质量，确保产品适销对路和实现优质优价。

【存在的主要问题】

（一）相关法规文件滞后，落实不到位

目前，尚未出台适宜广东省实际情况的“三品一标”农业生产指导性规程文件，对企业标准化生产的实施缺乏指引，同时也不利于规范绿色食品生产经营活动。

（二）体系队伍尚未健全，监管力度不够

近年来由于各地机构改革，广东省“三品一标”机构和人员变化较大，大部分持证检查员已调离原岗位，许多市、县级农业技术服务部门由于职能分工不明确，对本地区“三品一标”企业缺乏技术指导和行业监管，有些甚至不了解、不熟悉本地区“三品一标”企业和产品。有些市、县级技术人员对“三品一标”标准和法律法规的掌握也不到位，严重限制了本地区“三品一标”产业的发展。

（三）企业管理人员、内检员流动性大

由于区域经济发展不平衡，有些地区经济较为落后，从业人员文化程度不高，部分合作社和企业实力不强，人员素质相对较弱，管理水平不到位。内部管理人员流动性较大，内检员更换频繁，管理体系不够完善，导致“三品一标”企业内部监管不到位，职责不明确，存在续展间断现象。

（四）品牌意识仍淡薄，宣传力度不够

缺少区域品牌意识，部分地方政府对区域品牌存在重创建、轻推广现象，所辖企业竞争多于合作，缺少抱团做强意识，导致区域品牌影响力弱。部分企业同样存在偏爱大而全，缺少“百年品牌”意识，多追求品牌价值快速变现，缺少足够时间积累难以形成精品品牌。绿色食品、有机农产品、农产品地理标志以及无公害农产品在市场上未充分实现优质优价。

（广东省农产品质量安全中心
林海丹　李桂英　汤　琼　欧阳英）

广西壮族自治区品牌农业发展概况

【基本情况】广西山清水秀，污染源少，自然环境优越，非常适合发展绿色优质农产品。2017 年 4 月 19～21 日，习近平总书记视察广西时，对广西农业做出了很高评价。习近平总书记指出，广西农业历史悠久，资源丰富，优势明显，广西人民通过自己的辛勤劳动创造了辉煌的农业文明。同时，还对广西提出了增加绿色优质农产品生产供给的要求。近年来，广西充分发挥自身潜能，不断扩大绿色优质农产品规模，加速发展绿色农业，壮大了各地主导农产品产业和特色产业，也促进了贫困地区农业增效、农民增收和农业绿色发展。

（一）适宜的气候条件

广西属亚热带季风气候，具有气温较高、光照充足、雨量充沛、无霜期长等优势，而且温度、光照和雨水同季。广西年均水资源总量为 1 880 亿立方米，占全国水资源总量的6.9%，居全国第5位，比全国年均降水量高出一倍多，属多降水量区域。广西年均气温为17～23℃，4～9月温度最高，无霜期在284天以上，年高于10℃的天数持续在230天以上，年日照时间为1 200～1 400小时，年有效积温为5 000～8 300℃，是全国平均气温较高的地区之一。广西热量资源丰富，农作物一年四季均可种植，尤其盛产水果，被誉为"水果之乡"。

（二）优良的产地环境

广西位于我国东南沿海和西南腹地的结合部，山地丘陵占全区总面积的76%，平原占14.6%，河湖塘库水面占1.5%。广西河流众多，水量丰富，地貌、土壤复杂多样，生物群落类型较多，生长繁殖快速，植物资源和动物资源都比较丰富。广西森林覆盖率达62.31%，工业不发达，农业污染较轻，具有发展绿色食品的良好环境条件。广西独特的地形地貌造就了当地风味独特的农产品，如百色市依托右江河谷地带土壤肥沃、夏无台风、冬无霜冻、光热充沛、雨热同季的自然条件，生产出来的杧果外观靓丽，香气浓郁，糖度高，味道好，耐储运，品质优良，深受广大消费者和果品销售商的欢迎。

（三）丰富的产品种类

广西气候温暖湿润，阳光充足，利于作物生长。地方名优蔬菜品种主要有荔浦芋头、博白蕹菜、扶绥黑皮冬瓜、田林八渡笋、覃塘莲藕、长洲慈姑等。药用植物有田七、肉桂、罗汉果等。著名热带及亚热带水果有荔枝、龙眼、芒果、柑橘、沙田柚、木瓜、凤梨、香蕉、橙、波罗蜜等。优良禽畜品种有三黄鸡、香猪、都安山羊、德保矮马等。广西糖料蔗排全国第一，糖料蔗产量占全国的60%以上。桑蚕排全国第一名，桑蚕产茧量占全国的50%以上。广西木薯种植面积和产量均占全国的70%以上。广西的水果产量排全国前列，柑橘、龙眼、芒果、火龙果、百香果等多种水果产量均排全国第一名。广西是全国最大的秋冬蔬菜生产基地、南菜北运和粤港澳"菜篮子"基地。横县茉莉花茶产量占全国的80%以上、世界的60%以上。广西肉类和水产品总产量位居全国前列，著名的"南珠"产自广西北海，水牛奶产量和近江牡蛎产量排全国第一名。

【主要工作措施】

（一）采取有力措施，绿色优质农产品增长较快

2018年，广西以增加绿色优质农产品供给为目标，积极争取各项政策支持，自治区级落实600万元用于绿色食品在内的"三品一标"认证补贴，部分市、县也出台了支持政策，并实行了补贴。广西将"三品一标"列入绩效考评指标，从自治区、市、县各层级协调推进绿色食品建设。2018年，广西种植业有效期内"三品一标"产品总数达1 569个，比上年增长24.2%；产量达1 776.26万吨，比上年增长29.46%；面积达1 921.95万亩，比上年增长35.69%。其中，绿色食品面积419万亩，产量325万吨。

（二）加大创建力度，稳步推进基地建设

近年来，广西创建特色农产品优势区25个，实施特优区60%主导品种要通过绿色食品认证。2018年，新建成自治区级核心示范区99个，建成县级示范区321个，建成乡级示范园1 256个。继续做好绿色食品原料标准化生产基地、农产品地理标志示范样板、有机农业示范基地的申报创建管理工作。"富川脐橙"建成国家级农产品地理标志示范样板，隆安县金穗生态园建成首批全国绿色食品一二三产业融合发展示范园（全国8个），均通过验收并获称号。全国有机农业示范基地2个，分别是乐业县、西林县，国家级农产品地理标志示范样板百色芒果得到不断巩固和发展。

（三）深入开展"农业质量年"行动，绿色优质农产品质量有保障

2018 年，按照广西壮族自治区农业农村厅“农业质量年”的活动部署，举办了八桂农业质量行“三品一标”农产品进社区、进学校等活动。全区加强绿色食品在内的“三品一标”监管，严格“三品一标”主体条件，将企业配备内检员作为绿色食品申报主体资质的前置条件。同时，加大抽查、监管核查力度，规范生产行为。一是实施 100%的绿色食品企业年度检查。要求绿色食品企业按照“一个产地、一个主体、一个产业、一套标准、一套监管体系、一批绿色食品品牌”的“六个一”实施基地建设和规范生产。二是严抓有机食品监管。开展获证企业自查，开展有机蔬菜企业专项监督检查和产品抽检，及时排查质量安全隐患。三是开展专项抽检，对“三品一标”重点产品重点指标进行抽检。四是抓好市场监察，突出节假日对大型超市的检查，纠正产品不规范用标问题。

（四）推动产销对接，绿色优质农产品宣传推介取得新成效

2018 年，组织“三品一标”企业、合作社组团参加第 16 届中国国际农产品交易会农产品地理标志专业展区、第 19 届中国绿色食品博览会等多个展会，达成了一批贸易协议，一批“三品一标”产品获得了各种奖项，有力推动了市场销售渠道的拓展和产品知名度提高。广西农业农村部门加强了“三品一标”宣传，进一步扩大全区“三品一标”影响力。百色芒果、富川脐橙、平南石硖龙眼农产品等都在中央电视台进行重点广告推介，广西壮族自治区绿色食品发展站在《农民日报》《广西日报》《广西新闻》《南国早报》等报刊发表关于全区“三品一标”推动现代农业发展的稿件 20 多篇。

【主要成效】

（一）抓住贫困地区资源优势，扩大贫困地区绿色食品产业规模

广西根据贫困地区青山秀水、环境良好的资源优势，扎实做好贫困地区“三品一标”组织新申报工作和续展复查换证再认证工作，加大力度指导贫困地区工作机构和申请主体，帮助解决申报过程中存在的问题。持续落实对贫困地区绿色食品申报的优惠政策，2018 年补贴贫困地区发展“三品一标”企业 280 多万元，进一步激发企业在贫困地区发展绿色优质农产品的积极性。2019 年，积极宣传落实国家对贫困地区的绿色食品、有机农产品认证和标志使用费实施的减免扶持政策。在保证质量的前提下，对贫困地区申报的产品，落实“优先受理、优先现场检查、优先检测、优先审核、优先颁证”的“五优先”快车道政策，提高颁证效率。2018 年，广西 54 个贫困县认定无公害农产品占全区无公害农产品总量的 36.4%，认证面积 157.33 万亩；认证绿色食品占全区绿色食品总量的 44.7%，认证面积 62.73 万亩；认证有机农产品占全区有机农产品总量的 85.6%，认证面积 4.72 万亩。近年来，广西每年共有 300 多家“三品”企业、合作社在贫困县开展“三品”农产品生产，通过“三品”品牌化、规模化、组织化带动，促进了贫困地区竖起品牌，拓宽销路，增加效益，促进产业扶贫。

（二）拓宽市场营销渠道，扩大绿色产品销售

近年来，广西均组织包括贫困地区在内的绿色食品企业参加全国性的展会。2017 年在中国国际有机食品博览会上安排乐业县（贫困县）举行了专题推介会，指导了贫困地区茶叶、水果、中药材、水产品等绿色食品出口东盟、欧盟、美国、日本等国家和地区。广西乐业草王山茶叶有限公司等的有机红茶，是欧盟认证的有机农产品，产品销往欧盟。此外，还指导贫困县创建有机食品一条街，充分利用网络平台，开通绿色、有机农产品销售专区，将绿色、有机农产品线下线上销售并行，进一步拓宽市场营销渠道、增加产品效益。

南丹县充分发挥当地绿色、有机食品的

品牌效应，获得认证的产品成为网络营销的通行证，通过网络销售也进一步拓宽了市场营销渠道。2018年，全县绿色巴平米、富硒米种植面积达2.2万亩，绿色巴平米稻谷收购价由认证前的3元/千克提高到获证后的4元/千克，有机巴平米稻谷收购价由认证前的3元/千克提高到获证后的6元/千克，直接带动3 000多户种植户增加收入。绿色红心猕猴桃销售价格由认证前的20元/千克提高到获证后的30元/千克，种植户亩均收入也从认证前的2万元/亩增加到获证后的3万元/亩，带动了900多户种植贫困户脱贫致富。南丹县“三品”产品销售收入占全县电商总销售收入的76.9%。

（三）强化贫困地区绿色品牌打造，促进绿色有机产业提档升级

鉴于贫困地区山多地少的现实情况，广西一直加强贫困地区打造绿色食品品牌，不断提升产品附加值，让贫困地区不仅守住绿色底色，让消费者吃到绿色、健康、质量安全的食品，还探索出了一条大石山区生态保护与经济发展、当地群众脱贫与致富的双赢之路。广西农业农村部门充分利用各种媒体加强绿色农产品品牌宣传，各市也开展了扶贫农产品展销会等推介贫困地区绿色食品。同时，充分利用“绿色食品＋农产品地理标志”“有机农产品＋农产品地理标志”联合宣传，立足独特自然生态环境、特定生产方式、独特产品品质、独特人文历史“四特”来讲好故事，实现农产品的品牌溢价。

近年来，百色芒果通过获得农产品地理标志登记，强化统一品牌名称、统一生产标准、统一采摘上市时间、统一产品包装、统一市场营销、统一质量监管等措施，带动其地域保护范围内获无公害农产品、绿色食品认证25家，认证面积21.57万亩，进一步打响了百色芒果品牌，产品迅速推向全国和海外市场。百色芒果通过“农产品地理标志＋无公害农产品、绿色食品”加强公用品牌打造，不断提升产品的知名度。2018年百色芒果产地平均售价为7.1元/千克，优等果品高达24元/千克，比系统打造品牌前的2014年同期增长40%。百色芒果种植面积由2014年的66万亩发展到2018年的130万亩，累计有6.8万户25.23万人通过种植百色芒果告别贫困。

（四）一二三产业融合发展，增强贫困地区农业影响力

广西一直致力支持贫困地区依托各地区独特自然风光、人文景观等，将生态环境优势转化为产业优势、经济优势、后发优势，推进一二三产业融合发展，逐步使绿色农业园区向农业生产、农产品加工、现代服务业一体化延伸。位于国家级贫困县隆安县境内的广西金穗香蕉产业园是首批8家“全国绿色食品一二三产业融合发展示范园”创建单位之一，种植绿色食品香蕉数万亩，进行香蕉浆加工，实行绿色香蕉主题休闲农业旅游，是全国休闲农业与乡村旅游五星级园区，高水平实行了绿色食品一二三产业融合发展。国家级贫困县乐业县顾式龙云山有机茶园被评为“中国30座最美茶园”，顾式有机休闲旅游路线被评为“中国十佳茶旅路线”。良好的生态环境让“乐业空气”备受游客青睐，年接待游客25万人次，旅游收入200多万元。顾氏茶园以有机茶为主导吸收入股分红239户，每年每户分红5 000元，安排就地就业260人，人均年收入30 000元。绿色有机农业与生态旅游相得益彰，吸引了越来越多的消费者体验感受绿色有机农业，进而积极购买、消费绿色有机产品。

（广西壮族自治区绿色食品发展站
蓝怀勇　杨天锦　陆　燕
刘淑梅　韦岚岚）

云南省品牌农业发展概况

【基本情况】2018年，为贯彻落实国家

乡村振兴战略和习近平总书记考察云南时做出的“一个跨越”“三个定位”“五个着力”的重要指示，云南省委、省政府在深入调研、精心论证的基础上，提出了打造世界一流“绿色食品牌”的发展战略。

打造世界一流“绿色食品牌”，是云南省改变农业生产方式、推进农业现代化的内在要求，是实现产业兴旺、实施乡村振兴战略的重要举措。2018 年，在云南省委、省政府的统一部署和高位推动下，全省上下按照“大产业＋新主体＋新平台”的发展思路，重点推进“抓有机、创名牌、育龙头、占市场、建平台、解难题”六方面的工作，政策支撑体系逐步形成，各项举措逐步落地，效果逐步显现出来。

云南发展绿色食品产业具有较大的自然和生态优势。一是云南具有独特的农业气候条件。农业气候条件主要包括光照、热量和降水，其不仅影响农业生产的地理分布，也影响农作物产量的高低和质量的优劣。云南气候类型多样，有北热带、南亚热带、中亚热带、北亚热带、暖温带、中温带和高原气候区 7 个温度带气候类型，气候兼具低纬气候、季风气候、山原气候的特点。各地差异性的光照、热量和降水特点，使得云南可以打破季节性约束，在同一季节生产出不同的农产品，不同的季节生产出同样的农产品。二是云南具有独特的农业土壤条件。土壤条件关系到农业生产的丰歉及农产品品质的高低。云南大部分土壤呈中性和微酸性，有机质为 1.5%～3.0%，土体深厚，具有保水保肥性强、透气性好的特征，具备种植茶叶、咖啡、橡胶、水果等多年生经济作物的优质土壤资源。三是云南具有独特的农业种质资源条件。农业种质资源是农业发展的战略性资源，云南农业种质资源极为丰富，数量位居全国第一，而且许多为云南独有。

2018 年，全省“三品一标”新认证登记企业（单位）346 家、产品 955 个，产品为 2017 年的 1.99 倍，超额完成了云南省政府工作报告提出的“三品一标”新认证登记 600 个以上的目标；到期换证 371 个产品，全年没有发生“三品一标”重大安全事件。截至 2018 年年底，全省“三品一标”有效产品数 2 927 个，其中无公害农产品 1 640 个、绿色食品 1 158 个、有机农产品 48 个（含转换期 1 个）、农产品地理标志 81 个。

1. 无公害农产品

2018 年全年新认证 209 家企业（合作社）、521 个产品，认证产品生产规模 35.1 万亩，畜禽养殖规模 1 796.7 万头（羽、只），认证产品实物产量 46.40 万吨，产值 27.08 亿元。产品复查换证 88 家企业（合作社）、168 个产品，认证产品规模 40.5 万亩，畜禽养殖规模 2 785.5 万头（羽、只），认证产品实物年产量 68.18 万吨。

截至 2018 年年底，全省共有无公害农产品有效获证企业（合作社）726 家、产品 1 640个，认证面积 409.95 万亩，畜禽养殖规模 5 943.32 万头（羽、只），年产量 351.64 万吨，年产值 157.28 亿元。

2. 绿色食品

通过绿色食品标志许可审核，当年新获证企业 131 家、产品 428 个，产品为 2017 年新认证产品数的 3.2 倍；监测面积 34.82 万亩，为 2017 年新认证面积的 3.2 倍；年产量 63.8 万吨，年产值 46.36 亿元。续展企业 54 家、产品 156 个，监测面积 17.55 万亩，年产量 24.74 万吨，年产值 12.8 亿元。

截至 2018 年年底，全省共有绿色食品有效获证企业 383 家、产品 1 158 个，监测面积 112.52 万亩，为 2017 年年末有效认证面积的 1.2 倍；年总产量 287.2 万吨，年产值 150.99 亿元。

3. 有机农产品

截至 2018 年年底，全省共完成了 10 家企业 14 个项目、47 个产品的北京中绿华夏有机食品认证中心有机产品再认证（换证）

检查及上报工作和 1 个产品的转换期新认证，认证面积 27 865 亩（含野生采集 5 000 亩），认证产量 5 155 吨，产值 17 420 万元。

4. 农产品地理标志

2018 年，云南省获得农业农村部农产品地理标志登记 5 个。其中种植业及初加工产品 3 个，种植面积 23.17 万公顷，年产量 70.50 万吨；畜禽产品 2 个，年存（出）栏数 140 万头（羽），年产鲜肉 48 756 吨。

截至 2018 年年底，全省累计获得农业农村部农产品地理标志登记 81 个。其中种植业及初加工产品 54 个，年产量 618.44 万吨；畜禽产品 26 个，年存（出）栏数1 630.933 1万羽（头、只）；水产品 1 个，年产量 500 吨。农产品地理标志登记保护种植面积 128.99 万公顷，渔业养殖水域面积为 6.8 万公顷。另外，经云南省级初审上报到中国绿色食品发展中心地理标志处 2 个产品、已通过专家委员会评审公示有 2 个产品。

【主要工作措施】

（一）高位推动，稳步建立工作机制

为全力打造世界一流“绿色食品牌”，云南省政府成立了由省长任组长的领导小组，建立了“月安排、周调度”的工作机制，高位推动“绿色食品牌”打造工作。一年来，省长主持召开了 10 次领导小组专题会议，相关副省长召开了 36 次联席会议，形成了系统谋划、重点突破的工作思路，明确了“大产业＋新主体＋新平台”的发展路径，确定了茶叶、花卉、蔬菜、水果、咖啡、坚果、中药材、肉牛 8 个重点产业，扎实推进“抓有机、创名牌、育主体、建平台、占市场、解难题”工作举措，突出抓好招大引强、品牌引领、市场拓展、冷链物流、科技支撑等重点工作。云南省工业和信息化厅、省科技厅、省自然资源厅、省农业农村厅、省投资促进局等成员单位和全省各州市均成立了主要领导为组长的工作领导小组。各市州均结合本地产业实际，确定了 3～10 个重点产业，组建了相应专家组，制定了相应的实施方案或实施意见。

（二）系统谋划，逐步完善政策体系

云南省级印发了《关于创新体制机制推进农业绿色发展的实施意见》《云南省人民政府关于推动云茶产业绿色发展的意见》《云南省绿色食品八大重点产业发展报告》《云南省绿色食品八大重点产业三年行动计划》《云南省培育绿色食品产业龙头企业鼓励投资办法（试行）》《云南省名优农产品品牌评选办法（试行）》《云南省优秀绿色食品加工业企业评选办法（试行）》《云南省特色农产品优势区建设规划（2017—2020 年）》《关于提供高质量科技供给全力支撑打造世界一流“三张牌”的实施意见》《云南省加快绿色食品加工业发展实施方案》《云南省绿色食品加工业三年行动计划》等文件，省级各成员单位起草了乡村振兴战略规划、科技创新支撑打造“绿色食品牌”三年行动计划、绿色食品国际市场开拓政策措施等 30 多份文稿提交领导小组会议研究，初步构建了支撑“绿色食品牌”发展的政策体系。

（三）转变工作方式，提高工作效率

作为绿色食品认证工作的具体承担单位，云南省绿色食品发展中心积极转变工作方式，采取了一系列行之有效的工作措施。一是根据绿色食品申报工作程序，进一步优化工作流程，在原续展受理及审核工作前移到州市级工作机构的基础上，制定《云南省绿色食品标志许可审查实施细则》，授权符合条件的 10 个州市工作机构对新申报绿色食品企业开展受理审查和现场检查等工作，提高了绿色食品整体工作效率。二是结合中国绿色食品发展中心评审工作，组织省级集中评审，邀请省内部分州市业务人员参加评审，实现相互交流学习的目的，缩短审核时间，提高上报速度。三是专门请求中国绿色食品发展中心支持，安排专家，集中对申报材料上报前进行初审，提高了一次审核通过率，缩短颁证时间。四是对重点企业开展上门服务、现场辅导，积极解决申报过程中存在的问题，加快推进认证工作进度和质量。五是云南省绿色食品发展中心领导班子还根据各地情况，专门组织工作组，分头带队，主动深入基层抓宣传和任务落实，深入 15 个市州开展工作 20 余次。

（四）狠抓证后监管，确保用标产品质量

2018 年，云南省坚持“质量第一”的原则，严格证后监管，确保用标产品质量。一是共组织完成 135 家企业 316 个绿色食品产品年检。二是分别对 1 个固定市场和 1 个流动市场开展绿色食品市场监察工作，共计抽取样品 51 个，按照要求录入“绿色食品市场监察信息系统”，并对问题或疑似问题产品进行拍照，上报中国绿色食品发展中心处理。三是配合农业农村部食品质量监督检验测试中心（成都）对省内保山、德宏 2 个市州 6 个茶叶产品进行监督抽检，合格率为 100%；配合农业农村部农产品质量监督检验测试中心（昆明）对省内 54 个绿色食品、15 个有机农产品进行监督抽检，合格率为 100%。四是结合全省绿色食品认证和风险管理需要，组织对昆明、曲靖等地的 30 个蔬菜、畜产品和加工品开展抽样检测，合格率为 100%。

（五）努力加大宣传力度，全力打造绿色品牌

一是以云南省政府的名义对优秀企业进行奖励。2018 年 11 月 28 日，在昆明举行 2018 年“10 大名品”和绿色食品“10 强企业”“20 佳创新企业”表彰大会。云南省委副书记、省长阮成发出席大会并为获奖企业颁奖，云南省委副书记李秀领主持大会并为获奖企业颁奖，为好产品增信、为好企业鼓劲、为绿色食品产业造势，全力打造世界一流“绿色食品牌”。

二是通过主流媒体宣传全省“三品一标”成就。2018 年 4 月 21 日在《云南日报》头版登载了“三品一标”持续稳步推进的文章；借助参加云南省广播电台《金色热线追踪》节目和都市频道的节目，宣传“三品一标”工作。

三是根据中国绿色食品发展中心的部署，结合云南实际组织开展了“绿色食品宣传月”活动，分别在昆明、曲靖等地开展了绿色食品进社区、进超市、进企业等活动，借助媒体和社会力量宣传“三品一标”产品和工作。2018 年 4 月 24 日，由云南省绿色食品发展中心在昆明市西山区兴苑路沃尔玛店组织的“春风万里，绿食有你”——云南“绿色食品宣传月”集中展示宣传活动，有省内 20 多家绿色食品企业的产品参加集中展示，制作了 18 块宣传展示板，吸引了近 2 000 人次市民参观、品尝和互动体验，发放了 1 000 多份绿色食品宣传资料，省、市 10 多家媒体网络进行了采访，云南电视台《云南新闻》当天即报道了相关活动。

四是组织农产品地理标志 6 家企业 15 个产品参加 11 月在长沙举办的第 16 届中国国际农产品交易会地理标志专业展区，“爱伲庄园焙炒咖啡”获大会金奖，云南省绿色食品发展中心获优秀组织奖。

五是组织完成了省内获证产品马龙苹果、诺邓火腿、云龙茶参加农产品地理标志品牌价值评价推荐工作，其中云龙茶、诺邓火腿进入全国百强；协助完成“普洱咖啡”中欧地理标志互认产品技术规范修订工作，继续组织省内 6 家地理标志产品参加《源味中国》（第二季）拍摄意向报名工作。

六是组织“三品一标”企业参加在厦门举办的第 19 届中国绿色食品博览会暨第 12 届中国国际有机食品博览会，全省共 42 家企业近 200 个“三品一标”农产品参展，涉及普洱茶、绿茶、水果、蔬菜、调味品、畜产品、饮料、蜂产品、螺旋藻等。云南省展团首次荣获组委会颁发的优秀组织奖，9 个产品获金奖，1 个产品获优秀产品奖，1 家企业获优秀商务奖。

经过一年多的实践和探索，为打造世界一流“绿色食品牌”，云南省已形成了“大产业、新平台、新主体”的发展思路，强化了“抓有机、创名牌、育龙头、占市场、建平台、解难题”等方面的关键举措，大力发展绿色食品产业的社会氛围已经初步形成，影响力正在显著提升。今后，云南将按统筹谋划，找准各重点产业瓶颈问题，制定有针对性、可操作的具体措施。同时，充分调动全省上下特别是各州、市、县、区打造“绿色食品牌”的工作积极性，压实责任，合力推动云南省绿色食品产业做大做强。

（云南省绿色食品发展中心　孙海波）

陕西省品牌农业发展概况

【基本情况】陕西省位于中国内陆腹地，土地面积 20.58 万平方千米，其中耕地面积 404.9 万公顷，南北跨越三个气候带，分为黄土高原、关中平原、秦巴山区三个自然生态区，物种资源丰富。陕北黄土高原的小杂粮、牛羊、苹果、红枣，关中平原的小麦、玉米、蔬菜、梨、猕猴桃及杂果、牛、羊、猪，陕南秦巴山区的茶、桑、大米、植物油及山货产品，不同的物候条件，形成了不同的区域农产品优势特点。这些都是陕西发展绿色食品得天独厚的条件。

陕西农业产业已初具规模，区域优势农业产业已经有了长足的发展，如以渭北苹果为主的果业、关中商品粮产业和乳制品产业、秦川肉牛产业、陕北小杂粮产业，以及陕南大米、柑橘、茶叶和植物油等产业，已经成为陕西农业产业的支柱，龙头企业和农村经济专业合作社蓬勃发展，为陕西省绿色农业发展打下了坚实的产业基础。

农产品品牌的快速发展，有力地推动了陕西省绿色农业的发展，特别是以“政府推动、企业主导、突出优势、品牌引领、标准保障”原则为指导的“三品一标”产业已取得了显著成效。截至 2018 年年底，全省已认定无公害农产品产地 991 个，无公害农产品 1 143 个；认证绿色食品企业 106 家，绿色食品 175 个；认证有机食品企业 75 家，有机产品 95 个；登记农产品地理标志保护产品 23 个。已建成绿色食品原料标准化生产基地 4 个，面积 162.0 万亩，产量 217.6 万吨；洛川和白水的苹果、眉县的猕猴桃均已整县建成国家级绿色食品标准化生产基地。伴随着陕西省农业产业结构的调整、农业标准化的全面推进、绿色优质农产品市场需求的增大及农业生产者思想认识的提高，陕西省绿色农业已经进入快速发展的战略机遇期。

【主要工作经验和做法】

近年来，陕西省绿色农业进入了快速稳步发展阶段，已经形成了具有陕西优势和特点、规划布局合理、区域品种特点突出的绿色产业。

（一）加强绿色农业生产技术研究，集成绿色食品生产技术

绿色食品生产操作规程是绿色食品技术标准体系的重要部分，也是落实绿色食品标准化生产的重要手段。近三年，陕西省组织相关领域专家，参与了中国绿色食品发展中心下达的 11 项区域性绿色食品生产操作规程的编制任务，其中 5 项已发布，6 项正在编制审定过程中。目前，陕西省已有部分科研单位和高等院校从事绿色农业技术研究，如西北农林科技大学的白水苹果试验站和眉县猕猴桃试验站，以创建全国绿色食品原料标准化生产基地为依托，将绿色农业技术研究纳入了科技攻关的主渠道。

（二）加大农业品牌宣传力度，引导绿色生产和消费

近几年，陕西省充分利用公共传媒，加大对绿色食品、有机农产品、农产品地理标志的宣传力度，提高消费者的质量安全意识，全面树立安全优质农产品公用品牌形象，通过扩大消费需求拉动优质农产品的生产、贸易和流通。2018 年，组织省内 17 家“三品

一标”企业的 40 余种产品参加第 19 届中国绿色食品博览会。陕西省在此次展会中重点宣传了 4 个标准化原料基地和 7 个区域公用品牌，同期举办了陕西优势特色产品推介会，陕西展团荣获组委会颁发的最佳组织奖，2 个参展产品获得博览会金奖。此项工作提升了陕西省“三品一标”农产品的品牌形象和市场竞争力，有效地促进了全省优质农产品的产销对接。

（三）抓好农产品品牌发展，增加农产品附加值

优质农产品的发展要以市场需求为导向，以生态环境为重点，以增进人们身体健康为原则，以打开消费市场为最终目标组织生产和开发。首先，陕西省把开发广大消费者的生活必需品作为主攻方向，如优质大米和面粉、蔬菜、水果、乳制品、肉类、水产品六大类的产品。其次，有重点地抓一些有实力、效益好、具备一定条件的农业产业化龙头企业、农业科技示范园区及省级农村致富带头人领办的企业，作为绿色农业的龙头企业。比如，在实施陕西省“一村一品”提升工程试点村发展绿色食品项目过程中，先后在试点村中发展了 32 家绿色食品企业，通过企业带动，极大提升了全省“一村一品”优质农产品的品牌价值和市场价值。最后，对档次高、有竞争力的拳头产品、资源产品进行重点开发，提高品质，改进包装，增加附加值。在赴企业调研过程中，指导企业有重点地开发绿色食品，增加好产品的市场竞争力。

（四）加强技术培训，提高一线生产人员综合素质

近几年，陕西省加大了对绿色农业生产技术的培训力度，普及农产品质量安全基础知识，提高广大生产者的科技素质和生产技能，使生产者准确掌握绿色食品生产技术和操作规范；积极引导生产者以有机农产品、绿色食品等安全农产品生产为目标，实施生产全过程管理，要求企业必须建立生产档案，提高生产水平和产品质量，确保产品适销对路和实现优质优价。2018 年，在汉中市镇巴县、延安市富县举办了 2 期绿色食品检查员、监管员及企业内检员培训班，培训人数 292 人。“三员”培训有效壮大了绿色食品工作队伍，健全了绿色食品工作体系，提升了从业人员综合业务素质能力和水平，实现了省、市、县监管员全覆盖，为今后扩大绿色食品发展规模奠定了良好基础。

（五）建立生产者、经营者和消费者间的诚信机制

诚信是绿色食品生产的文化基础，企业只有严格按照标准生产，建立严格的产品追溯体系，才能避免发生与消费者的冲突事件。陕西省充分发挥地方政府、企业及农民合作经济组织的积极性，形成利益共享、风险共担的合同契约式运行机制，同时借鉴国外质量控制的经验和模式，鼓励企业建立检查认证体系、内部档案管理及财务审核制度，积极借鉴国际质量认证体系，从生产加工、运销到消费全过程实施，保证诚信机制的有效运行。

（六）加强监督和管理，确保农产品质量安全

绿色食品、有机农产品、农产品地理标志的审核工作是技术性、知识性和综合判断性很强的工作，需要检查员有良好的道德素质、渊博的农业知识、敏锐的观察和判断能力及公平公正的态度。以绿色食品为例：陕西省农产品质量安全中心负责全省绿色食品标志使用申请的受理、初审和颁证后跟踪检查工作；县级以上农业行政主管部门依法对绿色食品及绿色食品标志进行监督管理。通过定期举办绿色食品监管员培训班，壮大了市县绿色食品管理队伍，更好地发挥了市县的监管职能。同时，开通举报热线，接受企业及个人对违法用标、不规范用标的举报，发挥政府、社会和各种媒体的监督作用，确保全省绿色食品的质量安全。

【主要成效】依据全省农业产业发展情况，突出“3＋X”特色优势主导产业，为陕西省农业经济新的增长点做出了积极的贡献，取得了明显的成效。

（一）区域特色产品绿色化已基本实现

近年来，陕西省已基本形成了具有陕西优势和特点、规划布局合理、区域品种特点突出的绿色产业，为当地农业经济的发展、农产品质量安全、农业产业结构调整、农业标准化等工作做出了积极的贡献。如陕北地区的绿色食品小杂粮、马铃薯、红枣等，陕南地区的茶叶、食用菌、大米等，渭北高原的苹果、红枣、葡萄、酥梨及秦岭北麓的猕猴桃等，关中的绿色粮、油、蔬菜、乳制品等。

（二）陕西绿色农业发展模式已基本形成

近几年，陕西省加强宣传引导，推进区域特色农产品品牌工程，突出绿色食品标准化和品牌化。以全国绿色食品标准化原料基地和全国有机农业基地的建设为突破口，以标准化技术推广为抓手，以品牌化建设为切入点，以优质农产品品牌带动全省区域特色农产品品牌提升，积极探索和推广适合陕西绿色农业发展模式，成效显著，为陕西省农产品标准化生产和品牌提升做出了贡献。

（三）已发展壮大几个具有地域特色的大品牌

陕西省越来越多的企业以绿色生产作为企业的品牌特色和竞争优势，目前已形成以陕西秦宝牧业股份有限公司的“秦宝牛肉”、陕西太白绿农（巨农）蔬菜有限责任公司的“太白山蔬菜”、西安鼎天投资控股（集团）有限公司的“珍佰粮”和“珍佰农”产品等为代表的具有一定市场影响力的大品牌。

陕西秦宝牧业股份有限公司主要从事中、高档肉牛的繁育、育肥、屠宰分割、深加工业务，是行业内领先的肉牛饲养及屠宰加工企业，也是国内较早从事高档肉牛饲养及高档牛肉生产的企业之一，2010 年起获得绿色食品证书，饲养屠宰过程全绿色化。

西安鼎天投资控股（集团）有限公司是一家高新技术产业投资控股集团，于 2004 年加入中国绿色食品协会，成为中国绿色食品协会副会长单位及绿色生资流通体系建设试点单位，目前已有 5 个产品获得绿色食品证书。

陕西太白绿农（巨农）蔬菜有限责任公司是陕西省境内最大的麦当劳、肯德基蔬菜原料供应商，目前有效期内绿色食品产品 31 个，在省内华润万家、永辉超市、麦德龙等各大超市均有销售。

（四）已建成几个整县全国绿色食品原料标准化生产基地

近几年，陕西省把基地建设作为推动全省绿色农业工作的重点，依据陕西农业产业发展情况，突出特色、主导、优势产业，把基地建设与县域经济发展相结合，与农业供给侧结构性改革相结合，与提升县域特色主导产业品牌价值相结合，大力推进整县绿色食品标准化基地建设，为培育县域经济新的增长点做出了积极的贡献。已建成洛川整县全国绿色食品原料（苹果）标准化生产基地、白水整县全国绿色食品原料（苹果）标准化生产基地、眉县整县全国绿色食品原料（猕猴桃）标准化生产基地。开展绿色基地建设以来，“洛川苹果”的品牌价值由 52.41 亿元提升至 72.88 亿元，增长了 39.06％；“白水苹果”的品牌价值由 38.32 亿元提升至 48.46 亿元，增长了 26.46％；“眉县猕猴桃”的品牌价值由 91.50 亿元提升至 98.28 亿元，增长了 7.41％。县域农业产业建设与绿色食品工作相互促进、相互带动、良性发展的局面已经形成。

（陕西省农产品质量安全中心
程晓东　王转丽　林静雅）

甘肃省品牌农业发展概况

【主要工作措施及成效】2018 年是农业

农村部确定的“农业质量年”。围绕中国绿色食品发展中心“提质量、树品牌、增效益、促发展”的工作目标，甘肃省绿色食品办公室扎实推进标准化生产，加强品牌建设，坚持改革创新，积极践行“质量兴农、绿色兴农、品牌强农”理念，为全省脱贫攻坚和实施乡村振兴战略做出了应有的贡献。

（一）推行集中会审制度，实现绿色食品产品总量新突破

一是绿色食品发展迅速。2018 年新增绿色食品企业 142 家，产品 281 个。截至 2018 年年底，全省有效使用绿色食品标志共计 468 家企业 1 033 个产品，产品总数突破 1 000大关，得到保护和监测面积 442.0 万亩，产量 491.2 万吨，产值 146.6 亿元。与 2017 年同期相比产品个数增长 37.4%。

二是有机食品工作稳步推进。2018 年新增有机食品企业 9 家，产品 35 个。有机食品企业总数达 48 家，产品 154 个，种植面积 14.1 万亩，有机产品总产量 12.12 万吨。绿色、有机食品的监测面积占全省食用农产品面积的 9.5%。

三是绿色食品企业续展积极性逐年提高。2018 年，应有 104 家企业 215 个产品续展，实际续展 78 家企业 148 个产品，企业续展率达到 75%（比 2017 年提高 5 个百分点），产品续展率 69%。

四是绿色食品标准化生产基地水平有效提升。2018 年，中国绿色食品发展中心新批准甘肃省创建“全国绿色食品（苹果）标准化生产基地”1 个。至此，全省创建的“全国绿色食品原料标准化生产基地”增至 16 个，基地面积达到 186.4 万亩，产品涉及苹果、红枣及大宗农产品大麦、小麦等，基地对接农户 64.4 万户，对接龙头企业 50 家。

（二）加强督导，保障产品质量稳定可靠

按照中国绿色食品发展中心统一部署，2018 年年初下发了监管工作要点，明确标志市场监察定位大超市、大农贸市场；产品抽检在中国绿色食品发展中心抽检的基础上瞄准高风险及续展产品；年检工作兼顾企业年检及基地监管，瞄准关键季节及关键时段。同时，针对年检工作有效性等制定年检督导工作计划等工作措施，有力且有效地推进了各项监管制度的落实，保障了获证产品质量安全。

一是认真开展市场监察。组织各市（州）对 50 个县（区）120 个超市（市场）上销售的标称绿色食品的 993 个产品进行了筛查核实，其中规范用标 991 个，不规范用标产品 2 个（为外省产品，已报中国绿色食品发展中心质量监督处处理）。检查结果显示：甘肃省绿色食品产品用标是规范的，市场秩序是良好的。

二是认真部署产品抽检。瞄准蔬菜、禽畜等高风险绿色、有机产品及标准化生产基地产品开展产品质量检测，累计完成 225 个产品的抽检工作，抽检覆盖率达 34%。

三是严格落实年检制度。2018 年年初，及早下发年检工作安排，在各市（州）工作机构的组织下，对全省 384 家企业的 779 个产品开展了年检工作。在年检中强化对生产基地投入品、添加剂使用的符合性检查，侧重企业质量管理体系运行有效性，以及生产基地环境、生产规程落实、产品贮藏和运输、包装标识的使用等环节全面细致地进行检查。

四是认真开展年检督导。为确保年检工作各项措施的有效落实，2018 年 8 月下旬开始，甘肃省绿色食品办公室组织人员对白银、定西、平凉、庆阳 4 个地区开展了证后监管督导工作。通过督导检查，进一步推动各级机构积极履职、严格监管，落实属地化管理职责，促进了监管制度的落实工作。

五是组织专项检查，规范生产管理。2018 年 6 月，根据《甘肃省农业农村厅关于开展全省“三品一标”农产品专项检查的通知》安排部署，甘肃省农业农村厅组织 10 个专项检查组，采取市、县自查和省级督查同

步开展的模式，对全省“三品一标”生产企业、销售市场进行专项督查。此次检查中，共检查绿色食品企业275家、有机食品企业32家，检查大型超市28家，通过检查不断规范企业的生产管理和用标行为。在各级机构的共同努力下，全面完成了证后监管各项工作，确保全年没有重大质量事故的发生。

（三）搭建平台宣传推介，强化品牌建设

为了全面提升甘肃省绿色、有机农产品品牌的知名度和影响力，充分展示甘肃省绿色食品发展成果，促进绿色、有机农产品品牌建设，促进绿色食品和有机农产品贸易，甘肃省绿色食品办公室积极为产商搭建各类交流洽谈合作平台。

一是组织绿色、有机农产品企业积极参加第19届中国绿色食品博览会暨第12届中国国际有机食品博览会等展会。经过精心组织，筛选出具有一定规模和实力的绿色、有机农产品企业135家和380个名特优产品参展。博览会期间召开了定西马铃薯厦门推介会。此次博览会现场签约合同金额5 300万元，已有5家企业履行合同开始发货；签订意向合同12个，金额3.2亿元。在这次博览会上，有9家企业的产品被评为第12届中国国际有机食品博览会金奖，21家企业的产品被评为第19届中国绿色食品博览会金奖，4家企业获得优秀商务奖；甘肃展团共获得35个奖项，甘肃省绿色食品办公室获得了优秀组织奖。另外，有114家企业320个产品参加了第三届敦煌文博会“甘肃好味道”好食材展，30家企业的产品获得“特色食材奖”；有2家企业参加了日本东京国际食品博览会，甜玉米、芦笋等产品获得出口订单。

二是收录全省近千家“三品一标”企业图片、文字、二维码信息等编辑成册，向连锁商超、高校采购集团、电商平台等采购商广泛发布，拓宽了甘肃省“三品一标”产品的销售信息渠道。

三是通过广播、电视、报纸等媒体播发相关绿色、有机食品新闻报道50多条（次）；借助甘肃农业信息网《绿色食品》专栏、“甘肃绿色食品”微信平台等媒介发布信息160条；有7篇文章被收录到《中国绿色农业发展报告（2018）》。

四是参加甘肃省农业农村厅在兰州安宁举办的“2018年甘肃省食品安全宣传周启动仪式”和“甘肃省农产品质量安全主题日宣传活动启动仪式”，活动中组织多家绿色、有机食品企业现场宣读质量安全承诺书及社会各界消费者签字活动，收到了良好效果。

五是充分利用绿色食品宣传月活动，加大品牌宣传培育力度。根据中国绿色食品发展中心《关于开展绿色食品宣传月活动的通知》要求，于2018年4～5月在全省各市（州）、县（区）开展了以“春风万里，绿食有你”为主题的绿色食品宣传活动25场，参与企业350多家，通过现场解答、发放宣传册、手提袋等图文资料，普及了绿色食品知识，提高了绿色食品品牌的知名度和影响力。

（四）强化培训，筑牢工作体系基础

一是内检员培训得到市级工作机构重视。2018年，酒泉、张掖、武威、临夏、兰州5个市（州）分别举办了绿色食品内检员培训班，培训内检员221人，实现了新增经营主体全覆盖，强化了生产主体责任意识。

二是结合市（州）工作需要开展了检查员、监管员培训，在兰州、陇南分别举办了绿色食品检查员、监管员培训班，培训涉及兰州、张掖、金昌、武威、白银、定西、陇南等地绿色食品工作机构的管理人员共201人，为检查员3年到期再注册及开展工作打下了基础。

三是在兰州举办了全省农业系统有机食品内检员暨有机检查员技能提高培训班，有机食品内检员65人、检查员10余人参加了培训，实现了有机食品企业内检员全覆盖。同时，对2019年计划申报的企业内检员提前进行培训，为下一年度有机食品的申报打下了基础。

2018 年，甘肃省绿色食品办公室依托独特的自然资源禀赋和多样的生态环境特征，深入挖掘甘肃高寒干旱特色农业所蕴含的“绿色有机”特质，着力构建绿色食品优势产业生产组织体系，推进甘肃农业高质量发展，为打造“甘味”知名农产品品牌，发展绿色农业，助力全省脱贫攻坚提供了强有力的支撑。

（甘肃省绿色食品办公室　满　润）

新疆生产建设兵团品牌农业发展概况

【主要工作措施】2018 年是质检系统“质量提升行动年”，新疆生产建设兵团农产品质量安全中心始终围绕着新疆生产建设兵团农业工作重点及 2018 年年初制定的工作计划，以“三品一标”为抓手，以提升农产品质量安全水平为目标，圆满完成了工作任务。

（一）开展“三品一标”质量安全监管和专项整治

根据新疆生产建设兵团农业局的部署和安排，结合兵团实际，制定下发了《关于印发 2018 年兵团农产品质量安全监测计划的通知》，制定出《2018 年“三品一标”抽检计划》工作方案，并提出了保障性的具体要求。对 45 家“三品一标”生产单位进行监督检查，抽检了 93 个产品（其中无公害农产品 33 个、绿色食品 52 个、农产品地理标志 8 个）。通过强化监管，提高了农产品质量安全意识，规范了“三品一标”种植、养殖行为，农产品质量安全水平稳中有升，全年未发生重大农产品质量安全事件。

（二）“三品一标”认证工作稳步推进

2018 年新认证了 8 家 12 个绿色食品，续展认证了 8 家 12 个绿色食品。目前，有效使用绿色食品证书的共有 69 家 127 个产品；有效使用有机农产品证书的共有 2 家 6 个产品；登记审核上报了 6 个农产品地理标志，有 5 个获得了农产品地理标志登记证书。迄今为止，兵团共有 38 个农产品获得农产品地理标志登记证书。

（三）积极开展绿色食品宣传月活动

结合中国绿色食品宣传月活动精神，向全兵团 13 个师转发了文件，要求采用不同形式开展活动，并在兵团农业技术培训中心举办了展示活动，设置展板，印发宣传手册，组织和田玉枣、白杨酒、伊香大米、神内饮料、羚羊唛食用油、寨口奶粉等绿色食品，进行展示和宣传。

（四）切实做好绿色食品市场监察工作

2018 年 7 月，新疆生产建设兵团农产品质量安全中心派 1 名监管员前往八师石河子市，与八师农产品质量安全检测站的两名工作人员，对石河子明珠爱家超市和友好超市进行了绿色食品市场监察工作，抽取了带绿色食品标志的产品 60 个，对带绿色食品标志的产品进行了拍照、查阅资料、存档、上报，顺利完成了绿色食品市场监察任务。

（五）加强全国绿色食品原料标准化生产基地监督检查

2018 年，新疆生产建设兵团农产品质量安全中心加强绿色食品原料标准化基地监管工作，结合中国绿色食品发展中心制定的绿色食品原料标准化生产基地监督检查内容，对九师玉米、十三师葡萄和大枣、一师 12 团红枣绿色食品原料标准化生产基地加强了监督检查，制定了监督检查方案，并组织专家组赴实地进行现场检查，与基地管理人员及职工进行了座谈，对生产全过程相关记录进行了核查，以基地促进标准化生产，带动加工企业绿色食品认证工作。

（六）积极组织绿色食品生产企业参加中国绿色食品博览会

2018 年，由于新疆生产建设兵团团场改制，影响了绿色食品生产单位参加展会。新疆生产建设兵团农产品质量安全中心排除种种困难，积极组织绿色食品生产企业参加第19届中国绿色食品博览会暨第12届中国国际有机食品博览会。新疆生产建设兵团农产品质量安全中心积极筹备、认真组织、精心布展。此次博览会，兵团共有16家生产单位40种产品参展，涉及粮、油、糖、果、奶粉、饮料、酒类等产品，深受参会消费者的欢迎。会上，兵团展团获得优秀组织奖，图木舒克市绿糖心冬枣种植专业合作社的冬枣获得博览会金奖，石河子小白杨酒业有限公司、石河子开发区神内食品有限公司获得优秀商务奖。

（七）新疆生产建设兵团农产品质量安全监管（追溯）项目正式启动

2018年，新疆生产建设兵团农产品质量安全中心开始了新疆生产建设兵团农产品追溯监管平台的建设工作。该平台的建设对兵团的农产品追溯监管工作产生积极的推动作用，确保兵团农产品质量可追溯，进一步提高农产品质量安全水平。

（新疆生产建设兵团农产品
质量安全中心　施维新）

领导讲话

- 大力推进质量兴农绿色兴农加快实现农业高质量发展
- 强化科技支撑　推进产业扶贫
- 产业扶贫是打赢脱贫攻坚战的重要举措
- 亟须加快推进大米品牌化
- 品牌引领稻米产业高质量发展
- 推进农业高质量发展提升品牌农业国际合作

大力推进质量兴农绿色兴农
加快实现农业高质量发展

农业部部长　韩长赋

（2018年2月6日）

一年之计在于春。立春刚过，我们就相聚在美丽的福州，启动“农业质量年”行动，很有意义。这是落实习近平总书记关于推进质量兴农要求、积极实施乡村振兴战略的一项重要举措。习近平总书记在去年底的中央农村工作会议上对实施乡村振兴战略，推进质量兴农、绿色兴农，发出了号召、提出了要求。这次会议的主要任务，就是发出全面推进农业高质量发展的动员令，全面唱响质量兴农、绿色兴农、品牌强农的主旋律，全面开启提升农业质量效益竞争力、加快建设农业强国的新征程。

第一，实施“农业质量年”行动是落实中央决策部署、推进农业转型升级的重要举措。

质量发展是兴国之道、强国之策。党中央、国务院高度重视质量发展工作，习近平总书记在许多重要会议上多次作出重要的指示和部署，对质量兴农提出了明确的要求。

在党的十九大报告中习近平总书记指出，我国经济已由高速增长阶段转向高质量发展阶段，必须坚持质量第一、效益优先，以供给侧结构性改革为主线，推动经济发展质量变革、效率变革、动力变革，提高全要素生产率。这一重要论断，明确了我国经济发展的阶段特征、方向路径和主要任务。高质量发展，是大形势、大格局、大逻辑。

在2017年中央经济工作会议上习近平总书记强调，推动高质量发展，是我们当前和今后一个时期确定发展思路、制定经济政策、实施宏观调控的根本要求；要推进农业供给侧结构性改革，坚持质量兴农、绿色兴农，农业政策从增产导向转向提质导向。这一重要论断，深刻指出了推进高质量发展的重要意义，指明了农业农村经济发展的努力方向。

在去年的中央农村工作会议上习近平总书记明确指出，我国农业正处在转变发展方式、优化经济结构、转换增长动力的攻关期，要坚持以农业供给侧结构性改革为主线，走质量兴农之路，实施质量兴农战略，不断提高农业创新力、竞争力和全要素生产率，加快实现由农业大国向农业强国的转变。这一重要论断，明确了推进农业供给侧结构性改革要走质量兴农之路，为我们做好农业农村经济工作提供了遵循。

落实习近平总书记重要指示要求，我们在去年年底的全国农业工作会议上提出了当前和今后一个时期农业农村经济工作的总体思路，就是按照高质量发展的要求，以实施乡村振兴战略为总抓手，以推进农业供给侧结构性改革为主线，坚持质量兴农、绿色兴农、效益优先，加快转变农业生产方式，加快农业转型升级，加快推进农业农村现代化；并将2018年确定为“农业质量年”。这次会上，印发了关于开展“农业质量年”工作的通知，部署了推进质量兴农的重大行动，具有针对性、可操作性和全局性。这是贯彻中央部署要求的重要举措，是立足当前实际、破解突出问题、推进农业加快转型升级作出的工作安排。我们要深刻认识这个重要意义，扎实开展好各项行动，加快推动农业转型升级。

第二，我国农业农村经济已经到了推进

高质量发展的新阶段。

当前，我国经济已由高速增长阶段转为高质量发展阶段，农业农村经济发展也到了这个阶段。这些年，我国农业综合生产能力显著提高，一个突出的标志，就是粮食总产量连续 5 年超过 1.2 万亿斤（1 斤＝500 克），肉蛋菜果鱼等农产品产量稳居世界第一。过去是 8 亿人“吃不饱”，现在是 14 亿人“吃不完”。这说明我们的生产能力有很大提高，也说明这些年党的“三农”政策是对头的，工作的路子是对头的。这些成就是在我国农村劳动力特别是高素质青壮年劳动力持续转移、耕地特别是高质量耕地不断减少的背景下取得的。这说明我们的生产能力有了很大提高，为我国农业发展由增产导向转向提质导向提供了物质基础和社会条件，我们有条件有能力推进农业转型升级、朝着高质量发展的方向迈进。

同时还要看到，加快农业转型升级，推进农业高质量发展也是形势所迫、发展所需。

一是缓解农业资源环境压力，必须加快推进农业高质量发展。这些年，我国农业发展方式转变取得了长足进步，化肥农药实现了零增长，但农业资源环境这根弦始终绷得很紧，从本质上讲，还是依靠拼资源拼消耗实现数量增长。比如，耕地资源超强开发，东北地区黑土地不断退化，南方红黄壤酸化加速，设施农业土壤板结、盐渍化加重；用水总量虽然没有增加，但用水方式还很粗放、大水漫灌比较普遍；养殖方面，还存在过度养殖、过度捕捞、过度放牧等现象。这些都倒逼我们必须加快转变农业生产方式，把绿色发展摆到突出位置，加快发展资源节约型、环境友好型农业，走高质量绿色发展道路。

二是满足人民群众不断升级的消费需求，必须加快推进农业高质量发展。随着人民收入水平的提高，城乡居民消费结构日益升级，对农业发展提出了更高期待和更多要求，对“有没有”“够不够”不太关注，而是更加关注“好不好”“优不优”这个问题。大路货摆在路边无人问，品质一般的水果价格很低也卖不出去，优质、绿色、品牌农产品即使价格高也抢着买。这就要求我们不仅要满足量的需要，还要提供多层次、多样化、个性化、优质生态安全的农产品，同时还要提供清新美丽的田园风光、洁净良好的生态环境。

三是应对激烈的国际竞争，必须加快推进农业高质量发展。近年来，随着农产品国际市场的融合加深，我国农产品国际竞争力不强的问题愈发凸显。这两年，稻米、大豆、油菜籽进口持续增长，2017 年进口量均居世界第一。其中，稻米进口大数近 400 万吨，产量、库存量、进口量“三量齐增”；大豆进口约 9 500 万吨，创历史新高，进口依存度达 86%。提升农产品国际竞争力、促进国内产业健康发展已迫在眉睫，这就要求我们加快推进农业高质量发展。

可以说，实现农业高质量发展，大力推进质量兴农、绿色兴农，既是中央的明确要求，也是农业自身发展的内在需要，更是推进农业供给侧结构性改革、提高农业国际竞争力的紧迫任务。我们把 2018 年确定为“农业质量年”，实施一系列质量提升行动，也可以说是顺势而为的应时之举。

第三，实现农业高质量发展必须加快推进产业全面转型升级。

实现农业高质量发展，就是更好满足人民日益增长的美好生活需要的发展，就是体现新发展理念的全方位发展，直白地讲，就是从“有没有”转向“好不好”。我们要牢牢把握高质量发展的要求，坚持以农业供给侧结构性改革为主线，坚持质量兴农、绿色兴农，深入推进结构调整，优化生产力布局，突出农业绿色化、优质化、特色化、品牌化，既要产得出、产得优，也要卖得出、卖得好，不断提升我国农业综合效益和竞争力。归纳起来，就是要做到“六个高”。

一是产品质量高。就是生产的农产品在

保障人的健康安全的基础上，口感更好、品质更优，营养更均衡、特色更鲜明。这就要求我们大幅提升绿色优质农产品供给，不断丰富农产品的种类、花样，更好满足个性化、多样化、高品质的消费需求，实现农业供需在高水平上的均衡。

二是产业效益高。就是搞农业不仅要有赚头，还要有奔头，与从事二、三产业相比，农业经营的收入水平大体相当。这就需要全面构建现代农业产业体系、生产体系、经营体系，加快推进农村一二三产业深度融合，充分挖掘农业多种功能，促进农业业态更多元、形态更高级、分工更优化，农业增值空间不断拓展。

三是生产效率高。就是生产更加绿色，资源更加节约，环境更加友好，劳动生产率、土地产出率、资源利用率全面提高。这就要求我们加快推进资源利用方式由粗放向节约集约转变，增强科技创新的驱动作用，释放农业农村改革发展活力，推动农业绿色低碳循环发展。

四是经营者素质高。就是从事农业生产的主体不再是老人妇女儿童，而是有一批爱农业、懂技术、善经营的新型职业农民；农民不再是身份的象征，而是成为有吸引力的职业。这就要求我们以吸引年轻人务农、培育职业农民为重点，加快培育新型经营主体，壮大农业社会化服务组织，发展多种形式的适度规模经营，示范引领农业高质量发展。

五是国际竞争力高。就是我国的农业生产，与国外相比，要实现同样的产品我们价格有优势，同样的价格我们品质有优势，同样的品质我们服务有优势。这就要求因地制宜实施差别化发展，大宗农产品要在上规模、降成本上下功夫，特色农产品要在增品种、提品质上下功夫，做到人无我有、人有我优、人优我特，实现由农业贸易大国向农业贸易强国的转变。

六是农民收入高。就是要让农业发展成果更多惠及广大农民，不仅让新型经营主体受益，还要让小农户平等分享农业高质量发展的成果。这就要求我们既要发挥新型经营主体的示范引领作用，又要引导推动他们与小农户建立紧密的利益联结机制，通过保底分红、股份合作、利润返还等，带动农民分享农业产业链增值收益，实现小农户与现代农业发展有机衔接。

第四，实现农业高质量发展需要思想、政策、工作、考核等全方位的转变。

推动农业高质量发展，是一场深刻的变革，绝不是对现有发展路径的小修小补，而是要实现工作导向的重大转变和工作重心的重大调整，推动农业来一场质量革命。具体讲，要加快实现“四个转变”。

一是思想观念要从数量优先转向质量第一。过去我们吃不饱，发展的指导思想是数量优先、越多越好，工作的导向主要是围着增产转；现在，农业生产连年丰收，数量已经不是主要问题了，质量成为主要矛盾。抓农业一定要抓质量，推动农业高质量发展，首先要转变思想观念，牢固树立质量第一、效益优先的理念，坚持质量就是效益、质量就是竞争力，所有的工作都要围绕提升质量来谋划，尽快实现由总量扩张到质量提升的转变。

二是政策支持要从增产导向转向提质导向。过去，我们的政策目标大多是扶持增产，支持领域大多是生产环节，支持方式大多是给钱给物，这对于推动农业增产增收发挥了很大作用；现在，农业发展形势变了，目标要求变了，政策也要随之调整。推动农业高质量发展，要加快制定相应的政策体系，推动科技研发、农业补贴、项目投资等主要投向绿色发展、质量提升、效益提高等方面。

三是工作方法要从行政推动转向注重市场引导。当前，我们的工作对象、内容、领域等都发生了深刻变化，传统的管理服务模式已难以适应高质量发展要求，必须不断创新工作方法，转变工作方式。我们要更加注重运用市场办法推动工作，用市场机制、价格手段倒逼农业发展变革；更加注重运用信息化手段推动工作，推进互联网、大数据、人工智能等与农业深度融合；更加注重发挥农民群众的主体作用，深化农业领域“放管服”改革，创新优化政府服务，让农民以及新型农业经营主体放开手脚大胆闯、大胆试。

四是考核方式要从考核总量转向注重考核质量效益。过去，我们是以产量论英雄，谁能育出高产品种、谁能拿出增产措施，谁就是英雄，当然今后也不是不要数量；现在根据形势发展，要改变这种单一导向，更要以质量效益论英雄。要加快构建推动农业高质量发展的考核评价体系，把环境友好、绿色发展、质量安全、带动小农户增收等作为重要考核指标，引导人才、科技、装备等各方面力量聚合到质量兴农上来。

第五，推进农业高质量发展是一项系统工程，需要各方面齐心协力共同参与。

推进农业高质量发展，是一项长期艰巨的任务。质量兴农不仅仅是农产品质量安全的事，也不是农产品质量安全监管系统一家的事，部内各司局各单位，农业系统各行业各领域，都要围绕推动农业高质量发展、实现质量兴农想办法、出对策、献力量。这里，对各级农业部门提几点希望和要求。

一要当好推动农业高质量发展的“主力军”。农业系统要扛起质量兴农的大旗，把推动农业高质量发展摆在首要位置，深入谋划和推动出台重大行动、重大工程、重大政策。这次会上部里印发了启动“农业质量年”的通知，下一步还将研究编制质量兴农战略实施纲要。各级农业部门要同向用力、上下联动，形成强大工作合力，确保“农业质量年”取得明显成效。

二要汇聚推动农业高质量发展的“同盟军”。推进质量兴农，仅靠农业部门一家是干不好的。要加强沟通协调，积极争取发改、财政、卫生、质监、食药、科技、教育等部门的大力支持。同时，要积极引导金融资本、工商资本和民间资本共同参与、合力推动。

三要扩大推动农业高质量发展的“朋友圈”。推动质量兴农，需要全社会的参与，营造良好的社会氛围。我们要调动一切可以调动的力量，积极引导媒体、专家、公众、社会组织等各方面参与，在更大范围、更广领域汇聚推进质量兴农工作的正能量。

需要特别强调的是，推动农业高质量发展的底线是确保农产品质量安全。如果连这个起码的底线要求都做不到，老百姓对“舌尖上的安全”都不放心，质量兴农就无从谈起。各级农业部门要站在讲政治的高度，抓紧抓好农产品质量安全工作，严防、严管、严控风险隐患，特别要重视敏感产品的安全监管，确保不发生重大农产品质量安全事件。要以提高农产品质量为主攻方向，坚持把优质“产出来”、把安全“管出来”、把品牌“树起来”，大力推进标准化生产，抓紧构建与质量兴农、绿色兴农相适应的标准体系、监测体系、监管体系、认证体系和品牌体系，实施好“农业质量年”各项行动。要强化基层监管能力，加强执法监管，加快追溯体系建设应用，实现主要农产品生产过程可控制、产品流向可追溯，做到有行动、有成效、有亮点，让老百姓有实实在在的获得感。

同志们，加快推进质量兴农、绿色兴农，恰逢其时，前景广阔。让我们紧密团结在以习近平同志为核心的党中央周围，认真学习贯彻习近平新时代中国特色社会主义思想，以奋发有为、只争朝夕的精神状态，以改革创新、真抓实干的工作举措，推动“农业质量年”行动取得显著成效，加快农业转型升级步伐，为实施乡村振兴战略作出应有贡献。

（此文系作者在“农业质量年”启动会上的致辞节选 ，原载 2 月 27 日《农民日报》1 版）

强化科技支撑　推进产业扶贫

中国优质农产品开发服务协会会长　朱保成

塞北隆冬，滴水成冰。今天是中国二十四节气中的大寒，是一年中最冷的时段。尽管天寒地冻，但相信大家的心是火热的，同志们一定都怀着对贫困地区广大人民群众深厚的感情，怀着帮助贫困地区脱贫的强烈责任感和大局意识，怀着寻找脱贫良方妙计的迫切心情聚集在一起。在此，我谨代表中国优质农产品开发服务协会、中国蔬菜协会、中国农产品市场协会（简称三家协会），对农业部、国务院扶贫办领导，全国政协提案委、中国农科院领导，农业部、民政部、工信部等有关司局、单位领导及环京津28个贫困县和“三北”地区部分贫困县的负责同志冒着严寒、不辞辛苦来参加现场观摩会表示衷心的感谢！

几个月来，三家协会深入贯彻党的十九大精神和习近平总书记关于脱贫攻坚的重要讲话精神，认真落实国务院扶贫开发领导小组和农业部的部署要求，在农业部科技教育司等司局的有力指导和河北省农业厅、张家口市的大力支持下，认真履行社会组织责任，发挥各自优势，组织会员单位集成运用多项科技成果，指导并帮助致富带头人建设科技示范大棚，探索以发展生产、促进贫困地区农民脱贫致富的模式。同时，三家协会组织会员单位积极参与落实贫困地区特色产业发展规划，开展务实对接，帮助贫困人口提高脱贫增收能力，促进了贫困地区特色优势产业发展，取得了一定的成效。与阳原县、蔚县合作的模式在北方地区，特别是在寒冷地区也具有较好的借鉴价值，对两县帮扶的成果形成了一些共识，通过观摩进一步探讨扩大合作和推广的途径。

下面，我代表三家协会，结合参与产业扶贫情况，谈几点意见。

一、新时代社会组织响应党的十九大号召，参与脱贫攻坚义不容辞

党的十八大以来，习近平总书记对脱贫攻坚发表一系列重要讲话，把如期实现脱贫目标，作为我们党向全国乃至全世界的庄严承诺，作为集中力量办大事、发挥中国特色社会主义制度优越性的体现。习近平总书记在党的十九大报告中明确提出，要动员全党全社会力量，坚决打赢脱贫攻坚战，确保到二〇二〇年我国现行标准下农村贫困人口实现脱贫，贫困县全部摘帽。在2017年底召开的中央农村工作会议上鲜明提出，必须打好精准脱贫攻坚战，走中国特色减贫之路，坚持精准扶贫、精准脱贫、把提高脱贫质量放在首位，注重扶贫同扶志、扶智相结合，激发贫困人口内生动力。在2018年新年贺词中特别强调，三年后如期打赢脱贫攻坚战，这在中华民族几千年历史发展上将是首次整体消除绝对贫困现象。我理解，消除贫困，自古以来就是人类梦寐以求的理想，完成这项千秋功业是实现中华民族伟大复兴中国梦的重大战略环节，其伟大意义怎么描述都不为过。

当前我们正在深入学习贯彻党的十九大精神，大家对脱贫攻坚的战略目标、战略地位、时间表、路线图都有了比较清楚的了解，我认为，在这个基础上最为重要的是进一步增强历史使命感。前些日子我看电视剧《风筝》，里面有一位坚贞不屈的共产党员，他在敌人严刑拷打神志恍惚的时

候，口中背诵的是毛泽东的《为人民服务》，反复困难地喃喃自语："中国人民正在受难，我们有责任去解救他们。"这就是使命感，这就是一个共产党员信仰的力量。我们大家一定要有贫困地区人民群众生活还有很多困难，我们有责任去帮扶他们的强烈使命感，要怀着感情去做工作，要有时不我待的紧迫意识。

三家协会在扶贫攻坚中做了一些工作，也是基于使命感。我们认识到，我们不仅有责任，而且有一定的能力和优势参与到脱贫攻坚中来。同时在参与脱贫攻坚中我们愈加感到，社会组织是我国社会主义现代化建设的重要力量，是联系爱心企业、爱心人士等社会帮扶资源与农村贫困人口的重要纽带，是动员组织社会力量参与脱贫攻坚的重要载体，是构建专项扶贫、行业扶贫、社会扶贫"三位一体"大扶贫格局的重要组成部分。参与脱贫攻坚，既是社会组织的重要责任，又是社会组织服务国家、服务社会、服务群众、服务行业的重要体现，更是社会组织发展壮大的重要舞台和现实途径。当然，在脱贫攻坚中，我们做得还很不够，还要继续努力。组织召开这次现场观摩会，就是我们的一个实际行动。

二、以科技创新为引领，探索特色产业扶贫的路子

2017 年 1 月，习近平总书记在张家口考察脱贫攻坚工作时指出，要把发展生产扶贫作为主攻方向，多给贫困群众培育可持续发展的产业，多给贫困群众培育可持续脱贫的机制，多给贫困群众培育可持续致富的动力。总书记还多次强调，要把创新成果变成实实在在的产业活动。这些重要指示精神，为我们引导、动员和组织广大会员参与脱贫攻坚，特别是产业扶贫指明了方向，提供了根本遵循。

为深入贯彻习近平总书记关于"一个主攻方向""三个培育可持续"的重要指示精神，落实中央加快精准扶贫、精准脱贫的决策部署及农业部特色农业扶贫共同行动要求，经三家协会多次讨论研究，针对环京津 28 个贫困县及"三北"贫困地区"猫冬"及科技成果转化滞后等问题，提出了发挥农业行业协会优势，集成运用科技创新成果，建设设施蔬菜大棚，打造可复制可推广的产业扶贫模式的共同行动方案，得到了农业部领导及科技教育司等单位的重视与支持。

北方贫困地区，特别是环京津 28 个贫困县，受自然资源、交通条件、生态环境等因素制约，贫困程度深、连片面积大，农民收入低，贫困发生率高，与京津发展差距大，成为区域发展的洼地和脱贫攻坚的硬骨头。这一区域大都是山区，种粮没有优势，而因地制宜发展设施蔬菜、草食畜牧业、农产品加工业、休闲农业等产业，是比较现实的选择。再加上这一区域环绕京津，面向全球最大的城市圈，有着 5000 万城市人口的市场需求，尤其是中高端市场需求，条件得天独厚。环京津地区是京津重要水源涵养区，生态环境脆弱，但特色资源丰富，区位优势明显，最适合通过发展特色优势产业实现脱贫。

这次观摩会集中展示的科技集成体系获得初步成效，就在于是从当地实际情况出发，符合市场对产业发展的需求，切实实现了较高水平的技术引领。这次帮助建设的科技示范大棚，集成运用了土壤改良、生物酵素、可降解地膜、SR 铝基热超导材料、农业信息化等技术，对发展设施蔬菜产业起到了重要的作用，显示了科技第一生产力的力量。它不仅帮助贫困农民找到一个稳定的职业和脱贫致富的门路，而且提升了设施农业发展质量和效益，还是农业协会参与产业扶贫取得实效的有力抓手。

协会在科技助推脱贫攻坚上也力所能及

有所作为：我们会同两县探索了扶持“能人”先行、助力产业扶贫的路径。经过深入调研，从两县各发现并选择了一个社会责任感强、回乡创业的致富带头人（阳原“久泰”董事长郑晓东，蔚县“禾田源”理事长田伟）先行搞示范，对原有大棚设施增加科技含量、提档升级，并组织科技人员和专家对企业负责人及相关人员进行培训。通过先行示范和培训，既树立增收致富的示范榜样，激发贫困群众脱贫致富的志气和信心，又提供智力和技术支持，提高贫困人口脱贫增收能力，把扶贫同扶志、扶智结合起来，并落到实处，为打造产业扶贫的新模式奠定了基础。

三、通过务实资源对接，促进农业特色扶贫高质量发展

为有效发挥建设科技示范大棚的带动作用，针对张家口地区的特色优势，三家协会发挥了穿针引线、铺路搭桥的作用，为提高农业特色扶贫质量建言献策。

一是开展特色产业对接。中国农业科学院蔬菜花卉研究所科技成果转化基地即将揭牌，这是阳原蔬菜产业科技集成应用的重要平台。四川巴山牧业公司是一家从事保种、扩繁、养殖、屠宰加工、冷链物流、市场营销的全产业链企业，是取得欧盟、中国有机双认证和农业部绿色认证的企业。企业负责人积极履行社会责任，与阳原县一家企业对接，为贫困县打造建设生态猪全产业链，助力产业扶贫。北京吉奥金禾公司将投资建设芽菜加工厂，建立万亩杂豆基地，这将延长阳原杂粮杂豆产业链、提升价值链。中房（北京）新能源有限公司与阳原益丰农业开发有限公司对接开展光伏新材料试验示范，这对提升光伏产业效益和扶贫效果意义重大。协会积极支持蔚县与北京四方红集团、益海嘉里集团打造现代生猪养殖及小米产业扶贫项目。

二是开展品牌扶贫。支持阳原县打造泥河湾杂粮杂豆区域公用品牌，以订单式生产为动力，推动技术集成应用，力争在较短时间形成阳原杂粮杂豆品牌效应。中国农业科学院作物科学研究所在阳原县建设食用豆传统品种改良研究中心，为产业及品牌建设提供有力科技支撑；农业质量标准与检测技术研究所与阳原县及有关企业合作建设质量安全体系。北京溯安链科技有限公司与阳原县签署特色农产品溯源体系建设战略合作协议，这为区域品牌建设插上腾飞的翅膀。

三是开展产销对接。发展设施蔬菜要以市场需求为导向，抓好产销对接，使好产品卖出好价钱，协会牵头组织北京新发地等大型批发市场，在科技大棚中的瓜菜收获后，通过成熟的流通网络、企业、农产品市场等，联合各类市场主体，整合产销资源，通过农超、农企、农市等有效对接，减少流通环节，降低成本，保障市场供应和产品销售，努力实现科技大棚农产品的优质生产、高效流通、生产者增收、消费者受益的预期目标。

四是开展金融对接。为进一步发挥科技大棚的示范带动作用，打造可复制可推广的模式，推进产业扶贫，协会主动与赛伯乐集团、富银众盈（厦门）控股投资基金公司等有实力、有社会责任感、热心参与扶贫的金融企业联系，支持他们与科技企业会员对接，共同筹备成立产业基金，为产业扶贫提供金融服务。交通银行北京分行支持阳原杂粮杂豆品牌打造及信息化建设。华盛绿色工业基金会将资助一批阳原贫困学生完成学业。

贫困地区人民群众的生活还有很多困难，我们有责任去帮扶他们；说一千道一万不如撸起袖子加油干；积极履行社会责任，为助力产业扶贫做出应有贡献！

（根据作者 1 月 20 日在科技大棚产业扶贫现场观摩会上的讲话摘编）

产业扶贫是打赢脱贫攻坚战的重要举措

国务院扶贫开发领导小组办公室副主任 洪天云

党的十八大以来，以习近平同志为核心的党中央把脱贫攻坚摆在治国理政的重要位置，脱贫攻坚工作开创了新局面，精准扶贫精准脱贫方略落地生效，脱贫攻坚取得决定性进展：五年减贫6600多万人，年均减少1300万人以上，贫困发生率从10.2%下降到4%以内；100多个贫困县率先脱贫摘帽，第一次实现了贫困县总量的减少；贫困地区基础设施和生产生活条件明显改善，专项扶贫、行业扶贫、社会扶贫等多方力量有机结合的“三位一体”大扶贫格局已经形成。

产业扶贫是脱贫攻坚的重要途径

产业扶贫是中国特色扶贫开发模式的重要特点，中央明确把产业扶贫摆在“五个一批”的首位。党的十八大以来，特别是《中共中央、国务院关于打赢脱贫攻坚战的决定》出台后，各地积极发展特色产业扶贫，促进贫困人口脱贫，在全国探索推进旅游扶贫、光伏扶贫、电商扶贫等“十大扶贫工程”。在实施产业发展助推精准扶贫的过程中，涌现出了不少各具特色的实践和别具匠心的探索，形成了不少成熟的产业扶贫经典案例。

光伏扶贫，既发展了新能源又扶了贫，探索了以村级电站为主的建设模式和设立公益岗位扶贫、小型公益事业扶贫、小微奖励补助扶贫的收益使用分配方式；旅游扶贫，提出了“景区带动贫困村”“能人带动贫困户”的发展思路。用“两带四起来”模式发展乡村旅游，把群众组织动员起来，把利益机制建立起来，把穷人带动起来，把文化特色弘扬起来，力求做到景区开发，企业带动周边贫困户共享发展红利；企业帮扶，推广德青源金鸡扶贫模式，企业与地方联合建厂，招收贫困人口进厂打工，与贫困人口组织起来的合作社开展劳务合作，建立产业帮扶基金。这些既有资产收益扶贫的成功探索，又有就业与产业联动发展及一二三产业融合的协调推进。

实践证明，产业扶贫不仅实现贫困群众稳定可持续地增收脱贫，还能带动物流和深加工等配套产业的成长，倒逼农业产业结构调整，促进农业供给侧结构性改革，激发农村经济活力，成为贫困地区脱贫攻坚和乡村振兴战略实施的重要抓手。

动员社会力量参与扶贫事业

党中央历来高度重视社会力量在扶贫开发中的重要作用。习近平总书记在中央扶贫开发工作会议上强调指出：“动员全社会力量广泛参与扶贫事业，鼓励支持各类企业、社会组织、个人参与脱贫攻坚。”五年来，我国脱贫攻坚取得决定性进展，离不开社会力量特别是各类企业的积极参与。中央企业在完成定点扶贫任务的同时，设立了中央企业贫困地区产业投资基金，开展了“中央企业定点帮扶贫困革命老区百县万村”行动，着重帮助贫困革命老区的贫困村改善基本生产生活条件。广大民营企业积极响应党中央号召，积极参与“万企帮万村”精准扶贫行动，3.53万家民营企业帮扶2.57万个建档立卡贫困村，取得了显著成效，得到习近平总书记等中央领导同志的肯定。

社会组织作为我国社会主义现代化建设的重要力量，在脱贫攻坚中已经并正在发挥着重要作用。在中国优质农产品开发服务协会、中国农产品市场协会和中国蔬菜协会等三家协会的组织下，汇聚起一批有实力、讲奉献、有担当的优秀企业，以极强的责任感和使命感，把参与脱贫攻坚作为自身的重要职责，为推动贫困地区产业扶贫发展做出了积极贡献。

产业扶贫要做好三方面工作

积极引导和动员社会组织参与脱贫攻坚工作，是促进社会帮扶资源进一步向贫困地区、贫困人口汇聚的重要途径。因此，要做好以下三方面工作：

一是注重强化业务指导。扶贫部门要进一步完善大扶贫格局，为社会力量参与脱贫攻坚营造良好的政策环境和社会氛围，做好社会力量参与脱贫攻坚的领航员和服务员，指导各地把产业扶贫作为主攻方向，以县为单位，以乡村为主体，选准产业扶贫主攻方向，防止一哄而上、盲目跟风。地方政府尤其是市县级政府，要充分结合当地资源禀赋、特色优势和主导产业，根据贫困村、贫困户产业发展需求务实探索，进行科学谋划。

二是注重建立带贫减贫机制。要探索建立产业发展的带贫减贫长效机制，着力解决贫困户产业项目选不准、经营分散、抗风险能力弱等难题；要充分发挥政府组织引领作用，支持引导龙头企业、经济合作组织等带动贫困户发展，打造一二三产业融合发展的产业链，使贫困群众嵌入到产业链中就业兴业，在产业的兴起和发展中实现脱贫致富。同时重点解决好贫困户增收和村集体经济壮大问题；正确处理帮助贫困群众增收奔小康与促进参与企业自身发展的关系，努力做到优势互补、双促共赢。

三是注重激发贫困群众内生动力。产业扶贫不是送钱送物、发钱发物，也不是越俎代庖、包办代替，而是扶贫扶志、授之以渔。通过加强组织动员、教育培训、宣传典型等工作，创新参与式扶贫方式方法，发挥贫困群众的主体作用，提升贫困群众对产业帮扶项目的参与性，增强拥有感、获得感，促进转变思想观念，提升能力素质，靠自己双手光荣脱贫、勤劳致富。

亟须加快推进大米品牌化

——在2018年大米品牌论坛上的讲话

农业农村部市场与信息化司司长　唐　珂

在全国上下喜迎丰收的金秋十月，在“北大仓”隆重举办大米品牌大会暨国际稻米论坛，具有十分重要的意义。首先，请允许我送上最诚挚的祝福，祝东北父老乡亲们在黑土地上收获金色的希望，丰收满满，幸福满满！预祝论坛圆满成功！

9月25日，习近平总书记到黑龙江考察，首站就来到了有“中国绿色米都”之称的建三江农场，调研粮食生产和收获情况，并为北大荒的未来发展指明方向。总书记在讲话中再次强调，农业是基础性产业，中国现代化就离不开农业现代化，中国人的饭碗任何时候都要牢牢端在自己的手上。大米作为我国主要口粮品种，在“谷物基本自给、口粮绝对安全”的战略中承担着关键角色。而品牌是农业竞争力的核心标志，是现代农业的重要引擎，更是乡村振兴的关键支撑。总书记指出，“品牌是信誉的凝结”“粮食也要打出品牌，这样价格好、效益好”。当前，我国农业农村经济进入高质量发展的新阶段，高质量发展是一场深刻变革，要求农业转型升级，由增量导向变为提质导向，贯穿其中的主线就是农业供给侧结构性改革。因此，“质量兴农、绿色兴农、品牌强农”成为转变农业发展方式、加快脱贫攻坚、提升农业竞争力和实现乡村振兴的战略选择。在粮食收储制度改革的背景下，亟须加快推进大米品牌化，以品牌引领稻米产业提质增效，在更高层面保障国家粮食安全。下面，结合会议主题，就推进农业品牌建设谈几点认识。

第一，品牌化是农业市场化改革的必然方向。

今年是我国改革开放 40 周年，回顾 40 年来的改革进程，农村最早引入了市场机制，农民率先进入市场，市场化一直驱动着农业农村现代化发展。如果说农业市场化 1.0 的重点是解决农产品供给总量问题，满足消费者“吃得饱”的需求，那么 2.0 的重点，就是解决农产品供给的质量和结构问题，满足消费者“吃得好”的需求。而品牌作为生产者和消费者之间的桥梁，是农业市场化发展的必然要求，40 年间从无到有，从弱到强，发展格局初步形成，引领作用日益突出。尤其是党的十八大以来，农业品牌建设备受关注，已由过去的以地方和企业创建为主，转变为政府引导推动、企业主动创建、社会积极参与的良好局面。

2016 年，国务院出台《关于发挥品牌引领作用推动供需结构升级的意见》，提出农业品牌建设路径。2017 年，是农业农村部确定的农业品牌推进年，农业品牌建设工作统筹推进；各地加强政策创设，主动推进区域农业品牌发展；有关行业协会、农业企业、研究机构等积极推动区域公用品牌、企业品牌、产品品牌“新三品”协同发展。2016 年的中国国际农产品交易会（以下简称农交会），我们开风气之先，组织了省部长推介品牌农产品，各级领导登台为农产品代言、为农民的成果鼓与呼蔚然成风。2017 年的农交会，我们围绕“绿色发展、生态优先、品牌引领、产业升级”主题，组织了系列品牌活动，还专门邀请各界名人为家乡的品牌农产品公益代言，取得了很好的传播效应；今年的农交会 11 月 1 日至 5 日在湖南长沙举办，从展会安排到重大活动，都将继续突出农业品牌这个主题，讲好品牌故事。在各方的共同努力下，中国百强农产品区域公用品牌、十大茶叶区域公用品牌、十大苹果区域公用品牌、十大大米区域公用品牌、最具影响力 30 个水产品区域公用品牌以及全国各省（自治区、直辖市）推选出的千余个地方名牌产品，正在赢得消费者信赖，逐步引领农业市场化现代化发展。

第二，品牌化是打造现代农业产业链价值链重要载体。

韩长赋部长多次强调，要把农业品牌建设作为农业供给侧结构性改革的重点任务来推进。农业供给侧结构性改革从根本上来说是面向市场的，农业产业的优化升级也要以市场需求为导向。品牌化作为农业市场化的重要内容，在满足消费者诉求、给予消费者信心的同时，也必将给生产者带来价值增值和市场回馈，进而实现产业链上下游共赢，推动农业供给侧结构性改革。因此，在推进传统农业向现代农业转变的过程中，在构建现代农业产业链、挖掘价值链的过程中，必须把品牌建设作为一个重要载体和抓手，从顶层设计到具体实施都要落到实处。

大米作为口粮，消费者几乎每天都离不开。现在大家去超市买大米，已经由买散装大米为主转变为买有包装、有品牌的袋装大米为主，大米包装袋上有企业的标识、产品的品牌、稻谷的产地及品种等信息，价格从三五元钱一斤到几十元钱一斤不等，消费者完全可以根据自己的喜好和口袋里的钞票选择不同的品牌。很显然，加工企业通过品牌大米产销，给多元化的消费者提供了值得信任的产品和购买选择，同时又把消费需求传递给生产稻谷的广大小农。如果消费者愿意为高品质的品牌大米付出高价钱，那么生产优质稻的小农也就能实现优质优价。这就是产业链的联结、价值链的创造和利益链的分享，以前不可能的事现在变成了现实，其中农产品品牌是十分关键的载体。

特别需要强调的是，近年来我国稻谷供需关系出现了阶段性宽松，普通质量的稻谷库存积压较多，产出来的大米卖不上价钱，而且不断受到来自东南亚的低价大米冲击，“多收了三五斗”带来的谷贱伤农风险大大增加。在这样的形势下，国家加快推进粮食收储制度改革，连续下调了稻谷最低收购价水平，并探索建立配套补贴机制。未来，稻谷种植户靠单产提高和价格政策种粮增收的空间越来越狭小，更加迫切需要以品牌化对接消费升级，提升稻米产业发展水平，向质量和品牌要效益。我们要把没有品牌变成有品牌，把有品牌变成大品牌，把大品牌变成强势品牌。

第三，区域公用品牌是推进品牌化的核心内容。

农产品与工业品有很大不同，与自然地理、资源禀赋、区域性生产条件息息相关。“橘生淮南则为橘，橘生于淮北则为枳”，说的就是这个道理。近年来，虽然一些地方通过技术创新和品种引进，开辟了一些农作物品种新的生长区，但不少都存在一定的盲目性。只有品种的最适宜生长区才可能成为产业的优势发展区，也才具有成长为强势品牌的条件。这些地区往往具有悠久的农耕历史，文化基因也可以作为体现差异化、获得市场认可的重要标志。无论是从世界范围看，还是从国内一些地方的实践看，农产品区域公用品牌建设都是推进品牌化的核心内容。

作为口粮产品，大米不同于肉蛋奶果菜茶等“菜篮子”“果盘子”产品，既要讲好“故事”，充分利用各类农业展会、产销对接会、产品发布会等营销平台，以丰富多彩的展示展销活动和名优产品推选推介活动，扩大区域公用品牌农产品影响力，也要服从国家粮食安全的大战略，不能过度炒概念、博眼球，过度宣传“天价大米”等噱头。要充分考虑到广大消费者的基本需求和消费升级要求，以品牌化为契机，依靠科学管理和标准化生产、加工，降低化学品投入，切实提升产品的质量安全水平，让消费者既能买得起、又能放心消费。

近年来，全国很多地方农业管理部门聘请了专门的咨询机构进行区域公用品牌发展战略的规划，这说明大家都开始行动起来，用专业化的理念和办法，探索推进各地农业品牌发展的实际可行的路径。下一步，要在打造大品牌的资源整合、机制形成、政策组合和工作措施等方面下功夫，重视培育产业基础、凝聚市场主体、扩大社会协作，依托地域优势特色资源，提升区域公用品牌的影响力。

第四，监管和扶持“两手抓”是品牌建设的可行思路。

品牌建设要坚持管理与保护并重，发挥政府与市场两个作用，自如运用“看不见的手”和“看得见的手”，推动农业品牌健康发展。一是政府主导。各级政府和农业农村主管部门要将区域公用品牌管理作为一项重要职责，加强顶层设计，做好规划布局，制定政策、标准以及相关管理规定，授权有关协会做好日常管理，构建公平公正、法制健全、自由竞争的品牌发展环境。推动形成部门协作的监督体系，强化授权管理和产权保护，严厉打击假冒伪劣产品，及时处理误导消费者、扰乱市场秩序的行为。不少案例表明，区域公用品牌应当有公信力，不将“无序”竞争的市场主体清除出去，就会玷污金字招牌，想贵也贵不起来。要授权社会组织开展品牌评估、评价等活动，坚持公益性、权威性，做到科学、客观、准确、公开。二是协会主力。行业协会要发挥专业优势、组织优势和机制优势，成为联结政府、企业、消费者的桥梁和纽带。积极推进地理标志认证，制定区域公用品牌的授权、维护、监督、退出等管理制度并组织实施。强化行业自律和自我监督，规范产品生产、经营行为和服务质量，应对危机事件，维护品牌声誉，不断提高公信力。组织行业维权，打击各类侵犯品牌权益的行为。三是企业主体。农业企业作为区域公用品牌的使用主体，要树立“一荣俱荣、一损俱损”的母子品牌意识，打造区域公用品牌价值共同体。严格按照政府部门、行业协会的标准规范，坚持创新驱动，加大新产品、新工艺、新设备的研发力度，提高产品品质，打造良好的品牌形象。

品牌是农业综合实力和国际竞争力的集中体现，品牌战略与理念、创新、质量、诚信、人才、营销、环境、历史文化、企业责任息息相关。品牌消费现在已经成为消费升级的新趋势，人民群众对美好生活的向往也通过对品牌农产品的消费有了更多的“获得感”和“幸福感”。总之，要强化品牌意识，培育产业基础，建立信用体系，凝聚市场主体，扩大社会协作，创新工作机制，以国产大米为样板，在树强品牌方面积极探索、勇于创新，打造一批“中国知名、世界领先”的自主粮油品牌，培育一批能够走向世界舞台、传递中国“声音”的重量级大品牌！

品牌引领稻米产业高质量发展

中国优质农产品开发服务协会会长　黄竞仪

丰收季节的哈尔滨，不仅色彩斑斓，更是米香诱人。来自世界各地的稻米业界朋友齐聚哈市，举办 2018 中国国际大米品牌大会暨第二届中国（哈尔滨）国际稻米论坛，恰逢其时、意义重大。请允许我代表大会主办方，向各位领导、嘉宾，各位企业家、媒体朋友的到来表示热烈欢迎！向长期关注、支持中国优农协会发展，长期携手致力于农业发展研究的各国专业组织、国际友人和各位专家表示诚挚感谢！

仓廪实，天下安。对一个有着 13 亿多人口的大国来说，重农固本一直是治国安邦的首要任务。以习近平同志为核心的党中央坚持把解决“三农”问题作为全党工作的重中之重，并坚持农业农村优先发展，有力地促进了农业农村经济发展。农业成为国民经济和社会稳定发展的压舱石和定海神针。中国粮食产量已经连续 6 年达到和稳定在 1.2 万亿斤以上，今年有望再获丰收。前不久，首个中国农民丰收节刚过，习近平总书记随即考察东北粮仓，首站便来到“中国绿色米都”建三江。总书记当时双手捧起一碗大米，意味深长地说：“中国粮食，中国饭碗。”可见，大米等主粮产业对于中国的极其重要性。

当前，中国经济已由高速增长阶段转为高质量发展阶段，供给侧结构性改革成为发展主线，农业正在由增产导向转向提质导向。这个大背景下，品牌的重要引领作用，非常有利于供给结构和需求结构升级，推动农业发展向内涵集约型和质量效率型转变，激发企业创新创造活力，促进生产要素合理配置，提高全要素生产率，提升农产品品质，实现价值链升级，增加有效供给，提高供给体系的质量和效率，也有利于引领消费，创造新需求。目前，中国农业品牌建设已进入发展黄金期，驶入快车道。其中，稻米品牌具有相当的代表性，各地涌现出一批稻米公用品牌、企业品牌和产品品牌。

作为五谷之首，稻米一直是人类重要的粮食作物，耕种与食用历史都相当悠久。全球约 50％的人口以稻米为主粮，主要分布在亚洲、欧洲南部和热带美洲及非洲部分地区。

早在7000年前，中国长江下游的原始居民已经完全掌握水稻的种植技术，并以稻米为主要食粮。但是，在稻米的发源地中国，稻米品牌在农产品品牌整体发展有限的情况下，也面临诸多问题。区域性品牌居多，品牌小、杂、乱的现象十分突出，稻米品牌的成长相对缓慢；同质化严重，产品丰富程度偏低，产业链下游的高端米制品以及多元化产品缺乏，精深加工产品较少，产品附加值较低；大米加工企业进入门槛低，企业小散弱的局面导致行业的品牌整合力弱，过度集中于产业链低端，影响行业品牌做强做大。总体来说，稻米品牌混杂、产品同质化严重和企业无序竞争的局面已经成为产业发展的重要障碍。

中国优农协会始终致力于优质农产品的生产经营服务，致力于品牌农业的发展。2016年12月，在农业部市场与经济信息司的支持下，中国优农协会与中国农产品市场协会联合主办了首届中国大米品牌大会，评选出“2016中国十大大米区域公用品牌”“2016中国大米区域公用品牌核心企业”和“中国十大好吃米饭”，有力推动了优质稻米品牌的发展。中国稻米是极具地域特色的产业，其发展应依托整个产业体系各方面、各环节的全面提升。

乡村振兴是中国“三农”工作的主要抓手。刚刚印发的《乡村振兴战略规划（2018—2022年）》提出，要加快形成以区域公用品牌、企业品牌、大宗农产品品牌、特色农产品品牌为核心的农业品牌格局；要引入现代要素改造提升传统名优品牌，努力打造一批国际知名的农业品牌和国际品牌展会。这是中国农业品牌发展的总纲，也为以品牌为引领推动稻米产业高质量发展指明了方向。在此，我就稻米产业化、品牌化发展提出几点思考与大家分享：

一是进一步优化产业结构，提高品牌产业化水平。要充分发挥政府的主导功能，加快整合区域内各项经济要素，打造全产业链条，提升标准化水平和组织化程度；要积极发挥行业协会等社会组织的服务功能，不断优化品牌发展的社会环境；要科学引导产业布局，强化产业分工，吸引优秀稻米加工企业共享资源、服务和分工；要建设专业化、规模化和标准化的稻米生产基地，建设物流配送、产品展示和市场营销体系；要加快主产区的加工业发展，推进精深加工，提升行业整体加工水平，加强主产区产加销的整体构建和区域合理分工，通过产后减损实现增产增效增供增收，拓展稻米加工转化增值空间。

二是进一步推广创新成果，提升品牌科技含量。要推进技术研发，构建“产学研推用”有机融合的科技创新体系，建设一批稻米加工技术集成基地，广泛开展科企技术对接活动；要积极培育经营管理人才、创新团队、生产能手、技能人才和精通产业融合的复合型人才，为企业转型升级提供智力支持和人力资源；要强化质量管理，积极完善产品标准、方法标准、管理标准及相关技术操作规程，积极建立检测检验、质量标准和质量可追溯体系，保障稻米产品质量安全；要加强品牌整合和保护，继续发展产品品牌、区域品牌和企业品牌，积极发展无公害农产品、绿色食品、有机农产品和地理标志产品，提升产品附加值；要发挥国家农业科技创新联盟作用，围绕重大科技问题和共性突出问题，协同推进重点攻关，加快农业科技成果转化。

三是进一步挖掘优质资源，提升国际竞争力。要深刻把握优质特色农业资源的产地环境、历史文化、资源禀赋，突出品牌的深厚内涵；要挖掘特色、特质、特点，突出差异性，追求高品质，进军高端市场，走“人无我有、人有我优”的品牌崛起之路；要形成互动的技术创新网络，力求与国际上保持信息与能量交换，利用集群效应在本地化基础上增强国际市场竞争力；要找准目标市场，延伸产业链和价值链，有效推进农产品的国际市场流通，迅速提升在区域、国内和国际的竞争优势，从全球价值链的低端向高端攀升。

近年来，中国优农协会与各方面合作伙伴一道，率先建议实施农业品牌战略，推动设立了“中国品牌日”；开展了最具影响力农产品区域公用品牌调查发布，构建了国家农业品牌价值评价体系；创办了《优质农产品》期刊，并利用新媒体传播农业品牌故事；开展了“强农兴邦中国梦·品牌农业中国行”活动，并深入各地，设立了 20 余个分支机构，促进农业科技成果转化和提供专业服务；组团参加国际知名展会，推动农业走出去，牵头创立了“国际农业协会联盟”，参与“一带一路”建设；支持省市举办特色优质农产品展会，运用 VR、AI 技术构建优质农产品信任系统，与京东、国美等电商平台合作，打造诸多优质农产品电子商务平台，为促进农业品牌发展，创建了诸多新载体，拓展了多个新平台。

赓续过往，行稳致远。当前，质量兴农、绿色兴农、品牌强农已经成为中国农业产业发展的主旋律。中国优农协会将抢抓机遇、发挥优势、乘势而上，在农业农村部的指导下，在各级党委、政府和社会各界的共同努力下，与合作伙伴一道，以品牌为引领，推动产业兴旺，助力乡村振兴战略，在促进我国农业品牌质量提升中有更多新作为，努力在质量兴农、绿色兴农、品牌强农的实践中做出更大贡献。

（此文系作者在 2018 中国国际大米品牌大会上的主题演讲）

推进农业高质量发展
提升品牌农业国际合作

中国优质农产品开发服务协会会长　黄竞仪

金秋送爽，天府飘香。在天府之国的美好时节，我们再次迎来了品牌农业发展国际研讨会。首先请允许我代表大会主办方，向各位来宾表示热烈欢迎，向长期关注、支持中国“三农”发展的国际组织及国际友人表示衷心感谢！

2017 年也是这个时候，在美丽的蒲江，研讨会成功召开，给我们留下了美好的记忆，为多国农业农村部门、国际农业商业组织官员、各国农业组织、农业品牌专家及企业领袖提供了非常好的交流平台以及贸易合作新机遇。

今天，我们站在一年来实践发展的基础上，将围绕国际品牌合作机制创新与农业可持续发展、国际标准对接与品牌国际化进程、全球市场与品牌贸易等话题继续展开讨论。当前，国际贸易在发生深刻变化，农业对外合作的形势更加复杂，中国的表现尤其受到关注。大国要有大国的担当。我们认为，经济全球化的大势无法阻挡，只能适应。农业国际合作依然面临良好的机遇，我们必须抓住。

乡村振兴战略拓展了品牌农业国际合作新空间。实施乡村振兴战略是新时代中国“三农”工作的总抓手，也丰富了农业发展、农业国际贸易的内涵，拓展了农业品牌国际合作的空间。乡村振兴，产业振兴是重点。要推动乡村产业振兴，紧紧围绕发展现代农业，围绕农村一二三产业融合发展，构建乡村产业体系，实现产业兴旺。各国实现农业农村现代化，必然要求利用国内国外两个市场、两种资源，实现资源要素的合理配置。

农业高质量发展提升了品牌农业国际竞争力。中国经济已由高速增长阶段转向高质量发展阶段。中国农业正处于转变发展方式、优化经济结构、转换增长动力的攻关期。我们将围绕推动农业高质量发展，坚持以农业供给侧结构性改革为主线，坚持质量兴农、绿色兴农、品牌强农，加快推进农业由增产导向转向提质导向，实现由农业大国向农业强国的转变。农业的高质量发展，既有利于提升农业国际竞争力，提高农业全球价值链地位，又有利于提升品牌国际合作的质量和效率，为贸易伙伴到中国投资创造更好的环境，有利于优化农业国际贸易。

“一带一路”搭建了品牌农业国际合作更高平台。“一带一路”倡议是中国在新的历史条件下实行全方位对外开放的重大举措、推进互利共赢的重要平台。倡议各国共建“一带一路”不仅是经济合作，而且是完善全球发展模式和全球治理、推进经济全球化健康发展的重要途径。中国与“一带一路”沿线国家农业互补性强，在标准对接、产能合作、技术进步、市场融合等方面合作潜力巨大。这为发挥各自农业比较优势，降低贸易投资壁垒都创造了前所未有的好机会。

国际贸易复杂化也对品牌农业国际合作带来新挑战。众所周知，当前，反全球化、贸易保护主义、单边主义抬头。国际贸易复杂化，为开展品牌农业国际合作带来了新挑战。但同时，也为倡导全球化国家之间的合作创造了新机遇。我们要共同积极应对、敢于应对，提升彼此的实力、能力，不断拓宽品牌农业国际合作新空间。

当今世界正处于大发展、大变革、大调整时期，只有具备战略眼光，树立全球视野，既有风险忧患意识，又有历史机遇意识，才能在这场百年未有之大变局中把握航向。品牌农业国际合作同样面临新形势、新任务，需要我们共同努力才能构建起全方位、多层次、宽领域的合作新格局，不断提高各国的农业国际竞争力。

在“一带一路”倡议的推动下，中国优质农产品开发服务协会（简称中国优农协会）于2016年联合俄罗斯、日本、西班牙、马来西亚、波兰、新西兰、乌克兰、哥伦比亚等9个国家的农业协会共同发起成立了国际农业协会联盟（WUAA），联盟是一个全球性的非营利的非政府组织，致力于世界各地农业合作协会的发展和合作，截至目前已发展来自20个国家的农业行业协会加入联盟组织，联盟除日常联络以外，将每年召开一次成员大会，是品牌农业发展国际研讨会的重要内容之一。联盟希望通过加强农业协会之间的交流和合作，为各国农业产业建立一个联盟性的信息技术服务和贸易对接平台，在全球范围内成为最具代表性、最有效和最具领导性的国际组织之一。依托国际农业协会联盟，结合品牌农业国际合作前景，我提出以下几点建议：

推动“一带一路”框架下品牌农业国际合作。过去几年，共建“一带一路”完成了总体布局，今后要聚焦重点，将在开拓市场上下功夫，搭建更多贸易促进平台，引导有实力的企业开展投资合作，发展跨境电子商务等贸易新业态、新模式，注重贸易平衡。近几年，我们每次研讨会都会涉及“一带一路”框架下的国际合作，这也是促进农业合作的主要方向和工作重点。依托国际农业协会联盟，我们将在技术装备推广，农产品生产、加工、检验检疫等标准互认协同，促进农业投资便利化、贸易自由化等方面大有可为。

推动一批企业合作，培育一批具有国际竞争力的农业企业。企业是各国农业“走出去”的主体，培育具有全球配置资源能力的优势企业是各国当务之急。目前，中国农业在国际产业分工中处于产业链低端，竞争力不强，高端研发、服务等环节尤为薄弱，需要我们农业企业壮大实力，抱团“出海”。因此，品牌农业国际合作的着力点必须放在企业上，发挥行业协会的整合资源优势，鼓励会员企业在全球范围内优化空间、产业、市场布局，积极参与研发、加工、仓储、物流、港口等产业链关键环节建设。

推动一批特色农产品品牌国际合作。随着消费结构升级及市场竞争加剧，品牌、创意、科技等现代要素和要素结构对贸易利益分配的影响会更显著。农产品市场竞争已从价格竞争、质量竞争和服务竞争转向品牌竞争，而中国农业品牌的数量和品牌价值，都还有很大潜力。因此，推动特色农业品牌国际合作，促进农业产业链升级，引入先进的商业运作理念和方式，创新国际合作模式，是提高中国农业竞争力的紧迫任务。

推动国际农业协会联盟成员之间农商深度融合。现代农业的竞争不仅仅是产品竞争，也正日益转化为产业链竞争。当前，优质农产品和食品消费市场已经出现这种趋势，现代农业产业链的服务环节日益成为农业产业链或价值链的主导者，成为产业链资源整合、优势集成的组织者，农业产业链的利润重心也逐步向服务环节转移。农商融合正是发生在这个过程中，它是整合、重构农业产业链的重要途径，而国际农业协会联盟成员之间农商融合具有天然的互补优势。

复杂的国际贸易环境，以及不可阻挡的农业全球化及品牌国际化趋势，对各国农业竞争力提出了更高要求。中国农业产业链、价值链的优化升级正面临新考验。这些都需要加快推动农业高质量发展，提升品牌农业国际合作水平。中国优农协会始终致力于品牌农业国家合作新战略、新模式的研究和实践。今后，我们将不断提高这一高端对话平台，为大家更好地探讨如何构建资源集约、优势互补、价值提升的新型品牌农业合作模式提供服务。希望各国农业和商业领袖在这里牵手合作！祝愿各位嘉宾能够享受一场新时代思维变革的盛宴！

（此文系在 2018 品牌农业发展国际研讨会上的主旨演讲）

法律法规与规范性文件

- 关于组织实施首届“中国农民丰收节”有关工作的通知
- 农业农村部　工业和信息化部　公安部　国家市场监督管理总局　中华全国供销合作总社关于印发《2018年全国农资打假和监管工作要点》的通知
- 农业农村部　国家林业和草原局　国家发展改革委　财政部　科技部　自然资源部关于组织开展第二批“中国特色农产品优势区”申报认定工作的通知
- 农业农村部办公厅关于开展“2018年放心农资下乡进村宣传周”活动的通知
- 农业农村部办公厅关于开展2018年全国农产品质量安全检测技术能力验证工作的通知
- 农业农村部办公厅关于做好无公害农产品认证制度改革过渡期间有关工作的通知
- 农业农村部关于加快推进品牌强农的意见
- 农业农村部关于农产品质量安全追溯与农业农村重大创建认定、农业品牌推选、农产品认证、农业展会等工作挂钩的意见
- 农业农村部关于全面推广应用国家农产品质量安全追溯管理信息平台的通知
- 农业农村部关于印发《农业绿色发展技术导则（2018—2030年）》的通知
- 农业部农产品质量安全中心关于启用专用公共标识的公告
- 中国绿色食品发展中心关于印发《无公害农产品、绿色食品、农产品地理标志定点检测机构管理办法》的通知
- 全国名特优新农产品名录收集登录规范
- 农业农村部农产品质量安全中心关于做好有效期内全国统一认证无公害农产品后续跟进管理服务工作的通知
- 中国绿色食品发展中心关于开展绿色食品、有机农产品、农产品地理标志追溯管理有关工作的通知
- 中国绿色食品发展中心关于印发《绿色食品产品包装标签变更备案暂行规定》的通知
- 中国绿色食品发展中心关于做好2018年绿色食品监督检查工作的通知
- 中国优质农产品开发服务协会分支机构管理办法
- 中国优质农产品开发服务协会会员管理办法

关于组织实施首届“中国农民丰收节”有关工作的通知

农市发〔2018〕5号

各省、自治区、直辖市及新疆生产建设兵团党委农村工作部门，农业（农牧、农村经济）、农机、畜牧、农垦、农产品加工、渔业（水利）厅（局、委、办），文明办、民（宗）委（厅、局）、文化和旅游厅（局）、广电局、体育局、总工会、团委、妇联、文联：

经党中央批准、国务院批复，自2018年起，将每年农历秋分设立为“中国农民丰收节”。这是第一个在国家层面专门为农民设立的节日，充分体现了以习近平同志为核心的党中央对“三农”工作的高度重视，对广大农民的深切关怀，向全社会传递了重农崇农的价值取向。为共同做好首届“中国农民丰收节”组织实施工作，现就有关事项通知如下：

一、充分认识设立“中国农民丰收节”的重大意义

在脱贫攻坚的关键时期、全面建成小康社会的决胜阶段、实施乡村振兴战略的开局之年，设立“中国农民丰收节”具有重大历史意义和现实意义。

一是有利于进一步彰显“三农”工作的重要地位。农业农村农民问题是关系国计民生的根本性问题。设立“中国农民丰收节”，有助于全面调动各级政府、社会各界投身和服务“三农”的积极性，唤起各方面对“三农”的关注和重视，营造强农助农的浓厚氛围，凝聚爱农支农的强大力量，进一步强化“三农”工作在党和国家工作中重中之重的地位。

二是有利于提升亿万农民的获得感、幸福感、光荣感。“中国农民丰收节”是农民的专属节日，通过举办一系列具有地方特色、民族特色的农耕文化、民俗文化活动，能够进一步丰富农民的物质文化生活、展示新时代新农民的精神风貌，顺应广大农民新期待，满足亿万农民对美好生活新需求。

三是有利于传承弘扬中华农耕文明和优秀文化传统。“中国农民丰收节”蕴含鲜明的文化符号和新的时代内涵，能够让人们以节为媒，释放情感、传承文化、寻找归属，唤醒人们对传统农耕文化的记忆，享受农耕文化的精神熏陶，增强文化自信和民族自豪感。

四是有利于凝聚推动乡村振兴战略实施的强大力量。举办“中国农民丰收节”，有助于动员和聚集各方面资源，增强亿万农民振兴乡村的热情和信心，推动乡村实现全面振兴，让农业成为有奔头的产业、农民成为有吸引力的职业、农村成为安居乐业的美丽家园。

二、准确把握活动组织实施的总体要求

（一）指导思想。以习近平新时代中国特色社会主义思想为指导，学习贯彻习近平总书记关于做好“三农”工作的重要论述，以“庆祝丰收、弘扬文化、振兴乡村”为宗旨，按照“务实、开放、共享、简约”的要求，充分发挥农民主体作用，突出地方民俗特色，在广大乡村开展喜闻乐见的活动，弘扬悠久厚重的农耕文化，展示农村改革发展的巨大成就，展示中国农民的伟大创造，激发亿万农民的积极性、主动性、创造性，为脱贫攻坚、全面建成小康

社会、实施乡村振兴战略、加快推进农业农村现代化提供不竭动力。

（二）基本原则。

——坚持农民主体办节日。农民是丰收节的主体，农民广泛参与是关键。要充分发挥农民群众的智慧和力量，支持鼓励农民开展与生产生活生态相关的庆祝活动，让农民真正成为节日的主角，实现农民的节日农民乐。

——坚持因地制宜办节日。要从实际出发，突出地方特色，结合当地民俗文化、农时农事组织开展节庆活动，不搞千篇一律，不搞统一规定动作。各地各民族庆丰收传统活动要传承好、保留好，与丰收节融合互动、相得益彰。

——坚持节俭热烈办节日。既要有节日的仪式感，又要避免形式主义、铺张浪费，不增加基层和农民负担，形成节俭朴素、欢庆热烈的全国性节日氛围。

——坚持开放搞活办节日。用开放的思维办节过节，注重亿万农民庆丰收、成果展示晒丰收、社会各界话丰收、全面参与享丰收，让全社会、全民都感受到丰收的快乐。

三、精心组织安排节日庆祝活动

（一）国家层面开展重大活动。农业农村部会同有关部门和地方组织举办首届“中国农民丰收节”主会场活动、分会场活动及系列活动，通过政府发动和带动，形成影响力和推动力。主会场活动和分会场活动于 9 月 23 日举办，若干系列活动于 9 月下旬至 10 月上旬陆续开展。

（二）各部门组织相关活动。地方各级相关部门要充分发挥职能作用，农业农村部门要发挥牵头作用，做好总体活动方案策划和统筹协调，组织实施好各具特色的庆祝活动；文明办要组织开展新时代文明实践活动，积极引导各级文明村镇参与丰收节庆活动；民委要加强对各民族丰收节庆活动的组织和指导，促进各民族交往交流交融，铸牢中华民族共同体意识；文化和旅游部门要以此为契机，宣传普及人类非物质文化遗产代表作“二十四节气”，组织引导乡村文化艺术创作，开展农民歌手大赛、农村广场舞展演、农民书画摄影展等乡村文化艺术活动，把各地有民俗特色庆丰收的旅游乡镇推介好；广播电视部门要充分调动相关媒体资源，加大节日宣传力度；体育部门要加强对农民体育工作的指导，在“中国农民丰收节”期间，充分利用农民体育健身工程等阵地设施，举办形式多样的民俗体育活动；工会组织要做好广大农民工的宣传发动工作，组织开展农民工庆祝节日相关活动；共青团组织要调动广大农村青年参与节日的积极性，提升节日活力；妇联组织要将“乡村振兴巾帼行动”与丰收节活动紧密结合，充分调动农村妇女参与节日活动的热情；文联系统要组织引导广大文艺工作者围绕农民庆丰收开展形式多样的文艺活动。

（三）鼓励全国农村基层广泛开展节庆活动。各地要将活动重心下沉到县乡村，结合实际认真组织策划，广泛听取农民意见，创新活动形式，精心举办乡村旅游、农产品采购、民俗表演、技能比赛、美食品鉴、特色农产品展示、电商促销、农民体育赛事活动、文化教育、农事体验等各具特色的庆祝活动。

四、切实加强组织保障

（一）加强组织领导。农业农村部会同相关单位成立首届“中国农民丰收节”组织指导委员会，统筹谋划全国层面节日活动，做好对各地的指导和支持。地方各级农业农村部门要加强工作统筹协调，会同相关部门做好节日活动的组织实施工作。

（二）加强新闻宣传。各地各部门要充分发挥中央媒体、地方媒体及新媒体作用，从党的强农惠农富农政策、农业农村发展成就、农民生产生活巨大变化、中华传统农耕文明、当代农村新风民俗、新时代“三农”先进人物事迹等多视角切入，开展全方位、立体式、持续性报道，使“中国农民丰收节”成为世界上最有特色、最有人气、最为丰富、最有影响的农民节日、丰收节日。

（三）加强经验交流。各地要及时总结首届“中国农民丰收节”组织实施中的好经验好做法，取长补短、共同提高，推动节日越办越好、更上台阶。请各省（区、市）农业农村部门于10月23日前将首届“中国农民丰收节”活动总结（包括文字、图片、视频材料等）报送农业农村部。

联系人：崔明理

联系电话：010-59192137，59192153（传真）

电子邮箱：nmfsj@agri.gov.cn

通讯地址：北京市朝阳区农展南里11号农业农村部市场与经济信息司

邮编：100125

附件：首届“中国农民丰收节”组织指导委员会组成方案

中央农办　农业农村部　中央文明办
国家民族事务委员会　文化和旅游部
国家广播电视总局　国家体育总局
中华全国总工会　共青团中央
中华全国妇女联合会　中国文学艺术界联合会
2018年8月3日

附件

首届“中国农民丰收节”组织指导委员会组成方案

为做好首届“中国农民丰收节”组织实施工作，农业农村部会同相关单位成立首届“中国农民丰收节”组织指导委员会，主要职责是：组织指导全国“中国农民丰收节”庆祝活动，协调解决重大事项，推动形成良好的节日氛围，扩大“中国农民丰收节”在全社会的影响力。组成人员名单如下：

一、主任

韩长赋　中央农村工作领导小组副组长兼办公室主任　农业农村部党组书记、部长

二、副主任

屈冬玉　农业农村部副部长

三、成员

孙　尧　教育部副部长

石玉钢　国家民族事务委员会副主任

刘　炤　司法部副部长

王炳南　商务部副部长

项兆伦　文化和旅游部副部长

范卫平　国家广播电视总局副局长

赵　勇　国家体育总局副局长

魏地春　中央广播电视总台央视副台长

洪天云　国务院扶贫办副主任

刘东生　国家林业和草原局副局长

赵世洪　中华全国总工会书记处书记

傅振邦　共青团中央书记处书记

杨　柳　中华全国妇女联合会书记处书记

左中一　中国文学艺术界联合会副主席、书记处书记

卢　彦　北京市人民政府副市长

四、办公室成员

组织指导委员会办公室设在农业农村部市场与经济信息司，承担委员会日常工作。办公室主任由市场与经济信息司司长唐珂担任。办公室成员如下：

（一）各有关部门

陈　进　中央文明办一局副巡视员

谢　俐　教育部职业教育与成人教育司副司长

王海青　国家民族事务委员会经济发展司副巡视员

郭文芳　司法部农林城建资源环保法制司副司长

曹德荣　商务部市场体系建设司副司长

王晨阳　文化和旅游部非物质文化遗产司副司长

王小亮　国家广播电视总局宣传司副司长

郎　维　国家体育总局群众体育司司长

谷云龙　中央广播电视总台央视总编室副主任

许健民　国务院扶贫办开发指导司副司长

刘家顺　国家林业和草原局农村林业改革发展司巡视员

蔡毅德　中国农林水利气象工会主席

赵宝东　共青团中央青年发展部副部长

杜　芮　中华全国妇女联合会妇女发展部部长

刘尚军　中国文学艺术界联合会国内联络部主任

马荣才　北京市农村工作委员会副主任

（二）中央农办、农业农村部内设机构（依现有机构和职务列名）

潘显政　办公厅主任

胡永万　人事劳动司巡视员

魏百刚　发展计划司司长

陶怀颖　财务司司长

隋鹏飞　国际合作司司长

廖西元　科技教育司司长

曾衍德　种植业管理司司长

李伟国　农业机械化管理司司长

马有祥　畜牧业司司长

邓庆海　农垦局局长

宗锦耀　农产品加工局局长

张显良　渔业渔政局局长

赵　阳　中央农办一局局长

农业农村部　工业和信息化部　公安部　国家市场监督管理总局　中华全国供销合作总社关于印发《2018 年全国农资打假和监管工作要点》的通知

农质发〔2020〕3 号

各省、自治区、直辖市、计划单列市及新疆生产建设兵团农业（农村经济、农牧）、农机、畜牧、兽医、农垦、渔业厅（局、委、办），工业和信息化主管部门，公安厅（局），工商行政管理局，质量技术监督局，供销合作社：

为全面贯彻党的十九大精神，落实中央经济工作会议、中央农村工作会议及中央 1 号文件要求，严厉打击农资领域侵权假冒违法行为，切实做好农资打假和监管工作，现将《2018 年全国农资打假和监管工作要点》现印发给你们，请遵照执行。

在工作中如有任何问题和建议，请及时与全国农资打假专项斗争部际协调小组办公室（农业农村部农产品质量安全监管局）联系。电话：010-59191504，传真：010-59191891。

农业农村部　工业和信息化部
公安部　国家市场监督管理总局
中华全国供销合作总社
2018年4月13日

2018年全国农资打假与监管工作要点

为深入贯彻党的十九大精神，落实中央经济工作会议、中央农村工作会议、全国农业工作会议及中央1号文件部署，紧紧把握我国社会主要矛盾变化，按照高质量发展的要求，坚持问题导向，突出专项治理，狠抓大要案查处，完善工作机制，创新监管方式，依法严厉打击各类制售假冒伪劣农资违法犯罪行为，营造健康有序、公平竞争的农资市场环境，维护农民群众合法权益，为深化农业供给侧结构性改革、满足人民日益增长的美好生活需要提供有力保障。经研究，2018年重点工作安排如下：

一、严把审批准入关口

按照农业供给侧结构性改革要求，以农业投入品绿色化、减量化为目标，强化种子、肥料、农药、兽药、饲料和饲料添加剂等农业投入品登记注册和审批管理。进一步完善农业投入品产业发展政策，继续开展行业准入工作，积极化解过剩产能，引导行业健康有序发展。严格农资生产经营许可条件和标准，依法控制新批生产企业数量，严格限制高残留、高污染、高耗能、无技术创新产品的重复登记。加快实施高毒农药替代计划，发挥农药登记引导作用，促进农药技术创新，减少新登记同质化产品数量，有序淘汰高毒农药。加强农药生产经营许可管理，实施限制使用农药定点经营。严格兽药生产企业准入审查，落实兽药产品批准文号现场核查和抽样制度，坚决淘汰存在安全隐患的兽药，实施促生长兽用抗菌药逐步退出行动。严格规范地膜行业生产经营行为，不得以劣质再生塑料为原料生产地膜产品，产品质量必须符合国家及行业标准。

二、强化日常监督管理

落实农资质量监督抽查“双随机”制度，开展种子、农药、兽药、饲料、肥料、地膜等重点产品的质量监管和监督抽查。以省市县交界地区、农产品主产区、种子生产基地、农资经营集散地为重点区域，加大对农资批发市场、专业市场、农资展会和乡村流动商贩等重点对象的日常监管力度。严厉查处生产假冒伪劣产品、非法添加违禁物质与未登记成分、无证生产等违法行为。对农资电商、直销配送、农资合作社等农资经营新业态、新模式、新主体做好依法监管和风险防范工作。

三、深入开展专项治理

完善农资打假工作部际联席会议制度，加强各部门间的协作配合，发挥整体联动和区域协作优势。开展“绿剑护农”行动，重点查处农村农资市场、互联网领域和“菜篮子”产品主产区假冒伪劣农资违法违规行为。开展打假“利剑”行动，重拳打击农资生产领域制假售假违法犯罪活动。开展“红盾护农”行动，加大农资市场监管力度，依法查处违法农资经营行为。严格化肥产品生产许可证核发，严格执行地膜新标准。对西北、华北、东北和西南等用膜量大、易产生污染问题的重点地区加大监管力度，确保不达标的地膜产品不出厂、不进店、不下田。

四、加大案件查处力度

针对近年来群众投诉举报多、监督检查中发现问题多、质量安全隐患多的领域、地区和品种，集中力量开展农资打假和专项整治工作。重点办理一批情节严重、影响恶劣的制售假冒伪劣农资涉嫌犯罪案件，有力震慑违法经营者。加强地区之间、部门之间的线索通报、信息共享和案件会商，采取挂牌督办、集中办案、联合查案等形式，坚决查处一批违法犯罪案件，依法严惩一批违法犯罪分子，销毁一批假冒伪劣农资产品，曝光一批制假售假典型案件，切实维护农资市场秩序，保障消费者合法权益。

五、完善两法衔接机制

加强农资领域行政执法与刑事司法衔接，充分发挥“两法衔接”信息平台作用，完善信息共享、案件通报、案件移送制度。及时移送涉嫌犯罪的假劣农资案件，依法追究刑事责任。建立健全以大宗农资产品随机抽查为主，季节性产品专项检查和高风险产品重点检查为补充的农资质量监督检查制度。完善检打联动机制，形成打假合力，对制假售假违法行为追根溯源，严查违法链条，严防假劣农资进入农业生产领域。

六、加快农资信用体系建设

推动建立农资生产经营主体信用档案，加大农资领域信用信息归集、共享和公开。畅通农资信用信息与全国信用信息共享平台、国家企业信用信息公示系统的共享交换。完善农资领域守信联合激励和失信联合惩戒机制，推动出台农资严重失信联合惩戒对象管理制度，探索建立守信主体绿色通道。研究制定农资领域信用评价规范，鼓励行业协会和第三方机构开展行业信用评价，引导农资生产经营者切实履行主体责任，依法诚信经营。

七、深化农资服务指导

组织开展放心农资下乡进村宣传活动，举办现场咨询培训，普及法律法规知识，推广安全用药和绿色防控技术，指导农民科学使用种子、地膜、肥料等农资产品，提高识假辨假能力，把安全优质的农资产品和质量安全技术服务送到乡村。鼓励支持农资连锁经营、直销直供、农资合作社等农资经营新业态发展，畅通放心农资下乡进村渠道。推进放心农资经营示范店和农资现代经营服务中心建设，加强放心农资供应、深化农资服务指导。

八、加强农资监管能力建设

推进农资监管和追溯体系建设，充分利用信息化手段，提高农资打假和监管效能。开展多种形式的农资打假执法人员培训、练兵、比武等活动，提高执法人员的法律法规素养和专业技术水平。加强基层农资监管和执法能力建设，改善农资打假执法装备条件，改进监管和执法手段，不断提高农业执法队伍能力。

九、推进投诉举报与社会共治

落实《农业行政处罚案件信息公开办法》，依法公开农资打假案件信息。发挥“12316”举报电话、网络举报信箱作用，畅通农资打假投诉举报渠道。鼓励行业协会、公益组织、新闻媒体等共同参与，构建农资打假社会共治机制。引导农民树立正确的农资消费观念，强化农资领域维权服务指导，支持农民群众维权投诉。完善农资消费纠纷解决机制，切实维护农民群众的合法权益。

农业农村部　国家林业和草原局　国家发展改革委　财政部　科技部　自然资源部关于组织开展第二批“中国特色农产品优势区”申报认定工作的通知

农市发〔2020〕3号

各省、自治区、直辖市及新疆生产建设兵团农业（农牧、农村经济）、畜牧、农垦、渔业厅（局、委、办），林业、发展改革、财政、科技、自然资源主管部门，黑龙江省农垦总局、广东省农垦总局，内蒙古、吉林、龙江、大兴安岭、长白山森工（林业）集团公司：

为贯彻落实中央1号文件和中央农村工作会议关于推进特色农产品优势区创建的部署，根据《农业部、中央农村工作领导小组办公室、国家发展改革委、财政部、国家林业局、科技部、国土资源部、环境保护部、水利部关于开展特色农产品优势区创建工作的通知》（农市发〔2017〕3号）和《特色农产品优势区建设规划纲要》的具体要求，在各地争创特色农产品优势区的基础上，经农业农村部、国家林业和草原局、国家发展改革委、财政部、科技部、自然资源部研究决定，组织开展2018年“中国特色农产品优势区”（以下简称为“中国特优区”）申报认定工作。现将有关事项通知如下。

一、申报条件

（一）主导品种选择。各地要以《特色农产品优势区建设规划纲要》对重点品种（类）和区域布局的总体要求为指导，立足本地产业发展实际，充分挖掘资源文化优势，综合考虑市场消费需求，统筹兼顾粮经产品、园艺产品、畜产品、水产品和林特产品等五大类特色农产品，自主选择特色主导品种，科学合理申报特色鲜明、优势集聚、产业融合、市场竞争力强的中国特优区。

（二）创建区域布局。原则上以县（市、区，林区，垦区）为单位申报。区域内特色主导品种相同、获得同一地理标志认证（登记）的地级市可单独申报，地级市区域内的部分县（场）也可联合申报。联合申报的地区须加强规划引导，按照相关规定，有效整合区域内财政、土地、环境、水利、金融、科技等方面的相关政策，构建起完善的利益分配机制，统筹好中国特优区内产业链条建设，实现产业持续均衡发展。

（三）申报基本要求。拟申报的中国特优区，应符合《中国特色农产品优势区创建认定标准》（农市发〔2017〕8号）中的创建条件，并达到以下要求。一是特色农产品质量效益竞争力突出。产业资源特色鲜明、品质优势明显、生产历史悠久，是当地前三大特色农林主导产业之一。产品市场认可度高、特色主导产品产量在全国同级别地区位居前列，在国际上具有较强代表性和竞争力。二是市场培育与品牌建设有力。产业发展规模适度，产加销、贸工农一体化协调推进，特色主导产品市场供销稳定，市场主体创新能力强，市场管理机制健全，拥有一定影响力的农（林）产品区域公用品牌。三是推进措施务实具体。地方政府高度重视特色产业发展，在产业支持保护、持续发展、金融政策、价格机制和品牌创建等方面措施有力，取得较好成效。四是引领示范作用突出。在特色产业生产基地、加工基地、仓储物流基地，科技支撑体系、品牌建设与营销体系、质量控制体系等方面示范作用明显，对特色产业发展具有较强的带动作用。五是符合相关法律法规和产业发展政策要求。特色农产品种养要符合农业、森林、环境保护、耕地保护和永久基本农田保护等法律法规，以及产业发展等方面的政策要求。

二、申报安排

（一）申报数量。根据中国特优区的重点品种（类）和区域布局，此次申报数量为 127 个。在充分考虑各地农业综合区划、种养传统、生产规模、产业基础及发展潜力等因素基础上，确定了分省申报控制数（附件 1）。

（二）申报程序。省级特优区创建工作领导小组负责本省中国特优区申报工作的统筹安排和组织协调，省级农业和林业部门牵头，会同发展改革、财政、科技、自然资源等部门负责具体实施工作。地方政府自愿申报，省级特优区创建工作领导小组审核遴选，经省政府同意后统一上报。计划单列市计入本省指标，由所在省统筹安排上报。黑龙江省农垦总局、广东省农垦总局，内蒙古、吉林、龙江、大兴安岭、长白山森工（林业）集团公司纳入有关省指标，直接报送农业农村部、国家林业和草原局。

（三）申报材料。中国特优区申报主体需填写《中国特色农产品优势区申报书》《2018 年中国特色农产品优势区创建基础数据表》（附件 2、附件 3），并提供创建工作方案及证明材料。省级特优区创建工作领导小组负责填写《中国特色农产品优势区申报信息汇总表》《中国特色农产品优势区联系表》（附件 4、附件 5），明确推荐顺序，并将纸质材料一式六份（加盖公章，每部门 3 份）及电子版于 2018 年 9 月 15 日前报至农业农村部、国家林业和草原局。

三、认定管理

（一）专家委员会。农业农村部、国家林业和草原局、国家发展改革委、财政部、科技部、自然资源部、水利部将组织成立中国特优区认定专家委员会，开展中国特优区的评价认定、指导咨询以及绩效考核等工作。

（二）认定标准。围绕中国特优区的内涵与主要特征，从资源环境、生产传统、产业发展、市场品牌、保障措施五个方面，制定定量与定性相结合的中国特优区认定标准。

（三）评审公示。为确保评审结果公开、公平、公正，农业农村部、国家林业和草原局会同国家发展改革委、财政部、科技部、自然资源部、水利部组织中国特优区认定专家委员会根据中国特优区认定标准，对各地申报材料进行评审，提出中国特优区认定建议名单，并在中国农业信息网、中国林业网进行公示，公示期为 5 个工作日。

（四）发布反馈。公示无异议后，农业农村部、国家林业和草原局、国家发展改革委、财政部、科技部、自然资源部、水利部联合发文予以认定。

四、有关要求

（一）加强组织领导。各省级特优区创建工作领导小组及相关单位要高度重视，加强组织领导，明确任务分工，坚持公开公平公正和自愿原则，组织做好申报工作。

（二）严把材料质量。各省级特优区创建工作领导小组要严格按照国家建设重点，择优选择品种和区域，严格审核申报材料，确保申报材料的完整性、真实性和准确性。

（三）按时报送材料。各省及垦区、林区要迅速组织开展申报工作，严格按照申报控制数确定推荐名单，在规定时间内完成报送。对于数据不实、材料不全或滞后报送的将不纳入本次申报认定范围。

联系方式：

农业农村部市场与经济信息司

联系人：张天翊

电　话：010-59193145，010-59193147（传真）

电子邮件：scsltc@163.com

国家林业和草原局农村林业改革发展司

联系人：李　斌

电　话：010-84238203，010-84238220（传真）

电子邮件：lxjj8203@163.com

国家发展改革委农村经济司

联系人：李　东

电　话：010-68502177，010-68502631（传真）

电子邮件：ny68502631@163.com

财政部农业司

联系人：王　祚

电　话：010-68551893，010-68551431（传真）

电子邮件：zuzuwang9988@163.com

科技部农村科技司

联系人：周彦衡

电　话：010-58881411，010-58881439（传真）

电子邮件：davidjoe0422@163.com

自然资源部规划司

联系人：杨　挺

电　话：010-66558052，010-66558129（传真）

电子邮件：bjwgz@126.com

附件：1. 2018 年各省中国特色农产品优势区申报控制数（略）
2. 中国特色农产品优势区申报书（略）
3. 2018 年中国特色农产品优势区创建基础数据表（略）
4. 中国特色农产品优势区申报信息汇总表（略）
5. 中国特色农产品优势区联系表（略）

农业农村部　国家林业和草原局
国家发展改革委　财政部
科技部　自然资源部
2018 年 8 月 16 日

农业农村部办公厅关于开展“2018 年放心农资下乡进村宣传周”活动的通知

农办质〔2018〕14 号

各省、自治区、直辖市及计划单列市农业（农牧、农村经济）、农机、畜牧、兽医、农垦、渔业（水利）厅（局、委、办），新疆生产建设兵团农业局：

当前，春耕备耕和春季田管工作已陆续开展，为引导农民群众科学购买、合理使用农资产品，深化农资监管服务，营造打假护农保春耕的良好社会氛围，根据全国农资打假专项治理行动电视电话会议精神和 2018 年全国农资打假专项治理行动总体安排，我部决定组织开展“2018 年放心农资下乡进村宣传周”活动（以下简称“宣传周活动”）。现就有关事项通知如下。

一、活动时间

宣传周活动自即日起至 6 月下旬，各地可根据实际情况自行确定一周作为活动时间。

二、活动主题

放心农资进万村千乡　质量兴农保消费安全

三、活动目的

围绕主题，以解决农民最关心、最直接、最现实的问题为重点，普及农资识假辨假知识，宣传农资法律法规，加强对农民群众的服务指导，把安全优质的农资产品和质量安全技术服务送到乡村。帮助农民群众树立正确消费观，指导农民群众科学合理使用农资，提高农民群众质量意识和维权能力，保障农业生产和农产品质量安全。

四、活动内容

（一）认真组织现场咨询。组织农业科研、技术推广、执法监管等单位的工作人员和技术专家开展现场咨询、展览展示等活动，普及法律法规知识，推广安全用药和绿色防控技术，指导农民辨识假劣农资，科学规范使用种子、肥料、农药等农资产品，拒绝购买使用不符合标准的劣质地膜。组织相关执法机构深入乡村，面对面受理投诉举报，提供依法维权法律咨询。

（二）积极开展培训指导。通过田间课堂、现场教学等形式，对种粮大户、合作社、家庭农场和农民群众开展培训，推广科学规范使用农资、严格执行休药期、安全间隔期和建立投入品使用记录等知识培训，进一步提高广大农业生产者的质量安全意识和科学种养技术。

（三）广泛开展宣传活动。充分发挥舆论监督和宣传导向作用，通过电视、网络、两微一端、新媒体平台等多种渠道宣传强农富农政策、农资打假工作成效及部署，全面普及农资法律法规和打假维权知识。基层农业部门在农资交易市场和门店、农产品生产基地及人流量大的地方，采取发放宣传资料、播放短视频、扫码关注公众号等方式，进行全方位宣传。

（四）拓宽放心农资主渠道。借助宣传周活动，大力宣传推介诚实守信经营、产品质量过硬的农资生产经营企业、农资专业合作社和农资社会化服务机构，推广展示农资规范化经营、连锁经营、直销直供等新业态新模式，畅通放心农资下乡进村主渠道，为农民提供更好的农资社会化服务。

（五）曝光农资打假典型案件。在当地主流媒体公布 2017 年各省农业部门查处的假劣农资典型案件，加大案件曝光力度，震慑制售假劣农资违法行为。有条件的省份，要结合当地实际情况，会同环保、市场监管等部门开展假劣农资集中销毁活动，严防假劣农资流入市场。

五、有关要求

各省（区、市）农业部门要把宣传周活动作为农资打假保春耕和为民服务的重要举措之一，精心策划安排，认真组织实施，切实为农民群众提供指导服务，确保宣传周活动取得实效。宣传周活动结束后，各地要全面总结活动开展情况，请于 7 月 16 日前将宣传周活动总结、情况统计表（见附件）、相关图片视频资料（举办现场咨询、培训活动、查处案件、农资销毁等活动的图片 10 张和 2 分钟的执法活动视频）报我部农产品质量安全监管局。

联系电话：010-59191504，59191502

传　　真：010-59191891

电子邮箱：nybdjb@agri.gov.cn

附件：“2018年放心农资下乡进村宣传周”活动情况统计表

农业农村部办公厅
2018年4月19日

附件

“2018年放心农资下乡进村宣传周”活动情况统计表

内容	出动执法和科技人员	发放宣传资料	举办现场咨询培训	接待咨询群众	受理投诉举报	展销农资产品		
						数量		金额
单位	人次	万份	场次	万人次	人次	万公斤	台件	万元

农业农村部办公厅关于开展2018年全国农产品质量安全检测技术能力验证工作的通知

农办质〔2018〕11号

为加强农业质检机构能力建设，进一步提高农产品质量安全检测机构能力水平，根据《农产品质量安全检测机构考核办法》和《农业部产品质量监督检验测试机构管理办法》等有关规定，2018年我部将继续组织开展全国农产品质量安全检测技术能力验证工作。现将有关事项通知如下。

一、能力验证参加单位

（一）承担2018年我部农产品质量安全监测任务的部级质检机构，应参加与承担任务相应的能力验证项目，可自愿参加其他项目的能力验证。因特殊原因不能参加的，须提前向我部农产品质量安全监管局书面说明有关情况。

（二）我部绿色食品、无公害农产品、农产品地理标志检测机构（统称“农产品质量认证检测机构”）应根据其授权承检范围参加附件5相应项目的能力验证。因特殊原因不能参加的，须提前向中国绿色食品发展中心书面说明有关情况。

（三）各省（区、市）通过本省农产品质量安全检测机构考核的省级、地市级和县级检测机构，根据各省级农业行政主管部门要求参加。

二、能力验证内容

（一）农产品中农药残留检测；

（二）农产品中重金属检测；

（三）畜禽产品中兽药和违禁添加物残留检测；

（四）水产品中药物残留检测；

（五）牛奶成分与污染物检测；

（六）土壤中重金属检测；

（七）肥料中养分检测。

具体项目及检测方法见附件1。

三、任务分工与组织方式

（一）2018年全国农产品质量安全检测技术能力验证工作在全国范围内分级实施。

承担部级监测任务的部级质检机构和农产品质量认证检测机构，参加我部农产品质量安全监管局组织实施的部级能力验证。

（二）通过省级农产品质量安全检测机构考核的省级、地市级和县级检测机构，具备条件的省份由省级农业行政主管部门参照部级能力验证工作和要求组织实施省级能力验证，暂不具备条件的省份根据实际组织省内相关检测机构自愿参加部级能力验证。

（三）部农产品质量安全中心受我部农产品质量安全监管局的委托，具体牵头组织实施部级能力验证，协助指导、协调省级能力验证。中国绿色食品发展中心统一组织农产品质量认证检测机构参加部级能力验证。

（四）2018 年部级能力验证工作原则上进行一次。能力验证结果不合格的，需按报名程序，向我部农产品质量安全监管局或中国绿色食品发展中心提出书面申请，允许补验一次。补验工作由我部农产品质量安全中心组织相关技术支持单位开展，不再印发相关通知。

四、能力验证技术支持单位和专家组

农业部环境质量监督检验测试中心（天津）等 6 家单位为 2018 年全国农产品质量安全检测技术能力验证工作的技术支持单位（见附件 2），具体负责报名审查、样品制备与发放、结果分析及撰写总结报告等工作。同时，根据有关省（区、市）的需要，为省级能力验证工作提供技术支撑。

为确保并不断提升农产品质量安全检测能力验证工作水平，我部成立了能力验证专家组（名单见附件 3）。专家组由熟悉能力验证制度、检测和统计方法的专家组成，主要负责对能力验证方案和结果报告进行技术审查和综合评价，并提出有关工作进一步优化完善的意见建议。

五、时间要求

（一）部级能力验证

1. 参加部级能力验证的检测机构请于 4 月 30 日前，登陆“中国农产品质量安全网”（http：//www. aqsc. agri. cn/）上的“农产品检测能力验证系统”，填写报名信息，并下载报名表，确认、加盖机构公章，回传至“农产品检测能力验证系统”，完成报名程序。

2. 农产品中重金属、土壤中重金属和肥料中养分检测能力验证项目应在样品接收后 10 日内（以签收日期为准）完成检测和结果上报工作；牛奶成分与污染物检测能力验证项目应在领样后 7 日内完成检测和结果上报工作；其他类别能力验证项目应在领样后 96 小时内完成检测和结果上报工作。

3. 各类别项目补验工作应在 2018 年 9 月中旬前完成。

4. 各技术支持单位应在首次和补验工作结束后 15 个工作日内，将能力验证结果（包括全年结果）分析报告报送我部农产品质量安全中心。

5. 我部农产品质量安全中心在收齐有关分析报告后 10 个工作日内，组织专家组完成对各类别项目能力验证结果的技术审查和会商研判，并起草全年总报告等材料，报送我部农产品质量安全监管局。

（二）省级能力验证

1. 省级能力验证工作时间由各省级农业行政主管部门确定，原则上应于 9 月底前完成。

2. 暂不具备条件组织省级能力验证工作的省份，省级农业行政主管部门应根据需要，统一组织本省相关机构自愿参加部级能力验证，汇总有关机构参加情况，于 5 月 10 日前将公函邮寄至我部农产品质量安全中心（以邮寄日期为准）。除农产品质量认证检测机构外，原则上不接受省级及其以下农产品质量安全检测机构自行报名。

3. 组织开展省级能力验证的农业部门，应分别于5月底前和10月底前，将省级能力验证方案和年度总结报送我部农产品质量安全中心。

六、能力验证结果应用

（一）部级能力验证

1. 参加能力验证补验的，能力验证结果以补验结果计。

2. 有下列情形之一的，能力验证结果以“不合格”计：

（1）补验结果仍不合格的；

（2）应参加但无故不参加的；

（3）样品未在本机构检测或未由本机构检测人员检测的；

（4）串通、篡改检测数据或伪造检测结果的；

（5）其他不合规情形应取消结果的。

对于3、4两种情况以及有其他弄虚作假行为的机构，我部将予以通报批评，并责成相关主管部门和承建单位严肃处理。

3. 能力验证结果合格的机构，在下一年度的农产品质量安全检测机构考核、部级产品质量监督检验测试机构审查认可和资质认定复查、监督和扩项评审中，可免于该项目的现场考核。

4. 承担我部农产品质量安全监测任务的部级质检机构能力验证结果不合格的，由我部农产品质量安全监管局给予6个月整改期。在整改期内，停止安排指令性任务。

5. 农产品质量认证检测机构能力验证结果不合格的，由中国绿色食品发展中心视情况给予整改期，并作出处理决定。

（二）省级能力验证

各省级农业行政主管部门依照有关规定和参照部级能力验证结果使用方式，自行确定省级能力验证结果使用方式。参加省级能力验证结果不合格的，由各省级农业行政主管部门委托当地部、省级质检机构加强培训指导，帮助提高能力水平。

七、有关要求

（一）各省级农业行政主管部门要高度重视能力验证工作，切实加强组织领导，认真组织实施好各省级农产品质量安全检测技术能力验证工作，鼓励检测机构积极参加相关部门或机构组织的能力验证工作，充分发挥能力验证在强化机构管理、提升检测能力、保障农产品质量安全等方面的积极作用。

（二）各部级质检机构和农产品质量认证检测机构应积极参加部级能力验证，认真配合有关工作安排，提前与相关技术支持单位取得联系，在规定时间和地点领取样品（见附件4）。本年度各能力验证项目均不提供检测用标准溶液。

（三）参加部级能力验证的检测机构，按照要求在“农产品检测能力验证系统”内如实上报检测结果，并按要求将检测结果原件及原始记录、图谱等材料一并寄送相关技术支持单位。委托我部农产品质量安全中心适时对相关原始记录等进行抽查核实。

（四）各技术支持单位应坚持公平、公正原则，制定科学、准确的工作方案和技术路线，按时组织完成有关任务。未经允许，不得向任何单位和个人透露能力验证有关信息。我部农产品质量安全监管局将对技术支持单位进行监督和抽查。

（五）2018年部级能力验证报名、资质审核、结果上报等事项均在“农产品检测能力验证系统”进行。同时为便于通知交流，请参加部级能力验证的机构派一人加入能力验证QQ群（群名:“2018能力验证机构群”，群号：573684551）。

八、联系方式

在能力验证工作过程中，如有任何问题或建议，请及时与组织单位或具体牵头组织单位联系。

（一）组织单位：农业农村部农产品质量安全监管局监测处，联系人：杨 扬，电话：（010）59192625。

（二）具体牵头组织单位：我部农产品质量安全中心检验检测处，联系人：廖超子，朱玉龙，电话：（010）59198533，59198536，传真：（010）59198536，邮箱：nongyezhijian@163. com。

（三）中国绿色食品发展中心，联系人：唐伟，滕锦程，电话（010）82481135、62131579，传真：（010）62191421，邮箱：kjbzc@greenfood. org。

附件：1. 2018 年全国农产品质量安全检测技术能力验证项目及检测方法汇总表（略）

2. 2018 年全国农产品质量安全检测技术能力验证技术支持单位联系方式（略）

3. 2018 年全国农产品质量安全检测技术能力验证专家组名单（略）

4. 2018 年全国农产品质量安全检测技术能力验证样品领取方式（略）

5. 绿色食品、无公害农产品、农产品地理标志检测机构及应参加能力验证项目一览表（略）

农业农村部办公厅（代章）

2018 年 4 月 2 日

农业农村部办公厅关于做好无公害农产品认证制度改革过渡期间有关工作的通知

农办质〔2018〕15 号

各省、自治区、直辖市及计划单列市农业（农牧、农村经济）、畜牧、农垦、渔业厅（局、委、办），新疆生产建设兵团农业局，有关直属单位：

根据中共中央办公厅、国务院办公厅《关于创新体制机制推进农业绿色发展的意见》要求和国务院“放管服”改革的精神，我部决定改革现行无公害农产品认证制度，目前正在抓紧开展调研和制度设计工作。为切实做好改革过渡期间无公害农产品的相关工作，现将有关事项通知如下。

一、在无公害农产品认证制度改革期间，将原无公害农产品产地认定和产品认证工作合二为一，实行产品认定的工作模式，下放由省级农业农村行政部门承担。

二、省级农业农村行政部门及其所属工作机构按《无公害农产品认定暂行办法》（见附件）负责无公害农产品的认定审核、专家评审、颁发证书和证后监管等工作。

三、我部统一制定无公害农产品的标准规范、检测目录及参数。中国绿色食品发展中心负责无公害农产品的标志式样、证书格式、审核规范、检测机构的统一管理。

工作中如有问题和建议，请及时与中国绿色食品发展中心和农业农村部农产品质量安全监管局联系。联系电话：010-82481135、59193164；联系人：张志华、董洪岩。

附件：无公害农产品认定暂行办法

农业农村部办公厅

2018 年 4 月 24 日

农业农村部关于加快推进品牌强农的意见

农办质〔2018〕15号

各省、自治区、直辖市及计划单列市农业（农牧、农村经济）、农机、畜牧、兽医、农垦、农产品加工、渔业（水利）厅（局、委、办），新疆生产建设兵团农业局：

党的十九大报告提出实施乡村振兴战略。2018年中央一号文件提出质量兴农之路，突出农业绿色化、优质化、特色化、品牌化，全面推进农业高质量发展。品牌建设贯穿农业全产业链，是助推农业转型升级、提质增效的重要支撑和持久动力。为贯彻落实中央精神，深入推进品牌强农，现提出如下意见。

一、充分认识新时期加快品牌强农的重要意义

（一）品牌强农是经济高质量发展的迫切要求。品牌是市场经济的产物，是农业市场化、现代化的重要标志。当前，我国经济发展进入质量效率型集约增长的新阶段，处于转换增长动力的攻关期。加快推进品牌强农，有利于促进生产要素更合理配置，催生新业态、发展新模式、拓展新领域、创造新需求，促进乡村产业兴旺，加快农业转型升级步伐。

（二）品牌强农是推进农业供给侧结构性改革的现实路径。农业品牌化是改善农业供给结构、提高供给质量和效率的过程。加快推进品牌强农，有利于更好发挥市场需求的导向作用，减少低端无效供给，增加绿色优质产品，提升农业生态服务功能，更好满足人民日益增长的美好生活需要，使农业供需关系在更高水平上实现新的平衡。

（三）品牌强农是提升农业竞争力的必然选择。品牌是国家的名片，民族品牌更是代表着国家的经济实力、软实力以及企业的核心竞争力。当前，我国农业品牌众多，但杂而不亮。加快推进品牌强农，有利于提高我国农业产业素质，弘扬中华农耕文化，树立我国农产品良好国际形象，提升对外合作层次与开放水平，增强我国农业在全球竞争中的市场号召力和影响力。

（四）品牌强农是促进农民增收的有力举措。品牌是信誉、信用的集中体现，是产品市场认可度的有力保证。加快推进品牌强农，有利于发挥品牌效应，进一步挖掘和提升广大农村优质农产品资源的价值，促进千家万户小农户有效对接千变万化大市场，增强农民开拓市场、获取利润的能力，更多分享品牌溢价收益。

二、总体要求

（一）指导思想

全面落实党的十九大精神，深入贯彻习近平新时代中国特色社会主义思想，践行新发展理念，按照乡村振兴战略的部署要求，以推进农业供给侧结构性改革为主线，以提质增效为目标，立足资源禀赋，坚持市场导向，提升产品品质，注重科技支撑，厚植文化底蕴，完善制度体系，着力塑造品牌特色，增强品牌竞争力，加快构建现代农业品牌体系，培育出一批“中国第一，世界有名”的农业品牌，促进农业增效、农民增收和农村繁荣，推动我国从农业大国向品牌强国转变。

（二）基本原则

——坚持品质与效益相结合。严把农产品质量安全关，坚持质量第一、效益优先。

品质是品牌的前提和基础，是抵御市场风险的基石，要以工匠精神着力提升产品品质，通过规模化提高综合效益，推动品牌建设又快又好发展。

——坚持特色与标准相结合。立足资源禀赋和产业基础，充分发挥标准化的基础保障、技术引领、信誉保证作用，突出区域农产品的差异化优势，以特色塑造品牌的独特性，以标准确保品牌的稳定性。

——坚持传承与创新相结合。农业品牌建设要在传承中创新，在创新中传承，既要保护弘扬中华农耕文化，延续品牌历史文脉，又要着力增强自主创新能力，与现代元素充分结合，提升产品科技含量，增强品牌国际竞争力。

——坚持市场主导与政府推动相结合。发挥好政府与市场在品牌培育中的作用，强化政府服务意识，加强政策引导、公共服务和监管保护，为品牌发展营造良好环境。强化企业主体地位，弘扬企业家精神，激发品牌创造活力和发展动能。

（三）发展目标

力争 3—5 年，我国农业品牌化水平显著提高，品牌产品市场占有率、消费者信任度、溢价能力明显提升，中高端产品供给能力明显提高，品牌带动产业发展和效益提升作用明显增强。国家级、省级、地市级、县市级多层级协同发展、相互促进的农业品牌梯队全面建立，规模化生产、集约化经营、多元化营销的现代农业品牌发展格局初步形成。重点培育一批全国影响力大、辐射带动范围广、国际竞争力强、文化底蕴深厚的国家级农业品牌，打造 300 个国家级农产品区域公用品牌，500 个国家级农业企业品牌，1 000 个农产品品牌。

三、主要任务

（一）筑牢品牌发展基础

将品质作为品牌发展的第一要义，坚持市场导向、消费者至上，把安全、优质、绿色作为不断提升产品和服务质量的基本要求。统筹农业生产、加工、冷链物流等设施项目建设，建设一批规范标准、生态循环的农产品种养加基地，加快推进农产品生产的规模化、产业化、集约化，提高农产品供给能力。着力构建现代农业绿色生产体系，将产品安全、资源节约、环境友好贯穿始终，将绿色生态融入品牌价值。大力推进标准体系建设，建立健全农产品生产标准、加工标准、流通标准和质量安全标准，推进不同标准间衔接配套，形成完整体系。加强绿色、有机和地理标志认证与管理，强化农业品牌原产地保护。加快构建农产品质量安全追溯体系，强化农产品质量安全全程监管。加强品牌人才培养，以新型经营主体为重点，建设专业素质高、创新能力强、国际视野广的人才队伍，提高品牌经营管理水平。

（二）构建农业品牌体系

结合资源禀赋、产业基础和文化传承等因素，制定具有战略性、前瞻性的品牌发展规划。培育差异化竞争优势的品牌战略实施机制，构建特色鲜明、互为补充的农业品牌体系，提升产业素质和品牌溢价能力。建设和管理农产品区域公用品牌是各级政府的重要职责，以县域为重点加强品牌授权管理和产权保护，有条件的地区要与特色农产品优势区建设紧密结合，一个特优区塑强一个区域公用品牌。结合粮食生产功能区、重要农产品生产保护区及现代农业产业园等园区建设，积极培育粮棉油、肉蛋奶等“大而优”的大宗农产品品牌。以新型农业经营主体为主要载体，创建地域特色鲜明“小而美”的特色农产品品牌。农业企业要充分发挥组织化、产业化优势，与原料基地建设相结合，加强自主创新、质量管理、市场营销，打造具有较强竞争力的企业品牌。

（三）完善品牌发展机制

建立农业品牌目录制度，组织开展品牌

目录标准制定、品牌征集、审核推荐、评价认定和培育保护等活动，发布品牌权威索引，引导社会消费。目录实行动态管理，对进入目录的品牌实行定期审核与退出机制。鼓励和引导品牌主体加快商标注册、专利申请、“三品一标”认证等，规范品牌创建标准。结合“三区一园”建设，创新民间投资机制，推动资源要素在品牌引领下集聚，形成品牌与园区共建格局。农业农村部门要加强与发改、财政、商务、海关、市场监管等部门的协同配合，形成创品牌、管品牌、强品牌的联动机制。建立健全农业品牌监管机制，加大套牌和滥用品牌行为的惩处力度。加强品牌中介机构行为监管，严格规范品牌评估、评定、评价、发布等活动，禁止通过品牌价值评估、品牌评比排名等方式变相收费，严肃处理误导消费者、扰乱市场秩序等行为。构建危机处理应急机制，引导消费行为，及时回应社会关切。完善农业品牌诚信体系，构建社会监督体系，将品牌信誉纳入国家诚信体系。

（四）挖掘品牌文化内涵

中华农耕文化是我国农业品牌的精髓和灵魂。农业品牌建设要不断丰富品牌内涵，树立品牌自信，培育具有强大包容性和中国特色的农业品牌文化。深入挖掘农业的生产、生活、生态和文化等功能，积极促进农业产业发展与农业非物质文化遗产、民间技艺、乡风民俗、美丽乡村建设深度融合，加强老工艺、老字号、老品种的保护与传承，培育具有文化底蕴的中国农业品牌，使之成为走向世界的新载体和新符号。充分挖掘农业多功能性，使农业品牌业态更多元、形态更高级。研究并结合品牌特点，讲好农业品牌故事，大力宣扬勤劳勇敢的中国品格、源远流长的中国文化、尚农爱农的中国情怀，以故事沉淀品牌精神，以故事树立品牌形象。充分利用各种传播渠道，开展品牌宣传推介活动，加强国外受众消费习惯的研究，在国内和国外同步发声，增强中国农业品牌在全世界的知名度、美誉度和影响力。

（五）提升品牌营销能力

以消费需求为导向，以优质优价为目标，推动传统营销和现代营销相融合，创新品牌营销方式，实施精准营销服务。全面加强品牌农产品包装标识使用管理，提高包装标识识别度和使用率。充分利用农业展会、产销对接会、产品发布会等营销促销平台，借助大数据、云计算、移动互联等现代信息技术，拓宽品牌流通渠道。探索建立多种形式的品牌农产品营销平台，鼓励专柜、专营店建设，扩大品牌农产品市场占有率。大力发展农业农村电子商务，加快品牌农产品出村上行。聚焦重点品种，着力加强市场潜力大、具有出口竞争优势的农业品牌建设。加大海外营销活动力度，支持有条件的农业企业“走出去”，鼓励参加国际知名农业展会，提升我国农业品牌的影响力和渗透力。支持建设境外中国农业展示展销中心，搭建国际农产品贸易合作平台。

四、保障措施

（一）加强组织领导

各地要深刻认识品牌强农的重要意义，以质量第一、品牌引领为工作导向，纳入各级领导的重要议事日程，持续发力、久久为功，推动农业高质量发展。各级农业农村部门要加快构建职责明确、协同配合、运作高效的工作机制。农业农村部统筹负责全国农业品牌建设的政策创设和组织实施。地方农业农村部门牵头负责本地农业品牌建设和管理，制定实施方案，将农业品牌建设纳入年度工作考核任务。

（二）加大政策支持

鼓励地方整合涉农资金，集中力量支持农业品牌建设的重点区域和关键环节。各级农业农村部门要整合内部资源，安排专项资金，采取多种形式加大对农产品区域公用品牌的扶持力度。发挥财政资金引导作用，撬动社会资本参与企业品牌和特色农产品品牌建设。引导银行、证券等金融机构参与农业品牌建设，创新投融资方式，拓宽资金来源渠道。

（三）加强示范引领

鼓励和支持各地采用多种方式强化宣传推介，营造全社会发展品牌、消费品牌、保护品牌的良好氛围。各级农业农村部门要结合本地实际，推选一批农业品牌，树立一批市场主体，总结一批典型经验，以品牌建设引领现代农业产业发展。综合利用各类媒体媒介，推出具有较强宣传力和影响力的品牌推介活动。

（四）完善公共服务

各级农业农村部门要增强市场主体服务意识、提升服务水平，鼓励支持行业协会、品牌主体等开展标准制定、技术服务、市场推广、业务交流、品牌培训等业务，建立完善的品牌社会化服务体系。强化中介机构能力建设，提升品牌设计、营销、咨询、评价、认证等方面的专业化服务水平。加强信息报送和政策宣传，努力营造全社会关心、支持农业品牌建设的良好氛围。

农业农村部

2018 年 6 月 26 日

农业农村部关于农产品质量安全追溯与农业农村重大创建认定、农业品牌推选、农产品认证、农业展会等工作挂钩的意见

农质发〔2018〕10 号

根据中央 1 号文件、《中共中央办公厅、国务院办公厅关于创新体制机制推进农业绿色发展的意见》和全国农业工作会议关于加强农产品质量安全追溯体系建设的精神和工作要求，当前要大力推动农产品生产经营主体及其产品积极主动地实行追溯管理，以整体提高我国农产品追溯覆盖面，进一步落实农产品生产经营者主体责任，提升农产品质量安全水平。现就农产品质量安全追溯与农业农村重大创建认定、农业品牌推选、农产品认证、农业展会等“4 挂钩”工作（以下简称“追溯挂钩”）提出如下意见：

一、农产品质量安全追溯管理形式

本《意见》中的农产品质量安全追溯管理（以下简称“追溯管理”）有电子追溯、标签说明、合格证明等几种形式，其中电子追溯是指借助信息化手段实现信息可查询的追溯方式。

二、挂钩任务

（一）与农业农村重大创建认定工作挂钩

首批与国家农产品质量安全县认定及国家现代农业示范区、国家农业可持续发展试验示范区（农业绿色发展先行区）、国家现代农业产业园“二区一园”创建工作挂钩。

1. 认定国家农产品质量安全县时，将区域内 80%以上的生产经营主体（指在工商注册登记的农业企业、农民专业合作社，下同）及其产品实行追溯管理作为前置条件。

2. 批准国家现代农业示范区、国家农业可持续发展试验示范区（农业绿色发展先行区）、国家现代农业产业园时，将区域内 80%以上的生产经营主体及其产品实行追溯

管理作为前置条件。

（二）与农业品牌推选挂钩

指与农业农村部农产品区域公用品牌推选工作挂钩。

推选部级农产品区域公用品牌时，将生产经营主体及其产品实行追溯管理作为前置条件。

（三）与农产品认证挂钩

指与农业农村部绿色食品、有机农产品、地理标志农产品认证审批及产品续展条件挂钩。

认证绿色食品、有机农产品、地理标志农产品时，将相关生产经营主体及产品纳入国家农产品质量安全追溯管理信息平台作为新申报审批和产品续展的前置条件。

（四）与农业展会挂钩

指与参加我部主办或部省共同主办的全国农业展会的审查条件挂钩。

1. 参加我部主办或部省共同主办的全国农业展会的农产品，必须以实行追溯管理作为参展的前置条件。

2. 组织参加境外展会时，应当优先支持实行追溯管理的农产品生产经营主体及其产品，以提升我国农产品国际形象。

三、工作安排

（一）2019 年 1 月 1 日开始，以上农业农村重大创建认定、农业品牌推选、农产品认证和农业展会，全面执行追溯挂钩工作机制。

（二）2019 年 1 月 1 日前已认定的国家农产品质量安全县，国家现代农业示范区、国家农业可持续发展试验示范区（农业绿色发展先行区）、国家现代农业产业园，要按照要求推动区域内的生产经营主体及其产品，尽快实行追溯管理。2019 年底前要全部完成，2020 年 1—3 月份组织核查。从 2020 年 4 月 1 日起，没有达到 80%追溯比例的一律取消认定。

（三）2019 年 1 月 1 日前已认证的绿色食品、有机农产品、地理标志农产品，要推动相关生产经营主体及产品纳入国家农产品质量安全追溯管理信息平台。2019 年 6 月底前要全部完成，2019 年 7—8 月份组织核查。从 2020 年 1 月 1 日起，没有纳入国家追溯平台管理的认证农产品一律取消认证。

四、有关要求

各级农业农村部门要充分认识开展追溯挂钩的重要意义。这是推动我国农业高质量发展，实现质量兴农、绿色兴农和品牌强农的任务要求，是实现农产品质量安全监管体系和监管能力现代化的体制机制创新，是扩大我国农产品追溯覆盖面、快速提升农产品消费安全感、满足人民美好生活要求的重要举措。当前大力推进农产品质量安全追溯挂钩意义重大，势在必行。

各级农产品质量安全追溯工作牵头部门要加强组织协调，认真调研各方反映，适时调度工作进展，组织开展检查。各级农业农村部门和部内有关司局要按照本文件要求，严格把关审查，切实做好各层级农产品质量安全追溯与农业农村重大创建认定、农业品牌推选、农产品认证、农业展会等“4 挂钩”工作。

下一步，追溯挂钩机制将进一步扩大到所有农业农村部门审批、推选、认证、展会等工作范畴，使农产品质量安全追溯体系不断健全完善。农业农村部农产品质量安全中心要确保国家追溯平台运行平稳，及时分配账号和密码，积极配合做好追溯信息的查询、比对。各省（区、市）在积极配合我部做好相关工作的同时，要结合实际，做好所辖区域内追溯挂钩工作，出台本地农产品质量安全追溯挂钩办法。

农业农村部

2018 年 11 月 23 日

农业农村部关于全面推广应用国家农产品质量安全追溯管理信息平台的通知

农质发〔2018〕9号

各省、自治区、直辖市及计划单列市农业（农牧、农村经济）、畜牧兽医、农垦、渔业（水利）厅、（局、委、办），新疆生产建设兵团农业局、水利局：

根据《中共中央、国务院关于实施乡村振兴战略的意见》《国务院办公厅关于加快推进重要产品追溯体系建设的意见》（国办发〔2015〕95号）和《农业部关于大力实施乡村振兴战略加快推进农业转型升级的意见》（农发〔2018〕1号）精神，为进一步推进农产品质量安全追溯体系建设，在试运行的基础上，农业农村部决定在全国范围推广应用国家农产品质量安全追溯管理信息平台（以下简称“国家追溯平台”）。现将有关事项通知如下。

一、充分认识推广应用国家追溯平台的重要意义

农产品质量安全追溯是信息化与产业发展深度融合的创新举措，已成为智慧监管的重要建设内容和引领方向。2013年，习近平总书记提出，要尽快建立全国统一的农产品和食品安全信息追溯平台。近几年的中央1号文件连续对追溯体系建设作出重要部署，农产品质量安全追溯体系建设迈出新步伐。全国农业工作会议提出，要加快国家追溯平台推广应用，将农产品质量安全追溯与农业项目安排、品牌认定等挂钩，率先将绿色食品、有机农产品、地理标志农产品纳入追溯管理。加快推进农产品质量安全追溯体系建设，是贯彻落实党中央国务院决策部署的实际行动，是创新提升农产品质量安全监管能力的有效途径，是推进质量兴农、绿色兴农、品牌强农的重大举措，对增强农产品质量安全保障能力、提升农业产业整体素质和提振消费信心具有重大意义。

二、工作目标

在全国范围推广应用国家追溯平台，健全数据规范，实现数据互通，确保平台稳定，扎实推进农产品质量安全追溯体系建设，推动实现全国追溯“一张网”。农业系统认定的绿色食品、有机农产品和地理标志农产品100％纳入追溯管理，实现“带证上网、带码上线、带标上市”。国家级、省级农业产业化重点龙头企业，有条件的“菜篮子”产品及绿色食品、有机农产品和地理标志农产品等规模生产主体及其产品率先实现可追溯。将国家追溯平台建成全国农产品质量安全大数据中心，数据分析应用能力进一步提升。

三、主要任务

各省按照《农产品质量安全追溯管理办法（试运行地区试行）》（农质发〔2017〕9号）、《国家农产品质量安全追溯管理信息平台运行技术指南（试行）》（附件）及已印发的《国家追溯平台主体注册管理办法（试行）》等5项配套制度和《农产品质量安全追溯管理专用术语》等7项追溯管理标准（详见农办质〔2018〕3号）要求，完成相关任务。农业农村部将重点跟踪四川、山东、广东、安徽、河北、内蒙古、吉林、黑龙江、江苏、浙江、福建、湖北、海南、重庆、陕西等15个省份的任务完成情况。

（一）开展业务培训和登录管理。农业农村部采取现场培训与远程培训相结合的方式对各省进行培训，指导追溯、监管、监测和执法业务在国家追溯平台上规范开展。省级农业农村行政主管部门（包括畜牧兽医、渔业、农垦行政主管部门，下同）要配备专门的业务人员和信息员，组织开展辖区内农产品生产经营主体登录和监管、监测、执法等机构账号分配，加强对市县各类用户操作培训，指导开展国家追溯平台各项业务应用，部农产品质量安全中心向各省农业农村行政主管部门发放账号。此项任务于2018年年底前完成。

（二）全面开展各项业务应用。省级农业农村行政主管部门要组织和指导辖区内监管、监测、执法等机构业务人员和农产品生产经营者，全面采集农产品质量安全追溯、监管、监测、执法信息，使用全国统一的农产品质量安全追溯标识，加强追溯信息线上监控和线下监管，全面应用平台各项功能设置、业务流程和运行机制。

（三）实现追溯平台互通共享。国家建立追溯信息共享机制，加强各地已有追溯平台与国家追溯平台的对接融合，不再支持各地新建追溯平台。按照国家统一的接口规范要求，制定省级追溯平台与国家追溯平台对接方案，落实平台对接工作，实现“统一平台入口、统一主体登录管理、统一追溯标识、减少重复操作”，推进追溯业务协同和数据共享。实现绿色食品、有机农产品、地理标志农产品系统及农垦质量管理系统与国家追溯平台对接。推动相关行业、部门追溯平台及国内主流电商、大型商超追溯平台与国家追溯平台数据互通共享。已建省级追溯平台的省份，请于2019年6月底前制定形成对接方案，2019年12月底前完成对接任务。

（四）实施追溯挂钩机制。落实农产品质量安全追溯与农业项目安排、农业品牌推选、农产品认证和农业展会挂钩的意见，建立追溯挂钩机制，按相关规定实施追溯审查和退出机制。在项目审批、品牌推选、农产品认证、确定参展单位的同时，要确认农产品生产经营主体或区域内的规模农产品生产经营主体是否开展了追溯管理。要率先将绿色食品、有机农产品和地理标志农产品全部纳入国家追溯平台。

（五）建立健全制度规范标准。健全完善统一的农产品质量安全追溯管理制度和标准，鼓励借鉴福建、上海等地经验，加快出台追溯管理地方性法律法规，因地制宜制定地方追溯制度和标准，推动追溯管理法制化、规范化。

（六）推动追溯产品产销对接。各省要充分借助区域性博览会、推介会等展销活动，宣传展示追溯产品，提高公众对追溯产品的认知度。建立市场化拉动机制，加强与线上线下销售平台、商超的合作，推动追溯产品进入大型商超、电商，推进产销对接，促进优质优价，提高农产品生产经营主体参与追溯的积极性。

（七）加快推进全程追溯管理。全程追溯是追溯管理的发展方向。各省要积极创新工作方法，延伸追溯链条，支持以电子追溯等信息化方式开展追溯管理，推动农产品从生产到“三前”环节的全程可追溯管理。加强与市场监督管理等部门追溯工作衔接和沟通协调，推动建立追溯部门协作机制，以入市索取追溯凭证为手段，建立倒逼机制，推动追溯管理与市场准入相衔接。在国家追溯平台实施主体追溯的基础上，鼓励茶叶规模生产经营主体通过内部追溯系统或地方追溯平台记录品种信息、产地环境信息、用药施肥信息、检测信息、加工信息等，探索推进生产过程可追溯。

四、推广方式

（一）政府部门推动。农业农村部负责推

广应用总体部署，完善制度规范和技术标准。各省按照部里统一要求，组织落实推广应用各项任务，整建制推进追溯、监管、监测和执法业务应用。省级以上农业农村行政主管部门要加大行政推动力度，实施农产品质量安全追溯考核管理，落实农产品质量安全追溯与农业项目安排、农业品牌推选、农产品认证和农业展会挂钩，实现绿色食品、有机农产品和地理标志农产品全部纳入国家追溯平台。

（二）规模主体带动。率先将国家级、省级农业产业化国家重点龙头企业，有条件的“菜篮子”产品及绿色食品、有机农产品和地理标志农产品等规模生产经营主体纳入国家追溯平台，发挥规模化主体的号召力和影响力。积极支持农产品生产经营主体加贴全国统一的追溯标识上市，着力提升追溯产品标识使用率，扩大追溯覆盖面。

（三）市场机制拉动。拓展国家追溯平台服务功能，促进安全优质农产品消费查询和在线展示。加强与线上线下销售平台、商超或其他市场主体合作，通过推动追溯产品进入大型商超、电商，推进优质农产品产销对接，提高消费者对追溯产品的认知度，引导增加追溯产品消费，调动生产经营主体纳入国家追溯平台的积极性。

（四）全程协作驱动。加强农业农村行政主管部门与市场监督管理等部门的沟通协调，建立农产品质量安全全程追溯协作机制，探索建立入市索取追溯凭证制度，实现“向前一步”和“向后一步”均可追溯，推动食用农产品“从农田到餐桌”全过程可追溯管理。

五、有关要求

（一）加强组织领导。省级农业农村行政主管部门要加强对国家追溯平台推广应用的组织领导，统筹谋划，精心组织，制定本省实施方案，明确地、县、乡镇各级职责，加强人员指导培训，配备专门的业务人员和信息员，提高组织保障水平。省级农业农村行政主管部门分设的，由农业（农牧、农村经济）厅（局、委）牵头。

（二）积极部署推动。省级农业农村行政主管部门制定并组织落实具体实施方案，完善各级农产品质量安全监管、监测、执法等机构操作规范，明确业务管理人员和上机操作人员职责任务，建立信息沟通机制，确保工作部署到位。

（三）开展绩效考核。各级农业农村行政管理部门要把推广应用工作作为一项重要工作来抓，纳入农产品质量安全工作考核指标和评价体系，并增加考核分值，积极解决工作开展中区域不平衡、行业差异大等问题。农业农村部将适时派出督导检查组，对各省在国家追溯平台开展各项业务的情况进行督导检查，对重点跟踪省份增加检查频次，保障推广应用工作顺利开展。

（四）强化政策保障。各级农业农村行政管理部门要加大对追溯体系建设的政策支持力度，切实落实好追溯挂钩机制，推动农产品生产经营主体积极参与国家追溯平台，增强实施追溯的动力。

（五）加大宣传力度。通过多种形式，加大线上线下宣传力度，广泛宣传国家追溯平台推广应用进展及成效，大力普及追溯知识，引导消费者正确使用国家追溯平台，深入培育追溯文化，快速提升社会认知度，调动各方参与积极性，营造国家追溯平台推广应用良好社会氛围。

各省级农业农村行政主管部门请于2018年10月底前报送本省的实施方案，2018年12月底前、2019年6月底前、2019年12月底前分别报送国家追溯平台推广应用进展情况。已建省级追溯平台的省份，请于2019年6月底前报送省级追溯平台与国家追溯平台对接方案。以上材料请报送农业农村部农产品质量安全监管司，同时抄送农业农村部农产品质量安全中心。农产品质量安全监管司联系人：卢强，联系电话：010-59191871，邮箱：nybjgc@163.com；农产品质量安全中心联系人：郭征，联系电话：010-59198539，邮箱：ncpzlzs@126.com。

附件：国家农产品质量安全追溯管理信息平台运行技术指南（试行）（略）

农业农村部

2018年9月13日

农业农村部关于印发《农业绿色发展技术导则（2018—2030年）》的通知

农科教发〔2018〕3号

各省、自治区、直辖市及计划单列市农业（农牧、农村经济）、农机、畜牧、兽医、农垦、农产品加工、渔业（水利）厅（局、委、办），新疆生产建设兵团农业局，有关农业大学，各省级农业科学院：

为贯彻落实中共中央办公厅、国务院办公厅《关于创新体制机制推进农业绿色发展的意见》，大力推进生态文明建设，有力支撑农业绿色发展和农业农村现代化，我部组织编写了《农业绿色发展技术导则（2018—2030年）》，现印发你们，请结合本地、本单位实际，认真组织实施。

农业农村部

2018年7月2日

农业绿色发展技术导则（2018—2030年）

为深入贯彻落实党的十九大精神，坚定不移贯彻创新、协调、绿色、开放、共享的发展理念，落实创新驱动发展战略、乡村振兴战略和可持续发展战略，根据中共中央办公厅、国务院办公厅《关于创新体制机制推进农业绿色发展的意见》有关部署，着力构建支撑农业绿色发展的技术体系，大力推动生态文明建设和农业绿色发展，特制订本导则。

一、重要意义

推进农业绿色发展是农业发展观的一场深刻革命，对农业科技创新提出了更高更新的要求。围绕提高农业质量效益竞争力，破解当前农业资源趋紧、环境问题突出、生态系统退化等重大瓶颈问题，实现农业生产生活生态协调统一、永续发展，形成节约资源和保护环境的空间格局、产业结构、生产方式、生活方式，迫切需要强化创新驱动发展，转变科技创新方向，优化科技资源布局，改革科技组织方式，构建支撑农业绿色发展的技术体系。

（一）构建农业绿色发展技术体系是推进农业供给侧结构性改革，提高我国农业质量效益竞争力的必由之路

推进农业绿色发展是农业供给侧结构性改革的重要内容。推进农业供给侧结构性改革，提高我国农业质量效益竞争力，必然要求以科技创新作为强大引擎，着力解决制约“节本增效、质量安全、绿色环保”的科技问题。近年来，我国通过研究与示范果菜茶有机肥替代化肥、奶牛生猪健康养殖、测土配方施肥、病虫害统防统治、稻渔综合种养等绿色技术和模式，农产品质量安全水平大幅提高，效益不断增加。但是，问题和风险隐患依然存在，农兽药残留超标和产地环境污染问题在个别地区、品种和时段还比较突出，化肥、农药过量使用导致农业生产成本较快上涨、农产品竞争力下降和农业发展不可持续，迫切需要建立农业投入品安全无害、资源利用节约高效、生产过程环境友好、质量标准体系完善、监测预警全程到位为特征的农业绿色发展技术体系，全面激活农业绿色发展的内生动力，大力增加绿色优质农产品供给，变绿色为效益，切实提高我国农业的质量效益竞争力。

（二）构建农业绿色发展技术体系是实施可持续发展战略，破解我国农业农村资源环境突出问题的根本途径

牢固树立节约集约循环利用的资源观，像对待生命一样对待生态环境，实现人与自然和谐共生，是落实可持续发展战略、建设生态文明的战略选择。随着工业化、城镇化加快推进，耕地数量减少、质量下降的问题并存，农业水、土等资源约束日益严重，农业面源污染不断加剧，农业生态服务功能弱化，农业生态系统退化等问题较为突出。实施农业可持续发展战略，必然要求依靠科技创新改变高投入、高消耗、资源过度开发的粗放型发展方式，迫切需要依靠科技进步推动农业绿色生产、种养循环、生态保育和修复治理，有效防控农业面源污染，有力支撑退牧还草、退耕还林还草、生物多样性保护和流域治理，推动建立起农业生产力与资源环境承载力相匹配的生态农业新格局，把农业建设成为美丽中国的生态支撑，坚持走农业绿色发展之路，实现环境友好和生态保育，破解我国农业农村资源环境等方面突出问题。

（三）构建农业绿色发展技术体系是实施乡村振兴战略，实现我国农业农村“三生”协调发展的必然选择

人与自然是生命共同体，人类必须尊重自然、顺应自然、保护自然。遵循自然规律，实现农业绿色发展，必然要求农业农村走生产发展、生活富裕、生态宜居的“三生”协调发展道路。长期以来，在农业农村发展过程中，由于“重开发轻保护、重利用轻循环、重产量轻质量”，致使农业不够强、农村不够美、农民不够富的问题难以解决。实施乡村振兴战略，迫切需要依靠科技推动形成绿色生产方式，加强绿色农产品供给，支撑特色优势产业做大做强，引领乡村农业多功能发展，助推农村环境整洁优美，提高农民科技文化素质和乡居生活幸福指数，实现“产业兴旺、生态宜居、乡风文明、治理有效、生活富裕”的目标，加快推进农业农村现代化。

（四）构建农业绿色发展技术体系是实施创新驱动发展战略，培育壮大农业绿色发展新动能的迫切需要

创新是引领发展的第一动力，是建设现代化经济体系的战略支撑。新时代推动农业绿色发展，实现农业农村现代化，必须加快科技创新，强化科技供给，构建农业绿色发展技术体系。近年来，我国农业科技进步有力支撑了农业农村产业发展，但与加快推进农业绿色发展的新要求相比，仍然存在很多问题。基础性长期性科技工作积累不足，我国在生物资源、水土质量、农业生态功能等方面还缺乏系统的观测和监测，重要资源底数不清。绿色投入品供给不足，节本增效、质量安全、绿色环保等方面的新技术还缺乏储备，先进智能机械装备和部分重要畜禽品种长期依赖进口，循环发展所需集成技术和模式供给不足。支撑引领农业绿色发展，迫切需要以目标和问题为导向，着力突破一批绿色发展关键技术和重大产品，大力培育战略性新兴产业，以新业态、新模式、新产业改造提升传统产业，实现从传统要素驱动为主向科技创新驱动为主的转变，加快实现农业绿色发展。

二、思路和目标

（一）总体思路

以习近平新时代中国特色社会主义思想为指导，全面贯彻落实党的十九大精神，坚持绿水青山就是金山银山的理念，坚持节约优先、保护优先、自然恢复为主的方针，以支撑引领农业绿色发展为主线，以绿色投入品、节本增效技术、生态循环模式、绿色标准规范为主攻方向，全面构建高效、安全、低碳、循环、智能、集成的农业绿色发展技术体系，推动农业科技创新方向和重点实现“三个转变”，即：从注重数量为主向数量质量效益并重转变，从注重生产功能为主向生产生态功能并重转变，从注重单要素生产率提高为主向全要素生产率提高为主转变。

按照“重点研发一批、集成示范一批，推广应用一批”三类情况，分别列出任务清单，通过开展绿色技术创新和示范推广，着力推动形成绿色生产方式和生活方式，着力加强绿色优质农产品和生态产品供给，着力提升农业绿色发展的质量效益和竞争力，为实施乡村振兴战略和实现农业农村现代化提供强有力的科技支撑。

（二）基本原则

1. 坚持目标导向、系统布局。以提高绿色农业投入品和绿色技术成果供给能力为目标，进一步调整思路、凝练任务，系统合理布局科技资源，围绕产业链部署创新链，根据不同产业发展需求和区域特点确定不同攻关方向，建立涵盖农业绿色发展各个方面各个环节的科技创新布局系统。

2. 坚持问题导向、集成创新。瞄准农业水土资源约束趋紧、面源污染加剧、生态系统退化等突出问题，强化单项产品、技术、设施装备等集成与配套熟化，提出不同产业、不同区域的绿色发展技术集成创新方案，系统解决制约产业和区域绿色发展的重大关键科技问题和技术瓶颈。

3. 坚持政府引导、市场驱动。政府通过制定引导政策、设立专项、完善补贴补偿与购买服务等措施，调动农业绿色技术各创新主体的积极性，加大对农业绿色技术创新研究和示范推广的支持。以市场为导向，充分发挥企业在农业绿色技术研发和推广应用等方面的主体作用。

4. 坚持科学评价、强化激励。按照绿色农业发展要求，完善绿色发展科技创新评价指标，建立促进协同创新的评价机制，建立健全绩效评价制度，更加注重中长期评价，更加注重对成果引领支撑产业绿色发展成效的评价，更加注重科技创新效率和创新活力整体提升。

（三）发展目标

围绕实施乡村振兴战略和可持续发展战略，加快支撑农业绿色发展的科技创新步伐，提高绿色农业投入品和技术等成果供给能力，按照“农业资源环境保护、要素投入精准环保、生产技术集约高效、产业模式生态循环、质量标准规范完备”的要求，到2030年，全面构建以绿色为导向的农业技术体系，在稳步提高农业土地产出率的同时，大幅度提高农业劳动生产率、资源利用率和全要素生产率，引领我国农业走上一条产出高效、产品安全、资源节约、环境友好的农业现代化道路，打造促进农业绿色发展的强大引擎。

——绿色投入品创制步伐加快。选育和推广一批高效优质多抗的农作物、牧草和畜禽水产新品种，显著提高农产品的生产效率和优质化率。研发一批绿色高效的功能性肥料、生物肥料、新型土壤调理剂，低风险农药、施药助剂和理化诱控等绿色防控品，绿色高效饲料添加剂、低毒低耐药性兽药、高效安全疫苗等新型产品，突破我国农业生产中减量、安全、高效等方面瓶颈问题。创制一批节能低耗智能机械装备，提升农业生产过程信息化、机械化、智能化水平。肥料、饲料、农药等投入品的有效利用率显著提高。

——绿色技术供给能力显著提升。研发一批土壤改良培肥、雨养和节水灌溉、精准施肥、有害生物绿色防控、畜禽水产健康养殖和废弃物循环利用、面源污染治理和农业生态修复、轻简节本高效机械化作业、农产品收储运和加工等农业绿色生产技术，实现农田灌溉用水有效利用系数提高到0.6以上，主要作物化肥、农药利用率显著提高，农业源氮、磷污染物排放强度和负荷分别削减30%和40%以上，养殖节水源头减排20%以上，畜禽饲料转化率、水产养殖精准投喂水平较目前分别提升10%以上，农产品加工单位产值能耗较目前降低20%以上。

——绿色发展制度与低碳模式基本建立。形成一批主要作物绿色增产增效、种养加循环、区域低碳循环、田园综合体等农业绿色发展模式，技术模式的单位农业增加值温室气体排放强度和能耗降低30%以上，构建绿色轻简机械化种植、规模化养殖工艺模式，基本实现农业生产全程机械化，清洁化、农业废弃物全循环、农业生态服务功能大幅增强。

——绿色标准体系建立健全。制定完善与产地环境质量、农业投入品质量、农业产中产后安全控制、作业机器系统与工程设施配备、农产品质量等相关的农业绿色发展环境基准和技术标准，主要农产品标准化生产覆盖率达到60%以上。

——农业资源环境生态监测预警机制基本健全。研发应用一批耕地质量、产地环境、面源污染、土地承载力等监测评估和预警分析技术模式，完善评价监测技术标准，以物联网、信息平台和IC卡技术等为手段的农业资源台账制度基本建立，农业绿色发展的监测预警机制基本完善。

三、主要任务

（一）研制绿色投入品

1. 高效优质多抗新品种

——重点研发：转基因技术、全基因组选择和多性状复合育种等高新技术；资源高效利用、优质多抗、污染物低吸收、适宜轻简栽培和机械化的农作物和牧草新品种；高效优质多抗专用畜禽水产品种等。

——集成示范：高效优质新品种及良种良法配套技术熟化与集成示范；抗病虫品种区域技术示范；开展品种生产与生态效益评估，建立以优质和绿色为重点的市场准入制度。

——推广应用：在适宜区域推广优质高效多抗农作物和牧草新品种，畜禽水产新品种和良种良法配套绿色种养技术。

2. 环保高效肥料、农业药物与生物制剂

——重点研发：高效液体肥料、水溶肥料、缓/控释肥料、有机无机复混肥料、生物肥料、肥料增效剂、新型土壤调理剂等；高效低毒低风险化学农药、新型生物农药、植物免疫诱抗剂、害虫理化诱控产品、种子生物制剂处理产品和天敌昆虫产品等；微生物、酶制剂、高效植物提取物等新型绿色饲料添加剂；新型中兽药、动物专用药、动物疫病生物防治制剂、诊断制品及工程疫苗等生物制剂；纳米智能控释肥料、绿色环保型纳米农药；新型可降解地膜及地膜制品、农产品包装材料与环境修复制品。

——集成示范：高效复合肥料、生物炭基肥料、新型微生物肥料等新产品及其生产工艺；新型植物源、动物源、微生物源农药、捕食螨和寄生虫等天敌昆虫产品；土壤及种子处理、理化诱控、植物免疫调控等新产品及绿色施药助剂；低毒低耐药性新型兽用化学药物；畜禽水产无抗环保饲料产品。开展相关产品评估和市场准入标准研究。

——推广应用：高效低成本控释肥料；高效低抗疫苗；新型蛋白质农药、昆虫食诱剂等新型生物农药；害虫性诱剂和天敌昆虫、绿色饲料添加剂、中兽医药等新型绿色制品。

3. 节能低耗智能化农业装备

——重点研发：种子优选、耕地质量提升、精量播种与高效移栽、作物修整、精准施药、航空施药、精准施肥、节水灌溉、低损收获与清洁处理、秸秆收储及利用、残膜回收、坡地种植收获、牧草节能干燥、绿色高效设施园艺，精准饲喂、废弃物自动处理、饲料精细加工、采收嫁接、分级分选、智能挤奶捡蛋、屠宰加工、智能化水产养殖以及农产品智能精深加工关键技术装备，农业机器人。

——集成示范：轻简节本减排耕种管技术装备、低损保质收储运与产后处理技术装备；规模化农场全程机械化生产工艺及机器系统；不同区域适度规模种养循环设施技术装备；植物工厂绿色高效生产设施技术装备；畜禽水产生态循环养殖与安全卫生保质储运技术装备。开展相关装备评估和市场准入标准研究。

——推广应用：智能化深松整地、高效免耕精量播种与秧苗移栽装备；高效节水灌溉设备；化肥深施和有机肥机械化撒施装备；高效自动化施药设备；残膜回收机械化装备；秸秆综合利用设备；农业废物厌氧发酵成套设备；畜禽养殖、水产加工废弃物资源化利用装备；智能催芽装备；水产养殖循环水及水处理设备。

（二）研发绿色生产技术

4. 耕地质量提升与保育技术

——重点研发：合理耕层构建及地力保育技术、作物生产系统少免耕地力提升技术、作物秸秆还田土壤增碳技术、有机物还田及土壤改良培肥技术、稻麦秸秆综合利用及肥水高效技术、盐渍化及酸化瘠薄土壤治理与地力提升技术、土壤连作障碍综合治理及修复技术、盐碱地改良与地力提升技术、稻渔循环地力提升技术等。

——集成示范：有机肥深翻增施技术、绿肥作物生产与利用技术、东北地区黑土保育及有机质提升技术、北方旱地合理耕层构建与地力培育技术、西北地区农田残膜回收技术、西南水旱轮作区培肥地力及周年高效生产技术、黄淮海地区与内陆砂姜黑土改良技术、黄淮海地区盐碱地综合改良技术。开展技术评估和市场准入标准研究。

——推广应用：机械化深松整地技术、保护性耕作技术、秸秆全量处理利用技术、大田作物生物培肥集成技术、生石灰改良酸性土壤技术、秸秆腐熟还田技术、沼渣沼液综合利用培肥技术、脱硫石膏改良碱土技术、机械化与暗管排碱技术、盐碱地渔农综合利用技术。

5. 农业控水与雨养旱作技术

——重点研发：农业用水生产效率研究与监测技术、作物需水过程调控与水分生产力提升技术、农田集雨保水和高效利用技术、土壤墒情自动监测传输与图示化技术、不同作物灌溉施肥制度、多水源高效安全调控技术、非常规水循环利用技术、集雨补灌技术、机械化提排水技术。

——集成示范：田间水分信息采集诊断技术、农业多水源联网调控技术、土壤墒情自动监测技术、测墒灌溉技术、作物精细化地面灌溉技术、多年生牧草雨养混播技术、设施园艺智能水肥一体化技术、新型软体窖（池）集雨高效利用技术、机械化旱作保墒技术、垄膜沟植集雨丰产技术、秸秆还田秋施肥高效栽培技术。开展技术评估和市场准入标准研究。

——推广应用：非充分灌溉优化决策与实施技术、高效输配水技术、水肥一体化自动控制技术、作物精细化地面灌溉技术、设施园艺智能水肥一体化节水减污及水质提升技术、旱作全膜覆盖技术、保护性耕作与节水技术、多年生牧草雨养栽培技术、适雨型立体栽培技术。

6. 化肥农药减施增效技术

——重点研发：智能化养分原位检测技术、基于化肥施用限量标准的化肥减量增效技术、基于耕地地力水平的化肥减施增效技术、新型肥料高效施用技术、无人机高效施肥施药技术、化学农药协同增效绿色技术、农药靶向精准控释技术、有害生物抗药性监测与风险评估技术、种子种苗药剂处理技术、天敌昆虫综合利用技术、作物免疫调控与物理防控技术、有害生物全程绿色防控技术模式、农业生物灾害应对与系统治理技术、外来入侵生物监测预警与应急处置技术。

——集成示范：农作物最佳养分管理技术、水肥一体化精量调控技术、有机肥料定量施用技术、农田绿肥高效生产及化肥替代技术、农药高效低风险精准施药技术、主要作物病虫害综合防治新技术。开展技术评估和市场准入标准研究。

——推广应用：高效配方施肥技术、有机养分替代化肥技术、高效快速安全堆肥技术、新型肥料施肥技术、作物有害生物高效低风险绿色防控技术、草原蝗虫监测预警与精准化防控集成技术、土传病虫害全程综合防控技术。

7. 农业废弃物循环利用技术

——重点研发：秸秆肥料化、饲料化、燃料化、原料化、基料化高效利用工程化技术及生产工艺；畜禽粪污二次污染防控健全利用技术；粪污厌氧干发酵技术；粪肥还田及安全利用技术；农业废弃物直接发酵技术。

——集成示范：农作物秸秆发酵饲料生产制备技术、秸秆制取纤维素乙醇技术、畜禽养殖污水高效处理技术、规模化畜禽场废弃物堆肥与除臭技术、秸秆－沼气－发电技术、沼液高效利用技术。开展技术评估和市场准入标准研究。

——推广应用：秸秆机械化还田离田技术、全株秸秆菌酶联用发酵技术、秸秆成型饲料调制配方和加工技术、秸秆饲料发酵技术、秸秆食用菌生产技术、秸秆新型燃料化技术、畜禽养殖场三改两分再利用技术、畜禽养殖废弃物堆肥发酵成套设备推广、家庭农场废弃物异位发酵技术、池塘绿色生态循环养殖技术。

8. 农业面源污染治理技术

——重点研发：农业面源污染在线监测及污染负荷评价技术；地表径流污水净化利用技术；农田有毒有害污染物高通量识别和防控污染物筛选技术；典型农业面源污染物钝化降解新技术；农田残膜污染综合治理配套技术；农药使用风险监测、评价、控制技术。

——集成示范：农业面源污染物联网监测与预警平台技术；农业废弃物高效炭化、定向发酵、种养一体化循环利用技术；有机肥替代化肥技术；典型有机污染化学修复技术；微生物化学降解技术；农田有机污染植物－微生物联合修复技术。开展技术生态评估、市场准入和第三方修复治理与效果评估标准研究。

——推广应用：农田有机污染物绿色生物及物理联合修复技术、池塘养殖尾水多级湿地处理技术、坡耕地径流集蓄与再利用技术、农药包装废弃物回收技术、畜禽养殖污染减量与高效生态处理技术、新型标准地膜与农田高强度地膜回收技术。

9. 重金属污染控制与治理技术

——重点研发：重金属低积累作物品种筛选、粮食作物重金属低积累种质资源关键基因挖掘利用与品种培育、绿色高效低成本土壤重金属活性钝化产品和叶面阻控产品研发、重金属污染快速诊断等技术。

——集成示范：作物轮作栽培与减污技术、重金属低活性的农田土壤管理技术、降低作物重金属吸收的水分管理技术、降低作物重金属吸收的肥料运筹技术、重金属污染生态修复技术。开展技术生态评估和市场准入标准研究。

——推广应用：土壤重金属污染治理复合技术集成、土壤重金属活性钝化剂产品及施用技术、重金属叶面阻控产品及施用技术。

10. 畜禽水产品安全绿色生产技术

——重点研发：畜禽水产饲料营养调控关键技术、饲料精准配方技术、发酵饲料应用技术、促生长药物饲料添加剂替代技术、兽用抗生素耐药性鉴别与风险预警技术、兽药残留监控技术、新型疫苗及诊断制品生产关键技术、禁用药物替代技术、兽药合理应用技术、动物重要疫病综合防控技术、重要人兽共患病免疫与监测等防治技术、畜禽水产疫病快速检测技术、养殖屠宰过程废弃物减量化和资源化利用技术、肉品品质检验技术、畜禽冷热应激调控技术、畜禽水产健康养殖及清洁生产关键技术、新型水产品减菌剂开发技术、新型高效疫苗规模化生产技术。

——集成示范：饲料原料多元化综合利用技术、非常规饲料原料提质增效技术、重大动物疫病和人兽共患病综合防控与净化技术、畜禽废弃物资源化利用技术、规模化畜禽水产养殖场环境设施技术、无抗水产养殖环境技术、集装箱养鱼技术、深远海大型养殖设施应用技术、深水抗风浪网箱养殖技术、大型围栏式养殖技术、外海工船养殖技术。开展技术评估和市场准入标准研究。

——推广应用：畜禽水产绿色提质增效养殖技术、畜禽水产营养精准供给技术、饲料营养调控低氮减排技术、饲料霉菌毒素防控技术、畜禽绿色规范化饲养技术、规模化养殖场环境控制关键技术、畜禽水产疫病监测诊断与防控技术、受控式集装箱高效循环水养殖技术、水生动物无规定疫病菌种场建设技术。

11. 水生生态保护修复技术

——重点研发：水环境生态修复技术、海洋牧场立体养殖技术、水产养殖外来物种防控技术、生态养殖和环境监测技术、水生生物资源评估与保护恢复技术。

——集成示范：工厂化循环水养殖技术、池塘工程化循环水养殖技术、渔农复合综合种养技术、人工鱼巢/礁构建技术、人工藻（草）场移植技术。开展技术评估和市场准入标准研究。

——推广应用：水产标准化健康养殖技术、大水面生态增养殖技术、水生生物资源养护技术。

12. 草畜配套绿色高效生产技术

——重点研发：豆科牧草根瘤菌高效接种与长效管理技术、沙质土壤多年生人工草地越冬率提升技术、盐碱土壤多年生牧草栽培技术、优质高产牧草混播组合筛选技术、无人机坡地撒播施药技术、产草量和放牧牲畜体尺信息自动采集技术、互联网＋种养一体生产信息化管理技术。

——集成示范：种养一体资源配置与设施布局技术、种肥一体坡地喷播技术、沙质土盐碱土多年生人工草地高产技术、培肥地力饲草轮作技术、牧草低营养损耗收获加工储存技术、牧区暖牧冬饲设施建设与经营管理技术、饲草型全混日粮调制技术、不同饲草粪肥化肥复合配方施肥技术。开展技术评估和市场准入标准研究。

——推广应用：饲草免耕补播技术、豆科牧草根瘤菌接种技术、苜蓿等温带多年生牧草优质高产栽培技术、狗牙根等热带优质多年生牧草建植技术，苜蓿青贮技术、饲草农副产品混合青贮技术、移动围栏高效划区轮牧技术、坡地种植收获机械及作业技术、不同年龄畜群饲草料配方技术、易扩散牧草病虫害统防统治技术、牛羊分群放牧管理设施与配套技术、草畜生产经营关键参数监测与调控技术。

（三）发展绿色产后增值技术

13. 农产品低碳减污加工贮运技术

——重点研发：绿色农产品质量监测控制技术、农产品质量安全监管与溯源关键技术、农产品产地商品化处理和保鲜物流关键技术、农产品物理生物保鲜和有害微生物绿色防控关键产品和技术、鲜活水产品绿色运输与品质监控技术、新型绿色包装材料制备技术、农产品智能化分级技术。

——集成示范：农产品新型流通方式冷链物流关键技术、农产品贮藏与物流环境精准调控技术、农产品冰温贮藏技术、畜禽肉绿色冷藏保鲜技术、鲜活水产品绿色运输和冷藏保鲜技术。开展技术评估和市场准入标准研究。

——推广应用：农产品联合清洗杀菌技术和贮藏过程主要有害微生物快速检测技术；鲜活和特色农产品节能高效贮藏、冰温气调保鲜、分级和加工技术；果蔬保鲜新产品制备技术；大宗农产品不控温保鲜技术；畜禽胴体无损分级技术；鲜活淡水产品绿色运输保活技术。

14. 农产品智能化精深加工技术

——重点研发：加工过程中食品的品质与营养保持技术、食品功能因子的高效利用技术、过敏原控制技术、食品 3D 打印技术、超微细粉碎技术、真菌毒素脱毒酶制剂和菌制剂的开发技术、畜禽血脂综合利用关键技术研发及营养数据库构建、营养调理肉制品和水产品加工关键技术。

——集成示范：食品品质与安全快速无损检测技术、食品全程清洁化制造关键技术、畜禽肉计算机视觉辅助分割技术、非传统主食产品及其原料绿色高效营养加工技术、薯类营养强化系列食品绿色制造技术。开展技术评估和市场准入标准研究。

——推广应用：新型薯类食品绿色制造技术、食品加工副产物高效回收技术、新型食品发酵技术、绿色休闲食品加工制造技术、畜禽水产品加工副产物综合利用关键技术、食品精准杀菌高效复热技术、节能干燥技术。

（四）创新绿色低碳种养结构与技术模式

15. 作物绿色增产增效技术模式

——重点研发：用养结合的种植制度和耕作制度、雨养农业模式、东北玉米大豆合理轮作间作制度与模式、华北玉米花生/玉米豆类间轮作模式、禾本科豆科牧草轮作模式、重金属污染区稻－油菜降镉增效优化技术和轮作模式、轮作休耕与草田轮作培肥种植制度与模式、重金属污染防治与熟制改革相结合的种植模式、农田及农林复合固碳技术、增产增效与固碳减排同步技术，农业干旱风险规避与能力提升技术、农业气象灾害风险与主要作物种植制度区划、气象灾害伴生生物灾害风险评估与农田生态治理模式。

——集成示范：华北地下水漏斗区夏季雨养农业模式、玉米大豆轮作间作培肥地力模式、西南丘陵区麦/玉/豆间套轮作培肥地力及周年高效生产模式、作物多样性控害技术与模式、农业风险转移技术、抗低温高温化学/生物阻抗技术、不同尺度水土环境等资源承载力测算技术模式。开展技术模式评估和推广应用标准研究。

——推广应用：绿肥－作物交替培肥种植制度与模式、酸性土壤改良种植制度与技术模式、盐碱地改良种植制度与技术模式、农闲田种草技术模式、主要农作物绿色增产增效模式。

16. 种养加一体化循环技术模式

——重点研发：养殖废弃物肥料化与农田统筹消纳技术、规模养殖废弃物无害化高值化开发利用技术、秸秆高效收集饲料化利用技术、稻田综合立体化种养技术、盐碱地高效生产技术、循环农业污染物减控与减排固碳关键技术、人工草场建设与环境友好型牛羊优质高效养殖技术等。

——集成示范：主要作物和畜禽的种养加一体化模式、优势产区粮经饲三元种植模式、农牧渔结合模式，种产加销结合技术模式、多功能农业技术模式。开展技术模式评估和推广应用标准研究。

——推广应用：规模化种养结合模式（猪-沼-菜/果/茶/大田作物模式、猪-菜/果/茶/大田作物模式、牛-草/大田作物模式、牛-沼-草/大田作物模式、渔菜共生养殖模式）；种养结合家庭农场模式（稻-虾/鱼/蟹种养模式、牧草-作物-牛羊种养模式、粮-菜-猪种养模式、稻-菇-鹅种养模式）。

（五）绿色乡村综合发展技术与模式

17. 智慧型农业技术模式

——重点研发：天空地种养生产智能感知、智能分析与管控技术；农业传感器与智能终端设备及技术；分品种动植物生长模型阈值数据和知识库系统；农作物种植与畜禽水产养殖的气候变化适应技术与模式；农业农村大数据采集存储挖掘及可视化技术。

——集成示范：基于地面传感网的农田环境智能监测技术、智能分析决策控制技术、农业资源要素与权属底图研制技术、天空地数字农业集成技术、数字化精准化短期及中长期预警分析系统、草畜平衡信息化分析与超载预警技术、智慧牧场低碳生产技术、主要农作物和畜禽智慧型生产技术模式、草地气候智慧型管理技术模式、农牧业环境物联网、天空地数字牧场管控应用技术。开展技术模式评估和市场准入标准研究。

——推广应用：数字农业智能管理技术、智慧农业生产技术及模式、智慧设施农业技术、智能节水灌溉技术、水肥一体化智能技术、农业应对灾害气候的综合技术，养殖环境监控与畜禽体征监测技术、网络联合选育系统、粮食主产区气候智慧型农业模式、西北地区草地气候智慧型管理模式、有害生物远程诊断/实时监测/早期预警和应急防治指挥调度的监测预警决策系统。

18. 乡村人居环境治理技术模式

——重点研发：农村生产生活污染物源头减量、无害化处理和资源化利用技术；农村清洁能源开发利用与综合节能技术；农村田园综合体建设、绿色庭院建设、绿色节能农房建造、农田景观生态工程技术；田园景观及生态资源优化配置技术；山水林田湖草共同体开发与保护技术模式；一二三产业融合发展技术模式。

——集成示范：基于清洁能源供给和综合节能技术的绿色村镇建设、农村生物质资源高效循环利用技术、绿色农房建设及周边环境生态治理技术、农田景观生态保护与控害技术及模式。开展技术模式评估和市场准入标准研究。

——推广应用：生态沟渠与湿地水质净化和循环利用模式、城乡有机废弃物发酵沼气技术、秸秆固化成型燃料技术、太阳能利用技术、农村省柴节煤炉灶炕技术、节能砖生产与利用技术、绿色农房及配套设施建设技术。

（六）加强农业绿色发展基础研究

19. 重大基础科学问题研究

开展生物固氮机理、植物纤维分解机制、作物高光效机理、动植物机器系统互作机理等重大科学研究，突破一批制约农业绿色发展的重大科技问题，形成一批原创性成果，开辟绿色发展新前沿新方向。

20. 颠覆性前沿技术研究

开展信息技术、生物技术、环境技术、新材料技术、新能源技术、纳米技术、智能制造等应用基础和关键核心技术研究，推动以绿色、智能、泛在为特征的群体性重大技术变革，培育一批新产业新业态。

（七）完善绿色标准体系

21. 农业资源核算与生态功能评估技术标准

研究制定农业生态产品价格、农业资源承载力核算技术标准；评估农林草植被在水源涵养、土壤保持、土壤沉积和大气净化中功能的技术标准；评估农田生态系统对城市中水、城市温室气体排放的固持利用功能的技术标准；评估农作物固碳、防风蚀水蚀等功能的技术标准；评估人工种草固碳、抑尘、改良土壤等功能的技术标准；农业资源利用效益评估技术标准，建立农业生态环境损害赔偿、农业生态产品市场交易与农业生态保护补偿标准体系。

22. 农业投入品质量安全技术标准

研究制定优良品种评价标准；常用肥料和土壤调理剂中有害物质及未知添加物检测分类与安全性评价技术标准；新型肥料生产质量控制技术标准；农药产品质量及检测方法标准；农药产品剂型标准；农药中有毒有害杂质、隐性添加成分分类检测与安全性评价技术标准；饲料质量评价与分级技术标准；生物饲料功能与安全评价技术标准；饲料、兽药中违禁添加物检测、筛查技术标准；农业投入品产品质量、生产质量控制和安全使用及风险评估技术规范；动物源细菌耐药性监测技术标准。研究制定智能精准化种植设施机械的建设运行控制管理等共性技术标准；机械化作业与机器配置规范；主要水产养殖工程设施建造生产和管理等共性技术标准；农业专用传感器设备质量控制技术规范；农业生产经营物联网云服务平台建设管理数据共享等技术标准。

23. 农业绿色生产技术标准

研究制定大宗农产品污染物全过程削减管控技术规范、养殖精准控制共性技术标准、农业光热等资源综合循环利用标准、农业投入品选用技术和病虫害综合防控技术标准、机械化减排与作业标准、农业废弃物全元素资源化循环利用和再加工技术规范、农畜水产品废弃物无害化处理与控制技术标准、水产养殖尾水排放标准、种养加结合技术标准、气候智慧型农业评价方法标准、循环农业质量与效率评价方法。

24. 农产品质量安全评价与检测技术标准

研究制定大宗农产品质量规格标准；特色农产品质量规格标准及营养功能成分识别与检测技术标准；草畜产品质量标准；农产品—土壤重金属污染协同评价与分类技术标准；畜禽产品中药物残留标志物检测技术标准；兽药残留追溯技术规范；常用渔用药物残留标志物检测技术标准；畜禽水产重大疫病诊断与病原检测技术标准；植物源和动物源产品农药限量、检测及安全使用技术标准；农产品生产智能化技术通则标准；农产品产地初加工产品安全性评价及通用技术标准；动植物副产物中活性物质精深加工技术标准；主要农产品种养殖和加工过程废弃物综合利用共性技术标准；鲜活农产品保鲜剂、防腐剂、添加剂使用准则；包装产品检测、包装标识技术等共性技术及专用技术标准；农产品收储运、产地准出、标识要求等通用管理控制技术标准。

25. 农业资源与产地环境技术标准

研究制定农业产地环境监测评估与分级标准和危害因子的快速甄别与检测方法标准；耕地质量监测与调查评价技术标准、农业面源污染监测防治与修复等标准和技术规范体系；农业水资源开发工程论证评价监测技术标准；耕地质量提升与典型农业土壤保育措施关键技术标准；草场环境质量监测测报和草场改良利用等技术标准；畜牧场粪污土地承载能力评估有害气体排放评价标准；水产种质资源保护区规划建设管理评估技术标准、农业清洁小流域建设标准与规范。

四、保障措施

按照积极争取增量、高效利用存量、创新体制机制、强化政策保障的原则，充分调动各方积极性，加快绿色发展技术研发、集成和推广应用，保障绿色发展技术体系建设尽快取得成效，为农业绿色发展提供强有力的科技支撑。

（一）强化科技资金项目支撑

——加大科技投入，完善支持政策。坚持农业农村优先发展，不断加大农业绿色技术体系创新支持力度。通过重大科技突破与产业示范，引领农业供给侧结构性改革，解决制约农业绿色发展的重大瓶颈问题，支撑农业绿色发展。

——依托现有项目，加快集成创新。依托农业科技创新工程、基本科研业务费等现有经费渠道，加大对绿色投入品、生产技术模式的原始创新、集成创新和应用研发；依托转基因生物新品种培育科技重大专项、种业自主创新工程、四大作物良种联合攻关，着力加强高效优质多抗新品种选育及配套技术集成创新和示范推广；依托化学肥料和农药减施增效、畜禽和水生动物重大疫病防控与高效安全养殖、农业面源污染和重金属污染农田综合治理与修复等国家重点研发计划专项，加快形成绿色生产技术与模式的系统解决方案。

——强化基础性长期性工作，夯实科技创新基础。建立农业基础性长期性科研观测监测网络，创新稳定支持模式和评价考核激励机制，依托国家农业科学实验站、科学观测试验站、现代农业产业技术体系综合试验站，重点开展农业生物资源、水土质量、产地环境、生态功能等基础数据的系统观测和监测，补齐科学积累不足的短板。

——加强国际合作，统筹利用好两个市场两种资源。积极推动和落实农业走出去战略，积极参与国际标准制订工作，加强与“一带一路”国家农业标准的对接与协同，进一步推动联合国粮农组织全球重要农业文化遗产体系建设，加强双边地理标志和农产品互认工作，积极参加以绿色发展为导向的国际展会。聚焦核心生物资源和产业关键技术，积极拓展渠道，谋划一批农业科技国际合作项目，共建一批国际联合实验室、示范基地和园区，集聚国际智慧和资源，协同研究解决农业绿色发展面临的关键科学技术问题。

（二）强化科技体制机制创新

——建立以调动积极性为导向的研推用主体激励机制。大力推进农业科技成果权益改革，将科研成果归属依法赋权给科研单位和科技人员，探索农技人员通过提供增值服务获取合理报酬的新机制，探索对使用绿色发展新技术的激励机制，调动支撑农业绿色发展技术研究者、推广者和使用者的积极性。

——建立以绿色为导向的科研评价机制。建立以绿色指标为核心的科研评价导向，把资源消耗、环境损害、生态效益等体现绿色发展的指标纳入评价体系，使之成为评价科技成果、科研机构和科技人员的重要依据，促进科技创新的方向和重点向绿色转变。

——建立以互利共赢为导向的产学研用深度融合机制。新时代发展绿色产业，就是打造新的经济增长极。充分发挥企业在绿色投入品、生产技术、资源利用和机械装备等方面研发投入、成果转化和集成应用的主体作用，构建资源共享、优势互补、互利共赢的产学研用深度融合长效机制。

（三）强化科技政策制度保障

——建立绿色发展技术任务清单制度。根据绿色发展技术各方面的任务清单，面向全社会发榜，吸引和支持有科研基础和优势的企业、社会组织和研究机构等，积极参与揭榜，对任务完成好、改善效率高的，予以适当后补助。

——建立绿色发展技术风险评估和市场准入制度。研究制定绿色发展技术风险评估办法和市场准入标准，对绿色发展技术成果本身以及应用前景和存在的风险进行鉴定评价，提出市场准入要求，对生产经营行为提出相应规范。

——建立绿色发展技术和良种用户奖励

制度。以绿色发展为导向，建立财税、信贷担保等奖励制度，鼓励农业企业、新型经营主体、农民等生产经营者使用高效、安全、低碳、循环的科技成果。

（四）强化绿色科技成果转化应用

——充分发挥市场主体的作用。加大PPP在农业绿色发展领域的推广应用，以企业为主体，吸引金融机构、风险投资、社会团体等资本，与科研院所建立利益共同体，共同开展绿色技术创新和转化应用，发展壮大农业绿色产业。

——充分发挥基层农技推广体系作用。依托“一主多元”的农技推广体系，通过创新完善农技人员提供增值服务合理取酬机制、实施农技推广服务特聘计划等鼓励支持基层农技推广人员大力推广应用绿色高效技术模式，为乡村振兴提供有力的科技支撑。

——充分发挥新型经营主体的作用。加强产业政策、财政政策和金融政策的衔接和联动，支持家庭农场、农民合作社、农业产业化龙头企业等新型经营主体科学精准高效地开展绿色技术推广应用，实现标准化绿色化品牌化生产。

——加快绿色科技成果示范推广。构建市场化的科技服务和技术交易体系，拓展多元化科技成果转化渠道，建立健全绿色农业科技成果转化交易优惠政策和制度，大幅压缩绿色科技成果转化周期。紧紧围绕农业绿色发展“五大行动”的实施，结合“五区一园”建设，打造绿色发展技术示范样板。

农业部农产品质量安全中心关于启用专用公共标识的公告

根据中央机构编制委员会办公室和农业部赋予农业部农产品质量安全中心的职能和任务，为团结带领全国农产品质量安全中心系统，培育形成统一的公共对外服务形象，实现各级农产品质量安全中心高度融合一致化行动、农产品质量安全中心工作系统与农业产业高度融合一统化推进，强化依法依规履职，全面服务生产消费和接受社会监督，农业部农产品质量安全中心设计了农产品质量安全中心专用公共标识（见附图），现予正式对外公布，自2018年1月12日起投入使用。

农产品质量安全中心专用公共标识相应的使用管理规范随后另行印发。农产品质量安全中心专用公共标识未经农业部农产品质量安全中心授权许可，任何单位和个人不得使用。

特此公告。

农业部农产品质量安全中心

2018年1月12日

附图：

中国绿色食品发展中心关于印发《无公害农产品、绿色食品、农产品地理标志定点检测机构管理办法》的通知

中绿体〔2018〕62号

为贯彻落实国务院“放管服”精神，整合“三品一标”定点检测机构考核管理工作，我中心对无公害农产品、绿色食品、农产品地理标志定点检测机构有关管理办法进行了全面梳理，并研究制定了《无公害农产品、绿色食品、农产品地理标志定点检测机构管理办法》。现印发给你们，请遵照执行。

特此通知。

中国绿色食品发展中心
2018年4月26日

附件：《无公害农产品、绿色食品、农产品地理标志定点检测机构管理办法》

附件

无公害农产品、绿色食品、农产品地理标志定点检测机构管理办法

第一章 总 则

第1条 为加强和规范无公害农产品、绿色食品、农产品地理标志检测机构管理，提高无公害农产品、绿色食品、农产品地理标志产地环境监测、产品质量检验工作质量和水平，依据《中华人民共和国农产品质量安全法》《无公害农产品认定暂行办法》《绿色食品标志管理办法》《农产品地理标志管理办法》《农产品质量安全检测机构考核办法》等法律法规的规定，制定本办法。

第2条 本办法所称的定点检测机构，是指具有相应的检验检测资质和技术能力，经中国绿色食品发展中心（以下简称“中心”）考核认定，承担无公害农产品、绿色食品、农产品地理标志检测工作任务的检验检测机构。

第3条 检验检测机构从事下列活动，应当取得定点检测机构资质：

（一）为无公害农产品认定、绿色食品标志许可、农产品地理标志登记出具有证明作用的数据和结果的；

（二）为无公害农产品、绿色食品、农产品地理标志证后监管出具有证明作用的数据和结果的；

（三）为无公害农产品认定、绿色食品标志许可、农产品地理标志登记仲裁检测出具有证明作用的数据和结果的；

（四）参与无公害农产品、绿色食品、农产品地理标志标准制修订、风险预警等工作的。

第4条 定点检测机构认定遵循“统筹规划、合理布局、择优委托”的原则，根据各地区、各行业发展的实际需要，不断建设和完善定点检验检测体系。

第5条 中心负责定点检测机构的认定和监督管理工作。

各省、自治区、直辖市和计划单列市人民政府农业农村行政主管部门及所属无公害农产品、绿色食品、农产品地理标志工作机构（以下简称“省级工作机构”）负责本区域、本行业内定点检测机构的推荐和相关业务活动的日常监督管理工作。跨区域承担任务的定点检测机构的日常监督管理工作由该

定点检测机构所在省级工作机构负责。

第 6 条 定点检测机构及其检验检测人员应当独立于其出具检验检测数据、结果所涉及的利益相关各方，依照国家法律法规和无公害农产品、绿色食品、农产品地理标志标准、技术规范要求，出具真实、客观、准确的检验数据和结果，并承担相应法律责任。

第二章 认定条件和程序

第 7 条 申请定点检测机构资质的单位应当具备以下条件：

（一）按照国家法律法规对检测机构建立、认证的规定，依法取得资质认定（计量认证）证书；从事农产品检测的机构需依法取得农产品质量安全检测机构考核合格证书，从事食品检测的机构需按规定取得相应的资质。

（二）无公害农产品、绿色食品产地环境检测机构获得资质认定的检测项目参数必须能够覆盖无公害农产品、绿色食品产地环境标准规定的项目参数，检测方法与环境标准指定检测方法一致；无公害农产品产品检测机构的检测项目参数必须能够覆盖本行业无公害农产品检测目录的项目参数；除特种产品检测机构外，绿色食品产品检测机构获得资质认定的检验检测能力范围需覆盖 70%以上绿色食品产品标准；农产品地理标志产品检测机构须具备农产品地理标志产品品质鉴定相对应的检测能力。

（三）具有与其从事无公害农产品、绿色食品、农产品地理标志检测工作相适应的检验检测技术人员和管理人员；

（四）具有固定的工作场所，工作环境满足检验检测要求；

（五）具备从事检测工作所必需的检验检测设备设施；

（六）具有并有效运行保证检测工作独立、公正、科学、诚信的管理体系；

（七）实验室有效运行 2 年以上；从事食品、农产品、产地环境检验检测工作 2 年以上；

（八）抽样、检测相关管理人员和技术人员熟练掌握无公害农产品、绿色食品、农产品地理标志的基本制度、法规和技术标准等；

（九）其他法律法规有规定的。

第 8 条 申请人经省级工作机构推荐并向中心提出书面申请，并提交下列材料：

（一）《无公害农产品、绿色食品、农产品地理标志定点检测机构委托申请书》；

（二）保证执行定点检测机构管理规定的声明；

（三）机构法人资格证书复印件（不具备法人资格的事业单位内设机构，提供上级法人单位资格证书及法人授权证明文件）；

（四）检验检测机构资质认定证书及其附表复印件；

（五）农产品质量安全检测机构考核合格证书复印件；

（六）近两年参加能力验证结果证明材料、实验室间比对结果证明材料复印件；

（七）主要仪器设备清单；

（八）检测项目或参数收费价目表；

（九）省级工作机构推荐函；

（十）其他资质证明材料。

第 9 条 中心对申请人提交的书面申请和相关材料的规范性以及对第四条的符合性进行书面审查。符合要求的，予以受理，并组织专家组进行现场考核。不符合要求的，不予受理，书面通知申请人并告知理由。

第 10 条 现场考核包括以下内容：

（一）对检验检测机构资质、检测质量控制体系运行情况、检测仪器设备、设施条件和检测能力等进行现场评审；

（二）选择具典型代表性、能反映技术水平的产品所涉及的关键检验项目，进行盲样考核；

（三）负责无公害农产品、绿色食品、农产品地理标志检测的主要管理人员、质量负责人、技术负责人及采样人员应参加相关基本制度及技术标准、产品及产地环境检测基本知识的笔试。

第11条 现场考核同时满足以下条件为合格：现场评审合格，盲样考核合格，参加笔试人员平均90分以上（百分制）。

第12条 中心根据现场考核结果做出是否颁证的决定。同意颁证的，与申请人签订定点检测机构委托合同，颁发《无公害农产品、绿色食品、农产品地理标志定点检测机构证书》，并注明检测的类别、检测范围并公告；不同意颁证的，书面通知申请人并告知理由。

第13条 《无公害农产品、绿色食品、农产品地理标志定点检测机构证书》应当载明检测机构名称、实验室地点、检测类别、检测范围和有效期等内容。

第14条 《无公害农产品、绿色食品、农产品地理标志定点检测机构委托合同》有效期六年。

合同期满，愿继续保持定点检测机构资质的，申请人应当在有效期届满前6个月经省级工作机构向中心书面提出续展申请，并提交第八条第一至第四款所列材料和近三年检测工作总结。

中心对续展申请材料进行书面审查，并根据需要对申请人进行现场考核。准予续展的，与申请人续签《无公害农产品、绿色食品、农产品地理标志定点检测机构委托合同》，换发证书，并进行公告。不予续展的，书面通知申请人并进行公告。

第15条 有下列情形之一的，定点检测机构应当在完成变更后20个工作日内向中心申请办理变更手续：

（一）机构名称、地址、法人性质发生变更的；

（二）法定代表人、质量负责人、技术负责人、检测报告授权签字人等发生变更的；

（三）资质认定、农产品检测机构考核及食品检验机构授权的检验检测项目被取消的等。

第三章 监督管理

第16条 中心对定点检测机构实施监督管理，监管方式包括飞行检查、能力验证活动等。

第17条 省级工作机构组织对本辖区域内定点检测机构的抽样、样品处理、检测等工作质量，以及工作时限、收费等服务质量进行日常监督检查。

第18条 定点检测机构应当对其出具的检验数据和结果负责，并承担相应法律责任。

第19条 定点检测机构应当按照证书中核定的实验室地点、检测类别和检测范围实施检测。新增的分支实验室，依照本办法第二章规定的程序，通过考核后，方可承担检测任务。

第20条 定点检测机构应当按相关规定时限及时出具检测报告，为检测委托人提供优质、高效的服务。

第21条 定点检测机构应当对无公害农产品、绿色食品、农产品地理标志检测业务合理定价，不应采用不正当手段竞争，扰乱市场秩序。

第22条 定点检测机构应当对无公害农产品、绿色食品、农产品地理标志相关的管理制度、检测标准等技术文件，以及检测报告、原始记录等记录文件单独存档。

第23条 定点检测机构应当按要求参加中心组织的业务及技术培训，参加中心组织开展的有关监督管理活动，接受省级工作机构组织的有关监督检查。

第24条 定点检测机构应当定期向中心上报包括持续符合资质认定条件和要求、遵守从业规范、开展检验检测活动等内容的年度报告，以及统计数据等相关信息。

第25条 定点检测机构应当通过分析检测数据，及时向中心及所属地省级工作机构通报行业质量安全信息。

第26条 定点检测机构有下列情形之一的，由中心责令其限期整改，并予以通报，整改期间暂停无公害农产品、绿色食品、农产品地理标志检测业务资质：

（一）未按照中心有关规定、技术标准进行抽样、样品处理的；

（二）出具数据、结果不准确、失实的；

（三）农产品质量安全检测考核机构、检验检测机构资质认定评审机构和中心组织的飞行检查、能力验证等不合格的；

（四）检测工作超出规定工作时限的；

（五）采用非正常手段竞价、无序竞争，扰乱市场秩序的；

（六）未按照本办法规定办理变更手续的；

（七）未按照本办法规定对无公害农产品、绿色食品、农产品地理标志管理文件、原始记录和报告进行专门管理、保存的；

（八）未按照本办法规定上报年度报告、统计数据等相关信息的；

（九）无正当理由不参加中心培训，拒不接受、不配合监督检查的；

（十）需整改的其他情形。

第27条　定点检测机构有下列情形之一的，中心撤销其证书，并予以公告：

（一）未通过检验检测机构资质认定、农产品质量安全检测机构考核等相关资质复审以及被认证机构限期停业整改、取消证书的；

（二）违反本办法第十九条规定，超范围出具检验检测数据、结果的；

（三）违反本办法第二十六条规定，整改期间擅自对外出具检验检测数据、结果，或者逾期未改正、改正后仍不符合要求的；

（四）未经检验检测或者以篡改数据、结果等方式，出具虚假检验检测数据、结果的；

（五）以欺骗、贿赂等不正当手段取得资质认定的；

（六）与无公害农产品、绿色食品、农产品地理标志工作机构、企业或个人等有利益关系，接受影响检验检测公正性的资助或者存在影响检验检测公正性行为的；

（七）不积极承担无公害农产品、绿色食品、农产品地理标志检测任务，连续两年未开展无公害农产品、绿色食品、农产品地理标志检测业务工作的；

（八）应撤销资质证书的其他情形。

因第四至第六款原因被撤销资质证书的定点检测机构，中心将处理结果报送其有关上级主管部门，该机构永久不得再次申请定点检测资质。

第28条　定点检测机构未按照本办法规定实施管理，对无公害农产品、绿色食品、农产品地理标志事业，认证（登记）申请企业造成损失的，应承担相应的赔偿责任。

第四章　附　则

第29条　本办法由中国绿色食品发展中心负责解释。

第30条　本办法自发布之日起施行，原《绿色食品检测机构管理办法》《无公害农产品检测机构管理办法》《农产品地理标志产品品质鉴定检测机构管理办法》同时废止。

全国名特优新农产品名录收集登录规范

第一条　为了贯彻落实质量兴农、绿色兴农和品牌强农战略，持续推进农产品质量提升，培育地方特色农产品品牌，促进区域优势农业产业发展，实时了解地域特色农产品信息，促进农产品产销对接，及时指导生产和引导消费，满足公众对安全优质营养健康农产品需求，农业农村部农产品质量安全中心在原农业部优质农产品开发服务中心全国名特优新农产品目录收集发布的基础上，继续探索开展全国名特优新农产品名录收集登录工作，并制定本规范。

第二条　本规范所称名特优新农产品，是指在特定区域（以县域为单元）内生产、具备一定生产规模和商品量、具有显著地域特征和独特营养品质特色、有稳定的供应量和消费市场、公众认知度和美誉度高的农产品。

第三条 本规范所称农产品，包括种植业和养殖业产品及其产地初加工产品。

第四条 全国名特优新农产品名录收集登录坚持“自愿申请、自主评价、自我管理”和公益服务原则。全国名特优新农产品名录收集登录的申请随时受理，农业农村部农产品质量安全中心经确认后每季度公布一次。

第五条 申请登录全国名特优新农产品名录的农产品，应当符合下列条件：

（一）符合全国名特优新农产品名录收集登录的基本特征；

（二）有稳定的生产规模和商品量（具体要求详见附表 1）；

（三）实施全程质量控制和依托龙头骨干生产经营主体引领带动；

（四）产地环境符合国家相关技术标准规范要求，产品符合食品安全相关标准要求，近三年来未出现过重大农产品质量安全问题。

第六条 申请登录全国名特优新农产品名录，提交下列材料：

（一）全国名特优新农产品名录申请表（附表 2）；

（二）自行委托全国名特优新农产品营养品质评价鉴定机构出具的名特优新农产品营养品质评价鉴定报告（附表 3）；

（三）主要生产经营主体的营业证照、相关获奖及认证证书复印件；

（四）其他证明申请产品具有名特优新特征特性的材料；

（五）申请产品数码照片 3－5 张，包括产品不同生长期、生产环境、产品包装标识等内容（图片大小 3MB 至 5MB）。

第七条 全国名特优新农产品名录以县域为单元申请，由经县级人民政府确认的县级名特优新农产品产业主管部门作为名录登录申请主体。

申请工作实行网上电子信息和纸质材料并行。具体申请登录中国农产品质量安全网（http：//www.aqsc.agri.cn）全国名特优新农产品申报系统。申请主体提交网上电子申请信息后，自行打印申请材料 4 份，经签字盖章后逐级确认上报。

第八条 地市级农业农村部门农产品质量安全（优质农产品开发服务）工作机构负责对本地区、本行业申请产品和推荐的主要生产经营主体的真实性和可靠性进行确认，提出确认意见，同时在申请信息系统填写确认意见。

第九条 省级农业农村部门农产品质量安全（优质农产品开发服务）工作机构负责对本地区、本行业、本系统申请产品和推荐的主要生产经营主体的符合性和代表性进行确认，提出确认意见，同时在申请信息系统填写确认意见。

省级农产品质量安全（优质农产品开发服务）工作机构按月向农业农村部农产品质量安全中心报送《全国名特优新农产品名录推荐汇总表》（附表 4）。

第十条 农业农村部农产品质量安全中心负责对全国名特优新农产品名录申请材料完整性和产品地域独特性进行审查，组织专家进行技术确认，提出确认意见。

第十一条 通过技术确认拟纳入全国名特优新农产品名录的产品，在中国农产品质量安全网（国家农产品质量安全公共信息平台）公示，公示期 7 个工作日。

第十二条 公示无异议的，正式纳入全国名特优新农产品名录，由农业农村部农产品质量安全中心公布，核发全国统一的名特优新农产品名录证书。

第十三条 全国名特优新农产品名录证书长期有效，并实行年度确认制度。名录证书持有人在年度有效期满 30 日前，采集收齐名录产品当年的生产地域、生产规模、营养品质特征、生产单位等年度信息，自行登录全国名特优新农产品申请信息系统进行年度申请确认。经逐级确认后，申请信息系统自动生成全国名特优新农产品名录证书年度确认文件，证书持有人下载打印。

第十四条 全国名特优新农产品名录证书原件与年检确认文件共同作为全国名特优新农产品名录证明材料。在名录证书有效期内的全国名特优新农产品，经证书持有人授权，可按照相关技术规范要求在产品或产品包装上使用“全国名特优新农产品”称号和全国农产品质量安全工作系统（农产品质量安全）专用公共标识。

第十五条 县级以上农业农村部门农产品质量安全（优质农产品开发服务）工作机构，要加强对全国名特优新农产品名录产品的跟踪管理。出现重大产品质量安全问题或其他原因导致不再符合全国名特优新农产品名录条件的，以正式文件逐级上报至农业农村部农产品质量安全中心核销名录，注销名录证书。

第十六条 本规范由农业农村部农产品质量安全中心解释，自公布之日起施行。

附表 1：全国名特优新农产品名录收集登录生产规模要求（略）

附表 2：全国名特优新农产品名录申请表（略）

附表 3：全国名特优新农产品营养品质评价鉴定报告（略）

附表 4：全国名特优新农产品名录推荐汇总表（略）

农业农村部农产品质量安全中心关于做好有效期内全国统一认证无公害农产品后续跟进管理服务工作的通知

农质安（法）〔2018〕91 号

各省（区、市）及计划单列市农产品质量安全中心（无公害农产品工作机构），新疆生产建设兵团农产品质量安全中心：

全国统一无公害农产品认证工作自 2003 年开展以来，在各级农业行政主管部门和农产品质量安全中心（无公害农产品工作机构）的大力推进下，取得了积极进展和显著成效，为推进农业标准化生产、提升农产品质量安全水平做出了重要贡献。截至 2017 年底，全国有效期内无公害农产品达到 89 431 个，生产主体 43 171 家。

2017 年，根据中共中央办公厅、国务院办公厅关于创新体制机制推进农业绿色发展的意见要求，经中央编办批准，原农业部对无公害农产品认证工作职能进行了调整，并决定对无公害农产品认证制度进行改革。按照《农业部办公厅关于调整无公害农产品认证、农产品地理标志审查工作的通知》（农办质〔2017〕41 号）精神，无公害农产品认证和产地认定将合二为一，并统一下放由省级农业部门工作机构承担，自 2018 年 1 月 1 日起，暂停全国统一无公害农产品认证（包括复查换证）申请、受理、审核和颁证等工作，原农业部农产品质量安全中心颁发的全国无公害农产品证书于 2017 年 12 月 31 日后到期的，有效期顺延至所在省（区、市）地方无公害农产品认定工作启动。为确保改革过程中无公害农产品有关工作平稳过渡和业务有序衔接，遵循频道不换、放而不乱的原则，经与中国绿色食品发展中心协商一致，现就做好有效期内的全国统一认证无公害农产品后续跟进管理服务工作通知如下：

一、按照规定做好全国统一认证无公害农产品证书变更工作

2017年12月31日前已颁证并在有效期内的全国统一认证无公害农产品，凡涉及获证单位、通讯地址、批准产量等无公害农产品证书内容变更或信息更正的，继续由证书持有人按照原农业部农产品质量安全中心《关于规范无公害农产品证书内容变更工作的通知》（农质安函〔2005〕62号）规定程序和要求，通过省（区、市）农产品质量安全中心（无公害农产品工作机构）（简称“省级工作机构）向农业农村部农产品质量安全中心（简称“国家中心”）提交相关材料申请变更。经审核符合变更条件的，重新核发证书。

二、跟进做好全国统一认证无公害农产品标识管理服务

按照《无公害农产品管理办法》和《无公害农产品标志管理办法》等规定，2017年12月31日前获得全国统一认证的无公害农产品，有权继续使用全国统一无公害农产品标志和防伪标识。为满足全国统一无公害农产品获证单位的客观需要，国家中心将继续按原有程序和规定，提供全国统一无公害农产品防伪标识征订和跟进服务工作。请各省级工作机构继续按照《无公害农产品标志管理办法》和《农产品包装和标识管理办法》规定，指导和督促本地区、本行业获证主体积极规范使用全国统一无公害农产品防伪标识，充分发挥全国统一无公害农产品防伪标识在产地准出、市场准入、消费识别及公共品牌宣传等方面的示范带动作用，切实维护全国统一无公害农产品的权威性和公信力。

三、继续加强有效期内全国统一认证无公害农产品监督管理

为强化获证主体责任意识，规范全国统一无公害农产品证书、标志使用行为，确保全国统一无公害农产品认证有效性，国家中心将继续组织开展有效期内无公害农产品质量和生产经营行为跟踪监测、检查工作。请各省级工作机构按照属地管理原则，继续组织开展好有效期内全国统一认证无公害农产品质量和生产经营行为跟踪监测和检查工作，突出检查无公害农产品质量控制是否符合标准、生产记录是否完整真实、农兽药使用是否合规、证书标志使用是否规范等内容。要通过加强监督管理，确保全国统一认证无公害农产品质量，维护品牌公信力。

四、严格实行全国统一认证无公害农产品证书暂停撤销管理

凡在执法检查、跟踪监测和检查等过程中发现有效期内全国统一认证无公害农产品存在问题，经检查、检测、评价确认不符合全国统一无公害农产品认证要求的，请各省级工作机构严格按照《无公害农产品管理办法》《无公害农产品认证程序》和《无公害农产品质量与标志监督管理规范》等规定进行处理，并及时申请国家中心予以暂停或撤销全国统一无公害农产品证书和标志使用权。国家中心将依规及时作出处理决定，并向社会公告。

五、做好相关工作无缝衔接和跟进服务

按照原中央编办和农业部决定，2017年12月31日前已发证的有效期内的全国统一认证无公害农产品相关后续工作，继续由国家中心统筹安排和跟进服务；有关无公害农产品认证下放地方及协调指导地方开展无公害农产品认证等工作，从2018年1月1日开始，由中国绿色食品发展中心承担。

请各省级工作机构及时将本通知精神发送至各地市、县级农产品质量安全中心（无公害农产品工作机构）和全国统一认证无公害农产品获证单位。在全国统一认证无公害农产品后续跟进服务工作过程中有什么意见和建议，及时与国家中心联系，各具体事项联系方式见附件。

附件：全国统一认证无公害农产品后续跟进服务工作联系方式

农业农村部农产品质量安全中心
2018 年 4 月 8 日

附件

全国统一认证无公害农产品后续跟进服务工作联系方式

2017 年 12 月 31 日前已颁证并在有效期内的全国统一认证无公害农产品后续跟进服务工作具体事宜请按以下方式联系：

一、全国统一认证无公害农产品证书变更申请表、防伪标识使用说明及征订表请登陆中国农产品质量安全网（http：//www.aqsc.agri.cn）的“全国无公害农产品防伪标识服务系统”栏目查看或下载；

二、全国统一认证无公害农产品证书变更工作联系人：龚娅萍，电话：010-59198528；

三、全国统一认证无公害农产品证后监督及标志管理工作联系人，成昕，电话：010-59198558；

四、全国统一认证无公害农产品防伪标识申领、发放具体承办工作联系电话：010-62133119，传真：010-62191445。

中国绿色食品发展中心关于开展绿色食品、有机农产品、农产品地理标志追溯管理有关工作的通知

中绿信〔2018〕175 号

各省级绿色食品、有机农产品、农产品地理标志工作机构：

为贯彻落实《农业农村部关于全面推广应用国家农产品质量安全追溯管理信息平台的通知》（农质发〔2018〕9 号）、《农业农村部关于农产品质量安全追溯与农业农村重大创建认定、农业品牌推选、农产品认证、农业展会等工作挂钩的意见》（农质发〔2018〕10 号）和《关于组织开展国家农产品质量安全追溯管理信息平台账号开通和发放工作的通知》（农质管函〔2018〕147 号）的有关精神，做好绿色食品、有机农产品、农产品地理标志质量安全追溯管理有关工作，现将有关事项通知如下：

一、绿色食品申报与续展

（一）自 2019 年 1 月 1 日起，初次申请和续展绿色食品标志使用许可的生产经营主体，应在国家农产品质量安全追溯管理信息平台（以下简称“国家追溯平台”，http：//www.qsst.moa.gov.cn），完成生产经营主体注册并提交相关证明材料。未完成主体注

册的，中心将不予审批。证明材料可以是生产经营主体完成注册后的信息表或截图，也可以是县级及其以上农产品质量安全监管机构出具的已完成主体注册的证明。

（二）2019年1月1日前已获得绿色食品标志使用权的生产经营主体，应在2019年6月30日前完成在国家追溯平台注册。各地绿色食品工作机构应配合当地农产品质量安全监管部门推动相关生产经营主体及产品纳入国家追溯平台。

（三）各地绿色食品工作机构在2019年1月1日前已受理但未完成绿色食品颁证程序的生产经营主体，应在2019年6月30日前完成在国家追溯平台的主体注册工作，并将相关证明材料提交中心备案。

二、有机农产品认证与再认证

（一）自2019年1月1日起，新申报中绿华夏有机食品认证的企业在申报之前，须完成在国家追溯平台注册工作，并提供相关证明材料（同上），否则不予审批。

（二）2019年1月1日前已获得中绿华夏有机食品认证的企业，应于2019年6月30日之前完成在国家追溯平台的主体注册，否则再认证不予审批。

三、农产品地理标志登记

（一）自2019年1月1日起，农产品地理标志登记申请人须提供拟授权的标志使用人在国家追溯平台完成主体注册的相关证明材料（同上）。申请登记时还没有拟授权的标志使用人的，由登记申请人承诺，在获得农产品地理标志登记保护后，只授权在国家追溯平台完成注册的生产经营主体使用标志。

（二）2019年1月1日前，已获得农产品地理标志登记的证书持有人与标志使用人已签订《农产品地理标志使用协议》的，在协议期内，标志使用人应尽快在国家追溯平台完成主体注册；协议期满后，标志使用人还未在国家追溯平台注册的，证书持有人不得继续授权其使用标志。

请各地绿色食品、有机农产品、农产品地理标志工作机构充分认识开展质量安全追溯管理工作的重要意义，积极配合当地农产品质量安全监管部门做好绿色食品、有机农产品、农产品地理标志使用人企业用户账号开通工作，努力推进绿色食品、有机食品、农产品地理标志高质量发展。

将绿色食品、有机农产品、农产品地理标志生产经营主体纳入国家追溯平台，作为新申报审批和产品续展的前置条件，是落实生产主体责任，提升品牌公信力和影响力的有效手段，也是一项创新性工作。各级工作机构既要高度重视，又要积极稳妥。对工作推进中遇到的困难与问题，以及意见和建议，请及时与中心对口业务部门沟通联系。

中国绿色食品发展中心
2018年12月20日

中国绿色食品发展中心关于印发《绿色食品产品包装标签变更备案暂行规定》的通知

中绿标〔2018〕125号

各地绿办（中心）：

为完善绿色食品标志管理制度，规范绿色食品企业用标行为，根据农业部《绿色食品标志管理办法》及有关制度规定，我中心研究制定了《绿色食品产品包装标签变更备案暂行规定》。现印发给你们，请遵照执行。

特此通知。

附件：1. 绿色食品产品包装标签变更备案暂行规定

2. 绿色食品产品包装标签变更备案操作流程

中国绿色食品发展中心

2018 年 8 月 20 日

附件 1

绿色食品产品包装标签变更备案暂行规定

为规范绿色食品标志使用人的用标行为，维护标志使用人的合法权益，根据农业部《绿色食品标志管理办法》及有关规定，中心决定对绿色食品产品包装标签变更建立备案制度，并规定如下。

一、绿色食品产品包装标签备案是指：标志使用人在绿色食品证书有效期内，且在绿色食品证书登记内容未发生变化的前提下，其绿色食品产品包装主要展示版面或绿色食品标志用标形式发生变化，或产品包装标签中净含量和规格等其中一项或多项发生变化的，标志使用人应在包装标签调整前向中心提出变更备案申请。

二、中心负责全国绿色食品产品包装标签备案审核工作，省级工作机构负责本行政区域绿色食品产品包装标签备案受理和初审工作。

三、标志使用人及其绿色食品产品包装标签变更备案应具备下列条件：

（一）符合国家包装标签、农业农村部的有关规定，以及绿色食品相关规定；

（二）产地环境、生产技术、生产工艺、质量管理制度等未发生变化；

（三）产品配料组成及配比未发生变化；

（四）符合国家法律、法规规定的其他条件。

四、绿色食品产品包装标签变更备案应按以下程序进行：

（一）标志使用人向中心提出书面申请，申请中应载明变更内容，同时提交变更后的《预包装食品标签设计样张》，并报送省级工作机构初审。

（二）省级工作机构应对产品包装标签内容是否符合备案受理条件进行初审，并提出初审意见。初审合格的，将变更申请材料报送中心审批；初审不合格的，书面通知标志使用人并告知原因。

（三）中心根据省级工作机构出具的初审意见做出是否同意备案的决定，并将《中国绿色食品发展中心关于绿色食品产品包装标签变更备案通知书》同时送至标志使用人和省级工作机构。

本规定自发布之日起执行。

附件 2

绿色食品产品包装标签变更备案操作流程

为进一步落实《绿色食品产品包装标签变更备案暂行规定》，规范变更备案程序，方便标志使用人及时用标，现将具体操作流程规定如下。

1. 标志使用人应将准备好的备案申报纸质材料或电子版提交省级工作机构，也可同时将电子版备案申报材料直接提交中心。

2. 省级工作机构对备案申报材料是否符合备案受理条件进行初审，并提出初审意见。初审合格的，将备案申报材料报送中心审批，也可同时报送电子版备案申请材料。初审不合格的，书面通知标志使用人并告知原因。

3. 中心标识管理处会同审核评价处对备案申报材料进行复审，并经中心领导审批后，将《中国绿色食品发展中心关于绿色食品产品包装标签变更备案通知书》纸质版或电子版同时送至标志使用人和省级工作机构。

4. 联系方式：

联系人：标识管理处 刘斌斌

电话：010-59193669

邮箱：bsglc@greenfood. org

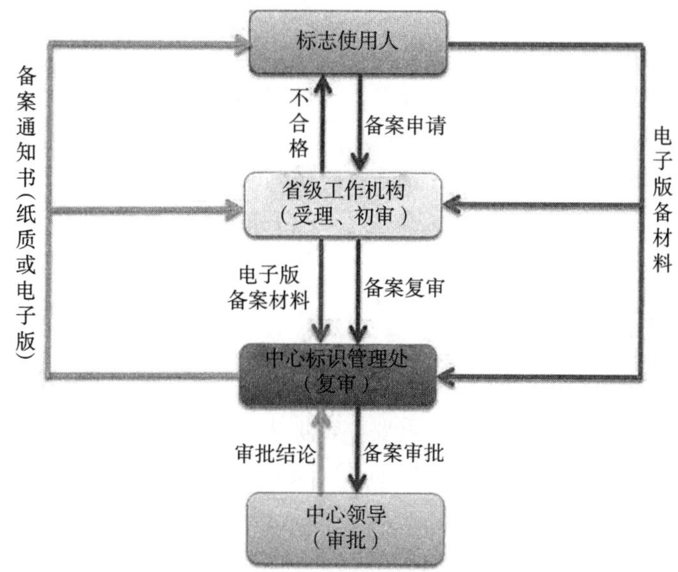

绿色食品产品包装标签变更备案操作流程图

中国绿色食品发展中心关于做好 2018 年绿色食品监督检查工作的通知

中绿标〔2018〕12 号

各地绿办（中心）：

2017 年，按照农业部农产品质量安全工作部署和中心工作计划安排，在全国工作系统的共同努力下，绿色食品监督检查工作取得了积极的成效。企业年检实地检查基本实现全覆盖；中心和地方共抽检 5 322 个用标产品，合格率为 99%；标志市场监察抽查了 48 个城市的 144 个市（商）场，规范用标产品占抽取产品总数的 92.9%。中心根据监督检查结果共撤销 53 个产品标志使用权，其中：根据企业年检结果核准撤销 10 个产品的标志使用权，根据抽检结果撤销 43 个产品的标志使用权。

2018 年绿色食品监督检查工作的总体目标是：进一步落实各项监督检查制度及监管

措施，确保绿色食品产品质量安全与规范用标，努力确保不发生大的质量安全事件。按照中心工作计划，现将2018年绿色食品监督检查重点工作及要求通知如下：

一、强化企业年检实地检查和基地年度检查。请各地按照《绿色食品企业年度检查工作规范》和《全国绿色食品原料标准化生产基地建设与管理办法（试行）》进一步完善落实本地实施细则与年度计划，重点做好企业年检实地检查和基地年度检查工作，并于2019年1月30日前将企业年检工作总结与现场检查工作记录单（三联单）报送中心标识管理处，将基地年度监管总结、监督管理意见表以及各基地年度自查材料报送基地建设处。中心将组织专家对内蒙古自治区、黑龙江省、黑龙江农垦、江西省、甘肃省和海南省等6个省级机构的企业年检工作，对黑龙江省、甘肃和宁夏等3个省级机构的基地年度检查工作进行督导检查。

二、组织产品质量抽检。加强协调，加大力度，开展对重点地区、重点行业、重要时段的重点产品抽检工作。中心全年计划抽检2300个绿色食品产品，200个中绿华夏认证有机农产品，请各地绿办（中心）协助做好相关工作。各地绿办自行安排的抽检，应按照中心年度抽检计划下达的各项抽检指标和项目进行。抽检结果于2018年12月10前报中心标识管理处。各地对蔬菜原料基地产品种类必须全部进行抽检，其他基地的抽检数量不低于辖区基地总量的30%。

三、开展绿色食品的标志市场监察工作。按照《绿色食品标志市场监察实施办法》的要求，各地要在3—6月按时完成产品采样、录入上传、核查等一系列工作，中心10月底将对各地市场监察整改情况进行实地检查、抽查。同时加强联系与协作，对于假冒的绿色食品、中绿华夏有机农产品以及不规范用标行为，坚决按相关规定及时做出处理。

四、加强监管员队伍建设。各地要按照《绿色食品标志监管员工作绩效年度考评暂行办法》有关规定，持续开展标志监管员年度考核工作。积极创造条件，加强监管员培训，进一步扩大地市级绿色食品标志监管员覆盖面。

五、各地要高度重视，采取有效措施，加大春节期间绿色食品质量安全监督检查力度，确保节日期间消费安全。

特此通知。

中国绿色食品发展中心
2018年1月30日

中国优质农产品开发服务协会分支机构管理办法

（2018年4月27日第六届理事会第一次会议审议通过）

第一章 总 则

第一条 为了加强对中国优质农产品开发服务协会（以下简称协会）各分支机构的管理，根据《社会团体登记管理条例》《民政部关于贯彻落实国务院取消全国性社会团体分支机构、代表机构登记行政审批项目的决定有关问题的通知》（民发〔2014〕38号）、《民政部财政部人民银行关于加强社会团体分支（代表）机构财务管理的通知》（民法发〔2014〕259号）、《农业部社团管理暂行办法》、《社会团体分支机构、代表机构登记办法》和《中国优质农产品开发服务协会章程》（以下简称章程），制定本办法。

第二条 本协会的分支机构（指分会、专业委员会、工作委员会、专项基金管理委员会等分支机构和办事处、代表处、联络处等代表机构，下同）是指本协会根据开展活动的需要，依据协会业务范围的划分或者会员组成的特点设立的由协会授权专门从事本协会某项业务活动的分支机构或代表机构。分支机构由协会根据工作需要，在条件成熟时按程序设置。

第三条 本协会分支机构的设立，应当按照协会章程的规定，履行民主程序，经理事会或常务理事会讨论通过，制作会议纪要和决议，按照协会《章程》规定的宗旨和业务范围开展活动。

第四条 本协会的分支机构，应当遵守协会章程和协会赋予的职能与任务，接受协会的管理与指导，在本行业的某项业务范围内开展工作。

第五条 分支机构属于本协会的组成部分，不具有法人资格，其法律责任由本协会承担。

第二章 职能任务

第六条 本协会在章程规定的范围内，赋予分支机构如下职能任务：

（一）调查研究本行业与分支机构名称及业务相符的某项业务的国内外发展动态和趋势；

（二）向协会反映本行业某项业务活动的情况、意见和建议；

（三）组织本行业某项业务的技术交流、技术培训、技术观摩和推广等活动；

（四）为本行业发展提供有关政策、技术咨询和信息服务；

（五）编辑出版本行业某项业务方面的书刊、资料；

（六）经协会授权，规范本行业范围内某项业务的行业行为；

（七）协助协会发展本行业某项业务方面的会员；

（八）承办协会交办的其他事项。

第三章 分支机构的设置和申报

第七条 分支机构设置由协会秘书处以提案的方式经会长办公会审议通过后向常务理事会提出申请，申请分两种形式：

（一）协会秘书处依据协会业务范围的划分或者会员组成的特点，经与有关会员沟通协调后，直接形成提案；

（二）经协会三位以上常务理事推荐，由协会某一方面具有代表性的五个以上单位会员联合提出书面申请，经协会秘书处审核后形成提案。

第八条 申请设立分支机构的条件及报送材料要求

（一）会员联合申请设立分支机构应同时具备以下条件：

1. 应是本协会的单位会员；

2. 应有不少于5家的单位会员共同发起成立分支机构（以下简称发起单位），并提交书面承诺书（承诺的内容包括严格遵守国家的法律法规、遵守协会《章程》以及各项规章制度，在筹备期间不开展与筹备工作无关的业务活动等）；

3. 应经过三位以上常务理事推荐；

4. 发起单位的主营业务、研究方向或工作范围应与所申请成立的分支机构名称及业务相符，并具备此方面较强的行业影响力或代表性；

5. 应有不少于10－50家与拟成立的分支机构名称及业务相符的分支机构会员，具体数量依据设立分支机构性质而定。

（二）申请设立的分支机构应具有以下条件：

1. 有规范的名称；

2. 符合协会《章程》所规定的业务范围授权；

3. 有办公地点和活动经费来源；

4. 有主持日常工作的人员。

（三）申请设立分支机构必须提交以下材料：

1. 成立分支机构的申请书（包括成立的必要性、基础和条件、协会授权分支机构开展的主要业务范围的界定等）；

3. 办公场所的产权或使用权证明；

4. 活动经费来源；

5. 筹备组名单及筹备工作计划；

6. 拟任主要负责人基本情况以及所在单位人事部门的意见；

7. 主要发起单位的情况介绍，包括营业执照及经营范围、主要业务、人员规模、近三年利税或研究成果等。

第九条　有下列情形之一的，协会秘书处不予受理设立分支机构的申请：

（一）拟申请设立的分支机构与本协会已经设立的分支机构业务范围相同或者相似的；

（二）拟申请设立的分支机构业务涵盖本协会所有业务范围的；

（三）拟申请设立的分支机构业务范围界定不清晰的；

（四）拟申请设立的分支机构业务与本协会宗旨、业务范围无关的；

（五）拟申请设立的分支机构冠以行政区划名称，带有地域性特征的；

（六）在拟申请设立的分支机构下又设立分支机构、代表机构的；

（七）拟申请设立的分支机构设定的活动范围超越本协会设定的活动地域的；

（八）有法律、行政法规禁止的其他情形的。

第十条　协会秘书处受理成立分支机构申请的日期为收到本办法第八条第（三）款所规定的全部有效材料的日期，申请材料经协会秘书处审核同意后，秘书处指派专人对发起单位申请事项进行实地考察，形成考察材料，经会长办公会审议通过后，以提案方式提交协会常务理事会审议。

第十一条　分支机构的设置和分支机构拟任主要负责人经协会常务理事会批准后，制作会议纪要和决议，向社会公布并妥善保存原始资料。

第十二条　分支机构拟任主要负责人和管理人员的设置

分支机构可设会长一名、秘书长一名、副会长和副秘书长若干名，但副会长总数不得超过五名，副秘书长总数不得超过三名。

分支机构拟任秘书长或至少一名拟任副会长兼秘书长由协会秘书长指定。本协会的会长、秘书长、法人代表均不得在分支机构中兼职。

发起单位应向协会秘书处报送所推荐的分支机构会长、副会长、秘书长和副秘书长等拟任人选基本情况及推荐理由等材料，经协会秘书处初审并经协会秘书长审核同意后，方能进入提名人选。其中，拟任分支机构主要负责人人选需提交协会常务理事会审议通过后，方可召开分支机构成立大会，履行成立和选举事宜。

第十三条　经批准的分支机构，由分支机构筹备组组织召开分支机构成立大会，选举产生分支机构会长、副会长、秘书长和副秘书长。

第十四条　分支机构选举产生的会长、副会长、秘书长和副秘书长，由协会常务理事会授权协会秘书处发给聘用证书。分支机构所聘任的工作人员应与本协会签订劳动合同。

第十五条　分支机构的印章由协会向有关部门申请刻制，授权启用。

第十六条　分支机构每届任期五年，分支机构会长、副会长、秘书长可连选连任，但任期最多不能超过两届。

第四章　分支机构管理

第十七条　分支机构的名称前应当冠以本协会名称；开展活动，应当使用全称。分支机构的英文译名应当与中文名称一致。

第十八条　分支机构每年1月31日前，以书面形式向协会提交年度工作计划，每年12月31日前，以书面形式向协会报告本年度的工作总结及工作人员变动情况等。

第十九条　分支机构应当在本协会的授权范围内发展会员、收取会费，其发展的会员属于本协会的会员，其收取的会费属于本协会所有。

第二十条　分支机构的经费来源

（一）有偿服务的合理报酬；

（二）依托单位的支持；

（三）会员和社会捐赠与资助；

（四）协会统筹补助。

第二十一条　分支机构不得开设银行账户，分支机构的全部收支纳入本协会统一核算、管理，不得计入其他单位、组织或个人账户。

第二十二条　本协会为分支机构单独设置会计账簿，按照《民间非营利组织会计制度》和本协会的财务制度进行核算。分支机构应定期向协会报告收支情况，并在每一会计难度终了时将会计报表并入协会会计报表。

第二十三条　除经本协会授权外，分支机构不得自行收取会费和接受捐赠。分支机构不得截留会费收入和捐赠收入。

第二十四条　分支机构在会费收入、捐赠收入和其他合法收入的一定范围内量入为出，日常支出按照一定比例进行控制，其中收取的会费的支出比例控制在50%以内，其他收入（除明确用途的捐赠外）控制在70%以内。

第二十五条　分支机构有下列情形之一的，协会可根据情节轻重提出批评、限期整顿、经济赔偿，直至撤销该分支机构：

（一）擅自冠以“中国”、“全国”和“中华”等名称公开活动的；

（二）违反规定使用印章或非法刻制印章造成严重后果的；

（三）不按授权的业务范围和工作任务开展活动的；

（四）未经协会允许，在重大国际交往中擅自开展活动的；

（五）对协会交办事项拒不执行的；

（六）擅自在分支机构下再设立分支机构、代表机构的；

（七）其他违反本协会《章程》和本办法规定的。

第二十六条　分支机构的变更、撤销、合并须经协会常务理事会决定。

第二十七条　分支机构经本协会秘书长同意后可派专职工作人员在协会秘书处办公，处理分支机构的日常工作，其费用列入分支机构支出。

第二十八条　分支机构组织全国性和国际性的业务活动，需向协会提出申请，经有关部门审核批准后执行。

第五章　附　则

第二十九条　本管理办法由协会常务理事会负责解释。

第三十条　本管理办法自发布之日起执行。

中国优质农产品开发服务协会会员管理办法

（2018年4月27日第六届常务理事会第一次会议审议通过）

第一章　总　则

第一条　为了加强会员管理，维护会员的合法权益，促进我国优质农产品开发事业健康稳定发展，根据《中国优质农产品开发服务协会章程》（以下称《章程》），制定本办法。

第二条　会员享有《章程》规定的相应权利，履行《章程》规定的相应会员义务。

第三条　本办法适用于中国优质农产品开发服务协会（以下称协会）会员。

第二章　会　员

第四条　本协会的会员分为单位会员和个人会员，会员按照《章程》规定的程序，可以被选举为理事、常务理事和理事会领导。

第五条　单位会员。拥护本会《章程》，在中华人民共和国境内从事优质农产品生产、加工、流通、管理、科研、金融、证券、知识产权、专利推广等相关业务的具有法人资格的企事业单位、社会团体或其他组织，有加入本会意愿的，经批准后可成为本会单位会员。

第六条　个人会员。拥护本会章程，在中华人民共和国境内从事优质农产品生产、加工、流通、科研和经营管理等，且具有一定影响力和带动力的公民、有关专家学者或管理人员等，有加入本会意愿的，经批准后可成为本会个人会员。

第三章　入　会

第七条 申请入会的单位或个人应当向协会秘书处提交书面申请和相关材料，填写《入会申请表》，申请材料包括：

（一）入会申请书；

（二）2 名会员或 1 名以上理事推荐和介绍意见；

（三）有关证明材料，包括营业执照或其他业绩材料。

第八条　秘书处对提出入会申请的单位和个人在 15 日内进行审核，审核的内容包括：

（一）入会申请表的完备性；

（二）提交的相关证照的完整性、适用性；

（三）相关材料的真实性。

第九条　经秘书处审核，确认材料真实完备的，提交下一次会长办公会讨论；申请材料不完备的，应当向申请者提出补充材料的书面通知，材料补充完备后再进行审核；提供的材料不真实的，应当书面告知申请人审核不予通过。

第十条　会长办公会讨论入会申请通过的，由秘书处颁发会员证书并予以公告；未通过的，秘书处应在会长办公会后 5 个工作日内告知申请人。

第十一条　本会置备会员名册，对会员情况进行记载。会员情况发生变动的，应当及时告知本会秘书处修改会员名册，并进行公告。

第四章　日常管理

第十二条　协会建立会员联络员制度，分别指定专人进行相应会员的日常联络。

第十三条　协会对会员实行档案管理，由会员部负责会员档案的备案及具体管理工作。

第十四条　会员可对本会工作提出意见和建议，意见和建议应当以书面形式提出，可由联络员提交本会秘书处，也可由会员本人直接提交本会秘书处。秘书处应当对会员提出的意见和建议进行登记，并在收到会员提交的意见或建议后 15 个工作日内，以书面形式告知会员所提出意见或建议的处理情况。

第五章　会费和捐赠

第十五条　会员应按时足额交纳会费。

第十六条　理事会或常务理事会批准有关单位或人员的入会申请后，秘书处应当以书面方式告知申请入会的单位或个人，并将会费收取标准和协会的收款账户一并告知新入会的会员。

第十七条　协会会费收取采用《中国优

农协会会费标准及管理办法》规定的方式，任何人不得代收代缴。单位会员通过单位账户直接将会费划转到协会账户，个人会员通过其本人账户直接划转到协会账户。

第十八条 会员可以自愿向协会捐赠有关资金。捐赠资金的，应当签订捐赠书或与协会签订捐赠协议，写明捐赠意愿、资金数额和使用要求。

第十九条 协会收取会费和捐赠款应向会员开具发票。

第六章 退会及违规处理

第二十条 本会会员退会包括本人主动书面申请退会、自动丧失会员资格退会和丧失民事行为能力退会三种情形。

主动申请退会的，应当在提交书面退会申请的同时，交回会员证。协会秘书处应当在收到会员退会申请后的5个工作日内，在协会网站对退会人员予以公告。

会员连续两年未交纳会费或不参加本协会活动的，视为自动丧失会员资格。协会秘书处应当在每年清理会员会费交纳情况和参加协会活动情况时，对自动丧失会员资格的人员在协会网站予以公告。

会员丧失民事行为能力的，视为自动退会。协会秘书处应当在每年公告退会人员时，一并公告。

因以上三种情形退会的单位或人员，其在本会相应的职务、权利、义务自行终止。

第二十一条 会员违反协会《章程》，使协会形象受损或造成不良社会影响的，经理事会或者常务理事会表决通过，给予书面警告、通报批评、暂停行使会员权利直至劝其退会。

第二十二条 会员严重违反协会《章程》或损害协会合法权益的，协会秘书应进行专项调查，并提请理事会或常务理事会表决通过，将其除名，并在协会网站上进行公告。

第七章 附 则

第二十三条 本办法由协会秘书处负责解释。

第二十四条 本办法自第六届一次常务理事会通过之日起执行。

企业品牌

- 北大荒丰缘集团有限公司
- 好想你健康食品股份有限公司
- 九三粮油工业集团有限公司
- 内蒙古蒙都羊业食品股份有限公司
- 完达山乳业
- 山东美佳集团有限公司
- 天津嘉立荷牧业集团有限公司
- 谢裕大茶叶股份有限公司
- 肇源县鲶鱼沟实业集团有限公司
- 中绿食品集团有限公司

北大荒丰缘集团有限公司

北大荒丰缘集团有限公司（以下简称丰缘集团），是北大荒集团总公司直属，集小麦加工、食品生产、生物科技产品生产于一体的国有控股企业。丰缘集团以小麦加工、生物科技、澳大利亚丰澳农场、贸易经营四大板块为主，热力等其他项目为辅，旗下拥有丰威、丰润、丰澳、九三、金谷丰缘、佳富、银海等7个分（子）公司，分布在黑龙江省内及湖北等地。资产总额52.8亿元。主要经营面粉、挂面、谷朊粉、肠衣、肝素等系列产品。

为确保企业产品质量安全，丰缘集团以“基地种植控品质、关注民生铸品牌”的发展理念，把原料基地作为企业的第一车间进行强化管理。不仅在澳大利亚建立了52万亩优质小麦生产基地，还与俄罗斯和蒙古国签订战略合作协议，利用良好的生态环境建立优质小麦基地，打造国内高端有机面粉产品新形象。使“北大荒”品牌面粉、挂面体现出“绿色、安全、健康、时尚”的产品特色。

多年来，丰缘集团先后获得中国名牌农产品、食物营养与安全示范企业、全国农产品加工示范企业、全国重合同守信用企业、诚信建设示范企业、中国最具发展潜力优秀企业等数十项殊荣。

好想你健康食品股份有限公司

好想你健康食品股份有限公司创立于1992年，多年来一直稳居红枣行业前列，2011年在深圳证券交易所中小板上市，成为红枣行业第一家上市公司，目前也是唯一一家。2016年以9.6亿元并购杭州郝姆斯食品有限公司（主营“百草味”品牌），公司产品由红枣拓展至红枣、坚果炒货、果干、肉脯海鲜、糕点糖果等品类。

公司紧紧围绕“开创标准健康食养生活方式”的发展战略，聚焦“健康、时尚、快乐、品质”的品牌定位，致力于“让更多的人吃上放心健康的食品，成为一家受全世界尊重的企业”。目前，公司总股本5.16亿元，员工4 000人左右，公司会员总数突破6 000万人。公司已建立河南新郑、浙江杭州、河北沧州、新疆哈密、新疆阿克苏、新疆若羌六大生产加工基地，下辖全资子公司16家、控股子公司2家、参股公司5家，在全国拥有覆盖五大区域的18个仓储物流基地，覆盖电商、专卖、商超、流通、出口等全渠道销售网络。

九三粮油工业集团有限公司

九三粮油工业集团有限公司（以下简称九三集团）是北大荒集团全资子公司，是荣获中国工业最高奖“中国工业大奖”，首批农业产业化国家重点龙头企业，也是拥有集种植、收储、物流、加工、营销全线资源的中国农业产业化领军企业。

九三集团以大豆加工为主营业务，年加工大豆总能力1 200万吨，销售收入超过450亿元，进出口贸易总额超过60亿美元。总部位于哈尔滨高新经济技术开发区，现已在中国的北中南构建了“九三食品”“九三压榨”“九三资本”三大支柱板块，并建立起了“九三农业”“九三仓储”“九三物流”“九三包装”“九三豆制品”五个产业板块。

九三集团主产品有油脂类、蛋白类、保健品、餐桌食品、多功能饮品等五大类近200个品种。年可生产食用油220万吨，蛋白饲料960万吨，大豆和油脂加工总量位居全国前列。

九三集团连续多次入围中国企业500强和中国制造业500强，被授予大豆系列国家标准制修订基地、中国工业行业排头兵企业、国家级文明单位、中国粮油最受尊敬企业、中国食品企业社会责任金鼎奖等荣誉称号。“九三”品牌连续11次入围“中国500最具价值品牌”排行榜，品牌价值超过376亿元。

内蒙古蒙都羊业食品股份有限公司

内蒙古蒙都羊业食品股份有限公司始建于1998年，坐落于内蒙古赤峰市翁牛特旗玉龙工业园区，以草原牛羊肉食品的研发、生产和销售为主营业务，是农业产业化国家重点龙头企业、国家高新技术企业。“蒙都”商标是中国驰名商标。

2018年度资产总量达到8.2亿元，营收突破6.5亿元，净利润3 000多万元，屠宰肉羊50多万只，年产牛羊肉系列产品15 000吨。现有员工团队800多人。历经多年的产业升级，已成为内蒙古自治区牛羊肉生产的领军企业和牛羊肉行业的领导品牌，产品涵盖了冷冻冷鲜系列、休闲特产系列、家庭菜肴系列、调味佐餐系列100多个品种，通过连锁加盟、经销代理、电子商务和电视购物等渠道销往全国城乡各地。

公司先后荣获国家扶贫龙头企业、国家少数民族特需商品定点生产企业、国家冷冻牛羊肉及活羊储备企业、国家羊肉加工技术研发专业分中心、内蒙古自治区高新技术企业和企业技术中心；并与中国农业科学院农产品加工研究所、内蒙古农业大学动物科学学院等科研院所结成战略合作伙伴，建立了羊肉产品研发中心和肉品加工实习基地，是国家现代肉羊产业技术体系示范基地，研发及技术力量雄厚。拥有国家发明专利7项、实用新型专利9项，自治区级科技成果4项。

按照“公司＋合作社＋农户”的产业化运营模式，已与15个养羊专业合作社的6 000多户农牧民结成了互惠互利、相互依存的利益共同体。通过赊销种羊、合同优惠回收、无偿提供场地、担保贷款、品种改良、疫病防治、饲料配送和技术指导等服务，年可增加农牧民收入1亿元（其中贫困户农牧民增收2 000多万元）。惠农人数20 000多人，产业带动间接就业10 000多人。

公司已开启“互联网＋草原牛羊肉”新战略和以消费者为主导的B2C互联网商业模式，确立了在牛羊肉领域的领先地位。公司将持续完善食品安全云平台体系等信息化建设，实现传统食品加工企业向“互联网＋”的转型升级。

完达山乳业

为所爱，尽所能！

完达源于满语，意为梯子。完达山乳业最初就建厂在完达山脚下。厂因山而得名，山因厂而杨威。

1958年，遵照毛泽东主席为了强壮中华民族体魄，提出要大力发展畜牧业，“让娃娃们长高一寸，让中国人更健康，就要更多的吃牛奶和肉”的指示，王震将军在周恩来总理的帮助下，从北京、上海调运了750头荷斯坦奶牛，依托“龙江沃土，黄金奶仓，生态北大荒”良好的自然资源，在完达山脚下建立了完达山乳业的第一个奶源基地完达山奶牛奶示范场和完达山食品厂，开启了先建奶源、后建工厂的可持续发展模式。

完达山60年来的每一步，都映射出中国乳品工业发展的稳健与辉煌。20世纪70年代，完达山首创大颗粒速溶奶粉新工艺，从此带领中国乳业进入了速溶时代，这项工艺也被写入了中国乳制品工艺教科书。

20世纪80年代，完达山连续四次获得国家食品质量最高奖——国家银质奖章，是乳品行业唯一一家获得食品质量至高荣誉的企业。完达山牌全脂速溶甜奶粉成为全国热销产品。

1999年，“完达山”商标被认定为中国驰名商标，这也是黑龙江省第一枚驰名商标。从2000年起，完达山乳业连续多年被国家八部委认定为农业产业化国家重点龙头企业。完达山先后获得中国绿色食品荣誉企业、CCTV中国年度发布品牌、中国信用典范企业、亚洲品牌500强等荣誉。

目前完达山乳业股份有限公司下辖24家分、子公司。员工主体作为垦荒官兵和支边青年的北大荒后代，军旅文化、知青文化培育北大荒精神，造就了完达山“传承、创新、坚守、担当”的核心价值观，提醒每个完达山人，奉献绿色食品，关爱大众健康。“为所爱，尽所能”激励着全体完达山人用人品酿制乳品、用乳品验证人品。完达山全体员工始终坚持“以鲜取胜、以质取信”，为消费者绿色、新鲜、营养、健康、安全的乳品。

山东美佳集团有限公司

山东美佳集团有限公司是以加工、出口、销售冷冻水产品、蔬菜、速冻方便食品以及水产蔬菜调理食品为主的综合型食品企业，下辖日照美加水产食品有限公司、日照美佳科苑食品有限公司、日照佳苑食品有限公司、日照好口福食品有限公司、日照佳天下食品有限公司等12个子公司。公司注册资本金5 000万元，拥有总资产10亿元，精加工车间60 000平方米，冷冻、冷藏能力5万吨，年加工销售制品5万余吨。公司出口产品主要包括冷冻、盐渍、生食、蒸煮、烧烤、调理食品等400多个品种，主要销往日本、韩国、欧美、俄罗斯、东南亚等国家和地区。国内销售产品有品种多样的海产精品、鱼糜制品、生食海鲜类、烧烤系列、骨无系列以及各类调理食品等，市场覆盖了东北、西北、华北、华东以及中部地区的省会和大中城市。

公司被农业部授予农业产业化国家重点龙头企业、农产品加工企业技术创新机构、全国农产品加工示范企业，被山东省委、省政府表彰为山东省农业产业化优秀龙头企业和先进龙头企业；是山东省食品行业综合实力（食品加工）二十强企业，山东半岛蓝色经济区海洋产品精深加工产业联盟理事长单位、日照市进出口水产品行业协会会长单位、山东省海洋协会副会长单位。

公司及分公司是海关AEO高级认证企业，被认定为出口食品农产品检验检疫管理“一类企业”，均通过了ISO9001、ISO14000、ISO22000质量、环境、安全管理体系认证，输美HACCP认证、输欧盟EC认证、英国BRC认证和GLOBALGAP认证以及俄罗斯、韩国、越南等国家的注册认证，下属的实验室获得国家认可 CNAS 实验室证书，被原山东省检验检疫局、山东省外经贸厅、山东省财政厅认定为出口农产品区域检测中心。

公司与管华诗院士合作建立院士工作站，与中国水产科学院黄海水产研究所、中国海洋大学、大连工业大学、厦门大学等科研院所建立了长期的产品研发合作关系，成为科研院所的“产学研”基地，2018 年被农业农村部确定为国家级海水鱼加工技术研发中心，不断研发适应市场需求的高附加值系列产品，在满足出口市场需求的同时，也满足了国内消费者追求高品质水产品的愿望。

2018 年出口各类产品约 3.45 万吨，进出口额 4.95 亿美元，出口创汇 2.95 亿美元，销售收入 23.3 亿元，其中国内销售收入 6.3 亿元。

公司注重企业的品牌建设，先后注册了“美加佳”“友口福”“金扇”“美佳园”“鱼辣妹”等商标及其境外商标。“美加佳”商标被评为山东省著名商标，“美加佳”牌速冻海参、调理星鳗制品为山东省名牌产品。公司被第一届日照品牌节组委会评为日照金帆奖知名品牌企业，“美加佳”品牌荣获日照市水产品加工行业领军品牌。公司品牌价值评估为 6.08 亿元；“美加佳”牌水产制品被纳入山东农产品知名品牌，被评为中国最具影响力水产企业品牌、中国最具影响力绿色企业品牌。

公司坚持以“引领健康生活，创造美食文化，开辟食品未来”为宗旨，以国际标准为目标，狠抓企业内部管理，以丰富百姓餐桌，托起健康生活为使命，百年企业，魅力美佳，做海洋食品的引领者。

天津嘉立荷牧业集团有限公司

天津嘉立荷牧业集团有限公司（以下简称嘉立荷牧业）成立于 2007 年 6 月，注册资金39 000万元，是天津食品集团有限公司的全资子公司；是一家专业从事种植、奶牛养殖、技术研发与服务、生鲜奶销售、奶牛育种繁殖的企业。

2019 年销售收入 81 113.96 万元，奶牛存栏 34 624 头，成母牛年头均产奶量 11.68 吨，年生产生鲜奶 21.2 万吨，员工总数为 1 256人。

嘉立荷牧业是中国奶业 20 强观察员企业，公司技术中心先后被评为天津市企业技术中心、天津市奶牛营养代谢病企业重点实验室，“嘉立荷”牌生鲜奶是天津市知名农产品品牌；荣获农业产业化国家重点龙头企业、绿色牛奶生产基地、天津市科技型企业等荣誉称号；先后承担国家、市级等科技项目 10 余项，获得了省部级科技进步奖 5 项，市级科学技术进步奖 3 项等。

嘉立荷牧业以“创国内一流企业，建国内奶牛养殖第一品牌”为宗旨，关注奶牛健康、奶源安全，着力保障和改善民生。

谢裕大茶叶股份有限公司

谢裕大茶叶股份有限公司是国内首家新三板挂牌茶企，是一家集生产、加工、销售、科研为一体，涉及茶叶、茶食品的研发、生产、销售，基地建设，旅游等茶文化相关联产业的农业产业化国家重点龙头企业、国家高新技术企业，致力于为中国茶打造百年第一品牌！倡领清洁智能加工，培育高质科技企业；与时俱进品牌定位，顺应形势转型升级；重视三产融合发展，建设特色休闲农业，持续打造茶旅结合；加大电商建设步伐，大力促进全线融合；立足茶园源头管理，紧抓质量确保安全，打造全程追溯品质，坚持可持续绿色发展。

肇源县鲶鱼沟实业集团有限公司

肇源县鲶鱼沟实业集团有限公司成立于1999年，前身是肇源县鲶鱼沟养鱼场，历经20年的发展，公司现有农业种植（水田、旱田）、水产养殖、农业特色大棚种植、野生大雁驯化养殖、粮食存储加工、电子商务以及仓储物流等特色产业。

肇源县鲶鱼沟万基谷物加工有限责任公司注册成立于2014年9月9日，位于黑龙江省肇源县大广工业园区，总投资7亿元，是一家集淡水鱼、河蟹、大雁、碱地有机、绿色大米、杂粮、芦苇、道路工程等，养殖、种植、加工、销售为一体的集约化、产业化农业公司。现有员工750多人，管理技术人员50多名，是大庆最大的无公害生产基地。2010年被认定为省级健康养殖示范场；2011年被农业部审批为“无公害食品”生产基地并颁发证书；2012年被农业部认定为国家级健康养殖、种植示范场，同时相关产品取得了国家级绿色产品标识和有机产品认证资质；2017年成为黑龙江省第一批有机产品示范基地，国家级农业产业化重点龙头企业；2018年被评为黑龙江省农业十大品牌。

集团公司现有12个生产基地，现有资源总面积40万亩，其中盐碱地水稻种植20万亩，年产碱地香水稻9万吨，目前水稻种植1.2万亩基地已经获得欧盟有机产品认证和国家级有机产品认证资质，8.5万亩基地获得国家级绿色产品认证资质；杂粮种植3.5万亩；水域湿地12.5万亩，年产淡水鱼200万斤，有机大闸蟹100万斤；草原面积4万亩，年产饲草5 000吨，养殖野生驯化大雁5万只。2016年在肇源县大广工业园区投资建设，总投资1.5亿元，占地面积64 002平方米，主要建设内容包括大米及杂粮加工车间、粮食仓储、物流包装车间、综合办公楼、员工宿舍以及锅炉房、烘干塔、道路及绿化等配套区域。

中绿食品集团有限公司

中绿食品集团有限公司（以下简称中绿集团）控股股东为中国绿色食品（控股）有限公司，于2004年在香港主板上市。创立于1998年，总部设在厦门。中绿集团秉承着安全、放心、健康的经营理念，构建“从田园到餐桌”的全程绿色产业链，是一家集绿色农产品种植、粗粮制品加工、冷鲜与休闲食品生产和销售的绿色品牌运营商，是倡导绿色健康生活的领航者。中绿集团致力于打造具有高附加值的全程绿色食品品牌，获得农业产业化国家重点龙头企业、全国食品工业优秀龙头食品企业、全国主食加工业示范企业、全国供应链创新与应用试点企业和中国驰名商标等荣誉。

现阶段，中绿集团总部按中绿集团产业布局在国内建立绿色种植基地总面积近60万亩，其中自营的农产品种植基地近24万亩，生产加工厂房占地近4 000亩，拥有各类国内外大型农业种植机械化设备、绿色农产品等生产线，冷库储存能力超 10 万吨。中绿集团先后通过了 ISO9001：2000、HACCP 质量体系认证，BRC、GAP 认证，美国 FDA 注册和多项绿色有机食品及无公害果蔬认证等市场准入规范。

中绿集团以市场需求为导向，以科技为支撑，不断研发出满足现代人健康需求的绿色食品，形成绿色农产品供应、速冻调制食品和粗粮饮料等丰富产品线。2016 年，可口可乐收购了中绿集团旗下饮料品牌“中绿粗粮王”，中绿集团成为可口可乐的粗粮原材料供应商。同时，中绿集团打造“田园生活”全程绿色食材供应链和“中绿御膳良品”绿色餐饮快消品品牌，掀起绿色饮食文化新革命，为最终打造具有高附加值的中国全程绿色农业食品品牌的百年企业目标奠定了坚实的基础。

产品品牌

- 北京德润通农业科技有限公司
- 天津市广源畜禽养殖有限公司
- 石家庄市惠康食品有限公司
- 内蒙古天极农业开发有限公司
- 黑龙江省北大荒米业集团
- 庆安东禾金谷粮食储备有限公司
- 南京常力蜂业有限公司
- 广西南宁市武鸣嘉沃农业专业合作社
- 青海中厚农畜产品开发有限责任公司
- 宁夏红枸杞商贸有限公司

北京德润通农业科技有限公司

北京德润通农业科技有限公司始建于2010年，立足马铃薯产业，以“农业、科技、贸易”为核心，集种植、加工、生产、销售为一体的农业产业链企业。2016年“京一根”品牌被评为北京市著名商标。企业被评为国家高新技术企业、中关村高新技术企业、北京市农业产业化重点龙头企业。公司专业从事无明矾粉条研发，拥有自营进出口许可权，出口免检单位。主营品牌“京一根”无明矾老手艺粉条距今已有140多年的历史，是北京市房山区非物质文化遗产。

近年来食品安全一直是人们关注的焦点，消费者迫切需要营养、健康、绿色食品；需要负责任、守信用、管理规范的企业。公司秉承“食品不安全，美味等于零”的经营理念。生产自己能吃、孩子能吃、父母能吃的安心食品。公司于2011年5月1日，将百年老手艺作坊建成现代化花园式工厂，厂房洁净，无菌化操作，达到万级尘埃标准。公司与德国西门子、日本东阳自动机株式会社合作，成功研发出国内首条自动化包装粉条生产线。独创冷却工艺，现代化生产设备实现全程封闭，无人工接触，一次性出成品。不添加任何化学添加剂，保持粉条自然风味，为“无明矾”优质产品的生产、提供稳定可靠的技术保障，实现真正意义上的绿色、健康。

为实现从种子到筷子、从田间地头到终端产品的全产业链品质控制，公司在内蒙古乌兰察布、新疆阿克苏地区、甘肃武威市建立20万亩原料种植绿色食品基地，以产出的优质非转基因土豆作为原料。“京一根”系列粉条产品获得国家“绿色食品”认证，2016年成为农业部“马铃薯主食化”项目实验基地。为促进农业产业化发展和农民增产增收，为贫困地区精准扶贫做出贡献。

公司技术、研发力量雄厚，拥有国家级实验室一座。老手艺粉条技艺非物质文化遗产第七代传承人董事长尹志刚先生，带领具有近20年食品研发经验的专家团队，通过一年零八个月的自主研发，采用独特真空冷却技术，首创国内无明矾鲜粉，已成功申报11项国家发明专利。公司吸引多位国内知名专家、教授及高级技术人员加盟，并与中国农业科学院、清华大学、中国农业大学、河北农业大学等多所院校建立长期科研合作关系。取得ISO9000认证、HACCP认证、美国FDA认证、欧盟BRC认证、德国IFS认证，通过日本食品机能分析研究所262项食品检测。“京一根”系列粉条产品受到国内外客户青睐与认可。成为海底捞、彤德莱、新辣道、重庆德庄等知名餐饮连锁企业的优质粉条供应商。“京一根”系列粉条产品与国内外大型连锁商超如沃尔玛、欧尚、711、美国Costco、德国Lidl、荷兰Aldi、欧洲采购商联盟（EMD）达成长期战略合作伙伴关系。

“厚德”是公司的文化基因，“创新、味道千秋”是“京一根”系列产品文化的核心价值观。公司全体员工正努力践行“北京精神”，在厚德基础上，继承北京历史文明，传承中华美食文化，与时俱进、锐意创新、不断实现创业团队的理想追求。

天津市广源畜禽养殖有限公司

天津市广源畜禽养殖有限公司成立于2007年，是为促进天津市农业产业化发展，打造农产品从田间到餐桌的全产业链，加快都市型农业发展，建成的标准化、规模化、自动化、现代化蛋鸡养殖企业。公司是农业部农垦局产品质量追溯系统建设单位，是市级农业产业化重点龙头企业，是十三届全运会唯一鸡蛋供应商，主要产品是“家爱格”品牌鸡蛋和农垦老母鸡。

公司具有完善的“育雏—产蛋—加工—销售”产业链条，采用国内外先进的养殖设备，养殖车间全部实现全自动化封闭式管理，构建了一套百万蛋鸡规模化养殖的智能化生产管理控制系统，公司每一枚鸡蛋在包装之前均经过 10 道工序、6 道检测，其间对每枚鸡蛋喷码，每枚鸡蛋均有唯一的身份标识，实现了产品的可追溯性。

石家庄市惠康食品有限公司

石家庄市惠康食品有限公司始建于 1993 年，注册资金 2 亿元，占地面积 45 000 平方米，是集种植、中央厨房、贸易、集体用餐配送为一体的食品加工企业，现有员工 800 余人。2018 年，惠康食品实现营业收入 2.66 亿元，净利润 1 189 万元，上缴税金 817 万元。

惠康食品于 1997 年取得了自营进出口权，2001 年通过日本农林水产省关于偶蹄动物肉类热加工处理的许可，出品业务主营产品有：速冻肉类产品，年产量 2 000 吨；速冻果蔬类产品，年产量 5 000 吨。产品畅销日本、美国、澳大利亚等国家和中国香港等地区。

2012 年起，惠康食品开始试水国内市场，逐步转向国内销售。2015 年创立“谷言”品牌，正式开始拓展国内市场。谷言食品重点发展家庭冷冻预制菜、速冻料理包、冷藏速食、高档牛肉等系列加工产品，营销网络迅速铺展，形成了电商、流通、商超等多种发展渠道，产品遍布北京、天津、河北、河南、山东、山西、辽宁、吉林、内蒙古、江苏等十余个地区。

内蒙古天极农业开发有限公司

“天极”品牌的建设，一是保证天极大米质量过硬，二是参加国内展会，参加学术交流等能提高品牌宣传的活动，天极品牌具有了较高的知名度、信誉度。2018 年到菲律宾参加亚洲第六届有机稻米大会和第三届国际有机稻米大会。“天极”牌大米是 2020 年第十四届全国冬季运动会指定用米，被评为 2018 年度中国十大好吃米饭，是“蒙字标”认证产品。2019 年 11 月代表内蒙古的优质产品参加了农业农村部质量安全中心举办的全国农产品质量安全与营养健康科普培训班。

黑龙江省北大荒米业集团

黑龙江省北大荒米业集团成立于 2001 年，是专业从事稻谷综合加工、销售的农业产业化国家重点龙头企业。集团致力于打造中国稻米产业白金名片，以诚信、创新、担当、共享为企业核心价值观，以“奉献健康食品 创造美好生活”为愿景。“好米源自北大荒”，公司拥有“北大荒”大米商标唯一使用权，生产的“北大荒”品牌系列大米连续多年被评为中国名牌产品、最具市场竞争力品牌产品等，产品登上央视新闻等频道的黄金时段，2019 年，世界品牌实验室测评“北大荒”品牌的价值达 789.18 亿元。

庆安东禾金谷粮食储备有限公司

庆安东禾金谷粮食储备有限公司成立于 2013 年，拥有固定资产 9.6 亿元，种植基地 50 万亩，仓储库 50 万吨，年加工水稻能力 50 万吨，建立起了从田间到餐桌的全程食品安全可追溯体系，2018 年实现销售 10 亿元，利税 3 800 万元。

公司生产的“庆禾香”牌大米被评为首届中国十大好吃米饭，中国好粮油产品等；“庆禾香”系列有圆粒粳米、长粒粳米、精品长粒粳米、稻花香、有机鸭田米、GABA（嘎巴）胚芽米六大产品。公司通过 SC 认证、ISO 9001 国际质量管理体系认证，产品通过有机食品认证、绿色食品认证和欧盟认证。

公司致力于“为食者谋福，助耕者创利”的宗旨，力求在基地种植、仓储、加工、市场拓展、对外合作等方面取得新的突破，实现持续发展。

南京常力蜂业有限公司

南京常力蜂业有限公司成立于 1996 年，是以蜂蜜、蜂王浆及冻干粉等系列营养保健产品开发、生产、经营为一体的拥有进出口经营权的专业公司。

公司生产的“金陵花”品牌蜂产品凭着过硬的质量，完美的服务在行业中逐渐崛起，时至今日已拥有了广大的客户群体，且得到业内的赞誉与肯定。

目前公司蜂蜜年加工生产能力达 12 000 吨，产品远销欧美、日本等国家。公司自行培育了六个养蜂基地和一个专业合作社，蜂群已达 50 000 余箱，每年可为公司提供优质蜂制品原料 6 000 多吨。

公司现已成为全国最大的蜂蜜出口企业之一，是中华全国供销合作总社农业产业化重点龙头企业、全国蜂产品行业龙头企业、江苏省农业龙头企业、江苏省农业化经营重点出口龙头企业、江苏省农产品出口示范基地等。公司自 2003 年起已相继通过了 ISO 9001、ISO 14001、HACCP、BRC 管理体系认证。

公司将致敬力于蜂产品的系列开发，为国内外广大消费者提供更多、更好的保健产品和优良服务。

广西南宁市武鸣嘉沃农业专业合作社

广西南宁市武鸣嘉沃农业专业合作社（以下简称嘉沃合作社）成立于 2013 年，注册资金 3 000 万元，是一家以沃柑、火龙果为主，集种植、金融及技术服务、果品增值包装及冷链于一体，配套农业观光旅游，致力打造三产融合、沃柑全产业链的大型农业专业合作社。

嘉沃合作社自成立以来，积极响应国家“农业绿色发展”的方针，坚持“以人为本，服务产业”的理念，通过生态化提质、标准化生产、品牌化打造等措施发展壮大沃柑、火龙果产业，为消费者提供安全、绿色、健康、有营养的高品质产品。

嘉沃合作社生产的“茂谷源”牌鲜果先后通过了“无公害农产品及产地”国家认证，并取得了出境水果果园注册登记。合作社自 2016 年起，先后荣获广西壮族自治区县级现代特色农业示范区、自治区级农业标准化示范点、精准扶贫柑橘类：沃柑国家标准起草制定单位、自治区级广西农业科技示范区建设单位、广西武鸣区柑橘试验站驻点单位、南宁市武鸣区“党旗领航·电商扶贫”行动领航企业、广西三星级乡村旅游区等荣誉称号。

青海中厚农畜产品开发有限责任公司

青海中厚农畜产品开发有限责任公司，位于青海省海东市互助县高原特色现代农业示范园，占地 20 亩。2013 年 3 月注册成立，注册资本 1 300 万元，是一家以生猪养殖和深加工为主的农业产业化省级龙头企业，主要从事生猪养殖繁育销售、猪肉精细化分割配送和深加工销售。公司肉制品综合加工经过国家肉类食品质量监督检验中心检验，各项指标数据全部优于国家标准。

公司为海东市猪肉国家储备单位，于 2014 年被评定为海东市龙头企业，2015 年被评为青海省商务诚信创建示范单位 AAA 级企业，2017 年获得青海省重点龙头企业称号。2016 年八眉猪获得央视 CCTV 7《致富经》栏目热播品牌，2017 年“互助八眉猪精深加工技术开发”获得青海省科学技术成果证书。

宁夏红枸杞商贸有限公司

宁夏红枸杞商贸有限公司成立于 1998 年，公司注册资金1 680万元，法人代表周佳奇，是宁夏最早的一家以枸杞种植、收购、加工、国内外贸易为主营项目的民营企业，是自治区级农业产业化龙头企业和自治区级林业产业化龙头企业，被评为国家级林业产业龙头企业。2015 年公司与宁夏供销集团联合出资成立了宁夏弘耘行生物科技有限公司，该公司注册资金 3 400 万元，占地 208 亩，固定资产 1.8 亿元。

公司坚持科学发展观，以质量开拓市场，以高端科技为主打，以规模特色为品牌，不断整合多种资源，充分运用“文化传承、产品核心竞争力、价值附着”三大策略，坚持“互惠、分享、共赢”三大原则，依托“种植基地、干果加工销售、枸杞深加工”三大板块，充分利用枸杞产业为主线链条式发展，向枸杞深加工领域进军，形成“企业＋合作社＋农户”的经营模式，企业、合作社和农户之间利益共享、风险共担，公司逐渐向规模化、标准化、产业化发展。

乡村振兴典范

- 北大荒垦丰种业股份有限公司
- 黑龙江省滨北正大农业集团
- 拼多多
- 浙江卓创乡建规划设计有限公司
- 甘肃静宁县红六福果业有限公司
- 饶河东北黑蜂产业（集团）有限公司
- 西藏高原之宝牦牛乳业股份有限公司
- 绥化市西南村
- 益农控股（广东）有限公司
- 眉县猴娃桥果业专业合作社

北大荒垦丰种业股份有限公司

北大荒垦丰种业股份有限公司（以下简称垦丰种业）成立于2007年7月4日，主营业务为繁育、收购、生产、加工（包含烘干）、包装、销售农作物种子及进出口业务；植物新品种选育；农业技术研究、技术开发、技术转让、技术咨询、技术服务。

一、企业对农户、供应商的助力

垦丰种业本着“一颗种、一颗心”的经营理念，为广大经销商及种植户提供先进优质的产品与服务。

垦丰种业自成立以来，严格按照种子法规、种子生产程序及技术要求组织生产经营，严格执行国家颁布的种子质量标准，通过了ISO 9001：2008质量管理体系认证和C标认证（计量免检）。公司对种子质量及检测实行严格控制，执行高于国家标准的质量控制标准，将质量管理落实到生产经营的各个环节。

垦丰种业以突破农业高新技术领域前沿技术为重点，加强源头创新，重点开展以玉米、水稻、大豆为主的资源创新和新品种选育研究，利用种质资源创新、生物标记等技术解决育种中的技术难点，培育高效、优质、高产作物新品种。公司的种子标准化生产技术、田间管理技术、质量控制技术、种子包衣技术在国内处于领先地位，并能根据各个品种所种植区域的气候、土壤、病虫害等特点提供适宜的种子。

垦丰种业充分利用地缘与专业优势，建立、完善以全方位终端服务为核心的营销服务体系，在完善渠道网络的同时，还建设了贯穿从产品研发到田间生产、示范展示、售后服务的市场推广体系，对经销商、种植户进行品种的宣传推广和技术指导，以做到与广大经销商及种植户互利共赢、协同发展。

二、企业品牌对社会的助力

近年，北大荒垦丰种业股份有限公司领导带领公司部分党员和入党积极分子，对宾县经建乡永利村的59户贫困户家庭进行了慰问，携带箱装大米160箱、袋装大米3吨、豆油22箱等物资，总投入8.95万元。在走访的过程中，公司领导与贫困家庭成员进行深入交流，仔细询问他们的身体状况、家庭情况、生产及收入来源情况，还为他们送去了九三豆油和公司培育的新品种大米等物品，让需要关怀的特困家庭，感受到来自社会大家庭的温暖和祝福。同时，为了积极响应党和国家的号召，履行社会责任，务实推进“万企帮万村”精准扶贫行动，实现与贫困村结对帮扶，帮助贫困村、贫困户加快脱贫进程，公司与宾县经建乡签订了《北大荒垦丰种业股份有限公司科技扶贫协议书》。下一步公司将利用自身农作物高产优良品种、经济作物良种、农业种植先进技术、高科技人才团队、市场、信息等资源优势，通过对贫困户提供优质高产品种，免费的技术指导、培训、信息咨询等方式，帮助宾县经建乡永利村贫困户加快发展种植业及房前屋后“小园”经济，提高经济收入，逐步实现贫困户脱贫增收。公司领导表示，多年来垦丰种业一直秉承“取之社会，用之社会”的公益理念，积极承担社会责任和应尽义务，奉献爱心。开展此次慰问活动垦丰种业尽企业的绵薄之力，及时把党的关怀和温暖送到贫困家庭，切实帮助他们解决实际困难和问题。

三、履行社会责任其他情况

垦丰种业秉承“取之社会，用之社会”的公益理念，积极承担社会责任和应尽义务，不但以企业名义开展扶贫帮困活动，同时倡导职工自愿自发参与各类社会性公益活动，历年来多次组织职工积极参与社会公益事业，组织员工开展为宾县宁远镇卢家屯、丛家屯、朱家屯火灾受灾群众捐款和垦区“慈善一日捐”“慈善情暖万家”等活动。

黑龙江省滨北正大农业集团

黑龙江省滨北正大农业集团是一家集生态农业开发、高科技农业种植、优质稻种推广、稻谷加工销售科研于一体的省级重点龙头企业，下辖正大米业公司、正大电子商务公司、正大农业文化产业园——稻田公园、正大养殖公司、正大粮油贸易公司、有机生物肥厂、一个科研机构以及三个种植合作社。

2016 年年初，正大集团与西南村村委会携手，以每亩高于当地 200 元的价格长期流转农民土地 1 000 亩，打造正大农业文化产业园，引领农业转型发展，建成了集稻鸭基地、田园景观、自然生态、棚室采摘、旅游观光、乡村文化、农家乐园、农事体验、研学教育、特色餐饮、草坪婚礼、民俗风情等多功能于一体的稻田公园，实现产业深度融合，促进西南村产业多元化发展。

一、主要做法

一是庭院经济激活乡村产业。随着农村进城务工的人员增加，西南村房前屋后的自留地也随之闲置起来，为了更好地帮助农民脱贫致富，带动村里经济的发展，在西南村村委会的帮助协调下，村民主动将全村 600 多亩菜园子按每平方米 1.5 元的价格转让给正大集团发展庭院经济。并发挥企业在加工、信息和物流方面的优势，结合市场情况和本地市民需求，对西南村果蔬进行礼品包装，通过绥化 365 生活服务平台配送销售。同时将本地传统农家美食如蒸黏豆包、撒年糕、贴大饼子、豆面卷子等搬进产业园，传承经典绥化味道，吸引游客，实现产业多元发展。

二是订单农业助推村民增收。公司和当地农民签订优质水稻订单面积 7 800 亩，并以每斤高于市场价 0.2 元进行回购，使西南村每亩地多增收近 200 元，可为当地农户每年纯增收 160 万元。而且通过土地流转，农户在得到土地租金的同时，又能到正大集团所属的稻田公园、米业加工厂、养殖公司就业，目前，已有 90 多名当地农民在企业工作，年收入达 1 万～3 万元，并带动西南村 23 户贫困户脱贫，有力地助推西南村经济稳步发展。

三是绿色发展提升生态环境。滨北正大农业集团结合企业自身特点和地域经济优势，确立了“生态农业绿色发展推进项目”建设体系，引进质量追溯、物联网、生物防控、物理防控等先进技术和设备，对种植地进行有机转换，开发生态农业旅游资源，大力发展鸭稻、蟹稻、鱼稻等种养结合的循环农业，并推广至全村，既保护了生态环境，又丰富了产业结构，增加了农民收入。园区还架设了农产品溯源系统，建立了农产品“一物一码”“一品一码”的超级身份证，有力地提升了产品的品牌价值，使产品市场终端价格高于同类产品 2.5～7 倍。全部产品均获得中国绿色食品认证和无公害产地认证。两次荣获中国农产品优质产品奖，连续两次获得中国绿色食品博览会金奖，2019 年第 17 届中国国际粮油产品及设备技术展示交易会金奖，2019 年中国品牌创始人传承人大会行业金奖等荣誉。

二、取得成效

一是乡村建设不断提升。在园区建设的

同时，通过旅游间接拉动了西南村餐饮、民俗民宿等第三产业的发展，全村卫生环境、社会环境、发展环境令人瞩目，如今的西南村，宽阔整洁的水泥路面贯穿整个村落；鳞次栉比的彩钢屋顶装点出田园生活的温馨和惬意；一盏盏太阳能路灯向村庄深处延伸，袅袅炊烟勾勒出宁静乡村的美丽倩影……

二是乡村文化蓬勃发展。先后举办了绥化市首届寒地黑土农事体验节、丰收节、绿色食品节、稻田旗袍秀、婚俗文化艺术节以及寒地黑土大舞台等传统农耕文化活动。在西南村活跃着一支土生土长的农民小剧团，成员全部是西南村村民，稻田公园将30余名剧团成员全部招进园内打工，小剧团的成员，饭前是后厨，蒸煮炖炒样样在行；饭后就成了演员，为客人们献上一台乡土味十足的文艺演出，深受游客欢迎。传统农耕文化及乡村文化活动的蓬勃开展，让更多的人来这里体验久违的田园生活，不但使西南村乡村景致更美，农民的精神面貌也焕然一新。

三是乡村美誉广为传播。经过四年的村企合作发展，园区景观和生态建设已初具规模，走进稻田公园，就像走进一幅绮丽的自然画卷，成为绥化市农业科普示范基地及省级乡村旅游示范点。吸引了新华社、《人民日报》、中央电视台、《农民日报》《瞭望》《奋斗》等几十家中央、省市媒体采访报道，日本、德国、韩国、新加坡的水稻专家也纷纷前来参观考察，西南村也被评为省级文明村和省级生态村，并入选农业农村部2019中国美丽休闲乡村。

拼多多

拼多多创立于2015年9月，以农产品上行为公司发展的核心战略。成立以来，拼多多致力于通过新模式丰富农产品的消费场景，扩大农产品上行的市场规模。平台通过拼单聚集消费者需求，和农产品供给进行匹配。在此过程中，平台注重精减中间环节，逐渐形成了让农民增收、让消费者得实惠的农产品上行模式。平台还实施“农产品流量倾斜”“0佣金”“0平台服务年费”等策略，让农民卖得好，让消费者买得好。

2019年3月开始，拼多多在云南保山、文山、楚雄、临沧、怒江、曲靖，以及新疆喀什等地共开展9个“多多农园”项目，探索在中国深度贫困区，让农人成为农商，让乡村有现代企业，精准帮扶建档立卡贫困户。

“多多农园”是一项探索脱贫攻坚和乡村振兴机制性衔接的创新工程，旨在帮助小农户对接大市场，实现消费端“最后一公里”直连原产地“最初一公里”，为消费者提供平价高质农产品的同时，更快速有效带动深度贫困地区农货上行。其聚焦中国深度贫困地区农业现代化发展，扎根贫困乡村，瞄准建档立卡户，扶持特色产业，打造扶贫兴农产业链。2019年7月，拼多多先期投入1亿元扶贫资金，帮助云南74个贫困县培育农业优势产业，打造可持续的增收脱贫发展机制。

截至2019年12月31日，拼多多平台注册地址为“三区三州”地区的商家数量超过15万家，年销售额为47.97亿元。

带动贫困地区农产品上行的同时，拼多多积极发挥互联网优势，探索新型扶贫助农模式。平台于2018年5月推出“多多果园”，用户在虚拟果园中种下树苗，果实成熟后可以免费收到一份由拼多多送出的扶贫助农水果。目前，多多果园每天送出的水果超过200万斤。

作为连接农民和消费者的平台，拼多多以消费者需求为导向，探索出“农地云拼”

的农产品上行模式，将农产品由“产销对接”升级为“产消对接”。“农地云拼”模式以“拼购＋产地直发”为核心。拼购将消费端分散、临时的需求，在时间和空间上形成归集效应，为农民提供长期稳定的订单。稳定的需求重塑农产品流通链条，产地直发取代层层分销成为农产品上行的主流。产地直发以“包裹”为颗粒度，让农田直连写字楼小区，帮助小农户融入大市场，让部分地区的小水果发展成大产业。“农地云拼”模式通过市场化引导农业的现代化升级，催生了一批产销一体化的兴农主体。农民成为新农商，农商下地成新农民，农业成了有奔头的产业。

2018 年以来，拼多多通过新市场机制下合理的利益分配，引导受过高等教育、了解互联网的新型职业人才返乡创业。此外，拼多多通过“多多大学”，设计针对性的农产品电商课程，开设线上和线下课堂，帮助农村地区培育农村电商人才。2019 年，“多多大学”线下课程共计覆盖 12 个省份，多多大学”的线上专业课程累计触达农业经营者 49 万人次。

浙江卓创乡建规划设计有限公司

一、优化乡建工作模式，提供优质行业服务

浙江卓创乡建规划设计有限公司（以下简称卓创乡建）致力于构建美丽乡村建设与发展产业生态服务圈。坚持“发现乡村之美、建设美好生活”的初心，坚持乡村规划的多规融合与可操作性，以“一张蓝图绘到底”的理念，先后主持参与了 10 多个省份百余个美丽乡村规划设计、EPC 项目管理、培训咨询、运营管理、生态环保等项目，探索出 E＋EPC＋O（培训＋规划设计＋建设管理＋运营管理）乡村建管模式，即坚持教育培训和样板建设同步、美化乡村和经营乡村同步、规划引领和全程陪伴同步，确保乡村建设中先进的建设理念和实施方案能够成功落地。

二、致力浙江经验输出，培养乡村振兴人才和干部队伍

卓创乡建先后成立了广东蕉岭美丽乡村培训学院、富春江美丽乡村（民宿）学院、广西崇左市乡村振兴培训学校，培养“懂农业、爱农村、爱农民”的实践人才、促进“三农”理论发展、提供乡村振兴政策咨询，为各地乡村振兴输出人才和智慧。

先后成立了卓创乡建乡村振兴象山培训基地、安吉培训基地等系列教育点和参观点，助力乡村振兴领域人才培养及理念提升。

三、创新乡村发展理念，提供针对性原创性服务产品

卓创乡建注重县域顶层设计与全产业链推进，提出县市域美丽乡村战略合作、连线连片美丽乡村样板区、生态管家等特色产品方案，担任了广东省龙川县、蕉岭县、梅县区、始兴县、海丰县等多个县域美丽乡村建设顾问。卓创乡建参与河北省首届美丽乡村现场会——雄安新区（白洋淀）美丽乡村精品村的游线规划与设计落地，河北省首届旅发大会现场会——太行山片区（涞水县、涞源县）美丽乡村与精品游线的规划设计落地与样本业态运营，广东省珠海市人居环境整治现场推进会，广东省农村“厕所革命”、垃圾污水治理装备技术推介展示会，广东省珠三角地区美丽乡村建设现场推进会，广西（崇左市）全区乡村风貌提升工作现场推进会等。参与打造的崇左市黑水河乡村振兴示范带，成为广西首个全区乡村风貌提升工作现场推进会和全国乡村振兴战略规划实施培训班暨现场会的参观

点，相关工作亮点得到了国家多个部委和广西各级领导的高度认可和肯定。

卓创乡建倡导“陪伴式”建设理念，将美丽环境、美丽经济和美好生活有机结合起来，针对城乡环境建设的提质升级要求，提出“生态管家”理念，利用智慧平台与镇、村级组织开展管护合作，在当地成立劳务合作社，通过专业培训，把农民、居民等培养成生态管家（产业工人），线上线下一体化建立镇村长效保洁机制。

甘肃静宁县红六福果业有限公司

静宁县红六福果业有限公司是一家专业从事富硒有机苹果研发、生产、加工、贮藏、销售和网络科技开发的省级农业产业化龙头企业。公司于2011年成立，果品恒温保鲜库储藏规模1万吨，拥有自营出口权。公司实行“公司＋合作社＋基地＋农户”的生产经营模式，企业通过了3 000亩有机苹果生产基地、10 000亩绿色苹果生产基地和ISO 9001质量管理体系认证、ISO 22000食品安全管理体系认证和HACCP食品危害与关键控制点体系认证。

红六福农民专业合作社联合社旗下的万里果品专业合作社被评为国家农民专业合作社示范社；中国静宁苹果网连续三年被授予中国农业网站百强、中国园艺类十强网站；公司被中国果品流通协会授予2015中国果业百强品牌企业，2016中国果业龙头企业百强品牌，被甘肃团省委授予“一村一电”青年创业见习基地，被甘肃省农牧厅评为全省农业信息化先进集体，为平凉市十大果品营销企业。

公司建设的万亩富硒有机苹果生产基地被中国优质农产品开发服务协会评为最具培育潜力的优质果品基地，公司开发的富硒有机苹果被评为2012年甘肃省名优苹果鉴评金奖，获得第二届平凉金果博览会暨静宁苹果文化节金奖，第17届中国绿色食品博览会金奖，2017甘肃省农博会金奖，2018甘肃省名牌产品。公司注册的“红六福”商标被评为甘肃省著名商标，红六福品牌荣获2018中国果品流通协会、浙江大学CARD中国农业品牌研究中心中国果品商业品牌价值前十强，品牌价值2.11亿元。

因公司对社会所做的突出贡献，公司负责人王志伟被甘肃省脱贫攻坚领导小组授予甘肃省脱贫攻坚先进个人称号，公司被中国果品流通协会授予2018中国果业精准扶贫功勋企业称号。

饶河东北黑蜂产业（集团）有限公司

饶河东北黑蜂产业（集团）有限公司在保护东北黑蜂质资源的同时，发展产业助农增收，不仅限于生产和加工项目，更注重学术交流科研成果的转化。公司位于黑龙江省饶河县东北黑蜂对俄加工贸易园区，紧邻饶河海关，距俄罗斯海关1 000米。占地8.8万平方米，建筑面积2.5万平方米，注册资金3 200万元，固定资产已完成投资4 100万元。集团总体规划不仅限于生产和加工项目，更加注重企业文化的建设和学术交流科研成果的转化。未来园区内整体规划成立饶河黑蜂科普馆、蜂疗养生度假中心、黑蜂养殖示范基地、工业旅游生态园等建设。

西藏高原之宝牦牛乳业股份有限公司

西藏高原之宝牦牛乳业股份有限公司是具有现代化水平的牦牛乳制品综合系列加工企业、农业产业化国家重点龙头企业，在全球牦牛奶行业遥遥领先；牵头制定了中国国家牦牛奶行业标准，以推动国家牦牛奶产业健康、有序发展，造福藏区人民。

绥化市西南村

绥化市西南村依托当地的生态资源优势，推广优质生态水稻种植，通过“互联网＋旅游＋农业”的模式建设美丽乡村，曾被被授予“省级文明村”和“省级生态村”。

益农控股（广东）有限公司

益农控股（广东）有限公司（以下简称益农控股）是由广东省农业农村厅按照农业农村部的要求，遴选的广东省唯一一家省级“信息进村入户工程”的运营商。公司按照“省级运营商（益农控股）＋县级运营中心＋益农信息社”的三级运营模式，通过打造“一个平台＋千万个益农信息社”的广东省信息进村入户综合公共服务平台、粤农优品追溯认证体系，为“三农”建设提供公益服务、便民服务、电子商务、培训体验服务。益农控股肩负着振兴乡村、打造和升级农产品品牌、实现一二三产业融合的重要历史使命。

眉县猴娃桥果业专业合作社

陕西省宝鸡市眉县猴娃桥果业专业合作社登记于 2015 年 3 月，有成员 312 户，出资总额 700 万元，总资产 825.12 万元，流动资金 400 万元。下设办公室、基地建设部、技术培训部、物资供应部、市场营销部，注册了“猴娃桥”“猴娃桃”商标、“猴娃桥果业”图案。主要经营范围：农作物标准化种植、示范、培训、指导、咨询；新技术、新品种试验、示范、推广；社会化服务；农资经销；果品销售等。

合作社充分发挥品牌在产业扶贫中的先导作用，树立品牌导向，以品牌带动县域产业及经济发展，促进农业质量效益提升，促进猕猴桃优势特色产业资源的挖掘、农业产业发展壮大和贫困农户增收，为脱贫攻坚做出突出贡献。合作社以服务果民为宗旨，以猕猴桃标准化生产十大关键技术为指导，积极开展科技培训、建立基地、开展社会化服务、铸造猕猴桃品牌，以品牌引领销售，用先进实用的农业技术带动百余户贫困户共同致富，已成为眉县产业特色明显、运作管理规范、示范带动作用大、社会影响力强的民营科技组织，为全县猕猴桃产业发展做出了积极贡献。

合作社积极参与市县开展的各项脱贫攻坚行动，帮扶贫困户由13户扩大到60多户，又增加到467户；帮扶贫困村由1个增加到8个；采取引领贫困户种植猕猴桃、逐村开展科技培训服务、积极开展农资捐赠活动、与贫困户签订生产订单等扶贫手段，用先进的农业技术带动贫困户共同脱贫致富，得到当地果农的一致好评。

产业扶贫典范

- 深圳百果园实业（集团）股份有限公司
- 静宁县农业产业开发有限公司
- 北京凯达恒业农业技术开发有限公司
- 北大荒粮食集团有限公司
- 北京新发地农产品市场
- 北京鑫莱盛农业发展有限公司
- 甘肃德美地缘现代农业集团有限公司
- 河南商丘农产品中心批发市场
- 隰县果业局
- 禄劝华翔牧业有限责任公司
- 重庆农信生猪交易有限公司

深圳百果园实业（集团）股份有限公司

作为果业龙头企业，百果园积极响应党和国家精准扶贫号召，勇担企业社会责任，对贫困地区进行产业扶贫和消费扶贫。过去5年，百果园扶贫足迹已遍布17个省（自治区）的110个国家级贫困县，180余款贫困县水果通过百果园渠道销售到全国，扶贫果总销售额超27亿元，总销量超22万吨。

2018年1月，百果园集团成立扶贫办，由百果园集团创始人、董事长余惠勇担任扶贫办主任，将百果园扶贫工作提升至战略级层面，将扶贫工作融于总体业务之中，开展了“百果百县”扶贫战略等一系列行之有效的扶贫举措。无论是“量”还是“质”，百果园都交出了一份亮眼答卷，收到了果业产业扶贫的良好社会效应，得到了贫困地区果农、政府、社会的一致好评。

百果园扶贫事迹概述如下。

一、创新扶贫模式：打通上下游，一肩挑两民

百果园的经营模式，决定了它在产业扶贫上具备先天优势。

在上游特约供货合作基地，百果园帮助培养一批懂技术、会经营的职业农民队伍，使其种植水果更加科学化、专业化，以带动发展家庭农场、合作社等经营实体。其中百果园联合生态圈内公司优果联，组建了近300人的专业种植技术研发团队，团队长年驻扎不同水果产地，帮助当地果农提升种植技术，“直接+间接”，已助力8 000多户贫困家庭脱贫。

在下游，百果园目前有4 300多家水果专营连锁店，遍布全国80多个城市，会员数达5 600多万人。在帮助果农种出好水果之余，百果园还能将好水果卖出好价钱。2019年在新疆喀什伯什克然木乡采购和销售木纳格葡萄近80亩，达15吨，帮助30多户贫困户实现增收。

“沙漠第一村”的亚通古孜村和安迪尔乡繁荣村是极其贫穷落后的地区，共计500多户，2 300多人，其中70%家庭为贫困户。百果园、优果联联合喜记农业，在当地沙漠里开辟出示范基地1 000亩，统一种子肥料物资，统一种植技术，统一日常管理，统一采收标准，统一包装销售。还邀请哈密瓜种植专家“密作师”伊力牙孜·牙合甫（全新疆仅8位“密作师”）进行种植指导，种植出品质优异的“沙漠王子密瓜”，被百果园门店评级为招牌果，在4 300多家门店广受好评，为带动当地贫困户脱贫致富找到了曙光。

二、打造“百果百县”，践行“造血式”扶贫

2018年8月31日，百果园与中国扶贫志愿服务促进会（以下简称“促进会”）达成全面战略合作，扶贫作为百果园集团战略性业务全面拉开帷幕。双方提出并确立了“百果百县”扶贫战略，通过产业扶贫方式，践行“造血式”扶贫，助力脱贫攻坚。

从品种选择、技术服务、种植管理、采后处理、大数据信息、市场营销、品牌塑造等重要环节把控，形成完整的产业链条。让农民从细碎化的低效种植，参与到土地流转、劳动就业、承包分红、品牌溢价的规模化、集约化、现代化的高效果业发展中来，实现农民大幅持续增收。

贫困县果品定向采购方面，在果品检测、上架、结算、审批等环节，设置快速通道，建立“百果百县”贫困县果品产业大数据库，快速解决由于信息不对称导致的果品滞销问题，并开展订单采购，达到标准的产品全部回购。

2018 年 9 月 28 日，百果园与湖南麻阳县、陕西周至县人民政府分别签署扶贫战略合作协议，从源头开始推动国家级贫困县果业产业升级，帮助贫困果农种出好水果并卖出好价钱。

百果园与新疆和田、喀什、阿克苏、哈密、克州、巴州、伊犁、博州等 8 个地州扶贫办签订扶贫战略合作协议，双方将主要通过产销合作和基地合作方式，就“打好精准脱贫攻坚战、叫响新疆林果金字招牌”工作，进行深入战略合作。现场。

目前已落地并实现品牌塑造的项目有：陕西周至“猕宗”品牌猕猴桃、山东海阳“良枝”品牌苹果、江苏南京金色庄园“天使美莓”品牌草莓和“红芭蕾”品牌草莓等。其中，金色庄园在全产业链构建三产融合示范项目，立志打造“世界草莓大王”。

三、特别案例：助力深圳援疆，百果园首个产业扶贫基地落户喀什

2010 年，中央确定深圳对口支援新疆喀什市和塔什库尔干塔吉克自治县，与新疆共建喀什经济开发区。2018 年，在深圳援疆前方指挥部的支持下，在与促进会的“百果百县”战略指导下，百果园以“公司＋合作社＋贫困户”的帮扶模式进驻喀什市帕哈太克里乡，首先启动的是百果园林果产业扶贫示范基地。

示范基地规划总面积约 2 700 亩，分两期投建。基地一期 679 亩，主要种植了百果园从德国拜尔引进的丝路一号、丝路二号特色甜瓜品种；二期约 2 000 亩，计划引进 12 个国内外特色水果品种。

示范基地的扶贫模式主要体现在两个方面，土地流转和农民在原有土地上的务工。以前村民之间相互租赁土地，每亩价格最多一年 200 元左右，流转价格为 800 元/（亩·年），每亩地每年为农民增收 600 元。

在进行土地集中流转后又可以解放劳动力参与务工，相当于增加了双份收入。每年每户平均增收 3 000 元左右。其中收入最高的一户努尔买买提·居买收入达 6 560 元，包括 3.1 亩土地流转收入 2 480 元，34 天务工收入 4 080 元。从重点采购到建立百果园新疆喀什扶贫基地，直接带动帕哈太克里乡 118 户、501 人实现脱贫。

百果园林果产业扶贫示范基地在喀什地区伽师县玉代克力克乡一村、四村、六村和七村扩大 1 500 亩进行择优推广，其中涉及贫困户土地 780 亩。通过订单收购等方式，为玉代克力克乡 150 户、610 人实现脱贫。其中重点示范种植村多兰买里斯村（六村），推广种植 113 户（全村贫困户 165 户）、共 677 亩，按亩产最低 2 000 千克收购，可新增 200 余万元收益。

静宁县农业产业开发有限公司

静宁县农业产业开发有限公司是静宁县委、县政府为积极参与农村“三变”改革，助推全县脱贫攻坚成立的国有平台公司。公司自成立以来，认真贯彻落实县委、县政府高质量打赢脱贫攻坚战的安排部署，始终以服务“三农”为根本宗旨，以市场化运行为途径，全面推行“国有平台公司＋龙头企业 ＋专业合作社＋农户（贫困户）”的产业扶贫发展模式，建立国有平台公司与贫困户的利益联结机制，强化国有企业对贫困人口的组织和带动作用，加快贫困人口脱贫致富步伐，全面高质量完成脱贫攻坚工作目标任务。

一、主要工作措施

一是保障农资供应。按照“县供销社

（县供销集团、县农发公司）＋乡镇供销社（乡镇产业公司）＋村委会（村级综合服务社）＋农户”的运行模式，积极对接全县24个基层社及其下属乡镇产业公司，开通线上“静宁供销农资”微信小程序平台和“静宁新三农”微信服务号，搭建线上农资订购服务和线下配送新模式。

二是开展“订单式”种植示范园。按照“党建统领、龙头带动、示范引领、产业富民”的工作思路，围绕苹果主导产业，采取统一农资供应、统一技术指导、统一管理服务、统一包装销售“四个统一”的模式，与乡镇基层社、专业合作社对接合作，开展现代苹果订单农业示范基地建设。在合作经营中形成了“供销社（供销集团）＋乡镇基层社（产业扶贫开发公司、合作社联合社）＋村“两委”（专业合作社）＋基地＋农户（贫困户）”的运行机制，带动农户（贫困户）加入产业化经营链条，实现了企业、合作社和农户（贫困户）的互利共赢，推动了现代苹果适度规模化发展。

三是推进平凉红牛产业。按照“国有平台公司＋乡产业公司＋养殖小区（专业合作社）＋农户（贫困户）”的模式，建成平凉红牛基础母牛繁育超市和育肥牛养殖示范基地，使其成为全县平凉红牛的“水源地”“蓄水池”，同时组建购牛、生产、销售三支高素质队伍，积极对接养殖专业合作社和养殖户，采取订单饲养、托管代养、投牛还牛等模式，为全县养殖小区（专业合作社）、农户投放平凉红牛基础母牛。

四是做大食用菌扶贫产业。按照“国有平台公司＋龙头企业＋专业合作社＋农户（贫困户）”的产业扶贫模式，建成静宁县食用菌扶贫产业园，引进甘肃爱福农业发展股份有限公司负责生产经营。通过赊销菌棒、订单销售、土地流转、劳务用工、技术推广、销售服务等方式，以威戎新华食用菌菌棒生产基地为核心，辐射带动全县各乡镇建设食用菌生产塑料大棚，建成统一管理经营，分散生产的食用菌产业扶贫体系。

五是助力农产品消费扶贫。围绕全县苹果、烧鸡、大饼、早酥梨、洋芋、小杂粮、平凉红牛、食用菌等特色农产品，按照“国有公司＋乡镇产业公司＋扶贫车间＋基地＋农户（贫困户）”的运行模式，内联乡镇产业公司、扶贫车间、专业合作社、农户，外联销售市场，采用订单种植、订单加工、订单销售的方式，紧抓东西部协作天津武清区、中投公司等单位对口帮扶的机遇，开展线下消费扶贫。

二、具体扶贫成效

（一）直接帮扶

一是务工收入。项目建成后直接带动有劳动能力的农户直接进厂务工就业，本项目可增加农户就业岗位157个（其中食用菌基地72个，肉牛养殖繁育基地35个，消费扶贫产业30个，鸡产业10个，草产业10个），企业招聘员工优先选择贫困户，可解决60名建档立卡贫困户的就业问题（其中食用菌基地20名，肉牛养殖繁育基地10名，消费扶贫产业15名，鸡产业10名，草产业5名）。二是流转土地收入。项目共流转贫困户土地28户23.28亩，每年流转土地收入14 277元（其中食用菌基地共流转贫困户土地25户16.58亩，按每亩650元/年，流转土地收入10 777元；肉牛养殖繁育基地3户6.7亩，按每亩500元/年，流转土地收入3 500元）。三是配股分红。每年可为5 353户贫困户按照6.5%比例保底分红249.93万元。

（二）间接带动

整个产业项目的实施，采取“县农业产业开发有限公司＋龙头企业＋乡镇产业公司＋合作社＋农户”的发展模式，形成企业与农户产、加、销、服务环节的利益联结，提高当地农户的收入，带动当地农民增收。可带动约200户农户发展食用菌种植，其中建档立卡贫困户88户，户均可增加收入约3 000元；可带动1 300户农户发展肉牛养殖，其中建档立卡贫困户 320 户，户均可实现纯收入 4 000 元；可带动 200 户农户发展静宁鸡养殖，其中建档立卡贫困户 49 户，户均可实现纯收入约 3 000 元；可带动 1 000 户农户种植饲用玉米，其中建档立卡贫困户 74 户，户均可实现纯收入约 2 000 元；可带动 500 户农户发展小杂粮订单种植，其中建档立卡贫困户 55 户，户均可实现纯收入约3 500元。

北京凯达恒业农业技术开发有限公司

北京凯达恒业农业技术开发有限公司成立于 2000 年 2 月，是集产、学、研、种、加、销为一体的大型综合食品企业。主要生产经营 VF 马铃薯、VF 果蔬脆片和各类固态豆制品等百余种产品，年加工马铃薯、果蔬、豆类 20 余万吨，产品远销 30 多个国家和地区，市场占有率在全国同行业中名列前茅，多次荣获中国国际农产品交易会金奖。先后获得国家高新技术企业、农业产业化国家重点龙头企业、国家知识产权优势企业等近百项荣誉。

北大荒粮食集团有限公司

北大荒粮食集团有限公司成立于 2009 年，总部位于哈尔滨，在全国拥有 60 余家分子公司，年经营粮食 1 000 余万吨，年营业收入近 200 亿元，是黑龙江省最大、全国同行业具有相当影响力的国有控股粮食购销企业。

北大荒粮食集团有限公司致力做最诚信的食品供应商，为消费者提供安全、营养、健康、有品位的优良产品，基于独特的产品资源和前瞻的营养健康理念，依托国家级科研院所，潜心研发系列健康食品。目前已拥有 130 余款产品。

北大荒粮食集团有限公司用心打造从北大荒大粮仓到每家营养小厨房的健康食品供应体系，为消费者提供更加丰富的产品和更为优质的服务。作为国有企业，在创造经济效益的同时努力回报社会，为脱贫攻坚贡献力量。

北京新发地农产品市场

北京是典型的农产品输入型城市，农产品的自给率不到 10%，北京新发地农产品市场（以下简称新发地市场）承担了 90%的农产品供应，是首都人民的“菜篮子”和“果盘子”，走进新发地，吃遍全中国。2018 年市场的交易总量为 1 698 万吨，交易额为 1 080亿元。新发地市场成立 31 年来，主要做了两件大事：一是为首都消费者造福，二是为全国各地种植者造富。

当下，中国农业正在由“生计型农业”向“商品型农业”转变，这两种农业类型之间最大的区别是品牌化，是量的飞跃阶段向质的飞跃阶段的转变。我国的贫困地区都是农业区，扶贫工作一定要先把农业资源充分利用好。要彻底摆脱贫困，就要发展品牌农业，通过市场需求，撬动消费扶贫的杠杆。

贫困地区，曾经远离了工业文明的影响，

没有受到污染，为新农业文明留下一片净土，具备生产天然、优质农产品的生态优势。这些地区要精耕细作，提升农产品品质，借助品牌营销，讲好中国故事，为消费者提供健康优质的农产品，从而增加其附加值，最终实现较高回报的消费扶贫。

新发地市场有三大农业扶贫模式：一是产业扶贫，侧重生产和种植；二是消费扶贫，侧重消费和需求；三是市场扶贫，即通过批发市场的大流通把种植和消费牢牢联系起来，实现产销对接。新发地市场为了更好地实现产销对接，在全国投资建设了13个分市场和300万亩的标准化种植基地，覆盖我国部分贫困地区。

北京鑫莱盛农业发展有限公司

北京鑫莱盛农业发展有限公司成立于2009年，多年来一直采用“公司+合作社”的模式经营，是一家致力于高品质、天然、绿色、有机蔬菜及西甜瓜的种植、生产、加工、物流、销售的全产业链的现代农业企业。荣获全国农民专业合作社示范社、北京市信息化龙头企业、北京市级植保服务组织、中国十大农产品出口品牌推荐企业等称号。下设北京大兴基地、北京延庆基地、河北省张北基地、天津市蓟州基地、云南省红河州基地、内蒙古自治区正镶白旗基地、山西运城基地，总种植面积已达6 000余亩。相继通过质量管理体系认证、绿色蔬菜认证和有机蔬菜转换认证。公司为了保证农产品的安全、卫生和质量，对各生产基地的土壤、水样、农残、重金属等进行全方位检测，在生产管理过程中，在播种、施肥、除草、灭虫、采摘、储存、物流各个环节，严格按照国家标准操作，做到源头能控制，过程可追溯，安全和质量有保证。

甘肃德美地缘现代农业集团有限公司

甘肃德美地缘现代农业集团有限公司是在静宁苹果产业发展的瓶颈中崛起的领航者，在黄土地上书写了一张苹果产业的历史答卷。公司乘着改革开放的强劲势头，抓住难得的历史发展机遇，从2014年开始步入到现代农业领域，注册资金3 000万元，总资产1.4亿元，公司位于甘肃省平凉市静宁县，为私营企业。公司主营苹果购销、果树栽种，是一家集农产品加工，农村电子商务，林苗培植，果品包装、储藏、运输，农作物购销服务于一体的现代农产品冷链物流综合型公司。

河南商丘农产品中心批发市场

近年来，商丘农产品中心批发市场坚持把助力产业扶贫作为应尽职责，积极响应和参与农业农村部、商务部等有关部门和各级政府及中国农产品市场协会、全国城市农贸中心联合会等组织开展的贫困地区农产品产销对接扶贫活动，充分发挥市场自身优势，全力助推产销扶贫。

一是在市场内专门开辟了贫困地区农产

品销售专区，对进入销售专区的农产品，市场帮助经销商积极开展宣传推介和展销促销，并对贫困地区的农产品采取免收摊位费和减收交易费等优惠措施，有效解决了农产品“卖难”问题。

二是市场积极组织大批发商不断深入贫困地区农产品种植基地开展产业帮扶，引导农民种植，并与其建立产销联结机制，实行订单模式，保障农民利益。

三是积极参加国家和各级政府及中国农产品市场协会等有关协会部门组织的贫困地区农产品产销对接活动。近年来，市场先后参加贫困地区农产品产销对接活动 20 余次，共签约销售贫困地区蔬菜、水果等农产品 100 余万吨，总销售额达 20 多亿元，为促进贫困地区农产品销售，助力农民脱贫致富做出了积极贡献。

隰县果业局

隰县果业局属政府系列局级事业单位，成立于 1987 年，成立时机关名称为隰县果树开发服务中心，2002 年更名为隰县果业中心，2013 年更名为隰县果业局。机关内设技术科、生产科、药材科、营销科、办公室四科一室，现有干部职工 125 人。单位主要负责全县梨果产业发展产前、产中、产后等一系列管理服务工作。包括苗木引进与发展、果树栽植与管理、项目组织与实施、技术培训与推广、果品推荐宣传与营销、品牌创建与管理、产后服务体系恒温库、加工厂的规划建设等。

禄劝华翔牧业有限责任公司

禄劝华翔牧业有限责任公司成立于 2009 年，致力于优质土鸡繁育、饲养，公司主要采用订单式生产模式，解决供需关系及食品安全生产问题，降低中间流通成本，保证生产质量。同时扩大土鸡饲养和云南省外销售网络建设，形成了以研发、生产、销售云南禽产品为主的生态产业公司。

公司整合多方资源，按照“绿色、生态、循环”的发展理念，科学养殖，规范管理。通过政府加合作社，发展产业的同时，助力脱贫攻坚，带动贫困户脱贫。

重庆农信生猪交易有限公司

国家生猪市场（以下简称市场）是农业农村部与重庆市人民政府于 2013 年共建的全国首个、迄今为止唯一一个国家级畜禽产品交易大市场。市场打通了贫困地区生猪销售渠道，实现了“好卖猪”的愿景；打破“猪霸”垄断，“打白条”成为历史；缩减中间环节，贫困农民每养一头猪多收入 40～80 元。

据统计，2016 年至今，国家生猪市场交易覆盖全国 380 个国家级贫困县，占全国国家级贫困县总数的 70%。贫困县共有市场交易用户 6 500 户，惠及贫困户 20 万户，实现生猪电商交易额 165 亿元。

为此，中共中央网络安全和信息化委员会办公室、中国网络社会组织联合会连续三年将国家生猪市场列入全国网络扶贫“双百”项目、全国网络扶贫优秀案例、全国网络扶贫典型案例，是对市场利用互联网实施精准扶贫、促民增收做出巨大贡献的充分肯定。

品牌设计

品牌设计

农业设计品牌	地域	类别	单位	设计特点
连天下	江苏	乡村振兴综合设计	连云港市优质农产品开发服务协会	“连天下”区域品牌设计、体系构建与运营推广工作突出，品牌概念清晰，在统一的品牌标志下囊括了连云港市六大农产品体系，为全市乡村振兴提供了优质的公益品牌服务，整体影响力较高
濂溪乡居	上海	乡村振兴综合设计	濂溪乡居（上海）文化发展有限公司	品牌体系设计标准化，较好地体现了品牌综合性推广能力；品牌理念扎实，基于濂溪公之周氏哲学，以新乡村主义和东方设计学为基础，创造性地设计了具有乡村性的产品体系，设计表达中所体现的文化气息与文化内涵浓厚，在实践应用与多方推广方面具备相当的影响力，为我国乡村振兴提供了富有中国传统理念和传承文脉的创新体系
宽窄美食	四川	产品设计	成都宽窄美食投资有限公司	产品设计别出心裁，有较强的互动性与设计感，造型简约、标识清楚；通过花椒种植包收包销、产品设计与推广等形式带活农村产业，起到积极扶贫的作用
横县茉莉花	广西	商标设计	北京福来时代品牌咨询有限公司	将茉莉花产业文化融合视听符号，积极结合如窗花等传统文化元素，以高可辨识度、直接而具象的商标与品牌视觉图鉴生动地构建出横县茉莉花文化族谱长卷，形成了具有独特风韵的品牌资产
乌苏里船歌	黑龙江	商标设计	饶河东北黑蜂产业（集团）有限公司	乌苏里船歌知名度较高，含有文化意蕴的标识意象适宜作为区域品牌代表来进行整体打造，以便于彰显专属性并唤醒记忆点
香印青提	北京	产品设计	北京造合科技有限公司	从包装设计、产品品质控制等方面都力求突显其自然感，鲜绿色彩符合乡村性特征，卡通形象易于快速建立情感联系；产品工艺制作遵循环保简约理念，节省生产成本的同时也践行了保护环境的永恒主题
褚橙庄园	云南	商标设计	云南邵式策划设计有限公司	商标视觉系统中两位创始人的剪影表现手法及品牌字体极富年代感，代表了褚橙庄园品牌的创始历程，寓意不忘初心的精神传承和持续发展。黄色背景部分既像是切开的橙子，又像是投射出的阳光，象征着从云品出滇到匠农中国的全新企业使命，令人振奋
有客瑶来	湖南	商标设计	湖南省有客瑶来农业发展有限公司	有客瑶来产品名称一语双关，既体现了对未来的美好憧憬，也为产品植入了浓厚的地域色彩。商标由农夫、日、河、田地等一系列自然元素构成，松散而充满农趣
综合设计	浙江	乡村振兴综合设计	浙江农本品牌管理咨询有限公司	作为专业的品牌管理与设计咨询公司，针对不同类型的产业形态予以不同的专项设计内容，通过合适的品牌建设引领产业发展，在乡村品牌实践端做出较大贡献，展现了极大的专业度与丰富的业内经验
千万朵（棉花）	新疆	商标设计	巴州恒信棉业有限责任公司	商标视觉识别特征明显，巧妙运用云朵与棉花的相似性进行仿真设计，祥云寓意与“千万朵”语言文字表述在一定程度上提高了品牌的市场接受度，适用性较强

农业品牌人物

- 朱保成
- 徐学阳
- 余惠勇
- 乔千群
- 孙德礼
- 周武忠
- 娄向鹏
- 仲刚
- 贾枭
- 于佳伊
- 孙文彬

朱保成

【单位职务】全国政协委员、原中国优质农产品开发服务协会会长

【基本情况】多年关注并研究中国农业品牌发展，将农产品质量安全等工作提升到农业品牌建设高度；牵头成立了中国优质农产品开发服务协会，推动优质农产品产业发展；动员和组织中国农产品市场协会等协会和机构共同推动农业品牌建设；多次在全国政协平台上呼吁加强我国农业品牌建设，提出了制定农业品牌发展规划、建立扶持保护机制、完善品牌标准体系、探索建立农产品品牌目录制度和推进特色农产品区域品牌建设等建议，推动将农业品牌推进年、品牌强农等上升为农业农村部的政策和战略；倡导实施了“强农兴邦中国梦·品牌农业中国行”系列活动，2013 年来已经走过了 20 多个省份，成为农业品牌建设的有力抓手，为推进农业品牌建设的有力抓手、挖掘和弘扬中华农耕文化和品牌宣传的交流平台、农业领域弘扬和践行中国梦的生动实践。

徐学阳

【单位职务】北大荒农垦集团总公司党委副书记、副董事长、总经理

【基本情况】依托种植业、养殖业优势，北大荒农垦集团形成了米、面、油、乳、肉等十大支柱产业，培育了九三粮油、完达山乳业、北大荒米业等 54 家国家级和省级农业产业化龙头企业，规模和实力均居全国同行业领先地位，基本建成了覆盖农业产前、产中、产后，农林牧渔结合、种养加销一体的全产业链体系。与中信集团、招商局集团、华润集团、京东集团等大型企业开展了深入合作，为品牌增值拓展更大空间。北大荒品牌已进入五大洲市场，品牌知名度不断提升。

“北大荒”品牌的核心价值追求是安全健康，让消费者买得放心、吃得安心。北大荒以精深加工为基础，延伸产品价值链，建立生产者信用评价体系和农产品信誉评价体系，实现从良田到餐桌的新型数字化产业生态，构建全透明、纯绿色、无公害的北大荒绿色智慧大厨房。

余惠勇

【单位职务】深圳百果园实业发展有限公司董事长

【基本情况】深圳百果园实业发展有限公司是一家集水果源头采购、采后保鲜、物流仓储等于一体的大型连锁企业。作为“水果专营连锁业态”的开创者，已在全国 70 多个城市形成了超 3 700 家门店的经营规模，设立了 20 多个仓储配送中心，在国内外建立了 32 个果品基地，与 200 多个水果基地建立了密切合作，为 5 000 多万名会员提供全球好吃果品。

百果园热心公益，与中国扶贫志愿服务促进会达成全面战略合作，实施“百果百县”扶贫战略。百果园产业扶贫足迹遍布 17 省份的 102 个国家级贫困县，使 155 款水果通过百果园渠道销往全国。

“一心一意做水果”，追求极致品质的水果零售行业领跑者，用毕生精力致力于水果产业链和水果专营连锁业态发展，为消费者提供更好吃的水果，让贫困农民共享果实的甘甜。

乔干群

【单位职务】江苏省射阳县农业农村局党委书记、局长

【基本情况】带领射阳大米先后获得江苏好大米十大品牌、中国绿色食品十大地理标志、2019 中国品牌影响力 100 强等称号。射阳大米入选中国农业品牌目录 2019 农产品区域公

用品牌，获评江苏省十强公用品牌称号，2019 年射阳被命名为“中国优质粳稻之乡”。射阳大米深得上海及长三角地区市民的青睐，已经成为名副其实的“江苏第一米”。

为维护射阳大米良好的市场信誉和秩序，坚决打响射阳大米品牌保卫战，对省内外射阳大米经销点授牌并签订承诺书，上海八大菜市场已有 36 家经销商被授牌。

孙德礼

【单位职务】贵州凤冈县仙人岭锌硒有机茶业有限公司董事长

【基本情况】1995—2000 年承包贵州凤冈田坝茶厂，采取“走出去，请进来”的办法，加大了茶产业发展的力度，在田坝于 2001 年创办仙人岭茶厂。带动辐射了整个田坝及凤冈茶产业的发展进程，同时为贵州凤冈县仙人岭锌硒有机茶业有限公司的成立奠定了基础，于 2007 年仙人岭茶厂变更为贵州凤冈县仙人岭锌硒有机茶业有限公司。在多年的发展中，探索打造出仙人岭茶旅一体模式。2015 年成立凤冈县茶叶商会，任职会长。

周武忠

【单位职务】上海交通大学设计学院创新设计中心主任

【基本情况】提出了“景观学：3A 的哲学观”，使农学、建筑学、艺术学贯通的设计哲学思想；探索建立中国特色设计学理论体系——东方设计学，创设东方设计论坛，服务东方品牌建设。提出“新乡村主义”规划设计观，在尽量保持“乡村性”的前提下，通过生产、生活、生态和谐的发展模式来建设社会主义新农村；构建整体设计学思想，采用以人为中心的设计思维，助力乡村振兴与地域农业品牌推广。

主持农业农村部课题“乡村文化多样性与创意农业推进政策研究”“中国休闲农业与乡村旅游创新创意评价”等。作为“上东上九古村文旅融合乡村振兴综合体”项目首席专家，建设民俗文化村，形成新乡村主义实践和培训基地、东方设计文旅产品创新基地。编制完成《国家重点花文化基地认定管理办法》《中国特色花卉小镇建设指导意见》。在长三角建立多个新乡村主义实践基地，为江阴、宜兴等地乡村景观提供现场咨询。创立乡村振兴品牌“濂溪乡居”，搭建了品牌设计、城乡规划、文旅融合等相关领域信息交流、案例分享和项目运营的综合服务平台。主持完成了“风景名胜区法律法规与标准体系梳理研究”等课题，率领团队完成了“扬州瘦西湖旅游度假区总体规划（2012—2030年）”等规划设计项目，扬州瘦西湖景区获批国家级文化旅游示范区。

娄向鹏

【单位职务】福来战略品牌咨询董事长

【基本情况】代表著作有《品牌农业：从田间到餐桌的食品品牌革命》《品牌农业 2：大特产，让地方特产卖遍全国》《品牌农业 3：农产品区域品牌创建之道》，开创根与魂、老大战略、杂交营销等原创战略品牌营销体系，为盱眙龙虾、寿光蔬菜、容县沙田柚、横县茉莉花、兴安盟大米、仲景香菇酱、湘村黑猪、南方黑芝麻等众多品牌提供战略咨询。

2019 年，发起全国性公益项目“神农公益大课堂”，义务传播农产品品牌建设的理论、路径和方法。

仲刚

【单位职务】上海万耀企龙展览有限公司总裁

【基本情况】1991 年起从事展览主办工作，1993 年创办上海企龙展览服务有限公司，

2001 年公司与荷兰皇家展览集团合资成立上海万耀企龙展览有限公司。带领团队创立了众多具有国际影响力的自主品牌展，如亚洲宠物展、上海世界旅游博览会等；同时引入了一系列世界知名品牌展落地中国市场，如亚洲国际集约化畜牧展览会（青岛）等。在青岛筹办亚洲农业与食品产业博览会（亚洲农博会），联动展出畜牧、种植、农产品加工及食品技术等三大板块，创造了农业全产业链上下游互动新模式，属进入中国的全球首个农业全产业链国际品牌展会。

贾枭

【单位职务】浙江农本品牌管理咨询有限公司首席专家

【基本情况】2015 年创办国内首家专门从事农产品区域公用品牌战略设计的商业公司——农本咨询，在全国范围内参与和指导了上百个地区的农产品区域公用品牌创建，在实践中摸索出一系列农产品区域公用品牌建设方法（农本方法），一些观点成为多地区域公用品牌建设的指导思想。在开展业务咨询同时，在全国开设百场报告讲座，传播农产品区域公用品牌知识。作为中国农产品区域公用品牌智业机构的代表，农本咨询协助 10 地成功推出 10 个区域公用品牌，为当地的产业发展和乡村振兴做出贡献。

于佳伊

【单位职务】北京嘉博文生物科技有限公司首席专家

【基本情况】致力于循环养地的理论、技术创新，推动了传统堆肥行业的根本性变革，开创环农一体化养地服务模式，助力整县制有机农业实践，先后为北京“菜篮子”工程、蒲江有机农业示范县、鄖阳环水有机农业、呼伦贝尔黑土地治理、栖霞老果园改造等提供规模化的养地服务。带领团队在四川成都开展的城乡有机废弃物循环利用和耕地质量提升项目荣获保尔森可持续发展城市奖。在栖霞苹果国家级现代农业产业园研发的不休耕老果园改造土壤修复技术，实施 3.5 万亩获得成功。与中国标准化研究院等单位专家一起，创制土壤固碳、有机废弃物资源循环还田利用碳减排核算等一系列低碳农业核算方法标准。

孙文彬

【单位职务】京福龙科技有限公司董事长

【基本情况】2010 年投身于生态环境和生命科学领域，先后组建了京福龙（厦门）生物、黑龙江省京福龙农牧科技、田之源农业科技等 10 个公司。带领公司科研和经营团队，开发出动物、植物、环保、食品等八大类近 200 种生物酵素产品；申报 10 项发明专利现已有 9 项正式授权。生物酵素技术各类产品使食品安全实现了源头管控、过程保障和结果保证，在改变农牧业生产资料、投入品结构和改善既有生产方式等方面发挥了重大作用，在增产提质、节本降耗、治污减排方面效果显著。

区域品牌

- 五常大米
- 洛川苹果
- 赣南脐橙
- 大连海参
- 盱眙龙虾
- 金乡大蒜
- 抚松人参
- 文山三七
- 安岳柠檬
- 信阳毛尖
- 平泉香菇
- 梅县金柚

五常大米

自然条件得天独厚。五常市位于黑龙江省南端，是黑龙江、吉林两省结合部，地处北纬44°04′至45°26′和东经126°32′至128°14′之间。市域总面积7 512平方千米，地貌呈“六山一水半草二分半田”格局，全市辖24个乡镇，260个行政村，人口102万人。有耕地面积387.5万亩，其中水田面积180万亩，位列全国水稻生产五强县之一。有张广才岭下的“水稻王国”美誉。境内水稻生产条件得天独厚，绿色植被覆盖率高达75%以上，空气清新，联合国大气本底监测站就设在境内的龙凤山乡，提供的数据表明，五常的大气环境达到了国家A级绿色食品大气标准。气候四季分明，夏短冬长，年平均气温3.6℃，大于10℃活动积温2 700摄氏度·日左右，无霜期130～140天，是优良的一季寒地粳稻种植地区。土地肥沃，有机质含量高，有害物质残留少。水资源丰富，水质纯净无污染，年均降水量700毫米左右，径流量32亿立方米，有大小河流200多条，国家水质检测部门抽样检测，五常市的地表水氨根和亚硝酸盐的含量为零，拉林河源头水质达到了国家矿泉水标准。境内龙凤山水库蓄水2.7亿立方米，灌溉着60多万亩良田，新建成的磨盘山水库蓄水5.4亿立方米，承担着为哈尔滨市居民提供饮用水源的重任，同时增水田灌溉面积20万亩。

五常市交通方便。拉滨铁路穿境而过，跨两个铁路局，13个火车站。公路四通八达，北到哈尔滨市仅需1小时的路程，西到京哈高速公路仅用40分钟。便捷的交通为物流发展创造了条件。

技术先进品种优良。五常市现有市、乡、村、屯四级农业技术推广网络，专业技术人员800多人，其中高级技术人员28人，中级62人，专门研究推广水稻新技术。统一编制的《绿色食品水稻栽培模式图》和《绿色食品水稻生产技术操作规程》指导着全市水稻生产。全部应用测土配方施肥，广泛施用农家肥和生物有机肥，采取人工除草，生物防虫等新技术，建立了全程质量追溯体系，确保了水稻品质安全。

独特地域特殊品味。五常独特的地理位置及气候条件造就了五常大米的特殊品味。五常稻作区是一个三面环山的开口盆地，像一个开口朝西的巨大的“C”字，东南部海拔超千米的高山遮挡了东南风，而西部松嫩平原的暖流又可直接进入盆地内回旋，水稻灌浆到成熟的8月、9月两个月，盆地内风和日丽，光照充足，昼夜温差明显拉大，平均温差13℃，比同纬度地区大5℃，最大温差达20℃，就是这个时节的这个温差，使水稻成熟期相当集中。因此，水稻干物质积累多，直链淀粉含量适中，支链淀粉含量较高。五常大米成饭，食味清淡略甜，食之绵软爽口，开锅饭味沁人肺腑，而饭粒表面油光艳丽，食之略黏，一碗米饭折到另一碗，空碗不挂饭粒，且碗内挂满油珠，剩饭不回生，这是支链淀粉含量高所致。即使同一品种采用同一技术，出了五常地域到其他地区种植，其大米食味品质也会发生变化。

五常市具有使用“五常大米”证明商标条件的大米加工企业350家，年加工5万吨以上企业15家，3万吨以上的企业44家，国家级龙头企业1家，省级龙头企业22家，五常市大米协会注册了“五常大米”产地证明商标，并取得了中国原产地域产品保护和中国驰名商标，使用产地证明商标和原产地产品保护“双保险”，以保护五常大米品牌。

洛川苹果

洛川是一个主要依靠苹果生产的果业大县，洛川苹果主产于黄土高原的洛川，洛川产地气候、土壤和地理位置，与生产优质苹果的生态环境完全吻合，属全世界最佳苹果优生区，已列为陕西和全国苹果生产基地。陕西洛川，人称“苹果之乡”。这里出产的苹果，素以色、香、味俱佳著称。洛川县被列为中国苹果外销的重要生产基地之一。

洛川苹果集中产于渭北黄土高原，以洛川为中心的延安、铜川、渭南、咸阳诸市一带。果园分布，绵延千里。

洛川苹果优良品种多达47种，其中以红星、红元帅、红冠、红富士、国光、秦冠、黄元帅等最优。

在陕西省和国家组织的历届苹果评比中，洛川苹果质量名列前茅。1974年，在全国苹果品种鉴定会议上，因其总分高于美国蛇果而蜚声海内外；1978年，陕西省标准审定及新品种鉴评会议上，洛川红星、红冠总分名列第一、第二，所有参评指标均达优质；1985年，洛川元帅、国光苹果被评为省优质农产品；1991年，荣获“七五”星火博展会银质奖；1994年，在中国首届杨凌农产品博览会上，洛川红富士等3个品种荣获后稷金像奖；1995年10月，在中国第二届农产品博览会上，洛川苹果一举夺冠、获13金7银1铜。

由于洛川苹果质优，久负盛名，畅销国内24个省份，还销往泰国、新加坡等国家和中国香港、中国澳门等地区。洛川苹果市场竞争力较强，已成为陕西对外贸易的拳头产品之一。

作为陕西的著名特产，洛川苹果营养丰富，价值较高。含水分85%左右，糖16.2%，苹果酸0.38%～0.63%，还含有多种维生素和矿物质。除生食外，还可熟食、腌制、干制、烤制，以及加工成罐头、蜜饯、果酱、果糕、果脯、果汁、果酒、果醋等佳品。

苹果作为药用，中医认为它性平、味甘，具有补血益气，止渴生津和开胃健脾之功效，对消化不良、食欲欠佳、胃部饱闷、气壅不通者，生吃或挤汁服之，可消食顺气，增加食欲。现代医学研究发现，苹果能防止胆固醇升高，减少血糖含量和治疗高血压、糖尿病，还可以减轻环境污染造成的慢性中毒。现代医学研究还表明，苹果有止泻、通便的作用。治疗单纯性轻度腹泻时，只吃苹果，不需用药，亦有疗效。因苹果所含有机酸能刺激肠道，纤维素可促进肠蠕动，故能通大便，治疗便秘。它还具有补脑和安眠养神的功用。而且还含有较丰富的维生素C1，对癌症有积极的抑制作用。苹果还有消除疲劳，护肤等作用。

苹果还被称为“智慧果”。苹果中所含溶解性的磷和铁，易于消化和吸收，对婴幼儿生长发育十分有益。研究发现，苹果不但有多种维生素、矿物质、脂肪、糖类等构成大脑所必需的营养成分，而且含有利于儿童生长发育的细纤维和能提高儿童记忆力的锌。苹果不仅对儿童有益，对老年人更是食疗佳品。每天食用3个苹果，对增进人体健康大有益处。

赣南脐橙

赣南脐橙原产地范围以江西省赣州市人民政府《关于赣南脐橙申报国家原产地域产品保护进一步明确地域范围的请示》（赣市府字〔2004〕127号）提出的地域范围为准，为江西省赣州市所辖信丰县、寻乌县、安远县、赣县、南康区、于都县、定南县、龙南县、瑞金市、会昌县、兴国县、章贡区、宁都县、大余县、全南县、崇义县（不包括上堡乡、乐洞乡）、上犹县（不包括安和乡、寺下乡、双溪乡、水岩乡、平富乡、五指峰乡、陡水镇）、石城县（不包括高田镇、木兰乡）、赣州经济技术开发区等18个县（市、区）和1个市级开发区现辖行政区域。

赣南脐橙，江西省赣州市特产，中国国家地理标志产品。赣南脐橙年产量达百万吨，原产地江西省赣州市已经成为脐橙种植面积世界第一、年产量世界第三、全国最大的脐橙主产区。

赣南脐橙已被列为全国十一大优势农产品之一，荣获“中华名果”等称号。赣南脐橙作为江西省唯一产品，入围商务部、质检总局中欧地理标志协定谈判的地理标志产品清单。

2016年，赣南脐橙品牌价值达到668.11亿元，连续四年位居全国初级农产品类地理标志产品价值榜榜首。2017年，赣南脐橙列入中欧“100+100”互认保护名单。

赣南脐橙果大形正，一般每个250克，橙红鲜艳，光洁美观，可食率达85%，颜色偏红，比其他产地的橙子颜色略深；果皮光滑、细腻；果形以椭圆形多见；肉质脆嫩、化渣，风味浓甜芳香，有较浓郁的橙香味；口感甜酸适度。

赣南脐橙含果汁55%以上，可溶性固形物含量14%以上，最高可达16%，含糖10.5%～12%，含酸0.8%～0.9%，固酸比15～17∶1。与美国脐橙相比，赣南脐橙可溶性固形物含量高1～2个百分点，与日本脐橙相比可溶性固形物含量高1～3个百分点。

赣南脐橙富含人体所必需的各类营养成分，据检测，每100毫升鲜脐橙汁含：可溶性固形物11%～15%，糖11.0～13.0克，柠檬酸0.80～0.95克，热量207焦，蛋白质0.9克，脂肪0.2克，氨基酸203.9毫克，维生素A 0.127毫克，维生素B 10.08毫克，维生素B20.03毫克，维生素C 55～75毫克，并富含钙、铁、磷、镁、钾、钠等元素。还含有维生素P、胡萝卜素、类胡萝卜素、(R)—柠檬油、香豆素、黄酮类化合物、柠檬苦素类似物、甘油糖脂质、吖啶酮、果胶等物质。

大连海参

大连市地处欧亚大陆东岸，中国东北辽东半岛最南端，位于东经120°58′至123°31′、北纬38°43′至40°10′之间，东濒黄海，西临渤海，南与山东半岛隔海相望，北依辽阔的东北平原，海岸线长2 211千米，占辽宁省海岸线总长度的73%。大连境内海域总面积4万平方千米，可利用的浅海水域面积80万平方千米，可底播增殖的海底面积1 333平方千米。渤海和黄海北部岛礁700多个，其中面积大100平方米以上的岛屿230多个，星罗棋布地坐落在大连周围的海面上，使得大连成为北黄海岸线上的明珠。大连自然风光优美，海洋资源丰富，水质优良，鲜美的海中珍品和迷人的滨海景色享誉国内外。大连位于北半球湿热带，风向季节变化明显，具有季风气候特征，属海洋性过渡气候。全年0℃以上的持续日数约为265天，日最低气温小于或者等于−10.0℃的日数为18～25天。夏季平均气温为22.0℃左右，冬季平均气温−5.0℃左右。年平均降水量为611.9毫米，主要集中在7月、8月；全年降水日数69天，降水量的季节分布：春季12%～14%、夏季60%～70%、秋季17%～19%、冬季3%～5%。大连海水温度的平面分布为：近岸水域表层水温变化范围8～16℃，底层水温较表层低1～2℃；等温线大致与岸线平行。夏季水温达到全年中的最高峰，近岸水温明显高于远岸水温，其变化范围表层为21～24℃，底层水温15～18℃。冬季受冷空气的影响，并由于沿岸低温径流和融冰注入，水温到最低，1月平均值在2℃以下，平均水温在5～11℃。海水盐度终年呈近岸低、远岸高的水平分布特征，变化范围均在31.9～35.0，pH在7.9～8.3。大连海域辽阔，水质透明度高，藻类丛生，饵料生物丰富，水下岩石面积广，具有鲍鱼、刺参、海胆等海珍品种生长的天然优良生态环境。刺参学名仿刺参，体呈圆筒状，背面隆起，体长可达40厘米，一般的为 20 厘米左右。背面有4～6 行大小不等，排列不规律的圆锥疣足（肉刺）。腹面平坦，管足密集，排列成不很规则的 3 纵带。口偏于腹面，具楯面触手 20 个，受刺激时可完全缩入口内。刺参的大小、颜色及刺的高矮和多少随产地和生活环境的不同变异较大。体色通常为栗子褐色、常带有深浅不同的斑纹；此外还有绿色、赤褐色、紫褐、灰白，腹面颜色较浅。多生活在波流平稳、无淡水注入、海藻繁茂的岩礁底和大叶藻丛生的细泥沙底。产卵季节在 5 月底到 7 月初，海水温度 18～20℃，卵为陆续成熟和分批排出。产卵成体钻到石下或石缝中“夏眠”，到 9 月底或 10 月初出来活动和摄食。大连特殊的地理位置，海域水深适宜，水温偏低，底质平坦多以砾石沙泥为主，不受台风侵扰，非常适宜海参生长。目前的刺参养殖业得到快速的发展，养殖的形式多样，新技术、新模式不断得到推广应用。养殖的形式包括池塘筑礁养殖、围堰养殖（又称潮间带蓄水池塘养殖和半蓄水养殖）、浅海围网养殖、海区筏式网包养殖、海区网箱养殖、底播养殖、工厂化集约式养殖等。目前，池塘筑礁养殖、围堰养殖和底播养殖是海参主要的三种养殖方式。

盱眙龙虾

盱眙是江苏省农业大县，位于淮河下游、洪泽湖南岸，居中国南北分界线秦岭-淮河线南侧，属季风性湿润气候，四季分明。境内河湖山林兼备，资源禀赋独特，素有“两亩耕地一亩山，一亩水面一亩滩”之称。全县总面积 2 497 平方千米，下辖 10 个镇、3 个街道，254 个村居，总人口 80 万人。拥有耕地 160 万亩，水域 96 万亩，淮河流经盱眙 72 千米，洪泽湖 1/4 水面、1/7 岸线位于盱眙，中小型水库达到 126 座、塘坝 500 多面。产业特色明显。盱眙是全国闻名的“龙虾之都”，中国龙虾产业的开创者和引领者。目前，全县龙虾养殖面积达 82 万亩，其中虾稻共生达 65 万亩，池塘养殖 17 万亩，年产龙虾 8.05 万吨，年交易量达 12 万吨。盱眙龙虾产业年直接收入超过 70 亿元，带动相关产业收入 30 多亿元，形成了百亿级产业规模。核心企业规模效益突出。全县共有盱眙龙虾产业集团、盱眙八度水产养殖有限公司、盱眙小河农业发展有限公司等 50 家小龙虾苗种繁育企业，50 亩以上虾稻共生种养大户达 4 000余户。培育和引进祥源农业、泗州城、淮河小镇、恒旭科技、舌尖猎人等 11 家龙虾深加工龙头企业，年产整肢加工与成品速冻龙虾 1 万吨以上、产值 5 亿元。县内有盱眙龙虾餐饮店 2 465 家、品牌店 1 000 家，其中於氏龙虾、红胖胖、希望龙虾、金谷园、金茂等规模较大的知名龙虾烹饪店16 家，2018 年县内全年餐饮累计营业额达到21 亿元。盱眙泗州城农业和祥源农业更是将盱眙龙虾出口到马来西亚、新西兰、澳大利亚等国家。社会化服务体系健全。盱眙龙虾产业按照“规模做加法、效益做乘法”，围绕龙虾产业链融合发展，不断提高社会化服务体系发展水平。经过 20 年的发展，盱眙龙虾产业已经形成了龙虾苗种培育、虾稻共生生态种养、龙虾深加工、龙虾调料加工、品牌连锁餐饮、冷链物流、龙虾节庆、旅游等产业集群发展格局。入选重大项目。2017 年盱眙荣获中国生态龙虾第一县、国家级稻渔综合种养示范区，盱眙龙虾荣获百强农产品区域公用品牌；2018 年盱眙荣获中国特色农产品优势区。

金乡大蒜

金乡地处鲁西南平原腹地，温热均匀、土质肥沃、降水充沛，非常适合大蒜生长。早在东汉初年，就有种植大蒜的记载，距今已有近 2 000 年的种植历史，全县常年种植大蒜60多万亩，带动周边种植区域超过200万亩，大蒜冷藏能力230万吨，产品出口168个国家和地区，占全国出口总量的70%以上，单项农产品出口创汇居全国第一，是驰名中外的“大蒜之乡”“世界蒜都”，享有“世界大蒜看中国，中国大蒜看金乡”的美誉。“金乡大蒜”先后荣获国家地理标志产品、中国驰名商标，成为全国第四个受欧盟地理标志保护产品，连续七年荣获中国国际有机食品博览会金奖。金乡获批中国特色农产品（大蒜）优势区，国家农业产业化示范基地，2018年以全国第3名的优异成绩成功创建为全国首批国家现代农业产业园。

抚松人参

抚松县位于东经127°01′～128°05′，北纬41°42′～42°49′，属中国东北部山区寒温带湿润气候区，气候高寒多雨，四季分明。春季短，升温快，春旱少；夏季短促较热，雨量集中；秋季降温快，晴天多；冬季漫长寒冷，积雪深。全县年平均气温4℃，早晚温差大；年平均日照2 352.5小时，无霜期115～120天，年有效积温2 100～2 300摄氏度·日。光照、积温、昼夜温差均有利于人参的生长和皂苷的形成。

抚松县有1 500年的野山参采挖和450年的人参栽培历史，1987年“抚松红参”荣获布鲁塞尔“尤里卡”博览会金奖。长白山人参是吉林长白山地区所独有的自然资源，“世界人参在中国，中国人参在吉林，吉林人参在抚松”，抚松县是国家命名的“中国人参之乡”，每年的鲜参交易量占国内的85%，占世界的70%，依托国家级长白山（万良）人参市场，经销200余种人参类产品，畅销全国，远销新加坡、日本、韩国等30多个国家和地区，每年鲜参交易旺季市场交易人数高达500余万人次。

文山三七

文山三七是驰名中外的传统名贵中药材，具有极高的药用价值，是维护人类健康不可多得的特色生物资源。文山壮族苗族自治州因独特的地理气候环境成为三七的原产地和主产地，是著名的“中国三七之乡”。三七作为文山乃至云南最具特色的优势生物资源，是云南乃至全国能够完全实施规模化、标准化人工种植和最具产业化开发潜力的少数中药材品种之一。云南文山发展三七产业的条件十分优越，基础十分扎实，潜力十分巨大，前景极其广阔。

安岳柠檬

安岳县是四川省柑橘产业优势规划区，是安岳柠檬最适宜的生产种植区。安岳是成渝经济区腹心和成渝两座特大城市直线相连的中点，以柠檬产业为核心形成了六大优势。一是基地标准。从生产到销售有完善的标准，部分标准上升为国家标准、农业行业标准。二是科技研发。先后完成数十项科技攻关项目，获得省部级科技成果4项，建立专家小院，院士专家工作站，成为国际科技合作基地。三是市场拓展。现有从事柠檬营销的人员12万人，柠檬企业3 000多家，基本形成了“买全国卖全国”的销售格局。四是品牌优势。安岳柠檬先后获得了国优省优品牌，是驰名商标、地理标志保护产品，连续三届入选全国名特优新目录（果品类），其区域公用品牌价值达175.43亿元。五是质量安全。以建立全国绿色食品原料标准化生产基地、国家有机产品示范创建区、国家级出口柠檬质量安全示范区为基础，确保从基地到市场到餐桌的质量安全。六是文化独特。形成了以栽柠檬树、赏柠檬花、观柠檬景、洗柠檬脚、吃柠檬宴、品柠檬茶、唱柠檬歌、跳柠檬舞、赋柠檬诗等为特色的柠檬生态旅游文化。

信阳毛尖

信阳市位于河南省南部，地处淮河上游、大别山北麓，东邻安徽，南接湖北，承东启西，连南贯北，素有三省通衢之称。信阳市地处南北气候过渡带，属亚热带向暖温带过渡区，全市年均降雨量为 1 200 毫米左右，年平均气温 15.1℃，日照充足，雨量丰沛，山水相依、泉明林翠，是“北国江南，江南北国”。特殊的地理位置、良好的自然生态条件使信阳成为我国北方边缘茶区，是全国名优茶生产大市之一。目前，信阳市有浉河区、平桥区、罗山县、潢川县、光山县、商城县、新县及固始县 8 个主要产茶县（区），淮滨县、鸡公山管理区、南湾管理区等也有部分茶叶生产。信阳市茶园主要分布在海拔 300～800 米的浅山丘陵地区，占到全市茶园面积的 80%以上，也有少量的高山茶园和平地茶园，海拔 700 米以上的高山茶园约占 5%～8%，平地茶园包括田改茶、岗地茶、海拔 300 米以下茶园约占 12%～15%。1975 年以后，开始引进外地有性系良种，主要是福鼎大白及安徽、湖南群体种茶籽，1990 年以后，逐步推广无性系优良茶苗的引进栽种。目前主要栽植品种有：福鼎大白、乌牛早、白毫早、信阳群体种、信阳 10 号、迎霜、劲峰、龙井 43 号、安吉白茶、槠叶齐等品种。其中福鼎大白的种植面积约占全市茶园面积的 30%。在近几年的茶产业发展中，信阳始终坚持春夏秋茶并重，初精深加工并举，高中低档搭配，充分开发利用夏秋茶资源，逐步优化茶叶产品结构，拉长茶产业链条。目前，全市形成了以信阳毛尖、信阳红为主导，仰天雪绿、金刚碧绿、赛山玉莲、新林玉露、申林薮北等地方名茶百花齐放，卢氏、辰龙、绿源等出口茶稳步增长，黑茶、乌龙茶、花茶等其他茶类竞相发展的良好局面。近年来，信阳市在茶饮料、茶食品、茶日用品、茶包装、茶机械等方面的研发取得积极进展，信阳毛尖茶饮料、茶糕点、信阳红茶酒、绿茶纤维内衣、茶枕、茶多酚胶囊已相继投放市场。茶产业链条的延伸拉长，推动了信阳市夏秋茶资源的充分利用，茶产品结构正在趋向合理，茶产业后发优势正逐步显现。

平泉香菇

平泉香菇是河北省承德市平泉市特产，为农产品地理标志产品。平泉香菇营养丰富，具有菇质紧实、菇盖厚、柄短、不易开伞的独特外在品质；菌盖表面呈灰白色至浅褐色，表面光滑或花纹明显；外表含水量低；口味纯正、清香、有韧性。平泉香菇蛋白质、氨基酸、维生素 B1、维生素 B2 、铁、磷、粗纤维等均高于普通香菇。其中，谷氨酸、氨基酸总量、蛋白质、粗纤维、磷均比普通香菇高。

2010 年 12 月 24 日，农业部批准对“平泉香菇”实施农产品地理标志登记保护。

平泉香菇干品用清水作浸泡试验，吸水膨胀后，香菇变软又保持较好的韧性，水质清澈、不破碎、不黏糊。

梅县金柚

梅县金柚是国家地理标志保护产品，产于“中国金柚之乡”——梅县。金柚果大型美，果形端正，呈葫芦形；果皮黄色，光滑、匀整、洁净；果肉清甜爽口，有蜜味，质脆而化渣，在自然通风条件下可贮藏半年而不改风味，有“天然罐头”之称，共六次在全国柚类评比中获金奖。梅县金柚以实现区域“立体种养、生态优先、循环利用”为指导，探索总结了“畜-沼-果”、立体庄园、“果-畜”复合等立体生态农业模式。其中金柚产业园的家庭农场普遍推广了“果-畜-沼”模式，以沼气为纽带，把种、养和加工有机结合，解决农村家庭生活用能和农作物生产有机肥料需求，减少农药、化肥使用，降低了生产成本。

统计资料

- 2018 年有机食品发展总体情况
- 2018 年有机食品分类产品发展情况
- 2018 年有机食品产品结构
- 2018 年各地区有机食品发展情况

2018 年有机食品发展总体情况

指标	单位	数量
企业数	家	1 114
产品数	个	4 310
证书数	张	1 722
新申报企业	家	279
新申报产品	个	922
新申报证书	张	352
认证面积①	万亩	5 262.43
种植业	万亩	275.88
畜牧业②	万亩	4 306.71
渔业③	万亩	370.54
野生采集	万亩	309.13
酒及饮料	万亩	0.17

注：① 种植业、畜牧业、渔业、野生采集面积分别含其加工产品面积；

② 包括饲料、饲草种植认证面积（含境外认证面积）；

③ 包括淡水、海水养殖认证面积。

2018 年有机食品分类产品发展情况

产品	产品数（个）	产量（万吨）	基地面积（万亩）
种植业	2218	169.92	409.89
粮食作物	588	58.22	154.68
薯类	36	5.52	13.54
油料作物	75	11.84	61.58
豆类	194	6.79	71.4
棉花	1	0.002	0.01
糖料	3	3.5	3.03
蔬菜	166	1.36	11.08
水果和坚果	222	10.52	27.54
茶叶	813	2.47	13.63
中草药	63	1.34	7.15
饲料原料	57	68.36	46.25
畜牧业	130	4.47	3720.57
肉类	106	4.38	3 718.89
禽蛋类	24	0.09	1.68
渔业	352	31.08	302.38
野生采集	424	7.55	303.21
加工业	1186	187.90	526.38
粮食加工	492	8.52	0.75
其他淀粉制品	13	0.37	0.2
水果坚果加工	183	4.28	9.23
畜产品加工	55	0.06	0.06
渔业产品加工	15	0.38	68.16
食用油	99	4.55	0.19
制糖	9	0.75	0.04
酒类	89	8.36	0.13

（续）

产品	产品数（个）	产量（万吨）	基地面积（万亩）
饮料	11	0.12	0.04
饼干及其他焙烤食品制造	22	0.009	0.001
乳品加工	166	160.33	447.54
米、面制品制造	18	0.07	0.02
调味料制造	14	0.1	0.02
总计	4310	400.92	5 262.43

2018 年有机食品产品结构

产品类别	产品数量（个）	比重（%）
种植业	2 819	65.41
畜牧业	431	10
渔业	367	8.51
野生采集	593	13.76
酒类饮料	100	2.32
合计	4310	100

注：种植业、畜牧业、渔业产品分别含其加工产品。

2018 年各地区有机食品发展情况

地区	企业数（个）	产品数（个）	产量（万吨）	基地面积（万亩）
总计	1 114	4 310	400.92	5 262.43
北京	16	77	4.59	14.67
天津	2	54	0.07	0.23
河北	51	168	3.98	14.28
山西	37	115	3.18	16.13
内蒙古	78	311	157.14	129.05
辽宁	28	111	2.63	51.80
吉林	33	141	1.99	54.43
黑龙江	136	847	26.16	363.60
上海	14	30	1.66	7.91
江苏	77	195	1.70	6.29
浙江	10	30	0.28	0.49
安徽	21	53	0.42	4.99
福建	34	178	3.94	10.46
江西	25	95	2.65	29.33
山东	66	194	32.63	20.00
河南	15	46	0.63	1.66
湖北	67	225	5.06	69.84
湖南	56	267	1.30	15.79
广东	26	78	0.93	5.97
广西	38	133	2.98	6.59
海南	5	13	0.03	0.14
重庆	37	110	3.13	13.29

（续）

地区	企业数（个）	产品数（个）	产量（万吨）	基地面积（万亩）
四川	42	123	4.93	373.52
贵州	2	3	0.01	0.08
云南	14	51	1.02	2.63
西藏	2	8	0.15	0.42
陕西	10	17	2.26	1.30
甘肃	37	168	9.23	55.67
青海	11	65	4.43	3661.36
宁夏	25	54	3.56	5.25
新疆	13	45	1.66	102.95
台湾	4	19	0.01	0.02
海外	82	286	116.58	222.29

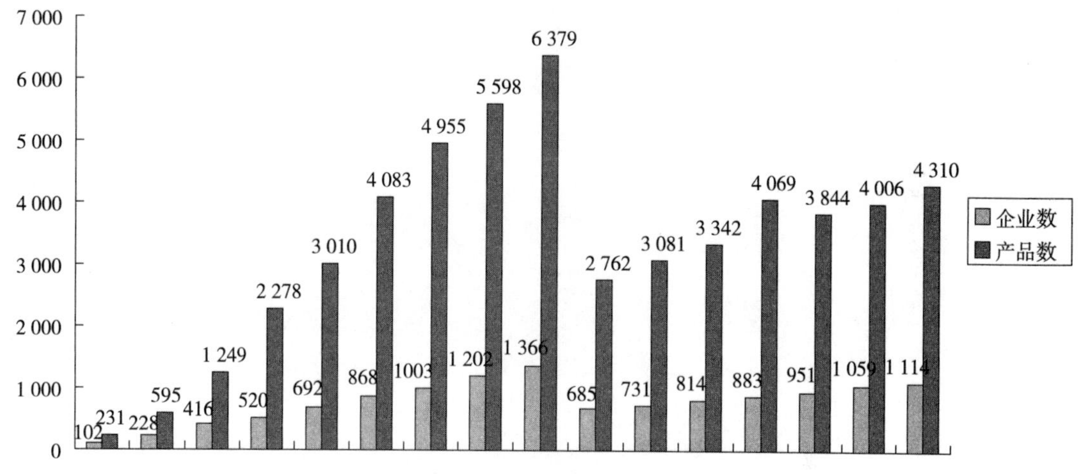

2003—2018 年每年认证有机产品企业数和产品数

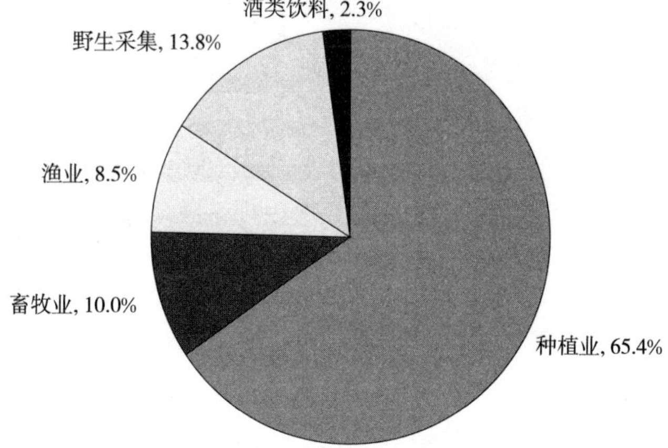

2018 年有机食品产品结构

附录

- 关于公布首批全国农产品全程质量控制技术体系（CAQS-GAP）试点生产经营主体的通知
- 中华人民共和国农业部公告　第2651号
- 中华人民共和国农业农村部公告　第40号
- 中华人民共和国农业农村部公告　第71号
- 中国绿色食品发展中心关于印发《无公害农产品认定审核规范》等制度的通知
- 中国绿色食品发展中心公告（第405号）
- 中国绿色食品发展中心公告（第407号）
- 中国绿色食品发展中心公告（第409号）
- 中国绿色食品发展中心公告（第411号）
- 中国绿色食品发展中心公告（第413号）
- 中国绿色食品发展中心公告（第514号）
- 中国绿色食品发展中心公告（第516号）
- 中国绿色食品发展中心公告（第518号）
- 中国绿色食品发展中心公告（第520号）
- 中国绿色食品发展中心公告（第522号）
- 中国绿色食品发展中心公告（第524号）
- 中国绿色食品发展中心公告（第526号）
- 中国绿色食品发展中心公告（第528号）
- 全国名特优新农产品营养品质评价鉴定机构名录

关于公布首批全国农产品全程质量控制技术体系（CAQS-GAP）试点生产经营主体的通知

农质安（体）〔2018〕440 号

各省（区、市）及计划单列市农产品质量安全中心（站、办）、优质农产品开发服务中心（站、办），新疆生产建设兵团农产品质量安全中心，各相关农产品质量安全（优质农产品）技术推广服务机构：

建立和推行农产品全程质量控制技术体系（CAQS-GAP），既是保障农产品质量安全的国际通行做法，也是高品质农产品生产的重要实现路径，更是提振公众农产品消费信心的重要方面。遵照乡村振兴战略关于支持建立生产精细化管理与产品品质控制体系和采用国际通行的良好农业规范的部署，按照农业农村部关于质量兴农、绿色兴农、品牌强农和积极推动农产品质量安全全程控制体系（GAP）生产基地创建的要求，农业农村部农产品质量安全中心（简称“国家中心”）组织制定了全国农产品全程质量控制技术体系（CAQS-GAP）试点规范，拟在全国开展农产品全程质量控制技术体系（CAQS-GAP）试点。

根据国家中心《关于探索开展全国农产品质量安全全程控制体系（GAP）试点的通知》（农质安（体）〔2018〕291 号）要求，经各级农产品质量安全（优质农产品开发服务）中心（站、办）推荐审核和组织专家技术审定，现将北京泰华芦村种植专业合作社等 502 个规模化农产品生产经营主体作为全国农产品全程质量控制技术体系（CAQS-GAP）首批试点（名录见附件），试点期学期 2 年。请各试点农产品生产经营主体严格按照《全国农产品全程质量控制技术体系（CAQS-GAP）试点规范》因地制宜对农产品生产经营实施全程质量控制；请各级农产品质量安全（优质农产品开发服务）中心（站、办）加强业务指导、技术服务和督导检查。通过试点，符合良好农业规范的农产品生产经营主体，鼓励申请国家良好农业规范认证。

在试点过程中如有意见或建议，请与国家中心体系建设处联系。联系电话：010-59198520；传真：010-59198520；电子邮箱：txjsc2017@126. com。

附件：全程控制技术体系（GAP）试点材料公布名单（略）

中华人民共和国农业部公告　第 2651 号

根据《农产品地理标志管理办法》规定，天津市滨海新区葡萄种植业协会等单位申请对“茶淀玫瑰香葡萄”等 135 个产品实施国家农产品地理标志登记保护。经过初审、专家评审和公示，符合农产品地理标志登记程序和条件，准予登记，特颁发中华人民共和国农产品地理标志登记证书。

特此公告。

附件：2018 年第一批农产品地理标志登记产品公告信息

农业部
2018 年 2 月 12 日

附件

2018 年第一批农产品地理标志登记产品公告信息

序号	产品名称	所在地域	申请人全称	划定的地域保护范围	质量控制技术规范编号
1	茶淀玫瑰香葡萄	天津	天津市滨海新区葡萄种植业协会	天津市滨海新区所辖茶淀街、汉沽街、杨家泊镇共计 3 个镇（街道）33 个行政村。地理坐标为东经 117°41′～117°59′，北纬 39°12′～39°19′	AGI2018-01-2244
2	南口供佛杏	河北	阳原县高墙乡农业综合服务中心	张家口市阳原县所辖高墙乡、化稍营镇、三马坊乡、东城镇、井儿沟乡、东坊城堡乡、西城镇、要家庄乡、东井集镇、揣骨疃镇、浮图讲乡、马圈堡乡、辛堡乡、大田洼乡共计 14 个乡镇 153 个行政村。地理坐标为东经 113°54′09″～114°48′21″，北纬 39°53′33″～40°22′51″	AGI2018-01-2245
3	张北马铃薯	河北	张北坝上马铃薯产业协会	张家口市张北县所辖张北镇、公会镇、二台镇、大囫囵镇、小二台镇、油篓沟镇、大河镇、台路沟乡、馒头营乡、二泉井乡、单晶河乡、海流图乡、两面井乡、大西湾乡、郝家营乡、白庙滩乡、战海乡、三号乡共计 18 个乡镇 366 个行政村。地理坐标为东经 114°10′22″～115°27′40″，北纬 40°57′35″～41°34′36″	AGI2018-01-2246
4	曲沃葡萄	山西	曲沃县葡萄协会	临汾市曲沃县所辖乐昌镇、北董乡、高显镇、曲村镇、里村镇、史村镇、杨谈乡共计 7 个乡镇。地理坐标为东经 111°24′～111°37′，北纬 35°33′～35°51′	AGI2018-01-2247
5	娄烦山药蛋	山西	娄烦县同福种养协会	太原市娄烦县所辖娄烦镇、静游镇、杜交曲镇、马家庄乡、天池店乡、米峪镇乡、盖家庄乡、庙湾乡共计 8 个乡镇。地理坐标为东经 111°31′～112°02′，北纬 37°51′～38°13′	AGI2018-01-2248
6	清德铺红薯	山西	清徐县清德铺村红薯协会	太原市清徐县徐沟镇所辖清德铺村、南内道村、北内道村、西怀远村、杜村、宁家营村、南宜武村、北宜村、高花村、张楚王村、西楚王村和孟封镇小武村共计 2 个镇 12 个行政村。地理坐标为东经 112°49′～112°54′，北纬 37°50′～37°56′	AGI2018-01-2249
7	平顺连翘	山西	平顺县农业技术推广中心	长治市平顺县所辖东寺头乡、虹梯关乡、杏城镇、龙溪镇、西沟乡、中五井乡、青羊镇、苗庄镇、北社乡、石城镇、阳高乡、北耽车乡共计 12 个乡镇 262 个行政村。地理坐标为东经 113°11′45″～113°44′04″，北纬 35°56′37″～36°27′44″	AGI2018-01-2250

（续）

序号	产品名称	所在地域	申请人全称	划定的地域保护范围	质量控制技术规范编号
8	武乡小米	山西	武乡县良种推广服务中心	长治市武乡县所辖上司乡、丰州镇、贾豁乡、大有乡、故城镇、监漳镇、蟠龙镇、洪水镇、墨镫乡、韩北乡、故县乡、石北乡、涌泉乡、分水岭乡、石盘开发区共计14个乡镇1个开发区341个村。地理坐标为东经112°26′～113°22′，北纬36°39′～37°08′	AGI2018-01-2251
9	汾州小米	山西	汾阳市农业技术推广站	汾阳市所辖杏花村镇、贾家庄镇、峪道河镇、三泉镇、石庄镇、杨家庄镇、栗家庄乡共计7个乡镇149个行政村。地理坐标为东经111°26′00″～111°56′35″，北纬37°10′00″～37°26′13″	AGI2018-01-2252
10	右玉燕麦米	山西	右玉燕麦产业协会	朔州市右玉县所辖李达窑乡、杨千河乡、丁家窑乡、杀虎口风景名胜区共计3个乡1个风景区97个村。地理坐标为东经112°05′15″～112°06′11″，北纬39°41′22″～40°18′00″	AGI2018-01-2253
11	五寨红芸豆	山西	五寨县农业机械技术推广站	忻州市五寨县所辖砚城镇、小河头镇、三岔镇、前所乡、李家坪乡、孙家坪乡、梁家坪乡、新寨乡、胡会乡、东秀庄乡、杏岭子乡、韩家楼乡共计12个乡镇250个行政村。地理坐标为东经111°28′～113°00′，北纬38°44′～39°17′	AGI2018-01-2254
12	定襄糯玉米	山西	定襄县经济作物协会	忻州市定襄县所辖晋昌镇、宏道镇、河边镇、季庄乡、受禄乡、南王乡、神山乡、杨芳乡、蒋村乡共计9个乡镇115个行政村。地理坐标为东经112°39′15″～113°16′50″，北纬38°19′22″～38°40′15″	AGI2018-01-2255
13	河套西瓜	内蒙古	巴彦淖尔市绿色食品发展中心	巴彦淖尔市所辖临河区、杭锦后旗、五原县、磴口县、乌拉特前旗、乌拉特后旗、乌拉特中旗共计7个旗（县、区）54个苏木（乡镇）465个嘎查村。地理坐标为东经105°12′～109°53′，北纬40°13′～42°28′	AGI2018-01-2256
14	河套蜜瓜	内蒙古	巴彦淖尔市绿色食品发展中心	巴彦淖尔市所辖临河区、杭锦后旗、五原县、磴口县、乌拉特前旗、乌拉特后旗、乌拉特中旗共计7个旗（县、区）49个苏木乡镇457个嘎查村。地理坐标为东经105°12′～109°53′，北纬40°13′～42°28′	AGI2018-01-2257
15	固阳马铃薯	内蒙古	固阳县农牧业研究中心	包头市固阳县所辖金山镇、西斗铺镇、下湿壕镇、银号镇、怀朔镇，兴顺西镇、锦绣街道办、金山工业园区共计7个镇（街道办）1个工业园区72个村。地理坐标为东经109°40′～110°41′，北纬40°02′～41°29′	AGI2018-01-2258

（续）

序号	产品名称	所在地域	申请人全称	划定的地域保护范围	质量控制技术规范编号
16	喀喇沁青椒	内蒙古	喀喇沁旗农业产业联合会	赤峰市喀喇沁旗所辖美林镇、王爷府镇、锦山镇、牛家营子镇、小牛群镇、南台子乡、十家满族乡、乃林镇、西桥镇、河南街道、河北街道共计 11 个乡镇（街道）161 个嘎查村。地理坐标为东经 118°08′～119°02′，北纬 41°53′～42°14′	AGI2018-01-2259
17	喀喇沁番茄	内蒙古	喀喇沁旗农业产业联合会	赤峰市喀喇沁旗所辖美林镇、王爷府镇、锦山镇、牛家营子镇、小牛群镇、南台子乡、十家满族乡、乃林镇、西桥镇、河南街道、河北街道共计 11 个乡镇（街道）161 个嘎查村。地理坐标为东经 118°08′～119°02′，北纬 41°53′～42°14′	AGI2018-01-2260
18	喀喇沁苹果梨	内蒙古	喀喇沁旗农业产业联合会	赤峰市喀喇沁旗所辖美林镇、王爷府镇、锦山镇、牛家营子镇、小牛群镇、南台子乡、十家满族乡、乃林镇、西桥镇、河南街道、河北街道共计 11 个乡镇（街道）161 个嘎查村。地理坐标为东经 118°08′～119°02′，北纬 41°53′～42°14′	AGI2018-01-2261
19	乌审草原红牛	内蒙古	内蒙古乌审旗农牧业产业化办公室	鄂尔多斯市乌审旗所辖无定河镇、苏力德苏木、嘎鲁图镇、乌兰陶勒盖镇、乌审召镇、图克镇共计 6 个苏木镇 61 个嘎查村 409 个社。地理坐标为东经 108°17′36″～109°40′22″，北纬 37°38′54″～39°23′50″	AGI2018-01-2262
20	乌拉特后旗戈壁红驼	内蒙古	乌拉特后旗绿色食品发展中心	巴彦淖尔市乌拉特后旗所辖获各琦苏木、潮格温都尔镇、巴音前达门苏木、呼和温都尔镇、巴音宝力格镇、乌盖苏木共计 6 个苏木镇。地理坐标为东经 105°10′～109°50′，北纬 40°40′～42°43′	AGI2018-01-2263
21	巴彦淖尔二狼山白绒山羊	内蒙古	巴彦淖尔市绿色食品发展中心	巴彦淖尔所辖临乌拉特前旗、乌拉特后旗、乌拉特中旗、磴口县共计 4 个旗（县）28 个苏木乡镇 245 个嘎查村。地理坐标为东经 105°12′～109°53′，北纬 40°13′～42°28′	AGI2018-01-2264
22	河套黄河鲤鱼	内蒙古	巴彦淖尔市绿色食品发展中心	巴彦淖尔所辖临河区、杭锦后旗、五原县、磴口县、乌拉特前旗、乌拉特后旗、乌拉特中旗共计 7 个旗（县区）24 个苏木（乡镇）132 个嘎查村。地理坐标为东经 105°12′～109°53′，北纬 40°13′～42°28′	AGI2018-01-2265
23	大连大樱桃	大连	大连市农业技术推广中心	大连市所辖 6 个县（市、区）5 个先导区，包括旅顺口区 7 个街道 1 个开发区；甘井子区 5 个街道；高新园区 2 个街道；金普新区 15 个街道；保税区 2 个街道；普兰店区 18 个乡镇（街道）；瓦房店市 25 个乡镇（街道）；庄河市 20 个乡镇；长海县 3 个乡镇；花园口经济区 1 个街道；长兴岛经济开发区 2 个街道共计 101 个乡镇（街道）。地理坐标为东经 121°05′～123°31′，北纬 38°43′～40°10′	AGI2018-01-2266

（续）

序号	产品名称	所在地域	申请人全称	划定的地域保护范围	质量控制技术规范编号
24	大连苹果	大连	大连市农业技术推广中心	大连市所辖旅顺口区、甘井子区、甘高新园区、金普新区、保税区、普兰店区、瓦房店市、庄河市、长海县、花园口经济区、长兴岛经济开发区共计9个县（市、区）2个经济区101个乡镇。地理坐标为东经121°05′～123°31′，北纬38°43′～40°10′	AGI2018-01-2267
25	大连栉孔扇贝	大连	大连市水产研究所	大连市所辖中山区、西岗区、沙河口区、甘井子区、金州区、旅顺口区、普兰店市、瓦房店市、庄河市、长海县共计10个县（市、区）。海域范围的地理坐标为东经121°01′12″～122°54′36″，北纬38°40′48″～39°21′00″	AGI2018-01-2268
26	林苗圃旱酥梨	江苏	宿迁市宿豫区顺河街道林苗圃优质农产品协会	宿迁市宿豫区所辖林苗圃、张圩、蔡老庄共计3个社区（居）。地理坐标为东经118°21′38″～118°24′03″，北纬33°56′36″～33°58′25″	AGI2018-01-2269
27	凤桥水蜜桃	浙江	嘉兴市南湖区凤桥镇农业技术服务中心	嘉兴市南湖区凤桥镇所辖凤桥社区、新篁社区、大星村、联丰村、新民村、永红村、星火村、三星村、陈良村、茜柳村、栖柽村、庄史村共计12个行政村（社区）。地理坐标为东经120°48′20″～120°56′59″，北纬30°37′03″～30°42′21″	AGI2018-01-2270
28	黄岩东魁杨梅	浙江	台州市黄岩区果树技术推广总站	台州市黄岩区所辖江口街道、东城街道、南城街道、西城街道、北城街道、新前街道、澄江街道、高桥街道、院桥镇、沙埠镇、头陀镇、北洋镇、宁溪镇、上垟乡、平田乡、茅畲乡、屿头乡、上郑乡、富山乡共计19个乡镇（街道）403个行政村。地理坐标为东经121°04′13″～121°19′46″，北纬28°31′43″～28°42′08″	AGI2018-01-2271
29	金塘李	浙江	舟山市定海区农业技术推广中心站	舟山市定海区金塘镇所辖仙居村、柳行村、河平村、大浦村、新丰村、山潭村、穆岙村、东堠村、西堠村、和建村、沥平村、大观村共计12个行政村。地理坐标为东经121°50′41″～121°55′09″，北纬29°58′16″～30°06′10″	AGI2018-01-2272
30	雁荡毛峰	浙江	乐清市种植业站	温州市乐清市所辖雁荡镇、大荆镇、芙蓉镇、仙溪镇、湖雾镇、北白象镇、淡溪镇、清江镇、虹桥镇、龙西乡、智仁乡、岭底乡、白石街道、乐成街道、城东街道、石帆街道共计16个乡镇（街道）604个行政村。地理坐标为东经120°46′48″～121°15′12″，北纬27°57′09″～28°32′29″	AGI2018-01-2273
31	江山绿牡丹茶	浙江	江山市茶叶技术推广中心	衢州市江山市所辖双塔街道、虎山街道、上余镇、四都镇、大陈乡、碗窑乡、贺村镇、清湖镇、新塘边镇、坛石镇、大桥镇、凤林镇、峡口镇、廿八都镇、保安乡、长台镇、石门镇、张村乡、塘源口乡共计19个乡镇（街道）280个行政村。地理坐标为东经118°22′37″～118°48′48″，北纬28°15′26″～28°53′27″	AGI2018-01-2274

（续）

序号	产品名称	所在地域	申请人全称	划定的地域保护范围	质量控制技术规范编号
32	景宁惠明茶	浙江	景宁畲族自治县惠明茶行业协会	丽水市景宁县所辖鹤溪街道、红星街道、东坑镇、渤海镇、沙湾镇、英川镇、澄照乡、大际乡、郑坑乡、九龙乡、大均乡、梧桐乡、标溪乡、雁溪乡、家地乡、大地乡、鸬鹚乡、毛垟乡、秋炉乡、景南乡、梅岐乡共计21个乡镇（街道）254个行政村。地理坐标为东经119°14′～119°58′，北纬27°39′～28°11′	AGI2018-01-2275
33	遂昌菊米	浙江	遂昌县中药材开发研究所	丽水市遂昌县所辖石练镇、大柘镇、湖山乡、金竹镇、妙高街道、三仁乡、焦滩乡、龙洋乡、安口乡、王村口镇、蔡源乡、黄沙腰镇、柘岱口乡、西畈乡、云峰街道、新路湾镇、北界镇、应村乡、高坪乡、濂竹乡共计20个乡镇（街道）203个行政村。地理坐标为东经118°41′～119°30′，北纬28°13′～28°49′	AGI2018-01-2276
34	仙居鸡	浙江	仙居县畜牧兽医局	台州市仙居县所辖福应街道、南峰街道、安洲街道、安岭乡、溪港乡、湫山乡、横溪镇、埠头镇、皤滩乡、淡竹乡、白塔镇、田市镇、官路镇、上张乡、步路乡、广度乡、下各镇、大战乡、双庙乡、朱溪镇共计20个乡镇（街道）418个行政村。地理坐标为东经120°44′～121°21′，北纬28°51′～29°11′	AGI2018-01-2277
35	慈溪蜜梨	宁波	慈溪市梨业协会	宁波市慈溪市所辖周巷镇、观海卫镇、龙山镇、掌起镇、桥头镇、新浦镇共计17个镇（街道）。地理坐标为东经121°02′～121°42′，北纬30°02′～30°24′	AGI2018-01-2278
36	都督翠茗	安徽	巢湖市坝镇都督山茶叶产业协会	合肥市巢湖市督坝镇所辖夏店村、石塘村、联河村、泉水村、青山村、姥山村、湖东村、坝镇街道社区共计8个村（居）委会 。地理坐标为东经117°32′～117°39′，北纬31°17′～31°20′	AGI2018-01-2279
37	旌德灵芝	安徽	旌德县农产品质量安全监管局	宣城市旌德县所辖云乐乡、庙首镇、旌阳镇、俞村镇、三溪镇、兴隆镇、白地镇共计7个乡镇。地理坐标为东经118°15′11.14″～118°44′13.22″，北纬30°07′37.54″～30°29′28.28″	AGI2018-01-2280
38	水东蜜枣	安徽	宣城市宣州区文化旅游产业发展协会	宣城市宣州区所辖水东镇境内10个村（社区）。地理坐标为东经118°55′38.83″～118°59′14.76″，北纬30°43′3.20″～30°49′20.25″	AGI2018-01-2281
39	砀山黄桃	安徽	砀山县农产品质量安全监管中心	宿州市砀山县所辖砀城镇、周寨镇、葛集镇、玄庙镇、李庄镇、良梨镇、官庄镇、果园场、园艺场共计9个镇（场）。地理坐标为东经116°09′56.74″～116°38′21.37″，北纬34°16′6.81″～34°39′13.2″	AGI2018-01-2282

（续）

序号	产品名称	所在地域	申请人全称	划定的地域保护范围	质量控制技术规范编号
40	黄山黑鸡	安徽	黟县黄山黑鸡产业协会	黄山市黟县所辖碧阳镇、宏村镇、西递镇、渔亭镇、柯村镇、美溪乡、宏潭乡、洪星乡共计8个乡镇31个行政村。地理坐标为东经117°38′30″～118°06′00″，北纬29°47′00″～30°11′30″	AGI2018-01-2283
41	秋浦花鳜	安徽	池州市贵池区水产技术推广中心	池州市贵池区所辖涓桥镇、梅龙街道、墩上街道、马衙街道、江口街道、唐田镇、牛头山镇、秋江街道、乌沙镇、殷汇镇、里山街道、杏花村街道、池阳街道、秋浦街道、清风街道、梅街镇、梅村镇、牌楼镇、棠溪镇共计19个镇（街道）。地理坐标为东经117°06′06″～117°50′05″，北纬30°15′15″～30°48′08″	AGI2018-01-2284
42	龙岩斜背茶	福建	龙岩市新罗区茶叶协会	龙岩市新罗区江山镇所辖山塘村、铜砵村、村美村、科山村、前村村、新田村、林祠村、上挖村、下挖村、老寨村、新寨村、山头村、福坑村、双车村、背洋村、梅溪村共计16个村。地理坐标为东经116°54′1.86″～117°00′21.51″，北纬25°10′0.35″～25°19′20.31″	AGI2018-01-2285
43	安溪铁观音	福建	安溪县茶业总公司	泉州市安溪县所辖凤城镇、湖头镇、蓬莱镇、官桥镇、剑斗镇、城厢镇、魁斗镇、金谷镇、龙门镇、西坪镇、虎邱镇、感德镇、芦田镇、湖上乡、尚卿乡、大坪乡、龙涓乡、长坑乡、蓝田乡、祥华乡、桃舟乡、参内乡、白濑乡、福田乡共计24个乡镇。地理坐标为东经117°36′16″～118°17′00″，北纬24°50′16″～25°26′27″	AGI2018-01-2286
44	建宁通心白莲	福建	建宁县建莲产业协会	三明市建宁县所辖濉溪镇、里心镇、溪口镇、均口镇、伊家乡、黄坊乡、溪源乡、客坊乡、黄埠乡共计9个乡镇。地理坐标为东经116°30′～117°03′，北纬26°32′～27°06′	AGI2018-01-2287
45	建宁黄花梨	福建	建宁县黄花梨产业协会	三明市建宁县所辖濉溪镇、里心镇、溪口镇、均口镇、伊家乡、黄坊乡、溪源乡、客坊乡、黄埠乡共计9个乡镇。地理坐标为东经116°30′～117°03′，北纬26°32′～27°06′	AGI2018-01-2288
46	德化梨	福建	德化县农业科学研究所	泉州市德化县所辖龙浔镇、浔中镇、三班镇、龙门滩镇、雷峰镇、南埕镇、水口镇、赤水镇、上涌镇、葛坑镇、盖德镇、美湖镇、春美乡、大铭乡、国宝乡、汤头乡、桂阳乡、杨梅乡共计18个乡镇。地理坐标为东经117°55′～118°32′，北纬25°23′～25°56′	AGI2018-01-2289
47	余干芡实	江西	余干县芡实产业协会	上饶市余干县所辖康山乡、康山垦殖场、瑞洪镇、大塘乡、三塘乡、江埠乡、枫港乡、九龙镇、洪家嘴乡、鹭鸶港乡、乌泥镇、东塘乡、石口镇、信丰垦殖场共计14个乡镇（场）地理坐标为东经116°13′48″～ 116°45′06″，北纬28°28′30″～ 29°03′24″	AGI2018-01-2290

（续）

序号	产品名称	所在地域	申请人全称	划定的地域保护范围	质量控制技术规范编号
48	黎川草菇	江西	黎川县食用菌行业协会	抚州市黎川县所辖洵口镇、熊村镇、潭溪乡、德胜镇、宏村镇、日峰镇、湖坊乡、厚村乡、樟溪乡、荷源乡共计 10 个乡镇。地理坐标为东经 116°50′31″～117°04′43″，北纬 27°07′45″～27°27′07″	AGI2018-01-2291
49	玉山香榧	江西	上饶市玉山香榧研究所	上饶市玉山县所辖怀玉乡的洋塘村、下塘乡的均郑村和石塘村、紫湖镇的土城村、双明镇的陶源村共计 5 个村。地理坐标为东经 117°51′13″～118°25′38″，北纬 28°30′48″～28°56′15″	AGI2018-01-2292
50	宜春大米	江西	宜春市休闲农业发展中心	宜春市所辖袁州区、万载县、奉新县、上高县、宜丰县、靖安县、铜鼓县、丰城市、樟树市、高安市共计 10 个县（市、区）117 个乡镇（场）。地理坐标为东经 113°54′13″～116°26′55″，北纬 27°33′05″～29°05′58″	AGI2018-01-2293
51	曹县芦笋	山东	曹县经济作物站	菏泽市曹县所辖苏集镇、青堌集镇、闫店楼镇、朱洪庙乡、砖庙镇共计 5 个乡镇 123 个行政村。地理坐标为东经 115°25′～115°48′，北纬 34°35′～34°58′	AGI2018-01-2294
52	茶坡芹菜	山东	沂南县芹菜产业协会	临沂市沂南县所辖蒲汪镇、湖头镇、辛集镇、苏村镇共计 4 个镇 120 个行政村。地理坐标为东经 118°32′06″～118°44′10″，北纬 35°27′50″～35°39′32″	AGI2018-01-2295
53	五莲樱桃	山东	五莲县樱桃协会	日照市五莲县所辖叩官镇、街头镇、松柏镇、户部乡、洪凝街道、中至镇、许孟镇、汪湖镇、潮河镇、于里镇、高泽镇、石场乡共计 12 个乡镇（街道）229 个行政村。地理坐标为东经 118°59′～119°30′，北纬 35°32′～35°55′	AGI2018-01-2296
54	济宁百日鸡	山东	济宁市任城区济宁百日鸡养殖协会	济宁市任城区所辖唐口街道、喻屯镇、安居街道、南张街道、二十里铺街道共计 5 个镇（街道）。地理坐标为 116°26′～116°44′，北纬 35°08′～35°32′	AGI2018-01-2297
55	蓼兰小麦	青岛	平度市蓼兰镇农业服务中心	青岛市平度市所辖蓼兰镇、崔家集镇共计 2 个镇 283 个行政村。地理坐标为东经 119°36′55″～119°58′34″，北纬 36°30′56″～36°43′28″	AGI2018-01-2298
56	即墨地瓜	青岛	即墨市农业技术推广站	青岛市即墨市所辖田横镇、金口镇、鳌山卫街道、温泉街道、龙泉街道、龙山街道、北安街道、大信镇、蓝村镇、段泊岚镇、移风店镇、灵山镇共计 12 个镇（街道）812 个行政村。地理坐标为东经 120°07′～121°23′，北纬 36°18′～36°37′	AGI2018-01-2299

（续）

序号	产品名称	所在地域	申请人全称	划定的地域保护范围	质量控制技术规范编号
57	陕州苹果	河南	三门峡市陕州区园艺管理服务中心	三门峡市陕州区所辖大营镇、原店镇、张汴乡、张湾乡、菜园乡、西张村镇共计6个乡（镇）123个行政村。地理坐标为东经111°01′27″～111°23′08″，北纬34°33′34″～34°45′24″	AGI2018-01-2300
58	陕州红梨	河南	三门峡市陕州区园艺管理服务中心	三门峡市陕州区所辖张汴乡、张湾乡、菜园乡、西张村镇共计4个乡（镇）106个行政村。地理坐标为东经111°07′09″～111°23′08″，北纬34°33′57″～34°45′35″	AGI2018-01-2301
59	陕州石榴	河南	三门峡市陕州区园艺管理服务中心	三门峡市陕州区所辖大营镇、原店镇、张汴乡、张湾乡共计4个乡（镇）48个行政村。地理坐标为东经111°01′58″～111°09′58″，北纬34°34′14″～34°44′37″	AGI2018-01-2302
60	兰考蜜瓜	河南	兰考县农产品质量安全检测中心	开封市兰考县所辖葡萄架乡、闫楼乡、小宋乡、仪封乡、考城镇、红庙镇、孟寨乡、谷营镇、坝头乡、堌阳镇共计10个乡（镇）117个行政村。地理坐标为东经114°45′27″～115°09′02″，北纬34°45′24″～35°00′16″	AGI2018-01-2303
61	新县将军菜	河南	新县农产品质量安全检验检测中心	信阳市新县所辖箭厂河乡、新集镇、沙窝镇、吴陈河镇、八里畈镇、陡山河乡、浒湾乡、千斤乡、卡房乡、郭家河乡、陈店乡、泗店乡、田铺乡、香山湖管理区共计13个乡（镇）1个管理区130个行政村。地理坐标为东经114°33′～115°12′，北纬31°28′～31°46′	AGI2018-01-2304
62	临颍大蒜	河南	临颍县农产品质量安全检测中心	漯河市临颍县所辖瓦店镇、陈庄乡、皇帝庙乡、台陈镇、巨陵镇共计5个乡（镇）87个行政村。地理坐标为东经113°43′～114°09′，北纬33°43′～33°59′	AGI2018-01-2305
63	郸城红薯	河南	郸城县农产品质量检测中心	周口市郸城县所辖汲冢镇、李楼乡、胡集乡、巴集乡、吴台镇、虎岗乡、汲水乡、宁平镇、城郊乡、钱店镇、东风乡、宜路镇、秋渠乡、双楼乡、丁村乡、石槽镇、张完乡、白马镇、南丰镇共计19个乡（镇）480个行政村。地理坐标为东经115°00′～115°38′，北纬33°25′～33°49′	AGI2018-01-2306
64	正阳花生	河南	正阳县农产品质量安全检测中心	驻马店市正阳县所辖真阳镇、慎水乡、熊寨镇、兰青乡、傅寨乡、寒冻镇、袁寨乡、新阮店乡、油坊店乡、汝南埠镇、雷寨乡、王勿桥乡、吕河乡、彭桥乡、永兴镇、铜钟镇、大林镇、陡沟镇、皮店乡共计19个乡（镇）282个行政村。地理坐标为东经114°12′～114°53′，北纬32°16′～32°47′	AGI2018-01-2307

（续）

序号	产品名称	所在地域	申请人全称	划定的地域保护范围	质量控制技术规范编号
65	郏县烤烟	河南	郏县烟叶办公室	平顶山市郏县所辖堂街镇、李口镇、姚庄乡、冢头镇、王集乡、安良镇、渣园乡、薛店镇、茨芭镇、白庙乡、黄道、长桥镇共计12个乡镇350个行政村。地理坐标为东经113°00′40″～113°24′50″，北纬33°48′00″～34°10′50″	AGI2018-01-2308
66	鹿邑芹菜	河南	鹿邑县农产品质量安全检测站	周口市鹿邑县所辖任集乡、张店乡、辛集镇、马铺镇、杨湖口乡、郑家集乡、枣集镇、王皮溜镇、涡北镇、玄武镇、赵村乡、邱集乡、穆店乡、试量镇、太清宫镇、生铁冢乡、观堂乡共计17个乡镇。地理坐标为东经115°25′14″～115°37′29″，北纬33°43′28″～34°51′17″	AGI2018-01-2309
67	扶沟辣椒	河南	扶沟县农产品质量安全检测中心	周口市扶沟县所辖大新镇、汴岗镇、吕潭乡、包屯镇、崔桥镇、江村镇、练寺镇、固城乡、柴岗乡、韭园镇、大李庄乡、曹里乡、白潭镇、城郊乡、城关镇、农牧场共计16个乡镇（场）403个行政村。地理坐标为东经114°12′38″～114°34′50″，北纬33°57′27″～34°17′27″	AGI2018-01-2310
68	伊川小米	河南	伊川县农产品质量安全监督检测站	洛阳市伊川县所辖城关街道办事处、滨河街道办事处、水寨镇、鸣皋镇、彭婆镇、白沙镇、江左镇、高山镇、吕店镇、半坡镇、酒后乡、鸦岭乡、平等乡、葛寨乡、白元镇共计15个乡镇（街道办）。地理坐标为东经112°12′～112°46′，北纬34°13′～34°33′	AGI2018-01-2311
69	清泉沟小米	河南	三门峡市陕州区农业技术推广站	三门峡市陕州区张茅乡境内22个行政村，地理坐标为东经111°19′36″～111°25′50″，北纬34°39′53″～34°45′03″	AGI2018-01-2312
70	唐河绿米	河南	唐河县中绿天然富硒稻米研发中心	南阳市唐河县所辖马振抚乡、祁仪乡、湖阳镇、上屯镇、黑龙镇，昝岗乡、毕店镇共计7个乡镇39个行政村。地理坐标为112°16′～112°28′，北纬32°21′～32°55′	AGI2018-01-2313
71	项城白芝麻	河南	项城市农产品质量检验监测中心	项城市所辖南顿镇、孙店镇、李寨镇、贾岭镇、高寺镇、新桥镇、付集镇、官会镇、丁集镇、郑郭镇、秣陵镇、王明口镇、范集镇、三张店镇、永丰镇、莲花街道办、千佛阁街道办、光武街道办共计18个乡镇（街道办）438个行政村。地理坐标为东经114°41′～115°04′，北纬33°03′～33°32′	AGI2018-01-2314
72	禹州金银花	河南	禹州市中药材生产办公室	禹州市所辖鸿畅镇、文殊镇、神垕镇、褚河镇、古城镇、朱阁镇、浅井镇、苌庄镇、花石镇、方山镇、方岗镇、鸠山镇、无梁镇共计13个乡镇118个行政村。地理坐标为东经113°03′～113°39′，北纬33°59′～34°09′	AGI2018-01-2315

（续）

序号	产品名称	所在地域	申请人全称	划定的地域保护范围	质量控制技术规范编号
73	栾川山茱萸	河南	栾川县农业产业化龙头企业协会	洛阳市栾川县所辖城关镇、栾川乡、赤土店镇、庙子镇、合峪镇、潭头镇、秋扒乡、狮子庙镇、白土镇、三川镇、冷水镇、叫河镇、陶湾镇、石庙镇共计14个乡镇209个行政村。地理坐标为东经111°12′～112°02′，北纬33°39′～34°11′	AGI2018-01-2316
74	黄泛区黄金梨	河南	河南省黄泛区农场	河南省黄泛区农场场部、丰硕场、郭庄村、尹坡村。地理坐标为东经114°23′34″～114°27′01″，北纬33°43′48″～33°46′07″	AGI2018-01-2317
75	栾川核桃	河南	栾川县农业产业化龙头企业协会	洛阳市栾川县所辖城关镇、栾川乡、赤土店镇、庙子镇、合峪镇、潭头镇、秋扒乡、狮子庙镇、白土镇、三川镇、冷水镇、叫河镇、陶湾镇、石庙镇共计14个乡镇209个行政村。地理坐标为东经111°12′～112°02′，北纬33°39′～34°11′	AGI2018-01-2318
76	白水畈萝卜	湖北	咸宁市咸安区高桥白水畈萝卜协会	咸宁市咸安区高桥镇所辖白水村、刘英村、洪港村、王旭村、高桥村共计5个行政村。地理坐标为东经114°26′～114°37′，北纬29°48′～29°54′	AGI2018-01-2319
77	闯王砂梨	湖北	通山县果树种植协会	咸宁市通山县闯王镇所辖汪家畈村、宝石村、刘家岭村、龟墩村、界牌村、坳坪村、苦竹林村、小源村、仙崖村、高湖村、大源村、集潭村、国营高湖林场共计12个村和1个林场。地理坐标为东经114°33′～114°39′，北纬29°21′～29°33′	AGI2018-01-2320
78	江夏光明茶	湖北	武汉市江夏区山坡街光明茶叶协会	武汉市江夏区山坡街所辖光明村、光星村、光华村、尚桥村共计4个村。地理坐标为东经114°01′～114°35′，北纬29°58′～30°32′	AGI2018-01-2321
79	榛子薄皮辣椒	湖北	榛子乡辣椒协会	宜昌市兴山县所辖榛子乡、水月寺镇、黄粮镇、古夫镇共计4个乡镇18个村。地理坐标为东经110°47′～111°05′，北纬31°15′～31°41′	AGI2018-01-2322
80	云梦白花菜	湖北	云梦县农技推广中心	孝感市云梦县所辖清明河乡、胡金店镇、义堂镇、城关镇、隔蒲潭镇、道桥镇共计6个乡镇112个村。地理坐标为东经113°38′34″～113°47′24″，北纬30°48′16″～31°09′15″	AGI2018-01-2323
81	远安香菇	湖北	远安县食用菌协会	宜昌市远安县所辖鸣凤镇、花林寺镇、旧县镇、洋坪镇、河口乡、茅坪场镇、嫘祖镇共计7个乡镇102个村。地理坐标为东经111°14′12″～111°52′25″，北纬30°53′15″～31°22′13″	AGI2018-01-2324
82	黄陂黄牛	湖北	武汉市黄陂区农业技术推广服务中心	武汉市黄陂区所辖李家集街道、蔡店街道、姚家集街道、长轩岭街道、蔡家榨街道、罗汉寺街道、王家河街道、木兰乡共计8个街道（乡）。地理坐标为东经114°09′～114°37′，北纬30°40′～31°22′	AGI2018-01-2325

（续）

序号	产品名称	所在地域	申请人全称	划定的地域保护范围	质量控制技术规范编号
83	北湖鳙	湖北	荆州市荆州区马山镇农业技术服务中心	荆州市荆州区马山镇所辖马南村、蔡桥村、双杨村、双当村、梅花湾村、濠林村、裁缝村、城河村、联山村、安碑村、枣林村、阴湘城村、双龙村、凤林村、马山居委会和菱湖农场所辖南湖大队、保障大队、双闸大队、楚源镇居委会共计17个行政村2个居委会。地理坐标为东经111°54′～112°19′，北纬30°06′～30°39′	AGI2018-01-2326
84	淹水刁子鱼	湖北	松滋市农业技术推广中心	松滋市淹水镇、卸甲坪乡、刘家场镇、杨林市镇、纸厂河镇、街河市镇、万家乡共计7个乡镇83个村（社区、场）。地理坐标为东经111°15′～111°54′，北纬29°56′～30°02′	AGI2018-01-2327
85	樟树港黄瓜	湖南	湘阴县樟树镇农业服务中心	岳阳市湘阴县樟树镇所辖文谊新村、龙家新村、柳庄村、兴源村、祥源村、柏金港村、金台山村、樟树港社区共计8个村（社区）。地理坐标为东经112°47′11″～112°53′18″，北纬28°32′25″～28°35′40″	AGI2018-01-2328
86	樟树港辣椒	湖南	湘阴县樟树镇农业服务中心	岳阳市湘阴县樟树镇所辖文谊新村、龙家新村、柳庄村、兴源村、祥源村、柏金港村、金台山村、樟树港社区共计8个村（社区）。地理坐标为东经112°47′11″～112°53′18″，北纬28°32′25″～28°35′40″	AGI2018-01-2329
87	乌山贡米	湖南	长沙市望城区乌山无公害优质稻种植协会	长沙市望城区乌山街道所辖乌山村、维梓村、徐家桥社区、双丰村、双兴村、八曲河村、金树村、团山湖村、龙王岭村和黄金园街道所辖黄金园村、英雄岭村共计11个村（社区）。地理坐标为东经112°47′57″～112°48′58″，北纬28°17′33″～28°18′51″	AGI2018-01-2330
88	松柏大米	湖南	永顺县粮油作物技术服务站	湘西州永顺县所辖松柏镇、石堤镇、高坪乡、芙蓉镇、颗砂乡、塔卧镇、车坪乡、润雅乡、吊井乡共9个乡镇和灵溪镇司城村。地理坐标为东经109°32′31″～110°10′34″，北纬28°43′06″～29°19′20″	AGI2018-01-2331
89	葛家鸡肠子辣椒	湖南	葛家镇农业综合服务站	浏阳市葛家镇所辖金源村、玉潭村、葛家园村、新建村、新宏村共计5个村。地理坐标为东经113°22′32″～113°30′06″，北纬28°01′00″～28°09′05″	AGI2018-01-2332
90	醴陵玻璃椒	湖南	醴陵市蔬菜作物站	醴陵市所辖船湾镇、明月镇共计2个镇。地理坐标为东经113°19′15″～113°30′53″，北纬27°22′38″～27°30′31″	AGI2018-01-2333
91	常德香米	湖南	常德市粮食行业协会	常德市所辖鼎城区、汉寿县、桃源县、临澧县、石门县、澧县、安乡县、武陵区、津市市共计9个县（市、区）50个乡镇。地理坐标为东经110°35′48″～112°17′52″，北纬28°24′31″～30°07′53″	AGI2018-01-2334

（续）

序号	产品名称	所在地域	申请人全称	划定的地域保护范围	质量控制技术规范编号
92	通道黑老虎	湖南	通道侗族自治县经济作物工作站	怀化市通道县所辖双江镇、万佛山镇、溪口镇、菁芜洲镇、县溪镇、播阳镇、牙屯堡镇、独坡镇、陇城镇、大高坪乡、平坦乡共计11个乡镇。地理坐标为东经109°25′53″～110°00′50″，北纬25°52′00″～26°29′20″	AGI2018-01-2335
93	澧县双低油菜籽	湖南	澧县双低油菜产业协会	常德市澧县所辖甘溪滩镇、火连坡镇、码头铺镇、王家厂镇、大堰垱镇、城头山镇、金罗镇、盐井镇、复兴镇、梦溪镇、涔南镇、澧南镇、官垸镇、如东镇、小渡口镇、澧阳街道办、澧澹街道办、澧西街道办、澧浦街道办共计19个镇（街道办）。地理坐标为东经111°12′30″～112°00′05″，北纬29°16′00″～29°57′00″	AGI2018-01-2336
94	永州异蛇	湖南	永州市异蛇生物产业协会	永州市所辖零陵区、冷水滩区、祁阳县、东安县、双牌县、新田县、宁远县、道县、蓝山县、江永县、江华瑶族自治县共计11个区（县）183个乡镇（办事处）。地理坐标为东经111°07′08″～112°22′10″，北纬24°39′56″～26°51′12″	AGI2018-01-2337
95	辰溪稻花鱼	湖南	辰溪县农业技术推广学会	怀化市辰溪县所辖辰阳镇、孝坪镇、田湾镇、火马冲镇、黄溪口镇、潭湾镇、安坪镇、修溪镇、锦滨镇、船溪乡、长田湾乡、小龙门乡、后塘瑶族乡、苏木溪瑶族乡、罗子山瑶族乡、上蒲溪瑶族乡、仙人湾瑶族乡、龙头庵乡、大水田乡、桥头溪乡、龙泉岩乡、柿溪乡、谭家场乡共计23个乡镇。地理坐标为东经109°54′32″～110°32′19″，北纬27°53′25″～28°13′10″	AGI2018-01-2338
96	梅江区清凉山茶	广东	梅州市梅江区茶叶协会	梅州市梅江区所辖西阳镇、长沙镇共计2个镇33个行政村。地理坐标为东经116°04′12″～116°20′11″，北纬24°06′40″～24°21′29″	AGI2018-01-2339
97	武鸣砂糖桔	广西	南宁市武鸣区农业技术推广中心	南宁市武鸣区所辖城厢镇、太平镇、双桥镇、甘圩镇、宁武镇、锣圩镇、灵马镇、仙湖镇、府城镇、陆斡镇、罗波镇、两江镇、马头镇共计13个镇218个村（社区）。地理坐标为东经107°49′58″～108°37′22″，北纬22°59′58″～23°33′16″	AGI2018-01-2340
98	田林灵芝	广西	田林县农业技术推广中心	百色市田林县所辖乐里镇、利周乡、浪平乡、百乐乡、旧州镇、定安镇、平塘乡、者苗乡、潞城乡、八桂乡、六隆镇、八渡乡、那比乡、高龙乡共计14个乡镇165个行政村。地理坐标为东经105°27′～106°15′，北纬23°58′～24°47′	AGI2018-01-2341
99	龙胜红糯	广西	龙胜各族自治县农业技术推广站	桂林市龙胜各族自治县所辖平等镇、乐江乡、瓢里镇共计3个乡镇36个行政村。地理坐标为东经109°48′～111°00′，北纬25°50′～26°11′	AGI2018-01-2342

（续）

序号	产品名称	所在地域	申请人全称	划定的地域保护范围	质量控制技术规范编号
100	桂林葡萄	广西	桂林市水果生产办公室	桂林市所辖荔浦县、平乐县、恭城县、阳朔县、永福县、灵川县、兴安县、全州县、灌阳县、龙胜县、资源县、临桂区、雁山区共计 13 个县（区）132 个乡镇。地理坐标为东经 109°36′～111°29′，北纬 24°15′～26°23′	AGI2018-01-2343
101	北流荔枝	广西	北流市农村经济经营管理站	北流市所辖新荣镇、民安镇、山围镇、民乐镇、西埌镇、新圩镇、大里镇、北流镇、塘岸镇、清水口镇、隆盛镇、大坡外镇、六麻镇、平政镇、新丰镇、沙垌镇、扶新镇、白马镇、大伦镇、六靖镇、石窝镇、清湾镇共计 22 个乡镇。地理坐标为东经 110° 07′ ～ 110° 47′，北纬 22°08′～22°55′	AGI2018-01-2344
102	八步南乡鸭	广西	八步区畜牧饲料与草地监理站	贺州市八步区所辖南乡镇、开山镇、桂岭镇、大宁镇共计 4 个镇。地理坐标为东经 111°37′21″～112°03′26″，北纬 24°15′19″～24°48′08″	AGI2018-01-2345
103	德保矮马	广西	德保县矮马保种繁育管理中心	百色市德保县所辖城关镇、敬德镇、马隘镇、足荣镇、隆桑镇、那甲乡、巴头乡、东凌乡、燕峒乡、龙光乡、荣华乡、都安乡共计 12 个乡镇。地理坐标为东经 106° 09′ ～ 106° 59′，北纬 23°01′～23°39′	AGI2018-01-2346
104	平果桂中花猪	广西	平果县畜牧技术推广站	百色市平果县所辖马头镇、新安镇、果化镇、太平镇、四塘镇、坡造镇、旧城镇、海城乡、凤梧镇、榜圩镇、黎明乡、同老乡共计 12 个乡镇。地理坐标为东经 107° 53′ ～ 108° 18′，北纬 23°12′～23°54′	AGI2018-01-2347
105	钦州石斑鱼	广西	钦州市水产技术推广站	钦州市所辖钦州港区、三娘湾区，钦南区的龙门镇、康熙岭镇、尖山镇、大番坡镇、沙埠镇、犀牛脚镇、那丽镇、东场镇。地理坐标为东经 108°27′35.12″～108°57′28.05″，北纬 21°35′20.62″～21°51′34.13″	AGI2018-01-2348
106	昌江芒果	海南	昌江黎族自治县芒果协会	昌江黎族自治县所辖石碌镇、十月田镇、乌烈镇、昌化镇、海尾镇、叉河镇、七叉镇、王下乡、国营红田农场、国营红林农场共计 8 个乡镇 2 个农场。地理坐标为东经 108°38′～109°17′，北纬 18°53′～19°30′	AGI2018-01-2349
107	保亭红毛丹	海南	保亭黎族苗族自治县热带作物发展中心	保亭县所辖保城镇、三道镇、加茂镇、什玲镇、新政镇、响水镇、毛感乡、南林乡、六弓乡、七仙岭农场、新星农场、国营金江农场、国营三道农场共计 13 个乡镇（农场）。地理坐标为东经 109°21′～109°48′，北纬 18°23′～18°53′	AGI2018-01-2350
108	五指山五脚猪	海南	五指山市农业协会	五指山市所辖通什镇、毛阳镇、南圣镇、番阳镇、水满乡、畅好乡、毛道乡、市畅好农场、海胶集团畅好橡胶站共计 7 个乡镇 1 个农场 1 个橡胶站 59 个行政村。地理坐标为东经 109°19′～109°44′，北纬 18°38′～19°02′	AGI2018-01-2351

（续）

序号	产品名称	所在地域	申请人全称	划定的地域保护范围	质量控制技术规范编号
109	万宁东山羊	海南	万宁东山羊协会	万宁市所辖万城镇、龙滚镇、山根镇、和乐镇、后安镇、大茂镇、东澳镇、礼纪镇、长丰镇、北大镇、南桥镇、三更罗镇共计12个镇。地理坐标为东经110°00′～110°34′，北纬18°35′～19°06′	AGI2018-01-2352
110	石山雍羊	海南	海口市秀英区农技中心	海口市秀英区所辖石山镇、永兴镇共计2个镇（社区）19个行政村。地理坐标为东经110°08′01″～110°18′35″，北纬19°47′24″～19°58′17″	AGI2018-01-2353
111	海南罗非鱼	海南	海南省水产流通加工协会	海南省所辖海口市、儋州市、文昌市、琼海市、万宁市、定安县、屯昌县、澄迈县、临高县、白沙县、琼中县共计11个市县。地理坐标为东经108°56′～111°03′，北纬18°35′～20°10′	AGI2018-01-2354
112	双流永安葡萄	四川	成都市双流区农业技术推广中心	成都市双流区所辖东升街道、西航港街道、九江街道、黄甲街道、公兴街道、协和街道、彭镇、金桥镇、黄水镇、永安镇、胜利镇、黄龙溪镇共计12个镇（街道）134个行政村（社区）。地理坐标为东经103°47′～104°09′，北纬30°20′～30°39′	AGI2018-01-2355
113	黑水大蒜	四川	黑水县农业畜牧和水务局土肥站	阿坝州黑水县所辖芦花镇、沙石多乡、麻窝乡、慈坝乡、洛多乡、龙坝乡、维古乡、色尔古镇、卡龙镇、双溜索乡、石碉楼乡、瓦钵乡、扎窝乡、晴朗乡、木苏乡、红岩乡、知木林乡共计17个乡镇124个村。地理坐标为东经102°35′～103°30′，北纬31°35′～32°38′	AGI2018-01-2356
114	修文猕猴桃	贵州	修文县猕猴桃产业发展局	贵阳市修文县所辖谷堡乡、龙场镇、六广镇、六桶镇、小箐乡、洒坪镇、六屯镇、大石乡、扎佐镇、久长镇共计10个乡镇。地理坐标为东经106°21′～106°53′，北纬26°45′～27°12′	AGI2018-01-2357
115	赫章樱桃	贵州	赫章县土肥站	毕节市赫章县所辖城关镇、白果镇、妈姑镇、财神镇、六曲河镇、野马川镇、达依乡、水塘乡、兴发乡、松林乡、雉街乡、珠市乡、罗州乡、双坪乡、可乐乡、辅处乡、铁匠乡、河镇乡、安乐乡、朱明乡、结构乡、德卓乡、古基乡、哲庄乡、平山乡、古达乡、威奢乡共计27个乡镇。地理坐标为东经104°10′28″～105°01′23″，北纬26°46′12″～27°28′18″	AGI2018-01-2358
116	凯里平良贡米	贵州	凯里市大风洞镇农业服务中心	黔东南苗族侗族自治州凯里市所辖大风洞镇、炉山镇、万潮镇、龙场镇、溪湾街道、湾水镇、旁海镇、凯棠镇共计8个乡镇（街道）。地理坐标为东经108°09′48″～108°15′05″，北纬26°58′14″～27°20′16″	AGI2018-01-2359

（续）

序号	产品名称	所在地域	申请人全称	划定的地域保护范围	质量控制技术规范编号
117	务川白山羊	贵州	务川县仡佬族苗族自治县草地生态畜牧业发展中心	遵义市务川县所辖都濡镇、涪洋镇、黄都镇、丰乐镇、大坪镇、镇南镇、砚山镇、浞水镇、茅天镇、柏村镇、蕉坝乡、分水乡、泥高乡、石朝乡、红丝乡共计 15 个乡镇。地理坐标为东经 107°31′～108°13′，北纬 28°11′～29°05′	AGI2018-01-2360
118	镇巴树花菜	陕西	镇巴县园艺站	汉中市镇巴县所辖泾洋镇、小洋镇、渔渡镇、盐场镇、赤南镇、巴山镇、观音镇、兴隆镇、巴庙镇、平安镇、碾子镇、长岭镇、仁村镇、三元镇、黎坝镇、简池镇、永乐镇、大池镇、青水镇、杨家河镇共计 20 个镇（办）183 个行政村。地理坐标为东经 107° 25′ ～ 108° 16′，北纬 32°08′～32°50′	AGI2018-01-2361
119	镇巴香菇	陕西	陕西省镇巴县食用菌技术服务推广站	汉中市镇巴县所辖泾洋镇、杨家河镇、小洋镇、渔渡镇、赤南镇、盐场镇、巴山镇、平安镇、巴庙镇、兴隆镇、观音镇、碾子镇、长岭镇、仁村镇、三元镇、黎坝镇、简池镇、永乐镇、大池镇、青水镇共计 20 个镇（办）183 个行政村。地理坐标为东经 107°25′30″～108°16′42″，北纬 32°08′54″～32°50′42″	AGI2018-01-2362
120	镇巴黑木耳	陕西	陕西省镇巴县食用菌技术服务推广站	汉中市镇巴县所辖泾洋镇、杨家河镇、小洋镇、渔渡镇、赤南镇、盐场镇、巴山镇、平安镇、巴庙镇、兴隆镇、观音镇、碾子镇、长岭镇、仁村镇、三元镇、黎坝镇、简池镇、永乐镇、大池镇、青水镇共计 20 个镇（办）183 个行政村。地理坐标为东经 107°25′30″～108°16′42″，北纬 32°08′54″～32°50′42″	AGI2018-01-2363
121	宁陕猪苓	陕西	宁陕县农业技术推广中心	安康市宁陕县所辖城关镇、江口镇、金川镇、广货街镇、四亩地镇、筒车湾镇、梅子镇、太山庙镇、龙王镇、新场镇、皇冠镇共计 11 个镇 68 个行政村。地理坐标为东经 108°02′～108°56′，北纬 33°07′～33°50′	AGI2018-01-2364
122	宁陕天麻	陕西	宁陕县农业技术推广中心	安康市宁陕县所辖城关镇、江口镇、金川镇、广货街镇、四亩地镇、筒车湾镇、梅子镇、太山庙镇、龙王镇、新场镇、皇冠镇共计 11 个镇 68 个行政村。地理坐标为东经 108°02′～108°56′，北纬 33°07′～33°50′	AGI2018-01-2365
123	户县葡萄	陕西	西安市鄠邑区农产品质量安全检验监测中心	西安市鄠邑区所辖草堂镇、庞光镇、余下镇、石井镇、蒋村镇、祖庵镇、玉蝉镇、甘河镇、涝店镇、渭丰镇、大王镇、秦渡镇、五竹镇、甘亭街道办事处共计 14 个镇（街道）和森林旅游景区管理局 499 个行政村。地理坐标为东经 108°22′～108°46′，北纬 33°46′～34°16′	AGI2018-01-2366

（续）

序号	产品名称	所在地域	申请人全称	划定的地域保护范围	质量控制技术规范编号
124	天水连翘	甘肃	天水市中药材种植业协会	天水市所辖秦州区、清水县、武山县、麦积区、甘谷县、秦安县、张家川县共计7个县（区）43个乡镇。地理坐标为东经104°35′～106°44′，北纬34°05′～35°10′	AGI2018-01-2367
125	临洮马铃薯	甘肃	临洮县农业技术推广中心	定西市临洮县所辖洮阳镇、八里铺镇、新添镇、辛店镇、太石镇、中铺镇、红旗乡、上营乡、峡口镇、龙门镇、窑店镇、康家集乡、连儿湾乡、站滩乡、漫洼乡、玉井镇、衙下集镇、南屏镇共计18个乡镇323个行政村。地理坐标为东经103°27′～104°19′，北纬35°03′～35°56′	AGI2018-01-2368
126	平川甜瓜	甘肃	白银市平川区农业技术推广中心	白银市平川区所辖黄峤镇、宝积镇、共和镇、水泉镇、王家山镇共计5个镇17个行政村。地理坐标为东经104°35′～105°08′，北纬36°35′～36°56′	AGI2018-01-2369
127	平川山羊肉	甘肃	白银市平川区畜牧兽医局	白银市平川区所辖水泉镇、宝积镇、王家山镇、黄峤镇共计4个镇14个行政村。地理坐标为东经104°18′～105°26′，北纬36°10′～37°00′	AGI2018-01-2370
128	武都崖蜜	甘肃	陇南市武都区电子商务中心	陇南市所辖武都区、徽县、文县、两当县、成县、康县、宕昌县、礼县、西和县共计9个县（区）105个乡镇。包括武都区的34个乡镇；徽县的8个乡镇；文县的13个乡镇；两当县的13个乡镇；成县的5个乡镇；康县的9个乡镇；宕昌县的12个乡镇；礼县的6个乡镇；西和县的5个乡镇。地理坐标为东经104°01′～106°35′，北纬32°38′～34°31′	AGI2018-01-2371
129	沙坡头苹果	宁夏	中卫市苹果产业协会	中卫市所辖镇罗镇、滨河镇、东园镇、柔远镇、永康镇、宣和镇、迎水桥镇、文昌镇、兴仁镇、常乐镇、香山乡共计11个乡镇。地理坐标为东经104°17′52″～105°33′38″，北纬36°29′50″～37°42′20″	AGI2018-01-2372
130	宁夏菜心	宁夏	宁夏蔬菜产销协会	宁夏回族自治区辖区内的5个市18个县（市、区），包括银川市的金凤区、西夏区、贺兰县、永宁县、灵武市；石嘴山市的惠农区、大武口区、平罗县；吴忠市的利通区、青铜峡市、盐池县；中卫市的沙坡头区、中宁县、海原县；固原市的原州区、彭阳县、西吉县、隆德县。地理坐标为东经104°17′～107°39′，北纬35°14′～39°23′	AGI2018-01-2373
131	尉犁罗布麻茶	新疆	尉犁县农业技术推广中心	巴音郭楞蒙古自治州尉犁县所辖古勒巴格乡、塔里木乡、兴平乡、墩阔坦乡、团结镇、喀尔曲尕乡、尉犁镇、阿克苏甫乡、肖唐管委会、尉北管委会共计8个乡镇2个管委会50个行政村。地理坐标为东经84°02′50″～89°58′50″，北纬40°10′30″～41°39′47″	AGI2018-01-2374

（续）

序号	产品名称	所在地域	申请人全称	划定的地域保护范围	质量控制技术规范编号
132	吉木萨尔鸡	新疆	吉木萨尔县动物疾病预防与控制中心	吉木萨尔县所辖新地乡、大有镇、泉子街镇、二工镇、三台镇、老台乡、庆阳湖乡共计7个乡镇。地理坐标为东经88°30′～89°15′，北纬43°30′～44°02′	AGI2018-01-2375
133	新疆兵团五团苹果	新疆兵团	新疆生产建设兵团第一师五团	新疆兵团第一师五团所辖1连、2连、3连、4连、5连、6连、7连、8连、9连、10连、11连、12连、13连、14连、15连、16连、17连、18连共计18个农业单位。地理坐标为80°41′15″～80°53′00″，北纬41°12′30″～41°24′30″	AGI2018-01-2376
134	炮台甜瓜	新疆兵团	新疆生产建设兵团第八师一二一团	新疆兵团第八师一二一团所辖1连、3连、7连、8连、12连、13连、14连、19连、20连、23连、34连、35连、36连、38连、农场办共计15个农业单位。地理坐标为85°22′27.12″～85°37′57.97″，北纬44°42′41.5″～44°55′09.52″	AGI2018-01-2377
135	达因苏牛肉	新疆兵团	新疆生产建设兵团第九师一六五团	新疆兵团第九师一六五团所辖1连、2连、3连、4连、5连、6连、7连、8连共计8个农牧业连队。地理坐标为84°11′35″～84°35′50″，北纬46°51′19″～46°56′45″	AGI2018-01-2378

中华人民共和国农业农村部公告　第40号

根据《农产品地理标志管理办法》规定，阳原县农业管理中心等单位申请对“阳原鹦哥绿豆”等73个产品实施国家农产品地理标志登记保护。经过初审、专家评审和公示，符合农产品地理标志登记程序和条件，准予登记，特颁发中华人民共和国农产品地理标志登记证书（见附件1）。

另，“水城猕猴桃”等8个获证产品申请登记证书信息变更。经专家委员会审定及公示，符合《农产品地理标志管理办法》和《农产品地理标志登记程序》规定要求，准予变更。现重新核发中华人民共和国农产品地理标志登记证书（见附件2），原登记证书收回注销。

特此公告。

附件：1. 2018年第二批农产品地理标志登记产品公告信息

2. 农产品地理标志登记产品信息变更一览表

农业农村部

2018年7月3日

附件 1

2018 年第二批农产品地理标志登记产品公告信息

序号	产品名称	所在地域	申请人 全称	划定的地域 保护范围	质量控制技术 规范编号
1	阳原鹦哥绿豆	河北	阳原县农业管理中心	张家口市阳原县所辖高墙乡、化稍营镇、三马坊乡、东城镇、井儿沟乡、东坊城堡乡、西城镇、要家庄乡、东井集镇、揣骨疃镇、浮图讲乡、马圈堡乡、辛堡乡、大田洼乡共计 14 个乡（镇）301 个行政村。地理坐标为东经113°54′09″～114°48′21″，北纬 39°53′33″～40°22′51″	AGI2018-02-2379
2	泽州黄小米	山西	泽州县高都镇农业技术服务中心	晋城市泽州县高都镇所辖大兴、北上矿、大路、善获、丰头、麻峪、岭上等 60 个行政村。地理坐标为东经 112°53′～113°24′，北纬35°32′～35°37′	AGI2018-02-2380
3	兴县小米	山西	吕梁市杂粮行业协会	吕梁市兴县所辖蔡家会镇、圪达上乡、贺家会乡、罗峪口镇、赵家坪乡、孟家坪乡、固贤乡、康宁镇、蔡家崖乡、奥家湾乡、高家村镇、蔚汾镇共计 12 个乡（镇）。地理坐标为东经 110°28′55″～110°33′00″，北纬 38°05′40″～38°43′50″	AGI2018-02-2381
4	固阳荞麦	内蒙古	固阳县农牧业研究中心	包头市固阳县所辖金山镇、西斗铺镇、下湿壕镇、银号镇、怀朔镇、兴顺西镇、锦绣街道办事处、金山工业园区共计 7 个乡镇（街道）1 个工业园区 82 个村（居）委会。地理坐标为东经 109°40′～110°41′，北纬 40°02′～41°29′	AGI2018-02-2382
5	库伦荞麦	内蒙古	库伦旗农产品质量安全监督管理站	通辽市库伦旗所辖库伦镇、先进苏木、白音花镇、水泉乡、扣河子镇、六家子镇、额勒顺镇、茫汗苏木、养畜牧林场共计 9 个乡镇（苏木、场）187 个嘎查（村）。地理坐标为东经121°09′～122°21′，北纬 42°21′～43°14′	AGI2018-02-2383
6	察右前旗甜菜	内蒙古	察右前旗农畜产品质量安全检验检测站	乌兰察布市察右前旗所辖土贵乌拉镇、平地泉镇、巴音镇、玫瑰营镇、黄旗海镇、乌拉哈乡、三岔口乡共计 7 个乡（镇）50 个行政村。地理坐标为东经 112°48′～113°40′，北纬 40°41′～41°13′	AGI2018-02-2384
7	本溪软枣猕猴桃	辽宁	本溪满族自治县农业技术推广中心	本溪市本溪满族自治县所辖小市镇、碱厂镇、南甸镇、田师付镇、东营坊乡、草河掌镇、连山关镇、草河口镇、草河城镇、清河城镇、高官镇、农牧场、观音阁街道办事处共计 13 个乡镇（街道、场）98 个行政村。地理坐标为东经 123°34′53″～124°45′42″，北纬 40°48′50″～41°33′50″	AGI2018-02-2385

（续）

序号	产品名称	所在地域	申请人全称	划定的地域保护范围	质量控制技术规范编号
8	兴城蜂蜜	辽宁	兴城市畜牧技术推广站	葫芦岛市兴城市所辖药王乡、旧门乡、三道沟乡、碱厂乡、围屏乡、南大乡、大寨乡、刘台子乡、望海乡、白塔乡、元台子乡、羊安乡、高家岭镇、徐大堡镇、红崖子镇、郭家镇、东辛庄镇、沙后所镇、曹庄镇、菊花街道、华山街道、城东街道、宁远街道、古城街道共计 24 个乡镇（街道）230 个行政村。地理坐标为东经120°06′～120°50′，北纬 40°16′～40°50′	AGI2018-02-2386
9	大安黄菇娘	吉林	大安市农业产业化服务中心	大安市所辖太山镇、龙沼镇、舍力镇、烧锅镇乡、叉干镇、丰收镇、乐胜乡、安广镇、月亮泡镇、红岗子乡、联合乡、新平安镇共计 12 个乡（镇）44 个村。地理坐标为东经 123°09′48″～124°21′56″，北纬 44°57′02″～45°46′54″	AGI2018-02-2387
10	黑垦友谊西瓜	黑龙江	友谊农场绿色食品协会	黑龙江省农垦红兴隆管理局所辖友谊农场管辖内的十一个农业管理区。地理坐标为东经 132°15′38″～137°27′50″，北纬 46°28′15″～46°58′39″	AGI2018-02-2388
11	集贤大豆	黑龙江	集贤县农业技术推广中心	双鸭山市集贤县所辖福利镇、集贤镇、升昌镇、太平镇、丰乐镇、永安乡、兴安乡、腰屯乡共计 8 个乡（镇）。地理坐标为东经130°39′30″～132°14′50″，北纬 46°29′05″～47°04′03″	AGI2018-02-2389
12	佳木斯木耳	黑龙江	佳木斯市食用菌产业发展办公室	佳木斯市所辖富锦市、同江市、桦川县、桦南县、汤原县、佳木斯市郊区、东风区、向阳区、前进区共计 9 个县（市、区）。地理坐标为东经 129°29′～135°05′，北纬 45°56′～48°28′	AGI2018-02-2390
13	呼兰马铃薯	黑龙江	哈尔滨市呼兰区农业技术推广中心	哈尔滨市呼兰区所辖杨林乡、许堡乡、孟家乡、白奎镇、石人镇、方台镇、二八镇、大用镇、莲花镇、腰堡街道、呼兰街道、兰河街道、建设路街道、沈家街道、康金街道、长岭街道、双井街道、公园路街道共计 18 个乡镇（街道）。地理坐标为东经 126°25′～127°19′，北纬 45°58′～46°25′	AGI2018-02-2391
14	万宝镇大米	黑龙江	哈尔滨市松北区稻米协会	哈尔滨市松北区所辖万宝镇、对青山镇、松北镇、乐业镇、松浦镇共计 5 个镇 46 个行政村。地理坐标为东经 125°42′～130°40′，北纬 44°04′～46°40′	AGI2018-02-2392
15	雁窝岛黑猪肉	黑龙江	黑龙江雁窝岛生猪养殖协会	黑龙江省农垦红兴隆管理局所辖黑龙江省八五三农场。地理坐标为东经 132°38′～133°14′，北纬 46°21′～46°49′	AGI2018-02-2393

（续）

序号	产品名称	所在地域	申请人全称	划定的地域保护范围	质量控制技术规范编号
16	花园酥梨	江苏	宿迁市宿城区王官集镇农业经济技术服务中心	宿迁市宿城区王官集镇所辖花园村、苗圩村、万林村、王集社区、九城村共计5个村（居）。地理坐标为东经118°05′43″～118°07′16″，北纬33°57′42″～34°00′15″	AGI2018-02-2394
17	海门大红袍赤豆	江苏	海门市作物栽培技术指导站	南通市海门市所辖海门街道、滨江街道、三厂街道、三星镇、临江镇、包场镇、常乐镇、悦来镇、余东镇、四甲镇、正余镇、海永镇共计12个镇（街道）。地理坐标为东经121°04′～121°32′，北纬31°46′～32°09′	AGI2018-02-2395
18	启东沙地山药	江苏	启东市高效设施农业协会	南通市启东市所辖汇龙镇、北新镇、惠萍镇、寅阳镇、东海镇、近海镇、南阳镇、海复镇、合作镇、王鲍镇、吕四港镇、启隆乡共计12个乡（镇）。地理坐标为东经121°25′40″～121°54′30″，北纬31°41′06″～32°16′19″	AGI2018-02-2396
19	永康舜芋	浙江	永康市舜芋技术协会	金华市永康市所辖前仓镇、石柱镇、舟山镇、方岩镇、西溪镇、花街镇、象珠镇、唐先镇、龙山镇、芝英镇、古山镇、江南街道、东城街道、西城街道、经济开发区、城西新区共计16个镇（街道、区）710个行政村。地理坐标为东经119°53′38″～120°00′40″，北纬28°45′31″～29°06′19″	AGI2018-02-2397
20	杨柳荸荠	安徽	庐江县白湖镇农业技术推广服务站	合肥市庐江县白湖镇所辖杨柳村、西城村、国安村、杭头村、青帘村、吴渡村、梅山村、白湖村、顺港村、胡榜村、六岗村、邓湖村、泉水村、陶冲村、毛咀村、孙咀村、白湖社区、金湾社区、裴岗社区共计19个村（社区）。地理坐标为东经117°20′13″～117°33′23″，北纬31°09′38″～31°18′18″	AGI2018-02-2398
21	黟县石墨茶	安徽	黟县农业技术推广中心	黄山市黟县所辖碧阳镇、宏村镇、西递镇、渔亭镇、柯村镇、美溪乡、宏潭乡、洪星乡共计8个乡（镇）61个行政村。地理坐标为东经117°38′30″～118°06′00″，北纬29°47′00″～30°11′30″	AGI2018-02-2399
22	桐城小花	安徽	桐城市小花茶叶开发工程指挥部办公室	桐城市所辖大关镇、吕亭镇、黄甲镇、唐湾镇、青草镇、龙眠街道办、文昌街道办共计7个镇（街道）33个村。地理坐标为东经116°40′～117°09′，北纬30°39′～31°16′	AGI2018-02-2400

（续）

序号	产品名称	所在地域	申请人全称	划定的地域保护范围	质量控制技术规范编号
23	霍山黄芽	安徽	霍山县茶叶产业协会	六安市霍山县所辖衡山镇、佛子岭镇、黑石渡镇、诸佛庵镇、落儿岭镇、漫水河镇、上土市镇、太平畈乡、太阳乡、大化坪镇、磨子潭镇、东西溪乡、单龙寺镇、但家庙镇、下符桥镇、与儿街镇、经济开发区、高桥湾现代农业产业园共计 16 个乡（镇）1 个开发区 1 个产业园 135 个村。地理坐标为东经 115°52′～116°32′，北纬 31°03′～31°33′	AGI2018-02-2401
24	白莲坡贡米	安徽	怀远县科学种植养殖发展协会	蚌埠市怀远县所辖白莲坡镇、兰桥乡、荆山镇共计 3 个乡（镇）61 个行政村。地理坐标为东经 116°52′25″～117°11′21″，北纬 32°50′06″～33°00′39″	AGI2018-02-2402
25	烟台大花生	山东	烟台市农业技术推广中心	烟台市所辖芝罘区、莱山区、福山区、牟平区、开发区、高新区、蓬莱市、龙口市、莱州市、招远市、栖霞市、莱阳市、海阳市、昆嵛山自然保护区共计 14 个县（市、区）146 个乡镇（街道）6097 个行政村。地理坐标为东经 119°34′～121°57′，北纬 36°16′～37°50′	AGI2018-02-2403
26	惠民蜜桃	山东	惠民县大陈年镇农业综合服务站	滨州市惠民县大年陈镇所辖 25 个行政村。地理坐标为东经 117°27′～117°35′，北纬 37°07′～37°12′	AGI2018-02-2404
27	柘山板栗	山东	安丘市柘山镇农业综合服务中心	安丘市柘山镇所辖 26 个行政村。地理坐标为东经 118°57′06″～118°59′00″，北纬 36°08′56″～36°12′47″	AGI2018-02-2405
28	烟台苹果	山东	烟台市苹果协会	烟台市所辖芝罘区、莱山区、福山区、牟平区、开发区、高新区、蓬莱市、龙口市、莱州市、招远市、栖霞市、莱阳市、海阳市、长岛县、昆嵛山自然保护区共计 15 个县（市、区）154 个乡镇（街道）6137 个行政村。地理坐标为东经 119°34′～121°57′，北纬 36°16′～38°23′	AGI2018-02-2406
29	洪山菜薹	湖北	武汉市洪山区洪山菜薹产业协会	武汉市洪山区所辖洪山街道、九峰街道、青菱街道、花山街道、八吉府街道、左岭街道、天兴乡共计 7 个街道（乡）59 个村。地理坐标为东经 114°08′～114°37′，北纬 30°32′～30°42′	AGI2018-02-2407
30	杨林沟芋头	湖北	汉川市杨林沟镇农业服务中心	汉川市杨林沟镇所辖柏枝村、头首村、二首村、白鱼村、裴家洲村、杨林村、蒋宜村、新林村共计 8 个村。地理坐标为东经 113°37′07″～113°40′16″，北纬 30°30′07″～30°33′08″	AGI2018-02-2408
31	随州香菇	湖北	随州市食用菌协会	随州市所辖随县、广水市、曾都区共计 3 个县（市、区）33 个镇（场、办事处）778 个行政村。地理坐标为东经 112°43′～113°46′，北纬 31°19′～32°26′	AGI2018-02-2409

（续）

序号	产品名称	所在地域	申请人全称	划定的地域保护范围	质量控制技术规范编号
32	安福寺白桃	湖北	枝江市安福寺农业服务中心	枝江市所辖安福寺镇、仙女镇、董市镇共计 3 个镇 17 个行政村。地理坐标为东经111°35′09″～111°44′49″，北纬 30°25′54″～30°31′52″	AGI2018-02-2410
33	松滋鸡	湖北	松滋市土特产品产销协会	松滋市所辖新江口镇、八宝镇、沙道观镇、涴市镇、南海镇、老城镇、陈店镇、王家桥镇、斯家场镇、杨林市镇、纸厂河镇、街河市镇、洈水镇、刘家场镇、万家乡、卸甲坪乡共计 16 个乡（镇）234 个村。地理坐标为东经 110°14′～112°03′，北纬 29°53′～30°22′	AGI2018-02-2411
34	长沙绿茶	湖南	长沙市茶业协会	长沙市所辖长沙县、望城区、浏阳市、宁乡市共计 4 个县（市、区）39 个乡镇（街道）。包括长沙县的金井镇（含双江镇）、高桥镇、路口镇、春华镇、果园镇、北山镇、福临镇、开慧镇（含白沙乡）、青山铺镇、安沙镇、江背镇、黄花镇 12 个镇；望城区的靖港镇（含格塘镇）、乌山街道、茶亭镇、白箬铺镇 4 个镇（街道）；浏阳市的淳口镇、大围山乡、官渡镇、大瑶镇、社港镇、太平桥镇、沙市、蕉溪乡、北盛镇、官桥镇、镇头镇、永安镇 12 个乡镇；宁乡市的沩山乡、花明楼镇、巷子口镇、横市、黄材镇、回龙铺镇、历经铺乡、双江口镇、大屯营镇、喻家坳乡、金洲镇 11 个乡镇。地理坐标为东经 111°57′25″～114°09′46″，北纬 27°55′52″～28°35′35″	AGI2018-02-2412
35	江永香米	湖南	江永县桃川洞名特优新产品开发区管理委员会	永州市江永县源口瑶族乡所辖黄土坳村、小河边村、上村、八角亭村、七工岭村、公朝村、大坪岗村共计 7 个村。地理坐标为东经111°04′32″～111°05′17″，北纬 24°59′55″～25°01′53″	AGI2018-02-2413
36	江垭峡谷鳙鱼	湖南	慈利县畜牧水产局	张家界市慈利县江垭水库主体水域。地理坐标为东经110°36′06.19″～110°45′08.37″，北纬 29°32′22.63″～29°35′48.46″	AGI2018-02-2414
37	顺德国兰	广东	佛山市顺德区国兰协会	佛山市顺德区所辖大良街道、容桂街道、伦教街道、勒流街道、北滘镇、陈村镇、杏坛镇、乐从镇、均安镇、龙江镇共计 10 个镇（街道）。地理坐标为东经 113°00′～113°23′，北纬 22°40′～23°01′	AGI2018-02-2415
38	阳山西洋菜	广东	阳山县农业科学研究所	清远市阳山县所辖阳城镇、大崀镇、小江镇、江英镇、秤架乡、岭背镇、黎埠镇、七拱镇、青莲镇共计 9 个乡（镇）。地理坐标为东经 112°22′01″～113°01′06″，北纬 23°58′47″～24°55′52″	AGI2018-02-2416

（续）

序号	产品名称	所在地域	申请人全称	划定的地域保护范围	质量控制技术规范编号
39	德庆何首乌	广东	德庆县农业技术推广中心	肇庆市德庆县所辖德城街道办、新圩镇、官圩镇、马圩镇、悦城镇、武垄镇、播植镇、九市镇、莫村镇、高良镇、回龙镇、凤村镇、永丰镇共计13个镇（街道）。地理坐标为东经111°31′～112°15′，北纬23°04′～23°30′	AGI2018-02-2417
40	德庆巴戟	广东	德庆县农业技术推广中心	肇庆市德庆县所辖德城街道办、新圩镇、官圩镇、马圩镇、悦城镇、武垄镇、播植镇、九市镇、莫村镇、高良镇、回龙镇、凤村镇、永丰镇共计13个镇（街道）。地理坐标为东经111°31′～112°15′，北纬23°04′～23°30′	AGI2018-02-2418
41	阳山鸡	广东	阳山县畜牧技术推广站	清远市阳山县所辖阳城镇、大崀镇、小江镇、江英镇、秤架乡、岭背镇、黎埠镇、七拱镇、青莲镇、黄坌镇、杜步镇、太平镇、杨梅镇共计13个乡（镇）。地理坐标为东经112°22′01″～113°01′06″，北纬23°58′47″～24°55′52″	AGI2018-02-2419
42	靖西大果山楂	广西	靖西市水果生产办公室	百色市靖西市所辖新靖镇、化峒镇、同德乡、湖润镇、岳圩镇、壬庄乡、龙邦镇、安宁乡、地州镇、禄峒镇、吞盘乡、南坡乡、安德镇、龙临镇、果乐乡、新甲乡、武平镇、渠洋镇、魁圩乡共计19个乡（镇）282个行政村。地理坐标为东经105°56′～106°48′，北纬22°51′～23°34′	AGI2018-02-2420
43	大化白玉薯	广西	大化瑶族自治县农业技术推广站	河池市大化瑶族自治县所辖板升乡、七百弄乡、雅龙乡、共和乡、贡川乡、六也乡、百马乡、古河乡、乙圩乡、岩滩镇、都阳镇、江南乡、古文乡、北景镇共计14个乡（镇）82个行政村。地理坐标为东经107°19′52″～108°02′27″，北纬23°33′17″～24°22′17″	AGI2018-02-2421
44	桂林罗汉果	广西	桂林市经济作物技术推广站	桂林市阳朔县、灵川县、全州县、兴安县、永福县、灌阳县、龙胜县、资源县、平乐县、荔浦县、恭城县、雁山区、七星区、临桂区共计14个县（区）131个乡镇。地理坐标为东经109°36′50″～111°29′30″，北纬24°15′23″～26°23′30″	AGI2018-02-2422
45	七百弄山羊	广西	大化瑶族自治县畜牧管理站	河池市大化瑶族自治县所辖七百弄乡、雅龙乡、板升乡、大化镇、都阳镇、北景镇、岩滩镇、共和乡、贡川乡、六也乡、百马乡、古文乡、古河乡、江南乡、羌圩乡、乙圩乡共计16个乡（镇）。地理坐标为东经107°20′15″～108°02′14″，北纬23°56′16″～24°22′15″	AGI2018-02-2423

（续）

序号	产品名称	所在地域	申请人全称	划定的地域保护范围	质量控制技术规范编号
46	琼中山鸡	海南	琼中黎族苗族自治县山鸡养殖协会	琼中黎族苗族自治县所辖营根镇、长征镇、黎母山镇、中平镇、和平镇、湾岭镇、红毛镇、什运乡、上安乡、吊罗山乡共计10个乡（镇）。地理坐标为东经109°31′～110°09′，北纬18°43′～19°25′	AGI2018-02-2424
47	资中血橙	四川	资中县果树站	内江市资中县所辖重龙镇、水南镇、明心寺镇、银山镇、公民镇、陈家镇、宋家镇、双河镇、板栗椏镇、新桥镇、兴隆街镇、鱼溪镇、金李井镇、铁佛镇、高楼镇、归德镇、甘露镇、球溪镇、顺河场镇、走马镇、罗泉镇、龙结镇、配龙镇、发轮镇、龙江镇、孟塘镇、骝马镇、双龙镇、马鞍镇、狮子镇、太平镇、龙山镇、苏家湾镇共计33个镇391个村。地理坐标为东经104°27′～105°07′，北纬29°34′～30°24′	AGI2018-02-2425
48	天府龙芽	四川	四川省川茶品牌促进会	四川省辖区内11个设区市32个县（市、区），包括成都市的蒲江县、邛崃市、都江堰市3个县市；眉山市的洪雅县1个县；乐山市的夹江县、沐川县、马边县、犍为县、峨眉山市5个县市；雅安市的雨城区、名山县、宝兴县、芦山县、荥经县5个县区；宜宾市的翠屏区、珙县、高县、筠连县、宜宾县、屏山县6个县区；自贡市的荣县1个县；泸州市的纳溪区、叙永县2个县区；绵阳市北川县、平武县2个县；广元市的青川县、旺苍县2个县；达州市的宣汉县、万源市2个县市；巴中市的通江县、南江县、平昌县3个县。地理坐标为东经102°20′～108°32′，北纬27°42′～33°02′	AGI2018-02-2426
49	石渠白菌	四川	石渠县农业技术推广和土壤肥料站	甘孜藏族自治州石渠县所辖色须镇、尼呷镇、德荣玛乡、长沙贡玛乡、呷衣乡、格孟乡、蒙宜镇、新荣乡、宜牛乡、虾扎镇、起坞乡、阿日扎乡、长须贡玛乡、长须干玛乡、长沙干玛乡、温波镇、瓦须乡、国营牧场共计18个乡镇（场）113个村。地理坐标为东经97°20′～99°15′，北纬32°19′～34°20′	AGI2018-02-2427
50	乡城藏猪	四川	乡城县畜牧站	甘孜藏族自治州乡城县所辖尼斯镇、青德镇、青麦乡、然乌乡、洞松乡、水洼乡、沙贡乡、香巴拉镇、白依乡、热打乡、正斗乡、定波乡共计12个乡镇89个村。地理坐标为东经99°22′～100°04′，北纬28°34′～29°39′	AGI2018-02-2428

（续）

序号	产品名称	所在地域	申请人全称	划定的地域保护范围	质量控制技术规范编号
51	乐至黑山羊	四川	乐至县畜牧兽医协会	资阳市乐至县童家镇、高寺镇、中天镇、大佛镇、良安镇、金顺镇、劳动镇、全胜乡、石佛镇、龙门乡、宝林镇、蟠龙镇、天池镇、佛星镇、孔雀乡、东山镇、回澜镇、石湍镇、双河场乡、通旅镇、中和场镇、龙溪乡、盛池乡、凉水乡、放生乡共计 25 个乡镇。地理坐标为东经 104°47′～105°17′，北纬 30°02′～30°38′	AGI2018-02-2429
52	茅坪香桔	贵州	锦屏县农产品质量安全监管站	黔东南苗族侗族自治州锦屏县所辖茅坪镇、三江镇、平略镇、大同乡、铜鼓镇、敦寨镇、新化乡、隆里乡、钟灵乡共计 9 个乡（镇）。地理坐标为东经 109°04′12″～109°21′00″，北纬 26°24′00″～26°45′00″	AGI2018-02-2430
53	安龙白及	贵州	安龙县植保植检站	黔西南布依族苗族自治州安龙县所辖普坪镇、招堤街道办、栖凤街道办、钱相街道办、龙山镇、笃山镇、洒雨镇、海子镇、万峰湖镇共计 9 个镇（街道）。地理坐标为东经 104°59′～105°40′，北纬 24°54′～25°23′	AGI2018-02-2431
54	织金白鹅	贵州	织金县农产品质量安全监督检验检测站	毕节市织金县所辖金龙乡、以那镇、茶店乡、八步街道、官寨乡、板桥镇、绮陌街道、文腾街道、双堰街道、金凤街道、中寨镇、桂果镇、实兴乡、三甲街道、化起镇、龙场镇、大平乡、纳雍乡、自强乡、马场镇、牛场镇、猫场镇、上坪寨乡共计 23 个乡镇（街道）。地理坐标为东经 105°39′12.71″～106°04′29.59″，北纬 26°28′23.93″～26°55′10.50″	AGI2018-02-2432
55	丹寨黑猪	贵州	丹寨县草地生态畜牧业发展中心	黔东南苗族侗族自治州丹寨县所辖排调镇、雅灰乡、扬武镇、龙泉镇、兴仁镇、南皋乡共计 6 个乡（镇）。地理坐标为东经 107°44′～108°08′，北纬 26°05′～26°26′	AGI2018-02-2433
56	六盘水乌蒙凤鸡	贵州	六盘水市畜牧技术推广站	六盘水市辖区内的 4 个县（市、区）11 个乡（镇），包括水城县的红岩乡、玉舍镇、蟠龙镇 3 个乡（镇）；钟山区的保华镇、大湾镇 2 个镇；六枝特区的毛口乡、中寨乡、牛场乡 3 个乡；盘州市的羊场乡、妥乐乡、四格乡 3 个乡。地理坐标为东经 104°18′20″～105°42′50″，北纬 25°19′44″～26°55′33″	AGI2018-02-2434
57	楚雄滇撒猪	云南	楚雄彝族自治州种猪种鸡场	楚雄彝族自治州所辖楚雄市、双柏县、牟定县、南华县、大姚县、姚安县、永仁县、元谋县、武定县、禄丰县共计 10 个县（市）103 个乡（镇）。地理坐标为东经 100°43′～102°32′，北纬 24°13′～26°30′	AGI2018-02-2435

（续）

序号	产品名称	所在地域	申请人全称	划定的地域保护范围	质量控制技术规范编号
58	神木小米	陕西	神木市农产品质量监督检查站	榆林市神木市所辖万镇镇、花石崖镇、乔岔滩办事处、高家堡镇、贺家川镇、太和寨办事处、沙峁镇、马镇镇、解家堡办事处、栏杆堡镇、永兴办事处、神木镇、西沟办事处、店塔镇共计 14 个镇（办）231 个行政村。地理坐标为东经 110°17′～110°54′，北纬 38°13′～39°01′	AGI2018-02-2436
59	神木黑豆	陕西	神木市农产品质量监督检查站	榆林市神木市所辖万镇镇、花石崖镇、乔岔滩办事处、高家堡镇、贺家川镇、太和寨办事处、沙峁镇、马镇镇、解家堡办事处、栏杆堡镇、永兴办事处、神木镇、店塔镇共计 13 个镇（办）209 个行政村。地理坐标为东经 110°17′～110°54′，北纬 38°13′～39°01′	AGI2018-02-2437
60	耀州花椒	陕西	铜川市耀州区农畜产品质量安全检验检测中心	铜川市耀州区所辖孙塬镇、董家河镇、石柱镇、照金镇、小丘镇、庙湾镇、瑶曲镇、关庄镇、锦阳路街道办、天宝路街道办共计 10 个镇（街道）177 个行政村。地理坐标为东经 108°34′～109°05′，北纬 34°48′～35°19′	AGI2018-02-2438
61	宝鸡蜂蜜	陕西	宝鸡市畜牧兽医中心	宝鸡市所辖太白县、凤县、千阳县、陇县、麟游县、渭滨区、金台区、陈仓区西山地区共计 8 个县（区）43 个乡镇。地理坐标为东经 106°18′～108°03′，北纬 33°35′～35°06′	AGI2018-02-2439
62	灵台苹果	甘肃	灵台县果业局	平凉市灵台县所辖邵寨镇、独店镇、什字镇、西屯镇、上良镇、朝那镇、梁原乡、龙门乡、星火乡、蒲窝镇、新开乡共计 11 个乡（镇）153 个行政村。地理坐标为东经 107°00′～107°57′，北纬 34°54′～35°14′	AGI2018-02-2440
63	崇信苹果	甘肃	崇信县汇丰现代农业协会	平凉市崇信县所辖黄花乡、柏树镇、木林乡、锦屏镇、黄寨镇、新窑镇共计 6 个乡（镇）79 个行政村。地理坐标为东经 106°50′～107°10′，北纬 35°01′～35°25′	AGI2018-02-2441
64	龙湾苹果	甘肃	景泰县农业技术推广中心	白银市景泰县所辖中泉镇、五佛乡、芦阳镇、喜泉镇、一条山镇共计 5 个乡（镇）28 个行政村。地理坐标为东经 103°58′～104°25′，北纬 36°46′～37°19′	AGI2018-02-2442
65	崇信芹菜	甘肃	崇信县蔬菜协会	平凉市崇信县锦屏镇所辖于家湾、野雀、冉李、东庄等 26 个行政村。地理坐标为东经 106°50′～107°10′，北纬 35°01′～35°25′	AGI2018-02-2443

（续）

序号	产品名称	所在地域	申请人全称	划定的地域保护范围	质量控制技术规范编号
66	清水半夏	甘肃	清水县经济作物工作站	天水市清水县所辖永清镇、红堡镇、白沙镇、秦亭镇、山门镇、白驼镇、黄门镇、新城乡、土门乡、王河镇、松树乡、贾川乡、远门乡、丰望乡、草川乡、陇东乡、金集镇、郭川镇共计 18 个乡（镇）240 个行政村。地理坐标为东经 105°45′～106°30′，北纬 34°32′～34°56′	AGI2018-02-2444
67	中卫硒砂瓜	宁夏	中卫市农业技术推广与培训中心	中卫市所辖 3 个县（区）10 个乡镇 124 个行政村，包括沙坡头区的香山乡、兴仁镇、常乐镇、永康镇 4 个乡（镇）；中宁县的鸣沙镇、白马乡、喊叫水、徐套乡 4 个乡（镇）；海原县的关桥乡、高崖乡 2 个乡。地理坐标为东经 104°51′22″～105°59′04″，北纬 36°50′14″～37°29′34″	AGI2018-02-2445
68	泾源蜂蜜	宁夏	泾源县科技中心	固原市泾源县所辖大湾乡、六盘山镇、黄花乡、香水镇、兴盛乡、泾河源镇、新民乡共计 7 个乡（镇）110 个行政村。地理坐标为东经 106°12′15″～ 106°30′05″，北纬 35°14′20″～35°37′25″	AGI2018-02-2446
69	湟源胡萝卜	青海	湟源县农产品质量安全检验检测站	西宁市湟源县所辖日月乡、寺寨乡、大华镇、城关镇、申中乡、巴燕乡、东峡乡、和平乡、波航乡共计 9 个乡（镇）146 个行政村。地理坐标为东经 100°54′～101°25′，北纬 36°20′～36°53′	AGI2018-02-2447
70	湟源青蒜苗	青海	湟源县农产品质量安全检验检测站	西宁市湟源县所辖日月乡、寺寨乡、大华镇、城关镇、申中乡、巴燕乡、东峡乡、和平乡、波航乡共计 9 个乡（镇）146 个行政村。地理坐标为东经 100°54′～101°25′，北纬 36°20′～36°53′	AGI2018-02-2448
71	平安马铃薯	青海	海东市平安区农业技术推广中心	海东市平安区所辖平安镇、小峡镇、洪水泉乡、石灰窑乡，三合镇、古城乡、沙沟乡、巴藏沟乡共计 8 个乡（镇）。地理坐标为东经 101°49′～102°10′，北纬 36°15′～36°34′	AGI2018-02-2449
72	乐都牦牛肉	青海	海东市乐都区绿色农产品开发协会	海东市乐都区所辖下营乡、城台乡、峰堆乡、瞿昙镇、蒲台乡、中坝乡、达拉乡、共和乡、寿乐镇、中岭乡、李家乡、马营乡、芦花乡、马厂乡共计 14 个乡（镇）。地理坐标为东经102°09′～102°47′，北纬 36°16′～36°46′	AGI2018-02-2450
73	温宿大米	新疆	温宿县农业技术推广站	阿克苏地区温宿县所辖托乎拉乡、阿热勒镇、恰格拉克乡、吐木秀克镇、托甫汗镇共计 5 个乡镇 42 个行政村。地理坐标为东经 79°28′～81°28′，北纬 40°52′～42°21′	AGI2018-02-2451

附件 2

农产品地理标志登记产品信息变更一览表

产品名称	所在地域	变更原因	变更前登记证书持有人全称	变更后登记证书持有人全称	变更前划定的地域保护范围	变更后划定的地域保护范围	备注
水城猕猴桃	贵州	法人名称和地域保护范围变更	水城县绿色产业服务中心	水城县东部农业产业园区管理委员会	水城县所辖米箩乡、鸡场乡、都格乡、龙场乡、蟠龙乡、野钟乡、猴场乡、顺场乡、营盘乡、勺米乡、红岩乡、阿戛乡、杨梅乡、花戛乡、发耳乡、果布戛乡、新街乡等17个乡镇。地理坐标为东经104°33′00″～105°15′00″，北纬26°03′00″～26°31′00″	六盘水市水城县所辖米箩镇、鸡场镇、都格镇、龙场乡、蟠龙镇、野钟乡、猴场乡、顺场乡、营盘乡、勺米镇、陡箐镇（含红岩乡）、阿戛镇、杨梅乡、花戛乡、发耳镇、果布戛乡、新街乡、玉舍镇共计18个乡（镇）。地理坐标为东经104°33′00″～105°15′00″，北纬26°03′00″～26°31′00″	2013年第1925号公告产品。登记证书编号AGI01168
宝坻大葱	天津	原证书持有人注销	天津市宝坻区蔬菜产销协会	天津市宝坻区种植业发展服务中心	天津市宝坻区内林亭口、王卜庄、大钟庄、方家庄、大口屯、大白庄、八门城、马家店、霍各庄、新开口、大唐庄、高家庄、口东、牛道口、史各庄、郝各庄、周良庄、新安镇18个镇，牛家牌、尔王庄、黄庄3个乡，海滨、宝平、钰华3个街道。地理坐标为东经117°08′00″～117°40′00″，北纬39°21′00″～39°50′00″	天津市宝坻区内林亭口、王卜庄、大钟庄、方家庄、大口屯、大白庄、八门城、马家店、霍各庄、新开口、大唐庄、高家庄、口东、牛道口、史各庄、郝各庄、周良庄、新安镇18个镇，牛家牌、尔王庄、黄庄3个乡，海滨、宝平、钰华3个街道。地理坐标为东经117°08′00″～117°40′00″，北纬39°21′00″～39°50′00″	2011年第1699号公告产品。登记证书编号AGI00752
宝坻天鹰椒	天津	原证书持有人注销	天津市宝坻区蔬菜产销协会	天津市宝坻区种植业发展服务中心	天津市宝坻区内林亭口、王卜庄、大钟庄、方家庄、大口屯、大白庄、八门城、马家店、霍各庄、新开口、大唐庄、高家庄、口东、牛道口、史各庄、郝各庄、周良庄、新安镇18个镇，牛家牌、尔王庄、黄庄3个乡，海滨、宝平、钰华3个街道。地理坐标为东经117°08′00″～117°40′00″，北纬39°21′00″～39°50′00″	天津市宝坻区内林亭口、王卜庄、大钟庄、方家庄、大口屯、大白庄、八门城、马家店、霍各庄、新开口、大唐庄、高家庄、口东、牛道口、史各庄、郝各庄、周良庄、新安镇18个镇，牛家牌、尔王庄、黄庄3个乡，海滨、宝平、钰华3个街道。地理坐标为东经117°08′00″～117°40′00″，北纬39°21′00″～39°50′00″	2011年第1699号公告产品。登记证书编号AGI00753

（续）

产品名称	所在地域	变更原因	变更前登记证书持有人全称	变更后登记证书持有人全称	变更前划定的地域保护范围	变更后划定的地域保护范围	备注
宝坻大蒜	天津	原证书持有人注销	天津市宝坻区蔬菜产销协会	天津市宝坻区种植业发展服务中心	天津市宝坻区所辖林亭口、王卜庄、大钟庄、方家庄、大口屯、八门城、霍各庄、新开口、大唐庄、牛道口、史各庄、郝各庄、黄庄、牛家牌、尔王庄、新安镇16个镇，以及海滨、宝平、钰华、周良、口东、大白、朝霞、潮阳8个街道。地理坐标为东经117°08′～117°40′，北纬39°21′～39°50′	天津市宝坻区所辖林亭口、王卜庄、大钟庄、方家庄、大口屯、八门城、霍各庄、新开口、大唐庄、牛道口、史各庄、郝各庄、黄庄、牛家牌、尔王庄、新安镇16个镇，以及海滨、宝平、钰华、周良、口东、大白、朝霞、潮阳8个街道。地理坐标为东经117°08′～117°40′，北纬39°21′～39°50′	2016年第2384号公告产品。 登记证书编号AGI01795
呼玛黑木耳	黑龙江	原证书持有人注销	呼玛县绿色食品产业发展协会	呼玛县农业技术推广中心	大兴安岭地区呼玛县所辖呼玛镇、三卡乡、北疆乡、金山乡、兴华乡、白银纳乡、鸥浦乡、韩家园镇8个乡镇54个行政村。地理坐标为东经125°03′20″～127°01′30″，北纬50°49′20″～52°53′59″	大兴安岭地区呼玛县所辖呼玛镇、三卡乡、北疆乡、金山乡、兴华乡、白银纳乡、鸥浦乡、韩家园镇8个乡镇54个行政村。地理坐标为东经125°03′20″～127°01′30″，北纬50°49′20″～52°53′59″	2011年第1690号公告产品。 登记证书编号AGI00714
呼玛马铃薯	黑龙江	原证书持有人注销	呼玛县绿色食品产业发展协会	呼玛县农业技术推广中心	大兴安岭地区呼玛县所辖呼玛镇、三卡乡、北疆乡、金山乡、兴华乡、白银纳乡、鸥浦乡、韩家园镇8个乡镇54个行政村。地理坐标为东经125°03′20″～127°01′30″，北纬50°49′20″～52°53′59″	大兴安岭地区呼玛县所辖呼玛镇、三卡乡、北疆乡、金山乡、兴华乡、白银纳乡、鸥浦乡、韩家园镇8个乡镇54个行政村。地理坐标为东经125°03′20″～127°01′30″，北纬50°49′20″～52°53′59″	2012年第1813号公告产品。 登记证书编号AGI00888
兴凯湖大米	黑龙江	原证书持有人注销	黑龙江省农垦牡丹江管理局农产品质量安全监管协会	黑龙江省农垦牡丹江管理局农产品质量安全检测站	黑龙江省兴凯湖农场、黑龙江省八五七农场、黑龙江省八五六农场、黑龙江省八五八农场、黑龙江省八五一〇农场、黑龙江省庆丰农场等6个农场，密山市知一镇、密山市柳毛乡、密山市杨木乡、密山市兴凯湖乡、密山市承紫河乡、密山市白泡子乡、密山市当壁镇、密山市二人班乡、密山市密山镇、密山市连珠山镇、密山市太平乡、密山市和平乡、密山市黑台镇、密山市兴凯镇、密山市裴德镇、密山市富源乡等16个乡镇。地理坐标为东经132°05′00″～133°30′00″，北纬45°01′10″～46°00′00″	黑龙江省兴凯湖农场、黑龙江省八五七农场、黑龙江省八五六农场、黑龙江省八五八农场、黑龙江省八五一〇农场、黑龙江省庆丰农场等6个农场，密山市知一镇、密山市柳毛乡、密山市杨木乡、密山市兴凯湖乡、密山市承紫河乡、密山市白泡子乡、密山市当壁镇、密山市二人班乡、密山市密山镇、密山市连珠山镇、密山市太平乡、密山市和平乡、密山市黑台镇、密山市兴凯镇、密山市裴德镇、密山市富源乡等16个乡镇。地理坐标为东经132°05′00″～133°30′00″，北纬45°01′10″～46°00′00″	2013年第1925号公告产品。 登记证书编号AGI01077

（续）

产品名称	所在地域	变更原因	变更前登记证书持有人全称	变更后登记证书持有人全称	变更前划定的地域保护范围	变更后划定的地域保护范围	备注
商南茶	陕西	原证书持有人被撤并	陕西省商南县植保植检站	商南县茶产业发展局	商洛市商南县城关镇、富水镇、青山乡、试马镇、清油河镇、党马乡、过风楼镇、太吉河镇、梁家湾镇、湘河镇、白浪镇、赵川镇、十里坪、水沟乡等14个乡镇，60个行政村。地理坐标为东经110°24′00″～111°01′00″，北纬33°06′00″～33°44′00″	商洛市商南县城关镇、富水镇、青山乡、试马镇、清油河镇、党马乡、过风楼镇、太吉河镇、梁家湾镇、湘河镇、白浪镇、赵川镇、十里坪、水沟乡等14个乡镇，60个行政村。地理坐标为东经110°24′00″～111°01′00″，北纬33°06′00″～33°44′00″	2011年第1690号公告产品。 登记证书编号AGI00738

中华人民共和国农业农村部公告　第 71 号

根据《农产品地理标志管理办法》规定，合肥市渔业协会等单位申请对"合肥龙虾"等 3 个产品实施国家农产品地理标志登记保护。经过初审、专家评审和公示，符合农产品地理标志登记程序和条件，准予登记，特颁发中华人民共和国农产品地理标志登记证书（见附件）。

特此公告。

附件：2018 年第四批农产品地理标志登记产品公告信息

农业农村部

2018 年 10 月 9 日

附件

2018 年第四批农产品地理标志登记产品公告信息

序号	产品名称	所在地域	申请人全称	划定的地域保护范围	质量控制技术规范编号
1	合肥龙虾	安徽	合肥市渔业协会	合肥市所辖长丰县的朱巷镇、杜集乡、造甲乡、下塘镇；肥东县的白龙镇、八斗镇、梁园镇；肥西县的三河镇、严店乡、丰乐镇；庐江县的白湖镇、泥河镇、乐桥镇、万山镇；巢湖市的黄麓镇、烔炀镇、中垾镇共计 5 个县（市）17 个乡（镇）。地理坐标为东经 117°19′43″～117°44′50″，北纬 31°14′36″～32°37′08″	AGI2018-04-2522
2	临沧坚果	云南	临沧市林业科学院	临沧市所辖临翔区、云县、凤庆县、永德县、镇康县、耿马傣族佤族自治县、沧源佤族自治县、双江拉祜族佤族布朗族傣族自治县共计 8 个县（区）77 个乡镇（街道）。地理坐标为东经 98°40′～100°34′，北纬 23°05′～25°02′	AGI2018-04-2523
3	镇巴花魔芋	陕西	陕西省镇巴县农业技术推广站	汉中市镇巴县所辖泾洋街道办、杨家河镇、小洋镇、渔渡镇、赤南镇、盐场镇、巴山镇、平安镇、巴庙镇、兴隆镇、观音镇、碾子镇、长岭镇、仁村镇、三元镇、黎坝镇、简池镇、永乐镇、大池镇、青水镇共计 20 个镇（街道办）183 个行政村。地理坐标为东经 107°25′～108°16′，北纬 32°08′～32°50′	AGI2018-04-2524

中国绿色食品发展中心关于印发《无公害农产品认定审核规范》等制度的通知

中绿体〔2018〕61号

省级无公害农产品工作机构：

为贯彻落实《农业农村部办公厅关于做好无公害农产品认证制度改革过渡期间有关工作的通知》（农办质〔2018〕15号）要求，扎实做好无公害农产品认证制度改革过渡期内有关工作，我中心在总结无公害农产品原有工作的基础上，研究制定了《无公害农产品认定审核规范》《无公害农产品认定现场检查规范》《无公害农产品检查员注册管理办法》《无公害农产品内检员培训管理办法》和《无公害农产品证书格式和编码规则》，现将上述制度印发给你们，请遵照执行。

特此通知。

附件1.《无公害农产品认定审核规范》

附件2.《无公害农产品认定现场检查规范》

附件3.《无公害农产品检查员注册管理办法》

附件4.《无公害农产品内检员培训管理办法》

附件5.《无公害农产品证书格式和编码规则》（略）

中国绿色食品发展中心

2018年4月26日

附件1

无公害农产品认定审核规范

第一章　总　则

第1条　为规范无公害农产品认定申请材料审核工作，确保认定工作质量和效率，依据《无公害农产品认定暂行办法》，制定本规范。

第2条　本规范所指的认定审核，是指无公害工作机构组织具有相应专业资质检查员对无公害农产品认定申请材料是否符合规定的条件和要求所实施的技术评价活动。

第3条　中国绿色食品发展中心负责认定审核规范制修订工作，各省、自治区、直辖市和计划单列市人民政府农业农村行政主管部门及所属无公害农产品工作机构（以下简称“省级工作机构”）负责本行政辖区内认定审核的组织和实施工作。

第4条　各地可以根据本行政辖区内无公害农产品认定工作的实际需要，依据本规范制定本辖区、本行业认定审核实施细则。

第5条　认定审核应遵循坚持标准、公平公正、客观独立、科学规范、确保质量和效率的原则。

第6条　负责认定审核的人员应为检查员。

第7条　认定审核应由2名及以上检查员完成，检查员对所作出的审核结论负责。

第8条　省级工作机构应根据工作需要，制定统一的认定审核流程表，确保认定审核整个流程可追溯。认定审核材料及审核记录应保存6年以上。

第9条　应严格按照《无公害农产品认定暂行办法》中所规定的时限要求完成认定

审核工作，不断提高认定审核效率。

第二章 申请材料的构成

第 10 条 认定申请材料由申请人材料、产地环境和产品质量证明材料、检查员现场检查资料等组成。

第 11 条 申请人材料：

（一）《无公害农产品认定申请书》；

（二）资质证明文件复印件；

（三）产地环境质量现状说明；

（四）无公害农产品生产和管理技术制度体系文件；

（五）最近生产周期农业投入品使用记录复印件；

（六）专业技术和管理人员资质证明材料；

（七）保证执行无公害农产品标准和规范的声明。

第十二条 环境和产品质量证明材料：

（一）《产地环境调查报告》；

（二）《产地环境检测报告》；

（三）《产品检验报告》；

（四）《产品抽样单》。

第十三条 检查员现场检查材料：

（一）《无公害农产品认定现场检查报告》；

（二）省级工作机构认定审核报告。

第十四条 认定申请材料应齐全完整、统一规范，并按顺序编制成册。

第三章 认定审核主要内容

第十五条 应按照国家相关法律法规、《无公害农产品认定暂行办法》、无公害农产品产地环境条件标准、投入品使用准则及生产过程质量安全控制规范标准等要求审核申请材料的完整性、规范性和符合性。

第十六条 《无公害农产品认定申请书》和“保证执行无公害农产品标准和规范的声明”应按统一制式填写。《无公害农产品认定申请书》格式由中国绿色食品发展中心统一规定（见附件）。申请认定的产品类别须在《实施无公害农产品认定的产品目录》公布的食用农产品目录内，产品名称应使用该目录中的食用农产品名称或别名。申请书中内检员应经过省级工作机构培训，考试合格。

第十七条 申请人资质证照应齐全有效。资质证明文件除营业执照外，畜牧业产品还应提供动物防疫条件合格证复印件，生猪定点屠宰许可证复印件。证照中申请人名称、法定代表人等信息应当与申请书一致，所申请产品类别应当在证照载明的经营范围内，且证照在有效期限内。

第十八条 专业技术和管理人员资质证明材料应包括有效期内的无公害内检员培训合格证明文件复印件，畜牧业产品企业按国家规定还应提供有关资格证书。

第十九条 生产和管理技术制度体系文件应包括以下内容：

（1）质量控制规范：包括组织机构设置、人员分工；投入品采购与管理；生产过程管理；产品收获及贮运管理；人员培训制度、生产记录及档案管理制度、无公害农产品包装标识管理。

（2）生产操作规程：应依据无公害农产品标准和规范要求，结合本地生产特点制定。重点审核肥料、植物保护产品、饲料及动物保护产品等投入品的种类、使用方法。畜牧业产品补充提供卫生防疫制度。

（3）基地图：包括能清晰反映基地所在地的基地行政区划图、基地位置图和地块分布图。

（4）基地及农户清单：包括基地所在乡镇、村，农户数、种养品种、面积及预计产量。

（5）土地所有权证明：包括土地流转合同、承包合同等。

（6）合作协议：农民专业合作经济组织

及“公司＋农户”形式申报的需要提供与合作农户签署的含有产品质量安全管理措施的合作协议。

(7) 投入品使用记录为近1年内投入品实际使用情况的记录复印件。重点审核投入品的名称、来源、用法、用量和使用、停用日期。

第二十条　《产地环境调查报告》按照《无公害食品　产地环境质量调查规范》要求编写。重点明确产地生态环境是否良好，远离污染源；生产、加工区及设施的卫生状况；明确免测理由及补测项目。

第二十一条　《无公害农产品认定现场检查报告》应使用统一制式表格，按“填写说明”要求逐项填写，并经有资格的检查员签字。

第二十二条　《产地环境检测报告》和《产品检验报告》应是由中国绿色食品发展中心定点检测机构出具的检测报告原件。审核报告格式、检测项目范围是否符合国家法定要求，并对检测结果进行准确判定。

第四章　认定审核结果判定

第二十三条　认定审核结论包括通过、需要补充材料、需要现场复核和不通过四种情况。

第二十四条　有下列情况之一的，认定审核不予通过：

(一) 申请材料造假的；

(二) 产地环境和(或)产品质量不符合标准要求的；

(三) 投入品使用不符合标准要求的；

(四) 其他不符合国家法律法规标准等相关要求的。

第二十五条　申请材料不完整、不规范，申请人应当在收到通知起十个工作日内提交补充材料，省级工作机构在十个工作日内对补充材料进行审核。

第二十六条　对于质量风险较大或投入品使用情况不明确的认定产品，省级工作机构应委派专家组进行现场复查核实。

第五章　附　则

第二十七条　本规范由中国绿色食品发展中心负责解释。

第二十八条　本规范自发布之日起施行。原农业部农产品质量安全中心发布的《无公害农产品认证审查规范》同时废止。

附件2

无公害农产品认定
现场检查规范

第一章　总　则

第一条　为规范无公害农产品认定现场检查行为，确保工作质量和效率，根据《无公害农产品认定暂行办法》，制定本规范。

第二条　本规范所称现场检查，是指无公害农产品工作机构在认定审查过程中，对认定申请主体生产管理状况实施的实地确认和评价活动。

第三条　中国绿色食品发展中心负责无公害农产品认定现场检查规范的制修订工作，各省、自治区、直辖市和计划单列市人民政府农业农村行政主管部门及所属无公害农产品工作机构(以下简称“省级工作机构”)负责本行政辖区内现场检查的组织和实施工作。

第四条　各地可根据本行政辖区内、本行业农产品质量安全工作的实际需要，依据本规范制定现场检查实施细则。

第五条　现场检查工作应遵循公正、客观、规范的原则。

第二章　检查内容和方法

第六条　现场检查主要内容：

(一) 申请主体资质及能力。包括国家相

关法律法规规定的资质条件，组织无公害农产品生产管理和承担责任追溯的能力。

（二）产地环境及设施条件。包括所在区域农业生态环境状况，周围及水源上游或产地上风方向一定范围内对产地环境可能构成污染的风险因素；生产、加工区及设施设备的卫生状况以及实际生产规模等情况。

（三）质量控制措施及生产操作规程的建立实施。包括质量安全管理关键环节的制度安排及人员岗位职责落实情况；内检员掌握无公害农产品相关制度和技术规范情况；依据无公害农产品标准和规范要求，结合本产地生产特点制定和执行生产操作规程情况。

（四）农业投入品使用及管理。包括按照法律、行政法规和国务院农业农村行政主管部门的规定采购、存贮农业投入品情况；使用时执行安全间隔期或休药期规定的情况。

（五）生产过程记录及存档。包括使用农业投入品的名称、来源、用法、用量和使用、停用的日期，动物疫病、植物病虫草害的发生和防治情况，收获、屠宰或者捕捞的日期等信息记录及存档情况。

对申请复查换证的主体实施现场检查时，应同时对其标志使用情况进行检查。

第七条　现场检查工作应采取核对、审阅、察看、座谈等方式开展，必要时可采用照相或复制相关文件资料等措施，收集相关证据材料。

第八条　对“公司＋农户”以及农民专业合作组织等申请主体开展现场检查时，应当同时对其所带农户生产情况进行抽查。受检农户应从农户名册中随机抽取，原则上不得少于5户。

第三章　检查人员和程序

第九条　负责实施现场检查的工作机构，应组成检查组，并以《无公害农产品认定现场检查通知单》（见附件2-1）形式通知申请主体，并得到申请主体确认。

第十条　现场检查实行检查组组长负责制。组长由负责实施现场检查的工作机构人员担任，检查组一般由2～3人组成。

第十一条　检查组开展检查的一般程序：

（一）首次会议。向申请主体宣布检查目的、依据、安排，宣读保密承诺等，并确定陪同人员。

（二）查阅资料。查阅申请主体的资质证明原件、制度规程和生产记录档案等文本资料。

（三）实地检查。根据检查内容的总体要求，对申请主体产地环境及生产过程控制情况进行实地检查。

（四）现场评定。对照《无公害农产品认定现场检查报告》（见附件2-2，以下简称《现场检查报告》）中“无公害农产品认定现场检查评定项目”（以下简称“检查评定项目”）内容逐项评定，并完成《现场检查报告》。《无公害农产品认定现场检查报告》格式和内容由中国绿色食品发展中心统一规定。

（五）末次会议。向申请主体通报检查总体情况，指出检查中发现的问题与不足，宣布检查组作出的综合评价和整改要求等，必要时应就有关问题与申请主体交换意见。

第十二条　对一个申请主体的现场检查原则上应在2天内完成，特殊情况需要延长检查时间的，可商申请主体适当调整。

第四章　结论判定和应用

第十三条　现场检查结论分为通过、限期整改和不通过。检查评定项目全部合格的判定为通过，有1项以上（含）一般项目不合格的判定为限期整改，超过30%（含）一般项目不合格或1项以上（含）关键项目不合格的判定为不通过。

第十四条　申请主体有下列情形之一的，不予通过：

（一）拒绝或者不配合检查人员履行职责的；

（二）提供虚假或者隐瞒重要事实文件、资料的；

（三）其他干扰现场检查正常进行的。

第十五条　需要申请主体限期整改的，检查组应对整改结果进行验证。验证可根据整改内容采用书面验证或现场验证的方式进行，验证结果应在《现场检查报告》中记录。

第十六条　现场检查结束后，检查组应在10个工作日内将《现场检查报告》提交负责实施现场检查的工作机构。

第五章　附　则

第十七条　本规范由中国绿色食品发展中心负责。

第十八条　本规范自发布之日起施行。原农业部农产品质量安全中心发布的《无公害农产品认证现场检查规范》同时废止。

附件 2-1

无公害农产品认定现场检查通知单

____________：

根据《无公害农产品认定暂行办法》及相关规定，定于　年　月　日至　年　月　日对你单位进行现场检查，请予以确认、支持和配合。

检查组联系人：
联系电话：

无公害农产品工作机构（印章）

年　月　日

抄送：

附件 2-2

无公害农产品认定现场检查报告

申请主体全称：________________

现场检查结论________________

填　写　说　明

1. 报告的内容用钢笔或蓝黑色签字笔填写，字迹整洁、术语规范准确。栏目内容应根据现场检查情况作客观描述，不得空缺，没有填写内容的填“无”。

2. 种植业产品不需要填写表四、表五；畜牧业产品不需要填写表三、表五；渔业产品不需要填写表三、表四。

3. 填写表三、表四、表五时，检查结论为合格的应在相应项目“结论”栏内打“√”，不合格打“×”；关键项（条款带“※”的）及不合格项的具体情况应在相应“情况描述”栏内作详细说明。

4. 表六中“现场检查综合评价”栏应重点填写现场检查的总体情况、存在问题和相关建议等内容。

5. 检查组及参加人员签字必须由本人签署，不得代签；注册检查员应在备注栏填写注册证书号。

6. 报告格式可从中国绿色食品发展中心（网址：www. greenfood. org. cn）下载后用 A4 纸印制。

表一　现场检查人员基本情况

检查组派出单位名称						
类别	分工	姓名（本人签字）	工作单位	职务/职称	电话	备注（检查员注册证书号）
检查组	组长					
	成员					
参加人员						
保密承诺		检查组承诺：严格按照有关无公害农产品认定的法律法规实施现场检查，对于检查组在检查中可能涉及到的认定申请主体的产品、技术等非公开信息，在未得到法律许可或认定申请主体同意的情况下不向第三方透漏。				

表二　受检单位基本情况

申请主体全称			法人代表	
通讯地址			邮 编	
联 系 人		电话	传 真	
产品名称				
检查地点		现场检查日期	年　月　日	
抽检农户名单				

表三　无公害农产品（种植业产品）认定现场检查评定项目

条款	检查项目	结论	情况描述	备注
	一、质量管理			
1※	申请主体资质：证照齐全有效，具有组织管理无公害农产品生产和承担责任追溯的能力。 查：资质证明文件及相关材料			
2	质量安全管理责任制：明确领导、管理和生产人员职责。 查：关键岗位职责分工			
3※	质量管理制度：包括质量控制措施、生产操作规程、人员培训制度、生产记录及档案管理制度、基地农户管理制度、投入品管理制度等。 查：各类质量管理体系文件			
4※	内检员：有经培训合格的无公害农产品内检员。 查：无公害农产品内检员培训合格证明文件。			
5	生产管理人员：质量安全管理人员、生产人员定期接受相关培训。 查：培训记录、培训资料等			

（续）

条款	检查项目	结论	情况描述	备注
6※	记录档案：生产和销售记录档案。 查：文件记录档案			
二、产地环境及设施				
7	周边环境：清洁，无生产及生活废弃物。 查：现场查看。			
8※	产区环境：产地区域范围明确，无对农业生产活动和产地造成潜在危害的污染源。 查：现场查看			
三、生产过程管理				
9※	植保产品选购：购买的植保产品应具有农药登记证、生产许可证和执行标准，保留购货凭证，出入库记录并记录相关情况。 查：植保产品标签、购货凭证、出入库记录			
10	植保产品储存：植保产品及其器械应有专门的地方进行储存，并有专人进行管理。 查：现场查看、查领用记录			
11※	植保产品使用：应遵守国家相关法律法规，针对病、虫、草害或靶标，合理选择植保产品；严格执行安全间隔期的规定；不得使用国家禁止使用的植保产品；不得使用过期植保产品。 查：用药记录、采收记录，现场查看			
12	用药记录：包括地块、作物名称和品种、使用日期、药名、使用方法、使用量和施用人员。 查：用药记录			
13	肥料选购：应保留肥料的购货凭证，并记录相关情况。 查：肥料的购货凭证、入库记录			
14※	肥料使用：严格遵守国家相关规定，不使用城市垃圾和未经无害化处理的人类生活的污水淤泥。 查：施肥记录			
15	施肥记录：应包括地块、作物名称与品种、施用日期、肥料名称、施用量、施用方法和施用人员。 查：施肥记录			
16	废弃物管理：生产废弃物应按规定进行收集和处理。 查：现场查看。			
四、产品质量管理				
17※	产品质量报告：产品质量应符合国家相关法律法规和标准的要求。 查：产品自检记录、监督抽检报告或产品检验报告			
18	产品储存：产品应用符合要求的容器采收、运输、存储。收获的产品应与植保产品、有机肥料及化肥等农业投入品分开储存。 查：现场查看			

（续）

条款	检查项目	结论	情况描述	备注
19	包装标识：产品的包装标识应符合农产品包装和标识管理相关规定。 查：现场查看			
五、初级加工产品管理（适用于申报产品为初级加工产品的）				
20※	加工场资质：具有国家规定的资质条件。 查：食品卫生许可证或食品生产许可证			
21	卫生制度：制定卫生管理和消毒制度，并严格执行。 查：文件资料、现场查看			
22	加工规程：制定食品加工生产技术规程。 查：加工技术规程、加工生产记录			
23※	加工原料：符合相关规定的要求，不非法添加非食用物质和滥用食品添加剂。 查：原辅料使用记录、现场查看			
24	产品储运：应有符合要求的产品贮藏和运输设施。 查：现场查看			
六、标志使用管理（适用于复查换证产品）				
25※	标志使用：获证产品应按要求使用无公害农产品标志。 查：包装标识			

表四　无公害农产品（畜牧业产品）认定现场检查评定项目

条款	检查项目	结论	情况描述	备注
畜禽养殖场				
一、质量管理				
1※	申请主体资质：资质证明文件齐全有效（如营业执照、动物防疫条件合格证等），具有组织管理无公害农产品生产和承担责任追溯的能力。 查：资质证明文件及相关材料			
2	质量安全管理责任制：有质量安全管理组织机构，明确领导、管理和生产人员职责。 查：成立质量安全机构的文件，相关人员岗位职责			
3※	质量管理制度：包括生产操作规程、卫生防疫制度、投入品管理制度、产品管理及无害化处理制度、培训制度。 查：相关文件			
4※	内检员：有经培训合格的无公害农产品内检员。 查：无公害农产品内检员培训合格的证明文件。			
5	生产管理人员：有一名或一名以上畜牧兽医专业技术人员，员工职责及岗位要求明确，经过畜牧兽医法律法规和相应的无公害生产技术培训，生产人员健康证齐全有效。 查：岗位职责文件，健康证等有关证件、培训记录			
6※	记录档案：建立生产记录、可追溯的产品销售记录。 查：批生产和销售记录（包括数量、批次、购买方信息等）及保存情况。			

（续）

条款	检查项目	结论	情况描述	备注
7※	无害化处理：具有病死畜禽、污水、粪便等污染物无害化处理的设备设施，且运转有效。 查：相关设备设施，无害化处理记录			
8	质量检验能力：奶牛养殖场设立了质检科（或检验室）并与生产能力相适应。 查：仪器设备和检验人员资质证明及实际操作能力			奶牛养殖适用
	二、产地环境及设施			
9※	周边环境：养殖场建立在地势高燥、排水良好、无有害气体、烟雾及其他污染的地区，远离化工厂、肉类加工厂或其他畜牧场等污染源，有围墙等有效屏障。 查：现场查看			
10	场区布局：养殖场有生活管理区、生产区、生产辅助区、隔离圈和无害化处理区。隔离圈、无害化处理区应处于畜舍的下风口。 查：现场查看			
11	场区道路：养殖场人员、畜禽和物资运转采取单一流向，净道和污道分开。 查：现场查看			
12	车辆消毒：养殖场入口设有车辆消毒池，池内消毒液保持有效浓度；池宽和消毒液高度能保证入场车辆所有车轮外沿充分浸没，池长不短于进场大型车车轮一周半长。 查：现场查看			
13	畜舍条件：宽敞明亮，坚固耐用，排水畅通，通风良好，地面和墙面材质耐酸、碱，并便于清洗消毒。 查：现场查看			
14※	消毒设施：场区或生产区入口设更衣换鞋间、消毒室或淋浴室。畜舍入口处设置长1m的消毒池，或设置消毒盆。 查：现场查看			
15	防鼠鸟虫害：有防鸟、防鼠设施，定期除虫灭害。 查：现场查看，相关记录			禽类养殖适用
16	蛋品存放：设有与生产能力相适应的禽蛋贮存库。 查：现场查看			蛋禽养殖适用
17	生产设备：具有与生产规模相适应的机械化挤奶设备、冷藏贮罐和生鲜乳运输车。 查：现场查看			奶牛养殖适用
18	设备清洁：保持挤奶设备及所有容器具的清洁卫生，有完善的清洗系统。 查：现场设施，清洗消毒制度、记录			奶牛养殖适用
19※	鲜乳存放：设单间存放，有防尘、防蝇、防鼠的设施。 查：现场设施			奶牛养殖适用
	三、投入品管理			
20※	畜禽引进：具有《动物产地检疫合格证明》等证明，经当地动物卫生监督机构查证验物，合格的方可入场，并隔离饲养。 查：活畜购买合同（发票）、检疫合格证明、运输工具消毒证明、活畜入场检疫监督记录、隔离观察记录			

（续）

条款	检查项目	结论	情况描述	备注
21※	引种：从有《种畜禽生产经营许可证》的种畜禽场引进。 查：引种来源场的《种畜禽生产经营许可证》			
22	牛只引进：隔离观察至少 45 天，经动物卫生监督机构检查确认健康合格后方可并群饲养。 查：隔离记录、隔离后检疫合格记录			奶牛养殖适用
23※	兽药选购：所购兽药均来自具有《兽药生产许可证》，并获得农业部颁发《中华人民共和国兽药 GMP 证书》的兽药生产企业，或农业部批准注册进口的兽药，并具有在有效期内的批准文号。 查：兽药购进记录、药房			
24※	兽药储存：兽药有专门的药品柜、冰箱分类存放，有醒目标记，由专人管理。 查：兽药领用记录，现场查看			
25※	兽药使用：严格遵守国家规定，不使用违禁药物；凭兽医处方用药，严格执行休药期规定，并做好兽药使用记录。 查：兽药使用记录，记录档案管理情况			
26	饲料选购：外购饲料的养殖场提供所购饲料生产企业的饲料生产许可证复印件、购销合同（或发票、收据等）和检测报告。 查：相关记录、凭证、检测报告。			
27	自配饲料管理：自配生产饲料的养殖场提供饲料原料采购、配方档案及生产记录；饲料原料和各批次饲料产品均留样，并保留至该批产品保质期满后 3 个月。 查：相关记录			
28※	饲料添加剂管理：饲料库房及配料库中饲料添加剂和药物添加剂存放和使用情况。 查：有无违禁药物、非法添加物和兽药原料药。			
29※	药物饲料添加剂使用：药物饲料添加剂使用符合《饲料药物添加剂使用规范》要求，严格执行休药期规定。 查：药物饲料添加剂使用记录			
30	饲料及添加剂使用：配合饲料、浓缩饲料、添加剂预混合饲料使用遵照饲料标签所规定的用法和用量。 查：饲料使用记录、饲料标签			
31※	饲料的使用：在饲料中不添加和使用除乳制品外的动物源性饲料原料（如肉骨粉、血粉、羽毛粉、鱼粉等）。 查：饲料配方			反刍动物养殖适用

四、饲养管理（适用于养殖类产品）

条款	检查项目	结论	情况描述	备注
32※	场内环境：不得在场内饲养其他畜禽。 查：现场查看			
33※	防疫管理：养殖场人员不对外进行动物疫病诊疗和配种工作；食堂不从外购入与养殖产品同类生鲜肉及其副产品。 查：相关制度、询问。			

（续）

条款	检查项目	结论	情况描述	备注
34	人员卫生防疫：工作人员进入生产区时洗手、换鞋和更衣，工作服不得穿出场外。外来人员进场前彻底消毒，更换场区工作服和工作鞋，并遵守场内防疫制度。 查：现场操作			
35※	饲养方式：实行“全进全出”制。 查：相关制度和记录			禽类养殖适用
36	鼠害控制：投放鼠药定时、定点，及时收集死鼠和残余鼠药。 查：鼠药购货发票、使用记录			
37	转群消毒：每批畜禽转群或出栏后对畜舍、运动场和通道进行清洗、消毒。 查：消毒记录			
38※	疫病监控：结合当地实际情况制定免疫和疫病监测制度，做好免疫接种和疫病监测，奶牛养殖场必须做好“结核”和“布病”监测。 查：免疫记录和疫病监测记录。			
39	带畜消毒：用低毒消毒剂定期进行带活畜环境消毒，各类消毒剂应轮换使用。 查：消毒记录、消毒剂配制记录，杀虫药物购买发票			
40※	工具消毒：兽医用具、助产用具、配种用具、挤奶设备和奶罐车在使用前后进行彻底清洗和消毒。 查：消毒记录、消毒剂配制记录			奶牛养殖适用
41	蛋鸡消毒：不使用酚类消毒剂，产蛋期不用醛类消毒剂。 查：兽药库房、消毒记录			蛋禽养殖适用
	五、产品质量管理			
42※	不合格品处理：初乳、病牛所产乳和休药期所产乳不作为商品乳出售。 查：相关管理制度、无害化处理记录			奶牛养殖适用
43※	产品质量检验：对每天生产的生鲜乳进行质量检验，含感官指标、理化指标、微生物指标和抗生素指标等。 查：检验记录			奶牛养殖适用
44	不合格品处理：产蛋期使用治疗药物时，在弃蛋期内所产鸡蛋不供人类食用。 查：用药记录、无害化处理记录			蛋禽养殖适用
45※	质量安全承诺：养殖场应建立活畜出栏无“瘦肉精”承诺制度。承诺不使用“瘦肉精”等违禁物质，保证所销售的家畜不含有“瘦肉精”等违禁物质。 查：相关制度			畜类养殖适用
46※	产品检疫：商品畜禽上市前，经动物卫生监督机构进行检疫，并出具检疫合格证明。 查：相关制度、询问。			
	六、标志使用管理（适用于复查换证产品）			
47※	标志使用：获证产品应按要求使用无公害农产品标志。 查：包装标识			

（续）

条款	检查项目	结论	情况描述	备注
屠宰厂和蜂产品加工厂				
一、质量管理（屠宰厂和蜂产品加工厂均适用）				
1※	申请主体资质：资质证明文件齐全（如营业执照、动物防疫条件合格证、生猪定点屠宰许可证等）有效，具有组织管理无公害农产品生产和承担责任追溯的能力。 查：资质证明文件及相关材料			
2	质量安全管理责任制：有质量安全管理相关机构，建立质量安全管理责任制，明确领导、管理和生产人员职责。 查：成立质量安全机构的文件，组织机构图，相关人员岗位职责			
3※	质量管理制度：包括生产操作规程、原料（投入品）管理制度、卫生防疫制度、产品管理制度、无害化处理制度、培训制度等。 查：相关文件			
4	内检员：具有经培训合格的无公害农产品内检员。 查：无公害农产品内检员培训合格的证明文件。			
5	生产管理人员：员工职责及岗位要求明确，经过畜牧兽医法律法规和相应的无公害生产技术培训，生产人员健康证齐全有效。 查：员工岗位职责文件，健康证、培训记录			
6※	记录档案：建立批生产记录，可追溯的产品销售记录。 查：批生产和销售记录（包括数量、批次、购买方、联系方式等）及保存情况。			
7※	无害化处理：具有病死畜禽、污水、粪便等污染物无害化处理的设备设施，且运转有效。 查：相关设备设施，无害化处理记录			
8	质量检验能力：建有质检科（或检验室），并与生产能力相适应。 查：所需的仪器设备和检验人员资质证明等			
二、产地环境及设施（屠宰厂适用）				
9※	周边环境：厂区选址远离污染源及其他有害场所；远离水源保护区和饮用水取水口，避开居民住宅区、公共场所及畜禽饲养场。 查：现场查看			
10	厂区布局：生产区与生活管理区严格分开，生产区位于生活管理区的下风向。 查：现场查看			
11	厂区出入口：人员进出、畜禽入厂、产品出厂分别设置出入口，不交叉。 查：现场查看			
12	车辆消毒：有与生产规模相适的车辆清洗、消毒设施和场地。 查：现场查看			

（续）

条款	检查项目	结论	情况描述	备注
13	鼠虫害控制：厂区内定期进行除虫灭害工作，采取有效措施防止鼠类、蚊、蝇、昆虫等。 查：现场查看相应设施、管理制度和记录			
14	厂区布局：有待宰圈、疑似病畜圈、病畜隔离圈、急宰间和无害化处理间等，并位于生活管理区和生产加工区的下风向。 查：现场查看相应设施、管理制度和记录			
15	厂区条件：厂区除待宰畜禽外，一律不得饲养其他动物。 查：现场查看			
16	屠宰加工设备：表面光滑、无毒、不渗水、耐腐蚀、不生锈，并便于清洗消毒。 查：现场查看			
17	地面：用不渗水、不吸收、无毒、防滑材料铺砌，有适当坡度，在地面最低点设置地漏，无积水。 查：现场查看			
18	屋顶或天花板：选用不吸水、表面光洁、耐腐蚀、耐温、浅色材料覆涂或装修。 查：现场查看			
19	墙壁：平整光滑，四壁及其与地面交界处呈弧形，墙壁用浅色、不吸水、不渗水、无毒材料覆涂，并用易清洗、防腐蚀材料装修高度不低于2.0m的墙裙。 查：现场查看			
20	供水：具有冷热两套供水系统，车间内排水沟底为“U”形，有防鼠设施。 查：现场查看			畜类屠宰适用
21	车间照明：车间内有充足的自然光线或人工照明，亮度能满足动物检疫人员和生产操作人员的工作需要。吊挂在肉品上方的灯具必须装有安全防护罩。 查：现场查看			
22※	卫生消毒设备：设有非手动洗手设施、消毒池；靴鞋消毒池、更衣室等卫生设施有专人管理。 查：现场查看			
23	产品转运：车间内有专用的产品运送设备和容器，容器由无毒、无害、无锈、无污染的材料制成，不污染肉品，且与盛装废弃物的容器标识分明。 查：现场设施			
24	清洗消毒：生产设备、工具、容器、场地等在使用前后均清洗、消毒。 查：消毒记录			
25	分割车间温度：冷分割环境温度在15℃以下，热分割环境温度不高于20℃。 查：记录和温度计实际温度。			畜产品分割屠宰适用
26	包装车间温度：包装间的温度在15℃以下，接触分割肉的塑料薄膜符合国家相关标准的规定。 查：记录和温度计实际温度			畜产品分割屠宰适用

（续）

条款	检查项目	结论	情况描述	备注
27	分割冷却水：水温在4℃以下，并保持清洁卫生。查：现场查看			畜产品分割屠宰适用
28	分割终冷却水：水温应保持0～2℃，禽体在冷却槽内与水流逆向移动。 查：现场查看			禽产品分割屠宰适用
29	分割冷却槽：内应加消毒液，单设禽体消毒池，禽体出预冷槽后，经2～3分钟转动沥干。 查：现场查看			禽产品分割屠宰适用
30	冻结入库条件：从屠宰放血到成品进入冻结库所需时间，不得超过100分钟，成品不准堆积，不准进行二次冻结；装箱前须测试肉温，中心温度达－15℃后方可装箱入库。 查：现场查看			畜产品分割屠宰适用
31	冻结库温：保持－30℃以下，相对湿度为90%～95%，肌肉中心温度在10小时内降到－15℃以下。 查：现场查看			畜产品分割屠宰适用
32	预冷间温度：应设有预冷间（0～4℃）。 查：记录和温度计实际温度			具有冷库的畜禽屠宰适用
33	冷藏库条件：应设有冷藏库（－18℃以下）。冷藏库产品必须由企业质检部门检验合格后方可办理出入库，产品进入冷藏库，应分品种、规格、生产日期、批次，分批堆放在垫仓板上，标识清晰，并与墙面、顶棚、排管有一定间距，温度－18℃以下。 查：记录和温度计实际温度			具有冷库的畜禽屠宰适用
三、投入品管理（屠宰厂和蜂产品加工厂均适用）				
34※	原料来源：待宰畜禽或蜂产品原料来自经认定的生产单位。 查：委托加工或购销合同。			
35※	药品储存：清洗剂、消毒剂、杀虫剂、灭鼠剂等药品标识明显，贮存于专门库房或柜橱内，分类存放，并由专人负责保管。 查：药品库房、管理制度文件和领用记录			
36	其他药品储存：除卫生和工艺需要，均不得在生产车间使用和存放可能污染食品的任何种类的药品，如存放应在指定处标示。 查：现场查看			
37※	药品使用：各类药品的使用由经过培训的人员按照使用方法进行。 查：药品使用记录、培训记录、询问			
38※	加工用水：符合畜禽加工用水水质或饮用水水质要求 查：水质检验报告			
四、加工操作管理				
39	人员卫生：进车间前，穿戴整洁的工作服、帽、靴、鞋，工作服盖住外衣，头发不得露于帽外，洗净双手。 查：实施情况			

（续）

条款	检查项目	结论	情况描述	备注
40	屠宰操作：胴体、内脏、头蹄（爪）不落地。 查：现场操作			
41	屠宰操作：开膛时不得割破胃、肠、胆囊、膀胱、孕育子宫等。 查：现场操作			畜类屠宰适用
42	副产品及污物处理：副产品中内脏、血、毛、皮、蹄壳及废弃物的流向不对产品和周围环境造成污染。 查：现场查看			
43	刀具卫生：屠宰或检疫过程中，被污染的刀具要立即更换，并经过彻底消毒处理后方可继续使用。 查：现场操作、询问			畜类屠宰适用
44	剥皮卫生：剥皮前冷水湿淋，在剥皮过程中，凡是接触过皮毛的手和工具，未经消毒不得再接触胴体。 查：现场操作			剥皮屠宰适用
45	脱毛卫生：浸烫水保持清洁卫生，水温达到脱毛要求并脱毛后用清水冲洗禽体，体表不得被粪便污染。 查：现场操作			禽类屠宰适用
46	内脏摘取：取脏区有标识容器，盛放放血不良、病变和污染的家禽，摘取内脏时消化道内容物、胆汁不得污染禽体。 查：现场操作			禽类屠宰适用
47	检疫：由动物防疫监督机构实施，并做到严格实施宰前检疫、宰后检疫，检疫人员的数量应与生产规模相适应；厂内设有专门的检疫工作室和化验室。 查：证件、现场操作、检疫工作室、检验仪器等。			
48※	宰前检疫：待宰畜禽具有产地检疫证明，经查证验物后，合格的方可入厂屠宰。 查：随机抽查本年度最近1个月或2个月回收的检疫合格证明、宰前检疫记录			
49	宰后检疫：屠宰车间设有同步检疫设施，在各个检疫点处有可供检疫人员操作的足够空间，运行速度能满足要求。 查：现场设施			
50	宰后检疫：检疫不合格的产品，按国家相关标准的规定做无害化处理。 查：宰后检疫记录和无害化处理记录			
51※	合格胴体检疫：在规定的部位加盖“检疫验讫”印章并出具检疫证明，印色须使用食用级色素配制；分割肉外包装应当印有或加贴规定的检疫合格标志。 查：现场查看			猪牛羊屠宰适用
52※	鲜肉运输：使用专用冷藏车或保温车，猪牛羊等大中型动物胴体肉实行悬挂式运输。运输车辆进出厂前应彻底清洗、装运前消毒。 查：相应设施、管理制度和实施情况的记录			

（续）

条款	检查项目	结论	情况描述	备注
53	原料控制：制定原料验收、贮存、使用、检验等制度，并由专人负责。 查：相关制度及记录。			蜂产品加工适用
54	生产管理：按生产关键工序控制要求，对每一批次产品从原料加工、产品质量和卫生指标等情况进行记录。 查：生产记录			蜂产品加工适用
55	灌装：产品的灌装、装填使用自动机械设备。 查：现场查看			蜂产品加工适用
56	卫生条件：有专用洁具清洗间和洁具存放间。 查：现场查看			蜂产品加工适用
57	内包装材料：直接接触产品的内包装材料必须达到卫生要求。 查：检验报告			蜂产品加工适用
58※	杀菌：建立并执行杀菌或灭菌操作规程。 查：相关文件，现场查看			蜂产品加工适用
五、产品质量管理				
59※	产品质量检测：屠宰厂应按国家相关规定对宰后的畜禽产品进行质量检验（生猪、肉牛、肉羊屠宰厂对入厂的生猪、肉牛、肉羊进行“瘦肉精”批批自检）。 查：相关文件、检验记录等			屠宰厂适用
60	标签及说明书：产品标签由专人管理，产品说明书、标签的印制符合有关部门批准的内容。 查：相关记录			蜂产品加工适用
61	成品出库记录：内容至少包括批号、出货时间、地点、对象、数量等。 查：成品出库记录			蜂产品加工适用
62	产品检验：成品逐批检验。 查：企业自检记录			蜂产品加工适用
63	委托检验：对不具备成品或出厂检验能力的企业，必须委托符合法定资格的检验机构进行产品出厂检验。 查：委托检验报告			蜂产品加工适用
64	产品留样：每批产品均有留样，留样存放于专设的留样库（或区）内，按品种、批号分类存放，并有明显标志。 查：留样观察制度和记录			蜂产品加工适用
65	特殊要求：供少数民族食用的动物产品生产，尊重少数民族习惯。 查：认定标识或证书、文件等			
六、标志使用管理（适用于复查换证产品）				
66※	标志使用：获证产品应按要求使用无公害农产品标志。 查：包装标识			

注：对于暂未包括其中的产品类别进行现场检查时，应参照相应国家法规和标准的要求实施。

表五　无公害农产品（渔业产品）认定现场检查评定项目

条款	检查项目	结论	情况描述	备注
一、质量管理				
1※	申请主体资质：资质证明文件齐全有效，具有组织管理无公害农产品生产和承担责任追溯的能力。 查：资质证明文件及相关材料			
2	质量安全管理责任制：明确领导、管理和生产人员职责。 查：关键岗位职责分工			
3	质量控制措施：针对影响养殖产品质量安全的关键环节，制定适宜的、具可操作性的质量控制措施。 查：质量控制文件资料			
4	养殖户管理：制定养殖户质量安全管理措施，并同养殖户签订含有质量安全管理相关内容的协议书。 查：从养殖户清单中按规定随机抽查			"分户生产，统一管理"主体适用
5	生产操作规程：制定或采用适宜的生产技术操作规程，内容覆盖所有生产环节。 查：生产技术操作规程文本			
6※	内检员：经培训合格的无公害农产品内检员。 查：无公害农产品内检员培训合格的证明文件。			
7	生产管理人员：每年参加质量安全相关法律法规知识和技能培训。内容至少包括：(1) 水产养殖质量安全相关的法律法规和标准知识；(2) 标准化生产及健康养殖技术；(3) 本单位质量控制措施和相关技术规程。 查：培训记录、培训资料等			
8※	记录档案：建立与产品质量安全相关的记录档案。 查：用药记录、水产养殖生产记录、销售记录等			
9	法律法规和标准：收集并保存现行有效的水产养殖质量安全相关的法律、法规和标准等文件。 查：法律法规、标准等文件（纸质或电子版本）			
10	国家禁用兽（渔）药清单：在养殖区范围内合适位置明示国家禁用兽（渔）药清单。 查：禁用兽（渔）药清单明示情况			
二、产地环境及设施				
11※	周边环境：无工业、农业、医疗及城市生活废弃物和废水等其他对渔业水质构成威胁的污染物。 查：现场查看，防污染措施			
12	产区环境：养殖场内养殖区、办公和生活设施的布局不应对养殖水体构成污染风险。不应从事畜禽养殖生产。 查：现场查看			
13※	设施：养殖区的进排水系统应分开设置。 查：进、排水渠道设置情况			适用时

（续）

条款	检查项目	结论	情况描述	备注
14	底泥：养殖生产开始前应清理池塘底泥。 查：生产记录或现场查看			池塘养殖适用
15	污物处理：及时处理养殖区域内的污水和垃圾等污染物，保持养殖水体清洁。 查：养殖区及养殖水体清洁状况			
三、生产过程管理				
16※	渔药选购：选择通过GMP认证或取得进口登记许可证的兽药企业生产的渔药。不得购买国家禁用兽（渔）药和其他渔用化合物。 查：渔药包装，购买凭证、清单			
18※	渔药储存：应有专门的渔药和其他渔用化合物存储区。养殖区内不得存放禁用的渔药和其他渔用化合物及其包装物。 查：现场查看			
19※	渔药使用：不得将原料药或人用药用于水产养殖。不得使用国家禁用兽（渔）药和其他渔用化合物。严格休药期规定。 查：渔药标签、用药和捕捞记录			
20	饲料选购：应采购有生产许可证或进口登记证的企业生产的饲料。 查：购买凭证、饲料标签			
21	饲料储存：应有专门的饲料存放场所，保持干燥、通风、清洁、避免日光暴晒。变质和过期饲料应做好标识，隔离禁用，并及时处理销毁。 查：现场查看			
22	饲料加工：自行加工饲料的，其饲料产品应符合相关标准的规定。加工场所应干净整洁，原料及成品堆放整齐、分区有序、标识清晰。 查：饲料检验报告，现场查看加工场所			
23※	饲料使用：不得添加未获国家批准使用的饲料添加剂和药物添加剂。不得长期投喂或在饲料中添加抗生素类药物。 查：饲料配方，用药记录中抗生素的相关记录			
24	苗种选购：应从具有水产苗种生产许可证的苗种场购买苗种，索取并保存苗种购买凭证。 查：购买凭证、苗种供应方生产许可证			
25	有机肥使用：有机肥应完全发酵熟化。 查：现场查看			
四、标志使用管理（适用于复查换证产品）				
26※	标志使用：获证产品应按要求使用无公害农产品标志。 查：包装标识			

表六　现场检查结论

现场检查 综合评价	
检 查 结 论	□通过 □限期整改 □不通过
现场检查组组长签字 年　月　日	
申请主体（签字、盖章） 年　月　日	
不　合　格 项　目 确　认	申请主体同意检查组认定的不合格项目，将按要求采取措施在　　年　月　日前整改完成，并将有关情况书面报告。 申请主体若不同意检查组认定的不合格项目，请填写意见： 申请主体（签字、盖章）　　　　年　月　日
整改 结果	整改结果验证方式：□书面验证　□现场验证 验证意见： 检查组组长（签字）　　　　年　月　日

附件 3

无公害农产品检查员注册管理办法

第一章　总　则

第一条　为加强无公害农产品检查员的管理，提高检查员队伍整体素质和业务水平，根据《无公害农产品认定暂行办法》，制定本办法。

第二条　本办法所称检查员是指经核准注册的从事无公害农产品认定材料审核和现场检查的人员。

第三条　中国绿色食品发展中心负责检查员管理办法制修订工作，各省、自治区、直辖市和计划单列市人民政府农业农村行政主管部门及所属无公害农产品工作机构（以下简称“省级工作机构”）负责本行政辖区、本行业检查员的培训、注册和监督管理。

第四条　各地可根据本行政辖区内本行业农产品质量安全工作的实际需要，依据本管理办法制定实施细则。

第五条　检查员的注册专业分为种植业、畜牧业和渔业。

第六条　检查员的来源包括无公害农产品工作机构的专职工作人员、大专院校、科研机构、行业协会的专家和学者等。

第二章　注册要求

第七条　申请注册的检查员应当具备下

列条件：

（一）掌握有关农产品质量安全的法律、法规、标准和规范，农产品生产、加工相关技术，无公害农产品认定标准规范、审核规范、现场检查程序及方法等；

（二）具有农业相关技术专业大专（含）以上学历，并专职从事农产品质量安全管理及相关技术和管理工作 1 年（含）以上；

（三）具有清晰的口头与书面表达能力，较强的沟通和组织能力，独立、客观、正确的判断能力，从事野外工作的能力；

（四）遵纪守法，坚持原则，实事求是，作风正派，身体健康；

（五）参加检查员培训，完成规定的培训课程并考试合格。

（六）注册种植业检查员应具有农学、园艺、植保、林学、农业环保及相关；注册畜牧业检查员应具有畜牧、兽医、动物营养及相关专业；注册渔业检查员应具有水产及相关专业。

（七）申请人应在取得培训合格后参加至少 2 次注册类别材料认定审核和现场检查见习，并由所在单位就申请人的能力给出鉴定意见。

第八条　检查员可以同时注册多个专业。申请扩大专业注册的，应提供相关专业考试合格证书复印件或其他有效证明材料。

第三章　培　训

第九条　培训教师应为检查员或具有丰富业务工作经验和实际教学经历、有相关专业背景并从事无公害农产品相关工作 3 年以上或大专院校、科研机构的副高级技术职称以上人员。

第十条　注重理论联系实际，推行多媒体视听技术、案例研究、现场实操演示等方式方法。培训班均要求采用课堂教学和现场教学相结合的培训方式，其中课堂授课学时不少于 8 学时，现场教学不少于 4 学时。

第十一条　课堂教学主要内容：

（一）农产品质量安全的政策法规；

（二）无公害农产品认定的基本制度；

（三）无公害农产品标准和规范；

（四）无公害农产品认定现场检查和认定审核规范；

（五）无公害农产品标志使用规范；

（六）检查员的基本职责、任务和职业道德要求；

（七）检查员需要掌握的其他知识等。

第十二条　现场教学主要包括赴无公害农产品认定申请主体开展现场检查的程序、主要内容、检查要点及检查技巧等。

第十三条　培训考核主要采用平时考评和笔试综合评价的方式。平时考评主要考察培训期间学员按时出勤情况，占 20 分。笔试由省级工作机构统一命题、统一组织实施。笔试为闭卷方式，笔试满分为 80 分。平时考评与笔试成绩相加 70 分（含）以上为合格。省级工作机构可以向合格者颁发“培训合格证书”。

第十四条　省级工作机构应建立完善的培训档案，保存相关培训记录，培训档案保存期为 5 年。

第四章　注册程序

第十五条　申请人填写省级工作机构统一制定的《无公害农产品检查员注册申请表》，同时提交以下证明文件：教育资格证书、职称证书复印件；本人 1 寸彩色免冠证件照 2 张；身份证复印件。

第十六条　申请人经所在单位签署推荐意见后，报送省级工作机构。省级工作机构负责申请材料审查，经审查符合注册条件的，准予注册，可以颁发检查员证书，并公布注册名单。

第十七条　检查员证书应包括以下信息：姓名、性别、身份证号、注册专业、证书编号和工作单位。证书格式由省级工作机构统一制定。

第十八条 注册有效期为3年，检查员应每3年进行一次再次注册。再次注册应于注册期届满前3个月内向省级工作机构提交书面申请，并提供近三年的认定审核和现场检查等工作情况，经省级工作机构审定，申请人在近三年内实施认定审核和现场检查共计3家以上生产单位的，予以再次注册。

第五章 检查员职责和行为准则

第十九条 检查员应履行下列职责：

（一）对申请认定的材料进行审核，对认定材料的完整性、规范性和符合性做出判断并对审核结果负责；

（二）依据注册的专业类别，对申请认定主体实施现场检查，科学、客观、公正地做出描述和评价，并提交现场检查报告；

（三）承担无公害农产品相关业务培训的授课任务；

（四）工作机构交办的其他工作。

第二十条 检查员应遵守以下行为准则：

（一）遵纪守法、敬业诚信、科学严谨、客观公正；

（二）严格按照注册专业范围开展审核和检查工作；

（三）不向委托方或受检方隐瞒任何可能影响公正判断的利益和人际关系；

（四）除非委托方或受检方书面授权或有法律要求，不向他人披露任何有关审核、现场检查的信息；

（五）不接受受检方及其有利益关系的团体或个人任何形式的好处；

（六）维护无公害农产品及其工作机构的声誉，如有违背本准则行为时，应配合有关机构的调查和质询；

（七）接受省级工作机构及所在单位的监督。

第六章 监督与管理

第二十一条 省级工作机构应当建立检查员工作绩效考核评价制度，对工作业绩突出和表现优秀的检查员，应给予表彰和奖励。

第二十二条 对违反检查员行为准则，尚未构成严重后果的，省级工作机构应依据有关情况给予检查员批评、暂停注册资格等处置。在暂停期内，检查员不得从事相关认定审核和现场检查等活动。对于暂停注册资格的检查员，应在暂停期内采取相应整改措施，并经省级工作机构验证后，恢复其注册资格。

第二十三条 对检查员的注册资格处置分为撤销注册和注销注册两种方式。

（一）撤销注册资格：

1. 违反检查员行为准则，情节严重或造成严重后果的；

2. 违反相关法律法规要求，情节严重或造成严重后果的；

（二）注销注册资格：

对注册期限已满而没有再次申请注册的人员，或在注册期内声明放弃资格的人员，省级工作机构应当注销其注册资格。

第二十四条 省级工作机构应当建立注册检查员管理档案制度，对检查员的培训、考试、考核评价等信息及检查员注册、再次注册、撤销等管理活动进行存档。

第二十五条 省级工作机构建立检查员申诉、投诉制度，受理并调查处理检查员的申诉、投诉。

第七章 附 则

第二十六条 本办法由中国绿色食品发展中心负责解释。

第二十七条 本办法自发布之日起施行。原农业部农产品质量安全中心发布的《无公害农产品检查员注册准则》《无公害农产品检查员管理办法》《无公害农产品检查人员及师资培训管理办法》同时废止。

附件 4

无公害农产品内检员培训管理办法

第一条 为规范无公害农产品内检员（以下简称内检员）培训管理，不断提高无公害农产品生产单位内部质量管理能力和标准化生产水平，依据《无公害农产品认定暂行办法》，制定本办法。

第二条 本办法所称内检员是指经培训合格，并在无公害农产品生产单位（以下简称生产单位）负责无公害农产品标准化生产和质量安全管理的专业技术人员。

第三条 中国绿色食品发展中心负责无公害农产品内检员培训管理制度的制修订工作，各省、自治区、直辖市和计划单列市人民政府农业农村行政主管部门及所属无公害农产品工作机构（以下简称“省级工作机构”）负责本行政辖区内、本行业内检员培训的组织和实施工作。

第四条 各地可以根据本办法，结合本地区、本行业实际，制定无公害农产品内检员培训、考核和管理实施细则。

第五条 内检员的基本条件

（一）热爱无公害农产品事业，熟悉农产品质量安全相关法律、法规及标准，熟练掌握无公害农产品标准化生产技术和质量管理方法；

（二）熟悉无公害农产品认定要求，熟练掌握无公害农产品生产单位质量安全内部检查方法与技巧；

（三）具有一定的实际工作经验，完成规定的内检员培训课程，并经考试合格；

（四）遵纪守法，坚持原则，忠于职守。

第六条 内检员职责：

（一）宣贯无公害农产品技术标准、质量规范及有关管理制度；

（二）组织制（修）订本单位无公害农产品质量安全管理文件和生产技术规程；

（三）督促落实本单位无公害农产品质量安全管理制度，指导建立无公害农产品生产记录档案；

（四）组织开展无公害农产品质量安全内部检查及改进工作；

（五）承办无公害农产品认定的组织申报与复查换证工作；

（六）配合无公害农产品工作机构做好日常监督检查工作。

第七条 生产单位应建立内检员制度，并赋予内检员与其职责相对应的管理权限。

第八条 内检员注册需经本人申请，生产单位推荐，由省级工作机构进行培训，并考试合格。

第九条 培训教师应为检查员，或具有丰富业务工作经验和实际教学经历，有相关专业背景并从事无公害农产品标准、审核和监督管理工作 2 年以上人员。

第十条 培训方式为课堂教学，推行多媒体视听技术、案例研究、现场实操演示等方式方法。授课学时不少于 8 学时。

第十一条 培训内容应理论联系实际，主要内容应包括以下方面：

（1）农产品质量安全基本知识；

（2）无公害农产品认定的基本制度、技术标准及质量规范；

（3）生产单位内部质量管理和控制制度的建立；

（4）无公害农产品认定申报材料与复查换证的编制及报送规范要求；

（5）无公害农产品证后监督管理及标志设计使用规范；

（6）内检员的基本职责、任务和职业道德要求；

（7）内检员需要掌握的其他知识等。

第十二条　培训教材由省级工作机构根据本辖区、本行业需要统一编印。

第十三条　培训后，内检员需参加省级工作机构组织的考试。

第十四条　省级工作机构对培训合格人员名单进行确认，符合条件的，由省级工作机构赋予其内检员资格，并以文件形式公布名单。

第十五条　省级工作机构应建立内检员档案，档案包括内检员申请表、培训、考试及管理等资料。

第十六条　内检员应当按照规定认真履行职责。违反职业道德、弄虚作假、玩忽职守的，视情节轻重，给予暂停或撤销内检员资格处分。

第十七条　本办法由中国绿色食品发展中心负责解释。

第十八条　本办法自发布之日起施行。原农产品质量安全中心发布的《无公害农产品内检员管理办法》同时废止。

中国绿色食品发展中心公告

（第 405 号）

以下产品经中国绿色食品发展中心核准，获得绿色食品标志使用权（有效期限以证书为准）。依据农业部《绿色食品标志管理办法》，现予公告。

生产单位	核准用标产品	商标	绿色食品编号	企业信息码
黑龙江省牡丹江农垦稻花乡米业有限责任公司	稻花乡珍珠米	稻花乡	LB-03-18030802144A	GF230382150279
黑龙江省牡丹江农垦稻花乡米业有限责任公司	东北珍珠米	福莉	LB-03-18030802146A	GF230382150279
黑龙江省牡丹江农垦稻花乡米业有限责任公司	珍珠米	福莉	LB-03-18030802145A	GF230382150279
黑龙江省牡丹江农垦稻花乡米业有限责任公司	长粒香米	稻花乡	LB-03-18030802143A	GF230382150279
宁夏吴忠市国海粮油有限公司	国海压榨胡麻油100％纯一级	国海＋图形	LB-10-18032802058A	GF640302150231
洱源县玉食农特产品开发有限公司	大米	洱海之源＋拼音＋图形	LB-03-17112410563A	GF532930141050
洱源县玉食农特产品开发有限公司	粳米	洱海之源＋拼音＋图形	LB-03-17112410564A	GF532930141050
云南万兴隆集团油脂有限公司	罗平菜油（压榨一级）	醉自然＋拼音	LB-10-18032401969A	GF530324150250
云南万兴隆集团油脂有限公司	罗平菜油（压榨一级）	醇自然	LB-10-18032401970A	GF530324150250
新沂市马陵春茶场	马陵山茶	马陵山＋图形＋拼音	LB-44-18011000159A	GF320381150050

（续）

生产单位	核准用标产品	商标	绿色食品编号	企业信息码
宁波市五龙潭茶业有限公司	五龙明珠绿茶		LB-44-18031101632A	GF330203180620
宁波市五龙潭茶业有限公司	五龙香茗绿茶		LB-44-18031101631A	GF330203180620
宁波市五龙潭茶业有限公司	明州红红茶		LB-44-18031101630A	GF330203180620
铁力市晨阳谷物种植农民专业合作社	大米	香草河＋图形	LB-03-18030802131A	GF230781180788
重庆汇达柠檬科技集团有限公司	柠檬蜜酱	汇达柠檬＋英文	LB-53-18033402084A	GF500223151245
重庆汇达柠檬科技集团有限公司	柠檬蜜茶	汇达柠檬＋英文	LB-53-18033402083A	GF500223151245
重庆汇达柠檬科技集团有限公司	柠檬即食片	汇达柠檬＋英文	LB-53-18033402082A	GF500223151245
上海新平农业种植专业合作社	大米		LB-03-18030901917A	GF310151180717
上海皆香果蔬种植专业合作社	大米	皆香	LB-03-18030901791A	GF310151180660
湖州维农农业科技有限公司	大米	钱山下＋拼音＋图形	LB-03-18031101990A	GF330502180738
山西中加石膏山冰酒有限公司	石膏山冰酒	石膏山＋拼音＋英文＋图形	LB-48-18030401900A	GF140729180703
山西中加石膏山冰酒有限公司	石膏山干红葡萄酒	石膏山＋拼音＋英文＋图形	LB-48-18030401901A	GF140729180703
卢氏县九龙实业有限公司	香菇（干）		LB-22-18031602012A	GF411224180749
大安市绿佳源种植家庭农场	江水稻米		LB-03-18030702103A	GF220882180774
延寿县隆锋粮油贸易有限公司	隆江锋味长粒香米	隆锋	LB-03-18030802099A	GF230129180770
新干县良元米业有限公司	良元香米	鑫庆丰＋图形	LB-03-18031401928A	GF360824180720
新干县良元米业有限公司	良元香丝苗米	鑫庆丰＋图形	LB-03-18031401929A	GF360824180720
新干县良元米业有限公司	香丝苗米	鑫庆丰＋图形	LB-03-18031401926A	GF360824180720
新干县良元米业有限公司	良元软香米	鑫庆丰＋图形	LB-03-18031401927A	GF360824180720

（续）

生产单位	核准用标产品	商标	绿色食品编号	企业信息码
新干县良元米业有限公司	庆丰香米	鑫庆丰＋图形	LB-03-18031401930A	GF360824180720
包头市呱呱叫调味品有限责任公司	呱呱叫酿造酱油	图形、敕勒川	LB-56-18030502109A	GF150203180779
包头市呱呱叫调味品有限责任公司	呱呱叫酿造食醋	图形、敕勒川	LB-56-18030502108A	GF150203180779
文成县日省名茶开发有限公司	半天香茶	半天香＋图形	LB-44-18031101916A	GF330328180716
黑龙江省七台河市林泓米业有限公司	精制大米	林泓、图形	LB-03-17120810663A	GF230902081775
抚顺金宇食品有限公司	速冻玉米	金宇拼音＋图形	LB-06-17120610508A	GF210411082015
四川内江威宝食品有限公司	周萝卜酱腌萝卜北国风味（酱香味）	威宝＋图形、周萝卜、图形	LB-56-18022202157A	GF511024090244
四川内江威宝食品有限公司	周萝卜酱腌萝卜经典川味（麻辣味）	威宝＋图形、周萝卜、图形	LB-56-18022202158A	GF511024090244
四川内江威宝食品有限公司	周萝卜酱腌萝卜南粤风味（爽甜味）	威宝＋图形、周萝卜、图形	LB-56-18022202159A	GF511024090244
四川内江威宝食品有限公司	大头菜（麻辣味）	威宝＋图形、周萝卜、图形	LB-56-18022202155A	GF511024090244
四川内江威宝食品有限公司	大头菜（鲜香味）	威宝＋图形、周萝卜、图形	LB-56-18022202156A	GF511024090244
湖北霞光茶业股份有限公司	云雾绿茶	霞光牌＋图形	LB-44-18031702316A	GF421222090324
湖北霞光茶业股份有限公司	特级茉莉花茶	霞光牌＋图形	LB-44-18031702315A	GF421222090324
湖北霞光茶业股份有限公司	毛尖茉莉花茶	霞光牌＋图形	LB-44-18031702314A	GF421222090324
湖北霞光茶业股份有限公司	碧螺春茉莉花茶	霞光牌＋图形	LB-44-18031702313A	GF421222090324
六安市笑春堂农业开发有限公司	六安瓜片	笑春堂	LB-44-18031202124A	GF341503180783
安徽霍王生态农业有限公司	六安瓜片（野生茶）		LB-44-18031202368A	GF341503180859
石阡县夷州贡茶有限责任公司	石阡苔茶		LB-44-18032302102A	GF520623180773
唐山旺地农业科技有限公司	小站稻大米		LB-03-18030301999A	GF130201180745
泰安市泰山区沁园春女儿茶厂	沁园春女儿茶	儒铜＋拼音＋图形	LB-44-18031501910A	GF370902180711

（续）

生产单位	核准用标产品	商标	绿色食品编号	企业信息码
新疆阿尔曼食品集团有限责任公司	阿尔曼学生营养粉	阿尔曼＋英文＋图形	LB-41-17013010669A	GF650102080132
新疆阿尔曼食品集团有限责任公司	阿尔曼青少年核桃粉	阿尔曼＋英文＋图形	LB-41-17013010667A	GF650102080132
新疆阿尔曼食品集团有限责任公司	阿尔曼全脂淡奶粉	阿尔曼＋英文＋图形	LB-34-17013010668A	GF650102080132
新疆阿尔曼食品集团有限责任公司	阿尔曼果仁奶茶粉	阿尔曼＋英文＋图形	LB-41-17013010666A	GF650102080132
新疆阿尔曼食品集团有限责任公司	阿尔曼果仁营养粉（高钙）	阿尔曼＋英文＋图形	LB-41-17013010665A	GF650102080132
新疆阿尔曼食品集团有限责任公司	阿尔曼营养粉（中老年型）	阿尔曼＋拼音＋图形	LB-34-17013010679A	GF650102080132
新疆阿尔曼食品集团有限责任公司	阿尔曼营养粉（大众型）	阿尔曼＋拼音＋图形	LB-34-17013010677A	GF650102080132
新疆阿尔曼食品集团有限责任公司	阿尔曼中老年核桃粉	阿尔曼＋英文＋图形	LB-41-17013010678A	GF650102080132
新疆阿尔曼食品集团有限责任公司	阿尔曼核桃营养粉（高钙）	阿尔曼＋英文＋图形	LB-41-17013010672A	GF650102080132
新疆阿尔曼食品集团有限责任公司	阿尔曼女士营养粉	阿尔曼＋英文＋图形	LB-41-17013010675A	GF650102080132
新疆阿尔曼食品集团有限责任公司	阿尔曼果仁营养粉（无蔗糖）	阿尔曼＋英文＋图形	LB-41-17013010671A	GF650102080132
新疆阿尔曼食品集团有限责任公司	阿尔曼核桃营养粉（无蔗糖）	阿尔曼＋英文＋图形	LB-41-17013010673A	GF650102080132
新疆阿尔曼食品集团有限责任公司	阿尔曼鹰嘴豆营养粉（咖啡）	阿尔曼＋英文＋图形	LB-41-17013010670A	GF650102080132
新疆阿尔曼食品集团有限责任公司	阿尔曼奶茶粉	阿尔曼＋英文＋图形	LB-41-17013010674A	GF650102080132
新疆阿尔曼食品集团有限责任公司	阿尔曼鹰嘴豆营养粉（牛奶）	阿尔曼＋英文＋图形	LB-41-17013010676A	GF650102080132
新疆阿尔曼食品集团有限责任公司	阿尔曼营养粉（青少年型）	阿尔曼＋拼音＋图形	LB-34-17013010680A	GF650102080132
沂水县故乡红家庭农场	小米		LB-14-18031501760A	GF371323180658
日照御景家庭农场有限公司	绿茶		LB-44-18031501816A	GF371102180666
南陵县永兴米业有限公司	吴祥糯米	吴祥＋图形	LB-03-18031202175A	GF340223090332
南陵县永兴米业有限公司	吴祥大米	吴祥＋图形	LB-03-18031202174A	GF340223090332

（续）

生产单位	核准用标产品	商标	绿色食品编号	企业信息码
武夷山锅庄茶业有限公司	大红袍	一品清灵＋拼音	LB-44-18031301867A	GF350782180684
巴林左旗文慧种植专业合作社	小米		LB-14-18030501828A	GF150422180670
巴林左旗文慧种植专业合作社	大黄米		LB-14-18030501829A	GF150422180670
密山市玖丰米业有限公司	寒地稻花香米	将军湖	LB-03-17120810613A	GF230382141342
密山市玖丰米业有限公司	水晶米（大米）	哥俩好＋拼音	LB-03-17120810615A	GF230382141342
密山市玖丰米业有限公司	长粒香米	哥俩好＋拼音	LB-03-17120810612A	GF230382141342
密山市玖丰米业有限公司	寒地珍珠米（大米）	将军湖	LB-03-17120810614A	GF230382141342
山东肥城精制盐厂	绿色食品低钠盐（未加碘）	鲁祥＋拼音＋图形	LB-54-18011501779A	GF370983081787
山东肥城精制盐厂	精制盐	鲁祥＋拼音＋图形	LB-54-18011501778A	GF370983081787
山东肥城精制盐厂	加碘精制盐	鲁祥＋拼音＋图形	LB-54-18011501777A	GF370983081787
山东肥城精制盐厂	深井盐（加碘）	鲁祥＋拼音＋图形	LB-54-18011501780A	GF370983081787
山东肥城精制盐厂	深井盐（未加碘）	鲁祥＋拼音＋图形	LB-54-18011501781A	GF370983081787
河源富万家农业发展有限公司	富万家原味炒栗	富万家＋拼音＋图形	LB-20-18011902056A	GF441625090005
淮安市圣玉米业有限公司	禾立香米	圣玉＋图形	LB-03-18031001967A	GF320803090323
重庆市城口县鸡鸣茶业有限责任公司	鸡鸣贡茶（绿茶）	雞鳴＋图形	LB-44-18023402070A	GF500229090182
重庆市城口县鸡鸣茶业有限责任公司	鸡鸣毛峰（绿茶）	雞鳴＋图形	LB-44-18023402072A	GF500229090182
重庆市城口县鸡鸣茶业有限责任公司	鸡鸣绿茶	雞鳴＋图形	LB-44-18023402071A	GF500229090182
穆棱市宏伟林副产品有限责任公司	黑木耳（压缩）	绿野岭＋拼音＋图形	LB-22-17120810627A	GF231085081766
穆棱市宏伟林副产品有限责任公司	珍珠秋木耳（压缩）	绿野岭＋拼音＋图形	LB-22-17120810629A	GF231085081766
穆棱市宏伟林副产品有限责任公司	秋木耳（压缩）	绿野岭＋拼音＋图形	LB-22-17120810628A	GF231085081766
穆棱市宏伟林副产品有限责任公司	黑木耳（压缩）	黑森＋拼音、图形	LB-22-17120810626A	GF231085081766
精为天生态农业股份有限公司	青竹香米	精为天＋图形	LB-03-18031802069A	GF430703090487

（续）

生产单位	核准用标产品	商标	绿色食品编号	企业信息码
精为天生态农业股份有限公司	健康糙米	精为天＋图形	LB-03-18031802067A	GF430703090487
精为天生态农业股份有限公司	长涛米	精为天＋图形	LB-03-18031802066A	GF430703090487
精为天生态农业股份有限公司	精天香米	精为天＋图形	LB-03-18031802068A	GF430703090487
山东日照碧波茶业有限公司	绿茶	日照碧波＋图形	LB-44-18021501739A	GF371103090293
燕京啤酒（包头雪鹿）股份有限公司	矿泉水	燕京＋图形	LB-38-18020502057A	GF150203090221
四川新希望乳业有限公司	24 小时鲜牛奶	新希望＋图形	LB-33-18022202037A	GF510104090206
四川新希望乳业有限公司	洪雅牧场纯牛奶	新希望＋图形	LB-33-18022202038A	GF510104090206
临海市羊岩茶厂	羊岩勾青茶	羊岩山＋图形	LB-44-18031101801A	GF331082090310
浙江巨香食品有限公司	银丝面	巨香＋拼音、巨香＋图形	LB-50-18021102163A	GF330800090251
浙江巨香食品有限公司	宝宝面	巨香＋拼音、巨香＋图形	LB-50-18021102162A	GF330800090251
浙江巨香食品有限公司	原味面	巨香＋拼音、巨香＋图形	LB-50-18021102165A	GF330800090251
浙江巨香食品有限公司	玉带面	巨香＋拼音、巨香＋图形	LB-50-18021102164A	GF330800090251
萧氏茶业集团有限公司	邓村绿茶（绿茶）	萧氏＋拼音＋图形	LB-44-18021701974A	GF420506090202
萧氏茶业集团有限公司	萧氏毛尖（绿茶）	萧氏＋拼音＋图形	LB-44-18021701976A	GF420506090202
萧氏茶业集团有限公司	金香品雪（绿茶）	金香品雪＋图形＋拼音	LB-44-18021701975A	GF420506090202
黑龙江省克东腐乳有限公司	克东腐乳	二克山＋图形	LB-56-18040802160A	GF230230090558
江西家和米业有限公司	家昌大米	家昌＋拼音	LB-03-18021401774A	GF360923090147
安徽曦强乳业集团有限公司	原味酸牛奶	相山＋图形	LB-33-18021201987A	GF340603090178
安徽曦强乳业集团有限公司	鲜牛奶	相山＋图形	LB-33-18021201986A	GF340603090178
江山市十罗洋茶场	罗洋曲毫茶（绿茶）	十羅洋＋图形	LB-44-18011102042A	GF330881090038
新宾满族自治县东星葡萄酒有限公司	原汁葡萄酒	东星＋图形	LB-48-17120610611A	GF210422082025
浙江千岛银珍农业开发有限公司	千岛银珍茶（绿茶）	千岛銀珍	LB-44-18011102041A	GF330182120052
广昌莲香食品有限公司	藕粉	迈的乐＋图形	LB-17-18021401785A	GF361030120080

（续）

生产单位	核准用标产品	商标	绿色食品编号	企业信息码
重庆索特盐化股份有限公司	食品加工盐		LB-54-18033401959A	GF500101101090
重庆索特盐化股份有限公司	未加碘食盐	盐小厨+图形	LB-54-18033401958A	GF500101101090
重庆索特盐化股份有限公司	腌制盐	盐小厨+图形	LB-54-18033401956A	GF500101101090
重庆索特盐化股份有限公司	肠衣盐		LB-54-18033401957A	GF500101101090
重庆索特盐化股份有限公司	泡菜盐	盐小厨+图形	LB-54-18033401955A	GF500101101090
重庆索特盐化股份有限公司	三峡深井盐（加碘）	盐小厨+图形	LB-54-18033401960A	GF500101101090
临泽县金盛世啤酒原料开发有限公司	90 型颗粒啤酒花	扬轩+拼音	LB-24-17122710664A	GF620723112352
宜丰县恒盛养蜂专业合作社	中蜂成熟蜂蜜	石花+图形	LB-35-17121410021A	GF360924112416
湖北水镜茶业发展有限公司	水镜炒青（绿茶）	水镜庄牌+图形	LB-44-18021701977A	GF420624120123
湖北水镜茶业发展有限公司	水镜翠螺（绿茶）	水镜庄牌+图形	LB-44-18021701979A	GF420624120123
湖北水镜茶业发展有限公司	水镜春毫（绿茶）	水镜庄牌+图形	LB-44-18021701978A	GF420624120123
湖北水镜茶业发展有限公司	水镜毛尖（绿茶）	水镜庄牌+图形	LB-44-18021701980A	GF420624120123
湖北水镜茶业发展有限公司	水镜茗芽（绿茶）	水镜庄牌+图形	LB-44-18021701982A	GF420624120123
湖北水镜茶业发展有限公司	水镜云雾（绿茶）	水镜庄牌+图形	LB-44-18021701981A	GF420624120123
中盐舞阳盐化有限公司	精制食用盐	中盐+图形	LB-54-17091610645A	GF411121111361
黑龙江金都米业有限公司	金都大米	金都+图形	LB-03-18030802154A	GF230112120175
河南友利粮业股份有限公司	淮河大米	淮河+拼音+图形	LB-03-17101610599A	GF411526111549
河南友利粮业股份有限公司	淮河小麦粉	淮河+拼音+图形	LB-02-17101610600A	GF411526111549
南通北渔人和水产有限公司	文蛤粉	仙缘+拼音+图形	LB-37-18011001972A	GF320623120015
孝感孝南区朱湖菱角湖米厂	珍珠糯米	菱角湖+图形	LB-03-18021701971A	GF420902120146

（续）

生产单位	核准用标产品	商标	绿色食品编号	企业信息码
宁夏法福来食品股份有限公司	法福来面粉家乐粉	法福莱＋图形	LB-02-18032802073A	GF640381120249
宁夏法福来食品股份有限公司	西夏贡珍品香米	西夏贡＋拼音	LB-03-18032802077A	GF640381120249
宁夏法福来食品股份有限公司	法福来珍品香米	法福莱＋图形	LB-03-18032802075A	GF640381120249
宁夏法福来食品股份有限公司	西夏贡精制免淘米	西夏贡＋拼音	LB-03-18032802074A	GF640381120249
宁夏法福来食品股份有限公司	西夏贡珍品免淘米	西夏贡＋拼音	LB-03-18032802076A	GF640381120249
宁夏法福来食品股份有限公司	法福来面粉特一粉	法福莱＋图形	LB-02-18032802079A	GF640381120249
宁夏法福来食品股份有限公司	法福来特精米	法福莱＋图形	LB-03-18032802078A	GF640381120249
宁夏法福来食品股份有限公司	法福来面粉雪花粉	法福莱＋图形	LB-02-18032802080A	GF640381120249
吉林盐业集团运销有限公司	精制盐（绿色、加碘）	吉盐＋拼音＋图形	LB-54-18030702153A	GF220104120007
吉林盐业集团运销有限公司	晶纯盐（加碘）	吉盐＋拼音＋图形	LB-54-18030702152A	GF220104120007
吉林省盐业集团有限公司	粉碎洗涤盐（绿色、加碘）	吉盐＋拼音＋图形	LB-54-18030702150A	GF220102120183
吉林省盐业集团有限公司	精制盐（绿色、加碘）	吉盐＋拼音＋图形	LB-54-18030702151A	GF220102120183
潞城市圣堂食品有限公司	6度老陈醋	圣堂＋拼音＋图形	LB-56-18030402013A	GF140481130801
浙江天珍农业开发有限公司	天珍香榧	天珍＋拼音	LB-24-17101110509A	GF330681140773
江西丰泽米业有限公司	翠田香米	翠田＋图形	LB-03-18031402166A	GF360730150249
宕昌县秀尔丽思食品饮料有限责任公司	官鹅沟野草莓（罐头）	秀尔丽思＋拼音	LB-20-18032702006A	GF621223180747

中国绿色食品发展中心公告

（第 407 号）

以下产品经中国绿色食品发展中心核准，获得绿色食品标志使用权（有效期限以证书为准）。依据农业部《绿色食品标志管理办法》，现予公告。

生产单位	核准用标产品	商标	绿色食品编号	企业信息码
江苏兴野食品有限公司	AD香葱	乐可乐＋图形＋NAKANO	LB-17-18011002290A	GF321281150076
江苏兴野食品有限公司	FD香葱	乐可乐＋图形＋NAKANO	LB-17-18011002291A	GF321281150076
江苏兴野食品有限公司	胡萝卜	乐可乐＋图形＋NAKANO	LB-17-18011002292A	GF321281150076
哈尔滨吉祥农业种植发展有限公司	稻花香（大米）	哈农颗	LB-03-17110810636A	GF230112140945
安徽省青阳县九华中药材科技有限公司	九华黄精茶	吴振东	LB-45-18041202443A	GF341723180873
勃利县天顺水稻专业合作社	鸭稻米	瀚然	LB-03-18040802427A	GF230921180866
浙江绿野仙踪生态农业发展有限公司	紫笋红茶	紫源唐贡＋图形	LB-44-18041102257A	GF330522180839
浙江绿野仙踪生态农业发展有限公司	紫笋茶	紫源唐贡＋图形	LB-44-18041102258A	GF330522180839
华池县北地雪小杂粮加工有限责任公司	荞麦粉	北地雪＋拼音＋图形	LB-14-18032701948A	GF621023180730
宁德市和润茶业发展有限责任公司	亚高原白茶	和润沁心＋图形	LB-44-18031302191A	GF350925180804
宁德市和润茶业发展有限责任公司	亚高原白茶饼	和润沁心＋图形	LB-44-18031302190A	GF350925180804
宁德市和润茶业发展有限责任公司	高山红茶	和润沁心＋图形	LB-44-18031302193A	GF350925180804
宁德市和润茶业发展有限责任公司	高山绿茶	和润沁心＋图形	LB-44-18031302192A	GF350925180804
河南莹坤薯业有限公司	甘薯淀粉	莹坤食品＋拼音＋图形	LB-55-18031601706A	GF411729180641
河南潘氏米业有限公司	春业大米	春业＋图形＋拼音	LB-03-18041602230A	GF411724180826
呼玛县岭纯油脂有限公司	笨榨大豆油	岭纯	LB-10-18030802369A	GF232721180860
民勤县隆丰工贸有限公司	辣根（干）	镇番＋图形	LB-16-18042702572A	GF620621180917
五常市帝泰谷物有限公司	稻花香米	帝泰	LB-03-18030802364A	GF230184180857
五常市帝泰谷物有限公司	稻花香米	崔老部	LB-03-18030802363A	GF230184180857
通河县圣辉有限责任公司	圣品佳道长粒香（大米）	祥顺	LB-03-18040802453A	GF230128180876

（续）

生产单位	核准用标产品	商标	绿色食品编号	企业信息码
通河县圣辉有限责任公司	清河长香米（大米）	祥顺	LB-03-18040802452A	GF230128180876
通河县圣辉有限责任公司	龙乡香米（大米）	祥顺	LB-03-18040802451A	GF230128180876
上海静逸稻米专业合作社	鸭稻米	万亩春	LB-03-18030902204A	GF310118180809
江西红都生态农业开发有限公司	芭蕉芋粉丝		LB-55-18041402227A	GF361022180823
河南省汉梁王酒业有限公司	汉梁王开坛香（55%vol）浓香型白酒	聚豪＋拼音＋图形	LB-46-18021601151A	GF411426180443
河南省汉梁王酒业有限公司	汉梁王十年（53%vol）浓香型白酒	汉梁王＋拼音	LB-46-18021601153A	GF411426180443
河南省汉梁王酒业有限公司	汉梁王十五年（53%vol）浓香型白酒	汉梁王＋拼音	LB-46-18021601152A	GF411426180443
哈尔滨金绿源米业有限公司	稻花香大米	宇贡	LB-03-18020801105A	GF230113180418
哈尔滨金绿源米业有限公司	长粒香大米	宇贡	LB-03-18020801104A	GF230113180418
哈尔滨金绿源米业有限公司	超级小町大米	宇贡	LB-03-18020801103A	GF230113180418
尤溪县好汉茶叶专业合作社	红茶	望熹源＋图形	LB-44-18041302492A	GF350426180892
尤溪县好汉茶叶专业合作社	绿茶	望熹源＋图形	LB-44-18041302491A	GF350426180892
江苏天目湖生态农业有限公司	天目湖白茶	富子＋拼音首字母	LB-44-18031002366A	GF320481180858
江苏天目湖生态农业有限公司	天目湖红茶	富子＋拼音首字母	LB-44-18031002367A	GF320481180858
江苏天目湖生态农业有限公司	天目湖黄金茶	富子＋拼音首字母	LB-44-18031002365A	GF320481180858
宿迁市佳隆米业有限公司	软香米	保安	LB-03-18021001532A	GF321311160016
宿迁市佳隆米业有限公司	秋田喜（大米）	保安	LB-03-18021001533A	GF321311160016
宿迁市佳隆米业有限公司	保安大米	保安	LB-03-18021001531A	GF321311160016
沈阳市北源米业有限公司	贵族香米	北源＋拼音	LB-03-18030602403A	GF210113090411
沈阳市北源米业有限公司	原味米	北源＋拼音	LB-03-18030602404A	GF210113090411

（续）

生产单位	核准用标产品	商标	绿色食品编号	企业信息码
四川仪陇县大山米业有限公司	长粒香米	大山绿＋拼音＋图形	LB-03-18022202413A	GF511324150159
四川仪陇县大山米业有限公司	仪陇贡米	大山绿＋拼音＋图形	LB-03-18022202415A	GF511324150159
四川仪陇县大山米业有限公司	仪陇大山香米	大山绿＋拼音＋图形	LB-03-18022202414A	GF511324150159
本溪满族自治县碱厂镇龙兴农场	溪冠大米	溪冠＋图形	LB-03-17120610706A	GF210521081869
前郭灌区国营莲花泡机械化农场	莲花大米	松莲＋拼音＋图形	LB-03-18040702270A	GF220721090540
吉林省粮硕种植农民专业合作社	臻品鸭田米	岭尚品＋图形＋拼音	LB-03-18030702184A	GF220381180798
四川省汉源大自然有限公司	花椒油	嘛得欢	LB-10-18042202253A	GF511823180836
甘南县胜利杂粮种植专业合作社	黄金小米	胜水泉＋图形	LB-14-18030802199A	GF230225180808
甘南县胜利杂粮种植专业合作社	老年粥米	胜水泉＋图形	LB-14-18030802202A	GF230225180808
甘南县胜利杂粮种植专业合作社	圣水泉小米	胜水泉＋图形	LB-14-18030802203A	GF230225180808
甘南县胜利杂粮种植专业合作社	红谷小米	胜水泉＋图形	LB-14-18030802200A	GF230225180808
甘南县胜利杂粮种植专业合作社	月子米	胜水泉＋图形	LB-14-18030802201A	GF230225180808
福建武夷兴华实业有限公司	兴华 10.5°P 啤酒	兴华＋图形	LB-47-1712139090A	GF350703172071
福建武夷兴华实业有限公司	兴华 11°P 啤酒	兴华＋图形	LB-47-1712139091A	GF350703172071
福建武夷兴华实业有限公司	兴华 9.7°P 啤酒	兴华＋图形	LB-47-1712139092A	GF350703172071
福建武夷兴华实业有限公司	兴华 8.5°P 啤酒	兴华＋图形	LB-47-1712139093A	GF350703172071
福建武夷兴华实业有限公司	Vyzva 威兹瓦 16°P 啤酒	兴华＋图形	LB-47-1712139094A	GF350703172071
福建武夷兴华实业有限公司	兴华 12°P 啤酒	兴华＋图形	LB-47-1712139095A	GF350703172071
福建武夷兴华实业有限公司	武夷兴华 9°P 啤酒	武夷兴华	LB-47-1712139096A	GF350703172071

（续）

生产单位	核准用标产品	商标	绿色食品编号	企业信息码
福建武夷兴华实业有限公司	Vyzva 威兹瓦 13°P 啤酒	兴华＋图形	LB-47-1712139097A	GF350703172071
福建武夷兴华实业有限公司	兴华 8°P 啤酒	兴华＋图形	LB-47-1712139098A	GF350703172071
福建武夷兴华实业有限公司	Vyzva 威兹瓦 10°P 啤酒	兴华＋图形	LB-47-1712139099A	GF350703172071
福建武夷兴华实业有限公司	Vyzva 威兹瓦 11.5°P 啤酒	兴华＋图形	LB-47-1712139100A	GF350703172071
五常禾福米业有限公司	稻花香米	天霖福	LB-03-18040802349A	GF230184180850
翁牛特旗紫辰绿色食品有限责任公司	长粒香大米	玉田皋＋拼音	LB-03-18040502310A	GF150426150419
方正县双龙米业有限公司	长粒香米	方阳＋拼音＋图形	LB-03-18040802547A	GF230124071509
繁昌县宏庆米业有限责任公司	宏庆丝苗米（粳）	岱湖滩	LB-03-18021202274A	GF340222090214
繁昌县宏庆米业有限责任公司	宏庆珍珠米（籼）	岱湖滩	LB-03-18021202276A	GF340222090214
繁昌县宏庆米业有限责任公司	精制宏庆米（籼）	岱湖滩	LB-03-18021202277A	GF340222090214
繁昌县宏庆米业有限责任公司	岱湖滩糯米（籼）	岱湖滩	LB-03-18021202272A	GF340222090214
繁昌县宏庆米业有限责任公司	宏庆长江米（籼）	岱湖滩	LB-03-18021202271A	GF340222090214
繁昌县宏庆米业有限责任公司	宏庆粒粒香米（籼）	岱湖滩	LB-03-18021202273A	GF340222090214
繁昌县宏庆米业有限责任公司	宏庆香米（籼）	岱湖滩	LB-03-18021202275A	GF340222090214
繁昌县宏庆米业有限责任公司	五华山粳米（粳）	岱湖滩	LB-03-18021202278A	GF340222090214
北票市兴红饮品有限公司	兴红杏仁乳	兴红＋拼音＋图形	LB-40-17100610713A	GF211381081471
汪清县双河精洁米有限公司	双河大米	嘎呀河	LB-03-17120710735A	GF222424081744
吉林市丰优米业有限公司	丰优大米	丰优	LB-03-18010702407A	GF220221090053
黑龙江省牡丹江垦区朝阳制米有限责任公司	小湖精米	小湖＋857 拼音＋图形	LB-03-18030802585A	GF230382090363

（续）

生产单位	核准用标产品	商标	绿色食品编号	企业信息码
湖北省宏发米业公司	宏发贡米（大米）	钟绿＋拼音＋图形	LB-03-17061710711A	GF420881080913
四川省珙县鹿鸣茶业有限公司	鹿鸣雾芽（绿茶）	图形	LB-44-18032202329A	GF511526090449
四川省珙县鹿鸣茶业有限公司	鹿鸣特绿（绿茶）	图形	LB-44-18032202328A	GF511526090449
四川省珙县鹿鸣茶业有限公司	鹿鸣春晓（绿茶）	图形	LB-44-18032202330A	GF511526090449
四川省珙县鹿鸣茶业有限公司	鹿鸣毛尖（绿茶）	图形	LB-44-18032202335A	GF511526090449
四川省珙县鹿鸣茶业有限公司	鹿鸣春旭（绿茶）	图形	LB-44-18032202331A	GF511526090449
四川省珙县鹿鸣茶业有限公司	鹿鸣春曦（绿茶）	图形	LB-44-18032202333A	GF511526090449
四川省珙县鹿鸣茶业有限公司	鹿鸣翠芽（绿茶）	图形	LB-44-18032202334A	GF511526090449
四川省珙县鹿鸣茶业有限公司	鹿鸣春晖（绿茶）	图形	LB-44-18032202332A	GF511526090449
安吉县溪龙贡茗茶场	安吉白茶	溪龙贡茗＋拼音＋图形	LB-44-18021102393A	GF330523090276
龙陵县碧寨金戈土特产品加工厂	铁核桃油（压榨）	金戈	LB-10-18032402390A	GF530523150317
茂名市金信米业有限公司	贵族香油粘（大米优质）	锦旺＋拼音＋图形	LB-03-18011902411A	GF440902090032
勐海县永明茶厂	布朗山老树茶火龙号【普洱茶（熟茶）】	实益＋图形	LB-44-18032402304A	GF532822090440
勐海县永明茶厂	勐海普洱茶散茶【普洱茶（熟茶）】	实益＋图形	LB-44-18032402305A	GF532822090440
景德镇市峰谷米业有限责任公司	峰谷爽大米	峰谷＋图形	LB-03-17121410684A	GF360203082064
景德镇市峰谷米业有限责任公司	峰谷籼米	峰谷＋图形	LB-03-17121410685A	GF360203082064
漳浦县福利来食品有限公司	鳌岛紫菜（干）	鳌岛＋图形	LB-37-18021302392A	GF350623090252
广东海纳农业有限公司	丝苗米	水中鲤＋图形	LB-03-18021902406A	GF441302090230
开封市家家福面粉有限公司	家家福高筋面（挂面）	金杞＋拼音＋图形	LB-50-18031602295A	GF410221090460

（续）

生产单位	核准用标产品	商标	绿色食品编号	企业信息码
开封市家家福面粉有限公司	高筋特精粉（小麦粉）	金杞＋拼音＋图形	LB-02-18031602293A	GF410221090460
开封市家家福面粉有限公司	家家福鸡蛋面（挂面）	金杞＋拼音＋图形	LB-50-18031602296A	GF410221090460
开封市家家福面粉有限公司	家家福龙须面（挂面）	金杞＋拼音＋图形	LB-50-18031602297A	GF410221090460
开封市家家福面粉有限公司	家家福强力面（挂面）	金杞＋拼音＋图形	LB-50-18031602299A	GF410221090460
开封市家家福面粉有限公司	家家福长寿面（挂面）	金杞＋拼音＋图形	LB-50-18031602294A	GF410221090460
开封市家家福面粉有限公司	家家福绿豆面（挂面）	金杞＋拼音＋图形	LB-50-18031602298A	GF410221090460
开封市家家福面粉有限公司	家家福玉带面（挂面）	金杞＋拼音＋图形	LB-50-18031602301A	GF410221090460
开封市家家福面粉有限公司	家家福营养面（挂面）	金杞＋拼音＋图形	LB-50-18031602300A	GF410221090460
开封市家家福面粉有限公司	面条专用粉（小麦粉）	金杞＋拼音＋图形	LB-02-18031602303A	GF410221090460
开封市家家福面粉有限公司	馒头专用粉（小麦粉）	金杞＋拼音＋图形	LB-02-18031602302A	GF410221090460
广东恒福糖业集团有限公司	白砂糖	雪仙＋拼音＋图形	LB-12-18031902347A	GF440882090334
绩溪县上庄茶叶专业合作社	金山时雨（绿茶）	瀚徽	LB-44-18031202586A	GF341824120174
汕尾市莲苑种植有限公司	玉壶香绿茶	玉壶香＋图形＋拼音	LB-44-17121910737A	GF441521112353
汕尾市莲苑种植有限公司	玉壶香乌龙茶	玉壶香＋图形＋拼音	LB-44-17121910738A	GF441521112353
邢台市金田源种植专业合作社	绿色麦心饺子粉（小麦粉）	尧泽源＋拼音＋图形	LB-02-1710039589A	GF130525111400
邢台市金田源种植专业合作社	绿色特精粉（小麦粉）	尧泽源＋拼音＋图形	LB-02-1710039590A	GF130525111400
邢台市金田源种植专业合作社	绿色特一粉（小麦粉）	尧泽源＋拼音＋图形	LB-02-1710039591A	GF130525111400
邢台市金田源种植专业合作社	绿色小麦粉	尧泽源＋拼音＋图形	LB-02-1710039593A	GF130525111400
盘锦千鹤米业有限公司	天禹盘锦大米	天禹＋图形	LB-03-18010602209A	GF211121120028
盘锦千鹤米业有限公司	高略 4122 红鹤米		LB-03-18010602207A	GF211121120028

（续）

生产单位	核准用标产品	商标	绿色食品编号	企业信息码
盘锦千鹤米业有限公司	高略 4122 香鹤米		LB-03-18010602208A	GF211121120028
盘锦千鹤米业有限公司	天禹富硒盘锦大米	天禹＋图形	LB-03-18010602206A	GF211121120028
广宁县惠骏食品有限公司	惠骏山茶油（压榨一级）	惠骏＋图形	LB-10-18011902279A	GF441223120017
荆州市丹宇米业有限公司	中华红香软米（大米）	丹宇＋拼音＋图形	LB-03-18031702588A	GF421022120208
黑龙江百世姑娘食品有限公司	红菇娘果汁饮料（果汁含量≥80％）	百世姑娘	LB-40-18010802285A	GF230123120035
黑龙江百世姑娘食品有限公司	红菇娘果醋饮料	百世姑娘	LB-40-18010802282A	GF230123120035
黑龙江百世姑娘食品有限公司	酸浆红姑娘果汁饮料浓浆 II（果汁含量≥90％）	百世姑娘	LB-40-18010802287A	GF230123120035
黑龙江百世姑娘食品有限公司	红菇娘果汁饮料（果汁含量≥50％）	百世姑娘	LB-40-18010802284A	GF230123120035
黑龙江百世姑娘食品有限公司	百世姑娘龙极红酸浆红姑娘浓浆饮品（果汁含量≥90％）	百世姑娘	LB-40-18010802281A	GF230123120035
黑龙江百世姑娘食品有限公司	酸浆红姑娘果汁饮料浓浆 I（果汁含量≥90％加蜂蜜）	百世姑娘	LB-40-18010802288A	GF230123120035
黑龙江百世姑娘食品有限公司	百世姑娘龙极红红菇娘果汁饮料（果汁含量≥50％）	百世姑娘	LB-40-18010802289A	GF230123120035
黑龙江百世姑娘食品有限公司	红菇娘原果汁（果汁含量≥100％）	百世姑娘	LB-40-18010802286A	GF230123120035
黑龙江百世姑娘食品有限公司	红菇娘果汁饮料（果汁含量≥30％）	百世姑娘	LB-40-18010802283A	GF230123120035
河北黑马面粉有限责任公司	即发粉（自发小麦粉）	黑马＋拼音、图形、Heima	LB-02-18030302418A	GF130181120250
河北黑马面粉有限责任公司	饺子用小麦粉	黑马＋拼音、图形、Heima	LB-02-18030302419A	GF130181120250
河北黑马面粉有限责任公司	高级雪花粉（一级雪花粉）	黑马＋拼音、图形、Heima	LB-02-18030302416A	GF130181120250
河北黑马面粉有限责任公司	黑马 1 号钙强化面粉	黑马＋拼音、图形、Heima	LB-02-18030302417A	GF130181120250
河北黑马面粉有限责任公司	雪花粉（二级雪花粉）	黑马＋拼音、图形、Heima	LB-02-18030302423A	GF130181120250
河北黑马面粉有限责任公司	全麦粉	黑马＋拼音、图形、Heima	LB-02-18030302421A	GF130181120250

（续）

生产单位	核准用标产品	商标	绿色食品编号	企业信息码
河北黑马面粉有限责任公司	高筋麦芯粉（小麦粉）	黑马＋拼音、图形、Heima	LB-02-18030302424A	GF130181120250
河北黑马面粉有限责任公司	麦芯粉（小麦粉）	黑马＋拼音、图形、Heima	LB-02-18030302420A	GF130181120250
河北黑马面粉有限责任公司	特一粉（小麦粉）	黑马＋拼音、图形、Heima	LB-02-18030302422A	GF130181120250
唐山市唐丰盐业有限责任公司	日晒盐	燕晶＋拼音＋图形、燕晶	LB-54-18030302344A	GF130201120165
唐山市唐丰盐业有限责任公司	精制盐	燕晶＋拼音＋图形、燕晶	LB-54-18030302343A	GF130201120165
唐山市唐丰盐业有限责任公司	粉洗盐	燕晶＋拼音＋图形、燕晶	LB-54-18030302342A	GF130201120165
云南猫哆哩集团食品有限责任公司	玫瑰花酸角糕	猫哆哩	LB-53-18042402318A	GF530402130351
云南猫哆哩集团食品有限责任公司	洛神花百香果糕	猫哆哩	LB-53-18042402319A	GF530402130351
云南猫哆哩集团食品有限责任公司	茉莉花酸角糕	猫哆哩	LB-53-18042402317A	GF530402130351
云南猫哆哩集团食品有限责任公司	茉莉花百香果糕	猫哆哩	LB-53-18042402322A	GF530402130351
云南猫哆哩集团食品有限责任公司	玫瑰花百香果糕	猫哆哩	LB-53-18042402321A	GF530402130351
云南猫哆哩集团食品有限责任公司	洛神花酸角糕	猫哆哩	LB-53-18042402320A	GF530402130351
宁安市红日升米庄园农副产品专业合作社	火山岩优质大米	响农	LB-03-18030802312A	GF231084150308

中国绿色食品发展中心公告

（第 409 号）

以下产品经中国绿色食品发展中心核准，获得绿色食品标志使用权（有效期限以证书为准）。依据农业部《绿色食品标志管理办法》，现予公告。

生产单位	核准用标产品	商标	绿色食品编号	企业信息码
前郭县江湾米业有限公司	稻花香大米	查干淖尔＋拼音＋图形	LB-03-18040702758A	GF220721150337

（续）

生产单位	核准用标产品	商标	绿色食品编号	企业信息码
前郭县江湾米业有限公司	东北大米	查干淖尔＋拼音＋图形	LB-03-18040702759A	GF220721150337
前郭县江湾米业有限公司	长粒香大米	查干淖尔＋拼音＋图形	LB-03-18040702757A	GF220721150337
前郭县江湾米业有限公司	圆粒香大米	查干淖尔＋拼音＋图形	LB-03-18040702760A	GF220721150337
平湖市通用电气安装有限公司（平湖市通用电气安装有限公司金穗农业园）	霜穗大米	霜穗	LB-03-18011102396A	GF330482150067
南京市六合区述林家庭农场	金陵贡优质籼米		LB-03-17121010734A	GF320116141170
枞阳县康民家庭农场	葛粉		LB-55-18041202967A	GF340722181043
临泽县祁连红枣业开发有限公司	空心焦枣	QLH＋图形	LB-20-17122710755A	GF620102135107
鹤岗市兴盛米业有限责任公司	东北珍珠米（大米）	佳地	LB-03-18040802784A	GF230406150356
鹤岗市兴盛米业有限责任公司	东北珍珠米（大米）	鹤吗哪	LB-03-18040802783A	GF230406150356
高州市强牌果品有限公司	桂圆肉	强牌果品＋图形	LB-20-18041902826A	GF440981180979
五常市华昌米业有限公司	五常大米	黑土之珠＋图形	LB-03-18050802805A	GF230184150476
五常市华昌米业有限公司	东北香米	黑土之珠＋图形	LB-03-18050802804A	GF230184150476
五常市华昌米业有限公司	五常大米	石二姐＋拼音＋图形	LB-03-18050802806A	GF230184150476
五常市华昌米业有限公司	长粒香米	石二姐＋拼音＋图形	LB-03-18050802807A	GF230184150476
上海百农农业科技发展股份有限公司	大米	昕百农	LB-03-18040902860A	GF310151180998
勃利县天源水稻专业合作社	黑土稻花香（大米）	鼎水	LB-03-18040802814A	GF230921180972
勃利县天源水稻专业合作社	长粒香	鼎水	LB-03-18040802813A	GF230921180972
常州市蒋记食品有限公司	卤香鸭翅	蒋凤记＋拼音＋图形	LB-30-18041002486A	GF320412180889
常州市蒋记食品有限公司	卤鸭肫	蒋凤记＋拼音＋图形	LB-30-18041002482A	GF320412180889
常州市蒋记食品有限公司	卤鸭脖	蒋凤记＋拼音＋图形	LB-30-18041002487A	GF320412180889

（续）

生产单位	核准用标产品	商标	绿色食品编号	企业信息码
常州市蒋记食品有限公司	卤鸭爪	蒋凤记＋拼音＋图形	LB-30-18041002485A	GF320412180889
常州市蒋记食品有限公司	卤鸭舌	蒋凤记＋拼音＋图形	LB-30-18041002483A	GF320412180889
常州市蒋记食品有限公司	盐水鸭	蒋凤记＋拼音＋图形	LB-30-18041002484A	GF320412180889
上海思贤农产品产销专业合作社	生态鲜米		LB-03-18020900973A	GF310120180357
永康市远山笋干专业合作社	笋干	祥竹＋图形	LB-24-18041102348A	GF330784180849
宜兴市中川米业有限公司	晶溪香米	晶溪＋拼音＋图形	LB-03-18041002858A	GF320282180997
宜兴市金兰农业服务专业合作社	金兰大米		LB-03-18041002736A	GF320282180958
湖南君乐米业有限公司	洞庭鱼赤	兴君乐＋拼音＋图形	LB-03-18041802837A	GF430682180985
湖南君乐米业有限公司	中南 1 號	兴君乐＋拼音＋图形	LB-03-18041802839A	GF430682180985
湖南君乐米业有限公司	鱼赤米	兴君乐＋拼音＋图形	LB-03-18041802838A	GF430682180985
湖南君乐米业有限公司	天然壹号	兴君乐＋拼音＋图形	LB-03-18041802840A	GF430682180985
扬州五亭食品高邮有限公司	扬州盐水鹅	绿杨天歌＋拼音＋图形	LB-30-18041002673A	GF321084180949
扬州荷花荡生态农业科技有限公司	甘垛荷花荡优质香米	甘垛荷花荡＋拼音	LB-03-18041002543A	GF321084180903
扬州荷花荡生态农业科技有限公司	甘垛荷花荡优质粳米	甘垛荷花荡＋拼音	LB-03-18041002545A	GF321084180903
扬州荷花荡生态农业科技有限公司	甘垛荷花荡绿色大米	甘垛荷花荡＋拼音	LB-03-18041002544A	GF321084180903
成都市鑫禄福粮油有限公司	菜籽油（二级、压榨）	鑫禄福＋拼音＋图形	LB-10-18042202508A	GF510183150338
江西婺媛红实业有限公司	婺媛红红茶	婺媛红＋拼音	LB-44-18041402821A	GF361130180976
江西婺媛红实业有限公司	婺源绿茶	婺媛红＋拼音	LB-44-18041402822A	GF361130180976
松原市绿河谷家庭农场有限公司	圆粒香米		LB-03-18040702734A	GF220721180957
松原市绿河谷家庭农场有限公司	范乡小道粥米		LB-03-18040702733A	GF220721180957
松原市绿河谷家庭农场有限公司	范乡小道长粒香米		LB-03-18040702732A	GF220721180957

（续）

生产单位	核准用标产品	商标	绿色食品编号	企业信息码
依兰县瑞旭米业有限责任公司	稻花香米	寒粳香	LB-03-18040802937A	GF230123181027
安徽喜树果农业科技开发有限公司	青花香米		LB-03-18041202972A	GF340104181046
黑龙江辽百现代农业发展有限公司	玉米段	鼎玉＋图形	LB-06-18040802740A	GF230623180961
黑龙江辽百现代农业发展有限公司	玉米棒	鼎玉＋图形	LB-06-18040802742A	GF230623180961
黑龙江辽百现代农业发展有限公司	玉米粒	鼎玉＋图形	LB-06-18040802741A	GF230623180961
浙江中野生物技术有限公司	山茶油（压榨）	中野油翁＋拼音＋图案	LB-10-18041102852A	GF331124180992
南京恒丰生态农业有限公司	恒丰香米		LB-03-18041002563A	GF320117180913
霍山县茗雨商贸有限公司	霍山黄芽（绿茶）	鑫茗雨＋拼音	LB-44-18041202636A	GF341525180926
浙江立勤林业开发有限公司	香榧	铁崖	LB-20-18041102480A	GF330681180886
会昌县鲜良食品有限公司	江西米粉	鲜良＋拼音＋图形	LB-04-18041402816A	GF360733180974
会昌县鲜良食品有限公司	通心米粉	鲜良＋拼音＋图形	LB-04-18041402817A	GF360733180974
青冈县峰原食品有限公司	丰盈大瓜子（原味）	丰盈＋拼音	LB-20-18040802675A	GF231223180951
安庆市高河龙池茶业有限责任公司	龙池香尖（绿茶）	龙池＋图形	LB-44-18041202941A	GF340822181029
山东蒙甜蜂业有限公司	百花蜂蜜	沂蒙花香	LB-35-18041502828A	GF371328180980
山东蒙甜蜂业有限公司	枣花蜂蜜	沂蒙花香	LB-35-18041502829A	GF371328180980
山东蒙甜蜂业有限公司	洋槐花蜂蜜	沂蒙花香	LB-35-18041502827A	GF371328180980
山东蒙甜蜂业有限公司	荆花蜂蜜	沂蒙花香	LB-35-18041502830A	GF371328180980
宝清县沃丰谷物种植农民专业合作社	富硒大米		LB-03-18040802853A	GF230523180993
四川省丹丹郫县豆瓣集团股份有限公司	郫县豆瓣	丹丹＋图形、图形	LB-56-18032202502A	GF510124090359
四川省丹丹郫县豆瓣集团股份有限公司	香油豆瓣	丹丹＋图形、图形	LB-56-18032202501A	GF510124090359
四川省丹丹郫县豆瓣集团股份有限公司	红油郫县豆瓣	丹丹＋图形、图形	LB-56-18032202500A	GF510124090359
陕西秦岭蜂业有限公司	秦岭土蜂蜜	秦岭＋拼音＋图形	LB-35-18042602596A	GF610302090537
陕西秦岭蜂业有限公司	狼牙刺蜂蜜	秦岭＋拼音＋图形	LB-35-18042602595A	GF610302090537

（续）

生产单位	核准用标产品	商标	绿色食品编号	企业信息码
陕西秦岭蜂业有限公司	洋槐蜂蜜	秦岭＋拼音＋图形	LB-35-18042602597A	GF610302090537
原阳县旺盛种植专业合作社	稻鳅大米	鳅米香	LB-03-18041602750A	GF410725180964
凤阳白云山现代农业专业合作社	茶籽油（一级）		LB-10-18041202938A	GF341126181028
京山县京正粮油有限公司	京山桥米	京朕＋英文＋图形	LB-03-18041702489A	GF420821180891
京山县京正粮油有限公司	桥之乡	桥之乡＋图形＋拼音	LB-03-18041702490A	GF420821180891
麻城市老屋湾酒业有限公司	老屋湾米酒	老屋湾＋图形	LB-49-18041702729A	GF421181180955
北大荒绿洲米业有限公司	稻花香大米	北大荒、臻稻园	LB-03-18040802835A	GF230103180984
北大荒绿洲米业有限公司	长粒香大米	北大荒、臻稻园	LB-03-18040802836A	GF230103180984
灵武市生财米业有限公司	稻花香	宁昊	LB-03-18042802772A	GF640181180969
灵武市生财米业有限公司	糯米	宁昊	LB-03-18042802774A	GF640181180969
灵武市生财米业有限公司	家家香大米	宁昊	LB-03-18042802775A	GF640181180969
灵武市生财米业有限公司	长粒香米	宁昊	LB-03-18042802776A	GF640181180969
灵武市生财米业有限公司	宁昊珍珠香	宁昊	LB-03-18042802773A	GF640181180969
沈阳集农农业科技有限公司	大米	DUO GU DUO＋图形	LB-03-18040602771A	GF210181180968
淮安市苏粮米业有限公司	鸿久香米	鸿久＋拼音	LB-03-18041002854A	GF320804180994
淮安市苏粮米业有限公司	鸿久大米	鸿久＋拼音	LB-03-18041002855A	GF320804180994
黑龙江新农北国农产品有限公司	大米	新农粮心＋XNLX＋图形	LB-03-18040802831A	GF230523180981
广东广垦华丰糖业有限公司	白砂糖	豐＋图形	LB-12-18041902990A	GF440825181056
石家庄市藁城区旭业家庭农场	黄金宫米（小米）	寿之本	LB-14-18040302985A	GF130109181052
东台市时堰镇树智粮食种植家庭农场	树智糙米		LB-03-18041002237A	GF320981180830
东台市时堰镇树智粮食种植家庭农场	树智精制米		LB-03-18041002238A	GF320981180830
东台市时堰镇树智粮食种植家庭农场	树智胚芽米		LB-03-18041002236A	GF320981180830

（续）

生产单位	核准用标产品	商标	绿色食品编号	企业信息码
芦溪县一村食品有限责任公司	武功紫红米	赣优紫红＋图形	LB-03-17041410589A	GF360323148253
芦溪县一村食品有限责任公司	紫红贡米	紫红贡＋图形＋拼音	LB-03-17041410590A	GF360323148253
缙云县日月盛农产品开发有限公司	日月盛红茶	日月盛＋图形	LB-44-18021102777A	GF331122071774
缙云县日月盛农产品开发有限公司	日月盛绿茶	日月盛＋图形	LB-44-18021102778A	GF331122071774
江西广雅食品有限公司	乐安竹笋	广雅＋图形	LB-16-18031401341A	GF361025080218
苏州市西山天王茶果场	洞庭山小叶红茶	熙红	LB-44-18041002477A	GF320506072014
南京鸡鸭加工厂有限公司	南京盐水鸭（樱桃谷嫩化型）	白鹭＋图形＋拼音	LB-30-18031002581A	GF320114090364
安吉县黄杜大泽坞茶场	安吉白茶	大澤坞＋图形	LB-44-18021102594A	GF330523090142
安徽省七里河米业有限公司	高河丝苗米（大米）	高河	LB-03-1710129306A	GF340822081418
安徽省七里河米业有限公司	七里河绿健米（大米）	高河	LB-03-1710129307A	GF340822081418
安徽省七里河米业有限公司	喜之米（长粒香）	高河	LB-03-1710129308A	GF340822081418
安徽省七里河米业有限公司	宜皖情（极致精品米）	宜皖情＋图形	LB-03-1710129309A	GF340822081418
五常市龙凤稻业有限公司	稻花香米	龍凤河	LB-03-18040802787A	GF230184090506
五常市龙凤稻业有限公司	长粒香米	龍凤河	LB-03-18040802786A	GF230184090506
五常市龙凤稻业有限公司	五常稻花香米	龙凤山泉	LB-03-18040802788A	GF230184090506
亳州市铜关粉皮有限公司	绿豆粉皮	铜关＋拼音＋图形	LB-55-18021203004A	GF341600090967
德惠市绿洲米业有限公司	稻花香米	自留地＋拼音＋图形	LB-03-18030702503A	GF220183090423
德惠市绿洲米业有限公司	自留地松花江超级稻（大米）	自留地＋拼音＋图形	LB-03-18030702506A	GF220183090423
德惠市绿洲米业有限公司	一品稻花香	自留地＋拼音＋图形	LB-03-18030702505A	GF220183090423
德惠市绿洲米业有限公司	长粒香米	自留地＋拼音＋图形	LB-03-18030702507A	GF220183090423
德惠市绿洲米业有限公司	秋田小町米	自留地＋拼音＋图形	LB-03-18030702504A	GF220183090423
常州市金坛荣华制粉厂（普通合伙）	水磨糯米粉	谷舞＋图形	LB-04-18031002779A	GF320482090376

（续）

生产单位	核准用标产品	商标	绿色食品编号	企业信息码
南陵县谷宝农副产品购销有限公司	优质糯米	南雅福	LB-03-18041202975A	GF340223080824
内蒙古塞飞亚农业科技发展股份有限公司	五香翅根	塞飞亚＋图形、塞飞亚草原鸭	LB-30-18040502605A	GF150429080888
内蒙古塞飞亚农业科技发展股份有限公司	五香鸭掌	塞飞亚＋图形、塞飞亚草原鸭	LB-30-18040502608A	GF150429080888
内蒙古塞飞亚农业科技发展股份有限公司	原味烤鸭	塞飞亚＋图形、塞飞亚草原鸭	LB-30-18040502609A	GF150429080888
内蒙古塞飞亚农业科技发展股份有限公司	五香鸭脖	塞飞亚＋图形、塞飞亚草原鸭	LB-30-18040502604A	GF150429080888
内蒙古塞飞亚农业科技发展股份有限公司	五香鸭腿	塞飞亚＋图形、塞飞亚草原鸭	LB-30-18040502607A	GF150429080888
内蒙古塞飞亚农业科技发展股份有限公司	五香鸭头	塞飞亚＋图形、塞飞亚草原鸭	LB-30-18040502606A	GF150429080888
内蒙古塞飞亚农业科技发展股份有限公司	百香烤鸭	塞飞亚＋图形、塞飞亚草原鸭	LB-30-18040502610A	GF150429080888
厦门市金香穗米业有限公司	金象牙大米	金香穗＋图形	LB-03-17111310587A	GF350211081724
厦门市金香穗米业有限公司	鑫月芽大米	金香穗＋图形	LB-03-17111310588A	GF350211081724
凤台县阳春白雪面粉有限公司	阳春白雪特一粉（小麦粉）	路遥＋拼音＋图形	LB-02-18031201743A	GF340421090350
虞城县广纳利面粉有限公司	特精粉（小麦粉）	小丫＋拼音＋图形	LB-02-18021602874A	GF411425090232
江西晶升粮油食品有限公司	晶升丝苗米	晶升＋图形	LB-03-18021402789A	GF360923090229
江西晶升粮油食品有限公司	银针米	晶升＋图形	LB-03-18021402790A	GF360923090229
方正县盛军米业有限公司	方正长粒香米	方通＋拼音	LB-03-18030802600A	GF230124091095
柳河县姜家店蛙田米业有限公司	蛙田贡米	蛙田＋图形	LB-03-18030702603A	GF220524090373
山东永乐食品有限公司	精制挂面	腾永乐＋拼音＋图形	LB-02-18031502497A	GF371427090365
山东永乐食品有限公司	饺子用小麦粉	永乐＋拼音	LB-02-18031502496A	GF371427090365
山东永乐食品有限公司	原味面小麦粉	永乐＋拼音	LB-02-18031502495A	GF371427090365
天津滨海圣玉豆制品有限公司	圣玉内酯豆腐	圣玉＋图形	LB-08-18030202510A	GF120107090312

（续）

生产单位	核准用标产品	商标	绿色食品编号	企业信息码
中盐皓龙盐化有限责任公司	绿色低钠盐	银皓龙	LB-54-17121610485A	GF410401100033
中盐皓龙盐化有限责任公司	绿色精纯盐	银皓龙	LB-54-17121610486A	GF410401100033
沈阳市惠泽种植专业合作社	大米	江路	LB-03-18040602770A	GF210181180967
芜湖香粮粮油有限公司	芜湖大米（粳）	琊琅山	LB-03-18041203008A	GF340221120283
芜湖香粮粮油有限公司	无尘香米（籼）	琊琅山	LB-03-18041203007A	GF340221120283
定远县永存米业有限公司	月芽香（大米）	泳存	LB-03-18041202658A	GF341125110529
定远县永存米业有限公司	国泰御贡（大米）	泳存	LB-03-18041202656A	GF341125110529
定远县永存米业有限公司	满口香（大米）	泳存	LB-03-18041202657A	GF341125110529
山东沂蒙山酒业有限公司	粉条	鲁沂＋拼音＋图形	LB-55-1710157867A	GF371323110047
鄂尔多斯市新宇力藻业集团有限公司	螺旋藻片	新宇力＋图形	LB-37-17080510758A	GF150624110962
长春吉隆粮业有限责任公司	饮马河一品香大米	饮马河一品香	LB-03-1710079065A	GF220181111510
唐山兴海制盐有限公司	日晒盐	海盈、图形	LB-54-18030302763A	GF130201120166
唐山兴海制盐有限公司	精制盐	海盈、图形	LB-54-18030302762A	GF130201120166
唐山兴海制盐有限公司	粉洗盐	海盈、图形	LB-54-18030302761A	GF130201120166
遂宁市安居区奉光荣种植家庭农场	亭子坝大米	亭子坝	LB-03-18042202739A	GF510904180960
江西祥秀生态农业有限公司	乐安源茗茶	无	LB-44-18041402565A	GF361181180914
昌图县曙光农作物种植专业合作社	速冻糯玉米	思糯＋图形	LB-06-18020602756A	GF211224150211
新乡市新希望红曲有限公司	复合调味料	董李＋图形	LB-56-18011602601A	GF410701150001
新乡市新希望红曲有限公司	鸡精调味料	董李＋图形	LB-56-18011602602A	GF410701150001
尉氏县双圆蛋品加工厂	芝麻香味烤鸭蛋	双圆	LB-32-18031602010A	GF410223140950
尉氏县双圆蛋品加工厂	辣味咸鸭蛋	双圆	LB-32-18031602011A	GF410223140950

中国绿色食品发展中心公告

（第 411 号）

以下产品经中国绿色食品发展中心核准，获得绿色食品标志使用权（有效期限以证书为准）。依据农业部《绿色食品标志管理办法》，现予公告。

生产单位	核准用标产品	商标	绿色食品编号	企业信息码
肇源县长城农副食品加工有限公司	精制大米	江元＋图形	LB-03-18040802892A	GF230622181007
肇源县长城农副食品加工有限公司	江元小米	江元＋图形	LB-14-18040802893A	GF230622181007
高邮市红心旺食品有限公司	菱塘红菱盐水鹅	红菱＋图形＋拼音	LB-30-18041002940A	GF321084150255
延寿县浩君粮油贸易有限公司	长粒香米	同尝	LB-03-18040802425A	GF230129180864
萝北县长兴水稻种植农民专业合作社	农家米	GNB	LB-03-18050803251A	GF230421181127
黑龙江香其食品股份有限公司	香其酱	香其	LB-56-18020803059A	GF230129150155
黑龙江香其食品股份有限公司	香辣酱	香其	LB-56-18020803057A	GF230129150155
黑龙江香其食品股份有限公司	香菇酱	香其	LB-56-18020803056A	GF230129150155
黑龙江香其食品股份有限公司	香其黄豆酱（豆瓣酱）	香其	LB-56-18020803058A	GF230129150155
恒大粮油（扎赉特旗）有限公司	恒大兴安绿色大米		LB-03-18030503020A	GF152223140975
沙雅胡杨韵蜂产品专业合作社	沙雅罗布麻蜂蜜	大漠胡杨韵＋拼音＋图形	LB-35-17103010759A	GF652924140815
东营市一邦农业科技开发有限公司	黄河口大米	水城米仓	LB-03-18011502769A	GF370521150047
东营市一邦农业科技开发有限公司	生态米	水城米仓	LB-03-18011502768A	GF370521150047
友谊县恒盛米业有限责任公司	东北珍珠米	禾苑	LB-03-18050803106A	GF230522150493
山西金穗穗食品有限责任公司	真空软包装糯玉米穗	思玉＋图形	LB-06-18040403024A	GF140902150418
德清莫干山彩佳茶场	莫干黄芽（绿茶）	瑶佳	LB-44-18011102869A	GF330521150041
德清莫干山彩佳茶场	莫干青龙（绿茶）	瑶佳	LB-44-18011102871A	GF330521150041
德清莫干山彩佳茶场	瑶佳红茶	瑶佳	LB-44-18011102870A	GF330521150041
河北玉星食品有限公司	玉星玉米油	玉星＋图形	LB-10-18040303342A	GF130528141245

（续）

生产单位	核准用标产品	商标	绿色食品编号	企业信息码
德惠市松花江德松大米农民专业合作社	东北秋田小町	德松	LB-03-18040702977A	GF220183181048
双柏县海资底林场	三尖香茗云雾绿茶（一级）	雨龙三尖白竹春＋拼音＋图形	LB-44-18032403129A	GF532322150270
双柏县海资底林场	三尖甘茗云雾绿茶（特级）	雨龙三尖白竹春＋拼音＋图形	LB-44-18032403128A	GF532322150270
双柏县海资底林场	三尖白竹春云雾绿茶（一级）	雨龙三尖白竹春＋拼音＋图形	LB-44-18032403127A	GF532322150270
双柏县海资底林场	三尖白竹春云雾绿茶茗茶（一级）	雨龙三尖白竹春＋拼音＋图形	LB-44-18032403132A	GF532322150270
双柏县海资底林场	珍茗云雾绿茶（一级）	雨龙三尖白竹春＋拼音＋图形	LB-44-18032403133A	GF532322150270
双柏县海资底林场	绿芽云雾绿茶（一级）	雨龙三尖白竹春＋拼音＋图形	LB-44-18032403134A	GF532322150270
双柏县海资底林场	三尖白竹春云雾绿茶茗茶（二级）	雨龙三尖白竹春＋拼音＋图形	LB-44-18032403130A	GF532322150270
双柏县海资底林场	三尖白竹春香茗云雾绿茶（特级）	雨龙三尖白竹春＋拼音＋图形	LB-44-18032403131A	GF532322150270
河南顿岗米业有限公司	大米	顿岗 DG＋图形	LB-03-18011600705A	GF411729180235
集贤县福厚油脂有限公司	大豆油（三级、浸出非转基因）		LB-10-18050803204A	GF230521181108
集贤县福厚油脂有限公司	豆粕（非转基因）		LB-08-18050803203A	GF230521181108
枣庄市永兴板栗加工有限公司	板栗仁（熟）		LB-20-18041502986A	GF370406181053
武城县丹顶鹤面粉有限公司	富强粉	丹顶鹤	LB-02-18041502903A	GF371428181014
武城县丹顶鹤面粉有限公司	鲜切面粉	丹顶鹤	LB-02-18041502904A	GF371428181014
武城县丹顶鹤面粉有限公司	高筋雪花粉	丹顶鹤	LB-02-18041502906A	GF371428181014
武城县丹顶鹤面粉有限公司	甲级特精粉	丹顶鹤	LB-02-18041502905A	GF371428181014
武城县丹顶鹤面粉有限公司	无添加剂粉	丹顶鹤	LB-02-18041502902A	GF371428181014
营口华月米业有限公司	饷秋大米	饷秋＋拼音＋图形	LB-03-18040602882A	GF210882181001
固镇县金香丝粉丝专业合作社	金香丝粉丝	金香丝＋图形	LB-55-18051203279A	GF340323181141
安徽绿巨人生态农业有限公司	霍山黄芽（绿茶）	豁达＋拼音	LB-44-18041202832A	GF341525180982

（续）

生产单位	核准用标产品	商标	绿色食品编号	企业信息码
南京甘汁园糖业有限公司	多晶体冰糖	甘汁园	LB-12-18041002955A	GF320115181037
南京甘汁园糖业有限公司	净练方糖	甘汁园	LB-12-18041002956A	GF320115181037
南京甘汁园糖业有限公司	红糖	甘汁园	LB-12-18041002952A	GF320115181037
南京甘汁园糖业有限公司	绵白糖	甘汁园	LB-12-18041002953A	GF320115181037
南京甘汁园糖业有限公司	白砂糖	甘汁园	LB-12-18041002954A	GF320115181037
石台依然茶叶专业合作社	古树祁红	依然红	LB-44-18051203046A	GF341722181067
富锦市汇艳阳谷物种植专业合作社	长发岗大米		LB-03-18040802670A	GF230882180948
马鞍山粮满仓谷物种植有限公司	姑溪河珍珠香米	姑溪河	LB-03-18051203289A	GF340521181146
马鞍山粮满仓谷物种植有限公司	姑溪河长粒香米	姑溪河	LB-03-18051203288A	GF340521181146
马鞍山粮满仓谷物种植有限公司	姑溪河皖香稻米	姑溪河	LB-03-18051203290A	GF340521181146
德清筏头山里山家庭农场	莫干黄芽（绿茶）	雾生朵	LB-44-18041102899A	GF330521181013
德清筏头山里山家庭农场	莫干青龙（绿茶）	雾生朵	LB-44-18041102901A	GF330521181013
德清筏头山里山家庭农场	莫干云峰（绿茶）	雾生朵	LB-44-18041102900A	GF330521181013
泰兴市江泰虹粮食加工厂	江泰虹糯米	江泰虹＋图形	LB-03-18041002969A	GF321283181045
泰兴市江泰虹粮食加工厂	江泰虹粳米	江泰虹＋图形	LB-03-18041002970A	GF321283181045
泰兴市江泰虹粮食加工厂	江泰虹籼米	江泰虹＋图形	LB-03-18041002971A	GF321283181045
四川省泸州市太山生态农业有限公司	优质大米	源高＋图形	LB-03-17112210730A	GF510503141045
广西农垦糖业集团良圻制糖有限公司	白砂糖（一级）	涌泉＋图形	LB-12-18032003137A	GF450127090337
鸡东县兴光水稻专业合作社	大米		LB-03-18040802844A	GF230321180987

（续）

生产单位	核准用标产品	商标	绿色食品编号	企业信息码
高邮市邮星食品有限公司	麻鸭松花蛋	邮星＋拼音＋图形	LB-32-18061003041A	GF321084060843
高邮市邮星食品有限公司	麻鸭咸鸭蛋（熟）	邮星＋拼音＋图形	LB-32-18061003042A	GF321084060843
高邮市邮星食品有限公司	麻鸭双黄咸鸭蛋（熟）	邮星＋拼音＋图形	LB-32-18061003040A	GF321084060843
句容市茅山镇茅业茶场	仙境翠眉	茱和春＋拼音＋图形	LB-45-18041002824A	GF321183180978
句容市茅山镇茅业茶场	茅山长青	茱和春＋拼音＋图形	LB-45-18041002825A	GF321183180978
全椒县广平油脂有限公司	芝麻油	梅花垄	LB-10-18041202666A	GF341124180945
湖州长林农庄	老虎潭白茶	老虎潭＋图形	LB-44-18011103117A	GF330502090017
金寨县幸福茶农六安瓜片专业合作社联合社	六安瓜片（绿茶）	齐源＋拼音＋图形	LB-44-18051203055A	GF341524181071
金寨县大别山香源茶叶有限公司	绿茶		LB-44-18051203313A	GF341524181158
金寨县大别山香源茶叶有限公司	黄香茶		LB-44-18051203311A	GF341524181158
金寨县大别山香源茶叶有限公司	黄大茶		LB-44-18051203312A	GF341524181158
黑龙江北大仓集团有限公司	北大仓国粮酒（42%vol 浓香型白酒）	北大仓＋图形	LB-46-18050803384A	GF230202090739
黑龙江北大仓集团有限公司	北大仓君妃酒（50%vol 酱香型白酒）	北大仓＋图形	LB-46-18050803387A	GF230202090739
黑龙江北大仓集团有限公司	国粮北大仓 12 号（42%vol 浓香型白酒）	北大仓＋图形	LB-46-18050803389A	GF230202090739
黑龙江北大仓集团有限公司	北大仓酒（50%vol 酱香型白酒）	北大仓＋图形	LB-46-18050803386A	GF230202090739
黑龙江北大仓集团有限公司	北大仓十年部优酒（50%vol 酱香型白酒）	北大仓＋图形	LB-46-18050803388A	GF230202090739
黑龙江北大仓集团有限公司	北大仓酒（45%vol 麸曲酱香白酒）	北大仓＋图形	LB-46-18050803385A	GF230202090739
黑龙江北大仓集团有限公司	国粮北大仓 20 号（45%vol 浓香型白酒）	北大仓＋图形	LB-46-18050803390A	GF230202090739
湖南银光粮油股份有限公司	湘源软粘米		LB-03-18031803068A	GF431121071142
湖南银光粮油股份有限公司	荷香米		LB-03-18031803069A	GF431121071142
湖南银光粮油股份有限公司	福兴米		LB-03-18031803064A	GF431121071142

（续）

生产单位	核准用标产品	商标	绿色食品编号	企业信息码
湖南银光粮油股份有限公司	再生香米		LB-03-18031803067A	GF431121071142
湖南银光粮油股份有限公司	油粘米		LB-03-18031803066A	GF431121071142
湖南银光粮油股份有限公司	桃香米		LB-03-18031803065A	GF431121071142
湖南银光粮油股份有限公司	浯溪贡米		LB-03-18031803070A	GF431121071142
苏州洞庭山花果香茶场	洞庭山碧螺春（绿茶）	雨峰	LB-44-18051003039A	GF320506090679
广东省华海糖业发展有限公司	蒸青绿茶	雄鸥＋图形	LB-44-18031903367A	GF440825090315
广东省华海糖业发展有限公司	蒸青绿茶（春茶）	雄鸥＋图形	LB-44-18031903368A	GF440825090315
广东省华海糖业发展有限公司	蒸青绿茶	勇士＋拼音＋图形	LB-44-18031903366A	GF440825090315
宝丰县冯异醋业有限公司	冯异米醋	冯异醋业＋图形	LB-56-17091610233A	GF410421081348
鹤峰县金阳特色农产品有限责任公司	白茶	鑫丰＋拼音＋图形	LB-44-18011703009A	GF422828090001
鹤峰县金阳特色农产品有限责任公司	绿茶	鑫丰＋拼音＋图形	LB-44-18011703010A	GF422828090001
湖北志顺茶业股份有限公司	英山云雾茶（绿茶）	志顺	LB-44-18031701757A	GF421124090421
滁州金弘安米业有限公司	碧荷香粘米（大米）	北仔、金弘安＋拼音＋图形	LB-03-18051203369A	GF341122090651
滁州金弘安米业有限公司	泰皇香米	青凤＋图形＋拼音、金弘安＋拼音＋图形	LB-03-18051203373A	GF341122090651
滁州金弘安米业有限公司	月芽米（大米）	青凤＋图形＋拼音、金弘安＋拼音＋图形	LB-03-18051203376A	GF341122090651
滁州金弘安米业有限公司	月芽米（大米）	北仔、金弘安＋拼音＋图形	LB-03-18051203375A	GF341122090651
滁州金弘安米业有限公司	猫牙米（大米）	北仔、金弘安＋拼音＋图形	LB-03-18051203370A	GF341122090651
滁州金弘安米业有限公司	苏北珍珠米（大米）	北仔、金弘安＋拼音＋图形	LB-03-18051203372A	GF341122090651
滁州金弘安米业有限公司	御珍香米	青凤＋图形＋拼音、金弘安＋拼音＋图形	LB-03-18051203374A	GF341122090651
滁州金弘安米业有限公司	绵心米（大米）	青凤＋图形＋拼音、金弘安＋拼音＋图形	LB-03-18051203371A	GF341122090651
孝感市广惠食品有限责任公司	七仙缘米酒（酒酿、醪糟）	广惠七仙缘	LB-49-17121710303A	GF420902082083

（续）

生产单位	核准用标产品	商标	绿色食品编号	企业信息码
孝感市广惠食品有限责任公司	檀树林米酒（酒酿、醪糟）	檀树林	LB-49-17121710304A	GF420902082083
哈尔滨华鑫原米业有限公司	猞猁河大米	猞猁河＋拼音＋图形	LB-03-1712089978A	GF230125082118
高州市丰盛食品有限公司	荔枝干	桂康＋拼音＋图形	LB-20-18011902879A	GF440981091056
高州市丰盛食品有限公司	桂圆肉	桂康＋拼音＋图形	LB-20-18011902878A	GF440981091056
高州市丰盛食品有限公司	桂圆干	桂康＋拼音＋图形	LB-20-18011902877A	GF440981091056
上海枫裕粮食专业合作社	大米（蟹田米）	枫裕＋拼音	LB-03-18080900086A	GF310230091027
杭州鸿牌茶叶有限公司	龙井茶（绿茶）	御品鸿牌＋图形	LB-44-18061103043A	GF330109090726
中盐榆林盐化有限公司	深井海藻碘盐	中盐	LB-54-18052603088A	GF610802100095
中盐榆林盐化有限公司	深井碘盐	中盐	LB-54-18052603089A	GF610802100095
广东粮丰园食品有限公司	金装白莲蓉（馅料）	粮丰园＋图形＋拼音	LB-51-18031903110A	GF440903120245
广东粮丰园食品有限公司	金装红莲蓉（馅料）	粮丰园＋图形＋拼音	LB-51-18031903111A	GF440903120245
唐山市丰南区第一盐场	精制盐	林宏	LB-54-18050303072A	GF130201120365
唐山市丰南区第一盐场	日晒盐	林宏	LB-54-18050303073A	GF130201120365
唐山市丰南区第一盐场	粉洗盐	林宏	LB-54-18050303071A	GF130201120365
新疆瑞隆农业发展有限责任公司（新疆瑞隆农业发展有限公司油脂分公司）	纯红花籽油（压榨一级）	天宝	LB-10-17113010756A	GF654223111886
新疆瑞隆农业发展有限责任公司（新疆瑞隆农业发展有限公司油脂分公司）	葵花籽油（压榨一级）	天宝	LB-10-17113010757A	GF654223111886
福州鼎寿茶业有限公司	绿茶	鼎寿＋图形	LB-44-18041303393A	GF350101110040
福州鼎寿茶业有限公司	茉莉花茶	鼎寿＋图形	LB-44-18041303394A	GF350101110040
重庆市合心食品有限公司	恋乡花生（烘烤）	恋乡＋图形	LB-20-18013403142A	GF500226120032
重庆市合心食品有限公司	黑花生（烘烤）	恋乡＋图形	LB-20-18013403141A	GF500226120032
莱州市瑞祥粮油有限公司	小麦粉	莱瑞＋图形	LB-02-17121510788A	GF370683112429
四川久大蓬莱盐化有限公司	腌制盐	久大＋9D图形	LB-54-18032202619A	GF510923121564

（续）

生产单位	核准用标产品	商标	绿色食品编号	企业信息码
四川久大蓬莱盐化有限公司	无碘井盐	卓筒晶品＋拼音＋图形	LB-54-18032202618A	GF510923121564
四川久大蓬莱盐化有限公司	卓筒井盐（加碘）	卓筒晶品＋拼音＋图形	LB-54-18032202612A	GF510923121564
四川久大蓬莱盐化有限公司	精纯盐（加碘）	久大＋9D图形	LB-54-18032202616A	GF510923121564
四川久大蓬莱盐化有限公司	精制碘盐	久大＋9D图形	LB-54-18032202615A	GF510923121564
四川久大蓬莱盐化有限公司	卓筒井盐（加碘）	卓筒晶品＋拼音＋图形、9D＋图形	LB-54-18032202611A	GF510923121564
四川久大蓬莱盐化有限公司	未加碘精制盐	久大＋9D图形	LB-54-18032202617A	GF510923121564
四川久大蓬莱盐化有限公司	2400＋高钙盐（未加碘）	久大	LB-54-18032202613A	GF510923121564
四川久大蓬莱盐化有限公司	精纯盐（加碘）	卓筒晶品＋拼音＋图形、9D＋图形	LB-54-18032202614A	GF510923121564
四川久大蓬莱盐化有限公司	绿色食品食用盐（加碘）	9D＋图形	LB-54-18032202621A	GF510923121564
四川久大蓬莱盐化有限公司	2400＋高钙盐（加碘）	久大	LB-54-18032202622A	GF510923121564
四川久大蓬莱盐化有限公司	泡菜专用盐	久大＋9D图形	LB-54-18032202620A	GF510923121564
恒大粮油（庆安）有限公司	恒大兴安绿色大豆油（一级压榨）	恒大兴安＋英文＋图形	LB-10-18040803114A	GF231224150376
依安县北方面业有限公司	饺子粉（小麦粉）	麦野幽香	LB-02-17120810779A	GF230223141337
依安县北方面业有限公司	雪花粉（小麦粉）	麦野幽香	LB-02-17120810786A	GF230223141337
依安县北方面业有限公司	麦芯粉	麦野幽香	LB-02-17120810784A	GF230223141337
依安县北方面业有限公司	麦芯粉	骄之雪	LB-02-17120810783A	GF230223141337
依安县北方面业有限公司	饺子粉（小麦粉）	骄之雪	LB-02-17120810780A	GF230223141337
依安县北方面业有限公司	麦香粉（小麦粉）	骄之雪	LB-02-17120810782A	GF230223141337
依安县北方面业有限公司	麦香粉（小麦粉）	麦野幽香	LB-02-17120810781A	GF230223141337
依安县北方面业有限公司	雪花粉（小麦粉）	骄之雪	LB-02-17120810785A	GF230223141337
林甸县渔香玉米种植农民专业合作社	玉米筋丝	渔谷香	LB-06-18050803281A	GF230623181142
林甸县渔香玉米种植农民专业合作社	玉米糁	渔谷香	LB-06-18050803280A	GF230623181142
林甸县渔香玉米种植农民专业合作社	玉米黄金米	渔谷香	LB-06-18050803282A	GF230623181142

（续）

生产单位	核准用标产品	商标	绿色食品编号	企业信息码
安徽省华丰农产品专业合作社	粒粒香米	湖粮＋拼音	LB-03-18041202996A	GF341822181059
宁夏沙湖食品有限公司	枸杞辣椒粉	沙湖＋拼音＋图形	LB-17-18032803078A	GF640221150314
浙江龙额火山茶业有限公司	火山茶	龙额	LB-44-18021103006A	GF331021150165
日照南湖马陵春茶业有限公司	绿茶	马陵春＋拼音＋图形	LB-44-18021503019A	GF371102150157

中国绿色食品发展中心公告

（第 413 号）

以下产品经中国绿色食品发展中心核准，获得绿色食品标志使用权（有效期限以证书为准）。依据农业部《绿色食品标志管理办法》，现予公告。

生产单位	核准用标产品	商标	绿色食品编号	企业信息码
北川羌族自治县羌山雀舌茶业有限公司	羌芝灵芽（绿茶）	羌笛＋拼音＋图形	LB-44-18052203259A	GF510726181132
北川羌族自治县羌山雀舌茶业有限公司	羌山雀舌（绿茶）	羌笛＋拼音＋图形	LB-44-18052203258A	GF510726181132
北川羌族自治县羌山雀舌茶业有限公司	北川羌绿（绿茶）	羌笛＋拼音＋图形	LB-44-18052203260A	GF510726181132
齐齐哈尔市缘子汇福农业发展有限公司	兰贵人吉祥福米稻花香大米	嫩音水	LB-03-18040800039A	GF230202150408
齐齐哈尔市缘子汇福农业发展有限公司	兰贵人齐齐哈尔极品稻花香大米	嫩音水	LB-03-18040800043A	GF230202150408
齐齐哈尔市缘子汇福农业发展有限公司	兰贵人极品稻花香大米	嫩音水	LB-03-18040800040A	GF230202150408
齐齐哈尔市缘子汇福农业发展有限公司	兰贵人麦饭石稻花香胚芽大米	嫩音水	LB-03-18040800042A	GF230202150408
齐齐哈尔市缘子汇福农业发展有限公司	兰贵人麦饭石稻花香大米	嫩音水	LB-03-18040800041A	GF230202150408
安徽于氏德霖食品科技有限公司	于氏德霖豪爽面（挂面）	于氏德霖、于氏德霖＋图形	LB-50-18031202309A	GF341621150293
安徽于氏德霖食品科技有限公司	于氏德霖鸡蛋面（挂面）	于氏德霖、于氏德霖＋图形	LB-50-18031202308A	GF341621150293
大石桥市洪喜米业有限公司	营口大米	洪锡＋图形	LB-03-18040603361A	GF210882150369
前郭县晟源米业有限公司	天池之子圆粒香米	天池之子	LB-03-18040703107A	GF220721150407

（续）

生产单位	核准用标产品	商标	绿色食品编号	企业信息码
黑龙江省牡丹江农垦春城粮油加工有限公司	金秋禾珍珠米	金秋禾	LB-03-18050803540A	GF230381181208
丹凤秦鼎茶业有限公司	秦鼎红茶	秦鼎（文字＋图形）	LB-44-18052603304A	GF611022181156
丹凤秦鼎茶业有限公司	丹凤泉茗	秦鼎（文字＋图形）	LB-44-18052603305A	GF611022181156
宜兴珍香生态茶业专业合作社	毛尖（绿茶）	九香翠芽＋拼音	LB-44-17121010814A	GF320282141153
宜兴珍香生态茶业专业合作社	白茶（绿茶）	九香翠芽＋拼音	LB-44-17121010810A	GF320282141153
宜兴珍香生态茶业专业合作社	阳羡雪芽（绿茶）	九香翠芽＋拼音	LB-44-17121010815A	GF320282141153
宜兴珍香生态茶业专业合作社	碧螺春（绿茶）	九香翠芽＋拼音	LB-44-17121010811A	GF320282141153
宜兴珍香生态茶业专业合作社	黄茶（绿茶）	九香翠芽＋拼音	LB-44-17121010813A	GF320282141153
宜兴珍香生态茶业专业合作社	红茶	九香翠芽＋拼音	LB-44-17121010812A	GF320282141153
江西樟树老窖酒业有限公司	樟树老窖特香型白酒（十年陈酿 50%vol）	樟树＋拼音＋图形、樟树老窖	LB-46-18011403268A	GF360982150128
江西樟树老窖酒业有限公司	樟树老窖特香型白酒（6 年 45%vol）	樟树＋拼音＋图形、樟树老窖	LB-46-18011403266A	GF360982150128
江西樟树老窖酒业有限公司	樟树老窖特香型白酒（四星 45%vol）	樟树＋拼音＋图形、樟树老窖	LB-46-18011403269A	GF360982150128
江西樟树老窖酒业有限公司	樟树老窖特香型白酒（8 年 45%vol）	樟树＋拼音＋图形、樟树老窖	LB-46-18011403267A	GF360982150128
江西樟树老窖酒业有限公司	樟树老窖特香型白酒（五星 46%vol）	樟树＋拼音＋图形、樟树老窖	LB-46-18011403270A	GF360982150128
大安市中科佰澳格霖农业发展有限公司	稻海飘香大米		LB-03-18050703192A	GF220882181101
大安市中科佰澳格霖农业发展有限公司	百岁米		LB-03-18050703193A	GF220882181101
大安市中科佰澳格霖农业发展有限公司	大安弱碱地大米		LB-03-18050703194A	GF220882181101
淮安市淮安区香农水稻种植专业合作社	淮香农鸭稻香米		LB-03-18051003161A	GF320803181083
淮安市淮安区香农水稻种植专业合作社	香农大米		LB-03-18051003162A	GF320803181083
青海谷林蜂业有限公司	枸杞花蜂蜜	蕊雪原	LB-35-18052903214A	GF632822181114
讷河市神运纯净水厂	HJQ 饮用天然泉水	恒润泉	LB-38-18030801633A	GF230281180621
北安华升食品有限公司	速冻鲜蔬（南瓜块）	华升大沾河	LB-16-18050803239A	GF231181181125
北安华升食品有限公司	速冻鲜蔬（黄豆角）	华升大沾河	LB-16-18050803240A	GF231181181125

（续）

生产单位	核准用标产品	商标	绿色食品编号	企业信息码
北安华升食品有限公司	速冻鲜蔬（黏玉米）	华升大沾河	LB-06-18050803248A	GF231181181125
北安华升食品有限公司	速冻鲜蔬（秋葵）	华升大沾河	LB-16-18050803244A	GF231181181125
北安华升食品有限公司	速冻马铃薯	华升大沾河	LB-16-18050803241A	GF231181181125
北安华升食品有限公司	速冻鲜蔬（西兰花）	华升大沾河	LB-16-18050803246A	GF231181181125
北安华升食品有限公司	速冻鲜蔬（油豆角）	华升大沾河	LB-16-18050803242A	GF231181181125
北安华升食品有限公司	速冻鲜蔬（青刀豆）	华升大沾河	LB-16-18050803247A	GF231181181125
北安华升食品有限公司	速冻鲜蔬（毛豆）	华升大沾河	LB-16-18050803243A	GF231181181125
白城市洮北区永杰家庭农场	胡小六香米		LB-03-18050703406A	GF220802181161
通辽市妙禾膳源粮食生产加工有限公司	妙禾膳源速溶粉	妙禾膳源＋图形	LB-06-18010500749A	GF150501180257
通辽市妙禾膳源粮食生产加工有限公司	妙禾膳源黄金粉	妙禾膳源＋图形	LB-06-18010500748A	GF150501180257
镇赉县玉杰农机农民专业合作社	秋田小町		LB-03-18050703549A	GF220821181213
镇赉县玉杰农机农民专业合作社	珍珠米		LB-03-18050703548A	GF220821181213
镇赉县玉杰农机农民专业合作社	稻花香		LB-03-18050703550A	GF220821181213
镇赉县玉杰农机农民专业合作社	长粒香米		LB-03-18050703551A	GF220821181213
吉林省正仓现代农业科技有限公司	正仓长粒香		LB-03-18050703553A	GF220821181214
吉林省正仓现代农业科技有限公司	正仓超级稻		LB-03-18050703554A	GF220821181214
吉林省正仓现代农业科技有限公司	正仓珍珠米		LB-03-18050703556A	GF220821181214
吉林省正仓现代农业科技有限公司	正仓鲜米		LB-03-18050703552A	GF220821181214
吉林省正仓现代农业科技有限公司	正仓稻花香		LB-03-18050703555A	GF220821181214
吉林省吉米飘香生态农业发展有限公司	鸭田米	吉米飘香＋图形	LB-03-18050703301A	GF220402160078
吉林省吉米飘香生态农业发展有限公司	稻优米	吉米飘香＋图形	LB-03-18050703302A	GF220402160078
炎陵县神农生态茶叶有限责任公司	炎陵红茶	萬陽紅＋图形	LB-44-18051803264A	GF430225181134
浙江朝雾山农业科技有限公司	白茶	朝雾山＋图形	LB-44-18051103233A	GF330681181123

（续）

生产单位	核准用标产品	商标	绿色食品编号	企业信息码
浙江朝雾山农业科技有限公司	黄茶	朝雾山＋图形	LB-44-18051103234A	GF330681181123
乌审旗博然祥和源养蜂专业合作社	百花蜂蜜	博然祥和源	LB-35-18050503253A	GF150626181129
乌审旗博然祥和源养蜂专业合作社	洋槐花蜂蜜	博然祥和源	LB-35-18050503254A	GF150626181129
依兰县秋寒米业有限责任公司	秋寒米（大米）	秋寒	LB-03-18030802104A	GF230123180775
达茂旗毕力格泰民族食品有限责任公司	风干牛肉（原味）	毕力格泰＋图形	LB-30-18040502747A	GF150223180962
达茂旗毕力格泰民族食品有限责任公司	手撕牛肉干（香辣味）	毕力格泰＋图形	LB-30-18040502744A	GF150223180962
达茂旗毕力格泰民族食品有限责任公司	风干牛肉（香辣味）	毕力格泰＋图形	LB-30-18040502743A	GF150223180962
达茂旗毕力格泰民族食品有限责任公司	风干牛肉（原味特干）	毕力格泰＋图形	LB-30-18040502745A	GF150223180962
达茂旗毕力格泰民族食品有限责任公司	手撕牛肉干（原味）	毕力格泰＋图形	LB-30-18040502746A	GF150223180962
黑龙江九河泉农业有限公司	九河泉香米	九河泉	LB-03-18050803494A	GF230781181205
黑龙江九河泉农业有限公司	长粒香	九河泉	LB-03-18050803496A	GF230781181205
黑龙江九河泉农业有限公司	长粒香米	九河泉	LB-03-18050803498A	GF230781181205
黑龙江九河泉农业有限公司	稻花香	九河泉	LB-03-18050803495A	GF230781181205
黑龙江九河泉农业有限公司	雪花米	九河泉	LB-03-18050803497A	GF230781181205
黑龙江九河泉农业有限公司	山泉米	九河泉	LB-03-18050803499A	GF230781181205
黑龙江九河泉农业有限公司	精洁米	九河泉	LB-03-18050803500A	GF230781181205
黑龙江九河泉农业有限公司	鸭田米	九河泉	LB-03-18050803502A	GF230781181205
黑龙江九河泉农业有限公司	稻花香米	九河泉	LB-03-18050803501A	GF230781181205
黑龙江九河泉农业有限公司	九河香米	九河泉	LB-03-18050803503A	GF230781181205

（续）

生产单位	核准用标产品	商标	绿色食品编号	企业信息码
广南县八宝那糇芒作物种植农民专业合作社	八宝米原质香（籼米一级）	那糇芒＋拼音＋图形	LB-03-18052403216A	GF532627181116
湖南省红芳农业开发有限公司	纯茶油（压榨一级）	金昭阳	LB-10-18051803420A	GF430521181169
洪泽县三河镇祥发农机服务专业合作社	祥发大米	诚厚	LB-03-18051003558A	GF320813181216
辽宁绿维农业发展有限公司	大米	草炭沙泉	LB-03-18050603265A	GF210922181135
黑龙江野宝酒业有限公司	50度清壶白酒（清香型）		LB-46-18050803156A	GF230381181079
湖南金之香米业有限公司	今知香一见飘香（香米）	今知香	LB-03-18051803468A	GF430921181193
湖南金之香米业有限公司	今知香新芙蓉（香米）	今知香	LB-03-18051803467A	GF430921181193
湖南金之香米业有限公司	今知香香米	今知香	LB-03-18051803469A	GF430921181193
湖南金之香米业有限公司	泰穗依（大米）	今知香	LB-03-18051803470A	GF430921181193
湖南金之香米业有限公司	源源飘香（大米）	今知香	LB-03-18051803471A	GF430921181193
湖南金之香米业有限公司	今知香小龙虾香米	今知香	LB-03-18051803473A	GF430921181193
湖南金之香米业有限公司	今天子软香米	今知香	LB-03-18051803472A	GF430921181193
湖南金之香米业有限公司	今知香稻虾香米	今知香	LB-03-18051803474A	GF430921181193
灵石县嘉禾盛农副产品加工专业合作社	全麦面	燕翔垣	LB-02-18050403292A	GF140729181147
灵石县嘉禾盛农副产品加工专业合作社	石磨面一等粉	燕翔垣	LB-02-18050403293A	GF140729181147
灵石县兴瑞绿色农产品生产专业合作社	辣椒酱		LB-56-18050403178A	GF140729181094
淳安县千岛湖高垅龙井茶专业合作社	龙井茶（绿茶）	高垄	LB-44-18051103149A	GF330127181076
宝清县绿鑫水稻种植专业合作社	富硒大米		LB-03-18050803189A	GF230523181099
重庆市长寿区烊马农业种植专业合作社	海棠大米		LB-03-18053403256A	GF500115181130

（续）

生产单位	核准用标产品	商标	绿色食品编号	企业信息码
黑龙江富森林产品有限公司	压缩木耳块	三野＋拼音＋图形	LB-22-18030803579A	GF230401121305
镇雄滇龙生态科技有限公司	感恩板栗仁	云栗＋拼音牌	LB-20-18052403219A	GF530627181117
镇雄滇龙生态科技有限公司	特级板栗仁	云栗＋拼音牌	LB-20-18052403217A	GF530627181117
镇雄滇龙生态科技有限公司	珍品板栗仁	云栗＋拼音牌	LB-20-18052403221A	GF530627181117
镇雄滇龙生态科技有限公司	梦想板栗仁	云栗＋拼音牌	LB-20-18052403220A	GF530627181117
镇雄滇龙生态科技有限公司	励志板栗仁	云栗＋拼音牌	LB-20-18052403222A	GF530627181117
申农（上海）生态农业发展有限公司	大米		LB-03-18050903257A	GF310151181131
尚志市森特食品有限公司	龙江雪蜜	开森	LB-35-18050803493A	GF230183181204
尚志市森特食品有限公司	椴树雪蜜	开森	LB-35-18050803491A	GF230183181204
尚志市森特食品有限公司	椴树蜜	开森	LB-35-18050803492A	GF230183181204
尚志市森特食品有限公司	黑蜂雪蜜	开森	LB-35-18050803490A	GF230183181204
江苏大地禾农业科技有限公司	金香玉大米		LB-03-18051003182A	GF320925181096
勃利县庆成水稻种植专业合作社	鸭稻米		LB-03-18050803176A	GF230921181092
宁波市镇海区九龙湖镇秦山春毫茶场	秦香春茶	秦香春	LB-44-18051103283A	GF330211181143
浙江天使生物工程有限公司	千仙牌蛹虫草子实体干品	千仙	LB-22-18051103228A	GF330783091829
普洱茗上品茶业有限公司	春 普洱茶生茶	雾露山＋图形牌	LB-44-18052403209A	GF530821181112
普洱茗上品茶业有限公司	御品红（工夫红茶）	雾露山＋图形牌	LB-44-18052403210A	GF530821181112
普洱茗上品茶业有限公司	雾露山 普洱（生茶）	雾露山＋图形牌	LB-44-18052403211A	GF530821181112
普洱茗上品茶业有限公司	春 普洱茶熟茶	雾露山＋图形牌	LB-44-18052403212A	GF530821181112

（续）

生产单位	核准用标产品	商标	绿色食品编号	企业信息码
南县国安米业有限公司	农家原米		LB-03-18051803542A	GF430921181209
南县国安米业有限公司	稻虾皇米		LB-03-18051803541A	GF430921181209
四川久大品种盐有限责任公司	自贡井盐	盐当家	LB-54-18052203121A	GF510303070778
四川久大品种盐有限责任公司	995 精纯盐	盐当家	LB-54-18052203120A	GF510303070778
四川久大品种盐有限责任公司	绿色深井矿盐	盐当家	LB-54-18052203124A	GF510303070778
四川久大品种盐有限责任公司	加碘精制盐	盐当家	LB-54-18052203123A	GF510303070778
四川久大品种盐有限责任公司	未加碘精制盐	盐当家	LB-54-18052203122A	GF510303070778
海林市山市镇通达山产品加工厂	黑木耳（压缩型）	成飛＋图形	LB-22-18050803115A	GF231083090928
菱花集团有限公司	麦心粉	菱花＋拼音＋图形	LB-02-18041503593A	GF370811090287
菱花集团有限公司	饺子粉	菱花＋拼音＋图形	LB-02-18041503594A	GF370811090287
菱花集团有限公司	面包粉	菱花＋拼音＋图形	LB-02-18041503596A	GF370811090287
菱花集团有限公司	高筋粉	菱花＋拼音＋图形	LB-02-18041503595A	GF370811090287
菱花集团有限公司	小麦粉	菱花＋拼音＋图形	LB-02-18041503597A	GF370811090287
祖名豆制品股份有限公司	豆腐王	祖名＋图形	LB-08-18031103338A	GF330108090354
祖名豆制品股份有限公司	菜大妈茶干（豆制品）	祖名＋图形	LB-08-18031103334A	GF330108090354
祖名豆制品股份有限公司	菜大妈辣味豆腐干	祖名＋图形	LB-08-18031103335A	GF330108090354
祖名豆制品股份有限公司	豆奶饮品	祖名＋图形	LB-08-18031103339A	GF330108090354
祖名豆制品股份有限公司	茶干（豆制品）	祖名＋图形	LB-08-18031103336A	GF330108090354
祖名豆制品股份有限公司	红枣豆奶饮品	祖名＋图形	LB-08-18031103337A	GF330108090354
祖名豆制品股份有限公司	浓浆豆腐	祖名＋图形	LB-08-18031103340A	GF330108090354
祖名豆制品股份有限公司	祖名豆浆	祖名＋图形	LB-08-18031103341A	GF330108090354
镇江市丹徒区谷阳茶场	烘炒青（绿茶）	金谷阳	LB-44-18041003590A	GF321112090554
镇江市丹徒区谷阳茶场	金谷阳春（绿茶）	金谷阳	LB-44-18041003591A	GF321112090554
镇江市丹徒区谷阳茶场	金山翠芽（绿茶）	金谷阳	LB-44-18041003592A	GF321112090554

（续）

生产单位	核准用标产品	商标	绿色食品编号	企业信息码
长兴县显圣稻米专业合作社	显圣大米	显圣	LB-03-18011103395A	GF330522090009
杭锦后旗大发公面粉有限公司	特制雪粉（小麦粉）	大发公	LB-02-18040503404A	GF150826090549
杭锦后旗大发公面粉有限公司	雪花粉（小麦粉）	大发公	LB-02-18040503405A	GF150826090549
杭锦后旗大发公面粉有限公司	瑞雪粉（小麦粉）		LB-02-18040503403A	GF150826090549
新烟食品有限公司	健康面粉	新烟	LB-02-18051503150A	GF370602081236
广东大华糖业有限公司	白砂糖	金坡＋拼音＋图形	LB-12-18021903511A	GF440823090186
唐山市南堡开发区冀盐食盐有限公司	精制食用盐	海莹＋拼音＋图形	LB-54-18050303586A	GF130201120364
唐山市南堡开发区冀盐食盐有限公司	粉洗盐	海莹＋拼音＋图形	LB-54-18050303585A	GF130201120364
阿勒泰地区粮食购销有限公司	小麦粉特一粉	欧亚＋图形	LB-02-17123010807A	GF654301112425
湖南满师傅食品有限公司	特味豆腐干	满师傅	LB-08-18051803357A	GF430528112132
豆黄金食品有限公司	豆油皮	豆黄金＋图形	LB-08-18051503291A	GF371325121852

中国绿色食品发展中心公告

（第 514 号）

以下产品经中国绿色食品发展中心核准，获得绿色食品标志使用权（有效期限以证书为准）。依据农业部《绿色食品标志管理办法》，现予公告。

生产单位	核准用标产品	商标	绿色食品编号	企业信息码
大连北屏山农业生态园有限公司	大樱桃	北屏山	LB18-18030602063A	GF210213150226
西安市阎良区国强瓜菜专业合作社	甜瓜	富秦＋图形	LB15-1709269931A	GF610114140601
上海方圆生态农业有限公司	桃		LB18-18030901912A	GF310112180713
上海方圆生态农业有限公司	红心火龙果		LB18-18030901913A	GF310112180713
临海市五景葡萄专业合作社	葡萄	五景晓峰	LB18-18011101775A	GF331082150072

（续）

生产单位	核准用标产品	商标	绿色食品编号	企业信息码
泾川县陇原红果品贸易有限责任公司	红富士苹果		LB18-17122710646A	GF620821141233
晋宁宣腾山村农业开发有限公司	大苦菜		LB15-1712248551A	GF530122171921
晋宁宣腾山村农业开发有限公司	白菜		LB15-1712248552A	GF530122171921
晋宁宣腾山村农业开发有限公司	芹菜		LB15-1712248553A	GF530122171921
晋宁宣腾山村农业开发有限公司	菠菜		LB15-1712248554A	GF530122171921
晋宁宣腾山村农业开发有限公司	苤蓝		LB15-1712248555A	GF530122171921
晋宁宣腾山村农业开发有限公司	甜椒		LB15-1712248556A	GF530122171921
晋宁宣腾山村农业开发有限公司	小白菜		LB15-1712248557A	GF530122171921
晋宁宣腾山村农业开发有限公司	黄瓜		LB15-1712248558A	GF530122171921
晋宁宣腾山村农业开发有限公司	洋花菜		LB15-1712248559A	GF530122171921
晋宁宣腾山村农业开发有限公司	胡萝卜		LB15-1712248560A	GF530122171921
晋宁宣腾山村农业开发有限公司	青椒		LB15-1712248561A	GF530122171921
晋宁宣腾山村农业开发有限公司	甜豆		LB15-1712248562A	GF530122171921
晋宁宣腾山村农业开发有限公司	番茄		LB15-1712248563A	GF530122171921
晋宁宣腾山村农业开发有限公司	糯苞谷		LB05-1712248564A	GF530122171921
晋宁宣腾山村农业开发有限公司	白萝卜		LB15-1712248565A	GF530122171921
晋宁宣腾山村农业开发有限公司	甘蓝		LB15-1712248566A	GF530122171921
晋宁宣腾山村农业开发有限公司	青笋		LB15-1712248567A	GF530122171921
晋宁宣腾山村农业开发有限公司	青花		LB15-1712248568A	GF530122171921
晋宁宣腾山村农业开发有限公司	芥蓝		LB15-1712248569A	GF530122171921
安徽安泽农业科技有限公司	石榴		LB18-18031201996A	GF340321180744
文成县二源绿色农业种植专业合作社	甘蓝	邱老汉＋拼音＋图形	LB15-17101110568A	GF330328140784

（续）

生产单位	核准用标产品	商标	绿色食品编号	企业信息码
文成县二源绿色农业种植专业合作社	番茄	邱老汉＋拼音＋图形	LB15-17101110567A	GF330328140784
文成县二源绿色农业种植专业合作社	黄瓜	邱老汉＋拼音＋图形	LB15-17101110569A	GF330328140784
文成县二源绿色农业种植专业合作社	油冬菜	邱老汉＋拼音＋图形	LB15-17101110576A	GF330328140784
文成县二源绿色农业种植专业合作社	毛豆	邱老汉＋拼音＋图形	LB15-17101110571A	GF330328140784
文成县二源绿色农业种植专业合作社	盘菜	邱老汉＋拼音＋图形	LB15-17101110572A	GF330328140784
文成县二源绿色农业种植专业合作社	辣椒	邱老汉＋拼音＋图形	LB15-17101110570A	GF330328140784
文成县二源绿色农业种植专业合作社	茄子	邱老汉＋拼音＋图形	LB15-17101110573A	GF330328140784
文成县二源绿色农业种植专业合作社	香菇菜	邱老汉＋拼音＋图形	LB15-17101110575A	GF330328140784
文成县二源绿色农业种植专业合作社	鲜食玉米	邱老汉＋拼音＋图形	LB05-17101110574A	GF330328140784
海南海香园投资有限公司	荔枝		LB18-18032101965A	GF469022180736
天台县鼎丰樱桃专业合作社	樱桃	忆鼎丰＋拼音	LB18-18031101880A	GF331023150283
安岳县金牛柠檬专业合作社	柠檬		LB18-17112210585A	GF512021141015
灵宝市河西农工贸实业总公司	红露苹果	灵宝苹果＋图形	LB18-17101610616A	GF411282140716
上海冠华粮食专业合作社	青菜	冠辉	LB15-18030901795A	GF310230140562
上海冠华粮食专业合作社	桃	冠辉	LB18-18030901796A	GF310230140562
成都市金堂县官仓果蔬专业合作社	玉米（鲜食）	官仓＋拼音	LB05-17092210565A	GF510121140550
成都市金堂县官仓果蔬专业合作社	大豆（菜用）	官仓＋拼音	LB07-17092210566A	GF510121140550
长丰县岗集镇张国勇水产养殖场	葡萄		LB18-18031201998A	GF340121170781
青龙满族自治县客援红菌业有限公司	黑木耳（干）	木头凳＋MTD	LB21-17120310598A	GF130321141229
青岛乡村佳园蔬菜有限公司	萝卜	乡村禾谷＋拼音＋图形	LB15-18021501773A	GF370283150215
青岛乡村佳园蔬菜有限公司	山药	乡村禾谷＋拼音＋图形	LB15-18021501772A	GF370283150215
天水市秦州区林联苹果种植农民专业合作社	花牛苹果	林联蜜园＋图形	LB18-17122710625A	GF620502141279

（续）

生产单位	核准用标产品	商标	绿色食品编号	企业信息码
江油东升生态农业科技有限公司	红阳猕猴桃		LB18-18032201909A	GF510781180710
新蔡县粒果种植农民专业合作社	莲藕		LB15-18031602140A	GF411729180792
上海瑞茵开心农场有限公司	稻谷		LB23-18030901905A	GF310151180707
德清乾元仙潭农庄	枇杷	仙潭＋图形	LB18-1711117497A	GF330521140982
合肥市金锁家庭农场有限公司	鲜桃		LB18-18031201991A	GF340121180739
肥东县石塘镇青春葡萄专业合作社	葡萄	施集青春＋字母＋图形	LB18-18031202090A	GF340122180764
重庆市铜梁区仙隐樱桃种植专业合作社	仙隐樱桃	仙隐山＋拼音＋图形	LB18-18023401542A	GF500151180575
重庆市璧山区秦岭家禽养殖农民专业合作社	绿壳鸡蛋		LB31-18013400226A	GF500120180070
新疆星洲林果业有限公司（新疆星洲林果业有限公司喀什英吉沙分公司）	法国洋李	加光＋图形	LB18-18033001894A	GF650103180697
梅州市木子金柚专业合作社	沙田柚	木子＋图形	LB18-17111910635A	GF441421140916
肥西县丰乐镇成飞水生蔬菜专业合作社	莲藕		LB15-18031201992A	GF340123180740
肥西春林家庭农场	西瓜		LB15-18031202036A	GF340123180759
六安市金安区横塘岗乡银叶红毛桃种植专业合作社	银叶脆桃		LB18-18031201815A	GF341502180665
焦作市万田农业发展有限公司	黄瓜		LB15-18031602129A	GF410823180787
焦作市万田农业发展有限公司	番茄		LB15-18031602130A	GF410823180787
安徽欣沃生态园艺有限公司	奇异果（猕猴桃）	Thinkwo	LB18-18031202086A	GF341502180762
安徽欣沃生态园艺有限公司	樱桃	Thinkwo	LB18-18031202087A	GF341502180762
安徽欣沃生态园艺有限公司	脆桃	Thinkwo	LB18-18031202088A	GF341502180762
安徽欣沃生态园艺有限公司	葡萄	Thinkwo	LB18-18031202085A	GF341502180762
上海球明果蔬专业合作社	甜瓜		LB15-18030901845A	GF310114180677
上海球明果蔬专业合作社	草莓		LB15-18030901844A	GF310114180677

（续）

生产单位	核准用标产品	商标	绿色食品编号	企业信息码
蒙城县龙派坊种植专业合作社	桃		LB18-18031202033A	GF341622180757
兰考县祥瑞果品专业合作社	映霜红桃	兰桃	LB18-18031602105A	GF410225180776
天全县朝阳农林科技合作社	红心猕猴桃		LB18-18032201934A	GF511825180722
沂水县诚慧农产品专业合作社	大樱桃	欣之恋＋拼音	LB18-18031501758A	GF371323180657
沂水县诚慧农产品专业合作社	苹果	欣之恋＋拼音	LB18-18031501759A	GF371323180657
丽水市秀地蔬菜有限公司	高山黄瓜	秀地峰	LB15-18031101832A	GF331102180671
丽水市秀地蔬菜有限公司	高山番茄	秀地峰	LB15-18031101833A	GF331102180671
丽水市秀地蔬菜有限公司	高山辣椒	秀地峰	LB15-18031101831A	GF331102180671
丽水市秀地蔬菜有限公司	高山茄子	秀地峰	LB15-18031101830A	GF331102180671
天津同乐旅游服务中心	中华寿桃		LB18-18030201834A	GF120119180672
上海宏祥水稻种植专业合作社	茭白		LB15-18010900712A	GF310118180240
济南乡情缘农业发展有限公司	葡萄	猫眼	LB18-18031501902A	GF370126180704
巨野县青山大蒜种植专业合作社	辣椒		LB15-18031501870A	GF371724180687
巨野县青山大蒜种植专业合作社	大蒜		LB15-18031501871A	GF371724180687
砀山攀鹏水果种植专业合作社	砀山梨		LB18-18031202100A	GF341321180771
明溪县志强家庭农场	黄花梨		LB18-18031301359A	GF350421180513
明溪县志强家庭农场	黄桃		LB18-18031301358A	GF350421180513
柏乡县江北农业科技有限公司	葡萄		LB18-18030302014A	GF130524180750
上海致臻生态农业专业合作社	青菜		LB15-18030901585A	GF310151180601
安徽兰玉农业生态科技发展有限公司	8424 西瓜		LB15-18031201636A	GF341182180624
宁夏中青农业科技有限公司	中青农优质番茄	锡鸿柿	LB15-18032801712A	GF640106180646
宁夏中青农业科技有限公司	庙庙湖甜瓜	中青农	LB15-18032801713A	GF640106180646

（续）

生产单位	核准用标产品	商标	绿色食品编号	企业信息码
宁夏中青农业科技有限公司	庙庙湖西瓜	中青农	LB15-18032801714A	GF640106180646
宁夏中青农业科技有限公司	西红柿	锡鸿柿	LB15-18032801715A	GF640106180646
天水市秦州区聚鑫苹果种植专业合作社	花牛苹果	天靖山＋图形	LB18-17122710591A	GF620502141175
河北利派尔农业科技有限公司	梨		LB18-18030302101A	GF130533180772
贵州山里红果蔬开发有限公司	桃		LB18-18032302027A	GF520322180755
贵州山里红果蔬开发有限公司	梨		LB18-18032302026A	GF520322180755
内蒙古三中养殖有限责任公司	羊棒骨（冷冻）	图形	LB27-18030501838A	GF150223180675
内蒙古三中养殖有限责任公司	羊腿（冷冻）	图形	LB27-18030501839A	GF150223180675
内蒙古三中养殖有限责任公司	羊排（冷冻）	图形	LB27-18030501840A	GF150223180675
内蒙古三中养殖有限责任公司	羊肉卷（冷冻）	图形	LB27-18030501841A	GF150223180675
内蒙古三中养殖有限责任公司	羊蝎子（冷冻）	图形	LB27-18030501842A	GF150223180675
屯留县西贾村诚凯核桃种植专业合作社	核桃		LB19-18030401877A	GF140424180690
滁州市琅琊区西湖湾水果蔬菜合作社	甜瓜	西湖湾	LB15-18031202141A	GF341102180793
上杭县鑫中合农业科技有限公司	番茄		LB15-18031301807A	GF350823180663
上杭县鑫中合农业科技有限公司	苦瓜		LB15-18031301808A	GF350823180663
上杭县鑫中合农业科技有限公司	茄子		LB15-18031301806A	GF350823180663
上杭县鑫中合农业科技有限公司	黄瓜		LB15-18031301805A	GF350823180663
上杭县鑫中合农业科技有限公司	火龙果		LB18-18031301809A	GF350823180663
甘肃和鑫源生态农业发展有限公司	西兰花		LB15-18032702003A	GF620321180746
甘肃和鑫源生态农业发展有限公司	甘蓝		LB15-18032702000A	GF620321180746
甘肃和鑫源生态农业发展有限公司	马铃薯		LB15-18032702001A	GF620321180746
甘肃和鑫源生态农业发展有限公司	青笋		LB15-18032702002A	GF620321180746

（续）

生产单位	核准用标产品	商标	绿色食品编号	企业信息码
甘肃和鑫源生态农业发展有限公司	西芹		LB15-18032702004A	GF620321180746
甘肃和鑫源生态农业发展有限公司	娃娃菜		LB15-18032702005A	GF620321180746
汉源县鑫润农业开发有限公司	大樱桃		LB18-18032201890A	GF511823180694
寿县张李乡王士银粮食种植家庭农场	豆角		LB15-18031201819A	GF340422180668
寿县张李乡王士银粮食种植家庭农场	西瓜		LB15-18031201822A	GF340422180668
寿县张李乡王士银粮食种植家庭农场	辣椒		LB15-18031201820A	GF340422180668
寿县张李乡王士银粮食种植家庭农场	黄瓜		LB15-18031201821A	GF340422180668
泉州钻联农业综合开发有限公司	柠檬		LB18-18031301827A	GF350505180669
礼县百捷果业开发有限责任公司	红星苹果	捷地	LB18-18032702125A	GF621226180784
库尔勒美香果品种植农民专业合作社	桃	纯喜＋图形＋拼音	LB18-18033001904A	GF652801180706
丰镇市富新农牧业专业合作社	辣椒		LB15-18020501097A	GF150981180416
丰镇市富新农牧业专业合作社	豆角		LB15-18020501096A	GF150981180416
丰镇市富新农牧业专业合作社	番茄		LB15-18020501098A	GF150981180416
济南鲁汇佳瓜果蔬菜专业合作社	厚皮甜瓜	鲁汇佳＋拼音	LB15-18031501792A	GF370181180661
济南鲁汇佳瓜果蔬菜专业合作社	薄皮甜瓜	鲁汇佳＋拼音	LB15-18031501793A	GF370181180661
济南鲁汇佳瓜果蔬菜专业合作社	西瓜	鲁汇佳＋拼音	LB15-18031501794A	GF370181180661
萧县皇藏滕氏农机服务农民专业合作社	甘蓝		LB15-18031202034A	GF341322180758
萧县皇藏滕氏农机服务农民专业合作社	花椰菜		LB15-18031202035A	GF341322180758
湖州吴兴金农生态农业发展有限公司	甜瓜	金农之星＋拼音＋图形	LB15-17121110586A	GF330502081965
东莞市阿吉科技农业有限公司	阿吉荔枝	阿吉	LB18-18021902161A	GF441900090198
上海嘉定文兴葡萄园艺场	葡萄	文兴	LB18-18030901892A	GF310114100760
上海锦香桃业种植专业合作社	奉贤黄桃	锦桃永福＋图形	LB18-17100910190A	GF310120140754

（续）

生产单位	核准用标产品	商标	绿色食品编号	企业信息码
秦皇岛恒野蔬菜有限公司	鲜姜	恒野＋图形＋拼音	LB15-17110310630A	GF130323101368
甘肃中美国玉水果玉米科技开发有限公司	水果玉米（鲜）	八两阳光	LB05-17102710651A	GF620102111408
邢台威旺蔬菜种植有限责任公司	番茄	果蔬奇缘＋图形	LB15-17110310594A	GF130533111782
邢台威旺蔬菜种植有限责任公司	辣椒	果蔬奇缘＋图形	LB15-17110310596A	GF130533111782
邢台威旺蔬菜种植有限责任公司	黄瓜	果蔬奇缘＋图形	LB15-17110310595A	GF130533111782
邢台威旺蔬菜种植有限责任公司	茄子	果蔬奇缘＋图形	LB15-17110310597A	GF130533111782
清徐县绿源生态农业开发有限公司	葡萄	日前＋拼音＋图形	LB18-18030401953A	GF140121130450
江苏国润农业科技股份有限公司	葡萄	龍眼灘	LB18-18031002019A	GF321323180753
江苏国润农业科技股份有限公司	花椰菜	友丰	LB15-18031002021A	GF321323180753
江苏国润农业科技股份有限公司	小白菜	友丰	LB15-18031002020A	GF321323180753
无棣华州生态农业科技有限公司	甜瓜		LB15-18031501787A	GF371623151538
无棣华州生态农业科技有限公司	辣椒		LB15-18031501788A	GF371623151538
无棣华州生态农业科技有限公司	西葫芦		LB15-18031501786A	GF371623151538
山东引领果业有限公司	桃		LB18-18041502205A	GF371321180810

中国绿色食品发展中心公告

（第 516 号）

以下产品经中国绿色食品发展中心核准，获得绿色食品标志使用权（有效期限以证书为准）。依据农业部《绿色食品标志管理办法》，现予公告。

生产单位	核准用标产品	商标	绿色食品编号	企业信息码
抚顺智程农业发展有限公司	草莓		LB-15-18030602107A	GF210421180778

（续）

生产单位	核准用标产品	商标	绿色食品编号	企业信息码
绿美食用菌科技发展江苏有限公司	杏鲍菇（鲜）	统美	LB-21-18011001973A	GF321322150125
张家港市科泽生态农业有限公司	油桃	福满源＋图形＋拼音	LB-18-18031001985A	GF320582150245
张家港市科泽生态农业有限公司	樱桃番茄	福满源＋图形＋拼音	LB-15-18031001984A	GF320582150245
张家港市科泽生态农业有限公司	火龙果	福满源＋图形＋拼音	LB-18-18031001983A	GF320582150245
江苏逸夏果园有限公司	水蜜桃	逸夏＋拼音	LB-18-18011000037A	GF321203150122
江苏逸夏果园有限公司	猕猴桃	逸夏＋拼音	LB-18-18011000038A	GF321203150122
青岛永昌实业集团生物科技有限公司	秋月梨	永昌担山	LB-18-18031502097A	GF370282180769
青岛永昌实业集团生物科技有限公司	丰水梨	永昌担山	LB-18-18031502098A	GF370282180769
辽阳富民菜业有限公司	辽富大白菜	辽富	LB-15-18010602055A	GF211021150107
扬州市江都区绿景果蔬专业合作社	葡萄	天碧春＋图形	LB-18-18031001596A	GF321012180604
宿迁市联农蔬菜土地股份专业合作社	梨		LB-18-18031002039A	GF321302180760
宿迁市联农蔬菜土地股份专业合作社	葡萄		LB-18-18031002040A	GF321302180760
新蔡县勇琦生态果蔬有限公司	普通丝瓜		LB-15-18031602111A	GF411729180780
新蔡县勇琦生态果蔬有限公司	番茄		LB-15-18031602112A	GF411729180780
新蔡县勇琦生态果蔬有限公司	黄瓜		LB-15-18031602113A	GF411729180780
新蔡县勇琦生态果蔬有限公司	芹菜		LB-15-18031602114A	GF411729180780
河南磐兴农业开发有限公司	西梅	磐兴＋图形	LB-18-18031601993A	GF410303180741
河南五农好食品有限公司	五农好花生	五农好＋图形	LB-09-18031601994A	GF410225180742
兰考县九洲树莓种植专业合作社	树莓		LB-18-18021601086A	GF410225180408
示范区磊鑫果蔬种植家庭农场	梨		LB-18-18031601824A	GF410201180668
示范区磊鑫果蔬种植家庭农场	苹果		LB-18-18031601823A	GF410201180668

（续）

生产单位	核准用标产品	商标	绿色食品编号	企业信息码
示范区磊鑫果蔬种植家庭农场	大枣		LB-18-18031601826A	GF410201180668
示范区磊鑫果蔬种植家庭农场	核桃		LB-19-18031601825A	GF410201180668
兴城市碾盘沟红南果种植专业合作社	红南果		LB-18-18030601899A	GF211481180702
达茂旗龙鹏农牧业专业合作社	羊腿（冷冻）		LB-27-18030502028A	GF150223180756
达茂旗龙鹏农牧业专业合作社	羊骨（冷冻）		LB-27-18030502029A	GF150223180756
达茂旗龙鹏农牧业专业合作社	卷羊肉（冷冻）		LB-27-18030502031A	GF150223180756
达茂旗龙鹏农牧业专业合作社	羊排（冷冻）		LB-27-18030502032A	GF150223180756
达茂旗龙鹏农牧业专业合作社	羊胴体（冷冻）		LB-27-18030502030A	GF150223180756
沈阳市紫晨种植专业合作社	玫瑰香葡萄	山水紫晨＋英文	LB-18-18030602126A	GF210111180785
沈阳市紫晨种植专业合作社	苹果梨	山水紫晨＋英文	LB-18-18030602127A	GF210111180785
锦州佳润农业科技有限公司	佳润农庄葡萄	佳润农庄	LB-18-18030602106A	GF210727180777
辽宁林下柱参有限公司	鲜参		LB-23-18030602015A	GF210624180751
荆门市屈家岭管理区卢冲家庭农场	荆果蜜桃	卢冲荆果	LB-18-18031702172A	GF420801180795
湖南衡南绿贝生物技术开发有限公司	香菇（鲜品）	乡贝＋图形＋拼音	LB-21-18011802059A	GF430422150027
房县瑞丰食品有限责任公司	房县香菇	聚荣＋拼音＋图形	LB-21-18031702139A	GF420325180791
房县瑞丰食品有限责任公司	房县黑木耳	聚荣＋拼音＋图形	LB-21-18031702138A	GF420325180791
江苏清境农业发展有限公司	水蜜桃		LB-18-18031002089A	GF321183180763
炎陵王子黄桃种植专业合作社	黄桃		LB-18-18031802081A	GF430225180761
格尔木江源台吉纳商贸有限责任公司	牦牛腱子肉（冷冻）	台吉纳	LB-26-18032902116A	GF632801180782
格尔木江源台吉纳商贸有限责任公司	牦牛牛排（冷冻）	台吉纳	LB-26-18032902119A	GF632801180782

（续）

生产单位	核准用标产品	商标	绿色食品编号	企业信息码
格尔木江源台吉纳商贸有限责任公司	牦牛剔骨肉（冷冻）	台吉纳	LB-26-18032902118A	GF632801180782
格尔木江源台吉纳商贸有限责任公司	藏羊羊脖（冷冻）	台吉纳	LB-27-18032902117A	GF632801180782
格尔木江源台吉纳商贸有限责任公司	牦牛牛腩（冷冻）	台吉纳	LB-26-18032902121A	GF632801180782
格尔木江源台吉纳商贸有限责任公司	藏羊肚腩（冷冻）	台吉纳	LB-27-18032902123A	GF632801180782
格尔木江源台吉纳商贸有限责任公司	藏羊羊排（冷冻）	台吉纳	LB-27-18032902122A	GF632801180782
格尔木江源台吉纳商贸有限责任公司	藏羊腿肉（冷冻）	台吉纳	LB-27-18032902120A	GF632801180782
长春德胜宝农业有限公司	西红柿		LB-15-18030702169A	GF220122180794
长春德胜宝农业有限公司	黄瓜		LB-15-18030702168A	GF220122180794
长春德胜宝农业有限公司	辣椒		LB-15-18030702170A	GF220122180794
长春德胜宝农业有限公司	秋葵		LB-15-18030702171A	GF220122180794
安远县仙人峰果业专业合作社	赣南脐橙	智慧橙	LB-18-18021401455A	GF360726180558
安远县仙人峰果业专业合作社	赣南伦晚脐橙	十五月＋五＋拼音＋图形	LB-18-18021401456A	GF360726180558
兰考县大自然果木种植专业合作社	桃		LB-18-18031601995A	GF410225180743
海阳市兴盛果品有限公司	红富士苹果		LB-18-18031502093A	GF370687180767
开封八斗现代农业有限公司	普通白菜	八斗＋拼音	LB-15-18031602016A	GF410211180752
开封八斗现代农业有限公司	菜薹	八斗＋拼音	LB-15-18031602017A	GF410211180752
开封八斗现代农业有限公司	番茄	八斗＋拼音	LB-15-18031602018A	GF410211180752
新民市史明星水果种植专业合作社	雁沙湖葡萄	雁沙	LB-18-1708066341A	GF210181111186
宁夏全通枸杞供应链管理股份有限公司	田趣宁夏枸杞特优		LB-23-17122810639A	GF640521112367
宁夏全通枸杞供应链管理股份有限公司	中宁枸杞特优	天茨园	LB-23-17122810643A	GF640521112367
宁夏全通枸杞供应链管理股份有限公司	健商堂宁夏枸杞特级		LB-23-17122810642A	GF640521112367
宁夏全通枸杞供应链管理股份有限公司	田趣宁夏枸杞特级		LB-23-17122810640A	GF640521112367

（续）

生产单位	核准用标产品	商标	绿色食品编号	企业信息码
宁夏全通枸杞供应链管理股份有限公司	中宁枸杞特级	天茨园	LB-23-17122810644A	GF640521112367
宁夏全通枸杞供应链管理股份有限公司	田趣宁夏枸杞甲级		LB-23-17122810641A	GF640521112367
牡丹江市联京实业有限公司	红小豆	联京＋ML＋图形	LB-13-18030802142A	GF231002120189
太仓市绿阳蔬果专业合作社	芦笋	青秧＋图形	LB-15-18031001988A	GF320585122322
丹麦皇冠集团	切片猪腿肉		LB-25-1608009215A	GF208131085
丹麦皇冠集团	猪耳片		LB-25-1608009216A	GF208131085
丹麦皇冠集团	切片猪五花		LB-25-1608009217A	GF208131085
丹麦皇冠集团	去骨去皮猪背肌		LB-25-1608009218A	GF208131085
丹麦皇冠集团	去骨去皮猪颈背		LB-25-1608009219A	GF208131085
丹麦皇冠集团	去骨去皮猪颈背，窄切		LB-25-1608009220A	GF208131085
丹麦皇冠集团	去骨猪前腿肉		LB-25-1608009221A	GF208131085
丹麦皇冠集团	猪肚		LB-25-1608009222A	GF208131085
丹麦皇冠集团	猪腹肉		LB-25-1608009223A	GF208131085
丹麦皇冠集团	猪肝		LB-25-1608009224A	GF208131085
丹麦皇冠集团	猪手		LB-25-1608009225A	GF208131085
丹麦皇冠集团	猪头		LB-25-1608009226A	GF208131085
丹麦皇冠集团	猪臀骨		LB-25-1608009227A	GF208131085
丹麦皇冠集团	猪尾		LB-25-1608009228A	GF208131085
丹麦皇冠集团	猪五花丁		LB-25-1608009229A	GF208131085
丹麦皇冠集团	猪小排		LB-25-1608009230A	GF208131085
丹麦皇冠集团	猪心		LB-25-1608009231A	GF208131085
丹麦皇冠集团	猪腰		LB-25-1608009232A	GF208131085
丹麦皇冠集团	猪后腿		LB-25-1608009233A	GF208131085
丹麦皇冠集团	猪后腿丁/火腿丁		LB-25-1608009234A	GF208131085
丹麦皇冠集团	猪后腿骨		LB-25-1608009235A	GF208131085
丹麦皇冠集团	猪脚		LB-25-1608009236A	GF208131085
丹麦皇冠集团	猪颈骨		LB-25-1608009237A	GF208131085
丹麦皇冠集团	猪口条		LB-25-1608009238A	GF208131085
丹麦皇冠集团	猪肋排		LB-25-1608009239A	GF208131085
丹麦皇冠集团	猪里脊肉排		LB-25-1608009240A	GF208131085
丹麦皇冠集团	猪排		LB-25-1608009241A	GF208131085
丹麦皇冠集团	猪前段		LB-25-1608009242A	GF208131085

（续）

生产单位	核准用标产品	商标	绿色食品编号	企业信息码
江苏中翰食用菌有限公司	中翰杏鲍菇	宏韵＋拼音＋图形	LB-21-18021002062A	GF320724150178
江苏中翰食用菌有限公司	金荷杏鲍菇	宏韵＋拼音＋图形	LB-21-18021002061A	GF320724150178
江苏中翰食用菌有限公司	宏韵杏鲍菇	宏韵＋拼音＋图形	LB-21-18021002060A	GF320724150178
安远养生堂基地果业有限公司	脐橙	农夫鲜果、多味阳光、农夫山泉	LB-18-18021402167A	GF360726150179

中国绿色食品发展中心公告

（第 518 号）

以下产品经中国绿色食品发展中心核准，获得绿色食品标志使用权（有效期限以证书为准）。依据农业部《绿色食品标志管理办法》，现予公告。

生产单位	核准用标产品	商标	绿色食品编号	企业信息码
嘉善建忠家庭农场	鲜草莓	云曹绿	LB-15-18041102219A	GF330421180817
云南浙滇农业发展有限公司	黑提葡萄	东方红一号	LB-18-18042402065A	GF532328150387
云南浙滇农业发展有限公司	青提葡萄	东方红一号	LB-18-18042402064A	GF532328150387
江苏碧云天农林科技有限公司	葡萄	翠云天＋图形	LB-18-1710107487A	GF321181140763
诸暨市朗园葡萄专业合作社	紫龙珠刺葡萄	五泄源	LB-18-18031102520A	GF330681150311
山东阳谷东大生态农业有限公司	赵王河黑猪肉		LB-25-18041502428A	GF371521180867
青岛古迹山樱桃园生态农业有限公司	大樱桃	古迹山	LB-18-18041502519A	GF370283150339
简阳市五指乡张家岩水果专业合作社	贵妃油枣	张家岩＋图形	LB-18-17122210592A	GF512081141257
简阳市力盛晚白桃专业合作社	葡萄	力盛＋图形	LB-18-17112210727A	GF512081140973
天台县五州火龙果专业合作社	枇杷	枇龙园＋拼音	LB-18-18061102008A	GF331023150648
安发（福建）生物科技有限公司	安沛猕猴桃	图形	LB-18-18021301966A	GF350901150183

（续）

生产单位	核准用标产品	商标	绿色食品编号	企业信息码
青岛乐义现代农业科技示范基地有限公司	葡萄	泽河＋拼音＋图形	LB-18-18021502584A	GF370283150210
修文东航生态果蔬种植有限责任公司	猕猴桃	贵猕＋图形	LB-18-18032302196A	GF520123180806
怀远县包集镇传发家庭农场	鲜食玉米		LB-05-18031202362A	GF340321180856
阜阳市颍东区东丽家庭农场（普通合伙）	西瓜		LB-18-18041202850A	GF341203180990
阜阳市颍东区老庙镇伟业种植专业合作社	马铃薯		LB-15-18041202240A	GF341203180832
阜阳市颍东区老庙镇伟业种植专业合作社	西瓜		LB-15-18041202241A	GF341203180832
界首市钰林种植专业合作社	马铃薯		LB-15-18031202178A	GF341282180797
界首市钰林种植专业合作社	黄瓜		LB-15-18031202177A	GF341282180797
界首市钰林种植专业合作社	西瓜		LB-15-18031202179A	GF341282180797
界首市钰林种植专业合作社	桃		LB-18-18031202176A	GF341282180797
界首市钰林种植专业合作社	豆角		LB-15-18031202180A	GF341282180797
界首市钰林种植专业合作社	辣椒		LB-15-18031202181A	GF341282180797
界首市钰林种植专业合作社	茄子		LB-15-18031202183A	GF341282180797
界首市钰林种植专业合作社	西红柿		LB-15-18031202182A	GF341282180797
凯里云谷田园农业发展有限公司	台湾水果黄瓜	云谷田园	LB-15-17122310682A	GF522601141296
凯里云谷田园农业发展有限公司	草莓	云谷田园	LB-15-17122310681A	GF522601141296
凯里云谷田园农业发展有限公司	台湾水果小番茄	云谷田园	LB-15-17122310683A	GF522601141296
芜湖市俊兴农产品产销专业合作社	毛豆		LB-07-18041202229A	GF340207180825
简阳市丰意佳琪种植专业合作社	桃子	沣意	LB-18-17122210728A	GF512081141123
蒙阴北方果品专业合作社	蜜桃	庆蒙＋图形	LB-18-1709157485A	GF371328140617
蒙阴北方果品专业合作社	苹果	庆蒙＋图形	LB-18-1709157486A	GF371328140617
重庆茁源生态农业发展有限公司	桑葚		LB-18-18033402115A	GF500151180781

（续）

生产单位	核准用标产品	商标	绿色食品编号	企业信息码
重庆润优农业开发有限公司	草莓	寻臻（图形）	LB-15-18043402530A	GF500152180896
安徽天兆石榴开发有限公司	怀远石榴	榴琬	LB-18-18041202851A	GF340321180991
哈密市李娜农副产品专业合作社	无核紫葡萄		LB-18-18033002136A	GF650502180790
哈密市李娜农副产品专业合作社	哈密骏枣	新飞虹＋图形	LB-19-18033002134A	GF650502180790
哈密市李娜农副产品专业合作社	无核白葡萄		LB-18-18033002137A	GF650502180790
哈密市李娜农副产品专业合作社	哈密大枣	新飞虹＋图形	LB-19-18033002135A	GF650502180790
哈密市李娜农副产品专业合作社	红提葡萄		LB-18-18033002133A	GF650502180790
四川省天保果业有限公司	水蜜桃	川果＋图形	LB-18-17102210726A	GF512081140776
上海正源农业专业合作社	叶用莴苣	正源香	LB-15-18030901583A	GF310151180599
上海正源农业专业合作社	番茄	正源香	LB-15-18030901582A	GF310151180599
沂水县继鑫蘑菇种植农民专业合作社	秀珍菇	珍玺	LB-21-18041502239A	GF371323180831
利辛县城关镇化坤家庭农场	葡萄		LB-18-1711127721A	GF341623171692
利辛县峰阳果蔬种植专业合作社	油桃		LB-18-18011200299A	GF341623180080
利辛县峰阳果蔬种植专业合作社	葡萄		LB-18-18011200301A	GF341623180080
利辛县峰阳果蔬种植专业合作社	黄梨		LB-18-18011200300A	GF341623180080
安吉大唐蓝莓专业合作社	蓝莓	蓝美湾	LB-18-18031102092A	GF330523180766
民勤县好天缘农业科技有限责任公司	厚皮甜瓜		LB-15-18042702210A	GF620621180811
内江市南方水果种植有限公司	正园葡萄	正园＋图形	LB-18-18012201968A	GF511002150141
西藏林芝圣域农牧综合有限公司	苹果	藏果	LB-18-18042502493A	GF540402180893
安徽少威农产品进出口有限公司	茭白		LB-15-18041202260A	GF340828180841
宁都县益菌现代农业发展有限公司	平菇		LB-21-18041402481A	GF360730180887
上海泖蓝果树种植专业合作社	蓝莓		LB-18-18040902571A	GF310118180916

（续）

生产单位	核准用标产品	商标	绿色食品编号	企业信息码
河南好想你控股集团有限公司	西红柿		LB-15-18041602354A	GF410184180853
河南好想你控股集团有限公司	西葫芦		LB-15-18041602353A	GF410184180853
河南好想你控股集团有限公司	黄瓜		LB-15-18041602352A	GF410184180853
河南好想你控股集团有限公司	豆角		LB-15-18041602355A	GF410184180853
上海东临休闲观光专业合作联社	稻谷		LB-23-18030902091A	GF310151180765
上海盛林农业种植专业合作社	梨	盛林园＋图形	LB-18-18030902007A	GF310151180748
修文县福满农种植中心	贵长猕猴桃		LB-18-18042302267A	GF520123180846
芜湖市明成蔬菜种植专业合作社	辣椒		LB-15-18041202211A	GF340207180812
巴中市巴山牧业股份有限公司	梅花肉	青峪猪、图案	LB-25-17102210622A	GF511921140768
巴中市巴山牧业股份有限公司	青峪猪白条	青峪猪、图案	LB-25-17102210620A	GF511921140768
巴中市巴山牧业股份有限公司	前腿肉	青峪猪、图案	LB-25-17102210623A	GF511921140768
巴中市巴山牧业股份有限公司	五花肉	青峪猪、图案	LB-25-17102210624A	GF511921140768
巴中市巴山牧业股份有限公司	后腿肉	青峪猪、图案	LB-25-17102210621A	GF511921140768
武义县桐琴果园	蜜梨	桐琴＋拼音＋图形	LB-18-18031102582A	GF330723120236
江西利康绿色农业有限公司	茶树菇	仁旺＋拼音	LB-21-18041402426A	GF361022180865
宣城市宣海棠生物科技有限公司	宣木瓜		LB-18-18031202187A	GF341802180801
山东虹美农业科技有限公司	茄子	虹美	LB-15-1712159398A	GF370881172123
山东虹美农业科技有限公司	辣椒	虹美	LB-15-1712159399A	GF370881172123
山东虹美农业科技有限公司	西红柿	虹美	LB-15-1712159400A	GF370881172123
曲阜市尼山圣地生态种植专业合作社	秋葵	虹美	LB-15-1712159396A	GF370881172122
曲阜市尼山圣地生态种植专业合作社	毛豆	虹美	LB-07-1712159397A	GF370881172122
上海健禾果蔬专业合作社	西兰花	禾＋图形	LB-15-18040902429A	GF310151180868

（续）

生产单位	核准用标产品	商标	绿色食品编号	企业信息码
上海健禾果蔬专业合作社	德国小香葱	禾+图形	LB-15-18040902430A	GF310151180868
上海健禾果蔬专业合作社	稻谷		LB-23-18040902431A	GF310151180868
太和县安华现代农业有限公司	薄皮甜瓜		LB-15-18041202225A	GF341222180821
太和县安华现代农业有限公司	厚皮甜瓜		LB-15-18041202224A	GF341222180821
太和县安华现代农业有限公司	西瓜		LB-15-18041202223A	GF341222180821
凤阳县总铺镇金标家庭农场	鲜桃		LB-18-18041202264A	GF341126180844
成都欧滋农业开发有限责任公司	猕猴桃		LB-18-18042202556A	GF510113180907
利辛县王市镇沈良华种植专业合作社	南瓜		LB-15-1711127551A	GF341623171664
嘉兴市秀水美地有机农产品有限公司	芦笋		LB-15-18031101989A	GF330411180737
海阳市强辉果蔬农民专业合作社	红富士苹果	强辉+拼音	LB-18-18041502531A	GF370687180897
丰镇市有平果蔬农民专业合作社	西红柿		LB-15-1712059585A	GF150981172164
杭州余杭区塘栖镇张国顺家庭农场	香蕉丝瓜	九熟坝	LB-15-18041102455A	GF330110180878
象山南田岛果蔬开发有限公司	南田岛枇杷	南田岛+NTD+图形	LB-18-18041102583A	GF330225090514
库车县大漠甜瓜种植基地	环宇甜瓜	想翔	LB-15-17093010619A	GF652923081359
常山县鑫农果蔬专业合作社	常山胡柚	东龙	LB-18-18011102149A	GF330822090024
浙江忘不了柑桔专业合作社	杨梅	忘不了+图形	LB-18-18041102009A	GF331082090524
新昌县来益生态农业发展有限公司	葡萄	来益	LB-18-18031102518A	GF330624090419
三门峡二仙坡绿色果业有限公司	红富士苹果	二仙坡+拼音+图形	LB-18-17121610714A	GF411222082085
济南曲堤蔬菜销售有限公司	茄子	曲堤	LB-15-17111510066A	GF370125090705
济南曲堤蔬菜销售有限公司	苦瓜	曲堤	LB-15-17111510069A	GF370125090705
济南曲堤蔬菜销售有限公司	番茄	曲堤	LB-15-17111510068A	GF370125090705
济南曲堤蔬菜销售有限公司	豆角（豇豆）	曲堤	LB-15-17111510067A	GF370125090705

（续）

生产单位	核准用标产品	商标	绿色食品编号	企业信息码
济南曲堤蔬菜销售有限公司	菜椒	曲堤	LB-15-17111510070A	GF370125090705
山东永乐食品有限公司	小麦	东方粮仓＋拼音	LB-01-18031502498A	GF371427090365
浙江杨墩生态休闲农庄有限公司	崔大姐葡萄	崔大姐＋拼音＋图形	LB-18-17111110288A	GF330521100925
浙江杨墩生态休闲农庄有限公司	草莓	崔大姐＋拼音＋图形	LB-15-17111110289A	GF330521100925
浙江杨墩生态休闲农庄有限公司	崔大姐水蜜桃	崔大姐＋拼音＋图形	LB-18-17111110290A	GF330521100925
合江县奥荔果业有限责任公司	奥荔带绿	奥荔＋图形	LB-18-17112210516A	GF510522111879
合江县奥荔果业有限责任公司	奥荔大红袍	奥荔＋图形	LB-18-17112210517A	GF510522111879
合江县奥荔果业有限责任公司	奥荔妃子笑	奥荔＋图形	LB-18-17112210515A	GF510522111879
合江县奥荔果业有限责任公司	奥荔陀缇	奥荔＋图形	LB-18-17112210518A	GF510522111879
山东思远蔬菜专业合作社	黄瓜	思远庄园	LB-15-17111510647A	GF370305111794
山东思远蔬菜专业合作社	辣椒	思远庄园	LB-15-17111510648A	GF370305111794
山东思远蔬菜专业合作社	西红柿	思远庄园	LB-15-17111510649A	GF370305111794
山东思远蔬菜专业合作社	西葫芦	思远庄园	LB-15-17111510650A	GF370305111794
南陵县金棚蔬菜种植专业合作社	茭白	籍山果蔬	LB-15-18031202767A	GF340223120040
南陵县金棚蔬菜种植专业合作社	青椒	籍山果蔬	LB-15-18031202766A	GF340223120040
南陵县金棚蔬菜种植专业合作社	黄心菜	籍山果蔬	LB-15-18031202765A	GF340223120040
南陵县金棚蔬菜种植专业合作社	甘蓝包	籍山果蔬	LB-15-18031202764A	GF340223120040
兰陵县凯华蔬菜产销专业合作社	苦瓜	凯冠＋图形	LB-15-17081510605A	GF371324111202
兰陵县凯华蔬菜产销专业合作社	茄子	凯冠＋图形	LB-15-17081510608A	GF371324111202
兰陵县凯华蔬菜产销专业合作社	黄瓜	凯冠＋图形	LB-15-17081510604A	GF371324111202
兰陵县凯华蔬菜产销专业合作社	冬瓜	凯冠＋图形	LB-15-17081510602A	GF371324111202
兰陵县凯华蔬菜产销专业合作社	豆角	凯冠＋图形	LB-15-17081510603A	GF371324111202

（续）

生产单位	核准用标产品	商标	绿色食品编号	企业信息码
兰陵县凯华蔬菜产销专业合作社	南瓜	凯冠＋图形	LB-15-17081510607A	GF371324111202
兰陵县凯华蔬菜产销专业合作社	芹菜	凯冠＋图形	LB-15-17081510609A	GF371324111202
兰陵县凯华蔬菜产销专业合作社	白菜	凯冠＋图形	LB-15-17081510601A	GF371324111202
兰陵县凯华蔬菜产销专业合作社	辣椒	凯冠＋图形	LB-15-17081510606A	GF371324111202
温岭市大寨地果业有限公司	柑橘	新境界＋拼音＋图形	LB-18-18031102110A	GF331081112230
寿光市民隆蔬菜专业合作社	西葫芦	民隆＋拼音＋图形	LB-15-17101510634A	GF370783111965
寿光市民隆蔬菜专业合作社	西红柿	民隆＋拼音＋图形	LB-15-17101510633A	GF370783111965
寿光市民隆蔬菜专业合作社	丝瓜	民隆＋拼音＋图形	LB-15-17101510632A	GF370783111965
寿光市民隆蔬菜专业合作社	茄子	民隆＋拼音＋图形	LB-15-17101510631A	GF370783111965
广德县惠民果业专业合作社	梨	顺林徽农＋图形	LB-18-18071202346A	GF341822120769
大竹县明月山水果农民专业合作社	圆黄梨	川竹雪梨	LB-18-18032201997A	GF511724130372
上海伟联蔬果专业合作社	葡萄	伟联	LB-18-18040902526A	GF310230131427
温岭市红日农业专业合作社	西兰花	红歆＋拼音	LB-15-18031102574A	GF331081150244
辽宁圣奇士草莓农民专业合作联合社	草莓		LB-15-18010600670A	GF210681180212
茂县鑫农产业服务有限责任公司	大白菜	绿羌园＋图形	LB-15-17122210654A	GF513223141057
茂县鑫农产业服务有限责任公司	枇杷	绿羌园＋图形	LB-18-17122210652A	GF513223141057
茂县鑫农产业服务有限责任公司	花菜	绿羌园＋图形	LB-15-17122210655A	GF513223141057
茂县鑫农产业服务有限责任公司	羌脆李	绿羌园＋图形	LB-18-17122210658A	GF513223141057
茂县鑫农产业服务有限责任公司	番茄	绿羌园＋图形	LB-15-17122210653A	GF513223141057
茂县鑫农产业服务有限责任公司	辣椒	绿羌园＋图形	LB-15-17122210656A	GF513223141057
茂县鑫农产业服务有限责任公司	马铃薯	绿羌园＋图形	LB-15-17122210657A	GF513223141057
茂县鑫农产业服务有限责任公司	甜樱桃	绿羌园＋图形	LB-18-17122210659A	GF513223141057

（续）

生产单位	核准用标产品	商标	绿色食品编号	企业信息码
茂县鑫农产业服务有限责任公司	洋葱	绿羌园＋图形	LB-15-17122210660A	GF513223141057
茂县鑫农产业服务有限责任公司	玉米	绿羌园＋图形	LB-05-17122210661A	GF513223141057
茂县鑫农产业服务有限责任公司	莴笋	绿羌园＋图形	LB-15-17122210662A	GF513223141057
常山县欣然家庭农场	常山胡柚	大苞山＋拼音＋图形	LB-18-18011102148A	GF330822150127
惠州市惠阳区镇隆山顶村荔枝专业合作社	荔枝	山顶村＋图形	LB-18-18011902405A	GF441303150132
重庆市永川区态聚家禽养殖股份合作社	态聚鸡蛋	态聚＋图形	LB-31-17083410704A	GF500118140405
重庆市永川区态聚家禽养殖股份合作社	态聚鸡	态聚＋图形	LB-28-17083410705A	GF500118140405

中国绿色食品发展中心公告

（第 520 号）

以下产品经中国绿色食品发展中心核准，获得绿色食品标志使用权（有效期限以证书为准）。依据农业部《绿色食品标志管理办法》，现予公告。

生产单位	核准用标产品	商标	绿色食品编号	企业信息码
苏州市吴中区华记水产养殖专业合作社	太湖大闸蟹	湖帆	LB-36-18071002323A	GF320506150786
宁乡林烨农业发展有限公司	辣椒		LB-15-18041802655A	GF430124180939
沈阳军区空军装备部农副业基地	高粱		LB-13-17110810708A	GF230229140947
沈阳军区空军装备部农副业基地	大豆		LB-07-17110810707A	GF230229140947
沈阳军区空军装备部农副业基地	马铃薯		LB-15-17110810709A	GF230229140947
沈阳军区空军装备部农副业基地	玉米		LB-05-17110810710A	GF230229140947
莱芜市水秀漪涟现代农业专业合作社	辣椒	黄金篮＋图形	LB-15-18011502398A	GF371203150140
莱芜市水秀漪涟现代农业专业合作社	黄瓜	黄金篮＋图形	LB-15-18011502397A	GF371203150140

（续）

生产单位	核准用标产品	商标	绿色食品编号	企业信息码
莱芜市水秀漪涟现代农业专业合作社	茄子	黄金篮＋图形	LB-15-18011502399A	GF371203150140
莱芜市水秀漪涟现代农业专业合作社	西红柿	黄金篮＋图形	LB-15-18011502401A	GF371203150140
莱芜市水秀漪涟现代农业专业合作社	芹菜	黄金篮＋图形	LB-15-18011502400A	GF371203150140
莱芜泰丰食品有限公司	生姜	懒鹦鹉＋图形	LB-15-18011502409A	GF371202150018
莱芜泰丰食品有限公司	大蒜	懒鹦鹉＋图形	LB-15-18011502408A	GF371202150018
焦作市核丰源农业发展有限公司	核桃	核丰源	LB-19-18041602222A	GF410821180820
勃利县田园音乐葡萄种植专业合作社	甜糯玉米	东北老勃	LB-05-18040802676A	GF230921180952
太仓市海丰农场专业合作社	毛板青蚕豆	金仓湖	LB-15-18031002801A	GF320585150286
太仓市海丰农场专业合作社	新毛芋艿	塘市＋拼音＋图形	LB-15-18031002802A	GF320585150286
泰州市姜堰新富源水产养殖专业合作社	红膏大闸蟹	汤记＋拼音＋图形	LB-36-18021002387A	GF321284150187
泰州市姜堰新富源水产养殖专业合作社	红膏龙虾（鲜活）	汤记＋拼音＋图形	LB-36-18021002388A	GF321284150187
陇南康野土特产开发有限公司	武都花椒	康野＋图形	LB-23-17122710754A	GF621202141185
将乐县田源农产品产销专业合作社	鲜香菇		LB-21-18011302808A	GF350428150016
天长市丰穗家庭农场	稻谷	天長豐盈	LB-23-18041202752A	GF341181180966
上海恒人农业种植专业合作社	稻谷		LB-23-18030902350A	GF310151180851
上海长兴岛果品产业发展有限公司	柑橘		LB-15-18040902256A	GF310151180838
天祝藏族自治县盛牧源养殖专业合作社	盛牧源羊肉		LB-27-18042702834A	GF620623162013
淄博博山池埠食用菌专业合作社	香菇	菇丰园＋拼音＋图形	LB-21-18031502173A	GF370304180796
江苏雨田食用菌有限公司	猴头菇		LB-21-18031002195A	GF321281180805
江苏雨田食用菌有限公司	香菇		LB-21-18031002194A	GF321281180805
曹县杨堂果树种植专业合作社	黄桃		LB-18-18041502216A	GF371721180814

（续）

生产单位	核准用标产品	商标	绿色食品编号	企业信息码
上海盛晨果蔬专业合作社	葡萄		LB-18-18030902386A	GF310151180863
宜兴市中川米业有限公司	小麦	晶溪＋拼音＋图形	LB-01-18041002859A	GF320282180997
河北长益生物科技有限公司	树莓		LB-18-18040302624A	GF131127180918
河南省映霜红农业科技有限公司	映霜红桃		LB-18-18041602228A	GF410225180824
兰考县甜心种植专业合作社	兰考蜜瓜		LB-18-18041602231A	GF410225180827
灌云松原葡萄种植专业合作社	灌云葡萄	松冠	LB-18-18041002358A	GF320723180854
灌云松原葡萄种植专业合作社	葡萄	松冠	LB-18-18041002357A	GF320723180854
灌云松原葡萄种植专业合作社	精品葡萄	松冠	LB-18-18041002356A	GF320723180854
泗洪县绿枝宝林果种植专业合作社	界集大桃	谷虹锦＋拼音	LB-18-18041002819A	GF321324180975
泗洪县绿枝宝林果种植专业合作社	谷虹锦蟠桃	谷虹锦＋拼音	LB-18-18041002820A	GF321324180975
盐城激流农业科技有限公司	西瓜		LB-15-1712108787A	GF320981171974
天长市庆宏芡实农民专业合作社	芡实		LB-15-18041202662A	GF341181180941
长阳乐园李子专业合作社	李子		LB-18-18041702857A	GF420528180996
齐齐哈尔嘉世源生态农业开发有限公司	嘉世源白鲢鱼（鲜活）		LB-36-18040802336A	GF230208150453
齐齐哈尔嘉世源生态农业开发有限公司	嘉世源鲤鱼（鲜活）		LB-36-18040802338A	GF230208150453
齐齐哈尔嘉世源生态农业开发有限公司	嘉世源鲫鱼（鲜活）		LB-36-18040802339A	GF230208150453
齐齐哈尔嘉世源生态农业开发有限公司	嘉世源草鱼（鲜活）		LB-36-18040802337A	GF230208150453
齐齐哈尔嘉世源生态农业开发有限公司	嘉世源鳙鱼（鲜活）		LB-36-18040802340A	GF230208150453
乳山顺泰果蔬专业合作社	蓝莓	胶东伯瑞	LB-18-18031502188A	GF371083180802
新民市新浓香苹果种植专业合作社	寒富苹果		LB-18-18040602226A	GF210181180822
乌兰察布蒙欣绿色农业发展有限公司	草莓		LB-15-18030502351A	GF150926180852
新余市荷之韵农业开发有限公司	湖头湖藕	荷之韵＋图形	LB-15-18041402220A	GF360502180818

（续）

生产单位	核准用标产品	商标	绿色食品编号	企业信息码
上海怡思田蔬菜专业合作社	叶用莴苣		LB-15-18040902234A	GF310151180828
上海怡思田蔬菜专业合作社	小白菜		LB-15-18040902233A	GF310151180828
上海怡思田蔬菜专业合作社	松花菜		LB-15-18040902232A	GF310151180828
上海锦周粮食专业合作社	稻谷	锦周＋拼音	LB-23-18020900964A	GF310151180349
上海三耘果蔬专业合作社	火龙果（红心火龙果）	耘	LB-18-18040902262A	GF310151180843
阜阳市新安苗木有限公司	黄桃	新安桃花源	LB-18-18041202628A	GF341202180921
阜阳市新安苗木有限公司	草莓	新安桃花源	LB-18-18041202629A	GF341202180921
滁州市南谯区汇嘉家庭农场	西红柿	乡村小道	LB-15-18041202653A	GF341103180938
滁州市南谯区汇嘉家庭农场	黄瓜	乡村小道	LB-15-18041202654A	GF341103180938
临泽县陇园春种植农民专业合作社	人参果	丹泽隆源＋拼音	LB-15-18042702649A	GF620723180935
太和县隆平小丽种植专业合作社	红薯		LB-13-18041202630A	GF341222180922
太和县隆平小丽种植专业合作社	玉米		LB-05-18041202631A	GF341222180922
宝清县宝兴原蔬菜种植农民专业合作社	黄瓜		LB-15-18040802659A	GF230523180940
宝清县宝兴原蔬菜种植农民专业合作社	甜瓜		LB-15-18040802661A	GF230523180940
宝清县宝兴原蔬菜种植农民专业合作社	草莓		LB-15-18040802660A	GF230523180940
招远市新丰农业专业合作社	红富士苹果		LB-18-18031502197A	GF370685180807
招远市新丰农业专业合作社	大樱桃		LB-18-18031502198A	GF370685180807
天全县西蜀雅禾生态农业开发有限公司	山药	西蜀雅禾、XISHUYAHE＋图形	LB-15-18022202345A	GF511825150217
宿州市众益种植专业合作社	花生		LB-09-18041202627A	GF341302180920
彰武县铁隆果品种植专业合作社	葡萄		LB-18-18030602384A	GF210922180861
上海正禾农业科技有限公司	马铃薯		LB-15-18020901136A	GF310151180431
上海正禾农业科技有限公司	青菜		LB-15-18020901135A	GF310151180431

（续）

生产单位	核准用标产品	商标	绿色食品编号	企业信息码
运城市盐湖区银之源果品种植专业合作社	桃	景稼源	LB-18-18040402266A	GF140802180845
运城市盐湖区银之源果品种植专业合作社	杏	景稼源	LB-18-18040402265A	GF140802180845
上海瀛燕苗圃种植专业合作社	葡萄		LB-18-18040902269A	GF310151180848
上海兴飞果蔬专业合作社	桃		LB-18-18030902385A	GF310151180862
上海盛氏果业专业合作社	梨		LB-18-18040902218A	GF310151180816
上海腾盛果蔬专业合作社	葡萄		LB-18-18040902249A	GF310151180835
上海腾盛果蔬专业合作社	梨		LB-18-18040902248A	GF310151180835
上海腾盛果蔬专业合作社	桃		LB-18-18040902250A	GF310151180835
上海桔苑农家乐专业合作社	梨	桔苑优品＋拼音＋图形	LB-18-18040902251A	GF310151180836
上海桔苑农家乐专业合作社	柑橘	桔苑优品＋拼音＋图形	LB-18-18040902252A	GF310151180836
嘉鱼县嘉多宝生态果蔬专业合作社	葡萄	晒甲山	LB-18-18041702848A	GF421221180989
嘉鱼县嘉多宝生态果蔬专业合作社	黄桃	晒甲山	LB-18-18041702849A	GF421221180989
天水市麦积区宝瑞祥种植农民专业合作社	花牛苹果		LB-18-18042702637A	GF620503180927
临泽县翠盛源果蔬专业合作社	松花菜		LB-15-18042702847A	GF620723180988
临泽县翠盛源果蔬专业合作社	西兰花		LB-15-18042702845A	GF620723180988
临泽县翠盛源果蔬专业合作社	娃娃菜		LB-15-18042702846A	GF620723180988
滨州市沾化区泊头西瓜专业合作社	西瓜		LB-15-18031502185A	GF371603180799
山西科绿园核桃科技有限公司	核桃		LB-19-18040402259A	GF140424180840
长阳憨哥绿色蔬菜专业合作社	西红柿		LB-15-18041702863A	GF420528180999
芮城县金顺源果业冷藏有限公司	苹果	慧凤	LB-18-18040402261A	GF140830180842
砀山县联合种植专业合作社	小麦		LB-01-18041202663A	GF341321180942
莱州市丰山果树专业合作社	红富士苹果		LB-18-18041502235A	GF370683180829

（续）

生产单位	核准用标产品	商标	绿色食品编号	企业信息码
六安市裕安区荣伟蔬菜种植专业合作社	黄瓜		LB-15-18041202448A	GF341503180874
六安市裕安区荣伟蔬菜种植专业合作社	茄子		LB-15-18041202446A	GF341503180874
六安市裕安区荣伟蔬菜种植专业合作社	辣椒		LB-15-18041202447A	GF341503180874
六安市裕安区荣伟蔬菜种植专业合作社	瓠子		LB-15-18041202449A	GF341503180874
莱芜市钢城区长寿山家庭农场	金手指葡萄		LB-18-18031502359A	GF371203180855
莱芜市钢城区长寿山家庭农场	苹果		LB-18-18031502361A	GF371203180855
莱芜市钢城区长寿山家庭农场	樱桃		LB-18-18031502360A	GF371203180855
河北宝晟农业开发有限公司	薄皮核桃	红石沟	LB-19-18040302394A	GF130582150424
河北宝晟农业开发有限公司	桃	红石沟	LB-18-18040302395A	GF130582150424
永安市洪田川溪果业有限公司	琯溪蜜柚	川溪＋图形	LB-18-18031302754A	GF350481090445
肇庆市肇高农业科技有限公司	黑甜糯玉米		LB-05-18041902751A	GF441201180965
常州市雪堰水蜜桃专业合作社	水蜜桃	雪堰＋图形	LB-18-17111010703A	GF320412081533
广州仙居果庄农业有限公司	火龙果	从一	LB-18-18041902512A	GF440184150343
广州仙居果庄农业有限公司	莲雾	从一	LB-18-18041902511A	GF440184150343
六安市春夏秋冬绿色蔬菜有限公司	珍珠莲藕	创建青春年华	LB-15-17121210370A	GF341502141357
上海崇明三星柑桔专业合作社	柑橘	瀛星	LB-18-18020902410A	GF310230120141
浏阳市大围山湘东水果生产专业合作社	梨	大围山	LB-18-17121810355A	GF430181112332
浏阳市大围山湘东水果生产专业合作社	桃	大围山	LB-18-17121810353A	GF430181112332
浏阳市大围山湘东水果生产专业合作社	李	大围山	LB-18-17121810354A	GF430181112332
常熟市虞山尚湖水产养殖专业合作社	鳙鱼（鲜活）	尚湖＋图形	LB-36-18021002781A	GF320581120065
常熟市虞山尚湖水产养殖专业合作社	清水蟹	尚湖＋图形	LB-36-18021002780A	GF320581120065
南通晨阳葡萄生态园有限公司	永晨葡萄	永晨＋拼音＋图形	LB-18-17121010712A	GF320682112057

（续）

生产单位	核准用标产品	商标	绿色食品编号	企业信息码
建瓯市富民农业发展有限公司	葡萄	良麟＋图形	LB-18-17121310753A	GF350783112180
南平市享通生态农业开发有限公司	京水菜	享通＋拼音＋图形	LB-15-18011302047A	GF350702120027
南平市享通生态农业开发有限公司	包菜	享通＋拼音＋图形	LB-15-18011302045A	GF350702120027
南平市享通生态农业开发有限公司	荠菜	享通＋拼音＋图形	LB-15-18011302044A	GF350702120027
南平市享通生态农业开发有限公司	茼蒿	享通＋拼音＋图形	LB-15-18011302043A	GF350702120027
南平市享通生态农业开发有限公司	空心菜	享通＋拼音＋图形	LB-15-18011302048A	GF350702120027
南平市享通生态农业开发有限公司	黄秋葵	享通＋拼音＋图形	LB-15-18011302046A	GF350702120027
南平市享通生态农业开发有限公司	毛毛菜	享通＋拼音＋图形	LB-15-18011302049A	GF350702120027
南平市享通生态农业开发有限公司	小松菜	享通＋拼音＋图形	LB-15-18011302053A	GF350702120027
南平市享通生态农业开发有限公司	上海青	享通＋拼音＋图形	LB-15-18011302050A	GF350702120027
南平市享通生态农业开发有限公司	小白菜	享通＋拼音＋图形	LB-15-18011302052A	GF350702120027
南平市享通生态农业开发有限公司	甜玉米	享通＋拼音＋图形	LB-15-18011302051A	GF350702120027
南平市享通生态农业开发有限公司	樱桃萝卜	享通＋拼音＋图形	LB-15-18011302054A	GF350702120027
哈尔滨益助果蔬种植股份有限公司	油麦菜	益助＋拼音	LB-15-17120810689A	GF230182112277
哈尔滨益助果蔬种植股份有限公司	马铃薯	益助＋拼音	LB-15-17120810686A	GF230182112277
哈尔滨益助果蔬种植股份有限公司	油菜	益助＋拼音	LB-15-17120810688A	GF230182112277
哈尔滨益助果蔬种植股份有限公司	小白菜	益助＋拼音	LB-15-17120810687A	GF230182112277
哈尔滨益助果蔬种植股份有限公司	白菜	益助＋拼音	LB-15-17120810698A	GF230182112277
哈尔滨益助果蔬种植股份有限公司	草莓	益助＋拼音	LB-15-17120810696A	GF230182112277
哈尔滨益助果蔬种植股份有限公司	娃娃菜	益助＋拼音	LB-15-17120810694A	GF230182112277
哈尔滨益助果蔬种植股份有限公司	水果黄瓜	益助＋拼音	LB-15-17120810693A	GF230182112277
哈尔滨益助果蔬种植股份有限公司	西兰花	益助＋拼音	LB-15-17120810695A	GF230182112277

（续）

生产单位	核准用标产品	商标	绿色食品编号	企业信息码
哈尔滨益助果蔬种植股份有限公司	生菜	益助+拼音	LB-15-17120810699A	GF230182112277
哈尔滨益助果蔬种植股份有限公司	欧盾番茄	益助+拼音	LB-15-17120810692A	GF230182112277
哈尔滨益助果蔬种植股份有限公司	茼蒿	益助+拼音	LB-15-17120810690A	GF230182112277
哈尔滨益助果蔬种植股份有限公司	苦苣	益助+拼音	LB-15-17120810697A	GF230182112277
哈尔滨益助果蔬种植股份有限公司	太空将军油豆角	益助+拼音	LB-15-17120810691A	GF230182112277
哈尔滨益助果蔬种植股份有限公司	芹菜	益助+拼音	LB-15-17120810700A	GF230182112277
滨州万绿农业开发有限公司	茄子	禾维众+HWZ+图形	LB-15-18041502326A	GF371602120273
滨州万绿农业开发有限公司	辣椒	禾维众+HWZ+图形	LB-15-18041502325A	GF371602120273
滨州万绿农业开发有限公司	黄瓜	禾维众+HWZ+图形	LB-15-18041502324A	GF371602120273
滨州万绿农业开发有限公司	西红柿	禾维众+HWZ+图形	LB-15-18041502327A	GF371602120273
常州市常洛果品专业合作社	火龙果	苏常鲜+拼音	LB-18-18041002748A	GF320412122187

中国绿色食品发展中心公告

（第 522 号）

以下产品经中国绿色食品发展中心核准，获得绿色食品标志使用权（有效期限以证书为准）。依据农业部《绿色食品标志管理办法》，现予公告。

生产单位	核准用标产品	商标	绿色食品编号	企业信息码
湖南康哲农牧业发展有限公司	康哲土鸡蛋		LB-31-18041802561A	GF430723171372
江苏乐耕农业科技发展有限公司	草莓		LB-15-18041002562A	GF321081180912
大连丽美缘大樱桃专业合作社	大樱桃	丽美缘+拼音	LB-18-18020602494A	GF210213150197
大连老虎山水果专业合作社	大樱桃	老虎山村海林	LB-18-18040602589A	GF210213150384

（续）

生产单位	核准用标产品	商标	绿色食品编号	企业信息码
张家港市沙洲绿农业科技发展有限公司	丝瓜	沙洲绿＋图形	LB-15-18031002575A	GF320582150290
张家港市沙洲绿农业科技发展有限公司	瓠瓜	沙洲绿＋图形	LB-15-18031002576A	GF320582150290
衡阳富强果业专业合作社	南岳寿枣	南岳寿＋图形＋拼音	LB-18-17111810161A	GF430406140968
株洲市芦淞区浙湘果农农民专业合作社	李子	浙湘果农＋拼音＋图形	LB-18-18041802549A	GF430203180905
株洲市芦淞区浙湘果农农民专业合作社	杨梅	浙湘果农＋拼音＋图形	LB-18-18041802548A	GF430203180905
株洲市芦淞区浙湘果农农民专业合作社	葡萄	浙湘果农＋拼音＋图形	LB-18-18041802552A	GF430203180905
株洲市芦淞区浙湘果农农民专业合作社	无花果	浙湘果农＋拼音＋图形	LB-18-18041802550A	GF430203180905
株洲市芦淞区浙湘果农农民专业合作社	桃子	浙湘果农＋拼音＋图形	LB-18-18041802551A	GF430203180905
麦盖提沙漠绿洲农产品开发专业合作社	新疆红枣（骏枣干）	喀思红＋英文＋图形	LB-19-17093010701A	GF653127140546
麦盖提沙漠绿洲农产品开发专业合作社	新疆珍品枣（灰枣干）	喀思红＋英文＋图形	LB-19-17093010702A	GF653127140546
合肥市艳九天农业科技有限公司	长丰草莓	艳九天＋图形	LB-15-18031202593A	GF340121150304
临海市涌泉涌信水果专业合作社	柑橘	想不到＋图形	LB-18-18021102412A	GF331082150146
五大连池市泽龙绿色生态养殖基地	鸭蛋		LB-31-18040802474A	GF231182180883
龙川县绿誉农业发展有限公司	绿誉火龙果	绿誉＋图形	LB-18-18041902523A	GF441622150439
安徽省青阳县九华中药材科技有限公司	九华黄精	吴振东	LB-21-18041202444A	GF341723180873
勃利县聚丰黑木耳种植专业合作社	黑木耳	嘿沐耳	LB-21-18040802540A	GF230921180902
浦北县浦生源红衣花生种植专业合作社	红衣花生	浦生红衣	LB-09-18042002534A	GF450722180899
泾川县林塬果业有限责任公司	红富士苹果		LB-18-17122710610A	GF620821141236
涡阳县公吉寺镇王辉农民专业合作社	西瓜		LB-15-18031201611A	GF341621180610
涡阳县公吉寺镇王辉农民专业合作社	番茄		LB-15-18031201610A	GF341621180610
安徽丽地农业科技有限公司	黄瓜		LB-15-18041202469A	GF341222180881
安徽丽地农业科技有限公司	西红柿		LB-15-18041202471A	GF341222180881

（续）

生产单位	核准用标产品	商标	绿色食品编号	企业信息码
安徽丽地农业科技有限公司	辣椒		LB-15-18041202470A	GF341222180881
安徽丽地农业科技有限公司	茄子		LB-15-18041202472A	GF341222180881
宜兴市金兰农业服务专业合作社	小麦		LB-01-18041002735A	GF320282180958
岑溪市辉源农业科技综合开发有限公司	贡柑		LB-18-18042002473A	GF450481180882
青海省海西州莫河骆驼场	高原牦牛肉牛柳（冷冻）	莫河驼场	LB-26-18042902679A	GF632821180954
青海省海西州莫河骆驼场	高原牦牛肉西冷（冷冻）	莫河驼场	LB-26-18042902678A	GF632821180954
青海省海西州莫河骆驼场	高原牦牛肉小黄瓜（冷冻）	莫河驼场	LB-26-18042902680A	GF632821180954
青海省海西州莫河骆驼场	高原牦牛肉胴体（冷冻）	莫河驼场	LB-26-18042902683A	GF632821180954
青海省海西州莫河骆驼场	柴达木福牛肉上脑（冷冻）	莫河驼场	LB-26-18042902686A	GF632821180954
青海省海西州莫河骆驼场	高原牦牛肉胸肉（冷冻）	莫河驼场	LB-26-18042902689A	GF632821180954
青海省海西州莫河骆驼场	高原牦牛肉眼肉（冷冻 ）	莫河驼场	LB-26-18042902687A	GF632821180954
青海省海西州莫河骆驼场	高原牦牛肉腱子（冷冻）	莫河驼场	LB-26-18042902688A	GF632821180954
青海省海西州莫河骆驼场	高原牦牛肉上脑（冷冻）	莫河驼场	LB-26-18042902681A	GF632821180954
青海省海西州莫河骆驼场	高原牦牛肉牛骨（冷冻）	莫河驼场	LB-26-18042902685A	GF632821180954
青海省海西州莫河骆驼场	茶卡羊肉羊蝎子（冷冻）	莫河驼场	LB-27-18042902682A	GF632821180954
青海省海西州莫河骆驼场	高原牦牛肉大黄瓜（冷冻）	莫河驼场	LB-26-18042902684A	GF632821180954
青海省海西州莫河骆驼场	高原牦牛肉板腱（冷冻）	莫河驼场	LB-26-18042902699A	GF632821180954
青海省海西州莫河骆驼场	柴达木福牛肉牛骨（冷冻）	莫河驼场	LB-26-18042902696A	GF632821180954
青海省海西州莫河骆驼场	柴达木福牛肉腱子（冷冻）	莫河驼场	LB-26-18042902693A	GF632821180954
青海省海西州莫河骆驼场	茶卡羊肉羊胸肉（冷冻）	莫河驼场	LB-27-18042902690A	GF632821180954
青海省海西州莫河骆驼场	柴达木福牛肉牛柳（冷冻）	莫河驼场	LB-26-18042902691A	GF632821180954
青海省海西州莫河骆驼场	高原牦牛肉霖肉（冷冻）	莫河驼场	LB-26-18042902698A	GF632821180954

（续）

生产单位	核准用标产品	商标	绿色食品编号	企业信息码
青海省海西州莫河骆驼场	柴达木福牛肉牛腩（冷冻）	莫河驼场	LB-26-18042902695A	GF632821180954
青海省海西州莫河骆驼场	柴达木福牛肉大黄瓜（冷冻）	莫河驼场	LB-26-18042902692A	GF632821180954
青海省海西州莫河骆驼场	柴达木福牛肉牛肉卷（冷冻）	莫河驼场	LB-26-18042902697A	GF632821180954
青海省海西州莫河骆驼场	柴达木福牛肉牛排（冷冻）	莫河驼场	LB-26-18042902694A	GF632821180954
青海省海西州莫河骆驼场	柴达木福牛肉胴体（冷冻）	莫河驼场	LB-26-18042902705A	GF632821180954
青海省海西州莫河骆驼场	茶卡羊肉腱子（冷冻）	莫河驼场	LB-27-18042902708A	GF632821180954
青海省海西州莫河骆驼场	高原牦牛肉脖肉（冷冻）	莫河驼场	LB-26-18042902706A	GF632821180954
青海省海西州莫河骆驼场	柴达木福牛肉胸肉（冷冻）	莫河驼场	LB-26-18042902702A	GF632821180954
青海省海西州莫河骆驼场	茶卡羊肉羊腿（冷冻）	莫河驼场	LB-27-18042902704A	GF632821180954
青海省海西州莫河骆驼场	柴达木福牛肉辣椒条（冷冻）	莫河驼场	LB-26-18042902709A	GF632821180954
青海省海西州莫河骆驼场	高原牦牛肉金钱腱（冷冻）	莫河驼场	LB-26-18042902707A	GF632821180954
青海省海西州莫河骆驼场	茶卡羊肉羊肉卷（冷冻）	莫河驼场	LB-27-18042902700A	GF632821180954
青海省海西州莫河骆驼场	高原牦牛肉牛肉卷（冷冻）	莫河驼场	LB-26-18042902703A	GF632821180954
青海省海西州莫河骆驼场	柴达木福牛肉脖肉（冷冻）	莫河驼场	LB-26-18042902701A	GF632821180954
青海省海西州莫河骆驼场	柴达木福牛肉霖肉（冷冻）	莫河驼场	LB-26-18042902711A	GF632821180954
青海省海西州莫河骆驼场	高原牦牛肉辣椒条（冷冻）	莫河驼场	LB-26-18042902718A	GF632821180954
青海省海西州莫河骆驼场	柴达木福牛肉眼肉（冷冻）	莫河驼场	LB-26-18042902715A	GF632821180954
青海省海西州莫河骆驼场	柴达木福牛肉米龙（冷冻）	莫河驼场	LB-26-18042902712A	GF632821180954
青海省海西州莫河骆驼场	高原牦牛肉米龙（冷冻）	莫河驼场	LB-26-18042902713A	GF632821180954
青海省海西州莫河骆驼场	柴达木福牛肉小黄瓜（冷冻）	莫河驼场	LB-26-18042902716A	GF632821180954
青海省海西州莫河骆驼场	柴达木福牛肉尾龙扒（冷冻）	莫河驼场	LB-26-18042902717A	GF632821180954
青海省海西州莫河骆驼场	茶卡羊肉羊脖（冷冻）	莫河驼场	LB-27-18042902714A	GF632821180954

（续）

生产单位	核准用标产品	商标	绿色食品编号	企业信息码
青海省海西州莫河骆驼场	柴达木福牛肉金钱腱（冷冻）	莫河驼场	LB-26-18042902710A	GF632821180954
青海省海西州莫河骆驼场	高原牦牛肉肩肉（冷冻）	莫河驼场	LB-26-18042902719A	GF632821180954
青海省海西州莫河骆驼场	茶卡羊肉琵琶骨（冷冻）	莫河驼场	LB-27-18042902721A	GF632821180954
青海省海西州莫河骆驼场	高原牦牛肉牛腩（冷冻）	莫河驼场	LB-26-18042902726A	GF632821180954
青海省海西州莫河骆驼场	柴达木福牛肉肩肉（冷冻）	莫河驼场	LB-26-18042902723A	GF632821180954
青海省海西州莫河骆驼场	柴达木福牛肉西冷（冷冻）	莫河驼场	LB-26-18042902728A	GF632821180954
青海省海西州莫河骆驼场	茶卡羊肉胴体（冷冻）	莫河驼场	LB-27-18042902727A	GF632821180954
青海省海西州莫河骆驼场	高原牦牛肉牛排（冷冻）	莫河驼场	LB-26-18042902725A	GF632821180954
青海省海西州莫河骆驼场	茶卡羊肉羊腩（冷冻）	莫河驼场	LB-27-18042902722A	GF632821180954
青海省海西州莫河骆驼场	茶卡羊肉羊排（冷冻）	莫河驼场	LB-27-18042902720A	GF632821180954
青海省海西州莫河骆驼场	柴达木福牛肉板腱（冷冻）	莫河驼场	LB-26-18042902724A	GF632821180954
廊坊市广阳区润宝农民专业合作社	草莓		LB-15-18040302458A	GF131003180879
廊坊市广阳区润宝农民专业合作社	茄子		LB-15-18040302456A	GF131003180879
廊坊市广阳区润宝农民专业合作社	梨		LB-18-18040302457A	GF131003180879
廊坊市广阳区润宝农民专业合作社	甘蓝		LB-15-18040302459A	GF131003180879
廊坊市广阳区润宝农民专业合作社	菜花		LB-15-18040302461A	GF131003180879
廊坊市广阳区润宝农民专业合作社	黄瓜		LB-15-18040302460A	GF131003180879
廊坊市广阳区润宝农民专业合作社	桃		LB-18-18040302462A	GF131003180879
廊坊市广阳区润宝农民专业合作社	番茄		LB-15-18040302463A	GF131003180879
廊坊市广阳区润宝农民专业合作社	樱桃		LB-18-18040302464A	GF131003180879
廊坊市广阳区润宝农民专业合作社	丝瓜		LB-15-18040302466A	GF131003180879
廊坊市广阳区润宝农民专业合作社	葡萄		LB-18-18040302465A	GF131003180879

（续）

生产单位	核准用标产品	商标	绿色食品编号	企业信息码
廊坊市广阳区润宝农民专业合作社	辣椒		LB-15-18040302467A	GF131003180879
河南莹坤薯业有限公司	甘薯		LB-13-18031601707A	GF411729180641
扬州五亭食品高邮有限公司	白条鹅（速冻）	绿杨天歌＋拼音＋图形	LB-28-18041002672A	GF321084180949
江苏鑫穗农业科技有限公司	鑫穗葡萄		LB-18-18041002648A	GF320921180934
焦作市解放区老牛河村六兄弟养殖场	土鸡蛋		LB-31-18041602442A	GF410802180872
沂南县智圣家庭农场	辣椒	李胜都市村庄	LB-15-18041502646A	GF371321180933
沂南县智圣家庭农场	小西红柿	李胜都市村庄	LB-15-18041502645A	GF371321180933
沂南县智圣家庭农场	葡萄	李胜都市村庄	LB-18-18041502647A	GF371321180933
北京元宝山果品产销专业合作社	茅山后佛见喜梨		LB-18-18040102557A	GF110117180908
重庆鹿山源农业投资有限公司	桃子		LB-18-18043402212A	GF500240180813
灵武市果业开发有限责任公司	灵武长枣	灵丹＋图形	LB-18-18032802753A	GF640181090452
六安市裕安区友谊葡萄种植专业合作社	葡萄		LB-18-18021200879A	GF341503180321
湖北鑫民生态农业开发有限公司	梨	伍欣	LB-18-18041702538A	GF420982180901
湖北鑫民生态农业开发有限公司	猕猴桃	伍欣	LB-18-18041702536A	GF420982180901
湖北鑫民生态农业开发有限公司	蓝莓	伍欣	LB-18-18041702537A	GF420982180901
太和县国生农业种植专业合作社	葡萄	国生＋图形	LB-18-18041202450A	GF341222180875
句容市茅山镇启禄家庭农场	夏黑葡萄		LB-18-18031001727A	GF321183180649
句容市茅山镇启禄家庭农场	阳光玖瑰葡萄		LB-18-18031001726A	GF321183180649
池州市舒家村现代农业发展有限公司	中华鳖		LB-36-18041202559A	GF341702180910
常州果佳葡萄专业合作社	葡萄		LB-18-18041002479A	GF320412180885
四川省地安生态农业开发有限公司	红阳猕猴桃		LB-18-18032202189A	GF510781180803
四川省汉源大自然有限公司	花椒	牛市坡	LB-23-18042202254A	GF511823180836

（续）

生产单位	核准用标产品	商标	绿色食品编号	企业信息码
静宁常津果品有限责任公司	常津苹果		LB-18-18012702509A	GF620826150074
吴中区东山东湖家庭农场	白玉枇杷	御洞庭	LB-18-18041002564A	GF320506171354
常州金坛唐庄生态农业园有限公司	梨	唐缘＋图形	LB-18-18041002664A	GF320413180943
阜阳市天容农业科技有限公司	桃		LB-18-18041202488A	GF341202180890
凤城市果岭农业发展有限公司	蓝莓	冠棋果岭	LB-18-18040602730A	GF210682180956
凤城市果岭农业发展有限公司	软枣猕猴桃	冠棋果岭	LB-18-18040602731A	GF210682180956
重庆市万州区国寿福脐橙种植场	香迷尔脐橙	香迷尔＋拼音＋图形	LB-18-18033402186A	GF500101180800
亳州市谯城区闫庄绿满园种植农民专业合作社	西瓜		LB-15-18031201285A	GF341602180469
亳州市谯城区闫庄绿满园种植农民专业合作社	薄皮甜瓜		LB-15-18031201284A	GF341602180469
宾县金玉玉米专业合作社	黏玉米	鑫沃	LB-05-18040802468A	GF230125180880
常州市金坛金立家庭农场	梨	上阮	LB-18-18041002535A	GF320413180900
苏州忆乡源生态农业有限公司	蓝莓		LB-18-18041002674A	GF320507180950
福建省闽清丰达生态农业大观园有限公司	鲜竹笋		LB-23-17121310718A	GF350124080397
河南省黄泛区农场	新川中岛桃	黄泛区＋图形＋拼音	LB-18-18031601645A	GF411622081070
河南省黄泛区农场	秋月梨	黄泛区＋图形＋拼音	LB-18-18031601644A	GF411622081070
阜阳市颍东区聚豪生态养殖专业合作社	马铃薯		LB-15-18041202533A	GF341203180898
阜阳市颍东区聚豪生态养殖专业合作社	南瓜		LB-15-18041202532A	GF341203180898
仙居县仙果奇源农业开发有限公司	杨梅	仙果奇源	LB-18-18041102217A	GF331024180815
苏州市西山天王茶果场	青种枇杷	天王坞＋图形	LB-18-18041002478A	GF320506072014
绍兴市柯桥区同康竹笋专业合作社	毛竹四季笋	同康	LB-23-18021102402A	GF330621090234
江苏省明天农牧科技有限公司	南瓜	方欣＋图形	LB-15-17101010719A	GF320103081986
江苏省明天农牧科技有限公司	辣椒	方欣＋图形	LB-15-17101010721A	GF320103081986

（续）

生产单位	核准用标产品	商标	绿色食品编号	企业信息码
江苏省明天农牧科技有限公司	空心菜	方欣＋图形	LB-15-17101010720A	GF320103081986
龙陵县碧寨金戈土特产品加工厂	铁核桃仁	金戈	LB-19-18032402389A	GF530523150317
龙陵县碧寨金戈土特产品加工厂	纸皮核桃（干果）	金戈	LB-19-18032402391A	GF530523150317
嘉兴市褚大姐甜瓜专业合作社	“褚大姐”甜瓜	褚大姐＋拼音＋图形	LB-15-18021102280A	GF330402090241
茂县六月红花椒专业合作社	茂县花椒（干）	西羌六月红＋拼音＋图形	LB-23-18032202311A	GF513223090379
惠州市四季绿农产品有限公司	空心菜	四季绿如蓝＋图形	LB-15-18021902306A	GF441303100261
惠州市四季绿农产品有限公司	生菜	四季绿如蓝＋图形	LB-15-18021902307A	GF441303100261
邢台市金田源种植专业合作社	绿色小麦	尧泽源＋拼音＋图形	LB-01-1710039592A	GF130525111400
黑龙江省红五月农场	玉米		LB-05-17110810723A	GF231121111901
黑龙江省红五月农场	高粱		LB-13-17110810724A	GF231121111901
黑龙江省红五月农场	大豆		LB-07-17110810725A	GF231121111901
黑龙江省红五月农场	小麦		LB-01-17110810722A	GF231121111901
黑龙江省沃瑞祥农业科技开发有限公司	大豆	沃瑞祥＋图形	LB-07-1712085340A	GF230230112283
武夷山市武富农产品农民专业合作社	葡萄	武富园＋拼音＋图形	LB-18-18041302445A	GF350782140844

中国绿色食品发展中心公告

（第 524 号）

以下产品经中国绿色食品发展中心核准，获得绿色食品标志使用权（有效期限以证书为准）。依据农业部《绿色食品标志管理办法》，现予公告。

生产单位	核准用标产品	商标	绿色食品编号	企业信息码
仁寿县雄兴核桃专业合作社	核桃	雄佳	LB-19-18042202782A	GF511421150345
莱州市琅琊岭小龙农产品农民专业合作社	红富士苹果	琅琊岭＋拼音＋图形	LB-18-18011500280A	GF370683150093

（续）

生产单位	核准用标产品	商标	绿色食品编号	企业信息码
莆田市正元农业开发有限公司	黄金蜜柚		LB-18-18061303589A	GF350302150683
唐山晟雅农业开发有限公司	苹果		LB-18-18050303419A	GF130225181168
灵台县富鑫绿色果品农民专业合作社	水晶红富士（苹果）	陇富鑫宝＋拼音＋图形	LB-18-18042702935A	GF620822181025
嘉兴市秀洲区忠保农产品专业合作社	鲜藕	新农保＋拼音＋图形	LB-15-18031102803A	GF330411150251
六安市叶集区绿叶果木种植专业合作社	黄桃		LB-18-18021200912A	GF341501180332
六安市叶集区绿叶果木种植专业合作社	葡萄		LB-18-18021200913A	GF341501180332
勃利县泓盛黑木耳种植专业合作社	黑木耳（干）	东北宏晟	LB-21-18040803510A	GF230921150409
淮南市淮建蔬菜专业合作社	番茄	淮建村＋图形	LB-15-18061203506A	GF340401150607
阜阳市颍泉区海伍种植专业合作社	小麦		LB-01-18041203021A	GF341204150400
霍邱县雨顺水产生态养殖有限公司	鳙鱼（鲜活）	沙行＋图形＋拼音	LB-36-18041203139A	GF341522150448
霍邱县雨顺水产生态养殖有限公司	甲鱼（活）	沙行＋图形＋拼音	LB-36-18041203138A	GF341522150448
围场满族蒙古族自治县元昌农产品销售有限公司	胡萝卜	御塞＋图形	LB-15-17120310519A	GF130828141089
哈尔滨市蝴蝶岭山特产品有限责任公司	黑木耳（干）	蝴蝶岭	LB-21-17120810839A	GF230124141339
青阳县丰瑞土地股份专业合作社	莲子		LB-19-18041202943A	GF341723181031
吉首市恒盛农业有限公司	蓝莓	湘比	LB-18-18041802984A	GF433101181051
烟台市牟平区鸿雁农业种植技术推广专业合作社	红富士苹果		LB-18-18031502132A	GF370612180789
上海高缘蔬果专业合作社	叶用莴苣		LB-15-18040902625A	GF310151180919
上海高缘蔬果专业合作社	花椰菜		LB-15-18040902626A	GF310151180919
上海怀农农产品专业合作社	稻谷		LB-23-18040902650A	GF310151180936
上海百农农业科技发展股份有限公司	稻谷		LB-23-18040902861A	GF310151180998
上海百农农业科技发展股份有限公司	稻谷	瀛洲百农	LB-23-18040902862A	GF310151180998
吕梁市离石区宇峰农林牧渔专业合作社	核桃		LB-19-18040402800A	GF141102150332

（续）

生产单位	核准用标产品	商标	绿色食品编号	企业信息码
化州市润丰种植专业合作社	菜心	官地潤豐＋图形	LB-15-17081910149A	GF440982140506
化州市润丰种植专业合作社	尖椒	官地潤豐＋图形	LB-15-17081910151A	GF440982140506
化州市润丰种植专业合作社	苦瓜	官地潤豐＋图形	LB-15-17081910153A	GF440982140506
化州市润丰种植专业合作社	青瓜	官地潤豐＋图形	LB-15-17081910155A	GF440982140506
化州市润丰种植专业合作社	节瓜	官地潤豐＋图形	LB-15-17081910152A	GF440982140506
化州市润丰种植专业合作社	番茄	官地潤豐＋图形	LB-15-17081910150A	GF440982140506
化州市润丰种植专业合作社	丝瓜	官地潤豐＋图形	LB-15-17081910156A	GF440982140506
化州市润丰种植专业合作社	茄子	官地潤豐＋图形	LB-15-17081910154A	GF440982140506
乳山市小汤家庭农场	樱桃番茄		LB-15-18041502641A	GF371083180931
海林市悦来颐和食用菌种植专业合作社	猴头菇（干品）	悦来颐和＋拼音	LB-21-18050803477A	GF231083181196
海林市悦来颐和食用菌种植专业合作社	猴头菇（鲜品）	悦来颐和＋拼音	LB-21-18050803478A	GF231083181196
密山市龙江庄园果蔬专业合作社	葡萄（提子）		LB-18-18050803564A	GF230382181220
怀远县西南农业专业合作社	甘薯		LB-13-18051203483A	GF340321181199
开封市祥符区阳光农作物种植农民专业合作社	葡萄	绿怡阳光	LB-18-18011600378A	GF410212180112
开封市祥符区阳光农作物种植农民专业合作社	南瓜	绿怡阳光	LB-15-18011600379A	GF410212180112
正阳天润现代农业有限公司	喜补湖羊肉	喜补＋图形	LB-27-18051603025A	GF411724181064
重庆市荣昌区鑫稼源农业服务股份合作社	鑫稼源西瓜		LB-15-1712348487A	GF500153162018
太湖县白云惠民家庭农场	籼稻		LB-23-18041202987A	GF340825181054
太湖县白云惠民家庭农场	糯稻		LB-23-18041202988A	GF340825181054
福建和平古镇农业开发有限公司	稻谷		LB-23-18041302898A	GF350781181012
馆陶县萃源蔬菜科技种植有限公司	黄瓜		LB-15-18050303488A	GF130433181202

（续）

生产单位	核准用标产品	商标	绿色食品编号	企业信息码
山东登辉生态农业股份有限公司	小麦		LB-01-18031501626A	GF370785180619
贵阳幸福果业发展有限公司	葡萄		LB-18-18052303431A	GF520122181178
安徽喜树果农业科技开发有限公司	瓜蒌籽		LB-09-18041202973A	GF340104181046
安徽喜树果农业科技开发有限公司	沙澧特金果梨		LB-18-18041202974A	GF340104181046
赵县冀康源果品种植专业合作社	雪花梨	冀康源＋拼音	LB-18-18050303438A	GF130133181180
赵县冀康源果品种植专业合作社	玉露香梨	冀康源＋拼音	LB-18-18050303439A	GF130133181180
赵县冀康源果品种植专业合作社	黄冠梨	冀康源＋拼音	LB-18-18050303440A	GF130133181180
赵县冀康源果品种植专业合作社	鸭梨	冀康源＋拼音	LB-18-18050303442A	GF130133181180
赵县冀康源果品种植专业合作社	红香酥梨	冀康源＋拼音	LB-18-18050303441A	GF130133181180
达茂旗茴香农牧业专业合作社	羊胴体（速冻）		LB-27-18040502569A	GF150223180915
达茂旗茴香农牧业专业合作社	羊肉卷（速冻）		LB-27-18040502568A	GF150223180915
达茂旗茴香农牧业专业合作社	羊排（速冻）		LB-27-18040502567A	GF150223180915
达茂旗茴香农牧业专业合作社	羊腿（速冻）		LB-27-18040502566A	GF150223180915
六安市金安区缘梦圆农业专业合作社	莲藕		LB-15-18041202895A	GF341502181009
社旗卓和林果专业合作社	乐悠山梨	乐悠山	LB-18-18011600714A	GF411327180241
社旗卓和林果专业合作社	乐悠山桃	乐悠山	LB-18-18011600713A	GF411327180241
社旗卓和林果专业合作社	乐悠山葡萄	乐悠山	LB-18-18011600715A	GF411327180241
滑县瑞阳粮食种植农民专业合作社	小麦	滑洲	LB-01-18041602932A	GF410526170004
烟台市金土地农产品专业合作社	红富士苹果	1878＋图形	LB-18-18031502128A	GF370612180786
宿州市清水湾农业发展有限责任公司	梨	仙女泉＋图形	LB-18-18041202665A	GF341302180944
阜阳市颍州区三塔镇定子家庭农场	辣椒	路博加	LB-15-18041202979A	GF341202181050
阜阳市颍州区三塔镇定子家庭农场	豆角	路博加	LB-15-18041202980A	GF341202181050

（续）

生产单位	核准用标产品	商标	绿色食品编号	企业信息码
阜阳市颍州区三塔镇定子家庭农场	桃子	路博加	LB-18-18041202982A	GF341202181050
阜阳市颍州区三塔镇定子家庭农场	瓠子	路博加	LB-15-18041202983A	GF341202181050
阜阳市颍州区三塔镇定子家庭农场	芹菜	路博加	LB-15-18041202981A	GF341202181050
茶陵县生态缘种植农民专业合作社	中秋酥脆枣		LB-18-18041802976A	GF430224181047
临泽弘缘农林开发有限公司	核桃		LB-19-18042702968A	GF620723181044
天水市麦积区石佛镇天泽果品农民专业合作社	花牛苹果		LB-18-18052703461A	GF620503181188
大姚欣杰食品有限公司	大姚核桃		LB-19-18042402738A	GF532326180959
大姚欣杰食品有限公司	南瓜子		LB-19-18042402737A	GF532326180959
温岭市箬横细罗家庭农场	稻谷		LB-23-18041102640A	GF331081180930
富锦市崔刚坚果种植专业合作社	大户榛香园榛子		LB-19-18050803147A	GF230882181074
长兴便民鑫丰蔬菜专业合作社	芦笋	兴鑫丰＋拼音＋图形	LB-15-18031101836A	GF330522180673
黑龙江富森林产品有限公司	猴头菇（干品）	三野＋拼音＋图形	LB-21-18030803577A	GF230401121305
黑龙江富森林产品有限公司	香菇（干品）	三野＋拼音＋图形	LB-21-18030803578A	GF230401121305
黑龙江富森林产品有限公司	元蘑（干品）	三野＋拼音＋图形	LB-21-18030803580A	GF230401121305
黑龙江富森林产品有限公司	榛蘑（干品）	三野＋拼音＋图形	LB-21-18030803581A	GF230401121305
福建超大现代农业集团有限公司	大葱	英文＋图形	LB-15-18011302794A	GF350102090034
福建超大现代农业集团有限公司	南瓜	英文＋图形	LB-15-18011302798A	GF350102090034
福建超大现代农业集团有限公司	甜玉米	英文＋图形	LB-15-18011302792A	GF350102090034
福建超大现代农业集团有限公司	四季豆	英文＋图形	LB-15-18011302799A	GF350102090034
福建超大现代农业集团有限公司	甜椒	英文＋图形	LB-15-18011302791A	GF350102090034
福建超大现代农业集团有限公司	结球甘蓝	英文＋图形	LB-15-18011302797A	GF350102090034

（续）

生产单位	核准用标产品	商标	绿色食品编号	企业信息码
福建超大现代农业集团有限公司	西红柿	英文＋图形	LB-15-18011302793A	GF350102090034
福建超大现代农业集团有限公司	花椰菜	英文＋图形	LB-15-18011302795A	GF350102090034
福建超大现代农业集团有限公司	黄瓜	英文＋图形	LB-15-18011302796A	GF350102090034
安徽省尚田农业科技有限公司	石榴	仙椿	LB-18-18051203430A	GF341122181177
上海雅趣果蔬专业合作社	稻谷		LB-23-18040902635A	GF310151180925
上海雅趣果蔬专业合作社	青菜		LB-15-18040902634A	GF310151180925
江陵县大自然蔬菜专业合作社	西兰花		LB-15-18051703504A	GF421024181206
凤阳白云山现代农业专业合作社	西瓜		LB-15-18041202939A	GF341126181028
寿县博捷葡萄种植专业合作社	醉金香葡萄		LB-18-18041202843A	GF340422180986
寿县博捷葡萄种植专业合作社	阳光玫瑰葡萄		LB-18-18041202841A	GF340422180986
寿县博捷葡萄种植专业合作社	夏黑葡萄		LB-18-18041202842A	GF340422180986
大庆市大同区于天利果蔬种植专业合作社	香瓜		LB-15-18040802639A	GF230606180929
淮南市祯祥苗木种植专业合作社	梨		LB-18-18041203002A	GF340406181062
天津田生源林业科技发展有限公司	苹果		LB-18-18040202651A	GF120119180937
天津田生源林业科技发展有限公司	桃		LB-18-18040202652A	GF120119180937
绵竹市天池建池种植专业合作社	鲜竹笋	池中早竹	LB-23-18042202815A	GF510683180973
桂阳县菖蒲果蔬种植专业合作社	菖蒲脐橙		LB-18-18041802951A	GF431021181036
黄冈市黄州区嘉裕葡萄种植专业合作社	葡萄	大别山嘉裕	LB-18-18051703462A	GF421102181189
山东燎原农业科技股份有限公司	菜花		LB-15-18031502376A	GF370783080239
山东燎原农业科技股份有限公司	青豆		LB-15-18031502373A	GF370783080239
山东燎原农业科技股份有限公司	紫薯		LB-13-18031502377A	GF370783080239
山东燎原农业科技股份有限公司	莴苣		LB-15-18031502370A	GF370783080239

（续）

生产单位	核准用标产品	商标	绿色食品编号	企业信息码
山东燎原农业科技股份有限公司	大蒜		LB-15-18031502374A	GF370783080239
山东燎原农业科技股份有限公司	娃娃菜		LB-15-18031502371A	GF370783080239
山东燎原农业科技股份有限公司	旱黄瓜		LB-15-18031502378A	GF370783080239
山东燎原农业科技股份有限公司	荷兰豆		LB-15-18031502375A	GF370783080239
山东燎原农业科技股份有限公司	地瓜		LB-15-18031502372A	GF370783080239
山东燎原农业科技股份有限公司	鲜玉米		LB-05-18031502379A	GF370783080239
山东燎原农业科技股份有限公司	蒜薹		LB-15-18031502380A	GF370783080239
山东燎原农业科技股份有限公司	白萝卜		LB-15-18031502381A	GF370783080239
山东燎原农业科技股份有限公司	生菜球		LB-15-18031502382A	GF370783080239
山东燎原农业科技股份有限公司	芦笋		LB-15-18031502383A	GF370783080239
重庆市盛田良品农业发展有限公司	桑葚	葚美甜＋字母＋图形	LB-18-18043402638A	GF500152180928
颍上县阿强葡萄专业合作社联合社	葡萄		LB-18-18041202997A	GF341226181060
萧县众诚荒山综合开发有限公司	金太阳杏	图形	LB-18-18041202897A	GF341322181011
安徽中明生态农业综合开发有限公司	中明红阳猕猴桃	禾河农业＋图形	LB-18-18051203546A	GF340826181212
安徽美林园林绿化有限公司	蓝莓蜜斯提	冰霜	LB-18-18051203414A	GF340822181165
安徽美林园林绿化有限公司	蓝莓 V3	冰霜	LB-18-18051203412A	GF340822181165
安徽美林园林绿化有限公司	蓝莓奥尼尔	冰霜	LB-18-18051203413A	GF340822181165
广州市仙基农业发展有限公司	荔枝	仙基＋图形	LB-18-18051903576A	GF440183150496
融安县富乐园水果专业合作社	金桔	融安金桔＋RAJJ	LB-18-17112010792A	GF450224141032
宣城市天龙湖家庭农场	天龙湖土鸡蛋	天龙湖＋图形	LB-31-18041203022A	GF341802150412
佛山市高明区合水镇农业发展总公司	合水粉葛	明翠＋图形	LB-15-18021903391A	GF440608090175
常山县连福胡柚专业合作社	常山胡柚	连福	LB-18-18041102671A	GF330822100758

（续）

生产单位	核准用标产品	商标	绿色食品编号	企业信息码
上海家扶家果蔬专业合作社	花椰菜	假日岛（文字＋图案）	LB-15-18040902818A	GF310230101112
重庆勋业食用菌种植开发有限公司	干木耳		LB-21-1712349838A	GF500230112060
重庆勋业食用菌种植开发有限公司	双孢蘑菇（鲜）		LB-21-1712349839A	GF500230112060
黑龙江省鹤山农场	芸豆	鹤王＋图形	LB-13-18040803365A	GF231121120341
黑龙江省鹤山农场	小麦	鹤王＋图形	LB-01-18040803363A	GF231121120341
黑龙江省鹤山农场	玉米	鹤王＋图形	LB-05-18040803364A	GF231121120341
黑龙江省鹤山农场	大豆	鹤王＋图形	LB-07-18040803362A	GF231121120341
兰州市七里河区恒发百合加工厂	兰州鲜百合	申兰恒发＋拼音＋图形	LB-15-17112710457A	GF620103114328
焦作市博爱源生态食品有限公司	丝瓜	孝敬、博爱源＋图形	LB-15-17121610764A	GF410822112269
焦作市博爱源生态食品有限公司	山药	孝敬、博爱源＋图形	LB-15-17121610763A	GF410822112269
焦作市博爱源生态食品有限公司	番茄	孝敬、博爱源＋图形	LB-15-17121610760A	GF410822112269
焦作市博爱源生态食品有限公司	茄子	孝敬、博爱源＋图形	LB-15-17121610762A	GF410822112269
焦作市博爱源生态食品有限公司	黄瓜	孝敬、博爱源＋图形	LB-15-17121610761A	GF410822112269
甘肃省国营勤锋农场	食用葵花籽		LB-09-18012703526A	GF620621120062
甘肃省国营勤锋农场	辣椒		LB-15-18012703525A	GF620621120062
逊克县旺达粮食种植农民专业合作社	大豆		LB-07-18040802633A	GF231123180924
韶关金喆园生态农业有限公司	沙田柚	丹霞谢柚	LB-18-18051903486A	GF440224181201
韶关金喆园生态农业有限公司	蜜柚	丹霞谢柚	LB-18-18051903487A	GF440224181201

中国绿色食品发展中心公告

（第 526 号）

以下产品经中国绿色食品发展中心核准，获得绿色食品标志使用权（有效期限以证书为准）。依据农业部《绿色食品标志管理办法》，现予公告。

生产单位	核准用标产品	商标	绿色食品编号	企业信息码
大庆市大同区祝三西瓜种植专业合作社	西瓜		LB-15-18050803109A	GF230606181073
威海鑫宝食品有限公司	香菇	威鑫＋拼音＋图形	LB-21-17121510778A	GF371083141220
威海鑫宝食品有限公司	黑木耳	威鑫＋拼音＋图形	LB-21-17121510776A	GF371083141220
威海鑫宝食品有限公司	平菇	威鑫＋拼音＋图形	LB-21-17121510777A	GF371083141220
泸溪县红山椪柑有限责任公司	泸溪椪柑		LB-18-18021802867A	GF433122150204
泸溪县兴农柑桔农民专业合作社	湘西椪柑		LB-18-18021802868A	GF433122150207
淄博临淄姬王思乡果蔬专业合作社	辣椒		LB-15-17121510767A	GF370305141070
淄博临淄姬王思乡果蔬专业合作社	番茄		LB-15-17121510766A	GF370305141070
确山县四孩土特产品专业合作社	四孩鲜香菇	四孩＋图形	LB-21-18041602677A	GF411725180953
上海崇明静香粮食专业合作社	稻谷		LB-23-18040902749A	GF310151180963
富川瑶族自治县家盛果业有限责任公司	温州蜜柑	家盛＋图形	LB-18-18032003076A	GF451123150302
富川瑶族自治县家盛果业有限责任公司	脐橙	家盛＋图形	LB-18-18032003075A	GF451123150302
富川瑶族自治县家盛果业有限责任公司	南丰蜜桔	家盛＋图形	LB-18-18032003074A	GF451123150302
青川县九龙山猕猴桃种植专业合作社	翠香猕猴桃		LB-18-18042202958A	GF510822181039
青川县九龙山猕猴桃种植专业合作社	海沃特猕猴桃		LB-18-18042202959A	GF510822181039
青川县九龙山猕猴桃种植专业合作社	红心猕猴桃		LB-18-18042202961A	GF510822181039
青川县九龙山猕猴桃种植专业合作社	野生猕猴桃		LB-18-18042202960A	GF510822181039
天津力源家庭农场	葡萄	时杰	LB-18-18040202908A	GF120114181015
天津力源家庭农场	桃	时杰	LB-18-18040202907A	GF120114181015
重庆市綦江区坳上青脆李专业合作社	青脆李		LB-18-18043402949A	GF500110181034
南京游子山蓝浆果科技开发有限公司	辣椒		LB-15-18041002433A	GF320118180869
南京游子山蓝浆果科技开发有限公司	蓝莓		LB-18-18041002432A	GF320118180869

（续）

生产单位	核准用标产品	商标	绿色食品编号	企业信息码
康平县慧升榛子专业合作社	榛子	慧升＋图形	LB-19-18040602962A	GF210123181040
江苏西来原生态农业有限公司	甬优葡萄	西来原＋图形	LB-18-18041002541A	GF321203171287
江苏西来原生态农业有限公司	夏黑葡萄	西来原＋图形	LB-18-18041002542A	GF321203171287
廊坊市臻味农品农业科技有限公司	辣椒	臻味浓	LB-15-18040302888A	GF131002181005
廊坊市臻味农品农业科技有限公司	芸豆	臻味浓	LB-15-18040302887A	GF131002181005
廊坊市臻味农品农业科技有限公司	番茄	臻味浓	LB-15-18040302889A	GF131002181005
廊坊市臻味农品农业科技有限公司	茄子	臻味浓	LB-15-18040302886A	GF131002181005
廊坊市臻味农品农业科技有限公司	黄瓜	臻味浓	LB-15-18040302890A	GF131002181005
新蔡县豫新高效种植农民专业合作社	猕猴桃		LB-18-18031601947A	GF411729180729
黄陵县太贤中心社区诚信果业专业合作社	苹果		LB-18-18042602883A	GF610632181002
黄陵县秦家塬村苹果农民专业合作社	苹果		LB-18-18042602884A	GF610632181003
新蔡县众信种植农民专业合作社	莲藕		LB-15-18041602263A	GF411729180844
正阳县福顺三丽家庭农场	花生		LB-09-18051603044A	GF411724181065
宁波市德馨园生态农业科技有限公司	水蜜桃	奉之蜜＋图形	LB-18-18041102966A	GF330283181042
云南阿穆尔鲟鱼集团有限公司	俄罗斯鲟	图形＋AMUR	LB-36-18042402946A	GF530424181032
云南阿穆尔鲟鱼集团有限公司	施氏鲟	图形＋AMUR	LB-36-18042402947A	GF530424181032
云南阿穆尔鲟鱼集团有限公司	杂交鲟	图形＋AMUR	LB-36-18042402945A	GF530424181032
云南阿穆尔鲟鱼集团有限公司	达氏鳇	图形＋AMUR	LB-36-18042402944A	GF530424181032
花垣县开心家庭农场	梨		LB-18-18041802896A	GF433126181010
绵阳市永腾种植专业合作社	葡萄	润沁春	LB-18-18032202785A	GF510704150292
台州市黄岩北坪家庭农场	杨梅	轻风罗帷＋图案	LB-18-18041102942A	GF331003181030
兰溪市百聚社杨梅专业合作社	杨梅	百聚社＋拼音＋图形	LB-18-18041102933A	GF330781181023

（续）

生产单位	核准用标产品	商标	绿色食品编号	企业信息码
江苏新土地农业发展有限公司	魏可葡萄	御庐园＋图形	LB-18-18041002916A	GF321203181017
江苏新土地农业发展有限公司	夏黑葡萄	御庐园＋图形	LB-18-18041002915A	GF321203181017
辽宁可心家庭农场有限公司	梨		LB-18-18040602919A	GF210727181019
辽宁可心家庭农场有限公司	苹果		LB-18-18040602918A	GF210727181019
陵县三高蔬菜种植专业合作社	西葫芦	陵县西葫＋拼音＋图形	LB-15-18041502931A	GF371403181022
中方县龙场联鑫优质果蔬专业合作社	枇杷	付记	LB-18-18031801943A	GF431221180726
沈阳市腾飞蔬菜玉米销售专业合作社	白萝卜		LB-15-18040602926A	GF210106181020
沈阳市腾飞蔬菜玉米销售专业合作社	白菜		LB-15-18040602922A	GF210106181020
沈阳市腾飞蔬菜玉米销售专业合作社	黄瓜		LB-15-18040602921A	GF210106181020
沈阳市腾飞蔬菜玉米销售专业合作社	茄子		LB-15-18040602923A	GF210106181020
沈阳市腾飞蔬菜玉米销售专业合作社	水萝卜		LB-15-18040602924A	GF210106181020
沈阳市腾飞蔬菜玉米销售专业合作社	西红柿		LB-15-18040602920A	GF210106181020
沈阳市腾飞蔬菜玉米销售专业合作社	大葱		LB-15-18040602925A	GF210106181020
沈阳市腾飞蔬菜玉米销售专业合作社	莱笋		LB-15-18040602927A	GF210106181020
米易鑫瑞丰农业有限公司	枇杷	攀稀果果＋字母＋图形、阳光米易	LB-18-18042202917A	GF510421181018
天长市国元现代农业科技有限公司	稻谷		LB-23-18041202992A	GF341181181058
长丰县双墩镇罗北村聚丰葡萄种植家庭农场	葡萄		LB-18-18011200677A	GF340121180215
安徽省木南农业生态园有限公司	甜瓜	西商	LB-15-18041202644A	GF341502148106
安徽省木南农业生态园有限公司	西瓜	西商	LB-15-18041202643A	GF341502148106
栖霞市逍駕夼果蔬专业合作社	红富士苹果	逍駕夼	LB-18-18041503003A	GF370686181063
上海建兴蔬菜专业合作社	鲜食玉米（糯）		LB-05-18040902994A	GF310151180488
上海建兴蔬菜专业合作社	花椰菜		LB-15-18040902995A	GF310151180488

（续）

生产单位	核准用标产品	商标	绿色食品编号	企业信息码
句容市春城曹庄家庭农场	梨		LB-18-18041002881A	GF321183181000
南京全丰农业科技有限公司	蓝莓		LB-18-18041002991A	GF320117181057
南京鑫森生态农业有限公司	黄瓜	亮萍＋图形	LB-15-18041002928A	GF320116181021
南京鑫森生态农业有限公司	辣椒	亮萍＋图形	LB-15-18041002929A	GF320116181021
南京鑫森生态农业有限公司	茄子	亮萍＋图形	LB-15-18041002930A	GF320116181021
重庆惠心岚玥家庭农场	红心猕猴桃		LB-18-18043402894A	GF500113181008
莱州市欣裕农业专业合作社	路响桃		LB-18-18041502978A	GF370683181049
正阳县保和寨生态文化有限公司	花生		LB-09-18051603063A	GF411724181072
永顺县五连洞猕猴桃种植专业合作社	猕猴桃		LB-18-18041802833A	GF433127180983
江西绿沐农业开发有限公司	王桥花果芋	王桥花果芋	LB-15-18041402936A	GF361029181026
哈尔滨华强皮草开发有限公司	兔肉（速冻）	大板房	LB-29-18040803061A	GF230126150444
萧县逸飞农作物种植农民专业合作社	豌豆	萧超＋拼音	LB-15-18051203045A	GF341322181066
浙江运河湾农业科技有限公司	运河湾水蜜桃	运河湾＋图形	LB-18-18041102891A	GF330411181006
黑龙江省宁安农场	玉米		LB-05-18060803062A	GF231084150668
海宁市民盈蔬菜有限公司	瓠瓜	民秀＋拼音	LB-15-18011100123A	GF330481140420
龙口市汇源果蔬有限公司	红富士苹果	蜜蜂图形	LB-18-18031502873A	GF370681081661
汕头市集泰种养有限公司	胡萝卜		LB-15-18021903079A	GF440513120100
汕头市集泰种养有限公司	萝卜		LB-15-18021903080A	GF440513120100
杭州三白潭绿色农庄	白潭梨	白潭＋拼音＋图形	LB-18-17121110285A	GF330110100924
杭州三白潭绿色农庄	白潭番茄	白潭＋拼音＋图形	LB-15-17121110284A	GF330110100924
杭州三白潭绿色农庄	白潭葡萄	白潭＋拼音＋图形	LB-18-17121110286A	GF330110100924
杭州三白潭绿色农庄	白潭草莓	白潭＋拼音＋图形	LB-15-17121110287A	GF330110100924
河南天和农业股份有限公司	芥蓝	天和＋拼音	LB-15-18021603113A	GF411023120115

（续）

生产单位	核准用标产品	商标	绿色食品编号	企业信息码
河南天和农业股份有限公司	菜心	天和＋拼音	LB-15-18021603112A	GF411023120115
临沂市兰山区清春蔬菜种植农民专业合作社	黄瓜	清春	LB-15-1712159975A	GF371302112217
临沂市兰山区清春蔬菜种植农民专业合作社	番茄	清春	LB-15-1712159976A	GF371302112217
临沂市兰山区清春蔬菜种植农民专业合作社	辣椒	清春	LB-15-1712159977A	GF371302112217
重庆常青藤农业股份有限公司	醉金香葡萄	常青藤四季田园	LB-18-18053402875A	GF500112131035
建德市下涯红群草莓专业合作社	草莓	红群牌＋拼音＋图形	LB-18-18021103023A	GF330182120103
武汉友吉名优农产品专业合作社	瓠瓜	莱吉鲜	LB-15-18041702999A	GF420112181061
武汉友吉名优农产品专业合作社	四季豆	莱吉鲜	LB-15-18041702998A	GF420112181061
武汉友吉名优农产品专业合作社	苦瓜	莱吉鲜	LB-15-18041703001A	GF420112181061
武汉友吉名优农产品专业合作社	番茄	莱吉鲜	LB-15-18041703000A	GF420112181061
渭南长寿源果业种植农民专业合作社	猕猴桃	长寿源＋图形	LB-18-18042602993A	GF610100135007

中国绿色食品发展中心公告

（第 528 号）

以下产品经中国绿色食品发展中心核准，获得绿色食品标志使用权（有效期限以证书为准）。依据农业部《绿色食品标志管理办法》，现予公告。

生产单位	核准用标产品	商标	绿色食品编号	企业信息码
荆门市双福生态农业发展有限公司	西红柿	荆良丰＋图形	LB-15-17111710743A	GF420801140941
荆门市双福生态农业发展有限公司	黄瓜	荆良丰＋图形	LB-15-17111710742A	GF420801140941
安徽省蚌埠市花乡食品有限责任公司	原香黑花生		LB-09-18051203198A	GF340323181105
杭州鼎金果品专业合作社	杨梅	慈姑裘＋拼音＋图形	LB-18-18041103077A	GF330109150430

（续）

生产单位	核准用标产品	商标	绿色食品编号	企业信息码
上海阿林果业专业合作社	青菜	阿林果＋拼音＋图形	LB-15-18030903143A	GF310116150243
吉林市虹翔小白山酒业有限公司	山葡萄		LB-18-18030703125A	GF220201150299
沈阳经济技术开发区岗隆果蔬种植专业合作社	油桃		LB-18-18020603136A	GF210101150154
宣城市金钱湖水产养殖专业合作社	青虾（鲜活）	水阳金钱湖＋图形	LB-36-17111210739A	GF341801140046
宣城市金钱湖水产养殖专业合作社	鳜鱼（鲜活）	水阳金钱湖＋图形	LB-36-17111210741A	GF341801140046
宣城市金钱湖水产养殖专业合作社	鲫鱼（鲜活）	水阳金钱湖＋图形	LB-36-17111210740A	GF341801140046
沈阳市李迁生态种植专业合作社	地瓜	雨然	LB-15-18050603427A	GF210123181175
沈阳市李迁生态种植专业合作社	花生	雨然	LB-09-18050603428A	GF210123181175
安徽省金铜蔬菜种植有限公司	辣椒		LB-15-18051203230A	GF340722181122
安徽省金铜蔬菜种植有限公司	花椰菜		LB-15-18051203232A	GF340722181122
安徽省金铜蔬菜种植有限公司	茄子		LB-15-18051203231A	GF340722181122
浙江欧蓝农业股份有限公司	蓝莓	欧蓝＋图形	LB-18-1711118940A	GF330522141038
常州市佰盛果品专业合作社	水蜜桃	昌润鲜＋图形	LB-18-18041003038A	GF320412150359
沈阳市源盛树莓种苗繁育中心	蓝莓		LB-18-18050603476A	GF210112181195
重庆市潼南区大地升辉蔬菜种植专业合作社	冬瓜	地辉＋图形	LB-15-18053403098A	GF500223150520
重庆市潼南区大地升辉蔬菜种植专业合作社	胡萝卜	地辉＋图形	LB-15-18053403094A	GF500223150520
重庆市潼南区大地升辉蔬菜种植专业合作社	红薯	地辉＋图形	LB-23-18053403099A	GF500223150520
重庆市潼南区大地升辉蔬菜种植专业合作社	黄瓜	地辉＋图形	LB-15-18053403095A	GF500223150520
重庆市潼南区大地升辉蔬菜种植专业合作社	茄子	地辉＋图形	LB-15-18053403091A	GF500223150520
重庆市潼南区大地升辉蔬菜种植专业合作社	辣椒	地辉＋图形	LB-15-18053403096A	GF500223150520
重庆市潼南区大地升辉蔬菜种植专业合作社	土豆	地辉＋图形	LB-15-18053403092A	GF500223150520
重庆市潼南区大地升辉蔬菜种植专业合作社	丝瓜	地辉＋图形	LB-15-18053403090A	GF500223150520

（续）

生产单位	核准用标产品	商标	绿色食品编号	企业信息码
重庆市潼南区大地升辉蔬菜种植专业合作社	四季豆	地辉＋图形	LB-15-18053403097A	GF500223150520
重庆市潼南区大地升辉蔬菜种植专业合作社	白萝卜	地辉＋图形	LB-15-18053403093A	GF500223150520
重庆市潼南区大地升辉蔬菜种植专业合作社	豇豆	地辉＋图形	LB-15-18053403100A	GF500223150520
重庆市潼南区大地升辉蔬菜种植专业合作社	糯玉米	地辉＋图形	LB-05-18053403102A	GF500223150520
重庆市潼南区大地升辉蔬菜种植专业合作社	苦瓜	地辉＋图形	LB-15-18053403101A	GF500223150520
和县北方佳苑生态果木有限责任公司	梨	易然鲜＋图形	LB-18-18051203299A	GF340523181153
张家港市金博园种养植专业合作社	湖景水蜜桃	果春园	LB-18-18051003087A	GF320582150480
张家港市金博园种养植专业合作社	白花水蜜桃	果春园	LB-18-18051003085A	GF320582150480
张家港市金博园种养植专业合作社	红花水蜜桃	果春园	LB-18-18051003086A	GF320582150480
山东龙业农业科技有限公司	哈密瓜	素霞科技＋拼音＋图形	LB-15-18051503035A	GF370785150473
山东龙业农业科技有限公司	西红柿	素霞科技＋拼音＋图形	LB-15-18051503036A	GF370785150473
山东龙业农业科技有限公司	菜椒	素霞科技＋拼音＋图形	LB-15-18051503034A	GF370785150473
灯塔市金地葡萄种植专业合作社	葡萄		LB-18-18050603460A	GF211081181187
安徽辉隆集团全椒生态农业发展有限公司	瓜蒌		LB-15-18051203303A	GF341124181155
维西嘉祥生态农业科技有限公司	碧罗希圣牌雪桃	碧罗希圣农庄	LB-18-18042403103A	GF533423150344
嵊州市黄泽镇石隆山家庭农场	桃	石隆山	LB-18-18051103140A	GF330683162029
鄂伦春自治旗大杨树荣盛商贸有限责任公司	大豆	贝尔情＋拼音＋图形	LB-07-18050503049A	GF150723181068
鄂伦春自治旗大杨树荣盛商贸有限责任公司	芸豆	大杨树荣盛＋图形	LB-13-18050503048A	GF150723181068
鄂伦春自治旗大杨树荣盛商贸有限责任公司	大豆	大杨树荣盛＋图形	LB-07-18050503050A	GF150723181068
鄂伦春自治旗大杨树荣盛商贸有限责任公司	芸豆	贝尔情＋拼音＋图形	LB-13-18050503051A	GF150723181068
宜兴市百粮农业科技有限公司	小麦	宜皇＋图形	LB-01-18051003407A	GF320282181162
枣阳市富强砂红桃种植专业合作社	富强鲜桃	果满天＋拼音＋图形	LB-18-18051703168A	GF420683181089

（续）

生产单位	核准用标产品	商标	绿色食品编号	企业信息码
连云港金傲来农业开发有限公司	傲来红心猕猴桃	傲来＋拼音＋图形	LB-18-18041002598A	GF320707180918
连云港金傲来农业开发有限公司	傲来猕猴桃	傲来＋拼音＋图形	LB-18-18041002599A	GF320707180918
丰镇市金海万寿菊种植专业合作社	甜玉米		LB-05-18030501217A	GF150981180453
颍上县杰成蔬菜种植专业合作社	番茄		LB-15-18051203157A	GF341226181080
东明县知农永利地瓜种植专业合作社	地瓜	东索旗营	LB-15-1711157354A	GF371728171596
咸宁市信德现代农业科技有限公司	猕猴桃		LB-18-18051703421A	GF421202181170
南京牛首农副产品专业合作社	菠菜	春牛首＋图形	LB-15-18041002909A	GF320115181016
南京牛首农副产品专业合作社	茼蒿	春牛首＋图形	LB-15-18041002911A	GF320115181016
南京牛首农副产品专业合作社	西兰花	春牛首＋图形	LB-15-18041002910A	GF320115181016
南京牛首农副产品专业合作社	花菜	春牛首＋图形	LB-15-18041002914A	GF320115181016
南京牛首农副产品专业合作社	包菜	春牛首＋图形	LB-15-18041002912A	GF320115181016
南京牛首农副产品专业合作社	菊叶	春牛首＋图形	LB-15-18041002913A	GF320115181016
武进区前黄鑫丰家庭农场	马兰		LB-21-18051003485A	GF320412151700
淮南市郑涛蔬菜瓜果农民专业合作社	莲藕		LB-15-18041202242A	GF340402180833
湖南湘一灰汤鸭业有限公司	灰汤鸭蛋		LB-31-18051803562A	GF430124181219
湖南湘一灰汤鸭业有限公司	灰汤鸭		LB-28-18051803563A	GF430124181219
太和县鑫尚人农业种植专业合作社	西红柿		LB-15-18051203190A	GF341222181100
太和县鑫尚人农业种植专业合作社	甜瓜		LB-15-18051203191A	GF341222181100
安徽省上殿湖水产养殖有限公司	上殿湖莲藕		LB-15-18051203205A	GF340322181109
江苏惠田农业科技开发有限公司	黑莓		LB-18-18051003465A	GF321081181191
清原满族自治县大智然生态农业有限公司	水稻		LB-23-18050603475A	GF210423181194
华清农业开发有限公司	马铃薯	华清绿谷、图形	LB-15-18050103238A	GF110108170114

（续）

生产单位	核准用标产品	商标	绿色食品编号	企业信息码
四川省泸州市太山生态农业有限公司	土鸡蛋		LB-31-17112210729A	GF510503141045
长春市绿之源生态农业科技发展有限公司	水蜜桃		LB-18-18050703536A	GF220101181207
阜新蒙古族自治县化石戈宏建米业有限公司	红小豆	驼谷	LB-13-18040603082A	GF210921061443
阜新蒙古族自治县化石戈宏建米业有限公司	绿豆	驼谷	LB-13-18040603084A	GF210921061443
阜新蒙古族自治县化石戈宏建米业有限公司	黄豆	驼谷	LB-07-18040603083A	GF210921061443
阜新蒙古族自治县化石戈宏建米业有限公司	黑豆	驼谷	LB-13-18040603081A	GF210921061443
肥城市顺丰农机专业合作社	小麦		LB-01-18051503054A	GF370983181070
上海盛友果蔬专业合作社	葡萄		LB-18-18020901435A	GF310151180548
营口春华农业高科技发展有限公司	春华 6 号葡萄		LB-18-18050603053A	GF210804181069
营口春华农业高科技发展有限公司	春华 5 号葡萄		LB-18-18050603052A	GF210804181069
铜陵县香联生态农业科技园有限公司	毛豆	银货	LB-15-18051203298A	GF340706181152
湖南省绿野星辰山野菜专业合作社	番薯叶	绿野星辰	LB-15-18051803424A	GF430682181173
郎溪县蓝源生态农业科技有限公司	蓝莓		LB-18-18051203225A	GF341821171234
利辛县振龙种植专业合作社	辣椒		LB-15-18051203317A	GF341623170095
利辛县振龙种植专业合作社	草莓		LB-15-18051203315A	GF341623170095
利辛县振龙种植专业合作社	西瓜		LB-15-18051203316A	GF341623170095
新疆库尔勒香梨股份有限公司	库尔勒香梨	东方圣果＋图形	LB-18-17123010790A	GF652801071026
新疆库尔勒香梨股份有限公司	库尔勒香梨	沙依东＋拼音＋图形	LB-18-17123010791A	GF652801071026
宁海县梦鼎农业专业合作社	胡陈蜜桃		LB-18-18051103118A	GF330226090665
内蒙古绿康源生态农业有限公司	茼蒿		LB-15-18020501398A	GF150981180534
内蒙古绿康源生态农业有限公司	菠菜		LB-15-18020501396A	GF150981180534
内蒙古绿康源生态农业有限公司	油菜		LB-15-18020501395A	GF150981180534

（续）

生产单位	核准用标产品	商标	绿色食品编号	企业信息码
内蒙古绿康源生态农业有限公司	菜心		LB-15-18020501397A	GF150981180534
内蒙古绿康源生态农业有限公司	西兰花		LB-15-18020501399A	GF150981180534
内蒙古绿康源生态农业有限公司	樱桃萝卜		LB-15-18020501405A	GF150981180534
内蒙古绿康源生态农业有限公司	茴香		LB-15-18020501400A	GF150981180534
内蒙古绿康源生态农业有限公司	芹菜		LB-15-18020501404A	GF150981180534
内蒙古绿康源生态农业有限公司	菜花		LB-15-18020501403A	GF150981180534
内蒙古绿康源生态农业有限公司	娃娃菜		LB-15-18020501401A	GF150981180534
内蒙古绿康源生态农业有限公司	紫叶生菜		LB-15-18020501402A	GF150981180534
内蒙古绿康源生态农业有限公司	油麦菜		LB-15-18020501406A	GF150981180534
商河县绿野蔬菜服务中心	商河大蒜		LB-15-18051503318A	GF370126071486
烟台锦程实业总公司	大樱桃	锦程＋图形	LB-18-17041510808A	GF370611148320
四川省鸿运农业开发有限公司	大雁肉	鸿鹄坊＋图形＋拼音	LB-28-18022203108A	GF510183090215
上海桃咏桃业专业合作社	桃	桃咏＋图形	LB-18-18060903146A	GF310119090713
上海桃咏桃业专业合作社	梨	桃咏＋图形	LB-18-18060903144A	GF310119090713
上海桃咏桃业专业合作社	葡萄	桃咏＋图形	LB-18-18060903145A	GF310119090713
青岛中和农场有限公司	新高梨	福来乐	LB-18-18041503116A	GF370285090986
昆山市阳澄湖葡萄发展有限公司	葡萄	巴城葡萄＋拼音＋图形	LB-18-18051003029A	GF320583090614
昆山益群农产品有限公司	葡萄	益群＋图形	LB-18-18051003031A	GF320583090612
昆山益群农产品有限公司	柿子	益群＋图形	LB-18-18051003030A	GF320583090612
昆山益群农产品有限公司	梨	益群＋图形	LB-18-18051003032A	GF320583090612
昆山益群农产品有限公司	桃	益群＋图形	LB-18-18051003033A	GF320583090612
昆山正阳蟹王水产有限公司	阳澄湖大闸蟹	巴仙＋图形	LB-36-18051003027A	GF320583090613

（续）

生产单位	核准用标产品	商标	绿色食品编号	企业信息码
昆山正阳蟹王水产有限公司	阳澄湖鳙鱼	巴仙+图形	LB-36-18051003028A	GF320583090613
凌源市东远农贸科技发展有限责任公司	番茄	德源+图形	LB-15-18030603566A	GF211382090465
凌源市东远农贸科技发展有限责任公司	茄子	德源+图形	LB-15-18030603568A	GF211382090465
凌源市东远农贸科技发展有限责任公司	黄瓜	德源+图形	LB-15-18030603567A	GF211382090465
凌源市东远农贸科技发展有限责任公司	青椒	德源+图形	LB-15-18030603569A	GF211382090465
凌源市东远农贸科技发展有限责任公司	西葫芦	德源+图形	LB-15-18030603570A	GF211382090465
凌源市东远农贸科技发展有限责任公司	芸豆	德源+图形	LB-15-18030603571A	GF211382090465
丹东晨星越橘科技发展有限公司	蓝莓	江城越橘+拼音+图形	LB-18-18020603507A	GF210682090283
武汉市武湖农业发展有限公司	河蟹（活）	武湖、图形	LB-36-17121710796A	GF420116081911
武汉市武湖农业发展有限公司	翘嘴红鲌（活）	武湖、图形	LB-36-17121710798A	GF420116081911
武汉市武湖农业发展有限公司	草鱼（活）	武湖、图形	LB-36-17121710795A	GF420116081911
武汉市武湖农业发展有限公司	鲤鱼（活）	武湖、图形	LB-36-17121710797A	GF420116081911
武汉市武湖农业发展有限公司	甲鱼（活）	武湖、图形	LB-36-17121710799A	GF420116081911
武汉市武湖农业发展有限公司	鳜鱼（活）	武湖、图形	LB-36-17121710803A	GF420116081911
武汉市武湖农业发展有限公司	鳙鱼（活）	武湖、图形	LB-36-17121710802A	GF420116081911
武汉市武湖农业发展有限公司	武昌鱼（活）	武湖、图形	LB-36-17121710801A	GF420116081911
武汉市武湖农业发展有限公司	青鱼（活）	武湖、图形	LB-36-17121710800A	GF420116081911
上昆氏精致农业（昆山）有限公司	梨	SKSS+图形	LB-18-18051003037A	GF320583090616
青岛泽山葡萄酿酒有限公司	高氏庄园葡萄	高氏庄园、大泽山葡萄+拼音+图形	LB-18-18021501647A	GF370283090179
南京润康农业发展有限公司	生菜		LB-15-18041002865A	GF320116100062
南京润康农业发展有限公司	紫甘蓝		LB-15-18041002864A	GF320116100062
南京润康农业发展有限公司	青菜		LB-15-18041002866A	GF320116100062

（续）

生产单位	核准用标产品	商标	绿色食品编号	企业信息码
湖南棕榈浔龙河生态城镇发展有限公司	丝瓜	浔龙河＋拼音＋图形	LB-15-17121810148A	GF430121112336
湖南棕榈浔龙河生态城镇发展有限公司	辣椒	浔龙河＋拼音＋图形	LB-15-17121810146A	GF430121112336
湖南棕榈浔龙河生态城镇发展有限公司	南瓜	浔龙河＋拼音＋图形	LB-15-17121810147A	GF430121112336
湖南棕榈浔龙河生态城镇发展有限公司	空心菜	浔龙河＋拼音＋图形	LB-15-17121810145A	GF430121112336
湖南棕榈浔龙河生态城镇发展有限公司	番茄	浔龙河＋拼音＋图形	LB-15-17121810144A	GF430121112336
七里河区恒利源百合产销部	兰州百合	恒利汪、兰州百合＋拼音＋图形	LB-15-18022703396A	GF620103120055
烟台市仙阁果品专业合作社	红富士苹果	红孩儿＋拼音＋图形	LB-18-18011503105A	GF370684120010
浙江雨中雨水产有限公司	冻带鱼	雨中雨＋图形	LB-36-18041103516A	GF330282120281
乳山市久大海珍品养殖专业合作社	牡蛎		LB-36-1611159245A	GF371083135153
玉环县梦之园水果专业合作社	楚门文旦	喜禾世家	LB-18-18031103119A	GF331021150259
烟台金源农副产品有限公司	红富士苹果		LB-18-18041503527A	GF370685150023
烟台金源农副产品有限公司	无核葡萄		LB-18-18041503528A	GF370685150023
涟水县红窑镇延寿芦笋种植专业合作社	青芦笋	春竺	LB-15-17091010838A	GF320826140587
凤城市沈氏有机草莓种植专业合作社	绿色草莓	派野	LB-15-18040603523A	GF210682150353

全国名特优新农产品营养品质评价鉴定机构名录

序号	鉴定机构名称	鉴定机构编号	业务主管联系人	座机	手机	传真	邮箱	技术负责人	地址
1	浙江省农业科学院农产品质量标准研究所	CAQS-PJ-0001	朱加虹	0571-86417319	13685786397	0571-86401834	zjnky2011@126. com	王伟	浙江省杭州市江干区石桥路 198 号 2 号楼 147 室
2	江苏省农业科学院农产品质量安全与营养研究所	CAQS-PJ-0002	孙立荣	025-84390176	13813810054	025-84390176	sunlr@jaas. ac. cn	史建荣	江苏省南京市钟灵街 50 号江苏省农科院农产品质量安全与营养研究所
3	吉林省农业科学院农业质量标准与检测技术研究所	CAQS-PJ-0003	仇建飞	0431-87063231	18604455883	0431-87063231	290167564@qq. com	魏春雁	吉林省长春市生态大街 1363 号
4	吉林农业大学农业质量标准与检测技术研究中心	CAQS-PJ-0004	赵丹	0431-84517904	13504437076	0431-84510955	ndcszx@126. com	李月茹	吉林省长春市新城大街 2888 号
5	湖南省食品测试分析中心	CAQS-PJ-0005	尚雪波	0731-84690788	13574195247	0731-84690788	shangxuebo@163. com	李高阳	湖南省长沙市芙蓉区马坡岭省农科院实验大楼 6 楼
6	山东省农业科学院农业质量标准与检测技术研究所	CAQS-PJ-0006	董崭	0531-66659267	15054161018	0531-88960397	88960397@163. com	陈子雷	济南市工业北路 202 号山东省农业科学院农业质量标准与检测技术研究所
7	四川省农业科学院农业质量标准与检测技术研究所	CAQS-PJ-0007	陶李	028-84504144、84670588	13688115335	028-84790697	taoleee@foxmail. com	雷绍荣	四川省成都市锦江区静居寺路 20 号附 102 号四川省农业科学院分析测试中心
8	重庆市农业科学院农业质量标准检测技术研究所	CAQS-PJ-0008	黄永东、柴勇	023-65717009	13452439091	023-65717011	cqzhijian@163. com	杨俊英	重庆市九龙坡区白市驿镇农科大道
9	中国农业科学院农业资源与农业区划研究所	CAQS-PJ-0009	姜昕	010-82107077	13801307102	010-82105091	jiangxin@caas. cn	李俊	北京市海淀区中关村南大街 12 号中国农科院资源区划所土肥楼 405 室
10	中国农业科学院油料作物研究所	CAQS-PJ-0010	喻理	027-86812862	15972035201	027-86812862	yuli@caas. cn	李培武	湖北省武汉市武昌区徐东二路 2 号
11	中国农业科学院农产品加工研究所	CAQS-PJ-0011	黄亚涛	010-62815969	13716331554	010-62815969	huangyatao@caas. cn	范蓓	北京市海淀区圆明园西路 2 号农科院加工所科研 4 号楼
12	中国农业科学院兰州畜牧与兽药研究所	CAQS-PJ-0012	郭天芬	0931-2115265	15193177338	0931-2115191	mpzjzx@163. com	高雅琴	甘肃省兰州市小西湖硷沟沿 335 号，730050

（续）

序号	鉴定机构名称	鉴定机构编号	业务主管联系人	座机	手机	传真	邮箱	技术负责人	地址
13	农业农村部环境保护科研监测所	CAQS-PJ-0013	王跃华	022-23611260	18602608868	022-23611160	nyhjzxtj@163. com	刘潇威	天津市南开区复康路 31 号
14	中国农业科学院北京畜牧兽医研究所	CAQS-PJ-0014	李松励	010-62818802	13810044472	010-62897587	mrt62818802@126. com		北京市海淀区圆明园西路 2 号 畜牧所奶业楼 320 室
15	农业农村部蜂产品质量安全风险评估实验室	CAQS-PJ-0015	黄京平	010-62594643	18601371850	010-62594643	huang_ jingping@126. com	李熠	北京市海淀区香山北沟 1 号，蜜蜂研究所
16	中国农业科学院果树研究所	CAQS-PJ-0016	匡立学	0429-3598185	13470617155	0429-3598185	gpzjzx2006@163. com	聂继云	辽宁省兴城市兴海南街 98 号中国农业科学院果树研究所
17	中国农业科学院烟草研究所	CAQS-PJ-0017	于卫松	0532-88703386	15092268250	0532-88703386	yuweisong@caas. cn	孔凡	玉山东省青岛市崂山区科苑经四路 11 号
18	河南省农业科学院农业质量标准与检测技术研究所	CAQS-PJ-0018	胡京枝尚兵	0371-65750097 0371	13663861606	0371-65713926	1036105715@qq. com	张军锋	河南省郑州市金水区花园路 116 号农科院质标所
19	福建省农业科学院农业质量标准与检测技术研究所	CAQS-PJ-0019	林香信	0591-87861583	13799981597	0591-87861583	Linxiangxin2008@163. com 1353645173@qq. com	傅建炜	福建省福州市鼓楼区五四路 247 号
20	上海市农业科学院农产品质量标准与检测技术研究所	CAQS-PJ-0020	赵晓燕	021-67131635 021-62202832	18001717220	021-62203612	cindy8119@163. com	白冰	上海市奉贤区金齐路 1000 号 3 号楼 809 室
21	中国农业科学院柑桔研究所	CAQS-PJ-0021	沈宝慷 赵希娟	023-68349046	15178770428 13657643106	023-68349046	xijuanzh@swu. edu. cn	焦必宁	重庆市北碚区歇马镇柑桔村 15 号
22	浙江大学	CAQS-PJ-0022	吴礼鹏	0571-88982665	13575480048	0571-88982665	bylu@zju. edu. cn	陆柏益	浙江省杭州市西湖区浙江大学紫金港校区农生环 C403
23	内蒙古自治区农牧业科学院资源环境与检测技术研究所	CAQS-PJ-0023	高天云	0471-5904559	13947185396	0471-5904559	gaotianyun64@163. com	姚一萍	呼和浩特市玉泉区昭君路 22 号
24	中国农业科学院植物保护研究所	CAQS-PJ-0024	吴小虎	010-62815938	18801027695	010-62815938	Xhwu@ippcaas. cn	郑永权	北京市海淀区圆明园西路 2 号中国农业科学院植物保护研究所
25	中国农业科学院蔬菜花卉研究所	CAQS-PJ-0025	张延国 吕军	82106963 62137927	13601221104 13520394688	82106963	lvf7927@163. com	徐东辉	北京市海淀区中关村南大街 12 号中国农科院蔬菜所
26	中国水稻研究所	CAQS-PJ-0026	章林平	0571-63372451	13388608005	0571-63370380	745972717@qq. com	朱智伟	杭州市富阳区水稻所路 28 号

（续）

序号	鉴定机构名称	鉴定机构编号	业务主管联系人	座机	手机	传真	邮箱	技术负责人	地址
27	中国农业科学院作物科学研究所	CAQS-PJ-0027	宋敬可	010-82108625	15901394336	010-82108742	guwuzhongxin@caas. cn	王步军	北京市海淀区中关村南大街 12 号质标楼北 102 室
28	农业部沼气科学研究所	CAQS-PJ-0028	宁睿婷	18280448713		028-85230702	nybzqzj@163. com		中国四川省成都市人民南路四段 13 号
29	天津市农业科学院农业质量标准与检测技术研究所	CAQS-PJ-0029	赵庆伟	022-27950278	13642110861	022-27950278	tj19zh@126. com	陈秋生	天津市西青区津静公路 17 公里处
30	广西壮族自治区农业科学院农产品质量安全与检测技术研究所	CAQS-PJ-0030	闫飞燕	0771-3899306 0771-3899890	18154581087	0771-3899306 0771-3899890	zhijian@gxaas. ne therb312@126. com	莫磊兴	广西南宁市大学东路 174 号广西壮族自治区农业科学院农产品质量安全与检测技术研究所
31	黑龙江省农业科学院农产品质量安全研究所	CAQS-PJ-0031	王剑平 刘晓庆	0451-86623150	—	0451-86625304	wangjianping0119@163. com 371905430@qqcom	张瑞英	黑龙江省哈尔滨市学府路 368 号
32	江西省农业科学院农产品质量安全与标准研究所	CAQS-PJ-0032	李瑞丽	0791-87090796	18170013108	0791-87090291	RUILL@126. com	陈庆隆、周瑶敏	江西省南昌市南莲路 602 号
33	新疆农业科学院农业质量标准与检测技术研究所	CAQS-PJ-0033	周晓龙	0991-4514959	13899879170	0991-4514959	634724562@qq. com	周晓龙	新疆乌鲁木齐沙依巴克区南昌路 403 号新疆农科院质标所
34	西藏自治区农牧科学院农业质量标准与检测研究所	CAQS-PJ-0034	余耀斌	0891—6861207	13989085381	0891-6861207	xizangzhibiaosuo@163. com	次顿	西藏拉萨金珠西路 149 号（现办公地址：拉萨金珠西路 130 号区农科院综合实验楼）
35	中国农业科学院郑州果树研究所	CAQS-PJ-0035	李君	0371-65330951	13613823887	0371-65330951	gpzjzx@163. com	谢汉忠	河南省郑州市管城回族区未来路南端郑州果树所
36	中国农业科学院特产研究所	CAQS-PJ-0036	何艳丽	0431-8191955 50431	15590562423 13069122700	0431-81919550	676709471@qq. com	刘继永	吉林省长春市净月开发区聚业大街 4899 号
37	农业农村部食物与营养发展研究所	CAQS-PJ-0037	梁克红	010-82106433	13466718329	010-82105284	liangkehong@caas. cn	朱大洲	北京市海淀区中关村南大街 12 号中国农科院旧主楼 4 层
38	中国农业科学院饲料研究所	CAQS-PJ-0038	杨林林	010-82106097	18810352897	010-82106054	837366265@qq. com	武书庚	北京市海淀区中关村南大街 12 号中国农业科学院饲料研究所
39	中国农业科学院草原研究所	CAQS-PJ-0039	吴洪新	0471-4926894	13474911869	0471-4961330	wuhongxin168@163. com	阿拉木斯	内蒙古呼和浩特市乌兰察布东路 120 号

（续）

序号	鉴定机构名称	鉴定机构编号	业务主管联系人	座机	手机	传真	邮箱	技术负责人	地址
40	中国农业科学院麻类研究所	CAQS-PJ-0040	冷鹏	0731-88998525	13027492087	0731-88998528	leng4695@sina. com	肖爱平	湖南省长沙市咸嘉湖西路 348 号中国农业科学院麻类研究所
41	中国农业科学院棉花研究所	CAQS-PJ-0041	马磊	0372-2525389	18317372877	0372-2562278	malei2002@163. com	马磊	河南省安阳市黄河大道 38 号
42	新疆农垦科学院分析测试中心	CAQS-PJ-0042	魏向利	0993-6683336	13201099338	0993-6683652	jczxshz2009@126. com	罗瑞峰	新疆石河子市乌伊公路 221 号新疆农垦科学院分析测试中心
43	甘肃省农业科学院农业质量标准与检测技术研究所	CAQS-PJ-0043	焦洁李玉芳	0931-7612660	18693131180 13919829316	0931-7616650	14199634@qq. com	黄铮	甘肃省兰州市安宁区甘肃省农业科学院创新大厦质标所
44	云南省农业科学院质量标准与检测技术研究所	CAQS-PJ-0044	汪禄祥	0871-65149900	13769181452	0871-65140403	wangluxiang@sina. com	黎其万	云南省昆明市盘龙区北京路 2238 号云南省农业科学院质量标准与检测研究所
45	中国热带农业科学院农产品加工研究所	CAQS-PJ-0045	叶剑芝	0759-2228505	18900838237	0759-2222446	Yejz21st@sina. com	杨春亮	广东省湛江市霞山区人民大道南 48 号
46	中国热带农业科学院分析测试中心	CAQS-PJ-0046	张利强	0898-66895009	13876801958	13876801958	catas66895009@163. com	王明月	海南省海口市龙华区学院路 4 号
47	农业农村部茶叶质量监督检验测试中心	CAQS-PJ-0047	金寿珍	0571-86650124	13857157561	0471-86652004	1653258172qq. com	刘新	浙江省杭州市西湖区梅灵南路 9 号
48	广东省农业科学院农产品公共监测中心	CAQS-PJ-0048	陈岩	020-85161829	18613138358	020-85161829	chenyan@gdaas. cn	万凯	广州市天河区金颖路 20 号省农科院创新大楼农产品公共监测中心
49	安徽农业大学	CAQS-PJ-0049	花日茂	0551-65786296	13956013681 18326078598	0551-65786337	rimaohua@ahau. edu. cnwanzi0429@126com	焦卫婷	安徽省合肥长江西路 130 号邮编：230036
50	中国热带农业科学院热带作物品种资源研究所	CAQS-PJ-0050	孟春阳	0898-23300429	18889612710	0898-66961371	mtyxpzjd@163. com	高玲	海南省海口市龙华区中国热带农业科学院海口院区品资所
51	中国科学院沈阳应用生态研究所	CAQS-PJ-0051	张红王瑜	024-88087757 024-83970390	18889612710	024-83970389	stcs@iae. ac. cn	王颜红	辽宁省沈阳市沈河区文化路 72 号
52	郑州市农产品质量检测流通中心	CAQS-PJ-0052	王毅红	0371-67172259	15729397526	0371-67189720	yws7526@163. com	王毅红	郑州市淮河西路 56 号邮编：450006
53	天津市乳品食品监测中心	CAQS-PJ-0053	孙丽新	022-23412292	13011305688	022-23416617	tjjiance@126. com	刘壮	天津市南开区士英路 18 号
54	青海省农林科学院农产品质量标准与检测研究所	CAQS-PJ-0054	肖明	0971-5311177	13519718389	0971-5311177	13709718399@163. com	肖明	西宁市宁张路 253 号，邮编 810016

（续）

序号	鉴定机构名称	鉴定机构编号	业务主管联系人	座机	手机	传真	邮箱	技术负责人	地址
55	宁波市农产品质量安全标准与技术研究所	CAQS-PJ-0055	朱勇	0574-89184044	18606699809	0574-89184045	nb89184045@163. com	赵健	浙江省宁波市鄞州区德厚街19号
56	中国水产科学研究院质量与标准研究中心	CAQS-PJ-0056	杨臻	010-68671246	15801169739	010-68671246	yangzhen@cafs. ac. cn	韩刚	北京市丰台区青塔西路150号 中国水产科学研究院
57	中国水产科学研究院东海水产研究所	CAQS-PJ-0057	沈晓盛	021-65680121	13472787544	021-65680121	scpzjzx@126. com	蔡友琼	上海市杨浦区军工路300号3号楼101室
58	中国水产科学研究院长江水产研究所	CAQS-PJ-0058	何力	027-81780268	13797380677	027-81780166	1170746090@qq. com	何力	湖北省武汉市东湖新技术开发区武大园一路8号中国水产科学研究院长江水产研究所
59	宁夏农产品质量标准与检测技术研究所	CAQS-PJ-0059	单巧玲	0951-6886863	13519591593	0951-6886867	sql217@sina. com	张艳	银川市金凤区黄河东路590号
60	唐山市畜牧水产品质量监测中心	CAQS-PJ-0060	刘洋	0315-7909160	18931515058	0315-7909165	minisolo@126. com	李爱军	河北省唐山市开平区唐古路东侧
61	温州市农业科学研究院分析测试中心	CAQS-PJ-0061	张井	0577-88412934	15868712701	0577-88412934	287814835@qq. com	王亮	浙江省温州市瓯海区六虹桥路1000号3号实训楼319室
62	贵州省分析测试研究院	CAQS-PJ-0062	李占彬	0851-84405152	18984085560	0851-84409159	lizhanbin@gzata. cn	李占彬	贵州省贵阳市白云区白沙路388号
63	中国农业科学院北京畜牧兽医研究所	CAQS-PJ-0063	饶正华	010-62818190	15801247208		myszxsys@sina. com	刘娜	北京市海淀区圆明园西路2号
64	山西省农业科学院农产品质量安全与检测研究所	CAQS-PJ-0064	秦曙	0351-7965708	13327412037	0351-7639301	qinshu55@126. com	秦曙	山西省太原市小店区龙城大街79号农科院12号楼210室
65	湖北省农业科学院农业质量标准与检测技术研究所	CAQS-PJ-0065	周有祥	027-87389482	17786506052	027-87389482	zhou_ youxiang@aliyun. com	彭立军	湖北省武汉市洪山区狮子山街南湖大道29号
66	河北省农林科学院农产品质量安全研究中心	CAQS-PJ-0066	钱训	0311-87652325	13032626384	0311-87652335	xunqian196805@sina. com	张少军	石家庄市新华区和平西路598号河北省农林科学院东一楼
67	中国农业大学动物医学院	CAQS-PJ-0067	曹兴元	62734715	13552974077 13811232680	62731032	gongxiaohui0407@126. com	曹兴元	北京市海淀区圆明园西路2号中国农业大学西校区实验动物楼116房间
68	中国农业大学食品科学与营养工程学院	CAQS-PJ-0068	戴蕴青	010-62737381	13520390606	010-62323465	nongchanpin@cau. edu. cn	许文涛	北京市海淀区清华东路17号中国农业大学东校区食品楼323室
69	南京农业大学食品科技学院	CAQS-PJ-0069	王玮	025-84395650	17368587798	025-84395650	njauzjzx2014@163. com	徐幸莲	江苏省南京市玄武区卫岗1号南京农业大学

（续）

序号	鉴定机构名称	鉴定机构编号	业务主管联系人	座机	手机	传真	邮箱	技术负责人	地址
70	西北农林科技大学	CAQS-PJ-0070	张晓荣	029-87091912	13193324936	029-87091917	327475085@qq. com	张晓荣	陕西省杨陵示范区西农路 22 号
71	宁夏回族自治区农产品质量安全检测中心	CAQS-PJ-0071	潘庆华	0951-5044666	13014287679	0951-5044666	panqinghua3@163. com	潘庆华	宁夏银川市金凤区新昌西路 165 号
72	农业农村部渔业环境及水产品质量监督检验测试中心（天津）	CAQS-PJ-0072	李彤	022-88252516	13821158679	022-88252516	tjscjc@163. com	李宝华	天津市河西区解放南路 442 号
73	上海市农产品质量安全检测中心	CAQS-PJ-0073	陈惠华	021-59804367	18918867283	021-59804486	1254126408@qq. com	陈美莲	上海市青浦区华新镇新府中路 1528 弄 28 号
74	江苏省家禽科学研究所	CAQS-PJ-0074	高玉时	0514-85599093	13665280375	0514-85599093	poultrytest@163. com	刘茵茵	江苏省扬州市邗江区仓颉路 58 号
75	湖南省兽药饲料监察所	CAQS-PJ-0075	谭美英	0731-88851450	13027311395	0731-88881434	455388405@qq. com	肖安东	湖南省长沙市岳麓区潇湘中路 61 号
76	中国农业科学院蚕业研究所	CAQS-PJ-0076	陈涛	0511-85616673	13505286251	0511-85616673	zjchentao@sina. com	刘利	江苏省镇江市四摆渡蚕研所
77	西南大学食品科学学院	CAQS-PJ-0077	郑炯/阚建全/石慧	023-68250351	13883417323/13808370730/13628495218	023-68250351	zhengjiong248@163. com/ganjq1965@163. com/	阚建全	重庆北碚天生路 2 号，西南大学食品科学学院；400715
78	厦门市农产品质量安全检验测试中心	CAQS-PJ-0078	连玉华	0592-5926343	15880217139	0592-5902839	1587509633@qq. com	陈琼	厦门市思明区莲前西路 702 号 4-9 楼
79	江苏省水产质量检测中心	CAQS-PJ-0079	吴蓓琦	025-86581578	18652939498	025-86581578	js_ sczj@163. com	沈美芳	南京市南湖东路 90 号 江苏省淡水水产研究所
80	南京财经大学	CAQS-PJ-0080	袁建	025-86718509	13611513715	025-86718509	yuanjian@nufe. edu. cn	袁建	南京市栖霞区仙林大学城文苑路 3 号食品科学与工程学院
81	北京市农业环境监测站	CAQS-PJ-0081	李玲	010-82031860	13693169599	010-82031860	bjhjfp@163. com	欧阳喜辉	北京市西城区裕民中路 6 号
82	北京农业质量标准与检测技术研究中心	CAQS-PJ-0082	杜远芳	010-51503406	13810536820	010-51503406	pingh@brcast. org. cn	平华	北京市海淀区曙光花园中路 9 号北京市农林科学院质标中心
83	盐城市农产品质量监督检验测试中心	CAQS-PJSYZ-0001	徐春奎	0515-83709719	18961999332	0515-83700179	ynj83700179@163. com	丁立彤	盐城市亭湖区文港南路 17 号
84	苏州市农产品质量安全监测中心	CAQS-PJSYZ-0002	黄芳	0512-65857061	13771808681	0512-65857785	jczx@nlj. suzhou. gov. cn	方强	江苏省苏州市吴中区吴中大道 1399 号农发大厦 15 楼

（续）

序号	鉴定机构名称	鉴定机构编号	业务主管联系人	座机	手机	传真	邮箱	技术负责人	地址
85	济南市农产品质量检测中心	CAQS-PJSYZ-0003	刘海军	0531-87406088	13969189602	0531-87406061	jnsnyzljczx@163. com	刘海军	济南市长清区明发路 717 号
86	榆林市农产品检测中心	CAQS-PJSYZ-0004	薛耀武	0912-8162910	18091201836	0912-8162910	459940254@qq. com	李清	陕西省榆林市榆阳区西沙文化南路 27 号
87	商洛市农产品质量安全检验检测中心	CAQS-PJSYZ-0005	李俊	091-48099358	13098223883	091-48080715	305418633@qq. com	董照锋	陕西省商洛市商州区军民路 1 号
88	许昌市农产品质量安全检测检验中心	CAQS-PJSYZ-0006	薛科宇	0374-7379977	13938773356	0374-7379977	xcncp@163. com	薛科宇	河南省许昌市八一东路 3799 号
89	白山市农产品质量检验监测中心	CAQS-PJSYZ-0007	丁凯		13843922516		13843922516@163. com	于晓丽	吉林省白山市浑江区人民路 2 号

图书在版编目（CIP）数据

中国品牌农业年鉴．2019／中国品牌农业年鉴编辑委员会主编．—北京：中国农业出版社，2021.4
ISBN 978-7-109-27651-2

Ⅰ．①中…　Ⅱ．①中…　Ⅲ．①农产品－品牌－中国－2019－年鉴　Ⅳ．①F323.7-54

中国版本图书馆 CIP 数据核字（2020）第 253960 号

中国品牌农业年鉴　2019
ZHONGGUO PINPAI NONGYE NIANJIAN　2019

中国农业出版社出版
地址：北京市朝阳区麦子店街 18 号楼
邮编：100125
责任编辑：贾　彬　徐　晖　　文字编辑：张丽四　贾　彬
责任校对：刘丽香
印刷：中农印务有限公司
版次：2021 年 4 月第 1 版
印次：2021 年 4 月北京第 1 次印刷
发行：新华书店北京发行所
开本：787mm×1092mm　1/16
印张：23.5　　　插页：46
字数：800 千字
定价：300.00 元